amilie Mitford
hl)

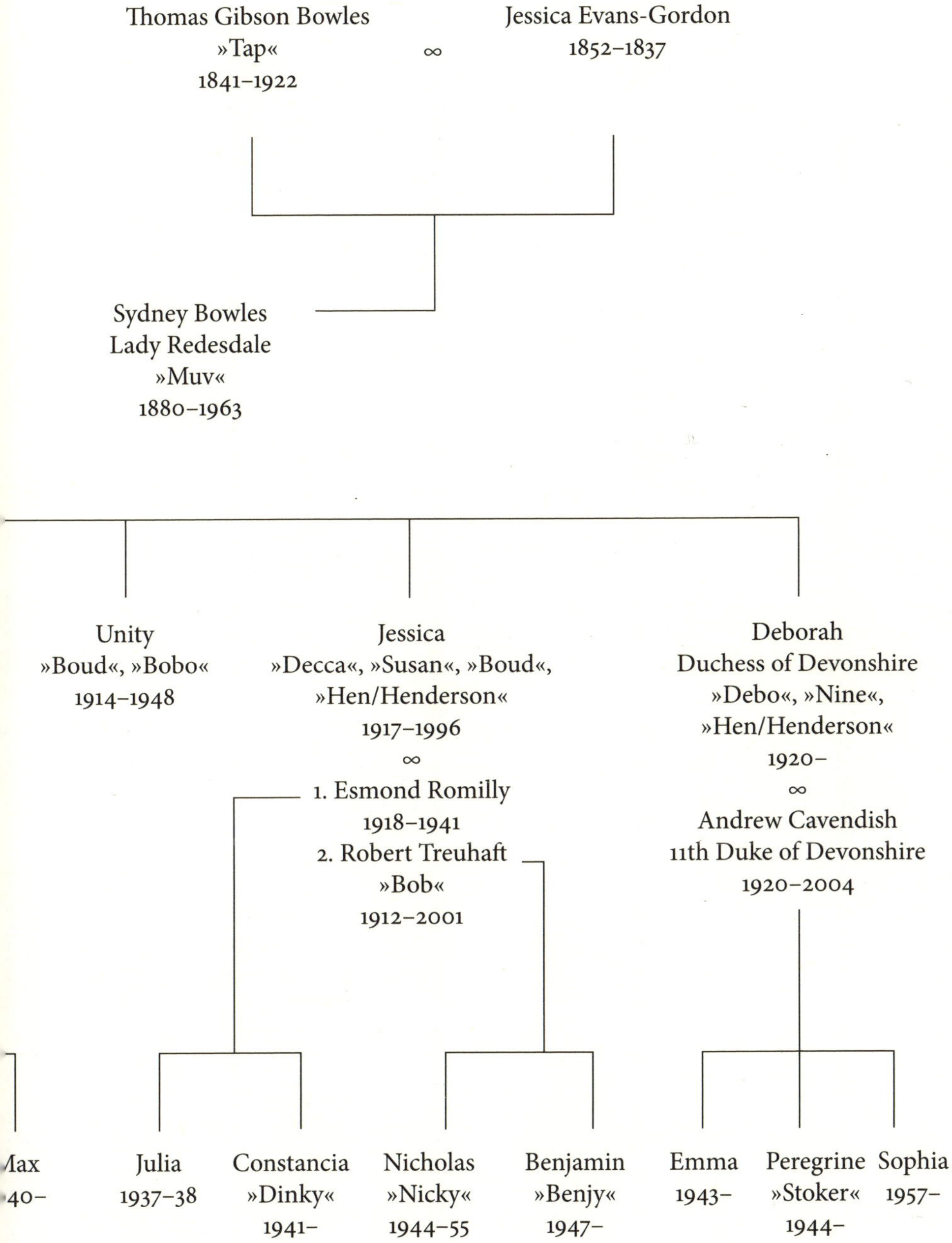

Thomas Gibson Bowles
»Tap«
1841–1922

∞

Jessica Evans-Gordon
1852–1837

Sydney Bowles
Lady Redesdale
»Muv«
1880–1963

Unity
»Boud«, »Bobo«
1914–1948

Jessica
»Decca«, »Susan«, »Boud«,
»Hen/Henderson«
1917–1996
∞
1. Esmond Romilly
1918–1941
2. Robert Treuhaft
»Bob«
1912–2001

Deborah
Duchess of Devonshire
»Debo«, »Nine«,
»Hen/Henderson«
1920–
∞
Andrew Cavendish
11th Duke of Devonshire
1920–2004

Iax
40–

Julia
1937–38

Constancia
»Dinky«
1941–

Nicholas
»Nicky«
1944–55

Benjamin
»Benjy«
1947–

Emma
1943–

Peregrine
»Stoker«
1944–

Sophia
1957–

Susanne Kippenberger

Das rote Schaf der Familie

Jessica Mitford und ihre Schwestern

Hanser Berlin

Die Autorin dankt für die großzügige Unterstützung von
Villa Aurora
Spreewald Literatur-Stipendium
Tyrone Guthrie Centre

Soweit nicht anderweitig in den Anmerkungen angegeben, wurden alle Zitate aus veröffentlichten wie unveröffentlichten englischen Quellen von Barbara Schaden ins Deutsche übersetzt. Einige wenige Zitate in ursprünglich alter Rechtschreibung wurden an die sonst durchgängig verwendete neue Rechtschreibung angeglichen.

Abdruck der Auszüge aus Diana Mosleys Briefen mit frdl. Genehmigung des Estate of Diana Mosley c/o Charlotte Mosley.

Abdruck aller Zitate von Deborah Devonshire (neben denen aus *Wait for Me!*),
Lord Redesdale, Lady Redesdale, Nancy Mitford, Pamela Mitford und
Unity Mitford mit frdl. Genehmigung des Chatsworth House Trust c/o Rogers,
Coleridge & White Ltd., 20 Powis Mews, London W11 1 JN, UK.

1 2 3 4 5   18 17 16 15 14

ISBN 978-3-446-24649-2
© Hanser Berlin im Carl Hanser Verlag München 2014
Alle Rechte vorbehalten
Satz: Greiner & Reichel, Köln
Druck und Bindung: CPI – Ebner & Spiegel, Ulm
Printed in Germany

MIX
Papier aus verantwortungs-
vollen Quellen
FSC
www.fsc.org
FSC® C006701

Für Benjamin,
Ritter und Retter des Internets

If you want to sing out, sing out
And if you want to be free, be free.

Cat Stevens, *Harold and Maude*

Inhalt

Der Triumph des Lachens

Ihre beste Freundin war ein Schaf. Wenn sie durchs Dorf lief, hoppelte Miranda neben ihr her, wenn die Tochter aus gutem Hause sonntags in die Kirche musste, wartete das Tier auf dem Friedhof auf sie, und wenn die Familie in ihr Stadthaus zog, hätte das Mädchen ihre wuschelige Freundin am liebsten in den Koffer gepackt und mitgenommen. »Das liebe Ding wäre *so* begeistert«, versuchte Decca ihre Mutter zu erweichen: »Sie war noch nie in London.« Manchmal schlief das Schaf sogar im Kinderbett (heimlich, der Vater wäre sonst explodiert), und wenn Miranda zum Scheren musste, litt Decca fast mehr als ihr Zögling: ein Waisenkind, das sie mit der Milchflasche aufgepäppelt hatte.

»Miranda war das Licht meines Lebens«, schrieb Jessica Mitford, die alle nur Decca nannten, Jahrzehnte danach. Die Einzige, mit der sie kuscheln konnte. Mutter Mitford nahm ihre Töchter nie in den Arm. Für Zuwendungen jeder Art war das Kindermädchen zuständig.

Die Familie wohnte auf dem Land, rund 150 Kilometer von London entfernt, in Oxfordshire, am Rande der Cotswolds, wo Schafe auf den Weiden so gewöhnlich sind wie Butterblumen. Was Freunde betrifft, hatte Decca auch keine große Wahl. Schulfreundinnen hatte sie keine, wie auch, wenn sie, zu ihrem allergrößten Kummer, gar nicht zur Schule gehen durfte. Meist durften die Mitfords nicht mal mit den Nachbarskindern spielen. Also blieben ihnen nur Schwestern und Tiere: Hamster, Ziegen, Hühner, Schlangen, Kühe, Tauben, Schildkröten, Mäuse, Ponys, Meerschweinchen, Hunde en masse – und sechs Mädchen, geboren in einem Zeitraum von sechzehn Jahren, gefangen in einer eigenen Welt, halb Bullerbü, halb Festungshaft.

Die beiden, das Mädchen und das Schaf, hatten durchaus Ähnlichkeit. Eigenwillig und entschlossen, ließen sie sich von nichts und niemand bremsen. Miranda, Stirn voran, schubste Menschen und Möbel, die ihr in die Quere kamen, einfach aus dem Weg. Decca ging etwas strategischer vor. Als Zwölfjährige, nach dem endgültig gescheiterten Versuch, doch noch eine Schule zu besuchen, erklärte sie ihrer Familie, dass sie Vorsorge treffen würde, falls sie später einmal weglaufen müsse. Die pragmatische Rebellin eröffnete ein »running away account« bei Drummonds, der vornehmen Londoner Privatbank der Familie, die sich höflichst bei der Halbwüchsigen dafür bedankte, dass diese ihr »Weglaufkonto« bei ihnen eröffnet hatte, das fortan ganz offiziell unter diesem Namen geführt wurde. Bis sie tatsächlich das ersparte Geld nahm, um wegzurennen und mit Esmond Romilly, ihrem Vetter zweiten Grades, in den Spanischen Bürgerkrieg zu ziehen. 1937 war das. Da war sie neunzehn Jahre alt.

Eben noch Debütantin der Londoner Gesellschaft, heiratete die Minderjährige das Enfant terrible Esmond, bekam ein Kind von ihm und verlor es wieder, ging mit ihrem Mann nach Amerika, arbeitete dort als Modeverkäuferin und Barkeeperin, wurde mit vierundzwanzig Jahren Kriegswitwe und bald darauf das, was sie schon lange werden wollte: Mitglied der Kommunistischen Partei. In den 1940er, 1950er Jahren, lange bevor die Bürgerrechtsbewegung richtig in Bewegung kam, setzte sie sich für die Rechte von Schwarzen ein, wurde vom FBI überwacht und vor den gefürchteten Hexenausschuss, das House Un-American Activities Committee, geladen. Eine Pionierin des neuen, persönlichen Journalismus, schrieb die englische Aristokratin mit amerikanischem Pass ebenso witzige wie engagierte Artikel und Bücher über die Gesellschaft und die Institutionen ihrer Wahlheimat. Fast ein Jahr lang stand *The American Way of Death* (*Der Tod als Geschäft*), ein ebenso komisches wie entlarvendes Werk über die Machenschaften der Bestattungsbranche, auf der Bestsellerliste, machte sie Mitte der 1960er Jahre zur Berühmtheit in den USA und zur viel gefragten Rednerin: So provokant und unterhaltsam wie Jessica Mitford sprach keiner. Auf ihren Tourneen durch die Universitäten lagen ihr die Studenten zu Füßen, vor allem – das war ihre Lieblingsstelle – wenn sie vorführte, wie Leichen einbalsamiert werden, wobei sie ganz ähnliche Grimassen schnitt wie als Kind für Miranda. Sie war die geborene Performerin, das Leben: eine Bühne. Mit größtem Vergnügen schmiss sie sich in jeden politischen oder sonstigen Kampf, sie liebte Konflikte, gern mit Krawall. *A Fine Old Conflict* hieß der Titel ihrer zweiten, 1977 erschienenen Autobiographie. *Das rote Schaf* wollte sie ihre erste nennen. Schwarze Schafe gab es in ihrer Familie schon genug.

Decca, 1917 geboren, war die zweitjüngste der sechs Mitford-Schwestern, Nancy, Jahrgang 1904, die älteste und bissigste. Mit ihren amüsanten autobiographischen Romanen machte die Grande Dame der literarischen High Society ihre exzentrische Familie im ganzen Land bekannt; nach dem Krieg lebte sie, politisch liberal bis konservativ, als Schriftstellerin und Geliebte eines französischen Politikers in Paris.

Pamela, die schlichteste und häuslichste der Schwestern, von diesen deshalb nur »Woman« genannt, war die Einzige, wie Decca einmal bemerkte, deren Kindheitstraum nicht wahr wurde: Die Zweitälteste wollte Pferd werden. Irgendwie kam Pam dem Traum aber doch ziemlich nahe, lebte mit Hunden und Pferden auf dem geliebten Land, wo sie so gern am Herd stand wie Schwester Decca am Schreibtisch saß.

Diana, die eleganteste, klügste, belesenste der sechs schönen Schwestern, heiratete 1929 mit neunzehn Jahren auf der Traumhochzeit des Jahres den Guinness-Erben, um ihn, vier Jahre und zwei Kinder später, für Oswald Mosley zu verlassen, den Führer der faschistischen Partei Großbritanniens. Bei ihrer Hochzeit 1936 in Berlin war Goebbels Gastgeber und Hitler Ehrengast, während des Kriegs wurde das Paar prophylaktisch festgenommen und ein paar Jahre lang inhaftiert; nach 1945 lebten sie, in England geächtet, als Mitglieder des Jetsets in Paris. Diana schwärmte bis zu ihrem Tod von Hitlers blauen Augen, während ihr Mann auf ein politisches Comeback hoffte.

Unity Valkyrie, in einem kanadischen Ort namens Swastika (»Hakenkreuz«) gezeugt, wurde, durch Schwager Mosley angesteckt, feurige Anhängerin Hitlers und setzte sich so lange in dessen Münchener Stammlokal, bis der »Führer« sie endlich ansprach. Fortan innige Freunde, fuhren sie gemeinsam zu Parteitagen und den Festspielen nach Bayreuth, gern empfing Hitler sie, auch mit ihrer Familie, zum Tee. 1939, als der Krieg zwischen Deutschland und Großbritannien ausbrach, schoss sie sich im Englischen Garten in München in den Kopf, überlebte, mit kindlichem Gemüt und von der Mutter gepflegt, bis sie neun Jahre später starb.

Deborah, die Jüngste und die Einzige, die heute noch lebt, wurde, was sie nach Auskunft von Decca schon als kleines Mädchen werden wollte:

Herzogin. Als Duchess von Devonshire und clevere Geschäftsfrau machte sie Schloss Chatsworth zu einer der größten Touristenattraktionen im Land. Ihrem Freund Lucian Freund, von dem sie sich in seiner gewohnt erbarmungslosen Art porträtieren ließ, brachte Debo immer Eier von eigenen Hühnern nach London mit. Für historisches Geflügel hatte die passionierte Jägerin von klein auf eine große Leidenschaft.

Und mittendrin: Tom, der einzige, hochmusikalische Bruder, der früh aus dem Alltag der Schwestern ins Internat verschwand, bevor er nach Deutschland und Österreich ging, um Deutsch zu lernen, Klavier zu spielen und schließlich in England Jurist zu werden. Über seine sexuellen Neigungen gab es ebenso unterschiedliche Meinungen wie über seine politischen: Decca schwor, dass er den Kommunisten nahestand, Diana, dass er Faschist war. Auf jeden Fall zog er als Soldat, der er zur Überraschung der Familie gern war, nicht gegen die Deutschen in den Krieg; in Burma ist er 1945 gefallen. Das war auch das Ende dieser Adelslinie: Nur ein Sohn konnte den Titel, Lord Redesdale, erben, der damit an einen Verwandten fiel, zusammen mit dem Sitz im Oberhaus.

»Ich bin normal, meine Frau ist normal, von meinen Töchtern aber ist eine verrückter als die andere«, hat der Vater der Sippe einmal gestöhnt. Ganz so normal war der zweite Baron Redesdale freilich nicht, eher ein exzentrischer und reaktionärer Poltergeist, ein Macho mit ausgeprägtem Sinn für Humor. Er interessierte sich vor allem für die Jagd und das Häuserbauen, seinen Londoner Herrenclub und das Oberhaus. Ursprünglich ein leidenschaftlicher Deutschenhasser, war auch er von Hitler fasziniert, bevor er sich mit Kriegsbeginn wieder seiner patriotischen Pflichten besann, während seine Frau weiter für den »Führer« schwärmte. Daran ist ihre Ehe zerbrochen.

In Großbritannien sind die Mitfords so bekannt wie bei uns die Familie Mann. Nur noch berüchtigter. Nach Deccas Tod schrieb Debo ihrer Schwester Diana, in den Nachrufen seien die Mitford Sisters »abwechselnd als Berühmt, Berüchtigt, Begabt, Glamourös, Unberechenbar, Stürmisch, Umjubelt, Verrufen, Rebellisch, Farbenfroh & Eigensinnig« beschrieben worden. »Also such Dir was aus.« Vor allem in den 1930er Jahren sorgten sie ständig für Skandale und Schlagzeilen, so dass ihre Mutter irgendwann seufzte: »Wenn ich ›Tochter eines Peers‹ in einer Schlagzeile lese, dann weiß ich gleich: Es geht um eines von euch Kindern.« Ihre Geschichte ist auch eine Mediengeschichte. Denn wer glaubt, die Promiberichterstattung sei eine Erfindung des späten 20. Jahrhunderts, wird von den Mitfords eines Besseren belehrt. Sensations- und glamourlüsterne Journalisten stürzten sich in Horden auf die Schwestern.

Sie haben es gehasst und genossen, die legendären Mitford Sisters zu sein, haben die Aufmerksamkeit der Medien für eigene Zwecke genutzt und selber fleißig am Mythos mitgeschrieben. Heute füllen sie in den britischen Buchhandlungen ganze Regale mit Biographien und Autobiographien, Briefbänden und Romanen, Sachbüchern und Kochbüchern, noch zu Lebzeiten lieferten sie den Stoff für Fernsehspiele, Dokumentationen, ja, sogar ein Musical. »Die Mitford-Industrie« haben sie selbst das Phänomen genannt. Mitford Sister schien fast so etwas wie ein Beruf, ein Lebensinhalt zu sein. Als Decca 1977 in der populären BBC-Musiksendung *Desert Island Discs* zu Gast war, wurde sie als »Mitford-Schwester, Schriftstellerin« vorgestellt. Diana, 1989 eingeladen, war »Mitford-Schwester, Gattin von Sir Oswald Mosley«.

In England kann man der Familie gar nicht entkommen. Selbst die Queen ist der Mitford-Mania verfallen. Zumindest in der Fiktion von Alan Bennetts Erzählung *The Uncommon Reader* (*Die souveräne Leserin*). Da entdeckt die Königin im Bücherbus der Bezirksbibliothek durch einen glücklichen Zufall Nancy Mitfords Familienroman *The Pursuit of Love* (*Englische Liebschaften*). »Hat ihre Schwester nicht diesen Mosley geheiratet?«, fragt die Queen den Bibliothekar. »Und die Schwiegermutter einer weiteren Schwester war meine Oberhofmeisterin? ... Und dann war da natürlich noch dieser eher traurige Fall, die ein Techtelmechtel mit Hitler hatte. Und eine wurde Kommunistin.« Also legt sich die Queen mit dem Roman ins Bett und steht so schnell nicht mehr auf. Als ihr Mann sie durch die Tür laut lachen hört, kommt er besorgt herein und fragt, ob alles in Ordnung sei. In bester Ordnung! Auch am nächsten Tag bleibt die Königin im Bett liegen und schützt eine Erkältung vor, um die Mitford-Saga ungestört zu Ende zu verschlingen. Danach kann sie vom Lesen nicht mehr lassen.

Und in Deutschland? Trotz der engen politischen Verbindungen von Diana und Unity: nichts. Das zumindest war der Stand zu Beginn dieses Projekts. 2010 waren die Bücher, die es einmal auf Deutsch gab, vergriffen – darunter Deccas Bestseller über die Bestattungsindustrie, Nancys Romane und Karlheinz Schädlichs Sammelbiographie über die Schwestern; der Graf Verlag hatte noch nicht mit der Neuauflage von Nancys Büchern begonnen, Deccas Erinnerungen an Kindheit und Jugend waren noch nicht im Berenberg Verlag erschienen.

Dieses Buch ist nicht »*Die* Biographie« Jessica Mitfords, wie gleich mehrere Autoren ihre Bücher über Schwester Nancy nannten. Ich werde die Mitfords auch nicht neu erfinden. Dazu ist das Leben und Treiben der Familie längst viel zu gut dokumentiert – »die bekannteste und exzessivst beschriebene Kinderstube des 20. Jahrhunderts außerhalb des Buckingham Palace« hat der *Guardian* sie einmal genannt – und fiktionalisiert. Wobei oft schwer zu sagen ist, wo das eine aufhört und das andere beginnt. »Dichtung und Wahrheit bei den Mitfords« hat Deccas Schwager Bryan Guinness einen Text über die Familie betitelt. Nancy hat sich gleich für die Romanform entschieden, wobei ihre satirisch zugespitzten Schilderungen der Familie von dieser zwar als übertrieben, aber im Prinzip als realistisch beurteilt wurden.

Aus Familiengeschichten wurden Legenden, und je mehr Zeit verstrich, je häufiger sie erzählt wurden, desto unmöglicher wurde es, den Wahrheitsgehalt zu überprüfen. Am Ende ist es eine Frage des Glaubens, welche Version man für die realistischste hält. So erzählt Decca in ihrer 1960 erschienenen Autobiographie *Hons and Rebels* (*Hunnen und Rebellen*) – den Titel *Das rote Schaf* hatte sie auf Wunsch des Verlegers wieder verworfen –, wie sie sich als Kind bockig der Aufgabe verweigerte, eine Geschichte nachzuerzählen. Als die Mutter sie anflehte, irgendetwas müsse sie doch behalten haben, presste sie sich trotzig ein »the« ab. Genau so steht es auch in den Memoiren ihrer Schwester Debo – nur ist Unity dort die störrische Schülerin.

Man kann diese Episode auch als Beleg dafür lesen, wie ähnlich sich die Schwestern trotz ihrer politischen Differenzen in vielem waren: der scharfe Humor und die Lust, andere auf den Arm zu nehmen, die Eloquenz und Schlagfertigkeit, die Furchtlosigkeit und starrsinnige Entschlossenheit, die Leidenschaft des Briefeschreibens, überhaupt, die Begabung zum Schreiben, das Talent zum Fies-Sein und zur Freundschaft, der Hang zum Extremismus und ihre grenzlose Loyalität.

Auch der Drang, der Familie zu entfliehen, war ihnen gemeinsam. Was noch lange nicht bedeutet, dass sie tatsächlich voneinander losgekommen sind. Sie sind in die Welt hinausgezogen, haben Pferde gezüchtet, Bücher geschrieben und Kinder gekriegt, Ehen und Affären gehabt, Freundschaften wie Gärten gepflegt, politische Kämpfe ausgefochten und viele, viele Partys gefeiert. Und doch haben sie sich etwas Kindliches, oft auch Kindisches bewahrt, waren noch im hohen Alter die Mädchen, als die sie zusammen aufgewachsen sind. Eine Mitford zu sein, meinte Deccas amerikanischer Lektor Robert Gottlieb über seine Autorin, »ist wesentlicher Bestandteil ihres Erbguts, hat alles geprägt, was sie getan hat. Und sie besitzt die Tatkraft der Familie, die Ungeheuerlichkeit der Familie, die Unbefangenheit der Familie, die Gnadenlosigkeit der Familie und den Humor der Familie.«

Einmal Mitford, immer Mitford. Das Freifräulein mochte die Festungsmauern der Kindheit sprengen, aber deren Steine bildeten das Fundament ihres Lebens. Entkommen ist Decca ihrer Herkunft, ihrer Kultur und vor allem dem komplexen Kosmos Familie nie. Ihr englischer Upperclass-Akzent, den abzulegen sie sich anfangs in Amerika solche Mühe gab, wurde im Laufe der Jahrzehnte eher stärker. Selbst wenn ihre englische Familie in ihrem täglichen Leben in Amerika keine Rolle spielte, als emotionale Kraft behielt sie eine enorme Wucht. Auch im Streit und im Schweigen waren die Schwestern einander so eng verbunden, dass Decca es schwierig, ja, unmöglich fand, ihrem eigenen Ehemann zu erklären, was Nancy, Debo und die anderen ihr bedeuteten. Nachdem sie der ländlichen Langeweile der Cotswolds erst einmal entflohen war, schreibt Peter Sussman, der Herausgeber ihrer Briefe, »verbrachte sie den Rest ihres glanzvollen Lebens und ihrer Laufbahn – und das betrifft auch ihre umfangreiche Korrespondenz – in einer Art fortgesetzter Konversation, oder Auseinandersetzung, mit ihrer privilegierten Erziehung, ihrer ungebärdigen Familie und den stürmischen Leidenschaften der Zeit, in der sie aufwuchs«.

Das rote Schaf der Familie ist nicht *die* – es ist *eine* Biographie über Jessica Mitford (eine andere, Leslie Brodys *Irrepressible,* mit Fokus auf ihr Leben in Amerika, ist 2010 erschienen). Warum von den sechs Schwestern gerade sie? Weil Decca für mich nicht nur die faszinierendste, sondern auch die sympathischste ist. »Die Beste von allen« hat ein Journalist sie genannt. Die originellste der Schwestern war sie auch. Kein Wunder, sagt ihre Freundin, die Londoner Literaturagentin Mary Clemmey, dass die Ohio State University jeden Fetzen Papier von ihr aufbewahrt. »Bei ihr waren selbst die Einkaufszettel eigenwillig.«

Als ihr Freund Philip Toynbee einmal gefragt wurde, ob er Decca mit einem Wort – »in a nutshell« – beschreiben könne, konnte der nur lachen. In eine Nussschale passte sie nicht rein, Decca war eine komplexe Figur, überlebensgroß. Wobei Toynbee sie dann doch in einem Satz zusammenfasste: »Ich würde sagen, dass eine Clownin aus der englischen Upperclass mit sehr, sehr linken Ansichten, die in Kalifornien lebt und wie eine typische Oaklander Hausfrau aussieht, durchaus etwas Exzentrisches hat.« »Eine Naturgewalt«, so beschreibt sie ihr Freund Doug Foster. Jessica Mitford war immer für eine Überraschung gut. *Contrastiness*, »Gegensätzlichkeit«, ist das Wort, das ihr Mann Bob Treuhaft für sie geprägt hat – ein Leben voller munterer Widersprüche, eine Achterbahnfahrt zwischen englischen Gartenpartys und Berkeleys Studentenbewegung, zwischen Lunch mit Liz Taylor und dem Kampf an der Seite der Black Panther. Sie, die so schlampig und so aufmüpfig war, sich über alles und jeden lustig machte und für ein paar Lacher alles tat, war bis 1958 treues, diszipliniertes Mitglied der ziemlich humorlosen Kommunistischen Partei, gegenüber der sie auch nach ihrem Austritt noch extrem loyal blieb. Unrecht brachte sie auf die Palme, in Bezug auf die unmenschliche Diktatur in den Ostblockstaaten zeigte sie sich jedoch merkwürdig blind. Und sie, die sich so unermüdlich für die Rechte der Schwarzen einsetzte, interessierte sich nicht weiter für das Schicksal von Hispanics und anderen Minderheiten. Pünktlichkeitsfanatikerin und Freiheitsadvokatin ist sie gewesen, Trinkerin und Kämpferin für Gerechtigkeit, Kettenraucherin und besessene Briefeschreiberin, Klatschtante, Clown und Agent provocateur. Eine bodenständige Grande Dame, wie der *San Francisco Chronicle* sie beschrieb, frech, launisch, fröhlich, ungeduldig, gastfreundlich, verbohrt.

Zu den Widersprüchen ihres Lebens gehört auch das unterschiedliche Verhältnis zu ihren beiden Nazi-Schwestern. Von Unity, die keine Gelegenheit ausließ, ihren Schwarm Adolf Hitler zu feiern, hat Decca immer mit großer Zärtlichkeit gesprochen, ihr bis zu ihrem Tod geschrieben. Diana dagegen, einst ihre Lieblingsschwester, hat sie regelrecht gehasst, hat sie für Hitlers Terror und den Tod ihres ersten Mannes verantwortlich gemacht und jeden Kontakt zu ihr abgebrochen.

»Kein Aber«, hatte Decca für ihre Trauerfeier angeordnet. Keiner sollte sagen: »Wir haben sie sehr geliebt, aber …« So soll dies denn kein Buch des »Abers«, sondern ein Buch des »Unds« sein. Decca selbst war eine Meisterin in der Kunst des fröhlichen Paradoxes.

Sie war die geborene Rebellin, der wandelnde Protest. Als Teenager fing sie an, sich über das Unrecht in der Welt zu empören, und hörte nicht mehr auf, bis sie starb. Dabei hat sie durchaus das Zeug zur Terroristin gehabt, hatte vor allem in jungen Jahren etwas Fanatisches, Wütendes, Kriminelles an sich. Als Teenager wollte sie Piratin werden; damals, so ihr Freund Philip Toynbee, hätte der Unterschied selbst zu den liberalsten Mädchen ihrer Schicht nicht größer sein können: »Sie waren von Decca so verschieden wie ein christlicher Sozialist von einem Nihilisten mit Bombe.« Was sie davor bewahrte, Terroristin zu werden, waren ihre Bodenständigkeit und Menschlichkeit, ihr trockener Humor und ihre Lebenslust.

Gefragt, was ihnen als Erstes einfällt, wenn sie an Decca denken, sagen denn auch die meisten ihrer Freunde: ihr Witz und ihre Schlagfertigkeit. Gerade unter den politischen Tieren machte sie das zur Rarität. »Ihr größtes Verdienst war wohl die Lebensfreude, die sie unter den trübseligen amerikanischen Linken verbreitete«, schrieb ihr Freund Alexander Cockburn, der als Kind kommunistischer Eltern diesen düsteren Ernst nur allzu gut kannte.

Freiheit war das, wofür Decca vor allem kämpfte. Das Gefühl, eingesperrt zu sein, war schließlich die prägende Erfahrung ihrer Jugend gewesen. Für Meinungs- und Pressefreiheit hat sie sich eingesetzt; für die Freiheit, zu wohnen, wo man wohnen, zu essen, wo man essen möchte, egal, welche Hautfarbe man hat. Es ist kein Zufall, dass sie in dem Land geblieben ist, das sich so viel auf seine Freiheit zugutehält wie kein anderes. Allerdings gab sie sich nicht mit dem Mythos zufrieden, überprüfte ihn permanent an der Realität.

Vor allem hat sie sich die Freiheit genommen, Jessica Mitford zu sein. Sie tat, was sie wollte, sagte, was sie dachte, und scherte sich nicht darum, was andere davon hielten. Peinlich ist ihr nichts je gewesen. »Decca sein«: Das, so ihr Freund Bob Scheer, war ihr größtes Verdienst.

Hier ist eine Frau, die eins war mit sich, die schrieb, wie sie sprach, frisch und lebendig, und sie sprach mit jedem auf die gleiche Art, egal, wie jung, wie reich, wie gebildet, ob Arbeiter oder Graf, sie sprach mit ihnen als Decca Mitford. Nicht zufällig wurden ihre Freunde und Fans am Ende ihres Lebens immer jünger: Decca ist eine Frau ganz von heute. Ihre Art des Schreibens – schnell und persönlich – passt perfekt ins Zeitalter des Internets, hätte sie länger gelebt, wäre sie sicher Bloggerin geworden. Die zufällige Entdeckung des Faxgeräts war für sie ein Himmelsgeschenk, fortan schossen die Briefe nur so hin und her. Was hätte sie mit ihrem Kommunikationsbedürfnis und ihrer Ungeduld erst mit E-Mails, WhatsApp oder Twitter gemacht.

Einer ihrer jungen Fans ist J.K. Rowling gewesen, ja, vielleicht gäbe es ohne Jessica Mitford *Harry Potter* nicht. Als Vierzehnjährige bekam Rowling Deccas Autobiographie von ihrer Großtante geschenkt. Danach war es um sie geschehen. Die Jugendliche erklärte die adelige Rebellin sofort zu ihrer Heldin, noch heute nennt sie Decca die für sie wichtigste Schriftstellerin. »Ich glaube, ich habe alles gelesen, was sie geschrieben hat.« Rowling bewundert sie für ihren Mut und Witz und Stil, dafür, dass sie »einigen ihrer jugendlichen Eigenschaften nie entwachsen ist, ihrer politischen Einstellung immer treu blieb« – so groß ist ihre Bewunderung, dass sie ihre eigene Tochter Jessica nannte.

Jessica Mitford ist eine Entdeckung wert. Wann, wenn nicht jetzt. Sie ist eine der faszinierendsten, hierzulande praktisch unbekannten Frauenfiguren des 20. Jahrhunderts, eines Jahrhunderts, das sich mit all seinen Konflikten und Facetten auf einzigartige Weise in ihrer Biographie bündelt. Englische Aristokratie und High Society, Kommunismus und Faschismus, Kapitalismus und New Deal, Spanischer Bürgerkrieg und Zweiter Weltkrieg, Kalter Krieg und Vietnamkrieg, McCarthyismus und Bürgerrechtsbewegung, Free Speech Movement und Black Panther, all das hat Jessica Mitford nicht nur selbst erlebt, sondern auf ihre ganz eigene Weise mitgeprägt.

Sie war, so ihre Freundin Mary Clemmey, Kapitän ihres eigenen Schiffs. Es ist ein Piratenschiff gewesen, mit dem sie durchs Leben steuerte, es hatte schon Fracht geladen, als sie das Ruder übernahm. Einiges davon hat sie über Bord geworfen, viele neue Passagiere hat sie an Bord genommen –

Menschen waren für sie das Allerwichtigste. Aber ein Teil der alten Fracht fuhr weiter mit – ihr langes, trotz aller politischen Enttäuschungen und persönlichen Tragödien glückliches, selbstbestimmtes Leben lang.

Dieses Buch ist, wenn man so will, ein Schelmen- und Familienroman. Nicht, dass ich etwas dazuerfunden hätte. Das musste ich nicht, die Geschichte ist phantastisch genug. Schreiben ist für mich eigentlich immer der Versuch, zu verstehen. Bei den Mitfords bin ich da zuweilen an meine Grenzen gestoßen. Manchmal blieb nur ungläubiges Staunen, das Staunen von Alice im Wunderland: *curiouser and curiouser*, seltsamer und seltsamer …

1

Die Mitfords im Wunderland

»Achtung!« warnt ein Schild. »Hühner auf der Straße!« Das scheint so ziemlich das Gefährlichste zu sein, was einem in den Cotswolds begegnen kann, wo England noch heute so englisch ist wie kaum irgendwo sonst, wo Straßen »Buttermilk Lane« heißen und Cottages keine Hausnummern tragen, sondern Namen wie »Summerhaze«, wo Rosen üppig wie Unkraut an Häusern hochklettern und lässig von Garagen herunterhängen. Sanft rollen sich die Hügel durch das Windrush Valley, unter uralten Bäumen dösen Schafe, Wanderer laufen querfeldein. Wenn man nicht selber im Auto säße, man könnte fast glauben, das Automobil sei noch nicht erfunden, so unversehrt wirken die alten Dörfer mit ihren Natursteinhäusern, die Landschaft mit ihren Weiden und Hecken und Flüsschen, die kein Mensch je begradigt hat.

Es ist eine Bilderbuchlandschaft, aufgeklappt zum Vergnügen von Touristen und wohlhabenden Londonern, die am Wochenende in ihre Landhäuser ziehen, um sich vom Stress der Hauptstadt zu erholen. Swinbrook und Umgebung, 30 Kilometer nordwestlich von Oxford, gehört inzwischen zu den teuersten Gegenden im ganzen Land, gerade weil die Idylle so nah an der Metropole liegt. Und weil hier alles so wie früher ist. Nur viel komfortabler. Die Cotswolds sind wie ein dickes Federbett, in das man sich gerne plumpsen lässt.

Auch in der Swinbrooker Dorfkneipe, dem Swan Inn, sind die Hühner allgegenwärtig. Sie hängen als Schild an der Klotür und liegen als Matte vorm Kamin, im Garten des dreihundertsechzig Jahre alten Pubs laufen sie frei herum. Natürlich handelt es sich hier nicht um ordinäre Stall-, Wiesen- und schon gar nicht um Legebatterie-Hühner. Es sind historische Rassehühner, die selbstbewusst über Biertisch und Wiese flanieren. Im Garten sind sie die Könige.

Der malerisch am Windrush gelegene Swan Inn gehört Deborah,

Dowager Duchess of Devonshire, Herzogin im Ruhestand. Vier ihrer Schwestern sind auf dem Friedhof hinter der Dorfkirche begraben: Nancy, Unity, Diana und, etwas im Abseits, wie sie es im Leben schon war, Pam, wie Debo eine große Hühnerzüchterin. Fans haben den Schwestern Blümchen aufs Grab gelegt. Nur die fünfte Schwester fehlt: Decca liegt Tausende von Kilometern weiter westlich im Meer. Ihre Asche wurde 1996 im Pazifik zerstreut. Sie war schließlich nicht weggerannt bis ans Ende der Welt, um hinterher als Leiche doch noch zurückzukehren.

Mit etwas Mühe ist das lustige Etwas auf Nancys verwittertem, pockigem Grabstein als Maulwurf zu erkennen, jenes Tier, das die Schriftstellerin so gern hatte, dass sie es sich ins Reisebriefpapier prägen ließ. Der Maulwurf ist das Wappentier der Familie. Deren Begründer, Sir John Mitford of Mitford in Northumberland, besaß Ländereien in Molesdon, was ungefähr so viel wie Maulwurfingen bedeutet. Auch sein Nachfahre Algernon Bertram Mitford, geboren 1837, der Großvater der Schwestern, hatte im Nordosten, knapp vor der schottischen Grenze, in Redesdale, Besitz und wurde 1902 wegen seiner Verdienste um die Nation zum ersten Baron von Redesdale geadelt.

Eigensinn und Temperament: Die Großeltern

Algernon Bertram Mitford war noch ein kleines Kind, als seine Mutter mit ihrem Geliebten und späteren Ehemann durchbrannte und damit für immer aus dem Leben des Jungen verschwand: Über Affären und uneheliche Kinder regte sich damals niemand weiter auf, aber wer es wagte, sich scheiden zu lassen, wurde von der Gesellschaft verstoßen. Bertie, wie ihn alle nannten, war voller Ehrgeiz und Energie und schlug eine klassische Laufbahn ein, erst Eton, dann Oxford und schließlich St. Petersburg. Mit einundzwanzig Jahren wurde er Diplomat, diente in Russland und im Fernen Osten, in die japanische Geschichte und Kultur hat er sich regelrecht verliebt; das feudale System in Japan erinnerte ihn an sein geliebtes Mittelalter. Das Buch, das er 1871 über dieses fremde Land schrieb, eine bunte Mischung aus Geschichte, Politik, Folklore und Schauerroman, wurde zum Bestseller und wird bis heute immer wieder neu aufgelegt.

Nachdem Bertie Anfang der 1870er Jahre aus der diplomatischen Laufbahn ausgestiegen war, ließ er sich in London nieder, wo Benjamin Disraeli, der neue Premierminister, ihn 1874 zum Bauleiter für Londons Schlösser und Gärten ernannte. Als solcher kümmerte sich der tatkräftige Amateur um die heruntergekommenen Paläste, vor allem um Hampton Court und den Tower, war zuständig für die Royal Parks und gestaltete Teile des Hyde Parks um. Munter und gesellig, genoss der Womanizer das Londoner Leben in vollen Zügen. Erst mit Ende dreißig gründete er eine Familie; Lady Clementine Ogilvy gebar ihm neun Kinder. Als er 1886 von einem Vetter Batsford Park erbte, gesellte er dessen Namen Freeman seinem dazu und gab seinen Posten in London auf, um sich ganz dem riesigen Anwesen zu widmen. Zum Abschied bedankten sich Premierminister und Queen persönlich für seine Arbeit. Decca gehörte nicht zu den Fans von Großvater Redesdale, war er doch ein Freund von Houston Stewart Chamberlain, dem geistigen Wegbereiter des nationalsozialistischen Rassenwahns, und ein Bewunderer von dessen Schwiegervater Richard Wagner.

Auch der andere Großvater, eine nicht weniger schillernde Figur, war ohne Mutter groß geworden. Nur ihren Nachnamen, Bowles, hat er getragen. Thomas »Tap« Gibson Bowles wurde 1841 geboren, als unehelicher Sohn des liberalen Politikers Thomas Milner Gibson, der ihn in seine Familie aufnahm und großzog. Mit zwölf wurde der Junge nach Frankreich aufs Internat geschickt, als junger Journalist von sechsundzwanzig Jahren gründete Tap die Zeitschrift *Vanity Fair*, die ihm, so Enkelin Diana, »ein kleines Vermögen und unzählige Feinde einbrachte«. Das Magazin, berühmt für seine Karikaturen, war ebenso witzig und böse wie sein Besitzer. Außerdem gehörte ihm *The Lady*, die zwar nicht Englands erste Frauenzeitschrift war, aber, 1885 gegründet, die älteste, die bis heute erscheint und sich noch immer im Besitz der Familie befindet.

Großvater Bowles war ein Mann von unerschöpflicher Energie, so temperamentvoll wie kompromisslos. Nie soll er vor vier Uhr morgens ins Bett gegangen sein. Eine Weile saß er auch im Parlament, nicht so lange, wie er gern gewollt hätte, aber seine Zeit als Abgeordneter nutzte er für finanzpolitische Vorstöße und parlamentarisches Unterhaltungsprogramm. Tap lebte nach seinen eigenen Regeln und nahm am liebsten alles in die eigene Hand; sogar seine Hemdkragen hat er selbst entworfen.

In Jessica Evans Gordon, die schottische Generalstochter, nach der Jessica Mitford benannt wurde, hat er sich bei der ersten Begegnung verliebt. Deren Familie war anfangs gar nicht begeistert, der Möchtegern-Schwiegersohn war ihnen etwas zu überschwänglich und selbstbewusst. Aber schließlich durften die beiden doch heiraten und bekamen zwei Söhne und zwei Töchter. Sydney, das ältere der beiden Mädchen, wurde die Mutter der Mitford-Schwestern. Als Taps Frau, eher schwach und kränkelnd, zum fünften Mal schwanger wurde, drängten die Ärzte sie zur Abtreibung, an deren Folgen sie mit fünfunddreißig Jahren starb.

Da er das Meer mehr als alles andere liebte, stach der Witwer mit seinen vier Kindern erst mal in See. Monatelang reisten sie mit dem schweren Schoner herum, bis nach Ägypten, Beirut, Damaskus und ins Heilige Land. Auch später schleppte er seinen Nachwuchs überallhin, in der Regel im Matrosenanzug (dann musste er mit ihnen keine Kleider einkaufen gehen): zur Jagd nach Schottland, in den politischen Wahlkampf, in die mondänen Badeorte Deauville und Tréauville, zu seinen Künstlerfreunden. Wann immer es ging mit der Yacht, die ihm sein liebstes Verkehrsmittel, Büro und Zuhause war.

Mit elf bekam seine Tochter Sydney von Lewis Carroll, dem Autor von *Alice im Wunderland* und Freund ihres Vaters, einen Brief. Er habe ja nicht mal gewusst, dass es sie gebe!, schrieb der Schriftsteller. Er hätte ihr trotzdem Grüße ausrichten lassen sollen, »ohne so pingelig darin zu sein, ob es dich gibt oder nicht. In *gewisser* Weise, weißt du, sind Leute, die es *nicht* gibt, viel netter als Leute, die es *gibt* … Aber egal! Man hat ja sowieso nichts mitzureden, ob es einen gibt oder nicht; und ich wage zu behaupten, dass du *genauso* nett bist, wie wenn es dich nicht gäbe.« Sie soll ihren Schwestern und sich liebe Grüße und einen Kuss ausrichten, aber bitte nicht den Kuss für sich selbst vergessen, »auf die Stirn, das ist der beste Platz«.

Ob Sydney es versucht hat, ist nicht überliefert. Wahrscheinlich nicht, die Halbwaise war ein ernsthaftes Kind und neigte auch als Erwachsene nicht zu Zärtlichkeiten. Mit vierzehn musste Sydney ihrem Vater den Londoner Haushalt und die Bücher führen; wenn er auf Reisen ging, war sie das Familienoberhaupt. Auch wenn die männlichen Dienstboten das nicht so sahen. Oft betrunken, machten sie ihrer jungen Chefin das Leben so schwer, dass sie später für ihr eigenes Haus nur weibliches Personal einstellte.

Unterrichtet wurden Sydney und ihre Geschwister von einer Gouvernante, Tello genannt, die später ein Verhältnis und drei Söhne mit ihrem Arbeitgeber hatte. Tap kaufte ihr ein Haus und machte sie zur Chefredakteurin der *Lady*, was sie ein Vierteljahrhundert blieb. Sydney hat sie später oft zu sich eingeladen, zur Freude ihrer Töchter: Tello konnte so schön Geschichten erzählen.

Beide Großväter waren eine Zeitlang konservative Parlamentsabgeordnete und alte Parteifreunde. Zu einem Besuch bei Bertie in Batsford Park hatte Tap, wie üblich, seine Tochter (im Matrosenkleidchen) mitgebracht. So sind sich David Bertram Ogilvy Freeman-Mitford und Sydney Bowles das erste Mal begegnet, da war er siebzehn und sie vierzehn. Als sie David so am Kamin stehen sah, hat sie sich gleich in ihn verliebt, wie sie später erzählte. Danach hat sie sich erst mal wieder entliebt und in andere Männer verguckt, unter anderem in ihren schwedischen Schlittschuhlehrer. Bis sie sich näherkamen, dauerte es noch einige Jahre. Als sie sich 1904 trauen ließen, war Sydney vierundzwanzig Jahre alt und angeblich bei der Hochzeit in Tränen aufgelöst, weil sie einer anderen Liebe nachtrauerte. Sie habe ihren Mann, der entbrannt war für sie, gemocht, glaubt ihr Enkel Jonathan Guinness, der heutige Lord Moyne. Aber erst mit der Ehe habe sie ihn lieben gelernt.

David und Sydney Mitford

Die Eltern der Mitford-Schwestern hätten nicht unterschiedlicher sein können. David war ein Eigenbrötler und brüllender Löwe, neben dem die eigentlich gesellige Sydney fast wie eine stille Maus wirkte. Sie soll, so heißt es, als junge Frau eine Schönheit gewesen sein, als Debütantin umschwärmt. Auf den späteren Familienfotos lässt sie Schultern und Mundwinkel hängen, nie sieht man ein Lächeln auf ihrem schwermütigen Gesicht. Das, erklärte ihr ein heimlicher Verehrer Jahrzehnte danach, habe ihm gerade so imponiert: dass sie wirklich nur gelächelt habe, wenn sie Grund dazu hatte, sich etwa freute, jemanden zu sehen. Die gnadenlose Ehrlichkeit war etwas, was sie mit ihrem Mann und ihren Töchtern verband.

Sie war wohl bei weitem nicht so missmutig, wie sie auf den Bildern aussieht, und er nicht so gefährlich, wie er klang. Überhaupt waren die beiden immer für eine Überraschung gut: altmodisch und streng in vielen Dingen, in anderen progressiv und liberal.

David wirkte wie ein zweiter Clark Gable, ein stattlicher Mann von lässiger, ländlicher Eleganz. Nur: Er hatte nichts und konnte nichts. Nichts zumindest, worauf er in London eine Karriere hätte aufbauen können. Als Zweitgeborener war David Mitford ohnehin schlecht dran. In englischen Adelsfamilien erbte der älteste Sohn praktisch alles, Titel, Geld und Besitz. Die Jüngeren hatten zwar karrierefördernde gesellschaftliche Verbindungen, mussten im Wesentlichen aber selber sehen, wo sie blieben.

Schon als kleiner Junge war David ein Vulkan. Wegen seiner gewaltigen, manchmal auch gewalttätigen Wutausbrüche wurde er nicht wie sein großer Bruder nach Eton geschickt, sondern nach Radley. Die Schule hat David gehasst, er trieb lieber Sport. Als er die Internatsjahre endlich überstanden hatte, wurde er für ein paar Jahre nach Ceylon entsandt. Aber auch zum Plantagenverwalter war er nicht geboren. Die Sauferei seiner Kollegen dort schreckte ihn so ab, dass er zum lebenslangen Abstinenzler wurde.

Seine Rettung war der Krieg. Als 1899 der Burenkrieg ausbrach, meldete sich David sofort. In Uniform blühte er auf, aber das Glück hielt nicht lange an. Schwer verletzt, wurde er vorzeitig und mit einem Lungenflügel weniger nach Hause geschickt. Seine Begeisterung fürs Militär hat das nicht getrübt. Auch im Ersten Weltkrieg hat er sich gleich wieder gemeldet, musste dann aber nach kurzem Einsatz auf dem Kontinent doch wieder an die Heimatfront.

David Mitford war ein Mann, der sich am wohlsten in der Gesellschaft von Männern fühlte. Wenn er in seinen Lieblingsladen, dem Army & Navy Store in London, einkaufen ging, stand er pünktlich um neun als Erster vor der Tür, um sicherzugehen, dort keinen Frauen zu begegnen. Sein zweites Zuhause in London war der Marlborough Club – *for gentlemen only*; als Mitglied des Oberhauses kämpfte er vehement gegen den Plan, aus dem House of Lords auch eins für Ladys zu machen.

Als jemand, der neben männlicher Gemeinschaft vor allem das Land und die Jagd liebte, war er denkbar unqualifiziert für den Posten, den ihm sein Schwiegervater nach der Hochzeit verschaffte: David wurde Geschäftsführer der Zeitschrift *The Lady*. Aber er hielt durch, jahrelang sogar. Schließlich musste er eine schnell wachsende Familie ernähren.

Am Ende seiner Arbeitswoche, diese Geschichte wird gern erzählt, zog der junge Ehemann los, um von seinem nicht sehr üppigen Gehalt einen Pfirsich zu kaufen und ihn seiner Frau feierlich zu überreichen, die ihn genauso feierlich verspeiste. Erst Jahre später erfuhr David, dass seine Frau Pfirsiche gar nicht mochte. Sie hatte es ihm nie gesagt. Überhaupt hat er mit seinen Geschenken kein Glück gehabt. Egal was er Sydney zu Weihnachten besorgte, sie tauschte es im Army & Navy Store sofort um. Die Verkäufer waren schon vorgewarnt.

Was den Geschmack anging, waren die beiden nicht kompatibel. Ihrer Liebe zueinander aber konnte das nichts anhaben. David betete seine Frau an. Zum Lachen gebracht hat er sie auch, über seine Witze hat sie sich amüsiert. »Nie hätte ich mir solches Glück träumen lassen«, schrieb er, als seine Frau zum ersten Mal schwanger wurde. Sydney, die sich sieben Söhne wünschte, war fest überzeugt, dass es ein Junge würde, der Paul heißen sollte, die blauen Pullöverchen hatte sie ihm schon gestrickt. Im November 1904, neun Monate nach der Hochzeit und fast noch im Viktorianischen Zeitalter, kam Nancy auf die Welt. Bei der Geburt war der Vater, wie bei fast all seinen Kindern, dabei. »Unser Glück ist sehr groß«, schrieb er danach.

Sechzehn Jahre, eine ganze Generation, lagen zwischen der Ältesten und der Jüngsten. Pam kam 1907 auf die Welt, Tom 1909, ein Jahr später Diana, Unity wurde im August 1914, zu Beginn des Ersten Weltkriegs geboren, und als Debo auf die Welt kam, 1920, war die Mutter vierzig Jahre alt und die Moderne hatte längst begonnen – so wie der Untergang des britischen Empires. Nur die Eltern, tief im 19. Jahrhundert verwurzelt, hatten es noch nicht bemerkt.

Als The Honourable Jessica Lucy Freeman-Mitford am 11. September 1917 ihren ersten Schrei tat (vermutlich einen lauten), lebte die Familie schon nicht mehr in London, sondern auf dem Land, auf Großvater Redesdales Anwesen in Gloucestershire. Davids älterer Bruder Clement, der eigentliche Erbe, war im Ersten Weltkrieg gefallen. Ein paar Monate lang hatten alle den Atem angehalten, denn Clements Frau war schwanger, als ihr Mann starb. Würde sie einen Sohn auf die Welt bringen, wäre er der nächste Lord Redesdale. Es wurde eine Clementine.

Nur ein Jahr nach seinem Lieblingssohn starb auch Vater Bertie Mitford, aus Kummer, wie es hieß. Und so erbte der Zweitgeborene den Titel und alles, was damit zusammenhing, die Ländereien, Batsford Park und den Sitz im Oberhaus. Jetzt war David Mitford ein echter Gentleman. Auch wenn er sich nicht immer als solcher benahm.

Für reiche Verhältnisse waren die Mitfords mit all ihren Ländereien und ihrem Personal ziemlich arm. Und wurden im Laufe der Jahre immer ärmer, so hat es sich für sie zumindest angefühlt. David hatte ein sicheres Gespür für Fehlinvestitionen, und das wenige Barvermögen, das er hatte, gab er mit beiden Händen aus. Einmal steckte er es in eine Firma, die Verkleidungen für Radios fabrizierte, Pappmaché-Hüllen in Form von Särgen und Buddhas. Die Investition endete vor Gericht. Alle paar Jahre fuhr David mit seiner Frau nach Kanada, in eine Blockhütte, in der Sydney sich überaus wohlfühlte. In Swastika, Ontario, hatte er 1908 ein Stück Land gekauft, um nach Gold zu schürfen. Sein Nachbar scheffelte reichlich, er selbst kam jedes Mal mit leeren Händen zurück.

Vor allem aber litt David unter dem, was Decca als Teenager seine »manie de l'architecture« nannte. Die Krankheit hatte schon seinen Vater befallen. Der leidenschaftliche Gärtner hatte sein ganzes Vermögen in ein gigantisches Haus im Victorian-Tudor-Stil mit ebenso extravagantem, japanisch-chinesisch angehauchten Park gesteckt. Die Mitford-Kinder waren von ihrem neuen Zuhause begeistert: Einen so tollen Spielplatz wie Batsford hatten sie noch nie gehabt. Sie tobten durch den weitgehend unbewohnten Bau, die fünf Treppenhäuser hoch und runter, spielten Fangen und Verstecken, und oft spielte der Vater mit. Oder sie zogen sich zum Lesen in eins der fünfzig Zimmer zurück, in dem die Möbel wie Gespenster aussahen, mit weißen Tüchern abgedeckt.

Dann, 1919, hat David Batsford verkauft. Für den Unterhalt fehlte ihm das Geld, außerdem wollte er selber bauen. Er brauchte ein Projekt.

Die Kinder von Asthall

Eigentlich sollte Asthall in Oxfordshire nur eine Übergangslösung sein. Für den Vater war es das auch. Asthall, so hieß das Haus wie das kleine Dorf, in dessen Herzen es lag, nur ein paar Kilometer von Swinbrook entfernt. Dort hatte David Land geerbt; auf dem Hügel, wo die Fasanen wohnten, wollte er sein Traumhaus errichten.

In der Zwischenzeit verbrachte die Familie in dem verwunschenen Herrenhaus mit den vielen Giebeln und dem lila Flieder ihre glücklichste, unbeschwerteste Zeit – ohne finanzielle Sorgen und politische Grabenkämpfe, ganz ohne Skandale. Der Vater konnte sich mit Umbauten und Ausbauten austoben, elektrisches Licht installieren und moderne Glühbirnen reinschrauben, die Mutter richtete ein, dafür hatte sie ein Händchen. Als einen einzigen Sommer wird Lady Redesdale die knapp sieben Jahre in Asthall später in Erinnerung haben. Freundlich, gemütlich und warm war das Haus, großzügig, aber nicht überdimensioniert. Kirche und Friedhof lagen gleich nebenan; aus ihrem Kinderzimmerfenster hatten die Mädchen einen prächtigen Blick auf die Gräber. Vermutlich haben sie dort auch mal das Gespenst gesehen, das zu Asthall gehören sollte und vor dem sich niemand so fürchtete wie der Vater.

Ein paar Schritte nur, und sie konnten in den River Windrush hüpfen, in dem die Kleinen schwimmen lernten; dafür hatte Lord Redesdale einen eigenen Bereich mit Sprungbrett abgetrennt. Er selber konnte im Fluss fliegenfischen, hatte auch sonst immer was im und am Wasser zu tun: Otter jagen, Dämme bauen …

Das Beste an Asthall aber war das eigene Kinderreich, eine vom Vater umgebaute Scheune, mit dem Haupthaus durch einen überdachten Gang verbunden. Hier konnten die Geschwister machen, was sie wollten, Hauptsache, sie erschienen pünktlich zu Tisch, denn nichts hasste der Patriarch so heftig wie Unpünktlichkeit. Im Kinderreich stand der Flügel, auf dem Tom Händel und Bach, Beethoven und Mozart spielte, so virtuos, dass er eine Weile mit dem Gedanken spielte, Pianist zu werden. Vor allem aber war in der Scheune, die nach Bedarf zum Ballsaal für die Großen umfunktioniert wurde, die Bibliothek untergebracht – »das Paradies«, wie Diana es nannte. Auf Sesseln und Sofas konnten sich die Geschwister in dem holzgetäfelten Raum mit den hohen Fenstern und zwei Kaminen lümmeln und lesen.

David Redesdale war bekennender Nichtleser (einzige Ausnahme: Jack Londons *Wolfsblut*), aber in Lektürefragen tolerant, was seinen Nachwuchs betraf. Von ihrer Bibliotheks-Freiheit machten die Geschwister denn auch reichlich Gebrauch. Mit Ausnahme von Debo und Pam waren sie vom Lesen besessen. »Diese Kinder lesen zu viel«, seufzt die Mutter in Nancys autobiographischem Familienroman *Love in a Cold Climate* (*Liebe unter kaltem Himmel*). »Aber ich kann sie nicht daran hindern. Ich glaube wirklich, ehe sie gar nichts zu lesen hätten, läsen sie auch noch das Etikett auf einem Medizinfläschchen.«

Den *Struwwelpeter* hat Decca, wie all ihre Schwestern, ganz besonders geliebt, die politisch so unkorrekten Geschichten von den ungezogenen Kindern mit drastischem Ende waren ihr noch als Erwachsene ein besonderes Vergnügen. Außerdem hat sie alle Bücher von Edith Nisbit verschlungen, Charles Dickens natürlich, Lewis Carroll sowieso und die Märchen von Oscar Wilde. Später kamen die Klassiker dazu, Jane Austen, die Brontë-Schwestern, Thomas Hardy … Abgeschnitten von allem, öffneten die Bücher den Mädchen Türen zur weiten Welt – und je älter sie wurden, desto breiter und moderner wurden die Türen auch.

Im Hause Mitford gab es zwei Klassen von Kindern: die Großen und die Kleinen. Tom war eine Klasse für sich. Nancy, Pam und Diana – »die anderen«, wie Debo sie nannte – durften sogar im eigenen Ex-Scheunen-Reich schlafen, oben, im ersten Stock.

Ihr Oberhaupt, daran hegte niemand Zweifel, war Nancy, die Älteste und einzige Grünäugige unter lauter Blauäugigen. Nancy war ein Biest. Ein unglaublich witziges, brillantes, von ihren Geschwistern gerade deshalb bewundertes, aber ziemlich fieses und gefürchtetes Biest. Nancy hat es nie verwunden, dass Pam sie drei Tage vor ihrem dritten Geburtstag vom Thron der Alleinherrscherin gestoßen hatte. Die Älteste wollte ungeteilte Aufmerksamkeit, und zwar lebenslang. Stattdessen musste sie diese mit immer mehr Geschwistern teilen. Dafür ließ sie sie leiden.

Teasing war Nancys Rache. *Teasing* hieß die Sprache, die die Schwestern in der Abgeschiedenheit ihres Lebens entwickelten, verfeinerten und schärften: sich hänseln, sich lustig machen, den anderen veralbern, auf den Arm nehmen, erklärt das Lexikon. Der Mitford-Tease wurde weltberühmt. Keiner hat diese Waffe so gut beherrscht wie Nancy. »Dieses Aufziehen«, schreibt Charlotte Mosley, Dianas Schwiegertochter und Hüterin des literarischen Familienerbes, »war eine relativ ungefährliche Art, mit geschwisterlicher Rivalität fertigzuwerden und Zuneigung zu bekunden.« Denn Gefühle zu zeigen war bei den Mitfords ganz besonders verpönt. Gefährlich war es außerdem: So zeigte man sich verwundbar, konnten die anderen sich über einen lustig machen. Da machte man sich doch lieber schnell selber lustig. Immer auf der Hut, Gewehr im Anschlag.

»Schwestern«, hat Nancy kurz vor ihrem Tod dem *Observer* erklärt, »stehen zwischen einem und den grausamen Umständen des Lebens.« – »Schwestern *sind* die grausamen Umstände des Lebens«, erwiderte Decca darauf. Dabei war sie durchaus überzeugt, dass es was Gutes hatte, als Nancys kleine Schwester aufgewachsen zu sein: »Es war eine Erfahrung, die ungemein abhärtet.« In dieser Schule lernte sie einzustecken *und* auszuteilen. Nancy, die spätere Schriftstellerin, sprudelte nur so vor Ideen, wie sie die anderen zum Lachen und zum Weinen bringen konnte. Die Schwestern mochten noch so viele Anti-Nancy-Vereine gründen, es half alles nichts, die Größte war immer die Stärkste. Die gutmütige Pam und die sentimentale Debo waren die einfachsten Opfer. Pam fiel auf alles rein, Debo fing praktisch auf Kommando an zu heulen.

Seit einer Kinderlähmung mit drei Jahren war Pam noch langsamer im Denken und Lernen, als sie es wohl von Natur aus war. Legasthenikerin ist sie auch gewesen, eigenwillig war ihre Orthographie. Mit der Schlagfertigkeit ihrer Schwestern konnte sie nie mithalten, also versuchte sie es gar nicht erst. Sie legte sich ein dickes Fell zu, stiefelte oft allein durch die Felder. Ansonsten widmete sich »Woman«, wie die Schwestern Pam nannten, eher den praktischen als den geistigen Dingen, war die häusliche Tochter und patente Tierfreundin, die den Eltern nie Kummer machte und das Landleben so liebte wie sie, weswegen Pam auch der Liebling aller Tanten und Onkel war. Mit größtem Vergnügen kümmerte sie sich um ihre Ponys und Schweine. »Als Kind wäre sie am liebsten ein Pferd gewesen«, erinnerte sich Decca, »sie verbrachte lange Stunden mit Übungen, bei denen sie realistisch mit den Hufen scharrte, den Kopf zurückwarf und wieherte.«

Diana, die Drittälteste, war von dem Moment, da sie die Augen aufschlug, eine Schönheit, der alle zu Füßen lagen, eine, die wie Nancy Bücher nur so verschlang. Auch wenn Diana sich nicht so viele Späße ausdachte, so hat sie doch gebührend darüber gelacht. Ein gutes Jahr älter als Tom, war dieser ihr so nah wie ein Zwillingsbruder. Beim Spaziergang liefen die beiden Hand in Hand, Tom hörte dann mit dem Reden gar nicht mehr auf. Stundenlang konnte Diana ihrem Bruder beim Klavierspielen zuhören, sie liebte klassische Musik bis ans Ende ihres Lebens. Die beiden lasen dieselben Bücher, seine Freunde wurden ihre Freunde, gemeinsam fuhren sie in den Ferien zu Randolph und Diana Churchill, deren Mutter Clementine eine Cousine von Lord Redesdale war. Ihr Mann Winston, der spätere Premierminister, gehörte damals als Schatzkanzler dem konservativen Kabinett an.

Sensibler und weicher als Nancy, war Diana die große Schwester, die Decca unter ihre sanften Fittiche nahm, ihr beim Klavierspielen und Französischlernen half und das Reiten beizubringen versuchte. Ein hoffnungsloses Unterfangen, so unsportlich, wie Decca war. Decca hat Diana damals zu ihrer Lieblingsschwester erklärt, was umgekehrt ihrer Meinung nach genauso galt: »Ich war Dianas Hauptfavoritin.«

Tom lief außer Konkurrenz. Er war *everybody's darling*, über den die Schwestern auch als Erwachsene kein böses Wort verloren, der große Bruder, mit dem, um den sie sich ein bisschen kabbelten und den sie aus der Ferne umso mehr liebten: Tom kam schon als kleiner Junge nach Eton ins Internat. Als einziger Sohn konnte er selbst in den Augen der Eltern nichts falsch machen, obwohl er das Gegenteil dessen war, was sie sich von einem männlichen Nachkommen erhofft hatten – Reiten, Jagen, Schießen, Tiere, das ganze Landleben interessierten ihn nicht, Literatur und Musik umso mehr. Etwas Melancholisches hatte er auch, kam manchmal, wie Debo erzählte, aus heiterem Himmel mit Depressionen nach Hause und versank eine Zeitlang in Schweigen – bevor er wieder aufstand und ging. Sensibel, intelligent und beherrscht, war er zudem der geborene Diplomat, der mit all seinen Schwestern auch in turbulentesten Zeiten Kontakt hielt, zwischen ihnen und den Eltern vermittelte. Trotz seiner Privilegien war er der Einzige, auf den sie nicht eifersüchtig waren.

Unity war das ganze Gegenteil: In der Schar eigenwilliger Schwestern war sie die allereigenwilligste. Schon rein äußerlich stach sie hervor, hatte mit ihren dicken blonden Zöpfen, ihrer Übergröße und unbeholfenen Art etwas von einem linkischen Wikinger, wie Decca sie beschrieb. Als kleines Mädchen eine Träumerin, warmherzig und verletzlich, wurde sie als Teenager die Bockigste, Schockierendste, Furchtloseste und Ungezogenste von allen, der Schrecken der Erzieherinnen, die wandelnde Provokation. Selbst den Vater zwang sie in die Knie, brachte ihn allein durch ihre Blicke auf die Palme. Im Starren und Schweigen war sie Weltmeisterin, schaufelte Berge von Kartoffelbrei in sich hinein und starrte den Vater dabei so lange an, bis er die Fassung verlor und auf den Tisch haute: »Hör auf, mich anzustarren, verdammt!«

Ein Jahr lebte Unity von Kartoffelbrei, mit viel Butter und Sahne, ein anderes von Bananen, Schokolade und Milch. Wenn Unity Nachschlag wollte – ihr Hunger war unersättlich –, dann sagte sie nichts, sondern guckte Mabel, die Haushälterin, einfach nur mit aufgerissenen Augen an. Kam Besuch zum Essen, fing sie mittendrin an, Kirchenlieder zu pfeifen – das Pfeifen war ihre Leidenschaft. Künstlerisch begabt, Liebhaberin der Poesie, Fan von Shakespeare und Edgar Allan Poe, war sie eine noch leidenschaftlichere Kinogängerin als ihre Schwestern.

Debo dagegen, die Jüngste, der Sonnenschein, war geboren fürs Leben auf dem Land. Sie setzte sich gern zu den Hühnern in den Stall und beobachtete deren Gesichtsausdruck beim Eierlegen. Als Schlittschuhläuferin ein großes Talent, wurde sie noch als Erwachsene von den Großen »Nine« genannt – neun Jahre, das, hatte Nancy beschlossen, war das geistige Alter, in dem Debo stehengeblieben war. Wie der Vater, mit dem sie sich bestens verstand, rührte Debo freiwillig kein Buch an.

Und Decca – pausbäckig und blond gelockt, sah wie ein Engel aus, war aber keiner. Dass sie sich mit zehn schon zweimal den Arm gebrochen hatte, darauf war sie besonders stolz: Im ewigen Konkurrenzkampf mit den fünf Schwestern wurde alles, was außergewöhnlich war, zum Triumph. Frech, fröhlich und originell, entwaffnete sie alle mit ihrem Charme. Selbst den Vater, so Debo, konnte sie um ihren kleinen Finger wickeln, ihn nahm sie in ihren frühen Briefen – mit Kritzelzeichnungen illustriert – und fiktiven Artikeln besonders gern auf den Arm. Mit Debo zusammen schrieb sie wilde, blumige Bittbriefe auf Anzeigen, in denen die beiden ausmalten, worunter ihre angeblichen Babys alles litten, nur um Milchpulver geschickt zu bekommen. Auch Shampoo-Proben ließen sie sich zusenden, und der Zeitungs-Kummerkastentante legten sie ihre erfundenen Probleme vor, von denen manche sogar gedruckt wurden: »Liebe Mag, ich habe ein kleines pflaumenblaues Seidenkleid, das unter dem Arm kaputt ist, der Rest aber ist gut erhalten, und ich mag es nicht wegwerfen.«

Ihrer Mutter schenkte Decca zu Geburtstag und Weihnachten Selbstgedichtetes wie folgende Verse über ihr Schaf Miranda, das im wirklichen Leben allerdings dem Schlachtermesser entkam. Schon mit neun war Deccas schriftstellerisches Selbstbewusstsein so ausgeprägt, dass sie sich gleich zwei Autorenzeilen gönnte, eine oben und eine unten:

MY LAMB. By Jessica Mitford

Mer-ran-der is my little lamb
She is a ewe and not a ram
Mer-ran-der Mer-ran-der
She has such lovely wooly fur!

Soon we'll have to cut off her tail
When we do that she's sure to wail
Mer-ran-der Mer-ran-der
But I'll love her just the same sir!

Once I took her out for a walk
My only complaint is she cannot talk
Mer-ran-der Mer-ran-der
Soon to the butcher I must hand her.

MEIN LAMM. Von Jessica Mitford

Mer-ran-der heißt mein kleines Lamm
Es ist weiblich und kein Mann
Mer-ran-der Mer-ran-der
Hat den allerliebsten Pelz!

Bald müssen wir ihr den Schwanz abschneiden
Ach, da wird sie furchtbar heulen
Mer-ran-der Mer-ran-der
Aber ich mag sie noch genauso!

Mal ging ich mit ihr spazieren
Schade nur, dass sie nicht redet
Mer-ran-der Mer-ran-der
Bald muss ich sie zum Metzger bringen.

Darunter stand noch einmal: JLM

Das war erst der Beginn ihrer literarischen Laufbahn, die sie als Dreizehn-
jährige mit einem Krimi fortsetzte (sie war, wie Nancy, großer Dorothy-
Sayers-Fan). Darin brachte sie einen Freund der Familie, den Gelehrten
Roy Harrod aus Oxford, um, worüber dieser sich sehr amüsierte.

Familienleben: Bigger Than Life

Stille – so etwas gab es im Hause Mitford nicht. Der Vater rumorte schon
vor Sonnenaufgang herum, um fünf stand er auf und rannte mit seinem
Tee in der einen und Zigarette in der anderen Hand durchs Haus, hörte
im Arbeitszimmer seine Lieblingsplatten in voller Lautstärke – er hatte ein
Faible für dramatische Opernarien und schaurige Balladen –, schnauzte
Dienstmädchen und Hunde an.

Waren die Kinder erst einmal aufgestanden, lieferten sie die Hinter-
grundmusik, polterten durch die Gänge, knallten die Türen, weinten, är-
gerten und zankten sich. Alles, was sie taten, taten sie laut, ihr Lachen war
ein einziges Schreien, Heulen und Quietschen. *Shriek* (kreischen) und *roar*
(brüllen) zählten, noch als sie erwachsen waren, zu ihren Lieblingsvoka-
beln. Es gab, erinnert sich Debo, kein Mittagessen, bei dem es nicht zum großen Krach kam. Und selbst wenn es friedlich zuging: Sie hörten einfach mit
dem Reden nicht auf. »Haltet den Mund!«, brüllte die Jüngste eines Tages
ihre versammelte Familie an, als sie zum Frühstück herunterkam. »Alle!«

Nur manchmal wurde es bei den Mahlzeiten ganz still, wenn Nancy oder Diana wieder etwas Unerhörtes getan hatten, wenn sie Lippenstift benutzt, geraucht, Hosen angezogen hatten oder allein mit einem Mann ausgegangen waren. Aber auch dann dröhnte die Stille ziemlich laut.

Alles, was sich in der Familie abspielte, war *bigger than life,* früher hätte man *überspannt* gesagt. So maßlos und extrem wie später in ihren politischen Ansichten verhielten sich die Schwestern schon als Kinder. Das Leben war mal Melodram, mal Burleske. Himmelhoch jauchzend oder zu Tode betrübt, »sie lebten in einer Welt der Superlative«, wie es in Nancys Roman *The Pursuit of Love* heißt. Noch im Greisenalter haben ihre Briefe etwas leicht Hysterisches, wimmeln nur so von Ausrufezeichen.

Das Leben war ein einziges Spiel. Ein Theaterspiel. Heiligabend gab's erst Bescherung für die Kinder aus dem Dorf, der Vater oder der Pfarrer spielte den Weihnachtsmann; am ersten Weihnachtstag wurden im Mitford'schen Wohnzimmer die Kerzen am Baum angezündet (der, glaubt man Decca, jedes Mal in Flammen aufging), am Abend dann war Karneval, da haben sich alle verkleidet. Für eine Charade oder einfach nur so, auf dem Dachboden stand eine große Kiste mit Kostümen bereit. Pam machte es sich einfach, sie war jedes Jahr Lady Rowena aus *Ivanhoe*, der Vater setzte sich eine rote Perücke auf und übernahm die Rolle des Fotografen, die Mutter verkleidete sich als ihr eigenes Dienstmädchen. Nancy hatte als Schauspielerin das größte Talent. Ob als Penner oder Leiche, als tschechische Ärztin (eine ihrer Lieblingsrollen, wegen des Akzents) oder alte Tante mit Damenbart, auf den Star der Familie fielen alle rein.

Als spielten sie bloß Rollen auch im richtigen Leben, gaben sich die Schwestern so viele Spitznamen, dass der Schriftsteller Alan Bennett sich wunderte, wie sie überhaupt den Überblick behielten. Diana zum Beispiel wurde von ihrer Mutter Dana genannt, von ihrem Vater Dina, von Nancy Bodley, von Pam und Unity Nardy, von Decca Corduroy oder Cord und von Debo Honks. Tom war Tud oder Tuddemy, Nancy hat Debo manchmal Linda genannt, die Eltern hießen Muv und Farve oder TPOF (The Poor Old Female) und TPOM (The Poor Old Male) oder Poor Old Subhuman. Der Vater wurde von den Kindern auch Old Jew genannt (wegen seiner großen Nase), von Decca zu Absolutely Super Jew gesteigert, Kröte oder Morgan, wie der Sportwagen, die Mutter Aunt Syd. Um die Sache noch verwirrender zu machen, riefen sich einige Schwestern gegenseitig beim selben Namen: Decca und Debo waren füreinander bis zum Ende ihres Lebens nur Hen (oder Henderson), Decca und Unity (von den anderen Bobo genannt) waren füreinander Boud oder My Boud, während Nancy und Decca sich beide Susan nannten. Warum, wussten sie selber nicht mehr. Und für Pam war Decca Steake.

Ein Fernsehjournalist, der die Schwestern gut kannte, erklärte Decca einmal, er habe immer das Gefühl gehabt, dass die Mitfords »den Rest der Welt und alles, was darin passiert, als Riesenwitz, veranstaltet zu ihrem Vergnügen« betrachteten. Als ziemlich harte Arbeit hat sie es beschrieben, den Schritt aus diesem Biotop der Scherze in die wirkliche Welt zu tun.

Und doch gab es in dem ganzen Trubel einen ruhenden Pol. So unterschiedlich die sechs Schwestern und ihre Erinnerungen an die Kindheit waren, in einem waren sich alle einig: in ihrer Liebe zu Blor. Das Kindermädchen war die liebevolle Konstante ihres Lebens, die mütterliche Figur, die nicht urteilte und nie böse wurde, die alle gleich behandelte und mit beiden Beinen auf der Erde stand. Die Gouvernanten kamen und gingen, von den Kindern vergrault oder von der Mutter entlassen, Blor blieb dreißig Jahre lang. Und selbst als sie 1941 in den Ruhestand trat, kehrte sie immer mal wieder zum Aushelfen zurück, brach der Kontakt, auch zu Decca in der Ferne, nie ab.

Dabei war sie, als sie sich für den Posten der Nanny bewarb, schon ziemlich alt. Laura Dicks, wie die Tochter eines Schmieds mit richtigem Namen hieß, war neununddreißig bei ihrem Vorstellungsgespräch. Sie kam aus einem politisch liberalen, religiös nonkonformistischen Haus, aber respektierte stets die Form und die Förmlichkeiten ihrer Zunft, kritisierte weder Arbeitgeber noch Gouvernanten, trug immer Uniform, und wenn sie ausging, Handschuhe und Hut. Sie war auch die Einzige, die Decca meist bei ihrem richtigen Namen, Jessica, rief. Aber noch häufiger sagte sie einfach nur *darling*.

Blor hielt Debo die Hand, wenn dieser im Auto wieder schlecht wurde, und fuhr mit den Kindern im Sommer ans Meer, wo sie selbst am Strand noch Handschuhe trug. Blor nahm ihre Schützlinge zu ihren eigenen Geschwistern mit, ging mit ihnen nach Oxford zum Einkaufen und anschließend zum Tee ins Café oder zum Affengucken in den Londoner Zoo. Als Decca aufhörte, am Daumen zu lutschen – da war sie schon sechs –, schenkte die Nanny ihr ein Portemonnaie mit sechs Shilling drin. Egal, wie ungezogen sie am Tag wieder gewesen waren, am Abend vor dem Schlafengehen sang das fromme Kindermädchen mit ihnen jene Kirchenlieder, die die Schwestern noch als Erwachsene so liebten. Am allerallerliebsten hatten sie »The Ninety and Nine«, das Lied von dem Schaf, das weit in die Hügel davonläuft, dem Hirten aber so wichtig ist, dass er die neunundneunzig anderen im Schutz des Pferchs zurücklässt und loszieht, um das eine zu suchen. »There were ninety nine that safely lay / in the shelter of the fold, / but one was out on the hills away, / far off from the gates of gold.«

Blor putzte den Kindern die Nase, zog sie an und wieder aus, und als sie groß genug waren, das selber zu tun, begleitete sie sie als Anstandswauwau. Blor besuchte sie immer noch, als sie schon verheiratete Frauen waren, und wenn es ihnen schlecht ging, kümmerte sie sich wieder eine Weile um sie. Als Decca mit Esmond aufs Schiff stieg, um nach Amerika auszuwandern, war das Kindermädchen neben Tom die Einzige der Familie, die kam, um sie zu verabschieden.

Sich selbst nicht so wichtig zu nehmen, das war die zentrale Lektion, die Blor ihren aufgedrehten Schäfchen erteilte. Von Arroganz und Eitelkeit hielt sie so wenig wie Lady Redesdale. Noch im hohen Alter erzählen die Schwestern amüsiert, wie Nanny sie immer wieder beruhigte, wenn eines der Mädchen auf ein Fest ging: »*Dich* schaut sicher niemand an, Liebes.« Wenn die Kinder sie anfeuerten, mit ihnen um die Wette zu rennen, dann winkte sie nur ab: »Ich kann nicht, Liebes, ich hab einen Knochen im Bein«, und wenn eine von ihnen frech genug war, sie nach ihrem Alter zu fragen, antwortete sie: »So alt wie meine Zunge und ein bisschen älter als meine Zähne.«

Ohne Blor, glaubte Nancy, wäre sie noch viel fieser gewesen, als sie ohnehin war. Als Schriftstellerin hat sie dem Kindermädchen später mit einem Text ein Denkmal gesetzt, der zum großen Kummer der eigentlichen Mutter, kurz vor deren Tod, in der *Times* unter der Überschrift »Mothering the Mitfords« erschien. Tief verletzt, bat Lady Redesdale ihre Tochter, sie künftig mit solchen Porträts zu verschonen. Die Hymne auf Blor war eine Ohrfeige für sie. Das sollte sie auch sein.

Je älter Nancy wurde, desto bitterer wurde ihre Haltung zur Mutter, die sie für alles verantwortlich machte, was in ihrem Leben schiefgelaufen war. »Ich habe sie nie geliebt«, schreibt Nancy im hohen Alter an Decca, »aus dem einfachen Grunde, dass sie mich nie geliebt hat. Als kleines Kind wurde ich nie umarmt oder geküsst – ich habe überhaupt nur wenig von ihr gesehen.« Vermutlich wusste Sydney Redesdale gar nicht, wie das geht: Kinder knuddeln und streicheln, sie in den Arm nehmen. Es hatte ihr ja niemand gezeigt. Sie war sieben, als ihre Mutter starb, danach hat die Familie erst mal das raue Leben der Seeleute gelebt. Eine glühende Anhängerin Lord Nelsons und der konservativen Partei, zog Deccas Mutter ihre Sippe wie ein Seemann auf, meinte der Schriftsteller und Freund der Familie James Lees-Milne. Er hat Sydney dafür bewundert. Schön und gut, fand Decca: Aber wer will schon von einem Seemann großgezogen werden?

Allein unter Frauen

Was den Vater anging, waren sich die Geschwister ziemlich einig: Er war ein Poltergeist, der aber mehr brüllte als biss. Als Dr. Jekyll und Mr. Hyde beschreibt ihn James Lees-Milne: Zu seinen Besuchern sei er meistens der grausame Mr. Hyde gewesen, seinen Kindern gegenüber der liebevolle, tolerante Dr. Jekyll, der jeden Jux mitmachte. Auf dem Land jagte er die Mädchen mit seinen Bluthunden über die Felder, das fanden sie viel lustiger als Fangen spielen, er ließ sich gefallen, dass Decca seinen Kopf zu wissenschaftlichen Zwecken vermaß und seine Hand, in der er die Teetasse hielt, ordentlich schüttelte. »Lähmungsprophylaxe« hieß das Spiel: eine krankengymnastische Übung, die sie ihm verschrieben hatte als Vorgeschmack auf seine Zeit als zittriger alter Mann. Die Mutter war da strikter. Als Decca ihren Vater »ein Relikt des Feudalismus« nannte, entzog Sydney ihr das Taschengeld.

Allerdings waren Lord Redesdales Launen unberechenbar. Er liebte oder hasste, dazwischen gab es nichts. Und auf seine Gefühle war kein Verlass. Wer eben noch Liebling war, konnte im nächsten Moment in Ungnade fallen, und zwar nicht zu knapp: »Rat Week« (Rattenvernichtungswoche) nannten die Schwestern den Fluch.

41

Sein Problem, so diagnostizierte Nancy einmal im Interview: Er hatte einfach nicht genug zu tun. Ein bisschen mischte er in der Lokalpolitik mit, kümmerte sich als Großgrundbesitzer um das Land und seine Pächter, aber wirklich ausgelastet war er damit nicht. David strotzte nur so vor Energie, für die er kein Ventil hatte. Seit einem Sturz vom Pferd konnte er nicht mal mehr reiten und nur noch bedingt auf die Jagd gehen. Sein anderes Problem war die Isolation, der Mangel an männlicher Gesellschaft. Auch wenn Seine Lordschaft so viel Zeit wie möglich draußen, unter Stallburschen, Förstern und Jägern verbrachte – zu Hause war er allein unter Frauen: sechs Töchter, Ehefrau, Kindermädchen, Gouvernanten, Dienstmädchen und Hauswirtschafterin.

An den impulsiven Vater trauten die Kinder sich nicht heran, im Gegenteil, ihn haben sie bewundert; Dianas Schwiegertochter Charlotte Mosley sieht darin die Anfänge der späteren Neigung zur Heldenverehrung. An der Mutter arbeiteten sie sich entschieden mehr ab, an ihr schieden sich die Schwestern auch viel stärker. Nancy war in ihrer Kritik die Erbarmungsloseste, aber auch Decca hat Sydney als streng, distanziert und abwesend beschrieben. Dass Decca zum Beispiel kurzsichtig war, schien die Mutter nicht weiter zu stören. Bei ihrem ersten Wiedersehen in Amerika nach dem Krieg wunderte sie sich über die scheußliche Brille ihrer Tochter. Warum sie die denn trage?! Weil sie ohne praktisch blind wäre. »Ach, stimmt«, erwiderte die Mutter, »als Kind konntest du ja nie was sehen.«

Nicht als abwesend – als praktisch hat Diana ihre Mutter erlebt. Auch wenn diese nicht groß im Umarmen gewesen sei, kalt fand sie sie nicht. Für Decca und Nancy war Lady Redesdales Gelassenheit ein Zeichen von Teilnahmslosigkeit, für Debo und Diana ein Ausdruck von Weisheit: So habe sie die Wogen geglättet. »Mit unerschütterlicher Sanftmut, amüsiert, ohne sich beirren zu lassen«, schreibt Lees-Milne, »führte Lady Redesdale den Vorsitz, so muss man es nennen, über ihre schöne und exzentrische Brut.«

Man könnte auch sagen: Sydney war die einzige Erwachsene im Haus. Diejenige, die sich um die praktischen Dinge des Alltags kümmerte. Und im Umgang mit Geld hatte sie ein entschieden besseres Händchen als ihr Mann. Sydney, die auch als verheiratete Frau noch von ihrem Vater finanzielle Unterstützung bekam und nach seinem Tod Anteile an *The Lady* erbte, hielt das Geld zusammen. Außerdem verfügte sie mit ihren Ziegen und 500 Hühnern über ein billigeres und ertragreicheres Hobby als David mit seinem Bauwahn. Die Hauptabnehmer der Eier – jedes einzelne von ihr persönlich gereinigt, »ich verkaufe nie ein ungewaschenes Ei« – waren Gentlemen-Clubs in London. Nicht nur in Geldfragen hatte sie etwas Pingeliges; deswegen, so sagte sie einmal, habe sie das Leben auf dem Schiff so geliebt: weil alles so sauber und ordentlich war.

Mit den Erlösen, auch aus dem Verkauf von Honig, finanzierte sie die Erziehung der Kinder, die wiederum ihr eigenes Hennen-Kontingent bekamen, um das sie sich kümmern mussten, eine frühe Anleitung zum Unternehmerinnensein. Die Eier verkauften sie der Mutter, die diese ihnen zum Frühstück servierte, so besserten sie ihr Taschengeld auf. Auch andere Tiere wie Schweine und Kälber hielten die Mädchen, bauten ein bisschen Gemüse an, das Land dafür mussten sie vom Vater pachten, der von ihnen mehr verlangte als von anderen, wie sie irgendwann herausfanden. Das Taschengeld stieg im Laufe der Jahre zu einem jährlichen Budget, mit dem sie alles, auch ihre Kleider, bezahlen mussten. Am Ende war es so hoch wie ein Gouvernanten-Gehalt. Die Schwestern fanden das immer noch knapp bemessen, zum Sparen hatten sie keine Lust. Als die Mutter einmal versuchte, mit ihren Töchtern Hauswirtschaften zu üben, und derjenigen eine Belohnung versprach, die den besten Plan für ein junges Paar aufstellte, das von 500 Pfund im Jahr leben sollte, Miete, Heizung, Strom, Gehälter, Kleidung inklusive, schrieb Nancy: Blumen – 490 Pfund, der Rest – 10 Pfund.

Sydney predigte Bescheidenheit und praktizierte sie auch. Die Mädchen bekamen ihre Kleider alle weitervererbt (glücklicher Tom), einmal machte die Mutter Schlagzeilen in der Boulevardpresse wegen ihres Beschlusses, die Servietten abzuschaffen: »Penny Pinching Peeress« stand groß im *Daily Express*, die pfennigfuchsende Adlige. Wobei Sydneys Rechnung durchaus Logik hatte, wie Decca schrieb: »Einmal rechnete sie die Kosten für das Waschen und Bügeln von neun Servietten bei drei Mahlzeiten am Tag an dreihundertfünfundsechzig Tagen im Jahr aus, kam auf eine unerhörte Summe und verbannte die Servietten für immer aus unserem Esszimmer.«

Die Mutter hatte auch ganz eigene Vorstellungen von gesunder Ernährung, ein Erbe ihres Vaters, der seiner Familie einen alttestamentlichen Speiseplan verschrieben hatte. Jeden Morgen trieb der Duft von Eiern und Speck die Mädchen fast in den Wahnsinn, denn der Vater war der Einzige in der Familie, der Würstchen und Bacon mit salziger Anchovispaste, dem Gentleman's Relish, zum Frühstück bekam. Ein Leben ohne Schweinefleisch, auf dem englischen Land vor knapp hundert Jahren war das ziemlich exotisch. »Wir waren so versessen darauf, dass es uns schon zur Besessenheit wurde«, so Nancy. Kein Wunder, dass Decca später Leberpastete zu ihrer Lieblingsspeise kürte, dass Diana später erst mal so viele Meeresfrüchte verschlang, wie sie konnte, und Pam, leidenschaftliche Köchin und Farmerin, später einem Tischherrn nur zu gern demonstrierte, wie ein Stück Schwein für ein Gericht korrekt geschnitten wird, wobei sie aufstand und sich an die Schenkel schlug: »*Il faut le couper là!*« – »*Hier wird es geschnitten!*«

Von ihrem Vater hatte Sydney auch den festen Glauben an die Selbstheilungskräfte des Körpers und das tiefe Misstrauen gegenüber der Medizin geerbt. *The Good Body*, der gesunde Leib, würde es schon selber richten. Sydney ließ ihre Kinder nicht impfen – sie weigerte sich, »widerliche tote Keime in den guten Körper hineinzupumpen!« –, der Arzt wurde nur im äußersten Notfall gerufen und manchmal nicht einmal dann: Decca behauptet, dass sie selbst zum Telefonhörer greifen musste, als ihr Blinddarm fast platzte. Die Operation fand dann wie üblich zu Hause auf dem Kinderzimmertisch statt (manchmal war es auch der Küchentisch), unter der strengen Oberaufsicht des Vaters, der die Ärzte das Fürchten lehrte.

Aus Gründen der Gesundheit waren im Hause Mitford außerdem Konserven, weißer Zucker und ebensolches Mehl – »murdered food«, »ermordetes Essen«, wie Uncle Geoff es nannte – verpönt. Ihr Vollkornbrot hat Sydney selbst gebacken, sogar Backkurse bot sie im Women's Institute dazu an. Aber nie wurden die Kinder gezwungen, etwas zu essen, was sie nicht wollten.

Onkel, Tanten und Mrs. Ham

Sydney war es auch, die ihren Mann besänftigte, wenn Besuch zu erwarten war. Wäre es nach ihm gegangen, hätten sie nur Verwandtschaft ins Haus gelassen. Lord Redesdale wollte unter Seinesgleichen sein, und nur bei Familienmitgliedern hatte er die Gewissheit, dass er das war. Immerhin hatten sie reichlich davon. David war mit acht Geschwistern aufgewachsen, Sydney mit drei, dazu eine Riesenschar von Cousinen und Cousins, unzählige Großonkel und -tanten. Und an schillernden Figuren mangelte es nicht.

Da war vor allem Aunt Natty, eine Großtante der Schwestern und die Großmutter von Dianas Busenfreundin Diana Churchill *und* Deccas zukünftigem Ehemann Esmond Romilly, die im französischen Dieppe wohnte, weil sie dort so billig leben konnte und es ein Casino gab – sie hatte nicht nur zahlreiche Liebhaber, sie war auch eine leidenschaftliche Spielerin. Wenn sie zu Besuch kam, unterhielt sie die Kinder mit Geschichten aus ihrem Leben. »Tante Natty konnte alles und jedes tun, was ihr passte, und sie tat es auch«, so Diana. Sie lief sogar im Morgenmantel durchs Dorf, zog sich erst zur Mittagszeit an. Als kleine Kinder hätten sie sie mehr als alle Tanten und Onkel zusammen geliebt, meint Diana.

Diese schwärmte auch von Uncle Tommy – wohl nicht zuletzt, weil er ein Cabrio hatte, in dem die Kinder mitfahren durften. Decca dagegen fand seine Abenteuergeschichten gar nicht lustig. Tommy, behauptete sie, habe sich damit gebrüstet, kleine schwarze Babys als Gulasch in Südamerika gegessen zu haben.

Uncle Geoffrey, Mutters Bruder, ein Junggeselle, der Kunstdünger und pasteurisierte Milch für den Niedergang des Empires verantwortlich machte, war schon mehr nach Deccas Geschmack. Uncle Geoff schrieb mit Leidenschaft Leserbriefe an die *Times*, die er irgendwann unter dem Titel *Writings of a Rebel* als Gesammelte Werke im Selbstverlag herausbrachte. Viele Leser, erzählt Decca später, hätten ihn zur Lieblingsfigur ihrer Autobiographie *Hons and Rebels* erklärt.

Cousins und Cousinen wurden als gleichaltrige Gäste geduldet und durften ihrerseits besucht werden. Diana wählte sich Rosemary und Clementine Mitford, die Kinder des im Krieg gefallenen Uncle Clem, als beste

Freundinnen aus. Diana und Randolph Churchill kamen so oft zu ihnen, wie die Mitfords in Chartwell, Churchills Landsitz, zu Gast waren. Deccas Lieblingsgefährtinnen wurden ihre Cousinen Ann und Robin Farrer, in ihrer Geheimsprache Boudledidge Idden und Rudbin genannt.

Die Tante, die ihnen am nächsten stand, war freilich gar keine: Violet Hammersley, geboren 1877, kurz »Mrs. Ham« (Frau Schinken) genannt, eine der engsten Freundinnen der Mutter, seit die beiden kleine Mädchen waren. Auf jeden Fall war sie die ungewöhnlichste. Mrs. Ham, die durchs ganze Empire reiste, und das war damals noch ziemlich groß, brachte ein Flair von großer weiter Welt und Boheme nach Oxfordshire. In Paris geboren und in einer Diplomatenfamilie aufgewachsen, hatte sie viele Künstler- und Schriftstellerfreunde: Arnold Bennett, die Sitwell-Geschwister, Max Beerbohm und Somerset Maugham, mit dem sie schon als Kind in den Tuilerien gespielt hatte. Mit Mitte zwanzig hatte sie einen reichen Witwer geheiratet, der doppelt so alt war wie sie. Zehn Jahre später war er tot und sie alleinerziehende Mutter von drei kleinen Kindern.

Deswegen wurde Mrs. Ham auch meist »the widow« oder »the wid« genannt, denn eine Witwe war sie, seit die Kinder sie kannten, und so sah sie auch aus. Augen, Haare, Kleidung, Weltsicht – an Mrs. Ham, die zwischenzeitlich tatsächlich unter schweren Depressionen litt, war alles schwarz. »In ihren Augen«, so Debo, »war die Vergangenheit schwarz und die Zukunft noch schwärzer.« Wenn sie lachte, und das tat sie oft, klang es fast, als täte sie es gegen ihren Willen, schreibt Diana in einer Hommage. Allerdings muss sie einen guten Sinn für Humor gehabt haben, so ausdauernd wie die Mitfords sie mit ihren Macken aufzogen.

Ein Klatsch liebendes, intelligentes, elegantes Klageweib, jammerte sie mit großem dramatischem Talent über alles und jedes, angefangen bei ihrer Gesundheit bis hin zum Geld. Als überzeugte Pessimistin sog sie Schreckensgeschichten begierig auf. Je schrecklicher, desto schöner.

Früher war sie richtig reich gewesen, hatte mehrere große Häuser besessen, bis sie Anfang der 1920er Jahre einen Großteil ihres Vermögens durch eine Bankenpleite verlor, von der die Schwestern sich wieder und wieder erzählen ließen. Seitdem war die Witwe zwar nicht wirklich arm – auch jetzt hatte sie noch ein Häuschen in London und ein zweites auf der Isle of Wight –, aber sah sich permanent kurz vor dem Abgrund. Sparsam bis zum Geiz, bestanden ihre Telegramme oft aus einem einzigen Wort, schamlos bediente sie sich an den Kleiderschränken der Schwestern, ohne das Geborgte je zurückzugeben. Aber irgendwie schien ihr das niemand richtig übel zu nehmen, es hat sie amüsiert – das gehörte eben zu den Eigenheiten von Mrs. Ham. In ihrer Zuneigung zu ihr waren sich die Schwestern so einig wie sonst nur bei Nanny Blor.

Selbst für den ungeselligen Vater war Violet Hammersley ein gern gesehener, häufiger und amüsanter, aber auch fordernder Gast: Ihr Lieblingsgetränk war Champagner. Und wenn sie erst einmal da war, dann blieb sie auch eine Weile. Die Witwe gehörte praktisch zur Familie, bei allen Festen und Krisen war sie dabei. Sie war die einzige Erwachsene, die die Kinder ernst nahm; allein aus diesem Grunde haben die Schwestern sie geliebt: Sie hat sich wirklich für die Mädchen interessiert. Mrs. Ham wollte alles von ihnen wissen, und sie erzählten ihr alles ganz genau – viel mehr, als die Mutter je zu hören bekam.

Für Nancy war sie bis zu ihrem Tod eine ihrer engsten Vertrauten. Mrs. Ham war die Erste, der sie von der Liebe ihres Lebens erzählte, ihr widmete sie eins ihrer Bücher; Debo und ihr Mann Andrew luden sie oft zu sich auf Schloss Chatsworth ein, und als Decca 1955 nach fast zwanzig Jahren zum ersten Mal wieder nach England kam, gehörte die Witwe natürlich zu den Sehenswürdigkeiten, die sie ihrer amerikanischen Familie unbedingt zeigen wollte.

Politisch stand sie den »Schreckensschwestern«, wie sie sie gelegentlich nannte, nicht unbedingt nah. Mit Nancy stritt sie sich über de Gaulle, den sie nicht leiden konnte, Decca nannte sie als junges Mädchen »Salonkommunistin«. Aber deswegen den Kontakt abzubrechen kam ihr nicht in den Sinn. Sie brauchte die Schwestern, ihre Gesellschaft und Aufmerksamkeit ebenso wie diese die ihre.

The Mitford Menagerie

Als er seine Dokumentation über Nancy und ihre Schwestern drehte, überlegte Regisseur Julian Jebb, ob er den Film nicht *The Mitford Menagerie* nennen sollte. So streng die Eltern in vielen Dingen waren, bei den

Tieren wurden den Kindern so gut wie keine Grenzen gesetzt. Wobei sie sich natürlich nicht irgendwo, sondern im Londoner Kaufhaus Harrods in der Zooabteilung mit Nachschub eindeckten.

Debo hatte einen Dackel namens Jacob, Nancys kleiner Borderterrier, ein Stinker, wie Decca fand, hieß Peter (wie ihr späterer Ehemann), außerdem gehörte ihr die französische Pudeldame Milly. Unity hatte ihre Ratte Ratula und ihre Schlange Enid, Diana den Zeisig Dicky, Nancy und Pam gehörten zwei Mäuse, von denen die eine die andere irgendwann auffraß, weil Nancy vergessen hatte, sie zu füttern. Ein andermal riss Nancys Borderterrier Dianas Meerschweinchen. Decca besaß neben Miranda noch eine Ringeltaube, die über ihrem Kopf schwebte, wenn sie durchs Dorf lief, und einen Spaniel, den sie Tray taufte, nach dem Hund des bösen Friederich in der englischen Ausgabe des *Struwwelpeter*. Kuscheltiere hatte sie natürlich auch. Als die Mutter Deccas Plüsch-Lieblinge einmal auf dem wohltätigen Dorfbasar verkaufte, war die Kleine so verzweifelt, dass die ganze Familie loszog, um die Käufer ausfindig zu machen und die alten im Tausch gegen neue auszulösen.

Zu den Mitford'schen Lieblingsgeschichten zählte eine Bahnfahrt zurück aufs Land mit dem Shetlandpony, das der Vater spontan in London gekauft hatte. Der Schaffner wollte Brownie partout nicht in die erste Klasse lassen, also zog die ganze Familie in die dritte um. Dass der Vater das – den Kindern zuliebe – tat, rechneten sie ihm hoch an.

Darüber, wem nun das schönste, stärkste, klügste, cleverste Wesen im ganzen Haus gehörte, zankten die Schwestern sich aufs Heftigste. Deccas Schaf Miranda, das ihr ein Farmer geschenkt hatte und das sie mit Milch und Schokolade aufzog, trat gegen Unitys Ziege an. »Sheepish« war Deccas Wort für »cool«, während »goatish« alles bezeichnete, was blöd war. Der Einzige, der keine Vierbeiner hatte, war Tom. Tiere interessierten ihn nicht, im Internat hatte er Gesellschaft genug.

Ausbildung: Null

Die eigenwillige pädagogische Mischung aus striktem Regiment und Laisser-faire, Altertümlichem und Progressivem prägte auch den Unterricht, den die Mutter in den ersten Klassen selbst übernahm. Lesen, Schreiben, Rechnen brachte sie den Kleinen bei, mit sechs mussten sie den Leitartikel der *Times* laut vorlesen können. Für Debo war Sydney die geborene Lehrerin, die alles leicht erschienen ließ. Sie hatte sich den liberalen Erziehungsmethoden des PNEU-Systems verschrieben (Parents' National Educational Union), einem häuslichen Unterrichtsprogramm unter elterlicher Regie, das mehr auf sinnliche Erfahrungen und kindliche Neugier setzte als auf auswendig gelerntes Wissen. In der mit der Montessoripädagogik verwandten Methode gab es weder Noten noch Prüfungen, Schulbücher wurden durch »gute Bücher« ersetzt, die die Kinder nacherzählen mussten. Die Schüler wurden als eigenständige Persönlichkeiten behandelt, sollten den Weg des Willens und der Vernunft unter dem Leitspruch »Ich bin, ich kann, ich soll, ich werde« lernen.

Der Unterricht war, wie die Mutter später in ihren Erinnerungen schrieb, »wahrscheinlich das Interessanteste und Nützlichste, das ich je in meinem Leben getan habe«. Mit acht oder neun wechselten die Mädchen dann ins offizielle Klassenzimmer, in dem die Gouvernanten den Unterricht übernahmen. Ein bisschen Geographie und Geschichte, Englisch und Französisch, Musik und Handarbeit, vielleicht sogar Algebra und Latein, oder aber, das Lieblingsthema einer Erzieherin, alles über die Bohne. Dazu kam die Lehre wichtiger Tugenden: »Keuschheit, Sparsamkeit, Tierliebe, Rücksicht auf Dienstboten und gesunder Menschenverstand«. Unter den Gouvernanten (von äußerst unterschiedlichem pädagogischen Talent) waren den Schwestern jene am liebsten, die den akademischen Fächern selber nichts abgewinnen konnten.

Von Schulbildung für Mädchen hielten die Eltern nichts. Das weibliche Lebensziel hieß: Heiraten. Die Mutter war schließlich auch von Gouvernanten unterrichtet worden und hatte nichts vermisst. Außerdem, davon war der Vater überzeugt, bekamen Mädchen an der Schule dicke Beine: Das obligatorische Hockeyspiel führe zu muskulösen Schenkeln und Waden. Mädchenschulen waren eine Einrichtung der Mittelschicht, die die

Elevinnen ihrer Weiblichkeit, ihres Charmes und ihres Damensitzes beim Reiten beraubte.

Die Klassengesellschaft allerdings war kein Thema, über das man im Hause sprach. Man wusste ja auch so, wohin man gehörte. Und wen man nicht im Haus haben wollte: Die Mädchen, mit denen Decca und Debo für kurze Zeit in High Wycombe in der Schulbank saßen, waren »NLU« beziehungsweise »NLO« – »not like us« oder »not like one«, nicht wie »wir« oder nicht wie »man«. Das war das Totschlagargument. *Middle class* war ein Schimpfwort. Dabei gingen doch auch etliche von Deccas Cousinen aufs Internat.

Ausbildung: »Null«, schrieb Decca, als sie schon Schriftstellerin war, in ihrem offiziellen Lebenslauf. »Autodidaktin.« Der Blick zurück in Wehmut oder Zorn war eigentlich ihre Sache nicht, sie hatte, als sie erst mal groß war, Dringenderes zu tun, als darüber nachzudenken, was sie verpasst hatte. Aber dass sie, bis auf ein paar Monate, nie zur Schule gehen durfte, das hat sie auch als Erwachsene mit ungeheurer Wut erfüllt, darüber hat sie noch mit ihrer alten Mutter gestritten. Die Gesellschaft Gleichaltriger hat ihr gefehlt, die Auseinandersetzung mit anderen, die intellektuelle Anregung, die Möglichkeit, zu studieren, das fundierte Wissen. Sie solle ihren Sternen danken, ermahnte sie Jahrzehnte später eine begeisterte Leserin von *Hons and Rebels*, dass sie nicht zur Schule geschickt worden sei. Dann wäre sie nie in dieser Form gegen den Strom geschwommen, wäre ein wohlerzogenes Mädchen und eine langweilige Schreiberin geworden.

Tatächlich hatte Deccas Ausbildung, so unsystematisch und lückenhaft sie war, etwas ungemein Befreiendes. Kein Lehrer hat ihr die Neugier ausgetrieben, die eine zentrale Triebfeder ihres Lebens und Arbeitens wurde. Sie musste sich keinem Pflichtlektüre-Kanon unterwerfen, sondern las querbeet und, wie ihre Geschwister, ihrem Alter voraus. Ihre Auswahl folgte der eigenen Neugier und den Empfehlungen der Älteren. Welches zehnjährige Schulkind liest schon freiwillig Balzac? Für ihre Zukunft als Autorin war die eklektische Methode perfekt: Sie bewahrte sich die Unabhängigkeit des Geistes, die Lebendigkeit und Leichtigkeit des Denkens, dachte nicht in Zahlen, Daten, Fakten, sondern in Geschichten.

Ob Decca, Rebellin, die sie war, es tatsächlich lange an der Schule mit ihrem großen Druck zur Konventionalität ausgehalten hätte, ist fraglich. Vielleicht hatte sie eine ähnlich romantische Vorstellung von Schulen wie Hanni-und-Nanni-Leser später vom Internat. Enid-Blyton-ähnliche Mädchengeschichten ihrer Zeit (»herrlicher Schund«) hat Decca verschlungen.

Nancy hat ihre kleine Schwester verstanden. Deren Sehnsucht, zur Schule zu gehen, war bei ihr ähnlich heftig ausgeprägt, nach ausgiebigem Meutern hatte sie sogar ein ganzes Jahr auf die Privatschule und zu den Pfadfindern gehen dürfen. Diana dagegen konnte schon den Geruch in den Schulen nicht leiden (»Zoo-ähnlich«), hatte einen Horror davor, wie viele ihrer Cousinen aufs Internat geschickt zu werden.

2

Swinbrook

Für Debo roch die Kindheit in Asthall noch achtzig Jahre später ganz intensiv – nach frisch gemähtem Gras, Wiesenkerbel und Windrush-Schlamm. »Es war, das wusste ich, ein Paradies.« Nach dem sie sich noch als alte Dame aus tiefstem Herzen zurücksehnte. Decca dagegen, immerhin knapp neun, als die Familie Asthall verließ, erwähnt das von allen geliebte Zuhause in ihrer Autobiographie nur ein einziges Mal, ganz nebenbei. »Mein Zuhause war Swinbrook House«, erklärte sie kategorisch in einem Artikel über ihre Kindheit. Als hätte es Asthall nie gegeben.

Dabei hat sie gar nicht so viel Zeit in Swinbrook, ihrem neuen Zuhause, verbracht. Ende 1926 zog die Familie ein, 1936 schon wieder aus, und dazwischen vermieteten sie das Haus immer mal wieder, manchmal monatelang, lebten an ihrem Zweit- oder Drittwohnsitz, gingen auf Reisen; ein ganzes Jahr der Swinbrook-Zeit verbrachte Decca als angehende Debütantin in Paris. Aber ihr Hass auf Swinbrook und alles, wofür es stand, war so gewaltig, dass für Erinnerungen an die idyllische Zeit in Asthall kein Raum mehr blieb.

Das alte Haus wurde verkauft, noch bevor das neue fertig war, und so zog die Mutter in der Zwischenzeit mit den Kindern für ein paar Monate nach Paris. Die Kleinen lernten Französisch und gingen in den Park, die Großen machten Sightseeing und trafen Freunde. Als Swinbrook auch danach noch nicht fertig war, fuhr man nach London. Denn selbst wenn sie ihren Mann in allem unterstützte, das hatte Lady Redesdale verlangt: Wenn er schon ein Haus baute, das keiner haben wollte, musste er ihnen zum Ausgleich eine Villa in der Hauptstadt kaufen.

Sobald sie genug hatten vom Land, die Ballsaison rief oder finanzielle Nöte sie aus ihrem Zuhause vertrieben, zogen die Mitfords einfach in ihr neues Quartier in der Stadt. Eher riesig als allzu elegant, überragte der freistehende Bau die typischen Edel-Reihenhäuser im Londoner Stadtteil

Kensington. Aber die Adresse – 26 Rutland Gate – sollte ja auch weniger selbst durch Schönheit glänzen als vielmehr den eindrucksvollen Rahmen für die hübschen Töchter liefern. Hell und elegant hatte die Mutter das Haus möbliert, mit den französischen Antiquitäten ihres Schwiegervaters, die sie mit weichen, geblümten Sofas ergänzte. Nur das Zimmer des Hausherrn war so düster, wie er es gern hatte.

Im kopfsteingepflasterten Hinterhof hatten sie noch ein Ausweichquartier, die Mews. Hier, in der kleinen Chauffeurswohnung über den Garagen, rückten sie zusammen, wenn das Vorderhaus vermietet war oder sie nur in kleiner Besatzung anrückten. Decca fand es besonders aufregend: wie Campen.

Die Lage war ideal, zwischen Knightsbridge und Brompton Road, zwischen Harrods und Hyde Park. Hier war Sydney als junges Mädchen mit ihrem Vater immer ausgeritten, und Harrods war ihr zweites Zuhause, die einzige Extravaganz ihres Lebens. Auch wenn Lady Redesdale stets über die hohen Preise stöhnte, kaufte sie jeden Tag beim »bösen alten Harrod« ein. Die Familie nutzte das Edelkaufhaus als erweitertes Wohnzimmer, hier trafen sie sich nach dem Meerschweinchenkauf zum Plaudern in der hauseigenen Bank, wo sie es sich noch als Erwachsene gern auf den Sofas gemütlich machten, und redeten und lachten, so laut, dass andere Kunden sich über den Krach beschwerten. Ihre Hunde parkten sie so lange in eigens dafür bereitgestellten Hütten im Untergeschoss. Damals konnte man sich von Harrods sogar beerdigen lassen.

London, das war für die Kleinen der Zoo und Madame Tussauds, aber auch Freiheitsberaubung. Anders als auf dem Land, durften sie hier nicht einfach alleine draußen herumziehen, brauchten immer eine Aufpasserin an ihrer Seite, Mutter, Schwester, Gouvernante, Tante, Kindermädchen.

Dann war es endlich so weit: Swinbrook war fertig.

Oh, diese Langeweile!

Es war Hass auf den ersten Blick. Und im Hassen waren die Schwestern ganz groß.

David hatte ihnen versprochen, dass das neue Zuhause noch schöner sein würde als ihr altes. Und für ihn war es das auch: die Verwirklichung eines Traums, ein riesiges, allein gelegenes Haus mit ein paar Cottages drum herum, Gewächshäusern, eigener Squashhalle und Tennisplatz. Dass bei den Mitfords kein Mensch Squash spielte, hat ihn nicht irritiert. Swinbrook House stand genau dort, wo er gern leben wollte, gleich neben dem dunklen Wald, den sein Vorfahr für die Jagd angelegt hatte und der so unenglisch, fast deutsch wirkt.

»Monströs« nannte Diana den Kasten auf dem windigen Hügel, Nancy taufte ihn gleich in »Swinebrook«, »Schweinebach«, um. Swinbrook House stand stramm – Schornsteine, Fenster, alles war streng symmetrisch arrangiert, das Innere rustikal, die Balken roh, die Kamine aus Naturstein. »Es hat eher das utilitaristische Aussehen einer Institution und könnte eine kleine Kaserne sein, ein Mädcheninternat, eine private Irrenanstalt (oder in Amerika ein Country Club)«, schrieb Decca im Rückblick und ließ keinen Zweifel daran, dass es genau all das für sie auch war. Selbst Lady Redesdale meinte in ihrer Verzweiflung später einmal, vielleicht wären all die Katastrophen mit ihren Töchtern nicht passiert, wenn sie im Asthall geblieben wären.

Swinbrook House wäre der ideale Schauplatz für einen englischen Krimi gewesen. Als Wohnort für gesellige junge Mädchen war es weniger geeignet. Jetzt hatte zwar jede ihr eigenes Schlafzimmer, gestrichen im Redesdale-Blau, doch was nützte ihnen das, wenn es so ungemütlich war und eiskalt. Im Winter froren schon mal die Schwämme ein, aber ein Kaminfeuer durften die Kinder in ihren Zimmern nicht entzünden. In Nancys Roman *Love in a Cold Climate* pressen sich die Familienmitglieder am Esstisch die vorgewärmten Teller an die Brust.

Was noch schlimmer war: Sie hatten ihr eigenes Reich verloren. Ihre Bibliothek, ihre Freiheit, Toms Musik. Der Flügel stand jetzt mitten im Wohnzimmer, in dem ein ständiges Kommen und Gehen herrschte, die Bücher waren in Vaters Büro weggesperrt, dort stand auch das einzige Telefon des Hauses. Und wehe, das benutzte jemand, ohne zu fragen!

Natürlich hielt das die Schwestern vom Lesen nicht ab. Das, was sie jetzt interessierte, stand ohnehin nicht im Bücherregal, vor allem Nancy schleppte an, was gerade angesagt war. So las Decca schon als Teenager »alles« von Aldous Huxley und D. H. Lawrence, versank in Bertrand Russells Gesammelten Werken, lag mit André Gide unter der Bettdecke und entwickelte sich schnell, wie sie später bekannte, zum literarischen Snob. Priestley und Galsworthy waren unter ihrer Würde.

Nur Debo und Pam, die sich sowieso fast die ganze Zeit draußen herumtrieben, waren glücklich in Swinbrook. Noch im hohen Alter, so Debos Tochter Emma Tennant, war für Pam »der Anblick eines sonnigen Hofs, umgeben von Ställen, mit Pferden und Hunden als Kameraden, ihre Vorstellung vom Himmelreich«. Auch wer zu Besuch kam, betrachtete den Ort mit freundlicheren Augen: Gäste schwärmten immer wieder vom herrlichen Blick durch die hohen Fenster ins Tal.

Aber die Stimmung der Familie war im Keller, die Atmosphäre angespannt. Der Vater, wütend, ja, verletzt, dass das Gros der Kinder seine Begeisterung so gar nicht teilen mochte, zog sich immer häufiger zurück, in seinen Herrenclub und das Oberhaus in London, auf die Jagd in Schottland oder in sein Arbeitszimmer, das er mit einem schweren Schloss verriegelte. Das Lustige, Jungenhafte kam ihm abhanden, ja, fast schien es, als wäre er in Swinbrook, wie Diana mit offensichtlichem Bedauern feststellte, erwachsen geworden.

Die Kleinen zogen sich in ihre warme, weich gepolsterte Höhle zurück, den großen begehbaren Wäscheschrank, durch den Warmwasserleitungen liefen. Im »Hon's Cupboard«, den Nancy später mit ihren Romanen berühmt machte, ihrem Geheimgesellschafts-Hauptquartier, verbrachten Debo und Decca endlose Stunden miteinander. Hier sangen und plapperten sie »Honnish« miteinander (eins ihrer Lieblingsthemen: Sex), erzählten sich, wie verliebt sie waren, und sie waren ständig verliebt, wobei sie Karamellbonbons lutschten und Cadbury-Schokolade aßen, die sie auf der Post gekauft hatten. Die diente im 150-Seelen-Dorf gleichzeitig als Tante-Emma-Laden.

Honnish war mehr ein Dialekt als eine eigene Sprache. Decca und Debo waren »Hens«, also Hühner, auf Honnish »Hons«, was im Englischen zugleich die Abkürzung für *honourables* ist. Und das waren die Freifräuleins ja auch: *Die Ehrenwerten*. Allgemeine Verwirrung war ein Großteil des schwesterlichen Sprachvergnügens. Bei den Hons war alles genau geregelt, sogar eine eigene Form der Umarmung hatten sie sich ausgedacht. Jahre später, mitten im Krieg, stieß die Mutter auf eine Liste mit den Vereinsregeln, die sie Decca belustigt nach Amerika schickte und von denen sie glaubte, dass Debo sie aufgesetzt hatte, so viele Sportübungen, wie das Gesetzbuch enthielt. Decca erinnerte der Kanon jetzt, Mitte der 1940er Jahre, an öde, durchreglementierte Gewerkschaftsversammlungen. ·

Wenn die beiden Hennen gnädig waren, ließen sie sogar Unity mit in den Schrank. Aber mit der drei Jahre Älteren hatte Decca ja noch einen eigenen Bund, der sich weniger in detaillierten Vereinsregeln manifestierte als in einer Geheimsprache, die weit schräger und schwieriger als Honnish war: Boudledidge.

»*Deedr oudle boud-d-dles juddledy oudle boud-d-d-dles*«, sangen die beiden Bouds, was »dear old pals, jolly old pals« heißen sollte: »liebe alte Kumpel, lustige alte Kumpel«. Dabei zogen Decca und Unity trauriggrimmige Grimassen, die Mundwinkel immer nach unten gezerrt. Manches klingt ziemlich althochdeutsch, »*Jung va ja leddra*« bedeutet »danke für deinen Brief«. Insgesamt hat man sich Boudledidge wohl als ziemlich knurrige, für Erwachsene unverständliche Sprache vorzustellen (die Debo zwar beherrschte, aber nie gewagt hätte, selber zu sprechen).

Decca tat sich mit Debo gegen Unity zusammen und mit Unity gegen Debo, gemeinsam verbündeten sie sich gegen Feinde von außen wie Geschwister, Eltern, überhaupt: alle Erwachsenen. Und trotzdem beschreibt Decca das Verhältnis der drei Kleinen in ihrer Autobiographie als »nicht ganz einfach und von verschiedenen Ressentiments geprägt«. Bei Debo klingt es anders, eher so, als wären sie unzertrennlich gewesen.

Die allergrößte Gemeinheit des Mitford-Lebens war die Langeweile, diese gähnende, nie enden wollende, tödliche Langeweile. Das war die Krankheit, an der sie alle litten, bei einigen war es nur eine Phase in der Pubertät, bei den meisten ein lebenslanges Leiden. Natürlich hatte die Langeweile, aus der Distanz betrachtet, ihr Gutes, stachelte sie die Mädchen doch in ihrer Phantasie, ihrem Witz an. Aus der Nähe sah es anders aus. Decca, dem Klassenclown, fehlte die Klasse. Freunde vermisste sie ebenso wie Feinde, sie sehnte sich nach Abwechslung, Anregung, Abenteuer. Stattdessen passierte: nichts. Ihre Kindheit beschrieb sie später als einen Topf, den man die ganze Zeit anstarrt und der nie zu kochen beginnt. »Wie spät ist es, Liebling?«, fragt ein Mädchen das andere in Nancys Roman *The Pursuit of Love*. »Rate!« – »Halb eins?« – »Viel besser! Viertel vor eins.«

Es gab keinen Rhythmus und keinen Höhepunkt, keinen Anfang und kein Ende. Auch wenn sich die Familie beim Unterricht an die üblichen Ferienzeiten hielt, fehlte den Kindern die Aufregung des Schülerlebens: die Einschulung, die Zeugnisse, der Ferienbeginn, der erste Schultag danach. Decca wechselte jetzt einfach von Mutters Unterricht zu dem der Gouvernante, saß allein mit Unity in der heimischen Zwergenschule. Die Sehnsucht, auf eine richtige Schule zu gehen, wurde immer schmerzhafter.

Ein paar wenige Ablenkungs- und Unterhaltungsmöglichkeiten hatten sie immerhin: Das nahegelegene Oxford war ihr Entertainmentcenter. Ins Kino gingen sie oft, für Greta Garbo haben sie alle geschwärmt. Das Kino war der vielleicht demokratischste Ort ihrer Kindheit, an dem sich fast alle Schichten und beide Geschlechter trafen, wo sie Amerika kennenlernten, dieses junge Land ohne ausgeprägtes Klassensystem. In Oxford konnten sie in der großen Traditionsbuchhandlung Blackwell stöbern, wo Decca schon mal was mitgehen ließ, und sonntags, das war der Höhepunkt der Woche, fuhren sie auf der großen, neuen Eisbahn Schlittschuh, die Eltern elegant vorneweg. Im Winter reiste die Familie nach St. Moritz und Pontresina, um noch mehr Schlittschuh zu fahren. Es war die einzige Leidenschaft, die alle miteinander teilten.

Der sonntägliche Kirchgang war für die Mitglieder der Church of England (mit der Betonung auf England) eher patriotische als religiöse Pflicht, besonders fromm waren die Mitfords nicht. An eine göttliche Ordnung der Welt glaubten sie allerdings schon und an ihren sicheren Platz darin: *God Careth for Us,* lautete das Familienmotto, »Gott sorgt für uns«. Auch im Gotteshaus war der Vater der Allmächtige. Zu Lord Redesdales feudalen Privilegien gehörte es, den Pfarrer ebenso wie die Lieder für den Gottesdienst auszusuchen. Ihm hatten es die Kinder zu verdanken, dass die Predigt nie länger als zehn Minuten dauerte – schon nach acht gab David dem Geistlichen ein Zeichen.

Trotz ihrer achthundert Jahre wirkt die Kirche in Swinbrook freundlich und hell, hinter dem Altar lässt ein Fenster den Blick auf Bäume frei, ein Kronleuchter verleiht dem Raum etwas Wohnliches. An der Rückwand erinnert eine Tafel an Tom, der 1945 in Burma gefallen ist, wo er auch begraben wurde, weit weg von seinen toten Schwestern, die hier auf dem Kirchhof liegen.

Ein-, Aus- und Umzüge

Kaum waren sie ins Swinbrook House gezogen, mussten (oder durften) sie schon wieder raus. Familie Mitford wohnte nach dem Jo-Jo-Prinzip: Es war ein ewiges Anschwellen und Schrumpfen. Glaubt man Nancy, gab es dabei ein ziemlich verlässliches Krisenbarometer. »Es ist immer ein schlechtes Zeichen«, heißt es in *Love in a Cold Climate*, »wenn zu Hause das Klopapier dicker und das Schreibpapier dünner wird.« Mal waren die Häuser gigantisch, dann wieder ganz klein, dauernd zogen die Mitfords irgendwo ein, aus und wieder um.

Für die Misere waren nicht nur des Vaters Unfähigkeit in finanziellen Dingen und sein Bau-Spleen verantwortlich. Lange vor anderen Wirtschaftszweigen war die englische Landwirtschaft in den 1920er Jahren in eine große Krise geraten. Die Preise für Getreide waren durch Billigimporte drastisch gefallen, die Steuern gestiegen, entsprechend sank der Wert des Grundbesitzes. Nicht wenige seiner Standesgenossen hatten schon vor Lord Redesdale Ländereien und Country Houses aufgeben müssen. Der englische Landadel, der bisher in Politik und Militär das Sagen hatte, verlor rapide an Einfluss. Für David Cannadine, Autor des Buches *The Decline and Fall of the British Aristocracy*, ist die Geschichte der Mitfords, extrem, wie sie ist, symptomatisch für den Abstieg dieser *landed gentry*, spiegelt sie doch die Ratlosigkeit einer von Traditionen geprägten Gesellschaftsschicht in Zeiten des Niedergangs wider.

Der Börsencrash von 1929 traf den Vater besonders schwer. 1930 mussten die Mitfords Swinbrook House zum ersten Mal vermieten, für ein ganzes Jahr. Auf der Straße standen sie deswegen noch lange nicht; die Familie verfügte ja über zweieinhalb Ausweichquartiere, neben der Stadtvilla und den Mews besaß sie das Mill Cottage in High Wycombe. Noch als sie ihren Hauptwohnsitz in London hatten, also vor Deccas Geburt, hatte die Mutter dieses kleine Landhaus am Stadtrand von High Wycombe gemietet, auf dem Weg von London nach Oxford gelegen. Später kaufte sie das Cottage. Es war ihr Zufluchtsort.

»Ein schönes kleines Haus«, so beschreibt Decca Mill Cottage in ihrer Autobiographie. Vielleicht sind ihre Erinnerungen auch deshalb so positiv, weil sie in High Wycombe – endlich!, mit dreizehn Jahren – zur Schule gehen durfte, einer privaten Mädchenschule. Eine Notmaßnahme, nachdem auch die Eltern mitgekriegt hatten, dass die aktuelle Gouvernante mit den Kindern lieber Karten spielte, als sie zu unterrichten.

Debo hasste die Schule so sehr, dass sie sich unentwegt übergeben musste und nach ein paar Tagen schon wieder zu Hause bleiben durfte. »Ich andererseits«, so Decca, »genoss jede Minute in der Schule während der wenigen Monate, als ich dort war. Das Geklapper, wenn Hunderte von Mädchen durch die Gänge rannten, der ganz neue Reiz, in den Schulstunden in einen Wettbewerb mit den anderen zu treten, die riesenhaften, stark riechenden Mahlzeiten in einem enormen Speisesaal mit einer endlosen Auswahl von Mädchen, mit denen man reden konnte, das große Vergnügen, ›anzugeben‹ und die Lehrerinnen vor den anderen Schülerinnen herauszufordern – sogar die unsinnigen Regeln gegen das Pfeifen auf dem Korridor oder das Legen der Füße auf die Bänke: all dies stieg mir zu Kopf wie Wein.«

Sie war kurz genug an der Schule, dass ihr alles nur aufregend vorkam. Denn mit der Rückkehr nach Swinbrook 1931 war der Traum schon wieder aus.

Bright Young People

Aber jetzt durften die großen Schwestern, die inzwischen in die Gesellschaft eingeführt worden waren, Besuch mitbringen, und der blieb meist über Nacht. Voraussetzung waren allerdings Mut, Takt und ein dickes Fell auf Seiten der Gäste, die trotz des unwirschen Hausherrn »in fröhlichen Horden«, wie Decca schrieb, an den Wochenenden aus Oxford und London angereist kamen.

»Haben diese Leute kein Zuhause?!«, brüllte der Vater bei einer solchen Gelegenheit ans andere Ende der Tafel, wo seine Frau saß, die entschieden netter zu ihren Gästen war. Gern wurden die Besucher vom Lord als Schweine beschimpft, mit der Ankündigung von Peitschenhieben und finsteren Blicken bedroht. Bei Tisch hielten sie am besten den Mund und ihre Meinung für sich. Was nicht so einfach war, wie James Lees-Milne, ein Freund der Geschwister, erzählt, »in dieser Familie, in der die Kinder von früh bis spät stritten und über jedes denkbare Thema diskutierten, von Religion bis Sex«.

Ein besonders heißes Eisen waren die Deutschen. Lord Redesdale, ein Extremist der Gefühle, hasste neben angehenden Schwiegersöhnen, Katholiken, Jasagern, Intellektuellen, Schwulen, Juden, »Negern«, Franzosen (»Fröschen«), überhaupt: Fremden jeder Art, die Deutschen ganz besonders, diese *huns*, diese *filthy, bloody huns*, die »dreckigen, verfluchten Hunnen«. Den Ersten Weltkrieg vergab er ihnen nicht, ein Deutscher kam ihm nicht ins Haus. »Einmal Hunne, immer Hunne«, wie sein Alter Ego Onkel Matthew in Nancys *The Pursuit of Love* so treffend sagt.

Die englische Tradition der Wochenendparty im Country House, die in den 1920er Jahren ihren Höhepunkt erreichte, war dem Vater zutiefst suspekt. Er aß ja noch nicht mal bei anderen Leuten, wenn es sich irgendwie vermeiden ließ, dann wollte er bestimmt nicht bei ihnen schlafen. »Partys hier sind wirklich *unmöglich*«, schrieb Nancy ihrem Bruder Tom. »Tatsache ist, dass der arme alte Mann, seit er nichts mehr zu bauen hat, *äußerst* gereizt ist.«

David selbst war offenbar nicht mal bewusst gewesen, wie rabiat er mit den Besuchern umgegangen war, so gestand er seiner Frau Jahrzehnte später. Erst Nancys Romane hätten ihm die Augen geöffnet. Man musste nicht jung sein, um den Lord zu erregen – auch die Herzogin von Marlborough wurde nie wieder eingeladen, nachdem sie ein Papiertaschentuch auf der Hecke liegen gelassen hatte –, aber die Jungen provozierten ihn am meisten. Und nicht nur ihn. In diesem Jahrzehnt kam es zu einem Generationenkonflikt mit den reaktionären Eltern, ähnlich dem der 1960er Jahre.

In den 1920er Jahren hatte Oxford sich zu einer Art Hauptstadt der englischen Jugend entwickelt, in Fragen der Politik, der Literatur, der Mode und des Lebens gab die mondäne Universitätsstadt den Ton an. Studenten (und Ex-Studenten), von denen viele in Eton zur Schule gegangen waren, veranstalteten jetzt nicht nur Bootsrennen, Konzerte, Picknicks und Partys, sie verfassten auch politische Manifeste, gaben Zeitschriften heraus, dichteten, deklamierten und debattierten, erklärten sich – ein Skandal! – im berühmten Union Club zu Pazifisten, die »unter keinen Umständen« für König und Vaterland zu kämpfen bereit waren.

Die Ästheten, wie sie im Kontrast zu den Athleten genannt wurden, wirkten ziemlich feminin. Die Haare trugen sie unerhört lang und die Schlaghosen, die berüchtigten »Oxford bags«, unerhört weit, dazu Seidenkrawatten aus Paris und in der Jackentasche einen Kamm. Letzteres Grund genug für Lord Redesdale, einen Freund seiner Töchter rauszuwerfen. Sie fuhren mit dem Cabrio vor, mit Mädchen in zu kurzen Röcken und zu dickem Make-up (das der Vater rigoros ablehnte und seinen Töchtern streng verbot), und machten sich lustig über alles, was den Eltern heilig war: Gott, Vaterland, König und Krieg. Antipatriotisch in jeder Beziehung, tauften sie den Boar War, den Burenkrieg – für Lord Redesdale eine heroische, glückliche Zeit – in Bore War um, den Langweiler-Krieg. Schon aus ideologischen Gründen waren sie gegen die Jagd, war die doch nichts anderes als Krieg gegen Tiere. Am liebsten aber lümmelten die Ästheten auf dem Sofa herum.

Dekadent, eloquent, amüsant, ungezogen, sarkastisch: Das war es, was die Jeunesse sein wollte. Reden, reden, reden, über Kunst und Literatur oder gar nichts. Sie sprachen maniert und affektiert, jeder Satz gipfelte in einem Superlativ, einem Ausrufezeichen: »Absolut göttlich!« Kurzum: Sie benahmen sich, wie die Mitford Sisters sich schon immer benommen hatten.

Decca war begeistert. Heimlich schlich sie sich ins Wohnzimmer, um diesen frechen »Kerlen«, wie der Vater sie nannte, zuzuhören, was natürlich streng verboten war. Aber »die respektlos-überschwänglichen Auslassungen dieser attraktiven Leute« hätten auf sie einen tiefen Eindruck gemacht, so erinnerte sie sich später. Manchmal holte Diana die kleine Schwester runter ins Wohnzimmer, damit sie den Hofnarren für die Gesellschaft spielte, feuerte sie an, vor den Gästen eins ihrer leicht schmutzigen Lieder zu singen. Was diese nur allzu gern tat. »Sex Appeal Sarah« in Boudledidge kam besonders gut an, wobei Decca wild mit den Augen rollte und Grimassen zog:

Eem dzegs abbidle Dzeedldra,
Me buddldy grads beedldra
Idge deedem ee abeedldron ge dzdedge.

Was Diana dann für die Besucher übersetzte:

Ich bin Sexappeal Sarah,
Mein Körper wird immer nackter,
Sobald ich die Bühne betrete.

Endlich hatte der Klassenclown ein Publikum, und das hat sich gebührend amüsiert. Zwischen den großen schönen Schwestern wirkten die Kleinen, so Diana, wie »komische durcheinanderpurzelnde Entlein«.

Viele der Ästheten gehörten zu den *bright young people*, einer Art glamouröser Boheme, auch High Bohemia genannt, die in Landhäusern und Stadtvillen statt in Dachstuben lebte und aus dem Feiern gar nicht mehr rauskam. Ihr Vermächtnis, so schreibt D. J. Taylor in seinem Buch über die Bewegung, wenn man sie denn so nennen kann, sind nicht so sehr bestimmte literarische oder künstlerische Werke als vielmehr »eine Atmosphäre, eine Art des Austausches, eine Geisteshaltung, eine Geste, eine Art zu sein«.

Bright, das bedeutete in diesem Falle weniger *klug*, was viele von ihnen sicher waren, als *glitzernd, fröhlich, strahlend.* Zwischen London, Oxford und dem Land hetzten die Hedonisten hin und her, It-Girls, echte und Möchtegern-Poeten, Aristokraten, Prominente jeder Art. Ihr Leben war ein Feuerwerk von Partys. »Maskenfeste, Feste der Wilden, viktorianische Feste, antike Feste, Wildwestfeste, russische Feste, Zirkusfeste, Feste, zu denen man als jemand anderer verkleidet kommt, solche, zu denen man fast nackt kommt, wie St. Johns Wood, Feste in Appartments, Ateliers, Villen, Schiffen, Hotels und Nachtklubs, in Windmühlen und Schwimmbädern, Tees in Mittelschulinternaten, mit Dosenkrabben und Sandkuchen und Meringues, Abende in Oxford, mit Sherry und türkischen Zigaretten ...«, so lautet eine der berühmtesten Schilderungen der Roaring Twenties, aus Evelyn Waughs Satire *Vile Bodies* (*Lust und Laster*) von 1930, *dem* Roman über die Bewegung. Und die Mitfords, vor allem Nancy und Diana, feierten kräftig mit.

»Sie werden keine glückliche Generation sein«, prophezeite Evelyn Waugh, der sich selber nicht richtig dazuzählte. Sie waren Kinder des Weltkriegs, nicht selten labil. Zu jung, um selber mitzukämpfen, hatten sie doch genug vom Schrecken und Elend, auch den Entbehrungen der Kriegsjahre mitbekommen, um darauf, ähnlich wie ihre Altersgenossen in Amerika und auf dem Kontinent, mit ungezügeltem, oft melancholischem Hedonismus zu reagieren. Kurz vor dem Wirtschaftscrash 1929 erreichte der Rausch seinen Höhepunkt. In den 1930er Jahren, als Arbeitslosigkeit und Not immer größer wurden und die Zuschauer das dekadente Treiben nicht mehr faszinierend, sondern nur noch geschmacklos fanden, trennten sich die Wege der Freunde zum Teil wieder, politisch, persönlich, künstlerisch. Viele der Pazifisten kämpften im Zweiten Weltkrieg dann doch: gegen die Nazis. Einige von ihnen fielen als Soldaten, andere starben an Drogen und Alkohol oder der allgemeinen Sinnlosigkeit.

Die Ästheten

Als die Redesdales zum ersten Mal, noch in Asthall, einen Ball gaben, zu Nancys achtzehntem Geburtstag, stellten sie überrascht einen akuten Jungmännermangel fest. Damals mussten sie nehmen, was sie kriegen konnten, Onkel Jack und Onkel Percy, Nachbarn und Mrs. Hams Sohn, egal wie alt oder hässlich, Hauptsache Mann. Das änderte sich schnell, als die Mädchen erst einmal anfingen auszugehen. Die besten Freunde der großen Mitford-Kinder waren Männer, viele von ihnen homosexuell, was weder zu übersehen noch zu überhören war.

Wenn nicht schwul, so doch mindestens – vorübergehend oder lebenslang – bisexuell zu sein, war unter Angehörigen der englischen Oberschicht und der Boheme damals fast so selbstverständlich wie heute ein Tattoo. Tom Mitford hatte als Jugendlicher ebenso leidenschaftliche Affären mit seinem eigenen Geschlecht wie später mit dem anderen, und wenn er aus dem Internat nach Hause kam, erzählte er seinen Schwestern freimütig davon. Auch Pams späterer Ehemann, sechsmal verheiratet, war bekennender Bisexueller, die Bohemiens der Bloomsbury-Group trieben es besonders bunt.

Doch so selbstverständlich gingen nur die Jungen, die Progressiven und die Privilegierten mit der Homosexualität um, offiziell war sie unter Strafe verboten und für die Älteren so widerlich wie tabu. Oscar Wilde,

Inbegriff des Dekadenten und Verruchten, durften die Mitfords in des Vaters Gegenwart nicht mal erwähnen, sonst wäre dieser explodiert; wenn sie die Mutter fragten, was der Dichter denn getan hätte, antwortete diese nur: »Etwas Fürchterliches.« Prompt machten die Schwestern sich einen Spaß daraus, ihr immer wieder zu erklären, sie seien in Dolly Wilde, die in Paris lebende lesbische Nichte von Onkel Oscar, verliebt.

Einige der Freunde hatte Tom schon als Schüler aus Eton nach Hause gebracht. Interessanterweise bewegten sich die vier Großen mehr oder weniger im selben Bekanntenkreis, zum Teil über Jahrzehnte hinweg, während die drei Kleinen auch in dieser Hinsicht ihre individuellen Wege gingen.

Zu den wichtigsten Freunden zählte John Betjeman, Verehrer von Pam und der Erste, der von den Mitford Girls im Kollektiv sprach, sie als solche in einem Gedicht verewigte und bei Besuchen mit dem Vortrag von Kirchenliedern unterhielt. Er wurde nicht nur einer der populärsten Lyriker im Land, sondern auch einer der wichtigsten Denkmalschützer, der das alte, vor allem das viktorianische England vor dem Abriss bewahrte, von der Dorfkirche bis zum Großstadtbahnhof. Mit Debos Schwägerin verband ihn eine jahrzehntelange geheime Liaison.

Ein weiterer Freund, James Lees-Milne, war ebenfalls ein tatkräftiger Amateur-Denkmalschützer. Er hat den National Trust zu der großen Denkmal- und Naturschutzorganisation gemacht, die er heute ist. Als Autor wurde er vor allem mit seinen Tagebüchern berühmt, die in Dianas Augen allerdings eher faszinierende Romane waren. Tom Mitford war Lees-Milnes erste, wie dessen Biograph Michael Bloch meint, vielleicht sogar größte Liebe. Während die anderen Schüler sich am Sonntag in Eton zum Gottesdienst versammelten, knutschten die beiden aufs Leidenschaftlichste. Noch oft nach Toms Tod, bis zum Ende seines eigenen Lebens, habe Lees-Milne von seinem früheren Liebhaber geträumt. In Diana hat Lees-Milne sich ebenfalls verliebt: weil sie Tom so ähnlich war. Nach dem Krieg wurde er auch Debo ein guter Freund.

Evelyn Waugh schrieb mit *Brideshead Revisited* (*Wiedersehen mit Brideshead*) den Roman seiner Generation und seines Standes, einen Schwanengesang auf das Country House, in dem etliche Figuren aus dem Mitford-Kreis auftauchen. Der kleinen Decca versprach der Schriftsteller, der vielen aus späteren Jahren eher als erzkonservativer Misanthrop und Trinker in Erinnerung ist, ihre Liebe für Miranda in seinem nächsten Roman zu verewigen – und hielt sein Versprechen. Statt sich wie viele seine Altersgenossen zum Faschismus oder Kommunismus zu bekennen, konvertierte er zum Katholizismus in seiner traditionellsten Form.

Brian Howard, hochbegabter Sohn aus reichem Hause, ist die vielleicht tragischste Figur des Kreises. Als Schriftsteller und Künstler löste er nie ein, was sein frühes Talent versprach, seine Bücher blieben ungeschrieben, und nach dem Tod seines Liebhabers nahm er sich, inzwischen alkohol- und drogenabhängig, 1958 das Leben. Einer der Gastgeber der extravagantesten aller Bright-Young-People-Partys, der legendären Bath and Bottle Party, gilt Howard als wichtigste Vorlage für die Hauptfigur in Waughs *Brideshead Revisited*.

Als »Schriftsteller und Connaisseur« hat der *Independent* den reichen Erben Harold Acton tituliert. Der Ästhet (wie er selbst sich im Titel seiner Memoiren nannte) hat 1975 die erste Biographie über Nancy geschrieben. Als Sohn eines Kunsthändlers in Florenz geboren, lebte Acton dort auch nach dem Krieg und empfing auf dem geerbten Anwesen die Mitford-Schwestern, überhaupt viele Engländer, regelmäßig zu Besuch. Sein jüngerer Bruder William Acton zeichnete die berühmten Porträts der sechs jungen Schwestern, eine Auftragsarbeit für Lady Redesdale, die so begeistert von seinem Bild Dianas war. William Acton fiel kurz vor Ende des Zweiten Weltkriegs.

Robert Byron war der extremste unter den Extremen. Der aristokratische Rebell, ein entfernter Verwandter des berühmten Lords, schaffte es, als Student aus dem College in Oxford geworfen und wegen Meuterei in der Kinoschlange festgenommen zu werden. Er beschimpfte und beleidigte, wo er nur konnte, legte sich mit jedem an, der ihm in die Quere kam. »Er scheint alles zu hassen, was gewöhnliche Menschen lieben«, wunderte sich Nancy nach einem Wochenende mit ihm – und er liebte umgekehrt vieles, was damals unpopulär war, wie die Architektur des 18. Jahrhunderts und byzantinische Kunst. Als Reiseschriftsteller wurde er erst nach dem Krieg so richtig entdeckt, Bruce Chatwin gehörte zu seinen größten Fans. »Der rote Robert« war ein entschiedener Gegner der Nazis (und nach einem Russlandbesuch ebenso Kritiker Stalins). Gemeinsam mit

Unity besuchte er 1938 den Nürnberger Parteitag der NSDAP, zog dann aber mit wehenden Fahnen gegen die Deutschen in den Krieg. Drei Jahre später war er tot. Ein U-Boot hatte sein Schiff torpediert.

Die Bohemiens waren zu alt, um Decca selber Freunde zu sein. Doch sie zu erleben, ihren Gesprächen zu lauschen, hat sie als Teenager fasziniert und geprägt. »Für mich verkörperten sie Wahrheit und Schönheit, eine vergnügte und verruchte Herausforderung an die ältere Generation. Wie sehnte ich mich, zu ihrer Erwachsenenwelt zu gehören!« Aber bis dahin war es noch ein langer öder Weg.

Familie in Auflösung

Die Gäste kamen, die Kinder gingen. Als die Familie Ende 1926 in Swinbrook einzog, stand sie bereits kurz vor der Auflösung. Die Großen strebten raus, die Kleinen mussten bleiben.

Tom verließ als Erster das Haus, in dem er ohnehin mehr Gast als Bewohner gewesen war. Mit der Schule fertig, ging er 1927 auf Grand Tour nach Italien und Spanien, Deutschland und Österreich, verliebte sich in die deutsche Sprache und Kultur, auch in die Frauen, und nicht nur die deutschen. Charmant, klug und gutaussehend, attestierte ihm Mrs. Ham den Charme eines Lord Byron. Einige Monate verbrachte er auf Schloss Bernstein im Burgenland; Schlossherr Janos Almásy (Bruder des legendären László, dessen abenteuerliches Leben für den Roman *Der Englische Patient* Pate stand), schon früh glühender Anhänger Hitlers, wurde einer seiner besten Freunde. In Berlin begann Tom mit dem Jurastudium, erlebte dort die Auseinandersetzungen zwischen Nazis und Kommunisten und befand: Wenn er Deutscher wäre, würde er wohl Nationalsozialist. 1929 kehrte er nach England zurück, um nicht, wie traditionell üblich, in Oxford oder Cambridge, sondern in London zu studieren. Drei Jahre später begann er als Anwalt zu arbeiten. Tom, ernsthafter als seine Schwestern, ein Meister des logischen Denkens, las zum Vergnügen Schopenhauer und Kant und argumentierte schon als Kind für sein Leben gern. Seine Schwestern bezahlte er dafür, mit ihm zu diskutieren: einen Shilling die Stunde.

Nancy war Decca Vorbild und abschreckendes Beispiel zugleich. Die Älteste tat, was ihr verboten war, ließ sich die Haare kurz schneiden, malte sich die Lippen rot, zog Hosen an und brachte die Eltern auf die Palme. Aber den wirklichen Absprung aus »Swinebrook« schaffte sie lange nicht.

Nach ihrer Einführung in die Gesellschaft und dem obligatorischen Knicks vor dem Königspaar flatterte Nancy umher wie ein Schmetterling, von einem Fest zum nächsten und am Wochenende zur *weekend party* ins Country House. Zwischendurch fand sie Unterschlupf bei Freunden wie Evelyn Waugh und seiner Frau Evelyn. Mal wohnte sie bei Mrs. Ham, dann bei Diana, die vor ihr ein eigenes Zuhause hatte. Aber irgendwann musste sie doch immer wieder zu den tadelnden Eltern zurück.

Nach langen Kämpfen durfte sie mit Anfang zwanzig endlich nach London ziehen, die Slade School of Art besuchen und in einem eigenen kleinen Apartment wohnen. Aber so viel Freiheit war schwer zu ertragen. Nicht mal vier Wochen hielt Nancy aus, da musste sie schon durch so viel schmutzige Wäsche waten, dass kaum noch ein Durchkommen war. Zumindest ist das die Geschichte, die sie Decca erzählte, die ganz fassungslos war, dass die große Schwester ihre hart errungene Unabhängigkeit so schnell wieder wegwarf. Was diese wohl auch tat, weil der Dozent an der Slade School ihr mangelndes künstlerisches Talent bescheinigt hatte. Später, nachdem sie tatsächlich und endgültig bei den Eltern ausgezogen war, hatte Nancy immer ein eigenes Dienstmädchen (oder einen Dienstjungen), egal wie mager die Zeiten waren. Und ihre guten Geister blieben Jahre, jahrzehntelang – sie gehörten zu den stabilsten Beziehungen ihres Lebens.

Sie war vierundzwanzig, als sie sich, im Sommer 1928, das erste Mal verliebte. Und dann gleich unsterblich. Wobei Nancy bei der Wahl ihrer Männer ein ähnlich sicheres Händchen bewies wie ihr Vater bei seinen Investitionen. Amüsant, charmant, eitel und egozentrisch war der Erwählte, vier Jahre jünger als sie, ein Trinker, Spieler und Lebemann. Das störte sie ebenso wenig wie die Tatsache, dass Hamish St. Clair-Erskine schwul war. Ob sie es nicht merkte oder nicht wahrhaben wollte, ist nicht ganz klar. Auch ihr Bruder hatte sie gewarnt: Tom kannte Hamish gut, hatte mit ihm als Schüler eine Affäre gehabt. Selbst als der schottische Aristokrat ihr nach fast fünf qualvollen Jahren endgültig und auf unschöne Weise den Laufpass gab, erklärte sie ihm: »Ich dachte, du hegst eine Seelenliebe für mich & und am Ende hätten wir Kinder haben & im Alter gemeinsam auf das Leben zurückblicken sollen.« In der Kunst der selektiven Wahrnehmung war sie wie alle Mitford-Schwestern eine Meisterin. Einmal entschlossen zu lieben, liebte sie mit Haut und Haar und rosarotem Blick.

Beide Familien waren so entschieden gegen die Verbindung, wie Nancy dafür war: Sie erklärte den Homosexuellen zu ihrem Verlobten. Hamishs Eltern schickten ihren Sohn nach Amerika, aber auch das half nicht. Die Beziehung war ein ewiges Hin und Her und Auf und Ab, wobei sich Hamish am Ende als der Klügere erwies: »Du hattest doch, seitdem wir uns kennen, keinen frohen Augenblick mehr«, erklärte er ihr. Tatsächlich, in Gesellschaft gab sie die witzige, spritzige, scharfzüngige Nancy, doch sobald sie allein im Bus saß, fing sie an zu heulen. Einmal, erzählte sie Mark Ogilvie, ihrem engen Freund und späteren Illustrator ihrer Bücher, sei sie kurz davor gewesen, das Gas aufzudrehen, habe aber mit Rücksicht auf ihre schwangere Gastgeberin davon Abstand genommen. Ein Witz möglicherweise. Oder auch nicht.

Irgendwann fing sie in Swinbrook an, ihren ersten Roman *Highland Fling* zu schreiben. Es gab ja sonst nichts zu tun. Kleine Geschichten zum Amüsement der Familie hatte sie schon früher verfasst, außerdem besserte sie als Kolumnistin ihr Taschengeld auf. Für *Vogue*, *Harpers Bazaar* und *The Lady*, die Zeitschrift ihres Großvaters, sezierte sie die Chelsea Flower Show, Shakespeares Geburtstag und die lange Wochenendparty, genoss das gesellschaftliche Leben der Jeunesse dorée und machte sich lustig über Sitten und Gebräuche ihrer eigenen Gesellschaftsschicht. Auch das ein den Mitfords gemeinsames Talent: *To have the cake and eat it, too –* sie wollten alles auf einmal haben.

Evelyn Waugh hat Nancy zum Schreiben ermuntert und ihre Manuskripte korrigiert; im Laufe ihres Lebens würden sie einen intensiven, geistreichen Briefwechsel führen (auf die Entfernung verstanden sie sich besser als aus der Nähe). Waugh hat sie gerade in jungen Jahren mehr als jeder andere Schriftsteller beeinflusst; von ihm stammt auch der Titel des Romans, mit dem sie berühmt wurde, *The Pursuit of Love* (*Englische Liebschaften*).

Wie all ihre Romane ist *Highland Fling,* in dessen Mittelpunkt eine Jagdgesellschaft in Schottland steht, stark autobiographisch. Er gipfelt in einen typischen Bright-Young-People-Scherz: einer inszenierten Beerdigung auf einem echten Friedhof, ohne Tote, aber mit Zuschauern. *Highland Fling* (so heißt ein schottischer Tanz) kam 1931 heraus. Die leichte Komödie wurde zwar kein Riesenbestseller, aber immerhin: Innerhalb von ein paar Wochen wurde eine zweite Auflage gedruckt.

Tanten, Onkel und andere Verwandte sind in dem Roman leicht wiederzuerkennen. Die Mutter war entsetzt, als sie das Manuskript las: Das könne Nancy doch nicht unter ihrem Namen veröffentlichen! Unter welchem sonst. Als Schriftstellerin wie als Kolumnistin schlachtete Nancy die Welt, in der sie sich bewegte, hemmungslos aus. Der Vater, der als Onkel Matthew in Nancys Nachkriegsromanen regelrechten Starstatus erringen sollte, hat hier seinen ersten großen Auftritt als Karikatur seiner selbst.

Kichernd, so erinnert sich Decca, saß Nancy vor dem Wohnzimmerkamin und schrieb mit fliegender Feder in ihr Schulheft, aus dem sie den Kleinen immer mal wieder zur Unterhaltung vorlas, schrieb munter gegen Kummer, Langeweile und Geldmangel an. Irgendwann bekam sie in dem viel zu großen Haus ihr eigenes Studio, in das sie sich zurückziehen konnte.

Diana wählte den schnellsten, da gesellschaftlich akzeptabelsten Fluchtweg aus dem Elternhaus: die Ehe. 1927 hatte sie die Höhere-Töchter-Schule in Paris besucht, wo sie nach eigenen Angaben in sechs Monaten mehr lernte als bei den Gouvernanten in sechs Jahren. Jetzt reichte es ihr mit dem Landleben. Menschen, Bücher, Reisen und Musik, das war es, was sie interessierte. Unterhalten wollte sie sich, plaudern – »to chat« ist eins ihrer liebsten Lieblingswörter. Als Debütantin genoss sie neue Freiheiten, schlich sich von Bällen weg, um in Nachtclubs zu gehen, deren Reiz vor allem darin lag, verboten zu sein. Die Männer beteten sie als »Geliebter weißer Schwan« an, himmlischer als Botticellis *Venus* fanden sie sie, eine Göttin, deren Schönheit »wie ein Glockengeläut durch den Raum zog«. Brauereierbe Bryan Guinness machte ihr gleich einen Heiratsantrag. Dabei war der Jurist und Poet eigentlich ein zurückhaltender Mann. Aber in Diana war er unsterblich verliebt.

Mutter Mitford war gar nicht begeistert. Erstens, fand sie, war Diana mit achtzehn Jahren zum Heiraten entschieden zu jung, zweitens ihr Verehrer entschieden zu reich. Sie sollten erst mal zwei Jahre warten. Diana schmollte effektvoll, bereits im Januar 1929 feierte das Traumpaar Traumhochzeit: Einer der vermögendsten Männer im Land, Sohn des amtierenden Landwirtschaftsministers, ehelichte eine der schönsten Frauen im Land, wenn das kein gefundenes Fressen war. Die Zeitungen brachten seitenlange Fotostrecken, das Album der Mutter ist prall gefüllt mit Bildern der glamourösen Braut.

Das Leben ist ungerecht, der Refrain der Mitford'schen Kindheit, jetzt traf er tatsächlich zu: Seit Wochen schon waren Debo und Decca ganz aufgeregt, goldene Kleider sollten sie bei dem Fest tragen und dann – bekamen sie Scharlach und verbrachten den Hochzeitstag im Bett. Wenn es nach der Mutter gegangen wäre, hätten die kranken Mädchen mitfeiern dürfen, bei den Mitfords fürchtete man sich ja nicht vor Ansteckungsgefahr. Aber die Guinnesses, in deren Haus der Hochzeitsempfang stattfand, waren strikt dagegen. »Mir hat es die Hochzeit verdorben«, schreibt Diana in ihrer Autobiographie über das Fernbleiben ihrer Schwestern, »auf jeden anderen hätte ich lieber verzichtet.«

Endlich begann für Diana das ersehnte Highlife. Die Hochzeitsreise mit Ziel Sizilien führte das Paar als Erstes nach Paris, wo die Schwiegereltern eine Wohnung samt Personal und fabelhaftem Koch hatten. Die Wirtschaftskrise, die die Welt gerade aus den Angeln hob, tangierte ihr Dasein nicht. Wenn Diana nicht gerade schwanger war und das Bett hütete, tanzten die beiden von Party zu Party, reisten von Konstantinopel nach Rom, von Venedig zur Riviera, gingen ins Theater und waren *die* Gastgeber der englischen Hauptstadt. Auch wenn weder Diana noch Bryan als Bright Young People bezeichnet werden mochten: Die beiden zählten zu ihren edelsten Vertretern, schmückten immer wieder die Titelseiten der Klatschpresse. Ob Party oder Taufe, alles war den Zeitungen ein Foto wert, und wenn Diana anfing, Cordhosen im Garten zu tragen, machte es ihr halb England nach. Schrieb zumindest der *Tatler, das* Hochglanz-Klatschmagazin seiner Zeit.

1930 wurde Deccas erster Neffe, Jonathan Guinness, geboren, Evelyn Waugh und Randolph Churchill wurden Patenonkel. Das Baby, das im Jahr darauf einen Bruder, Desmond, bekam, wurde dem Kindermädchen in die Arme gedrückt, dann ging die Reise weiter, die Party rief. Neben ihrem Londoner Domizil hatten die Guinnesses dann, Dianas erklärter Aversion zum Trotz, doch noch ein Herrenhaus auf dem Land, aber anstelle von Jägern und Reitern trafen sich im Salon von Biddesden vor allem Künstler und Intellektuelle, Menschen, die was gesehen hatten von der Welt.

Bryan Guinness war der einzige Schwager, den alle Schwestern liebten. Und der sanfte Poet, glücklich in eine Großfamilie zu heiraten, mochte sie ebenfalls, die Kleinen ganz besonders. Die kamen oft zu Besuch nach Biddesden, mit der Mutter oder dem Kindermädchen, blieben ein paar Tage oder Wochen.

Dianas Glück war Pamelas Segen. Das Debütantinnensein im Jahre 1924 hatte der Zweitältesten wenig Spaß gemacht, zu dick kam sie sich vor, außerdem konnte sie mit dem einen Bein seit der Kinderlähmung nicht richtig tanzen. John Betjeman, mit dem sie oft über Land fuhr, Kirchen anguckte und Drachen steigen ließ, machte ihr – »gentle Pamela / Most rural of them all« (»die sanfte Pamela, die ländlichste von allen«), wie er sie in seinem Gedicht über die Mitford Girls besang – den Hof, sie lehnte seine Anträge dankend ab. Sosehr sie den Schriftsteller mochte, verliebt war sie nicht in ihn.

Stattdessen verlobte sie sich 1928 mit einem Nachbarn, der sich kurz vor dem Gang zum Altar wieder entlobte. Eine Trennung in beiderseitigem Einverständnis, wie die Familie erklärte, Pam sei ebenfalls zu dem Schluss gekommen, dass der kränkelnde Mann nicht der Richtige sei. Zum Trost nahmen die Eltern ihre Tochter mit nach Kanada. In der einfachen Blockhütte war »Woman« in ihrem Element: Endlich konnte sie kochen! Vom Schrecken einigermaßen erholt, kehrte sie nach England zurück – und da Schwager Bryan jetzt jemanden brauchte, der sich um die Farm von Biddesden kümmerte, ernannte er Pam zur Managerin. Vier Jahre lang war sie Herrin über Hof und fünfzig Milchkühe, führte die Farm auch weiter, als Diana ihren Mann verließ. Mochten die Schwestern sie als Hausfrau verspotten – Pam war die Erste, lange auch Einzige, die so etwas wie einen richtigen Job hatte.

Um die Zeit von Dianas Hochzeit herum schlug Deccas Stimmung um. Aus dem fröhlich-frechen Rauscheengel wurde ein unglücklicher Teenager, so unglücklich, wie man in der Pubertät nur sein kann, leidend an sich und der Welt, alle anderen mitleiden lassend, voller Sehnsucht nach Freiheit und Abenteuer. Es war eine schleichende Düsternis mit sonnigen Abschnitten, wenn man ihren Briefen, den Aussagen der Schwestern und Familienbiographen trauen darf. Fest steht jedenfalls: Mit zwölf richtete sie ihr Weglaufkonto ein. Um es aufzufüllen, verkaufte sie sogar ihre Weihnachtsgeschenke.

Es gibt verschiedene Erklärungsversuche für den Stimmungswandel: dass Diana das Haus verlassen hatte und Decca der Alltag in Swinbrook danach nur noch öder und monotoner vorkam; dass sich jetzt in der Pubertät der Altersunterschied zu den beiden anderen Kleinen stärker bemerkbar machte; dass der Wunsch, zur Schule zu gehen, und das Gefühl der Unterforderung immer heftiger wurden. Sie startete einen letzten Versuch, radelte in die nächste Kleinstadt und marschierte geradewegs zum Rektor der Schule, der sie, vorausgesetzt, dass sie die Aufnahmeprüfung bestand, auch nehmen wollte. Aber die Mutter blieb strikt dagegen. Decca ärgerte sich, »sie wurde launisch und kritisch, war nicht mehr das witzige, bezaubernde kleine Mädchen, das sie gewesen war«, wie Debo in ihrer Autobiographie erzählt.

Und doch war sie nicht von morgens bis abends unglücklich und schlecht gelaunt. Die politische Opposition, in die sie jetzt hineinzuwachsen begann, bestimmte noch nicht ihr ganzes Denken und Tun. Das lustige, pfiffige Mädchen und das verwöhnte Freifräulein, beide waren noch da und blitzten immer wieder durch. Beim Besuch des vierzehnjährigen William Buchan 1932 in Swinbrook zum Beispiel, den die gleichaltrige Decca mit ihrer Originalität schwer beeindruckte: Freundlich-amüsiert begegnete sie ihm, benahm sich zwar wie eine wohlerzogene höhere Tochter, das »aber mit so viel Intelligenz und Humor«, wie er es bei einem Mädchen ihres Alters selten erlebt habe.

Sechs Töchter lang befand sich das Haus Mitford im Dauerzustand der Pubertät. Bei Unity fiel sie besonders heftig aus. Zwischen vierzehn und achtzehn, hat Decca später erzählt, war ihre ältere Schwester mürrisch, ungehobelt, grob. Als die Mutter in dieser Zeit mit den beiden nach Schweden fuhr (da kam Lady Redesdales Schlittschuhlehrer her, in den sie als junges Mädchen so verliebt gewesen war), war die vierzehnjährige Unity die ganze Reise über schlecht gelaunt.

Bobo, wie alle außer Decca Unity nannten, kam von Baby – »Little Baby«, so hat ihre Mutter sie genannt. Dabei hatte Unity so gar nichts von einem kleinen Baby an sich. Sie hieß nicht nur Valkyrie, sie sah auch wie eine Walküre aus. Alles an ihr war riesig, ihr Hunger, ihr Fanatismus, ihre Persönlichkeit. Schon immer hatte sie es schwerer als die anderen, als Teenager hatte der Vater sie ganz besonders auf dem Kieker.

Romantisch veranlagt, »schien sie in einem Traum zu leben, der aus Blake, Coleridge, Hieronymus Bosch und Henri Rousseau bestand«, so Decca. Unity zog sich in ihr eigenes Wohnzimmer, ihr »drohendes Schweigen« oder ins Kino zurück. Manchmal träumte sie davon, selber Regisseurin zu werden, dann wieder, Kinder zu kriegen, am liebsten gleich im Dutzend. Sie malte ein bisschen, schrieb Gedichte, klebte Collagen, schuf sich ihre eigenen Phantasiewelten.

Sie hatte keine Ahnung, wohin mit ihrer Kraft und Energie. Regeln waren für Unity nur eine Aufforderung, sie zu durchbrechen, Schockieren war das Einzige, von dem sie wusste, wie es ging. So schnappte sie sich einfach ihre Gouvernante, die kleine Miss Dell, und setzte sie aufs Buffet. Aus reiner Verzweiflung schickten die Eltern sie 1929 aufs Internat. Unity war glücklich: Sie wollte so gern zur Schule gehen! Und dann tat sie alles, um rausgeworfen zu werden, redete auf der christlichen Einrichtung gotteslästerlich, zeichnete Akte, spielte Streiche. Die Lehrer wurden genauso wenig fertig mit ihr wie die Eltern, nach einem Jahr warfen sie sie wieder raus. Auf den beiden nächsten Schulen war noch viel schneller Schluss.

Dann war die Zeit für ihr *coming out* gekommen, den Debütantinnenball am Hofe. Fast 1,80 Meter groß, war Unity, so Decca, »eine hünenhafte und einigermaßen beunruhigende Debütantin, mit üppiger blonder Mähne überragte sie bei den verschiedenen Debütantinnenveranstaltungen alle ihre Mitstreiterinnen wie ein riesiger Weihnachtsmann die Figur des Christkinds«. Als Dianas Brautjungfer ein paar Jahre zuvor hatte Unity sich schrecklich unwohl in ihrer großen Haut gefühlt. Jetzt ging sie in die Offensive: Sie zog sich so trashig wie möglich an, deckte sich beim Bühnenausstatter mit Samt und künstlicher Seide ein, mit theatralischen Capes und Juwelen. Für den Ball warf sie sich in ein riesiges Abendkleid aus Brokat, steckte sich ein vor falschen Perlen und Rubinen nur so funkelndes Diadem ins Haar, setzte sich ihre Ratte auf die Schulter und schlang sich Ringelnatter Enid um den Hals. Im Buckingham Palace ließ Unity königliches Briefpapier mitgehen, auf dem sie dann ihre Dankesbriefe schrieb. Sie wollte schocken und das gelang ihr auch. Ein paar Jahrzehnte später wäre sie wahrscheinlich Punkerin geworden.

Nur Decca war voller Bewunderung für diese rebellische Riesin mit den schlechten Zähnen (was Debo auf jahrelangen Kartoffelbreikonsum zurückführte), die selbst die Naturgesetze auf ihre Tauglichkeit prüfte. Als sie einmal beim Schlittschuhlaufen platt aufs Gesicht fiel, antwortete Unity auf die Frage, warum sie sich denn nicht mit den Händen abgefangen habe: »Ich wollte sehen, ob mir die Natur zu Hilfe kommt.«

In der drei Jahre Älteren, rastlos wie sie selbst auf der Suche, entdeckte Decca eine Gleichgesinnte. Zu dieser Zeit, um das Jahr 1931, hat ihre »tiefe Freundschaft« begonnen. Damals, so sagte Decca, wurden sie »Lieblingsschwestern«. Nichts wird dieses Gefühl der tiefen Verbundenheit und Liebe je wieder zerstören können. Nicht einmal die Politik.

3
Sturm and Drang

Ein Sommernachtstraum, anno 1932: Diana hat zum großen Ball in ihr neues Haus an der Themse geladen, ein Fest, so rauschend und romantisch, dass es alle anderen übertraf. Dreihundert Gäste waren gekommen, darunter Winston Churchill mit seiner Frau Clementine, Oswald Mosley mit Gattin und Schwägerinnen. Ein russisches Orchester spielte im Rosengarten auf, die Bäume wurden mit magischem Effekt beleuchtet, und die Serviermädchen trugen an diesem Juliabend Blumenkleider statt der üblichen schwarz-weißen Uniform. Die Gesellschaft tanzte bis zum Morgengrauen.

Diana überstrahlte alle. Chiffon und Tüll umspielten ihre schlanke Figur mit weichen Volants, die Gastgeberin hatte, wie sie es ausdrückt, alles angelegt, was sie an Juwelen zu fassen kriegte, darunter ein Rubinen-Diadem. Die Zweiundzwanzigjährige stand auf dem Höhepunkt ihres gesellschaftlichen Erfolgs, ihrer glorreichen Schönheit, die Gäste überschlugen sich hinterher in ihren Dankesbriefen. »Was für eine blendende Erscheinung Sie waren, eine Göttin vom Olymp, frisch wie der Morgentau«, staunte Lady Emerald Cunard, selber eine der Gesellschaftsköniginnen ihrer Zeit. »Es war die beste Party, die je gegeben wurde«, meinte Robert Byron. »Ich fühle mich von den Toten auferweckt.«

Für D. J. Taylor markierte der Ball den Anfang vom Ende der Bright Young People, zu deren Galionsfiguren er Diana zählt. Für die Mitfords bedeutete das Sommerfest der Beginn einer skandalreichen Epoche – für die nächsten zehn Jahre würde ihr Name nicht mehr aus den Schlagzeilen verschwinden. Für Diana war der Ball ihr glanzvoller Abgang als Gesellschaftslöwin, Stilikone und Liebling der Gazetten. Bald danach begannen die Anfeindungen, die sie bis zu ihrem Lebensende begleiten sollten und die sie selber immer wieder anstachelte. Aus der schönsten wurde eine der meistgehassten Frauen im Land.

In dieser Sommernacht hat Oswald Mosley ihr seine Liebe erklärt. Am nächsten Morgen verriet Diana einer Freundin, dass sie ihren Mann verlassen wolle.

Sir O

Bei einem Geburtstagsessen Anfang 1932 hatte sie neben Mosley gesessen, kurz nachdem zwei ihrer engsten Freunde gestorben waren (nach dem Tod des Schriftstellers Lytton Strachey hatte sich die Künstlerin Carrington das Leben genommen) und ein großes emotionales Loch in ihrem Leben hinterlassen hatten. Diana war einundzwanzig, Mosley fünfunddreißig, und »selbstverständlich verliebte ich mich in ihn«.

Natürlich kannte sie ihn, nicht nur von Partys in London und vom Lido in Venedig, auch aus den Nachrichten. Sir Oswald Mosley – von Nancy schnell in »Sir Ogre«, »Sir Ungeheuer« oder »Sir O« umgetauft – hatte schon eine illustre Laufbahn und mehrere Parteiwechsel hinter sich. Als ebenso charismatischer wie umstrittener Politiker mit Starpotential wurde er gelegentlich als möglicher Premierminister gehandelt.

Nach dem Ersten Weltkrieg, aus dem er als Pazifist und Invalide, ein Bein kürzer als das andere, herauskam, zog der Einundzwanzigjährige 1918 als jüngster Abgeordneter für die Torys ins Parlament. Allerdings zerstritt er sich mit der konservativen Partei über deren seiner Meinung nach zu repressive Irlandpolitik wieder, saß eine Zeitlang als unabhängiger Abgeordneter im Unterhaus und schloss sich dann der noch recht jungen Labour Party an. Nachdem diese 1929, inmitten der großen Wirtschaftskrise, an die Regierungsmacht gekommen war, wurde er zum Minister ohne Geschäftsbereich ernannt, als welcher er Konzepte gegen die Arbeitslosigkeit entwickelte, die seine Parteigenossen als zu radikal ablehnten. Also trat er bald schon wieder aus und gründete seine eigene Partei, die New Party, die, so Andrew Marr in seinem Buch *The Making of Modern Britain*, noch eher sozialistisch als faschistisch war. Aber mit der New Party ging Mosley baden: Bei den Wahlen im Herbst 1931 konnten sie nicht einen einzigen Sitz ergattern.

Nach dem Debakel unternahm *the leader* in spe eine Exkursion nach

Italien, zu Mussolini, der schon seit zehn Jahren an der Macht war, und ließ sich von dessen Erfolg inspirieren. Mosley war gerade dabei, die British Union of Fascists zu gründen, als er bei jenem Essen neben Diana saß.

Sir Oswald war verheiratet, und das ausgesprochen gut: mit Lady Cynthia. Deren Vater war Lord Curzon, der frühere Vizekönig von Indien und spätere britische Außenminister, nach ihrer Mutter, Lady Curzon, wurde die berühmte Schildkrötensuppe benannt. Zur Hochzeit der Mosleys kamen auch König und Königin. Cimmie, wie alle sie nannten, unterstützte die politische Arbeit ihres Mannes an vorderster Front; die Mutter seiner drei Kinder ließ sich als Abgeordnete ins Parlament wählen und machte jeden Parteiwechsel Mosleys treu mit. Er hat sie geliebt – und betrogen. Oft waren die Frauen, mit denen er ins Bett ging, Freundinnen von ihr.

Dieser vor Selbstbewusstsein und Potenz strotzende Mann *und* seine Politik, beides hat Diana ungemein gereizt. Ihr Leben als Mrs Guinness, mondän, wie es war, langweilte sie schon. »Ich dachte, das ist genau das Richtige für mich«, erklärt sie 1940 nach ihrer Verhaftung auf die Frage nach ihrer Haltung zum Faschismus. Von der großen Koalition, die zu Beginn der 1930er Jahre die Regierung stellte, hielt sie nichts. Leicht ließ sie sich von dem rhetorischen Talent Mosley überzeugen, dass nur er die Probleme des von Arbeitslosigkeit und Wirtschaftskrise gebeutelten Landes in den Griff bekommen, den drohenden Niedergang des Empires aufhalten würde. Sie glaubte an ihn, anders kann man es kaum nennen, hielt Oswald Mosley für Englands – und ihren – Erlöser.

Egal, wie oft er sie betrog – und er hat sie noch im Alter hintergangen –, der englische Faschistenführer war die Liebe ihres Lebens. Den Unterschied zu ihren Gefühlen für Bryan Guinness beschreibt Dianas Biographin Anne de Courcy wie den zwischen Sonne und Kerzenlicht. Um die Sonne Mosley kreiste nun ihr ganzes Leben, für ihn war sie bereit, alles zu tun und aufzugeben und hauptberuflich Geliebte zu werden. Denn das hatte er ihr gleich gesagt: Seine Frau würde er nicht verlassen.

Von Aldous Huxley, Lytton Strachey und Bertrand Russell, die Diana als Jugendliche so gern gelesen hatte, hatte sie viel gelernt: »Ich liebte sie wegen ihres Scharfsinns, ihrer Respektlosigkeit und ihrer Abneigung gegenüber den geltenden Normen.« Auch wenn sich jetzt alle auf sie stürzten, sie beschimpften und beschworen, für eine kurze Affäre nicht ihr ganzes Glück hinzuwerfen, aufhalten ließ sie sich nicht. »Dina-mite« hatte Winston Churchill sie schon als junges Mädchen genannt. Der Einzige, dessen Missbilligung ihr etwas ausmachte, war ihr Bruder Tom.

Die Familie stand unter Schock. So leichtlebig ihrer beider Väter in amourösen Dingen gewesen waren, für die puritanischen Eltern war die Institution der Ehe heilig. Zudem befürchteten Lord und Lady Redesdale, dass Diana mit ihrem skandalösen Verhalten ihren Schwestern schade – vor allem auf dem Heiratsmarkt. Die Stimmung in Swinbrook, so Nancy, war wie auf dem Vulkan.

Einladungen nahm Diana nur noch von sehr guten Freunden an, die verstanden, wenn sie kurzfristig wieder absagte. Wann immer ihr Geliebter Zeit für sie hatte, und sei es nur, dass er kurz vorbeigestürzt kam, sie stand immer parat für ihn. So blieb es, über seinen Tod hinaus: Mosley, Mosley über alles.

Diana hatte jetzt ein eigenes Haus am Eaton Square, um die Ecke von Mosleys Junggesellenwohnung; in ihrer »Eatonry« lebte sie mit vier Dienstboten und ihren beiden kleinen Söhnen. Bryan Guinness machte es möglich. So sehr liebte er seine Frau, dass er sogar den Ehebrecher für sie markierte und sich mit einer Prostituierten »erwischen« ließ. Denn ohne Schuldigen keine Scheidung, so verlangte es das geltende Recht. Wäre Diana schuldig geschieden worden, hätte sie mit ziemlicher Wahrscheinlichkeit nicht nur finanzielle Ansprüche, sondern auch ihre Söhne verloren.

Vielleicht hatte Guinness' ergebene Liebe sie auch mit aus dem Haus getrieben. Ihm hätte es genügt, mit ihr daheim zu sitzen, am liebsten in Biddesden, und ein ländlich ruhiges Familien- und Dichterleben zu führen: 1933, im Jahr der Scheidung, veröffentlichte er seinen ersten Roman, mit dem Titel *Singing Out of Tune*. Auf die Frage nach seiner Tätigkeit in Unitys Freundschaftsbuch *All About Everybody*, »Alles über alle«, das sie 1935 mit einer Reihe von Fragen in der ganzen Familie herumreichte, gab er an: »Imagination« – Phantasie. Und seine Traumbeschäftigung? »Imagination«.

Diana hat das nicht genügt. Auch wenn Biddesden weit lieblicher und schöner als Swinbrook war, irgendwann kam es ihr ähnlich klaustrophobisch vor. Als Traumbeschäftigung gab sie in Unitys Fragebogen an: »Riesige Familie, Jagd, Politik«. Und als größtes Laster: »Gelangweiltsein«.

»Wir waren denkbar ungeeignet füreinander«, schrieb Diana vierzig Jahre später über ihre erste Ehe. Immerhin ging die Geschichte des verlassenen Ehemannes glücklich aus: 1936, im selben Jahr, in dem Diana Oswald Mosley heiratete, hat Bryan Guinness »seine Idealfrau«, wie Diana Elisabeth Nelson nennt, geehelicht, neun Kinder bekamen sie und waren glücklich bis ans späte Lebensende. 1992 starb er sechsundachtzigjährig in Biddesden. Seinen Titel, Lord Moyne, erbte danach sein ältester Sohn Jonathan.

Diana verstand gar nicht, warum sich alle so aufregten. Dass Mosley Affären hatte, das hatte seine Frau doch schon vorher gewusst. Aber dann, kurz vor Dianas Scheidung, starb Cimmie plötzlich: im Mai 1933, mit vierunddreißig Jahren, an den Folgen einer Bauchfellentzündung. An gebrochenem Herzen, sagten ihre Schwestern, die die Nebenbuhlerin – »das Grauen«, wie sie Diana nannten – für Cimmies Tod verantwortlich machten. Sie haben sich fortan um die drei Mosley-Kinder gekümmert.

Was Cimmies Schwestern auch später verschwiegen: dass eine von ihnen, Irene, selber schon eine Affäre mit ihrem Schwager gehabt hatte, und die andere, Alexandra (Baba) Metcalfe, jetzt eine jahrelange Liebschaft mit ihm begann. Seine Ferien teilte Mosley in den nächsten Jahren zwischen Diana und Baba auf. Als Diana mit über neunzig gefragt wurde, ob sie das nicht schockiert habe, ließ sie den Interviewer kühl abblitzen: »Nicht wirklich. Das ist doch sehr verbreitet.« Ihr Sohn Jonathan, der es selbst kaum fassen kann, wie seine Mutter dieses Doppelleben Mosleys aushalten konnte, erklärt es mit ihrer politischen Passion – und der felsenfesten Überzeugung, dass sie seine Nummer eins war und immer bleiben würde.

One – Two – Three – Four! What are the fascists for?

Trotz seines aufreibenden Privatlebens war Mosley jetzt in erster Linie mit dem Aufbau der im Oktober 1932 gegründeten British Union of Fascists (BUF) beschäftigt. Den Italienern fühlte er sich dabei weit stärker verbunden als den deutschen Nationalsozialisten. Hitler hat er im Unterschied zu seiner Frau nur zwei Mal im Leben gesehen. Der Duce war es auch, der die britischen Faschisten finanziell unterstützte.

Nach italienischem Vorbild steckte Mosley seine Leute in schwarze, das Maskuline betonende, enganliegende Uniformen, die er selber so gern trug. Schneidig, wie ihn Frauen offenbar fanden, wurde er mit Errol Flynn verglichen, Hollywoods Don Juan und Haudegen – wegen seines Aussehens, seiner verwegenen Lebensart, seines Sex-Appeals und nicht zuletzt seiner Fechtkünste. Das war es, was Mosley gerade seinen Anhängern aus der Arbeiterklasse bieten wollte: »Glamour wie im Film«.

Seine Gegner sahen in Mosley ohnehin eher einen Schauspieler – oder Schmierenkomödianten – als einen Politiker. In seiner theatralischen Art, mit den Posen und Grimassen, hatte der Faschist trotz aller Eloquenz für sie etwas unfreiwillig Komisches – so, wie Nancy ihn dann in ihrer Satire *Wigs on the Green* (*Landpartie mit drei Damen*) porträtierte oder Mosleys Alter Ego in P. G. Wodehouses *The Code of the Woosters* (*Alter Adel rostet nicht*) nicht Führer der Black Shirts ist, sondern der Black Shorts und heimlich Damenunterwäsche entwirft. »Über Oswald Mosley wurde in Großbritannien mehr gekichert, als er Anhänger hatte oder gefürchtet wurde«, meint Andrew Marr. »Er war einfach unenglisch, wie er so daherstolzierte mit seinen Reitstiefeln, seiner Schirmmütze, seiner Reithose und seinem halbmilitärischen Uniformrock und wie er so rumschrie.« Der englische Sinn fürs Komische, glaubt Marr, hat seine Landsleute vor dem Fanatismus bewahrt.

Eine Massenbewegung und ernsthafte Bedrohung ist der Faschismus in Großbritannien nie gewesen. Mosleys Biograph Robert Skidelsky vertritt sogar die Meinung, dass es sich bei der Bewegung eher um »eine Tragödie vergeudeter Talente als um eine echte Gefahr für die britische Demokratie« gehandelt habe.

Aber es gab eine Zeit, da trat der englische Faschismus ziemlich laut auf. Wenn die Schwarzhemden in Uniform durch London marschierten, waren sie weder zu übersehen noch zu überhören. Zur Melodie des Horst-Wessel-Liedes (von Nancy »Hoarse Vessel«, »Heiseres Schiff«, getauft) schmetterten sie ihr Kampflied. Bei seinen Auftritten peitschte Mosley sein Publikum ordentlich auf, wober er sich im Laufe der Zeit einen barscheren Ton zulegte. Waren er und seine Partei von anderen faschistischen Splittergruppen anfangs noch als »koschere Faschisten« verspottet worden, ließ er später häufiger antisemitische Töne hören, wenn auch vielleicht mehr aus Taktik denn Überzeugung. Von der Mitgliedschaft in der Partei waren Juden von vornherein ausgeschlossen. Die meisten Anhänger hatte Mosley im Londoner Arbeiterviertel East End und im industriellen Norden des Landes, aber auch in der Upperclass konnte er auf einen latenten Antisemitismus und massiven Antikommunismus bauen.

Doch je aggressiver und brutaler die Faschisten auftraten, desto mehr Anhänger verloren sie. Die Prügeleien mit Linken und jüdischen Gruppen und auch die Nachrichten vom Nazi-Terror in Deutschland schreckten viele ab. 1934 fand die erste der beiden für die Partei fatalen Schlachten statt. 15 000 Mosley-Anhänger kamen am 7. Juni in die Veranstaltungshalle Olympia, unter die sich ein paar Tausend überwiegend kommunistische, ebenfalls auf Krawall gebürstete Antifaschisten mischten. Einer von ihnen war Deccas Zukünftiger, Esmond Romilly, der sich vorher zusammen mit seinem Freund Philip Toynbee mit Schlagringen ausgestattet hatte. Obwohl überall Schwarzhemden Wache schoben, gelang es den beiden Freunden, sich in die volle Halle zu drängen. Der englische Führer schritt zum Klang der Fanfaren ins Scheinwerferlicht, aber noch bevor Sir Oswald etwas sagen konnte, wurde er niedergebrüllt: »One – Two – Three – Four! / What – are – the fascists – for? / Lechery, Treachery, Hunger and War« (»Eins – zwei – drei – vier! / Was tun die Faschisten hier? / Lüsternheit und Hinterlist, Hungersnot und Kriegsgeschrei!«).

Es kam zur großen Schlägerei, bei der einige mit blutigen Köpfen und halbnackt auf die Straße geworfen wurden.

»Es klingt wirklich himmlisch«, seufzte Unity, als Diana ihr davon erzählte, allerdings auch nur aus zweiter Hand, da sie ausgerechnet an diesem Tag krank war. Die beiden bedauerten sehr, nicht dabei gewesen zu sein.

Die Schlacht von Olympia markierte einen Wendepunkt: Die meisten Briten fanden die Gewalt, auch wenn sie von beiden Seiten ausging, abstoßend. Nach ihrem raschen Aufstieg hatte die Partei zwei Jahre nach ihrer Gründung ihren Höhepunkt schon überschritten. 1934 zählte die British Union of Fascists 50 000 Mitglieder, im Jahr darauf war es nur noch ein Zehntel davon. Wobei sehr unterschiedliche Angaben zu den Mitgliederzahlen kursieren: Mosleys Biograph Robert Skidelsky spricht von maximal 30 000 bis 40 000, ein Memo aus dem damaligen Innenministerium soll die Zahl auf eine Viertel- bis halbe Million geschätzt haben.

Endgültig ins Aus katapultierten sich die Faschisten im Oktober 1936 mit einem provozierenden Marsch durchs Londoner East End, in dem viele Juden lebten und wo schon mal Schaufensterscheiben jüdischer Läden eingeschmissen wurden. Bei der Straßenschlacht standen 2000 Schwarzhemden 100 000 Antifaschisten gegenüber. Die Öffentlichkeit reagierte entsetzt auf die »Battle of Cable Street«. Ein eigens verabschiedetes Gesetz untersagte fortan das Tragen politischer Uniformen auf der Straße und erlaubte der Polizei, Demonstrationen zu verbieten.

Die britische Insel erwies sich als langweiliger, aber stabiler als der Kontinent: England in den 1930er Jahren war längst nicht so extrem wie die Mitford Sisters und ihre Idole. Auch die Kommunisten waren eine verschwindende Minderheit, die Konservativen sowie die gemäßigte Labour Party bekamen die meisten Stimmen. Das Jahrzehnt ist vor allem als trostlos und grau in kollektiver Erinnerung.

Mosley machte unbeirrt weiter, doch der große Durchbruch blieb ihm versagt. Allerdings hatte die Partei – besser gesagt: Mosley, er *war* die Partei – gerade in ihrer Anfangszeit einflussreiche Unterstützer und Sympathisanten. Unter den Mitgliedern befanden sich nicht wenige Herzöge und Grafen. Sir Oswald, Etonschüler, war schließlich einer von ihnen: ein aristokratischer Rebell. »Hurra den Schwarzhemden!«, jubelte Lord Rothermere im Januar 1934, dessen *Daily Mail* die Partei bis zur Schlacht von Olympia kräftig unterstützte.

Seit ihre Rechte im House of Lords beschnitten und die Erbschaftssteuern erhöht worden waren und der Erste Weltkrieg ihnen ihre eigene Verwundbarkeit so blutig vor Augen geführt hatte, ging die Angst um unter den Aristokraten. Am meisten fürchteten sie die Kommunisten, waren sie doch überzeugt, dass die Bolschewiken, wie sie sie nannten (das taten die Nazis auch), ihnen Privilegien, Titel und Besitz wegnehmen würden. Auch die Eltern der Mitford Sisters änderten irgendwann ihre Meinung: »Der Nationalsozialismus ist dem Kommunismus in jeder Hinsicht vorzuziehen«, schrieb Lady Redesdale in einem Leserbrief an den *Daily Telegraph*.

Als besonders nazifreundlich galt der »Cliveden Set«, der Freundeskreis um Lady Astor, in deren riesigem gastlichen Haus Debo als junges Mädchen so gerne verkehrte. Lady Diana Cooper, Frau des zukünftigen

Botschafters in Paris, fuhr zum Parteitag der NSDAP nach Nürnberg, selbst König Edward VIII. sympathisierte mit Hitler. FBI-Berichten zufolge machte sich der Duke of Windsor, wie er nach seiner Abdankung Ende 1936 hieß, sogar Hoffnungen, von Hitler wieder als König von England inthronisiert zu werden. Auch der deutsche Botschafter Joachim von Ribbentrop, der 1935 die Deutsch-Englische Gesellschaft gegründet hatte, wurde von der Society hofiert. Lady Cunard ging mit dem deutschen Diplomaten in die Oper, Lady Astor bat ihn zum Lunch, seinen Einladungen in die Residenz folgte die feine Londoner Gesellschaft gern.

Unter Neville Chamberlain wurde Appeasement, die Beschwichtigungspolitik gegenüber den Nazis, schließlich zur offiziellen Regierungspolitik, die 1938 im Münchner Abkommen gipfelte. Dabei konnte der Premierminister auf eine breite Unterstützung in der Bevölkerung bauen: Der Erste Weltkrieg hatte die Briten traumatisiert. Die Angst vor einem weiteren Waffengang war so gewaltig, dass viele für Frieden um jeden Preis plädierten.

Blitzschlag: Diana und Unity in Deutschland

Nach dem Skandal ihrer Trennung und ihres öffentlichen Geliebtendaseins durfte Diana sich erst nach einiger Zeit wieder zu Hause sehen lassen. Für »diesen Mann«, wie die Eltern Mosley nannten, galt auch danach Hausverbot. Einmal, als sie mal wieder das Londoner Haus vermieteten, schrieb die Mutter in den Mietvertrag hinein, dass der Ehebrecher keinen Fuß über die Türschwelle setzen dürfe. POF! Poor Old Führer, der Name stammt von Nancy, die »den kleinen Hitler« ebenso wenig leiden konnte wie ihre Eltern. Die Kleinen durften Diana in ihrer »Eatonry« nicht besuchen, die Großen taten es einfach. Unity auch.

Ein Blitz in einem Kreis, das war das Symbol der britischen Faschisten. Und wie ein Blitz hat es Unity getroffen. Als Diana die jüngere Schwester 1933 zu Versammlungen mitnahm, war diese so hingerissen – von dem *leader*, den Uniformen, der Gemeinschaft, den Märschen, dem Gesang –, dass sie sofort in die Partei eintrat. Heimlich natürlich. Sir Oswald heftete ihr persönlich das Parteiabzeichen ans Revers.

Ernst »Putzi« Hanfstaengl, Hitlers Auslands-Pressechef, war es, der in den beiden faschistischen Schwestern die Idee säte, Hitler persönlich zu treffen. Diana hatte Hanfstaengl in London bei einer Einladung kennengelernt, da saß er im Wohnzimmer und spielte Klavier. Putzi Hanfstaengl, der als Sohn einer amerikanischen Mutter in Harvard studiert hatte und fließend Englisch sprach, hätte eine Erfindung Nancys sein können: ein zwei Meter langes Großmaul, Hitlers Hofnarr und Klavierspieler, der 1937 nach Großbritannien floh, um nach einer Zeit der Internierung schließlich für die Amerikaner als Informant und psychologischer Kriegsberater zu arbeiten. Dass er sich von Hitler distanzierte, hat Diana ihm nicht verziehen.

Der Sohn aus gutem Hause war Hitler schon zu Beginn der 1920er Jahre verfallen. Seine Eltern besaßen einen Kunstverlag, er selbst hatte eine Zeitlang die New Yorker Dependance geleitet; dort hat er auch seine Frau, »die schöne Helena«, wie Hitler sie nannte, kennengelernt. Ins Landhaus der Familie am Staffelsee war Hitler 1923 nach dem missglückten Putsch geflohen, dort wurde er auch festgenommen. Unity würde dort Stammgast sein.

Mit Feuereifer erzählte Putzi Hanfstaengl Diana bei ihrer ersten Begegnung von Hitler und lud sie nach Deutschland ein. Während Mosley mit seiner Schwägerin und Geliebten Baba in Frankreich Ferien machte, fuhr Diana im Sommer 1933 mit Unity nach Deutschland. Es war die Reise, die ihr Leben veränderte.

In Deutschland angekommen, erwies sich Putzi erst mal als Nervensäge, der die Schwestern unaufhörlich beschwor, sich abzuschminken: Mit dem Make-up im Gesicht würde der »Führer« sie nie angucken. Die beiden waren das komplette Gegenteil jener Reichsfrauenführerin, die bei einem Besuch in London ihrerseits die englischen Ladys so schockierte: ungeschminkt, die Augenbrauen nicht gezupft, die Haare züchtig in einem Zopf um den Kopf geflochten. Die deutsche Frau trug Natur, so wie auch Lord Redesdale es bei seinen Töchtern am liebsten gesehen hätte. Aber Unity und Diana hatten sich nicht über das Schminkverbot des Vaters hinweggesetzt, um sich jetzt von Putzi Hanfstaengl das Rouge wieder wegnehmen zu lassen.

Das Make-up würde ein Dauerthema bleiben. Der Einzige, der sich später nicht daran gestört zu haben schien, war Hitler. Ansonsten aber erfüllte Unity, groß, blond und blauäugig, von vornherein alle Kriterien einer Vorzeigearierin. Was für eine Vorsehung, dass sie auch noch Valkyrie hieß und in einem Ort namens Swastika gezeugt worden war.

Putzi Hanfstaengl hatte den Mund mal wieder zu voll genommen. Sein Versprechen, den beiden Engländerinnen Hitler vorzustellen, erfüllte er nicht. Aber immerhin, er nahm sie nach Nürnberg mit. Egal wie viele Parteitage Diana und Unity in den nächsten Jahren noch besuchen würden, keiner war für sie so prächtig und aufregend wie dieser, der erste nach dem nationalsozialistischen Machtantritt. »Es lag ein erregtes Gefühl von Triumph in der Luft«, schreibt Diana in ihrer Autobiographie, »und als Hitler in Erscheinung trat, ging es wie ein elektrischer Schlag durch die Menge.« Sie hätten »eine Demonstration von Hoffnung« erlebt, »in einer Nation, die kollektive Verzweiflung kennengelernt hatte«.

Auch um Unity war es geschehen. Verglichen mit diesem Spektakel, diesen begeisterten Menschenmassen, den Paraden im Fackelschein, waren Mosleys Versammlungen in England Kinderkram. Für die Achtzehnjährige war der Parteitag ein Erweckungserlebnis; der Nationalsozialismus wurde ihre Religion, der »Führer« ihr Gott oder mindestens sein Stellvertreter auf Erden. »Hat sie dir geschrieben & erzählt, wie sie den Führer gesehen hat, von dem sie als ›Er‹ schreibt, mit großem E, als wär er Jesus oder Gott!!«, schrieb Decca im Juni 1935 an Diana. Und setzte gleich hinzu: »Ich liebe meine Boud trotz allem.«

Schneewittchen wurde wachgeküsst, so schildert Unitys Biograph David Pryce-Jones die Erweckung. Endlich hatte sie etwas, in das sie ihre ganze Energie und Sehnsucht stecken konnte. Walküre, wie sie sich nun schrieb, war in einer leibhaftigen Wagner-Oper gelandet. Nicht die Politik war es, die sie so faszinierte – als vollkommen unpolitisch schildert David Cannendine sie in seinem Buch über Aufstieg und Fall der englischen Aristokratie –, sondern das Spektakel und das Gemeinschaftsgefühl. »Paraden oder Filme angucken«: Das war es, was Unity in ihrem Fragebogen als liebste Freizeitbeschäftigung angab. Für sie schien beides eins zu sein – der Realitätsverlust einer leidenschaftlichen Kinogängerin.

Als die Eltern vom Parteitags-Ausflug ihrer Töchter erfuhren, machten sie Diana schwere Vorwürfe: wie sie Unity nur zu den »filthy huns«, den »dreckigen Hunnen«, habe mitnehmen können! Voller Wut schrieb

der Vater ihr, er und seine Frau seien »absolut entsetzt«, wie sie die Gastfreundschaft von Leuten habe annehmen können, »die wir als Bande von
Mördern und Schädlingen ansehen«. Tom, der Diplomat, musste die Eltern wieder besänftigen.

Zurück in England, ging Unity heimlich zu so vielen Auftritten Mosleys wie möglich, war Stammgast im Oxforder Parteibüro und bekniete
ihre Eltern, sie nach Deutschland ziehen zu lassen, um dort die Sprache
zu lernen. Im Mai 1934 gaben die Eltern schließlich nach. Unity zog nach
München und quartierte sich in Baronesse Laroches Pensionat für höhere
englische Töchter ein, die hier ein wenig Deutsch, ein bisschen Gesang,
dazu Klavierspielen und Zeichnen lernen sollten. München wurde Unitys
Paradies, so wie Paris später Nancys Himmelreich wurde. Sie stürzte sich
in den Deutschunterricht. Schließlich wollte sie für ihr großes Treffen ge-
rüstet sein.

Paris: So himmlisch

Mochte Lord Redesdale noch so sehr auf »die Frösche« schimpfen – zu
Frankreich hatte die Familie, wie viele Engländer, eine enge Beziehung.
Schließlich war es das Ausland, das am nächsten lag: einmal über den Kanal und man war da. Frankreich war so romantisch wie England nüchtern,
und kulinarisch ohnehin meilenweit voraus.

Ein wenig Französisch konnten die Kinder schon, dank der Made-
moiselles, die ihnen im Sommer die Gouvernanten ersetzt hatten. Nach
Frankreich wurden die angehenden Debütantinnen geschickt, auf dass sie
vor ihrer *season* den letzten Schliff bekämen. Das konnten sich selbst weniger betuchte Aristokraten wie die Mitfords leisten, so günstig, wie der
Wechselkurs stand.

Wie üblich war Nancy die Vorreiterin, gefolgt von Diana und Pam. Mit
siebzehn ging sie zusammen mit ein paar anderen Mädchen auf Bildungsreise nach Frankreich und Italien, ein Erfolg auf der ganzen Linie. Ganz
entzückt war sie von Paris und seinen Läden – »so himmlisch« –, ob das
Omelette aux fines herbes zum Mittagessen oder die Éclaires zum Café au
lait am Nachmittag, alles ist »heavenly« oder, wie Florenz, »too heavenly«.

Für Decca bedeutete Paris vor allem Freiheit und Abenteuer. Vor ihrer Debütantinnensaison wurde die Sechzehnjährige zusammen mit Idden, ihrer Lieblingscousine und ersten Freundin, nach Paris geschickt. Seit Idden mit ihrer Schwester Robin 1930 die Sommerferien bei den Mitfords verbracht hatte, waren die beiden unzertrennlich.

In Paris wohnten die Cousinen bei Madame Paulain, die sich mütterlicher als Deccas eigene Mutter benahm (wie Decca dieser gegenüber im Brief nicht zu erwähnen vergaß) und sehr viel lockerer. An der Sorbonne standen Geschichte und Literaturgeschichte auf dem Stundenplan, zum ersten Mal musste Decca Daten und Fakten auswendig lernen. Kein Problem, ihre Abschlussprüfungen waren gut, selbst das FBI bescheinigte später den Erfolg des Aufenthalts: »Es wird berichtet, dass das Subjekt das Französische exzellent spricht, liest und versteht«, heißt es 1950 in einem geheimen Bericht der amerikanischen Ermittlungsbehörde.

Das Vergnügen kam in Paris keineswegs zu kurz – Comédie Française, Kino, Sightseeing, Foltermuseum (»es war faszinierend, man sieht dort Räder, mit denen den Menschen Glied für Glied gebrochen wurde«, schrieb Decca ihrer Mutter vergnügt). Was sie lieber nicht erzählte: dass sie mit Idden in Nachtclubs und, unerhört, das verruchte Varieté Folies Bergères ging. Madame Paulain war es von Herzen egal, ob die Mädchen allein unterwegs waren oder nicht. Und so zogen sie jeden Abend los und erlebten erste amouröse Abenteuer, die in Deccas Schilderung allerdings eher komisch als romantisch klingen. Überhaupt schien das männliche Geschlecht Decca vor allem spöttisch zu stimmen, wurde Zielscheibe von Witzen und Streichen. Auf die Frage, wie viele Liebesaffären sie schon gehabt habe, antwortete sie mit siebzehn: null. In ihrer Autobiographie dagegen erzählt sie von Pariser Flirts, vom ersten feurigen Kuss. Nur wünschte sie, der junge Franzose hätte nicht nur küssen können, sondern auch reden. Sie wollte sich unterhalten, und die Pariser langweilten sie. Als ein älterer Verehrer sie ins Bordell mitschleppte, befreite sie sich »mit einer Mischung aus physischer Geschicklichkeit und schnellem Reden« aus seiner festen Umarmung.

In ihren Briefen, witzig und frech, schlug Decca schon den trockenen Ton an, für den sie als Autorin später bekannt wurde. Dann wieder war sie ganz verwöhnte höhere Tochter, die sich über schmutzige Bettwäsche und schlechtes Essen beklagte. Gnadenlos machte sie sich über Mitschülerinnen lustig und kommandierte sie herum, wie sie der Mutter schrieb. Dafür verpasste Decca jetzt schon wieder eine Hochzeit. Aber Nancy hatte zum Warten keine Zeit. Sie wollte heiraten, jetzt und sofort, im Winter 1933, auch wenn Decca gerade in Paris war.

Beruf: Verheiratete Schriftstellerin

Am Abend vor Dianas Scheidungstermin, als die großen Schwestern sich alle in deren Haus am Eaton Square versammelt hatten, rief Nancys »Verlobter« Hamish St. Clair-Erskine bei Diana an, um ausrichten zu lassen, dass er sich mit einer anderen Frau verlobt habe (was natürlich nicht stimmte). Pech, dass Nancy zufällig diejenige war, die den Hörer abhob. Es kam zur großen Szene, aber am nächsten Tag war sie es, die sich für ihre Unfreundlichkeit vielmals entschuldigte. Sie bettelte um Vergebung und wünschte Hamish und seiner neuen Verlobten Gottes Segen und alles Glück der Welt.

Knapp dreißig Jahre alt, lebte Nancy noch immer die meiste Zeit bei ihren konservativen Eltern und musste sich von ihrer Mutter als alte Jungfer beleidigen lassen. Da, im Moment ihrer größten Demütigung, war einer der Bright Young People unvorsichtig genug, ihr einen Heiratsantrag zu machen. Es war, so hieß es hinterher, ein Scherz, den er ein paarmal die Woche machte, wenn er betrunken war. Nancy griff zu.

Im Juni machte Hamish Schluss mit ihr, im Juli verlobte sie sich mit Peter Rodd, im Dezember stand sie mit ihm vor dem Londoner Traualtar. Es war ihr so wichtig, verheiratet zu sein. Beruf: »Verheiratete Schriftstellerin« antwortete sie 1935 in Unitys Fragebogen. Traumberuf: »Verheiratete Schriftstellerin«. Dabei wusste sie zu diesem Zeitpunkt, zwei Jahre nach der Trauung, längst, dass die Ehe mit einem Mann, der trank, sie betrog und selten arbeitete, alles andere als ein Traum war.

Peter Rodd, blond und gutaussehend, war der missratene Sohn eines bekannten Diplomaten. Vater und Bruder halfen ihm ständig aus der Patsche, besorgten ihm Jobs, die er schnell wieder verlor, in Brasilien wurde Prod, wie Nancy ihn nannte, mangels Geldes sogar festgenommen.

Genauso alt wie Nancy, hatte er schon alles gesehen und erlebt, wusste alles und das ganz genau. Und so genau, wie es kein anderer wissen wollte, erzählte er auch. Bei seinem ersten Besuch in Swinbrook hielt der Besserwisser seinen kleinen Schwägerinnen in spe offenbar einen stundenlangen Vortrag über das englische und walisische Mautsystem im 18. und 19. Jahrhundert. Seitdem hieß er in der Familie nur noch »Der Alte Mautkontrolleur«. Dass Nancy einen solchen Langeweiler heiratete, hat viele erstaunt. »Er redet wie ein Frettchen mit zugenähtem Mund«, meinte der Vater.

Schon auf der Hochzeitsreise in Rom stritten sie sich. Aber »Nancy, verliebt in die Liebe«, so Charlotte Mosley, »spielte eine Zeitlang Glücklichsein«. So zogen sie erst einmal in ein hübsches Cottage in einem abgelegenen Teil Londons. Zweieinhalb Jahre hielt sie es dort aus. Zweimal wurde Nancy schwanger, zweimal erlitt sie eine Fehlgeburt. Nach eigenen Angaben wünschte sie sich ein Kind, aber beim Gedanken an stinkende Windeln schüttelte es sie. Jetzt legte sie sich zwei französische Bulldogen zu.

Immerhin: Sie musste sich von ihren Eltern nichts mehr sagen lassen, sich nicht rechtfertigen für ihren Lebensstil.

Auf den Barrikaden: Decca & Unity

Auch für Decca änderte sich jetzt etwas, allerdings nicht äußerlich, nur in ihrem Bewusstsein. Als etwas Unwirkliches habe sie die Menschen, die ihr in London auf der Straße begegneten, bis dahin wahrgenommen, eher als »Teil der Szenerie« denn als dreidimensionale Realität. »Mit dem aufdämmernden Bewusstsein der eigenen Person ist die Realität anderer Menschen – über fünfzig Millionen allein in England! – etwas, das man von Zeit zu Zeit erfassen kann, dann entzieht es sich wieder, die Weite ist unübersehbar, es gelingt einem nicht.«

Das Gefühl der Unwirklichkeit, das sie in ihrer abgeschirmten Lebenswelt umhüllte, legte sich, zumindest phasenweise. An sich selber leidend, nahm die Pubertierende plötzlich das Leiden anderer wahr. Auf dem Weg nach London sah sie beim Blick aus dem Zugfenster abgemagerte, zerlumpte Kinder, las in der Zeitung von Großfamilien, die eingepfercht in einem einzigen Zimmer lebten, von Rentnern, die sich nicht mal den Zucker für den Tee leisten konnten.

Die Not war nicht zu übersehen, die Arbeitslosenzahlen stiegen dramatisch. Waren es 1929 noch 1,6 Millionen gewesen, so zählte die Statistik Mitte der 1930er Jahre doppelt so viel. Am schlimmsten war der industrielle Norden mit seinen Werften und Zechen betroffen. Und es war eine Arbeitslosigkeit ohne Sozialstaat: Keine Arbeit zu haben bedeutete, bitterarm zu sein, zu hungern und zu frieren, zu sterben an Lappalien. Selbst wer Arbeit hatte, lebte gefährlich. 1939 kamen in England noch jeden Tag drei Bergleute um, vierhundert erlitten Verletzungen, viele von ihnen, ohne versichert zu sein. Die Kluft zwischen Arm und Reich wurde immer größer, wie die hundert Arbeitslosen demonstrierten, die sich eines Nachmittags zum Tee im Hotel Ritz niederließen. Die Aktion machte Schlagzeilen.

Die 1930er Jahre waren geprägt von Demonstrationen und Hungermärschen, die durchs ganze Land in Richtung Hauptstadt führten. Genützt hat es nichts. Die Regierung war ratlos.

Es war die Idee von Nanny Blor, dass Decca sich einer wohltätigen Organisation für Kinder namens Sunbeams (»Sonnenstrahlen«) anschließen sollte. In einer romantischen Rettungsaktion begann sie eine Brieffreundschaft mit einem armen Mädchen in London, schickte ihr abgelegte Kleider, wollte sie aus ihrer Not befreien, indem sie ihr eine Anstellung im eigenen Hause verschaffte. Als Rose dann nach Swinbrook kam, hatten die beiden sich nichts zu sagen. Nächtelang weinte das Mädchen sich die Augen aus. Zu ihrer beider Erleichterung wurde Rose wieder nach Hause geschickt.

Für Deccas Eltern war die ungleiche Verteilung der Güter weder Grund für eine Revolution noch für Snobismus. Der Standesunterschied war der Oberschicht wichtig, aber darüber sprach man nicht. In den 1930er Jahren begann die Ordnung zu bröckeln, es kam zur Kollision der Parallelgesellschaften, zu Straßenkämpfen zwischen Arbeitern und Polizei, wenn auch nicht so massiv wie in Russland und Deutschland. Zum ersten Mal hörte Decca vom Klassenkampf. Zeitungsberichte, Radionachrichten, Gespräche zwischen Nancy und ihren Freunden, die sie belauschte, Unterhaltungen zwischen den Erwachsenen, Broschüren, die sie in Hand gedrückt bekam – überall schnappte sie etwas auf.

Zudem lebten die Mitfords in London direkt am Hyde Park, damals so etwas wie das inoffizielle politische Epizentrum der Stadt. Hier fanden die meisten Demonstrationen statt, an der Speakers' Corner konnte sich jeder auf eine Kiste stellen und seine Meinung sagen, egal, ob faschistisch, kommunistisch oder sonst irgendwas. Hier schwang Esmond Romilly seine erste Rede, hier hörte Decca zum ersten Mal die »Internationale«.

Anders als Unity wurde Decca nicht vom Blitz getroffen, ihr politisches Erwachen war ein allmähliches. Während die ältere Schwester vor allem emotional vom Spektakel der Faschisten gepackt wurde, war Deccas Entwicklung von Empathie getragen, zudem intellektueller, politischer.

Anfangs versorgte Nancy die begierige Schwester mit der passenden Literatur, mit pazifistischen und linken Ideen, doch im Laufe der Jahre überholte Decca ihre große Schwester von links. Nancy und ihre Clique, aufmüpfig, wie sie sich gaben, waren ihr am Ende doch zu passiv und frivol. Sie redeten nur und taten nichts, spielten mit sozialistischen Ideen und erklärten sich für links, machten sich im Zweifelsfalle aber vor allem darüber lustig.

Eines der ersten Bücher, die Decca, wie viele junge Engländer damals, packte und prägte, war Beverly Nichols' 1933 erschienenes *Cry Havoc!* über den Horror des Ersten Weltkriegs. Decca verschlang alles, was progressiv war oder was sie dafür hielt, Lenin, Stalin, Marx und Engels, George Bernard Shaw, Bertrand Russell. Sie abonnierte den *Daily Worker*, las Pazifistisches, Sozialistisches, Historisches und platzte fast, wie sie sagte, vor Aufregung über ihre Entdeckungen.

Ein bisschen scheint dann doch ein Blitz eingeschlagen zu sein. Als alte Dame wird das Decca ihrem Enkel so beschreiben: »Die Klarheit, die Brillanz, die absolute Lösung für die Gräuel des Kriegs und die Armut der Massen, wie ich sie im Kommunistischen Manifest & anderen Schriften (›Lohnarbeit & Kapital‹, ›Was tun?‹ von Lenin etc.) dargestellt fand, explodierten vor mir wie ein Feuerwerk. Das Wunderbare war (dachte ich), dass sich alle, wenn nur jeder diese erstaunlichen Bücher lesen könnte, SOFORT dem Kommunismus zuwenden würden, es gäbe keinen Krieg mehr, alle Menschen wären gleich & frei.«

Die eigene Familie erklärte sie zum hoffnungslosen Fall. Ihre Theorien behielt Decca für sich, aber ihre Fluchtpläne bekamen einen konkreteren Rahmen: »Ich wusste jetzt, wovor ich fortlief und wohin ich laufen sollte.«

Natürlich hing Deccas politisches Erwachen auch mit Unitys Entwicklung zusammen. Ob sie nicht auch den Faschisten beitreten wolle, hatte Unity sie angebettelt: »Es ist ein *solcher* Spaß!« Nein, sie hatte zwar damals von Faschismus und Kommunismus tatsächlich nur wenig Ahnung, wie Decca im Rückblick gestand, aber so viel war schon klar: Rassismus, Militarismus und Brutalität stießen sie ab. Von dem Gedanken, dass ihre Entscheidung etwas mit schwesterlichem Konkurrenzdenken zu tun gehabt haben könnte, wollte Decca als Erwachsene nichts wissen; von Psychologie hielt sie nichts, schon allein den Ausdruck *sibling rivalry*, »geschwisterliche Rivalität«, lehnte sie ab. In einem Gespräch mit Christopher Hitchens in der New York Public Library erzählte sie 1988 aber doch flapsig, vor großem Publikum: Zwei Schwestern seien schon Faschistinnen gewesen, also habe sie gedacht: werde ich Kommunistin. »Und das hab ich auch getan. In Wahrheit«, bekannte sie jetzt, »war ich sehr weit davon entfernt, eine zu sein.«

Die beiden Schwestern schaukelten sich gegenseitig hoch. Durch ihr Wohnzimmer in Swinbrook verlief die Front. Ja, sie hatten jetzt, da die Großen aus dem Haus waren, ein eigenes Wohnzimmer, wo sie fast so sicher vor den Erwachsenen waren wie früher im Hon's Cupboard. In Unitys Hälfte stapelten sich die Ausgaben des *Stürmer*, Bücher wie *Mein Kampf*, vom Autor signiert, Houston Stuart Chamberlains Werke, dazu Schallplatten mit einschlägigen Liedern. An ihrer Wand hingen Fotos von Hitler, Mosley und Mussolini. Auf Deccas Seite wuchs die kommunistische Bibliothek, stapelte sich der *Daily Worker*. Im Trödelladen hatte sie eine Leninbüste entdeckt, ihre roten Fahnen bastelte sie sich selber. Als Unity mit einem Diamanten ein Hakenkreuz ins Fenster ritzte, verewigte Decca auf dieselbe Art Hammer und Sichel. Manchmal bauten sie in der Mitte des Zimmers Möbel zu Barrikaden auf, bewarfen sich mit Büchern, Platten und Parolen, schmetterten gegeneinander an: »Deutschland, Deutschland über alles« gegen die »Internationale«. Kam aus Unitys Ecke: »*Und jeder SA-Mann ruft mutig Heil Hitler! Wir stürzen den jüdischen Thron*«, sang Decca auf ihrer Seite zur selben Melodie: »*And every propeller is roaring Red Front! Defending the U. S. S. R.*« So lange, bis Nanny Blor kam und für Ruhe sorgte.

Manchmal hatte Decca Tom auf ihrer Seite, dann sangen sie, um Unity zu ärgern, zur Melodie des deutschen Volksliedes »Wenn am Sonntagabend die Dorfmusik spielt« ihren eigenen Text: »Wenn am Sonntagabend der Reichskanzler spricht / Eintopfgericht, Eintopfgericht, Grünkohl, / Macht der alte Göring ein langes Gesicht, / Eintopfgericht, Eintopfgericht, Grünkohl.« Morgens rissen sich die Schwestern die Zeitung aus der Hand, abends stritten sie sich beim Anhören der Nachrichten. Ihrer Liebe füreinander tat das keinen Abbruch.

Allerdings sahen sie sich auch immer weniger – Unity verbrachte jetzt so viel Zeit wie möglich in Deutschland. Im September 1934 besuchte Decca mit ihrer Mutter und Idden die offenbar bestens gelaunte Schwester in München. Einmal fuhren sie raus zu den Passionsspielen in Oberammergau – »sehr lang«, so Unitys theaterkritisches Urteil. Auch der »Führer« saß im Publikum.

Heil Hitler! Love Bobo

»Heil Hitler! Love Bobo«, signierte Unity jetzt ihre Briefe.

Sie war Stammgast in der Münchener Pension Döring, in die durfte sie auch ihre Ratten und ihre Dänische Dogge mitnehmen, zwischendurch lebte sie im Wohnheim (dort war es billiger) und ansonsten in Hitlers Stammlokal. Der »Führer« kehrte gern – in Zivil und mit ein paar Begleitern – zum späten Mittagessen in der Schwabinger Osteria Bavaria ein. Hier lauerte sie ihm auf, stundenlang, tagelang, allein, mit einem Buch oder einer Freundin. Und wenn Hitler mit seiner Entourage kam, starrte sie ihn an, im Starren war sie ja Meisterin, einmal hatte er ihr auch schon zugenickt. Sie starrte so lange, bis er irgendwann gar nicht anders konnte, als sie zu sich zu rufen.

Am 9. Februar 1935 war es endlich so weit: »der wunderbarste und schönste Tag meines Lebens«, wie Unity ihrem Vater am nächsten Tag schrieb. Bei einem späten Mittagessen ließ Hitler sie zu sich an den Tisch holen, sie unterhielten sich eine halbe Stunde lang: über London (für Hitler die schönste Stadt der Welt, auch wenn er noch nie dort war), über Bayreuth (das englische Fräulein hat die Festspiele noch nie erlebt?! Nächstes

Mal aber unbedingt, sie soll ihm nur Bescheid sagen), übers Kino, einen möglichen Besuch in England, Bauarbeiten in Nürnberg und den Krieg: Nie wieder, sagte der deutsche Diktator, dürfe man zulassen, dass die beiden nordischen Rassen einander bekämpften. Nein, erwiderte Unity, »das nächste Mal müssen wir gemeinsam kämpfen«. Bevor der »Führer« wieder losmusste, überreichte er ihr noch eine Autogrammkarte, »Frl. Unity Mitford, zur freundlichen Erinnerung an Deutschland und Adolf Hitler«, zahlte ihr Mittagessen und ging.

A star was born. Von der Kellnerin erfuhr Unity, dass Hitler noch nie einen Fremden an seinen Tisch gebeten habe. Ein paar Mädchen, die im Lokal saßen, schüttelten ihr die Hand – die Hand, die den »Führer« berührt hatte! –, um zu gratulieren. Sie sei so glücklich, erklärte Unity ihrem Vater, dass es ihr nichts ausmachen würde, jetzt zu sterben. »Ich bin die glücklichste Frau der Welt. Womit habe ich diese Ehre nur verdient?«

Sie, die als Internatsschülerin und Debütantin durchfiel, fand nun als »Hitlers englische Freundin« Beachtung. Bald wusste ganz England, dass Unity die Nazis liebte: Journalisten und Fotografen stürzten sich auf sie, räumten ihr Platz für ihre skandalösen Kundgebungen ein. Schocken, das hatte sie schon immer gekonnt. »She Adores Hitler«, »Sie betet Hitler an« – wer würde sich eine solche Schlagzeile entgehen lassen! Der *Daily Express* bestimmt nicht. Unity war *der* Aufreger. Die Artikel klebte sie sich alle ins Album.

Als »erstes It-Girl der politischen Sphäre« beschreibt Wolfgang Kemp sie in seinem Buch über *Die Abenteuer einiger Engländer in Deutschland 1900–1947.* »Historisch gesehen gelang ihr eine für den Umbruch der Jahre um 1930 charakteristische Synthese: Sie verkörperte das Society Girl, das vom Glamour lebte, die ikonische Blondine der Dekade, ›famous for being famous‹, und erfüllte doch gleichzeitig das starke Verlangen ihrer Generation nach ›einem ernsten Vorsatz‹, ›a serious purpose‹, ›the need for something to believe in‹, wie George Orwell sich ausdrückte.«

Endlich hatte sie was Eigenes, hatte ihr Leben einen Sinn. »Der Nazismus *ist* mein Leben«, verkündete Unity Decca 1937. Walküre hatte eine Rolle für sich gefunden: die der Königsmacherin und Drahtzieherin. Sie würde das Verbindungsglied sein, der Friedensengel zwischen den Nationen, die einander im Ersten Weltkrieg fatalerweise noch bekämpft hatten.

Jetzt hatte sie auch der schönen, reichen, klugen, von Männern umschwärmten Diana etwas voraus. *Sie* war es, die der großen Schwester den
»Führer« vorstellen konnte. »Ist der Führer nicht der gütigste Mann der
Welt?«, schrieb Diana Unity im August 1938, zu einem Zeitpunkt, als Hitler schon Abertausende von Menschen hatte umbringen und noch viel
mehr hatte foltern lassen. »War der Führer heute nicht göttlich?«, fragten
sich die beiden, mit Tränen in den Augen, nach einer Hitlerrede in Nürnberg. Eifersüchtig wachten sie darüber, wem von beiden »Wolf«, wie sie
ihn insgeheim nannten, mehr Aufmerksamkeit schenkte. Unity war klar
im Vorteil: Ohne Mann, Kind und Verantwortung konnte sie weit mehr
Zeit in Deutschland verbringen als ihre große Schwester. »Wie mir Frau
Hoffmann [die Frau von Hitlers Fotografen Heinrich Hoffmann – SK] liebevoll und ebenso taktvoll mitteilte, hat er jetzt einen Ersatz für mich«, notierte Eva Braun 1935 in ihr Tagebuch. »Sie heißt Walküre und sieht so aus,
die Beine mit eingeschlossen. Aber diese Dimensionen hat er ja gerne.«

»Sweet« war das Wort, das Unity am häufigsten für den deutschen Diktator benutzte. »Ist er nicht ganz unaussprechlich süß?«, einfach »wunderbar süß«. Süß, süßer, am süßesten, Unity und Diana übertrafen sich
gegenseitig in Jungmädchenverzückung: »Der Führer war himmlisch«,
seufzten sie, schwärmten von seinen Haaren und Fingernägeln, seinem
Charme und seinem Humor. Ob er die Juden verfolgte oder für Unity
die englische Nationalhymne von vorne bis hinten pfiff, sich Österreich
einverleibte oder sie zum Tee einlud – alles, was er machte, war einfach
»wunderbar« und »himmlisch«.

Wie die Backfische erzählten die Schwestern einander, in welcher Laune der »Führer« gewesen sei, dass er sie angelächelt habe oder gar, wie es
die Mitfords so gern taten, »vor Lachen brüllte«. Der Grund des Heiter-
keitsausbruchs: Diana hatte ihm von Tom erzählt, der, auch wenn er mit
seinen Schwestern zum Parteitag ging und sie zum Lunch mit Hitler begleitete, ein eher wackeliger Anhänger war, vor allem, weil ihm der Antisemitismus widerstrebte; aber jetzt, sagte Diana, sei »der Judenknecht fast
Nationalsozialist geworden«. Das fand der »Führer« sehr witzig.

Unity war nicht das einzige englische Mädchen, das fasziniert nach Nazi-Deutschland reiste. Aber mit Sicherheit das besessenste. Überall lauerte sie ihrem Gott auf, lief ihm hinterher, ja mehr noch: voraus, wie der

Igel dem Hasen. Notfalls raste sie mit dem Auto durch die Einbahnstraße in der falschen Richtung, um ihn am anderen Ende begrüßen zu können. Hitler marschierte nach dem »Anschluss« in Österreich als Triumphator ein? Unity wartete schon in Wien, um ihm zuzujubeln. Hitler ging zu Mittag essen? Unity saß schon in der Osteria. Hitler ging am Nachmittag ausnahmsweise nicht in den Carlton Tearoom, sondern ins Haus der Kunst? Dann nippte Unity dort schon an ihrer Tasse Tee.

Sie wusste, wo er seine nächste Rede hielt, wann er mit dem Zug ankommen würde, kannte seinen Terminkalender so genau, dass es einigen Leuten aus seiner Umgebung schon unheimlich wurde. Selbst Hitler war verblüfft. Aber das war kein Hexenwerk, sondern gründliche Recherche. Wie eine investigative Journalistin ging Unity ans Werk, freundete sich mit den Kellnerinnen der Osteria an, studierte die Zeitung, beobachtete den Prinzregentenplatz, unterhielt sich mit dem Pförtner vom Braunen Haus.

Unity führte genau Buch: Von wann bis wann »Er« in der Osteria war, wie oft er bei einer Begegnung ihren Arm berührte, wie seine Stimmung war, wie viele Postkarten vom »Sweet Führer« sie nach England mitbrachte (304, zumindest schrieb sie das Nancy 1934), wie oft er an einem Abend wütend wurde, wie häufig sie ihn traf: allein im Frühjahr 1939 neunmal in neun Wochen, insgesamt 140 Mal. Jedes Treffen wurde rot im Kalender notiert. Und da waren noch nicht mal die Begegnungen dabei, wo er ihr nur kurz die Hand schüttelte oder zuwinkte.

Wenn sie ihn sah, bekam sie weiche Knie und fing an zu zittern, wenn er sie nicht gleich beachtete, brach die Welt für sie zusammen, und wenn sie ihn eine ganze Weile gar nicht sah, wurde sie weinerlich. Gleichzeitig hatte Unity keine Scheu, ihrem Gott klar zu sagen, was sie dachte – zum Beispiel, dass sie Ribbentrop als Botschafter in London für eine krasse Fehlbesetzung hielt –, mit ihm wie mit einer Freundin zu reden, Widerworte zu geben. Genau diese Offenheit war für Diana das Geheimnis von Unitys Erfolg bei Hitler, der von so vielen Ja-mein-Führer-Sagern umgeben war. Das scheint ihm gefallen zu haben, hat ihn amüsiert. Das unorthodoxe englische Fräulein hatte so was Erfrischendes.

Unity und Hitler, sie fühlten sich geschmeichelt von des anderen Aufmerksamkeit, konnten sich schmücken miteinander. Vielleicht beruhte das Ganze, so vermuten einige Autoren, auch nur auf einem Missverständnis: dass Hitler, nicht zuletzt geblendet durch das selbstbewusste Auftreten der Damen, glaubte, dass sie aus einer wichtigen Adelsfamilie mit politischem Einfluss kamen und einen heißen Draht zur Macht hatten. Schließlich waren sie doch mit Churchill verwandt. Tatsächlich hat Unity alles, was Hitler ihr sagte, in der Heimat hinausposaunt, zum Beispiel, wie sehr er England liebe und verehre, sich eine Union der nordischen Rassen wünsche. Nur: In England wurde sie nicht ernst genommen. Die Zeitungen benutzten sie bloß als Aufreger, während Churchill ihr zwar mal auf einen Brief antwortete, aber nur mit Belanglosigkeiten.

Für so wichtig hielt Hitler das englische Fräulein, dass er sie bei seinem ersten Treffen mit dem britischen Faschistenführer zum Lunch einlud (ohne zu wissen, dass dieser quasi ihr Schwager war), zusammen mit Winifred Wagner und Viktoria Luise, Tochter des letzten deutschen Kaisers. Mosley war das Zusammentreffen eher peinlich, es machte ihn wütend, wenn die kleine fanatische Schwester seiner Geliebten sich in Deutschland als Sprecherin der faschistischen Bewegung Englands aufspielte.

Blondi und Flopsy, Hitlers Schäferhund und Unitys Dänische Dogge, waren ein wichtiges Gesprächsthema zwischen den beiden. Die Hunde und die Musik, die deutsch-englische Freundschaft, die nordischen Rassen. Er servierte ihr Buttercremetorte und aß selber Knäckebrot, empfing sie zu Hause am Prinzregentenplatz, in der Wohnung, die Schwester Debo ziemlich enttäuschend fand, weil sie so schlicht war. Beim Parteitag 1935 in Nürnberg wurden Unity und Diana zum abendlichen Picknick auf der Burg eingeladen und zur Aufführung der *Meistersinger*. Mit Hitler dinierten die Schwestern, die manchmal für Schwedinnen gehalten wurden, mehrmals bei Wagners in der Villa Wahnfried.

Aber nur ganz selten – und dann war es eine große Ehre – durfte Unity auf den Obersalzberg kommen. Der Berghof war Eva Brauns Revier. Wenn diese schon, wie Anna Maria Sigmund in ihrem Buch über die Frauen der Nazis schreibt, »einen Großteil ihres Lebens mit Warten auf Hitler verbrachte« und sich verstecken musste, sollte sie nicht auch noch hier von der Rivalin verdrängt werden, auf die sie nicht gut zu sprechen war.

Dass Unity und Hitler eine sexuelle Beziehung hatten, wie immer wieder gemutmaßt wird, ist ziemlich unwahrscheinlich. Sie waren auch so gut wie nie allein miteinander, dafür sorgte des »Führers« Entourage, die nicht nur eifersüchtig auf ihre Nähe zum »Führer« war, sondern auch außerordentlich misstrauisch. Was wollte diese Engländerin? War sie womöglich Spionin?

Über Unitys Liebesleben kursieren wilde Spekulationen. Der SS-Mann Erich Widemann scheint tatsächlich ihr Freund gewesen zu sein. Charlotte Mosley ist außerdem überzeugt, dass Unity eine Affäre mit Toms gutem Freund Janos Almásy hatte. Die beiden verbrachten viel Zeit miteinander, sie besuchte ihn im Burgenland, der Nazi-Anhänger kam zu ihr nach München, dann lagen sie an der Isar im Gras, gingen in teure Restaurants oder ins Kino, reisten nach Venedig. Die Antwort auf die Fragebogenfrage, wie viele Affären Unity schon hatte, ist 1935 ein Tintenfleck. Der Sohn von Julius Streicher, dem Herausgeber des antisemitischen *Stürmer*, in dessen Haus Unity oft zu Gast war, glaubt, dass sie als Jungfrau gestorben ist. Er vergleicht das Verhältnis zwischen Hitler und Unity mit dem von Blume und Schmetterling. Hitler war der gute Onkel, der ihr die Hand hielt und sie tröstete, als sie 1939 wegen der zunehmenden Spannung zwischen den Ländern ihres Herzens traurig war. Zu Weihnachten schenkte er ihr ein Tannenbäumchen, und als ihr in der Tschechoslowakei die Kamera konfisziert wurde (als demonstrative Nationalsozialistin hatte sie die Tschechen provoziert), einen neuen Fotoapparat.

Goebbels, Göring, Himmler, Speer, alle lernte sie kennen, Münchens Gauleiter Wagner, jede Menge SA und SS und Julius Streicher. Den für seinen Jähzorn und seine Aggressivität bekannten Antisemiten Nummer eins im Land hatte sie besonders gern; Streicher junior glaubt, dass der Senior für Unity eine Art Vaterfigur war.

An den *Stürmer* hatte sie im Juni 1935 als »britische Faschistin« einen legendären Leserbrief geschrieben, in dem sie das Hohelied auf das Blatt singt – wenn England doch nur eine solche Zeitung hätte! Aber dort, so Unity, agierten die Juden clever im Verborgenen. »Juden raus!« fordert sie auch für ihr eigenes Land. Der Brief endet mit der Bitte, sie mögen ihn mit ihrem vollen Namen veröffentlichen, nicht mit ihren Initialen: »Jeder soll wissen, dass ich Judenhasser bin.«

Inwieweit Unity eine ernsthafte Antisemitin war oder sich nur damit wichtigtat, darüber gehen die Meinungen auseinander. Für Diana war der Antisemitismus ihrer Schwester rein theoretischer Natur, ein Akt der

Solidarität mit den Nazis. Sie habe so gut wie keine Juden gekannt, und die, die sie kannte, seien Freunde der Familie gewesen. Aber Unitys Wille, dem »Führer« zur Seite zu stehen, sei so heftig gewesen, dass sie, zumindest verbal, alles für ihn getan hätte.

Auch ohne zu heiraten – was bei den Mitfords eigentlich der einzig legitime Fahrschein in die Freiheit war –, lebte Unity in München völlig unabhängig und selbstbestimmt. Die Eltern hatten gegenüber ihrem Fanatismus kapituliert. Der Vater fuhr sie nach Deutschland, als sie noch kein eigenes Auto hatte, die Mutter besuchte sie immer wieder. Wenn sie krank war, reisten die Redesdales sofort an, und sie finanzierten sie, selbst zu der Zeit, als sie ihrerseits den Nazis noch skeptisch gegenüberstanden. 1937 schenkte der Vater ihr ein kleines Cabrio, mit dem MG flitzte Unity dann zwischen Deutschland und England hin und her, machte Spritztouren nach Ungarn und Österreich. Ansonsten lebte sie einigermaßen sparsam, wurde auch dauernd eingeladen – wenn nicht von Hitler, dann von denen, die glaubten, dass sie wichtig sein musste oder werden könnte.

»Was ist Ihre Beschäftigung?«, lautete die erste Frage in Unitys Freundschaftsbuch *All About Everybody*. »Keine«, war ihre Antwort. Und ihr Traumjob? »Pilot oder Gangster.«

Mit Anfang zwanzig lebte sie, als wenn jeden Tag Ferien wären. Sie musste nicht arbeiten und hatte auch keine Lust dazu, der Wunsch, wirklich unabhängig zu sein, war ihr so fremd wie beruflicher Ehrgeiz oder Deccas Wunsch zu studieren. Ohne eigene Wohnung musste sie nicht mal kochen, putzen, waschen. Vergeblich versuchte Erna Hanfstaengl ihren Dauergast dazu zu bewegen, mal im Haushalt mit anzupacken.

Sie ging ins Kino oder Shoppen, traf Freunde, spielte Tennis und labte sich an Schokoladenkuchen mit Sahne im Café. Tagsüber war die große Frage: Segeln oder schwimmen, abends ging sie auf Kostümbälle und ins Kabarett, den Münchener Fasching genoss sie in vollen Zügen. Am Morgen schlief Unity erst mal aus. Übers Wochenende fuhr sie manchmal zu den Goebbels nach Berlin, wo sie mit den Kindern spielte und mit Magda ins Kino ging.

Bei der mütterlichen Freundin Erna Hanfstaengel verbrachte Unity auch gern ein paar Sommerwochen auf dem Land. Und heckte Streiche aus, wie ihr Biograph erzählt. Um Erna zu ärgern, lackierte sie deren Dackel die Krallen rot, und während die anderen am Sonntag in der Kirche saßen, sammelte Unity mit ihrer Freundin Rudi sämtliche Radios im Hause ein und stellte sie auf dem Hof auf volle Lautstärke ein, jeden Apparat auf einen anderen Sender. Ein echtes Happening. Auch in Deutschland hielt sich Unity an keine Regeln, schon gar keine des Verkehrs; warum auch, Strafzettel bekam Hitlers englische Freundin nicht.

Die Familie reiste aus England an, um sie in München zu besuchen, darunter auch Bruder Tom und Vetter Randolph Churchill. Der gute Freund Dianas, den Decca nicht ausstehen konnte und dessen Vater Hitler im Jahr darauf mit aller Macht bekämpfen würde, veröffentlichte im Februar 1938 im *Evening Standard* eine Hymne auf Hitler, der England, Schokoladenkuchen und das Kino so liebte. Auch für andere britische Reisende gehörte ein Treffen mit Unity so selbstverständlich zum Münchenbesuch wie Weißwürste essen und auf den Viktualienmarkt gehen.

Nancy war die Einzige in der Familie, die Unity nie in Deutschland, »diesem widerlichen Land der Blutbäder«, besuchte, geschweige denn mitkam zur Audienz beim »Führer«. Im Jahr der BUF-Parteigründung hatte sie noch mit den britischen Faschisten geliebäugelt, aber diese Phase war schnell vorbei. »Ojeoje«, seufzte Nancy 1935, »wäre ich nur nicht in eine Familie von solchen Fanatikern hineingeboren worden. Oje.«

Sie machte, was sie am besten konnte: Sie machte sich lustig. »Mit dem Deutschen komme ich gut vorwärts«, schrieb sie »Kopf aus Holz und Herz aus Stein«, wie sie Unity jetzt vorzugsweise nannte, im Jahr 1938. »Ich kann ›Herrschaft‹, ›Tisch‹ und ›pfui‹; ›Pfennig‹, ›gemütlich‹ und ›Rassenschande‹. Sechs Wörter, mit denen man weit kommt, wenn man sie gut einsetzt.« Sogar Dichten könne man damit: »Und Rassenschande machen wir den lieben langen Tag.« Darüber konnte Unity gar nicht lachen. Humor und Selbstironie hatten in ihrem Fanatismus keinen Platz.

1934 begann Nancy ihre Satire *Wigs on the Green*, in der sie das Union Jack Movement, wie es im Roman heißt, und dessen Führer Colonel Jack verspottete. Unity tritt als Eugenia Malmains auf. Nancy fand es schlichtweg lächerlich, wie ernst ihre Schwestern die Satire nahmen. Über den Roman stritten sie so heftig, dass es fast zum Zerwürfnis gekommen wäre. Diana und Unity setzten Nancy unter Druck, wenn sie das Buch so erscheinen ließe, würden sie kein Wort mehr mit ihr reden. Nancy erklärte Diana, jetzt habe sie schon drei Kapitel voller Anspielungen herausgenommen, jetzt reiche es, die Schmerzgrenze sei erreicht. Außerdem bräuchte sie dringend das Honorar. In den nächsten Jahren hat sie die beiden Schwestern nur selten gesehen.

Als der Roman im Sommer 1935 herauskam, war er weder bei der Kritik noch kommerziell ein Erfolg. Als ihr Verleger nach dem Krieg das Frühwerk der Bestsellerautorin, die Nancy inzwischen geworden war, wieder auflegen wollte, lehnte sie ab. »Man kann Naziwitze nicht mehr komisch finden oder anders als äußerst geschmacklos; dafür ist zu viel geschehen«, schrieb sie 1951 Evelyn Waugh. Gut möglich aber auch, dass sie ihre inzwischen wieder gute Beziehung zu Diana nicht gefährden wollte. Erst posthum wurde der Roman wieder aufgelegt, zuerst 1976 in Amerika. In Deutschland erschien er 2011 zum ersten Mal, unter dem Titel *Landpartie mit drei Damen*.

Nach dem existentiellen Treffen mit Hitler im Februar 1935 kam Unity nur noch selten nach Hause. Und wenn, stellte sie ihre Überzeugung demonstrativ zur Schau, ließ an ihrem Auto Nazi-Fähnchen flattern, trug immer und überall Hakenkreuz, grüßte die verdatterte Postbeamtin in Swinbrook mit erhobenem Arm. Selbst wenn sie in London bummeln ging, schleppte sie das Bild des »Führers«, handsigniert, mit sich herum. Wenn sie sich mit einer Freundin zum Essen traf, aß Hitler mit: Er stand dann in seinem silbernen Rahmen im Restaurant auf dem Tisch.

Freiheit? Von wegen

Jetzt war auch Decca so weit: der erste, heiß ersehnte tiefe Einschnitt in ihrem Leben. Die üblichen Initiationsrituale, vom Kindergarten bis zum Abitur, waren ihr ja alle verwehrt geblieben. Das *coming out* bei Hofe war der große Wendepunkt, der Ritterschlag zum Erwachsensein. Und das hieß für die Siebzehnjährige: endlich Mensch sein. Selbst bestimmen dürfen. Und dann das!

Sie hatte sich so darauf gefreut. Diana hatte ihr ein »HIMMLISCHES« Abendkleid geschenkt, überhaupt: die ganze neue Garderobe! So viel hatte sie sich versprochen von ihrer Saison, Freiheit, Freunde, jede Menge junger Leute. Wer weiß, eine Affäre, einen Ehemann – oder gar ein Platz an der linken London School of Economics?

Aber dafür hatte sie erst mal gar keine Zeit. Das Debütantinnenleben war hart, eine Vier- bis Fünf-Tage-und-Nächte-Woche wartete auf sie: von morgens bis abends feiern. Das hieß, nach dem Aufstehen erst mal Dankesbriefe für die Einladung des Vortags schreiben, dann zum Lunch mit den immer selben Debütantinnen, weiter zum Tea, vielleicht noch eine Cocktailparty, ein Besuch beim Friseur, gefolgt von einem opulenten Dinner und schließlich der Ball. Der Kalender hatte gar nicht so viele Tage, wie es Einladungen gab. Da der Sonntag zu dieser Zeit in Großbritannien noch heilig war, durfte man auch am Samstag nicht in den Sonntag hineinfeiern, musste also alles in eine Fünftagewoche packen. Am Montag ging es wieder von vorne los.

The season nannte sich der Reigen: Im Frühsommer, wenn die Erdbeeren reif wurden, waren es die Mädchen auch. Als Marktschau hat Decca diese Wochen erlebt. Und als neue Form der Langeweile. Einen großen Unterschied zwischen all den Jungen und Mädchen konnte sie nicht feststellen, für sie sahen die Siebzehn- und Achtzehnjährigen irgendwie alle gleich aus, groß, blond und blauäugig, brav und gesund. Sie mussten viel an der frischen Luft gewesen sein, so ihr Eindruck. Schafe auf einer australischen Weide, behauptete sie im Nachhinein, seien leichter voneinander zu unterscheiden.

Für die Mutter war das Ganze schon Routine. Zum fünften Mal stand sie als Gastgeberin und Anstandsdame stramm, zum fünften Mal richtete sie den Ballsaal im Londoner Haus für ein paar Hundert Gäste her, mietete goldene Stühle und Butler, orderte Blumen, guckte nach dem Kedgeree, den sie bei solchen Gelegenheiten auf hundertfünfzig Jahre altem KPM-Geschirr servierte: eine Art angloindische Paella aus Wildlachs oder geräuchertem Schellfisch und Reis, mit Curry gewürzt und gekochten Eiern dekoriert. Zum Nachtisch gab's Kirschen mit Sahne.

Abend für Abend machte Lady Redesdale sich fein, steckte sich zu einer Uhrzeit, da sie viel lieber ins Bett gegangen wäre, ihr Diadem ins Haar und zog tapfer los, um mit anderen Müttern und Tanten bis vier Uhr morgens auf kleinen Stühlchen am Rande des Parketts zu sitzen und zu plaudern, zu dösen, zu stricken und zuzugucken, wie die Mädchen sich vergnügten (oder auch nicht). Selbst wenn ihr die Augen zufielen, sie hielt durch.

»Ich muss zugeben«, warnte Decca ihre kleine Schwester Debo (die sich in ihre Ballsaison mit ungebremster Begeisterung schmeißen würde) zwei Jahre nach ihrem *coming out*, »Debütantinnenbälle sind nicht gerade das fröhlichste Freizeitvergnügen.« Ständig traf man dieselben Leute, die Konversation beim Tanzen ödete Decca an. Worüber sollte sie bloß reden mit den »chinless wonders«, den »kinnlosen Wundern«, wie nicht nur sie die jungen, reichen Schnösel nannte? Über Geister und die Königsfamilie, empfahl die Duchess von Westminster, wenn einem gar nichts mehr einfiele. Decca wäre schon was eingefallen, aber das Kommunistische Manifest und D. H. Lawrence hatten die »chinless wonders« wohl kaum gelesen. Anregende Gespräche zu führen war nicht der Sinn dieser Bälle, Debütantinnen sollten vor allem schön sein. Und froh sein, wenn überhaupt genügend Männer da waren. Männer waren Mangelware.

Das Beste war noch die Musik, Irving Berlin und Cole Porter, all die romantischen Songs, viele davon aus Amerika, die Decca mit ihren Schwestern auch zu Hause sang und die sie noch im Alter liebte: »Night and Day«, »Blue Moon«, »So deep is the Night«, »Dancing Cheek to Cheek«, »Lullaby of Broadway« …

Decca hat alles mitgemacht, selbst den Knicks vor King und Queen. Die Präsentation im Buckingham Palace war der Höhepunkt der Saison, und diesmal kamen die Mitfords sogar zu zweit: Als jung Vermählte wurde Nancy, wie es sich gehört, ein zweites Mal vorgeführt, wohl weil sie erst jetzt, als verheiratete Frau, als wirklich erwachsen galt. Mit der obligatorischen Straußenfeder im Haar setzten sich die beiden Schwestern im weißen Abendkleid mit der Mutter in den Wagen, reihten sich ein in die Prozession an der Mall, die Stunden brauchte, um überhaupt zum Palast vorzudringen, während das Volk am Straßenrand stand und Mütter und Töchter wie Paradepferde begutachtete. Endlich angekommen, hieß es dann wieder warten, diesmal in einem langen Flur, bis sie vor dem Königspaar in die Knie gehen durften, um sich danach, rückwärts und ohne zu stolpern, wieder zurückzuziehen.

So wie die Wärter im Buckingham Palace, die Decca wie ausgestopfte Wachsfiguren vorkamen, hatte die ganze *season* etwas Unwirkliches. Zur

Vorbereitung aufs reale Leben, meint die Erzählerin in Nancys *Love in a Cold Climate*, taugte sie ungefähr so sehr wie ein Kindergeburtstag. Es waren die letzten prächtigen Selbstinszenierungen der britischen Aristokratie: Als Tanz auf dem Vulkan beschreibt Deccas Freund Philip Toynbee diese Sommer der jungen Upperclass vor dem Zusammenbruch des Empires. Zwanzig Jahre später würde die Queen das Ritual als nicht mehr zeitgemäß abschaffen. Aber jetzt, zu Deccas Zeiten, brachten alle Zeitungen noch Fotos der hübschen Debütantinnen – die längst nicht mehr ausschließlich Töchter aus aristokratischem Hause waren, Amerikaner und Neureiche bedrängten den Adel schon –, die Blätter berichteten seitenweise, als wäre das Privatvergnügen von ein paar wohlhabenden Minderjährigen von nationaler Bedeutung.

Ende der Pubertät, endlich erwachsen: Decca war offiziell heiratsfähig. Kam jetzt die große Freiheit? Von wegen. Decca hatte sich die Menschwerdung wie einen großen Knall vorgestellt, so ähnlich hatte die Mutter es ihr ausgemalt: als Licht am Ende des Tunnels der unglücklichen, unseligen Jugendjahre. Stattdessen war es nur ein kleines Püffchen.

Noch immer durfte Decca sich nicht allein durch London bewegen, nicht mit Fremden auf der Straße reden. Und richtige Freunde, die sie nun nach Hause hätte einladen dürfen, hatte sie auch keine gefunden. Nach der Rückkehr aufs Land – ohne neue Verbündete, ohne Plan, ohne irgendwas gelernt zu haben – empfand sie es zu Hause als noch öder und unerträglicher als zuvor. Idden, ihre Cousine, durfte Schauspielerin werden. Und sie?! »Ich versank in ganz und gar düsterer Stimmung. Ich hasste mich selbst und alle anderen, und ich war wütend und bitter zu meinen Schwestern und Eltern.« Sie muss die Pest gewesen sein.

»Hast du ein Glück, dass du in Deutschland warst und meine gehasste Boudle gesehen hast«, hatte Decca Diana im Juni 1935 geschrieben. Im Herbst fuhr sie selber nach München. Hin- und hergerissen zwischen schwesterlicher Liebe und politischer Opposition, hatte sie Unity vor der Reise, für die sie extra gespart hatte (obwohl sie ihr Geld ja eigentlich fürs Weglaufkonto brauchte), geschrieben: »Also, Boud, schreib bald deiner alten Boud, die ihre Boud *in zbeed udj al* (trotz allem) lieb hat, und zwar ganz schön sehr.«

Pam kam schon vor ihr in Deutschland an und wurde gleich zum »Führer« geschleppt, war aber nicht gebührend beeindruckt. Ihr kam Hitler »sehr gewöhnlich« vor, »wie ein Bauer in seinem alten khakifarbenen Anzug«. Aber die Kartoffeln zum Mittagessen – die waren wirklich köstlich.

Zu dritt gingen die Schwestern Bötchen fahren und aufs Oktoberfest, setzten sich in die Osteria und warteten auf Hitler, der dann doch nicht kam. Sie trafen sich auch mit Unitys SS-Freund Erich, es gibt ein Foto, das Decca mit ihm zeigt. Über Politik sprachen sie nicht, soweit Pam sich erinnern konnte.

Als Erwachsene, in Amerika, hat Decca manchmal gesagt, dass sie dies in ihrem Leben am meisten, vielleicht als Einziges bereute: dass sie Hitler nicht erschossen hat. Es wäre ein Leichtes gewesen, als Schwester von Unity wäre sie ohne Leibesvisitation ganz nah an ihn herangekommen. Aber Decca taugte nicht zur Jeanne d'Arc. Womöglich hätte sie danebengeschossen und wäre trotzdem selber getötet worden. Da war ihr Lebenswille doch entschieden stärker als ihr Wille zum Märtyrerdasein.

Auf die Frage in Unitys Fragebogen, was sie am liebsten wäre, wenn sie die freie Wahl hätte, antwortete sie als Siebzehnjährige: »Ein Pirat wie Mary Read«. Eine Freibeuterin, Jahrgang 1685, die einen Großteil ihres kurzen Lebens in Männerkleidern verbrachte, aber zwischendurch (dann in Frauenkleidern) zweimal heiratete, und schon in der Armee gedient hatte, bevor sie Piratin wurde. Decca erklärte auch, dass sie an die Gleichberechtigung der Geschlechter glaube (womit sie in der Familie in der Minderheit war), in ihrer Freizeit am liebsten Filme schaue, Liebe ihr wichtiger sei als Geld und Neid ihre größte Schwäche. Ihr Held im wirklichen Leben? Julius Cäsar. Ihre Heldin im wirklichen Leben? Mary Read, noch einmal. Lieblingsschauspieler? Clark Gable. Lieblingsschauspielerin? Greta Garbo.

Zu dieser Zeit fanden sich die Mitfords ein letztes Mal alle vor der Kamera zusammen, die Kinder in der Mitte, von den Eltern links und rechts flankiert. Wie traurig sie gucken. Aber das ist nicht neu. Es gibt mehrere, im Abstand von einigen Jahren aufgenommene Bilder der ganzen Familie im Garten, und sie sehen alle so aus. »Oft denke ich, es gibt nichts Traurigeres als alte Familienfotos«, meint die Erzählerin zu Beginn von Nancys Roman *The Pursuit of Love* angesichts eines solchen Gruppenbildes. Die pragmatische Pam dagegen erklärte die düsteren Blicke damit, dass die Fotografen immer Stunden für die Aufnahmen gebraucht hätten, die Familie entsprechend genervt gewesen sei. Stillsitzen gehörte nun mal nicht zu den Mitford'schen Tugenden.

Im Winter nach ihrer Debütantinnensaison stieß Decca auf ein Buch, das ihre Bibel wurde: *The Brown Book of the Hitler Terror and the Burning of the Reichstag (Braunbuch über Reichstagsbrand und Hitlerterror)*. Der Kontrast zwischen den darin beschriebenen Folterkellern und Konzentrationslagern der Nazis und der Welt der Londoner Ballsäle hätte nicht krasser sein können.

Das Buch war ein paar Monate nach Hitlers Machtantritt, im Sommer 1933, in Paris auf Deutsch erschienen und wurde innerhalb kürzester Zeit in siebzehn Sprachen übersetzt. Ein Schnellschuss, zusammengetragen von einem Autorenkollektiv, das aus naheliegenden Gründen anonym blieb; der Kommunist Willi Münzenberg soll federführend gewesen sein. Victor Gollancz, ein linker jüdischer Verleger, brachte noch im selben Jahr die englische Ausgabe heraus.

Einen Schwerpunkt des Buches bilden die Ereignisse rund um den Reichstagsbrand und die darauf folgende systematische Zerstörung der Linken durch die Nazis. Gewerkschaften, Sozialdemokraten, Sozialisten und Kommunisten (die im Buch eine Hauptrolle spielen) waren in Deutschland ja ungleich viel stärker als in Großbritannien. Die Autoren, die den Antisemitismus als Grundlage des Nationalsozialismus beschreiben, schildern die Verfolgung und Entrechtung der Juden, berichten, wie der Hass gegen sie geschürt wird. Was die Autoren an Fotos, Berichten, Dokumenten und Zeugenaussagen ausbreiten, ist kaum auszuhalten, so drastisch und detailliert sind die Schilderungen. Teenagerlektüre sieht anders aus. Ein entlassener KZ-Häftling erzählt, wie Gefangenen das Haar abgeschnitten und in den Mund gestopft wird, vom Prügeln schon rohes Fleisch wird in schallsicheren Folterkellern mit weiteren Schlägen zerfetzt.

Auch wenn sich das *Braunbuch* als Dokumentation präsentiert – der Ton ist alles andere als nüchtern. Pathos und Parteijargon brechen immer wieder durch. Da »saust« die Axt »auf die Organisation der Arbeiterklasse herab«, haben sich »die revolutionären Arbeiter von den Folterknechten nicht provozieren lassen. Ungebrochen standen sie vor ihnen.« Es war eine flammende Kampfschrift, die das Ausland wachrütteln sollte. Den größten Effekt hatte sie offenbar auf amerikanische Juden.

Wie viele Konservative taten die Mitfords das Buch als kommunistische Propaganda ab, was wegen des Jargons nicht schwer war. Diana meinte einfach: »Ich habe es kaum beachtet.« Eltern und Tochter waren sich einig, dass Bolschewisten des Teufels sind und die Juden selber schuld. Die Haltung wird Diana noch in den siebziger Jahren in ihrer Autobiographie vertreten.

So musste Decca, keinen Schritt weiter mit ihrer Lebensplanung und immer noch ohne Freund, die Debütantinnensaison im Jahr darauf ein zweites Mal über sich ergehen lassen, nur diesmal ohne Vorfreude und Hoffnung und mit den Gräueln der Nazis im Kopf. »Ich glaube nicht, dass Decca ihre Saison sehr genießt«, schrieb Debo Unity 1936, »aber sag Muv nichts davon.« Als hätte die es nicht längst gemerkt.

Weil Deccas Leiden an sich und der Welt immer größer und unerträglicher wurde, beschloss die Mutter, sie mit einem Ortswechsel aus ihrem Tief herauszuholen. Mit ihrer Tochter über deren Wut und Niedergeschlagenheit zu reden kam Lady Redesdale nicht in den Sinn. Das hätte als unerlaubtes Eindringen in die Privatsphäre gegolten, wie Decca später erklärt.

Im Frühjahr 1936 ging die Mutter mit den drei Kleinen auf Kreuzfahrt durchs Mittelmeer, nach Griechenland und in die Türkei, nach Spanien und Algerien. Keine reine Lust-, mehr eine Bildungsreise. Unter den Passagieren waren viele Schüler und Studenten, es gab Vorträge über griechische Philosophie und die Demokratie, bei denen Unity einmal zum feurigen Loblied auf den Nationalsozialismus anhob. Mit einer »roten Herzogin«, die die Republikaner im Kampf gegen General Franco unterstützte, lieferte sie sich ein Rededuell, bei dem sie laut Decca klar unterlag.

Für den Spaß auf der Reise sorgten die Schwestern selber. Mit Gusto nahm das eingeschworene Trio die anderen Passagiere auf den Arm, benahm sich überhaupt teenagermäßig und giggelnd daneben, amüsierte sich mit Sprachspielen, Streichen und selbsterfundenen Nonsens-Wörtern, schmetterte die Hits der Saison. In Granada dann kam es zum Eklat, als Spanier das Hakenkreuz an Unitys Revers entdeckten und abreißen wollten; bei der Fahrt zurück zum Schiff gerieten die beiden Schwestern sich schwer in die Haare.

Die Monate danach verbrachten sie in London, im August fuhr Decca gemeinsam mit Nancy und Peter Rodd sowie dessen aktueller Geliebter und deren Mann (ohne dass Decca etwas von der Liaison bemerkte) in die Bretagne. Währenddessen wurde ihr gehasstes Zuhause verkauft. Der Vater hatte schon seinen geliebten Mercedes samt Chauffeur aufgegeben und gegen einen Morris getauscht, nun musste er auch noch das Haus zu einem denkbar schlechten Zeitpunkt und entsprechend miserablen Preis loswerden. Auch weil sein Stammhalter keinerlei Interesse am Leben eines Landadligen zeigte. Tom war Stadtmensch durch und durch.

Für Debo kam der Weggang von Swinbrook entschieden zu früh: Für sie, die so gern durch den Wald trabte und über die Wiese ritt, bedeutete der Auszug das vorzeitige Ende ihrer Kindheit. In ihrer Autobiographie vergleicht sie den Abschied mit einer Amputation.

Für Decca kam er entschieden zu spät.

Hochzeiten: Diana und Pam

In den ersten Jahren nach der Trennung von ihrem Mann lebte Diana das Luxusleben einer ungebundenen Frau aus der Upperclass, verbrachte ein paar Wochen in Rom, machte Ferien mit Mosley und dessen Kindern in Frankreich, fuhr mit ihm, sooft es ging, nach Paris, ließ sich bezaubern von griechischen Tempeln, duftenden Gärten, amüsanter Gesellschaft, war zu Gast in Villen und Palästen. Diana betete Schönes regelrecht an. Als sie für ein paar Wochen nach München ging, um Deutsch zu lernen, wohnte sie nicht in Unitys bescheidener Pension, sondern ließ sich von ihr »eine bezaubernde Wohnung mit Biedermayer-Möbeln (sic!) und guter Köchin« besorgen.

Jetzt, 1936, legte sie sich ein ganzes Märchenschloss zu. Die Londoner »Eatonry« tauschte sie gegen Wootton Hall in den Midlands ein, wo Mosley die meisten Auftritte hatte. Hier war sie ihrem Liebsten so nah wie möglich und konnte ihm wiederum die Übernachtung im Hotel ersparen. In dem Schloss aus dem 17. Jahrhundert verbrachte sie fast ihre ganze Zeit entweder mit ihm oder dem Warten auf ihn. Um ihre Söhne kümmerte sich Nanny Higgs, das frühere Kindermädchen der Churchills.

In ihrem großen Park legte sich Diana mit Hitlers *Mein Kampf* (»mine compf«, wie Nancy zu sagen pflegte) in den Liegestuhl, und wenn sie hochguckte, stellte sie fest, wie »unglaublich schön« alles um sie herum war. Hier musste sie Mosley mit keiner Geliebten, keiner Partei und auch sonst kaum jemandem teilen. Nur wenige Vertraute waren als Besuch willkommen, Nancy gehörte nicht zu ihnen. Am glücklichsten war das Paar hier alleine, wenn Diana in der Sonne lag und Oswald im Teich fischte – die Landschaft, die Blümchen, das Essen, das Ausreiten und Spazierengehen, in Dianas Beschreibung war alles zauberhaft.

Natürlich war sie Mitglied in der Partei ihres Mannes, besuchte Versammlungen, lauschte ihrem Gott bei seinen Reden. Aber anders als Mosleys erste Frau, hielt sie sich aus der aktiven Politik heraus. Diana sorgte vor allem für des *leaders* Entspannung. Und agierte hinter den Kulissen.

Denn der Faschistenführer brauchte Geld. Mussolinis großzügige Finanzspritzen und Mosleys eigenes Vermögen reichten nicht mehr aus. Da kam ihnen eine clevere Idee: In Großbritannien besaß die BBC damals noch das Rundfunkmonopol, kommerzielle Sender waren nicht zugelassen. Aber Radio Luxemburg und ein Sender aus der Normandie strahlten ihr Programm inklusive Werbung nach England aus. Das Gleiche wollten die Mosleys jetzt von Deutschland aus machen; die Einnahmen würden sie sich mit den Deutschen teilen, die Nazis konnten Devisen gut gebrauchen.

In dieser Mission reiste Diana nun etliche Male nach Berlin, wobei sie oft, ziemlich extravagant zu dieser Zeit, das Flugzeug nahm. Die Verhandlungen erwiesen sich allerdings als zäher als gedacht; immer wieder musste Diana Hitler um Hilfe bitten, die sie auch stets erhielt. Aber als sie endlich zu einem erfolgreichen Abschluss kamen, war es zu spät. Der Krieg war ihnen dazwischengekommen.

In Berlin stieg Diana stets im Kaiserhof ab, das Grandhotel lag praktisch, direkt gegenüber der Reichskanzlei. Dann rief sie den »Führer« an, traf sich mit ihm zum Lunch oder Abendessen, zu Gesprächen über Richard Wagner und die deutsche Außenpolitik, oder sie sahen sich gemeinsam einen Film an. »Im Gespräch war er flink und gescheit«, schreibt Diana in ihren Memoiren, »und natürlich sehr sachkundig, und er hatte diese erstaunliche Offenheit an sich, die man bei Spitzenmännern häufig antrifft, ganz anders als bei Subalternen, die gern geheimnisvoll tun.«

Im Kaiserhof verbrachten die Mosleys auch ihre verunglückte Hochzeitsnacht. Inzwischen hatte sich Dianas Geliebter endlich bereit erklärt
zu heiraten, aber heimlich. Die offizielle Erklärung: um Diana vor der
britischen Presse und militanten Antifaschisten zu schützen, schließlich verbrachte sie ja viel Zeit allein in ihrem Schloss. Dianas Biographen
vermuten, dass Mosley seine anderen Geliebten, allen voran Schwägerin
Baba, nicht durch eine Hochzeit vergraulen wollte. In Berlin sicherte Hitler dem Paar absolute Diskretion zu. Von der Trauung gibt es nicht mal
ein Foto.

Bei Goebbels im Wohnzimmer wurde geheiratet, am 6. Oktober 1936,
einem sonnigen Herbsttag. Mit Magda Goebbels, klug, schön und ehrgei-
zig wie sie selbst, verstand Diana sich gut, ihren Mann, den militanten Antisemiten, nannte sie noch nach dem Krieg »den brillanten Dr. Goebbels«.
Er selber stand den beiden englischen Schwestern wohl eher misstrauisch
gegenüber. Die Trauung fand in der Stadtwohnung des Propagandaminis-
ters statt; als Trauzeugen dabei waren ein Freund und Unity, auch Hitler
war gekommen. Anschließend ging es zum Mittagessen in die Villa der
Gastgeber auf Schwanenwerder. Von den Goebbels bekam das Brautpaar
Goethes Gesammelte Werke geschenkt, in Leder, zwanzig Bände, von Hitler ein Foto seiner selbst im silbernen Rahmen, mit Autogramm.

Warum Hitler dabei war? Ganz einfach, erklärte Diana 1940, als sie in
England im Gefängnis saß: »Weil er ein Freund von mir ist.«

Nachdem sie abends noch zu einer Rede des »Führers« gegangen waren, kam es in der Nacht zum großen Krach zwischen den Frischvermähl-
ten. Weshalb und worüber, daran kann Diana sich in ihrer Autobiographie partout nicht erinnern. Am nächsten Tag musste der Bräutigam auch
schon nach England zurück. Unity fuhr mit Hitler im Zug wieder nach
München und schwärmte, wie »sweet« er wieder war, rumgeblödelt haben sie. Die Einzigen, denen Diana von der Trauung erzählte, waren ihre
Eltern und Tom. Nancy nicht, die hätte es gleich ausgeplappert oder im
nächsten Roman verwurstet. Den Kleinen, Decca und Debo, erlaubten die
Redesdales auch danach nicht, Diana zu besuchen: Nach außen hin lebten
die Mosleys ja weiter in Sünde.

Öffentlich zu der Ehe bekannt hat sich das Paar erst zwei Jahre später,
als Diana Sohn Alexander erwartete. Ein uneheliches Kind, das gehör-

te sich dann doch nicht. Mosleys Mutter, seine Kinder und seine Schwägerinnen aus der ersten Ehe erfuhren aus der Zeitung von der Hochzeit.

Nur Pam blieb in all diesen Turbulenzen Pam. Die Einzige, die ihren Eltern keinen Ärger und keine Sorgen machte. Nach den Jahren als Managerin der Farm von Biddesden hatte sie sich erst mal ihrer anderen Leidenschaft neben Kochen, Backen, Hunden, Hühnern und Pferden gewidmet: dem Autofahren. Zwei Jahre lang düste sie mit ihrem Cabrio kreuz und quer durch Europa, bis in die Karpaten, lernte viele Leute kennen, kehrte zurück und heiratete. Die zweite der sechs Mitford-Schwestern wurde mit neunundzwanzig Jahren die zweite der sechs Ehefrauen von Derek Jackson, einer Mitford-würdigen Gestalt: genialer Physiker, rasanter Jockey, Vollblutexzentriker, als einer der Erben des *News of the World*-Imperiums einer der reichsten Männer im Land (schon wieder einer).

Für die sanfte, ländliche Pam ein ungewöhnlich schillernder, aggressiver Mann, ein kunstsammelndes opernliebendes Multitalent. Als Legasthenikerin konnte Pam Dereks Spezialgebiet, Spektroskopie, vermutlich nicht mal buchstabieren. Aber da er ohnehin die Meinung vertrat, dass die meisten Frauen das Hirn einer Maus hätten, wird ihn das nicht gewundert haben. Jackson, der in Oxford an der Universität arbeitete, kannte die Mitfords schon länger und war, wie Charlotte Mosley schreibt, in die meisten von ihnen verliebt, einschließlich Tom. »Pam war von den Schwestern am leichtesten zu haben, und ihr machte er seinen Antrag.« Debo fiel fast in Ohnmacht, als sie von der Verlobung erfuhr: Wie gemein! Als Jägerin und Reiterin himmelte *sie* Derek mit ihren sechzehn Jahren doch schon seit langem an.

Die Jacksons ließen sich auf dem Land nieder, nicht weit von Swinbrook entfernt. Der Wissenschaftler liebte Pferde, gewann bei vielen Rennen Preise. Vom Kinderkriegen hielt er nichts; als seine Frau schwanger war, schleppte er sie auf eine so raue Reise nach Norwegen, dass sie das Baby prompt verlor. Nach dem Krieg hatte sie eine weitere Fehlgeburt.

Aber wozu brauchten sie Kinder, wenn sie Dackel hatten. Ihre Langhaardackeldame Wüda schlief mit ihnen im Bett, und wenn sie sie auf eine Reise nicht mitnehmen konnten, riefen sie sie jeden Tag an.

Auf den ersten Blick war Derek Jackson ein Mann ganz nach Deccas Geschmack: einer, der für sein Leben gern provozierte, sich über alle Regeln hinwegsetzte, Autoritäten weder fürchtete noch respektierte und sich nicht um die Meinung anderer scherte. Wenn er mit dem Zug fuhr, zog er kurz mal die Notbremse, wenn er frommen Menschen begegnete, beleidigte er sie. Im Umgang mit anderen konnte er brutal sein und maßlos arrogant. Als »brillantes Arschloch« hat ihn denn auch ein Freund von Decca bezeichnet. Doch dass er dabei erzkonservativ war, ein großer Fan von Mosley und seinem Faschismus, wird Decca kaum gefallen haben.

Sie wischte ihrem Schwager denn auch auf ihre Weise eins aus: Pam, so schrieb sie in ihrer Autobiographie, habe einen Jockey geheiratet. Dass er ein bekannter und offenbar begnadeter Naturwissenschaftler war, unterschlug sie einfach.

Raus aus der Schneekugel

Immer schlimmer wurden Deccas Unmut, Zorn und Niedergeschlagenheit, ihr Gefühl politischer Ohnmacht. Also beschloss die Mutter, den großen Kummer mit einer noch größeren Reise zu bekämpfen: einmal um die Welt, mit Debo, Decca und einer Freundin. Lady Redesdale machte sich Sorgen, richtig depressiv kam ihr die früher so muntere Tochter vor. Decca verstand, dass die Mutter ihr helfen wollte, aber es änderte an ihrer Stimmung nichts. Und sie wusste, dass der neue Plan nicht aufgehen würde. Dass sie das Gefühl, auf ewig in der Kindheit gefangen zu sein, auch am anderen Ende der Welt nicht loswerden, ja, dass eine solche Weltreise den Frust nur noch intensivieren würde: weil die Freiheit ihr – wie einem Hündchen die Wurst – so nah vor die Nase gehalten wurde, dass sie sie schnuppern konnte, aber doch so weit entfernt blieb, dass sie sie nie schnappen könnte. Die Diskrepanz zwischen dem, was sie wollte, und dem, was sie durfte, war zu groß. Für den Umschlag ihrer Autobiographie *Hons and Rebels* wird Deccas Freundin Pele de Lappe ein kleines englisches Mädchen, gefangen in einer Schneekugel, malen.

Weihnachten 1936 fuhren sie tatsächlich in den Schnee. Die Familie feierte bei Verwandten in Schottland, ein typisch Mitford'sches Weihnachtsfest. Mrs. Ham war auch dabei, es wurde getanzt und Theater gespielt, Decca las Unity vor, während diese ein Porträt von ihr malte.

Noch bevor sie zurück nach London fuhren, wo ein paar Wochen intensiven Shoppens für die Weltreise auf sie warteten, bekam Decca eine Einladung von einer älteren Cousine, Dorothy Allhusen, zu einem Wochenende auf dem Land. Sie war elektrifiziert. Was, wenn sie dort Esmond Romilly träfe?

4

Ich kann, ich soll, ich werde

Es war Liebe noch vor dem ersten Blick.

Aus der Ferne hatte sie schon lange für ihn geschwärmt, er war ihr romantischer Held: links, mutig, verwegen, noch ungezogener als die Mitford Girls – der Schrecken aller Eltern, einschließlich seiner eigenen. Ein Dreivierteljahr jünger als sie, war er schon ein Veteran der Rebellion, als sie sich im Januar 1937 das erste Mal begegneten. Ein Junge ganz nach Deccas Geschmack, ein feuriger *bad boy*, der tat, was er wollte: Esmond Marcus David Romilly, der Sohn von Colonel Bertram und Nellie Romilly.

Sie hätten sich viel früher begegnen können, waren sie doch Cousin und Cousine zweiten Grades: Esmonds Großmutter, Lady Henrietta Blanche Hozier, geborene Ogilvy, war die Schwester von Deccas Großmutter Lady Clementine Redesdale. In Decca wie in Esmond floss reichlich Stanley-Blut, das waren die armen Ahnen, die, so Decca, für alles Rebellische an den Mitford-Schwestern verantwortlich gemacht wurden und zu deren Nachkommen auch Bertrand Russell, Algernon Swinburne und Philip Toynbee gehörten. In Chartwell bei Onkel Winston Churchill verbrachten Esmond und sein Bruder Giles viele Ferien und alle rauschenden Weihnachtsfeste. Hier, im Country House der Churchills in Kent, waren auch die Mitfords oft zu Gast; vor allem die Großen, Diana und die Churchill-Kinder waren ja beste Freunde.

Zu ihrem Ärger »die Lämmer« genannt, benahmen sich die Romilly-Jungs wie die Wölfe. Einmal, als Esmond mit Zigaretten und Scharlach im Bett lag und tagelang gemeinsam mit Churchills Tochter Mary unter Quarantäne in einem Zimmer eingesperrt wurde, brachte er seine Cousine vom Glauben an Gott ab. Er hatte mit ihr gewettet, dass ihm das ein Leichtes sein würde, was es auch war: indem er ihren Kopf einfach so lange in kaltes Wasser tauchte, bis er ihr die Gottesverleugnung abgetrotzt hatte. Mary Churchill-Soames hat ihren Vetter trotzdem bewundert, ja, sie war sogar ein bisschen in ihn verliebt.

Lord und Lady Redesdale redeten zwar über die Romillys, machten aber einen Bogen um sie. Mutter Nellie war in den Augen der Redesdales zu frivol – das Gerücht (an das Decca nicht glaubte), dass Esmond in Wirklichkeit ein Sohn von Winston Churchill sei, dem er sehr ähnlich sah, wurde zwar nie bewiesen, verschwand aber auch nie ganz aus der Welt. Eine Spielerin war die Kettenraucherin noch dazu, Nellies zweites Zuhause war das Casino in Dieppe in der Normandie. Eine Leidenschaft, die sie ihrem Sohn Esmond weitervererbte. Nellie war das Gegenteil von Sydney, aufgedreht, emotional und romantisch, aber auch unbekümmert, fröhlich und gesellig. Eine Drama Queen und Glucke, die ihre beiden Söhne nach Ansicht der Verwandtschaft maßlos verwöhnte.

Gegen Esmonds Vater, Colonel Bertram Romilly, Sprössling einer Hugenottenfamilie, hatten die Redesdales weniger einzuwenden. Aber auch er brachte die beiden Rabauken nicht zur Räson. Der Gardeoffizier im Ruhestand, im Ersten Weltkrieg schwer verletzt, war so still, wie seine Frau schrill war. Am liebsten hielt sich der geräuschempfindliche Invalide im Hintergrund, zog sich aufs Anwesen seines Vaters in Herefordshire zurück oder in die glorreiche Vergangenheit beim Militär, ging angeln oder auf die Jagd.

Out of Bounds: Esmond Romilly

Ganz hingerissen lauschte Decca all den Schreckgeschichten, die über ihren Vetter im Umlauf waren. Natürlich hatte sie sein Buch Out of Bounds gelesen, mehr als einmal. 1935 erschienen, wurde es ihr »beacon«, wie sie sagte: ein Leuchtfeuer der Freiheit. Aus der Zeitung schnitt sie alles aus, was sie über Esmond und seine Heldentaten finden konnte. Noch heute liegt das altersbraune, sich langsam in Krümel auflösende Scrapbook ihrer frühen Jahre im Arbeitsschrank ihres Hauses in Kalifornien – eines der wenigen Dokumente, die sie nicht an die Bibliothek der Ohio State University verkauft hat, die ihren Nachlass hütet. Es beginnt mit Esmonds Internatsgeschichten und endet mit der Geburt ihrer gemeinsamen Tochter Dinky.

Out of Bounds (was das Wörterbuch mit »Zutritt verboten« oder »Außerhalb des Spielfelds« übersetzt) – so wie ihre Schülerzeitung nannten die Romilly-Brüder ihr Buch über die Erfahrungen im Internat. Der Untertitel *The Education of Giles Romilly and Esmond Romilly* ist so selbstbewusst wie das ganze Werk, das der junge Verleger Hamish Hamilton im Juni 1935 herausbrachte – da war Esmond gerade siebzehn geworden. Von der Kritik wurde der Bildungs-Tatsachenroman gelobt: als »sehr amüsant« und »geradeheraus«, so etwa die linke Wochenzeitung *New Statesman*. Der Kritiker nahm die Wut der Brüder, denen er überdurchschnittliche Begabung attestierte, sehr ernst. Selbst die erzkonservative *Daily Mail*, die Esmond vorher besonders feindlich gesinnt war, bekannte, dass »es den jungen Autoren weder an Verstand noch an literarischem Talent mangelt«. Innerhalb von ein paar Wochen wurde eine zweite Auflage gedruckt.

Neben dem *Braunbuch* wurde *Out of Bounds* zum wichtigsten Motor von Deccas politischem Erwachen. Zu einer Zeit, in der sie sich so elend und alleine fühlte, entdeckte sie in ihrem linken Cousin einen Seelenverwandten, der genauso reaktionäre Verwandte hatte wie sie (teilweise dieselben). Ja, die beiden bekamen sogar die gleiche Standpauke zu hören: Wenn sie sich der Arbeiterklasse so verbunden fühlten – wie wär's, wenn sie dann auch mal selber ihr Bett machen und ihre Wäsche wegräumen würden?

Auch Esmond war ein Revolutionär mit Zorn und Humor – der Ton seiner Jugenderinnerungen ist dem von Deccas Autobiographie ganz ähnlich –, der ein Talent zur maßlosen Übertreibung hatte und Vergnügen daran fand, andere zu reizen. Noch heute lesen sich die Geschichten der Romilly-Brüder spannend und klug, ihre Sprache ist klar und eloquent – wenn man es nicht besser wüsste, man käme nie auf die Idee, dass zwei Teenager dahinterstecken. Dabei waren ihre Erfahrungen sehr unterschiedlich. So unterschiedlich wie die beiden Brüder selbst.

Giles war der zwei Jahre Ältere, der kühlere, vielleicht auch klügere Kopf, Esmond der Wildere, Hitzige. Giles schnitt als Klassenbester ab, Esmond erhielt einen Eintrag ins Klassenbuch. Altklug und überheblich, mit einem Schuss Größenwahn, konnten beide sein. Giles schmückte sein Zimmer mit unzähligen Bildern von Napoleon, Esmond hängte sich

Churchill an die Wand und stellte Lenin auf den Tisch. Schon als kleiner Junge wusste er, was er werden wollte: Anführer.

Gleich am ersten Tag auf dem Internat wurde Giles von einem Gefühl der Unwirklichkeit gepackt, das sich in eine tiefe Depression verwandelte. Wie ein Nebel, so schreibt er, legte sie sich über ihn, ein Nebel, der sich jahrelang nicht hob und 1967 im Selbstmord endete. Verantwortlich für seine Misere machte er das zugleich brutale und lähmende Internatsleben.

Esmond war das ganze Gegenteil. Voller Wut, brach er aus dem System aus und versuchte andere anzustecken. Entsprechend unterschiedlich war auch ihr Auftreten und ihr Schreibstil: Giles' auf ruhige Art lebendig und geschliffen, Esmonds quirlig, flott und voller Selbstironie. Giles, der Sensiblere der beiden, den Männern zugeneigt, schämte sich seiner Tränen nicht, bettelte »Mummie« an, ihn aus dem Internat zu holen und mit nach Hause zu nehmen, während Esmond die Mutter manipulierte und instrumentalisierte, die er als wankelmütig, naiv und melodramatisch schilderte. Als Heimsprecher nutzte er mit Lust seine Macht und verdonnerte die Mitschüler zum Schweigen, wenn er mal wieder was ausgeheckt hatte.

Wellington, ursprünglich als Internat für Waisenkinder von Offizieren eingerichet, war noch immer stark militärisch geprägt. Es wurde für die Brüder das, was Swinbrook für Decca war: eine Anstalt, in der sie sich gefangen fühlten. Besonders zuwider war den beiden der Gruppenzwang, der viel beschworene Teamgeist, der keinen Raum für Individualität ließ. Eigenheiten würden nicht gefördert, sondern ausgetrieben, so ihre Kritik. Das Klassenziel: brave Diener des bestehenden Systems, konservative Patrioten heranzuziehen.

Der hyperaktive Esmond hatte etwas vom bösen Friederich in Deccas geliebtem *Struwwelpeter*, zettelte gern Schlägereien an und war, genau wie seine spätere Frau, entschlossen, seine Ziele zu erreichen. Mit seinen Eltern kam es zu zahlreichen stürmischen Szenen, aber nie zum endgültigen Zerwürfnis. Esmond mochte ein Wüterich gewesen sein, aber einer mit Charme, Intelligenz und Charisma. Auch Decca macht in ihrer Autobiographie keinen Hehl daraus, dass ihr Liebster ein schwieriger Mann mit vielen Facetten war.

Esmond war sich selber klar über seine Widersprüchlichkeit. »Ich bin von Natur freundlich, eifersüchtig, feige, schlau. Mein Wesen ist abwechselnd angenehm und unangenehm«, notierte der Fünfzehnjährige 1933 in sein Tagebuch. Als Decca dieses Jahrzehnte nach seinem Tod in die Finger bekam, war sie ganz aufgeregt. Bis dahin hatte sie ihren ersten Mann für »den am wenigsten introspektiven Menschen« gehalten, den sie kannte. »Aber das ist ja wahnsinnig introspektiv, auf der Suche nach sich selbst, selbstkritisch«, schrieb sie ihrem Enkel James. Es klingt stolz und bewundernd.

Seine politische Entwicklung schien Esmond selbst zu amüsieren. Ursprünglich konservativ – ein Jakobit, romantischer Anhänger der schottischen Dynastie –, interessierte er sich als Nächstes für Mosleys New Party, um dann Sir Oswalds faschistischen Bund mit aller, und das heißt tatsächlich: physischer Gewalt zu bekämpfen. Die berühmte Versammlung im Juni 1936 in Olympia war für ihn ein Muss.

Giles, der ältere Bruder, war es, der sich als Erster für den Kommunismus interessierte, später auch tatsächlich in die Partei eintrat, um sie desillusioniert wieder zu verlassen. Esmond, mehr Anarchist als Kommunist, ersparte sich diese Enttäuschung. Das strenge Parteikorsett war nichts für ihn, er schloss sich lieber dem linken Flügel der Labour Party an.

Sobald Esmond anfing, sich links zu engagieren, begann er auch, die Mitschüler in Wellington aufzuwiegeln, Propaganda zu betreiben, wie er es selbst nannte. Aber je politischer er wurde, desto unpopulärer wurde er offenbar auch. Das Gefühl der Einsamkeit, die Erfahrung, in der Gruppe isoliert zu sein, war ebenfalls etwas, das er mit Decca teilte. Als rücksichtslosen Draufgänger hat er sich in dieser Phase beschrieben. Während seine Mitstreiter oft ängstlich fürchteten, sich zu sehr in die Politik zu verstricken, fand er, dass man gar nicht engagiert genug sein kann – je mehr, desto besser, lautete sein Motto in allen Lebenslagen.

Natürlich weigerte er sich, am obligatorischen Militärtraining, dem Officers' Training Corps, teilzunehmen. Im Herbst 1933 plante er stattdessen mit seinem Bruder eine Widerstandsaktion, und zwar am Volkstrauertag, der für ihren Geschmack eher als Vorwand für Militärparaden diente, als dass er ein Friedensgedenktag war. Neben den üblichen *poppies*, den roten Mohnblüten, hefteten sich Esmond und seine Anhänger daher am 11. November Abzeichen der Antikriegsbewegung an, die ihnen anders gesinnte Schüler abreißen wollten, wogegen Esmond sich ganz unpazifistisch wehrte: Er schlug zurück. Damit nicht genug, steckten die

Jungs auch noch ein pazifistisches Faltblatt ins Gesangbuch, das genau in dem Moment herausfiel, als der toten Soldaten gedacht wurde. Wenn man bedenkt, wie heilig der Tag den Engländern noch heute ist, kann man sich das Ausmaß der damaligen Empörung vorstellen.

Aber einzelne Aktionen waren Esmond nicht genug. Er wollte dem Unmut eine Stimme geben. Nach einem ersten Treffen in Bloomsbury, dem Londoner Zentrum der Boheme, stand der Entschluss fest: Die Schüler wollten eine »antireaktionäre« Zeitung herausgeben unter dem Titel *Out of Bounds*. So begann das, was die *Daily Mail* in einem berühmten Artikel vom 2. Februar 1934 »Die Rote Gefahr an den Privatschulen« nannte: Dort werde kommunistische Propaganda betrieben, die Jugendlichen seien von Moskau ferngesteuert.

1934 erklärte die Schülerzeitung den Privatschulen und allem, wofür sie standen, den Krieg: »*Out of Bounds* ist gegen Reaktion, Militarismus und Faschismus an den Eliteschulen«, schrieben sie in ihrem Gründungsmanifest. Dabei ging es um weit mehr als Schulreformen. Denn das, was Esmond in den Schulen für revolutionsbedürftig hielt, war in seinen Augen ja nur ein Spiegel dessen, was in der Gesellschaft im Argen lag. Sich selbst erklärte er zum Sprecher seiner Generation, zumindest des fortschrittlichen Teils.

Die Schulleitung von Wellington, zunächst ganz gegen das Projekt eingestellt, schlug einen Kompromiss vor: Das Blatt dürfte auf dem Gelände verteilt werden, aber erst nachdem es durch die Zensur gegangen sei, was für Esmond völlig inakzeptabel war. »Giles und ich überlegten, ob wir abhauen sollten. Am Ende beschloss er zu bleiben, und ich beschloss zu gehen. Ich denke, wir taten beide das Richtige.« Eine Ansicht, die sein Tutor im Rückblick teilt. »Wellington hatte ihm wenig zu bieten«, bekennt er Esmonds Biographen Kevin Ingram gegenüber. »Er nahm sein Leben selbst in die Hand.« Der Rektor war erleichtert, den Störenfried los zu sein.

Eines Morgens um sechs lief Esmond weg. Eine Buchhandlung in Bloomsbury, deren Besitzer ebenfalls in Wellington zur Schule gegangen war, wurde sein erster Zufluchtsort, Redaktionssitz und Hauptquartier der Rebellion. Im Parton Street Bookshop traf sich die linke Boheme, Literaten und Marxisten; Stephen Spender und Dylan Thomas gehörten zur Stammkundschaft.

Womit Esmond nicht gerechnet hatte: sich am nächsten Tag auf den Titelseiten der großen Zeitungen zu sehen. Von nun an war er für die Blätter nur noch »Winstons roter Neffe«. Was ihn nicht gestört haben wird. Trotz politischer Differenzen bewunderte er den konservativen Onkel, der eine Vaterfigur für ihn war.

Der Fünfzehnjährige gab Interviews, als sei es das Selbstverständlichste auf der Welt, ließ sich auch bereitwillig dafür bezahlen, er brauchte ja Geld zum Leben, und regte sich hinterher auf, wenn die Journalisten die Geschichten ausschmückten – so wie er selbst es später als Reporter gern tat. Es war der Anfang einer ambivalenten Beziehung: Einerseits genoss er die Aufmerksamkeit und versuchte, die Medien zu instrumentalisieren, andererseits war er außer sich, dass die Paparazzi ihn nicht in Ruhe ließen, wenn er seine Ruhe haben wollte.

Eben noch als Internatsschüler rigoroser Aufsicht unterworfen, lebte Esmond jetzt als Bohemien in Bloomsbury. Er arbeitete in der Buchhandlung, das heißt, richtig arbeiten tat er nicht, er saß da und unterhielt sich mit den Intellektuellen, die vorbeikamen. Mit den Rechnungen für den Druck der Schülerzeitung ging er ähnlich lässig um. Statt sie zu bezahlen, zog er mit der folgenden Nummer einfach zur nächsten Druckerei, der er das Geld dann ebenfalls schuldig blieb.

Der Parton Street Bookshop wurde zur Anlaufstelle für alle, die sich von dem jungen Revoluzzer anstecken ließen. Philip Toynbee gehörte dazu; er wurde einer von Esmonds, später auch Deccas besten Freunden. In den 1950er Jahren widmete Toynbee dem im Krieg Gefallenen ein elegant-elegisches Erinnerungsbuch, *Friends Apart* (»Getrennte Freunde«), das selbst Diana für seine literarische Qualität lobte. Philip, Sohn des Geschichtsphilosophen Arnold Toynbee und Rosalind Howards, einer Adligen aus feinstem Hause, war in vielem der Gegenpol zu dem wüsten Freund: ein immer wieder unglücklich verliebter Melancholiker, der oft an sich und der Revolution zweifelte. Zwei Jahre älter, fühlte er sich von Esmond ebenso eingeschüchtert wie angezogen.

Die erste Nummer von *Out of Bounds*, die im März 1934 erschien, war ein großer Erfolg, die zweite besonders umstritten, denn diesmal ging es um Sex, der an den Jungeninternaten ebenso verbreitet wie tabuisiert war. Auch am Vertrieb der Zeitung, der sich wie zu erwarten schwierig ge-

staltete, war der Chefredakteur persönlich beteiligt. Ein Meister-Gueril-
lero, fuhr Esmond mit dem Auto auf den alten Schulcampus, um die Zeitung zu verkaufen und dann schnell wieder die Flucht zu ergreifen. Mit
der vierten Nummer, die zur selben Zeit wie das Buch erschien – diesmal
ging es unter anderem um Masturbation –, starb *Out of Bounds*, wie Esmond sagt, eines natürlichen Todes. Da ödete ihn das Projekt bereits an.
Was sollte er mit einer Schülerzeitung, wo er doch mit der Schule längst
abgeschlossen hatte.

Als er genug hatte von London und der Boheme, deren Mitglieder nach
seinem Geschmack zu sehr um sich selber kreisten, legte er, »vorhersehbar
unvorhersehbar«, wie Decca ihn beschrieb, noch mal ein Intermezzo an einer progressiven koedukativen Schule ein, was ihn aber schnell langweilte.

Da hatten die Romillys schon resigniert, ihr Sohn, das war ihnen klar,
würde sich nicht mehr auf den geraden Weg zurückbringen lassen. Ver-
hungern aber ließen sie ihn nicht. Jede Woche bekam Esmond von den
Anwälten seines Vaters ein Pfund überreicht, damit waren Kost und Logis
abgedeckt. Ganz abwenden würden sich seine Eltern nie von ihm.

Eines Abends zettelte Esmond, auf Krawall gebürstet und mit Toynbee
im Schlepptau, eine Schlägerei an. Zu Hause kippten sie schnell eine Flasche Whisky, fuhren dann, sturzbetrunken, mit dem Taxi zum Haus seiner Eltern, vor dem sie pöbelten und randalierten. Mutter Romilly wusste sich nicht anders zu helfen, als die Polizei zu rufen (wie dumm von ihr,
werden die Mitfords später sagen), die beiden Jungen wurden dem Haft-
richter vorgeführt. Toynbee kam mit einer Verwarnung davon, Esmond,
der, wie das Gericht entsetzt feststellte, mit seinen sechzehn Jahren alleine
lebte, wurde für ein paar Wochen in die Jugendstrafanstalt geschickt, ein
Heim wie zu Dickens' Zeiten. Dort, so Toynbee, habe Esmond »schrecklich gelitten«, unter der Anstalt wie unter den Mitgefangenen. Decca tanzte sich gerade durch ihre Debütantinnenbälle, als sie davon erfuhr.

Als Esmond nach achtzehn Tagen, die ihm wie achtzehn Jahre vorkamen, auf Bewährung entlassen wurde, bot eine ältere Cousine an, ihn
bei sich aufzunehmen. Dorothy Allhusen, eine wohlhabende Witwe, hatte
ein Faible für junge Leute, den bösen Buben hatte sie offenbar besonders
ins Herz geschlossen. Die Witwe führte ein gastliches Haus auf dem Land,
eines der wenigen wohlig warmen Country Houses, in dem auf jedem

Zimmer ein Feuer brannte und in den Schubladen mit Nelken gespickte Orangen dufteten. Für ihr gutes Essen war Cousine Dorothy ebenfalls bekannt. Auch das verband Esmond und Decca: Dass sie gegen den Kapitalismus waren, hielt sie keineswegs davon ab, dessen Früchte zu genießen. Geschmeidig bewegten sie sich zwischen den Welten von Revolution und Überfluss. Von seiner Cousine gepäppelt, schrieb Esmond bei ihr *Out of Bounds*.

Danach schlug sich der hyperaktive Vagabund mit Erfolg und Vergnügen als Seidenstrumpfvertreter in den Londoner Vororten durch. Als »Captain Romilly« klingelte er an der Tür, Skrupel hatte er keine, mit der Ehrlichkeit nahm er es nicht so genau. Später verkaufte er Anzeigen für einen Londoner Veranstaltungskalender und schließlich für eine neugegründete progressive Dokumentarfilmzeitschrift. Ob es um Ideen, Strümpfe oder Anzeigen ging, als Verkäufer besaß Esmond Talent. Begeisterungsfähig, selbstbewusst, von großer schauspielerischer Begabung, hörte er sich selbst gern reden (aber auch anderen gern zu).

Spanischer Bürgerkrieg: Winston's Nephew On the Warpath

Als im Sommer 1936 der Spanische Bürgerkrieg begann, gehörte Esmond zu den Ersten, die in die Schlacht zogen. Frustriert von seinen Jobs, wollte er endlich Sinnvolles tun.

Dass er gegen den Faschismus und für die Republik war, verstand sich von selbst. Der Kampf in Spanien, das war für ihn der gerechte Krieg, ein Testfall für Europa, wie für so viele Schriftsteller, Intellektuelle und Künstler, von Hemingway über Orwell bis Robert Capa: »Spanien«, so Wolfgang Kemp in seinem Buch *Foreign Affairs*, »wurde zum Prüfstein der politischen Haltung einer ganzen Generation.« Deswegen hatte Esmond auch keine Mühe zu erklären, warum aus dem Pazifisten, der er eben noch gewesen war, nun ein Soldat wurde: Sein Protest habe sich gegen die ungerechten, imperialistisch-kapitalistischen Kriege Großbritanniens gerichtet, während es jetzt um die Freiheit ging.

Im Juli 1936 hatten die Gefechte in Spanien begonnen, kurz darauf löste Esmond seine Wohnung in London auf. Auf einer Abschiedsparty verkaufte er, was er hatte, viel war es nicht, und zog los. Auf eigene Faust und ohne jemandem Bescheid zu sagen, aus Angst, sie würden ihn aufhalten wollen. Seine Mutter würde erst von einem Journalisten erfahren, wo ihr achtzehnjähriger Sohn steckte. Unter der Überschrift »SHOCK FOR MOTHER« (»Schock für Mutter«) machte der *Star* daraus gleich eine Herz-und-Schmerz-Geschichte: »Wir haben Höllenqualen ausgestanden. Wir wussten ja nicht, was aus ihm geworden ist«, ließ die Zeitung die besorgte Mutter sagen. »Bitte, bitte helfen Sie mir, ihm eine Nachricht zukommen zu lassen.«

Auf der anderen Seite des Kanals angekommen, kaufte sich Esmond ein Fahrrad, mit dem er Frankreich in Richtung Spanien durchquerte. Er musste sich beeilen, das Geld ging ihm aus. Eigentlich wollte es sich der revolutionäre Genießer auf dem Weg an die Front noch ein paar Tage in Perpignan gut gehen lassen. Aber schusselig, wie er war, hatte er seine Jacke so ungeschickt über den Lenker gelegt, dass alles herausfiel, sein Pass, ein paar Hundert Francs, der Mitgliedsausweis der Labour Party.

Da es zu dieser Zeit noch keine eigene englische Truppe bei der Internationalen Brigade gab, schloss er sich wie die anderen Briten dem Thälmann-Bataillon an. Besonders glücklich war Esmond nicht damit, die Deutschen waren ihm zu dogmatisch und humorlos. In die Truppe schmuggelte er sich ein, indem er einfach behauptete, in England am Offizierstraining teilgenommen zu haben.

Nach drei Monaten an der Front kehrte Esmond in den ersten Januartagen 1937 nach England zurück, stark von Durchfall geschwächt. Von den Erlebnissen erst recht. In Boadilla del Monte, einem kleinen Dorf in der Nähe von Madrid, hatte im Dezember eine der entscheidenden Schlachten im Kampf um die spanische Hauptstadt stattgefunden. Vor Esmonds Augen waren fast all seine englischen Kameraden umgekommen, er war einer von zwei Überlebenden. Der andere sollte ein paar Monate später fallen.

Ernsthafter wirkte Esmond auf Philip Toynbee nach seiner Rückkehr, ruhiger, vernünftiger, sensibler. Ernüchtert, aber nicht desillusioniert. In England besuchte er die Familien der Gefallenen, nach weiteren schweren Durchfallattacken musste er in London erneut ins Krankenhaus. Er wusste, dass er nach Spanien zurückkehren würde, aber diesmal mit anderen

Waffen: Für den *News Chronicle,* eine Tageszeitung, die sich mit Beginn des Kriegs auf die Seite der Republikaner gestellt hatte, wollte er von der Front berichten. Seinen Freund Peter Nevile erklärte er zu seinem Agenten. Jetzt, im Januar 1937, veröffentlichte er in der Zeitung schon mal einen großen, dramatischen Artikel über »Eine Nacht an der spanischen Front«, den auch Decca in die Finger bekam.

Bevor er nach Spanien zurückkehrte, wollte der Kämpfer noch ein gemütliches Wochenende bei Cousine Dorothy verbringen. Ob es Zufall war, dass sich Decca unter den wenigen Gästen befand, oder einer von ihnen oder alle beide an den Fäden gezogen hatten, darüber lässt sich nur spekulieren. Esmond wusste, dass Decca von zu Hause weglaufen und in den Spanischen Bürgerkrieg ziehen wollte; mit Giles und Peter Nevile hatte sie sich schon getroffen und darüber gesprochen. Ihre vage Unzufriedenheit, ihr Wunsch, auf die Barrikaden zu gehen und das Elend der Welt zu bekämpfen, hatte endlich ein konkretes Ziel. Und bald einen Verbündeten.

Das ganze Wochenende, so schreibt Decca in ihrer Autobiographie, konnte sie die Augen nicht von ihm lassen. Und das nicht allein wegen seiner schönen langen Wimpern. (Ansonsten war sein Aussehen unspektakulär. Bis zu seinem frühen Lebensende sah Esmond, eher klein und untersetzt, wie ein Oberschüler aus.) Seinem Charme und seinem Charisma war sie genauso erlegen wie die anderen Gäste in Dorothys Country House. Decca, die sich seit Jahren nichts sehnlicher wünschte, als zur Schule zu gehen, verliebte sich in den bekanntesten Schulverweigerer im ganzen Land.

Ob er sie wohl nach Spanien mitnehmen könne, fragte sie ihren Tischherrn. Aber ja, antwortete der. Das war's. Ein paar Sätze beim geselligen Abendessen, und Deccas Leben nahm einen neuen Lauf. Es war, als ginge plötzlich die Sonne auf. Langeweile sollte sie von nun an nur noch als kurze Momente erleben. Auch all die Tränen, die sie als Teenager aus Wut und Frustration vergossen hatte, versiegten jetzt.

Schon am nächsten Morgen, beim Spaziergang über die Felder, planten sie die Flucht. Im Weglaufen war Esmond ja Experte, er wusste genau, was man braucht: Geld (50 Pfund hatte Decca auf ihrem Weglaufkonto) und Zeit, eine Woche Minimum. Und was man nicht braucht: Mitwisser. So gern sie ihre Lieblingscousinen Rudbin und Idden eingeweiht hätte, das, schärfte ihr Zukünftiger ihr ein, dürfte sie auf gar keinen Fall tun.

Zum Glück fielen Decca die Paget-Zwillinge ein, Co-Debütantinnen, die für längere Zeit verreist und damit in sicherer Ferne waren. Sie würde sich selbst eine Einladung von ihnen schicken: ob sie nicht Lust habe, zwei Wochen mit den Schwestern und ein paar Freunden durch Nordfrankreich zu reisen? Als fiktiven Treffpunkt schlug Esmond Dieppe vor, so könnte sie sich von den Eltern gleich noch die Bahnfahrt für die erste Etappe bezahlen lassen. Der Kriegsreporter Esmond würde Decca als seine Sekretärin deklarieren, damit sie ein Visum bekäme, von unterwegs würde sie der Mutter Postkarten schreiben: Wetter schlecht, Kathedrale toll, Essen köstlich, die Zwillinge schicken schöne Grüße …

Decca war begeistert: Wie realistisch er alle Gefahren einschätzt, wie clever und pragmatisch er Lösungen für alle Probleme findet! Ihr Vertrauen war grenzenlos. Angst? Hatte sie keine. Schon gar nicht an seiner Seite.

So begann für Esmond, genau zwei Jahre nach seiner Flucht aus dem Internat, das, was Philip Toynbee »die strahlendste und sonderbarste Phase in seinem ereignisreichen Leben« nennt.

Miss Jessica Mitford muss sofort zurück

Die nächsten Tage wurden hektisch. Heimlich musste Decca Telefongespräche führen, Besorgungen machen, störende Begleiter abwimmeln … Mit ihrem Fluchthelfer traf sie sich jeden Tag. In Vaters geliebtem Army & Navy Store suchten sie sich eine teure Kamera aus, die sie Lord Redesdales Konto anschreiben ließen. Benutzen würden sie sie nie. In praktischen Dingen hoffnungslos unbegabt, kapierten sie nicht, wie der Fotoapparat funktionierte. Auch eine dicke Cordhose und eine Armeeweste besorgte sich Decca hier. Den Koffer der Ausreißerin packte ihr ahnungsloses Kindermädchen. Sorgfältig legte Nanny Blor Seidenpapier zwischen Deccas Unterhosen, damit sie nicht knitterten.

Am 7. Februar 1937, einem Sonntag, setzten die Eltern ihre Tochter in London-Victoria in den Zug, zum Abschied gab der Vater ihr noch zehn

Pfund Taschengeld. Dass Esmond ebenfalls eingestiegen war, merkten sie nicht.

In diesem Moment sagte die Neunzehnjährige nicht nur ihren Eltern Goodbye – im Falle ihres Vaters für immer, sie würde ihn nie wiedersehen –, sie ließ ihr ganzes altes Leben hinter sich. Sie hat es nie bereut.

Dabei waren die ersten Wochen hart. In Watte packte ihr Gefährte sie nicht, an seinen ruppigen, rauen Stil musste sie sich erst gewöhnen – so wie er daran, plötzlich zu zweit zu sein. »Er war zu der Zeit sehr abweisend und ließ sich von niemandem etwas gefallen, mich eingeschlossen.« Aber das war nur Mr. Hyde. Dr. Jekyll brachte sie immer wieder zum Lachen. Und überhaupt: »Wo wäre ich heute, wenn Esmond nicht gewesen wäre? Im Irrenhaus wahrscheinlich.«

Kaum hatten sie den Kanal überquert, war auch Esmond in Decca verliebt, kaum hatte er ihr seine Liebe erklärt – im Nordseewind am Hafen von Dieppe, worauf sie in einer der Hafenkneipen zusammen mit den Matrosen anstießen –, waren sie auch schon verlobt, entschlossen zu heiraten, und zwar schnell. In der Zwischenzeit lebten sie, die beide noch nie eine Beziehung hatten, in wilder Ehe, wie Esmond seiner Mutter schrieb, und arbeiteten an der Erfüllung ihres Plans: Drei Kinder wollten sie bekommen.

Allerdings hatte Deccas Held nicht alle Schwierigkeiten vorhergesehen. Mit dem Visum gab es Probleme, sie mussten noch mal nach London, wo sie auch nicht weiterkamen, also zurück nach Frankreich, irgendwie würden sie sich schon durchschlagen. Doch weiter als Bayonne an der spanischen Grenze kamen sie ohne Visum nicht. Mit dem Heiraten wurde es auch erst einmal nichts. In ihrer Euphorie hatten sie ganz übersehen, dass sie beide noch minderjährig waren.

Einmal kam es zum großen Krach. Dem einzigen, wie Decca sagt, in ihrer kurzen, intensiven Zeit zusammen. Als sie vom Café aus beobachteten, wie ein grober Kerl seinen Hund verprügelte und die anderen Zuschauer nur lachten und ihn anfeuerten, schrie Decca, außer sich vor Wut, ob Esmond nicht was dagegen machen könne. Sie war dazu erzogen worden, zu Tieren und Dienstboten nett zu sein. Esmond, nicht weniger zornig, stauchte sie zusammen. Wie eine blöde Touristin führe sie sich auf! Ob sie nicht wisse, wie schäbig Engländer Menschen in Indien, Afrika, in der ganzen Welt behandelten! Wie sie es wagen könne, den Franzosen vorzuschreiben, wie sie mit ihren Hunden umzugehen hätten! In Spanien würde sie noch viel Schlimmeres sehen. Kinder, die sterbend auf der Straße liegen. Die ganze Nacht stritten sie sich, bis zur Versöhnung am nächsten Tag.

Aus Bayonne schrieb Decca wieder nach Hause, erzählte von dem köstlichen Brot, das es dort gab, sie recherchiere schon eifrig, wie es gebacken werde, bis zu ihrer Rückkehr habe sie bestimmt einiges zusammengetragen. Da wurde Lady Redesdale, die Brotbäckerin der Familie, dann doch misstrauisch. Wieso schrieb ihre Tochter plötzlich aus Südfrankreich, wo sie doch in der Normandie sein wollte und die geplante Weltreise immer näher rückte? Als die Mutter mit der vermeintlichen Gastfamilie Kontakt aufnahm, erfuhr sie, dass die Paget-Zwillinge in Österreich waren. Ohne Decca.

Die Familie stand unter Schock. Es war, so Unity, als wenn jemand gestorben wäre: »Ständig kommen Leute, um zu kondolieren, oder schicken Blumen.« Das Haus der sonst so lauten Familie verstummte. »In Rutland Gate ging es zu wie im Totenhaus«, erinnert sich Debo in ihrer Autobiographie. »Kein Grammophon. Niemand lachte. Wir redeten, wenn überhaupt, leise und immer wieder und wieder über dasselbe Thema. Wo war sie hin? Und warum? War sie am Leben? Ständig saß jemand neben dem Telefon.« In dieser Zeit der Ungewissheit drehte die Mutter fast durch.

Nach einer gefühlten Ewigkeit – seit der Flucht waren zwei Wochen vergangen – stand Esmonds Freund Peter Nevile vor der Tür und überreichte einen Brief von Decca. Darin teilte sie der Familie mit, dass sie mit ihrem Cousin weggelaufen und höchstwahrscheinlich schon verheiratet sei, wenn sie diesen Brief bekämen. »Schlimmer, als ich dachte«, erklärte der Vater, als er das Schreiben las. »Verheiratet mit Esmond Romilly.« Sie waren also nicht nach Russland gefahren, wie die Familie zwischendurch vermutet hatte, sondern nach Spanien. Lady Redesdale schrieb Decca sofort, flehte sie an, zurückzukommen, blies die Kreuzfahrt ab.

Esmonds Mutter, Kummer gewohnt, nahm das Ganze gelassener und legte ein gutes Wort für ihren Sohn ein. So ungezogen, wie er war, sei er doch »ein Mann durch und durch; wirklich so mutig wie ein Tiger und sehr selbständig«.

Inzwischen waren die Truppen Francos schon in die baskische Republik vorgedrungen, aber trotz französischer Blockade der Grenzen gelang es Esmond und Decca schließlich, mit einem Frachtschiff in die Hauptstadt Bilbao zu gelangen. Nach der stürmischen Überfahrt, auf der beide seekrank wurden, empfing der baskische Außenminister persönlich den Veteranen und seine bildschöne Verlobte im Hafen und schleppte sie als Erstes zum Boxkampf mit.

Decca kam alles unwirklich vor. Der Familie tatsächlich entkommen zu sein, in einem Hotel in Bilbao zu sitzen, die hungrigen Kinder auf der Straße, all die Flüchtlinge, die merkwürdige Ruhe in der Stadt. Selbst an der Front wirkte es still, als sie einmal hingefahren wurden. Decca bekam ein Gewehr in die Hand gedrückt, zum Ausprobieren. Der Schuss landete in einem Baum. Esmond machte seine Recherchen und Interviews, sie trottete hinterher.

Doch dann erreichte sie übers Konsulat ein Telegramm aus der Heimat. Der Absender: Anthony Eden, der Außenminister persönlich. »DRINGEND. MISS JESSICA MITFORD MUSS SOFORT ZURÜCK. SCHICKE ZERSTÖRER.«

Später, erzählt Philip Toynbee, kam es zur Anhörung im Unterhaus, die Opposition war empört, ein ganzes Kriegsschiff für eine ungezogene Göre aus adeligem Hause?! Den Zerstörer, so wurden die Kritiker beschwichtigt, habe man losgeschickt, um englische Staatsbürger und Flüchtlinge aus Spanien zu evakuieren, das junge Paar sollte nur mit einsteigen. Für Esmonds Freund Philip Toynbee aber blieb die Aktion aus dem Rückblick der 1950er Jahre »ein Ausdruck dieser wunderbaren Solidarität innerhalb der englischen Oberschicht, die sicherlich nicht länger mit derart dreistem Selbstbewusstsein zur Schau gestellt werden kann«.

In der Zwischenzeit nahm Esmond die Sache wieder in die eigene Hand und schickte im Namen des Konsuls ein Telegramm: »HABE JESSICA MITFORD GEFUNDEN. STOP. UNMÖGLICH ZUR RÜCKKEHR ZU BEWEGEN.«

Nachdem die beiden ein paar Tage lang mit anarchistischen Milizen im Hinterland herumgezogen waren, setzte der britische Konsul sie schließlich unter Druck: Wenn sie nicht einstiegen, würden die Briten den Basken ihre Unterstützung bei der Evakuierung von Flüchtlingen entziehen.

Da sie ihre Freunde nicht in Schwierigkeiten bringen wollten und ohnehin den Eindruck hatten, der Sache mit den Schlagzeilen der letzten Tage geschadet zu haben, gingen sie an Bord, allerdings mit dem Gefühl, erpresst worden zu sein.

Inzwischen hatte der Vater Decca unter staatliche Vormundschaft stellen lassen, offenbar eine Idee von Nancys Ehemann Peter Rodd. Jetzt konnten die Verliebten erst recht nicht heiraten, denn ohne die Zustimmung des Gerichts würden sie gegen Gesetze verstoßen und Esmond würde eine Gefängnisstrafe riskieren, wie der Anwalt der Familie ihm sehr deutlich erklärte. Was sie nicht zum Einlenken bewegte, im Gegenteil. Die beiden explodierten fast vor Wut. »Das hieß also: totaler Krieg.«

In Frankreich, im Hafen von St. Jean de Luz, wurden sie schon erwartet, von einer Horde Reporter sowie Nancy und ihrem Mann, die die verlorene Schwester zurückholen sollten. Dass gerade die beiden ihr jetzt in den Rücken fielen, war für Decca ein klarer Fall von Verrat. Hatte Peter Rodd nicht selber in den Bürgerkrieg ziehen wollen? War Nancy nicht auch vehement gegen Franco gewesen? Hatte die Älteste nicht immer wieder gegen die Regeln verstoßen, um der Freiheit willen? Dass Peter Rodd, der Trinker, der seine Frau am laufenden Band betrog und keinen Job länger als ein paar Wochen aushielt, ihnen eine Moralpredigt verpasste, war sowieso ein Witz. Allerdings nahm Nancy sich selbst die Rolle der großen strengen Schwester wohl nicht ganz ab. »Susan, komm zurück«, schrieb sie Decca kurz darauf. »Also, Susan, wenn irgendwas ist, vergiss nicht, dass es hier ein Gästezimmer gibt (4,10 Pfund/Bett).«

»Adelige Tochter brennt nach Spanien durch«, stand am 1. März auf der ersten Seite des *Daily Express*. Die Zeitungen überschlugen sich, wochenlang füllte das Paar die Schlagzeilen. Alle Zeitungen zogen nach, brachten »exklusive Fotos« und »exklusive Geschichten«. »Dass du durchgebrannt bist, hat für die größte Aufregung seit der Abdankung [dem Thronverzicht Edwards VIII. am 11. Dezember 1936] gesorgt«, schrieb ihr Cousine Rudbin. Nur die deutschen Zeitungen schwiegen, auf Befehl von ganz oben, »was nett von ihm war, oder?«, wie Unity Decca schrieb. Wobei – Nancy habe ihr erzählt, dass Esmond ganz versessen auf Publicity sei. Eine Anschuldigung, die das Paar wiederum auf die Palme brachte.

Peter Nevile, Esmonds und Deccas Londoner Gesandter, hatte Lord Redesdale eigentlich davon überzeugen wollen, selber einen Artikel zu lancieren, der erstens mehr den Tatsachen entsprochen hätte und zweitens einträglicher gewesen wäre. Die beiden Flüchtlinge brauchten nämlich dringend Geld. Empört hatte der »Nazi-Baron«, wie Esmond ihn nannte, abgelehnt, ließ aber kurz darauf Peter Rodd als sein Sprachrohr ein Interview geben. Decca sei aus reiner Abenteuerlust nach Spanien gegangen und als Cousin und Cousine hätten die beiden sicher nicht vor zu heiraten, war darin zu lesen. Von nun an fütterte Esmond über seinen »Agenten« Peter Nevile die Presse mit Gegeninformationen, für die er sich bezahlen ließ.

Immerhin, eine gute Nachricht erreichte sie in diesem ganzen Schlamassel: Esmonds Bruder Giles, der in der Zwischenzeit in den Spanischen Bürgerkrieg gezogen war, ging es gut, er lebte, arbeitete als Übersetzer im Dienst der Republik.

Decca war vor allem verliebt, total verliebt. »Er hat blaue Augen & sandfarbenes Haar, mehr oder weniger so wie meines«, schrieb sie ihrer kleinen Schwester Debo, die mehr über Deccas Liebsten wissen wollte. »Und er kann unheimlich gut Leute nachmachen, Winston Churchill zum Beispiel, & er spricht so gut Französisch, dass du ihn für einen Franzosen halten würdest.«

Mitfords in Aufregung

Esmond war das Gegenteil des Traum-Schwiegersohns. Statt des ersehnten Landedelmanns – ein Wunsch, den ihnen von allen Töchtern allein Debo erfüllen sollte –, bekamen die Redesdales einen Rüpel, der mit dem Landleben und seinen Vergnügungen so wenig anfangen konnte wie seine Braut. In vielen Schilderungen aus jungen Jahren kam er fast wie ein wildes Tier daher, schlampig und ungewaschen, ein zorniger junger Mann ohne Manieren.

Decca hatte ihre Schneekugel gesprengt und einen Schneesturm ausgelöst. Das ganze Haus war in Aufregung, eine Krisensitzung jagte die andere. Der Vater tobte vor Wut, die Mutter war zu Tode betrübt, Debo fühlte sich betrogen, Unity rannte mit den Neuigkeiten zu Hitler, der angesichts des Familiendramas auch ganz traurig war, aber – »er ist ein *Engel*« – Trost spendete. Tom, diplomatisch wie immer, trat als Vermittler auf; Diana tröstete die Mutter; Nanny Blor weinte sich die Augen aus und sorgte sich, weil Deccas Kleidung doch nicht zum Kämpfen taugte; Mutters Schwester Aunt Weenie, der Oberdrache unter den Tanten, meinte, Decca wäre besser tot; Onkel Jack wollte sie auspeitschen.

Die Einzige, die das Drama genießen konnte, war Mrs. Ham. Die Witwe kam, sooft sie nur konnte, und ließ sich von jedem Einzelnen seine Version der Geschichte erzählen.

Esmond erklärte die ganze Aufregung einfach für lächerlich: eine Pseudoerregung der Oberschicht, die gar nicht weiß, was wirkliche Probleme sind. Was ihn beschäftigte, das war der absehbare Fall der baskischen Republik, die immer verzweifeltere Lage in Spanien, Guernica, das in Grund und Boden gebombt wurde, die Flüchtlinge, die nach Südfrankreich strömten ... Für ihn verkörperten die Mitfords alles, was er an der englischen Oberschicht so hasste. Sie waren die Inkarnation des Klassenfeinds.

Decca dagegen hatte sich schon darauf gefreut, ihren Mann der Familie vorzustellen. »Ehrlich, ihr werdet Esmond *anbeten*, wenn ihr ihn erst kennt«, versprach sie der Mutter. Wieso sollte sie ihre Familie nicht mehr sehen, nur weil sie weggelaufen war? Schockiert begriff sie, dass Esmond, der die Schwestern in seiner Sturheit noch übertrumpfte, über die Familie nicht mal reden wollte. Geschweige denn sie treffen.

Das war der Beginn einer großen Feindschaft zwischen den Mitfords und Esmond Romilly. Der Hass beruhte auf Gegenseitigkeit und war genauso gewaltig wie Deccas Liebe zu ihm. Für die Familie war Esmond der Mann, der ihnen Tochter und Schwester weggenommen hatte.

Aus Debo brach der Hass noch siebzig Jahre später in einem Interview mit dem *Daily Telegraph* mit einer Vehemenz heraus, dass der Journalist ganz erschrocken war. »Ungewöhnlich giftig« habe sich die Siebenundachtzigjährige geäußert: »Ich konnte ihn nicht *ausstehen* ... Er war einer von den Menschen, die wie elektrisiert sind, da habe ich einige in meinem Leben erlebt. Aber er war auf schreckliche Weise elektrisiert. Alles schien so negativ. Er war unaufrichtig, ein Lügner, alles.« Seine Eifersucht auf die Schwestern und deren Nähe zueinander hielt Debo für die Ursache seiner Feindseligkeit.

Immerhin konnte Debo finanziell von der ganzen Sache profitieren. Denn der *Daily Express* hatte auf der Titelseite ein Foto von *ihr* zur Geschichte über die Ausreißerin Decca gebracht. Die angehende Debütantin klagte und gewann: 1000 Pfund »für die Beeinträchtigung ihrer Heiratschancen«. Für das Geld kaufte sie sich einen Pelzmantel.

Das wiederum fand Esmond gemein. Decca hatte doch den ganzen Ärger und die Arbeit des Ausreißens gehabt! 1000 Pfund, das war eine gewaltige Summe. Für eines ihrer Abendkleider – von denen sie jetzt eins nach dem anderen verkaufte beziehungsweise die Schwestern in ihrem Auftrag verkaufen ließ – erhielt Decca gerade mal zwei Pfund. Für Debo war es Schmerzensgeld. Deccas heimliche Flucht hat sie als Verrat erlebt. Dass *ihre* »Henne« einfach weggelaufen war, ohne sie einzuweihen, das empfand sie als einen Vertrauensbruch, den sie nie ganz verschmerzte. Es sollte lange dauern, bis die beiden sich wieder näherkamen, so richtig erst in den 1960er Jahren. Und selbst dann, als das Verhältnis wieder innig war, blieben sie stets auf der Hut.

Als Decca ihr Schweigen Jahrzehnte später noch einmal zu erklären versuchte – sie hätte die kleine Schwester damals nicht einweihen können, weil die es den Eltern weitererzählt hätte –, gab Debo ihr recht: Ja, sie hätte sie verraten. Verzeihen konnte sie Decca deswegen noch lange nicht. Decca war völlig baff, als sie in den 1970er Jahren von Debo erfuhr, wie verbittert die kleine Schwester über die heimliche Flucht gewesen sei. Decca war erstaunt, denn »soweit ich mich erinnere, haben wir uns damals doch gar nicht so super verstanden«. Unity sei diejenige gewesen, zu der sie, Decca, damals das enge Verhältnis gehabt habe.

Jetzt, im Frühjahr 1937, versuchten die Schwestern, noch einmal in die Kindheit zurückzukehren, erfanden in ihren Briefen immer phantasievollere Namen füreinander. »Lieber Henri Heine«, schrieb die eine der anderen – »Liebe Grüße von Stone (Henge)«, »Liebes Madrigal – Liebste Grüße von Scott Wallace«, »Liebe Hengist & Horsa – Alles Liebe von einer alten Ho Hon«, »Liebe Angelsächsin – Alles Liebe von der Plünderung Roms«. Vergebens. Egal, wie viel Mühe sie sich gaben, wie verrückt die Namen waren, ein Zurück in die Zeit der Unschuld gab es nicht mehr. Die Briefe wurden spärlicher.

Unity dagegen ließ sich von Esmonds Hass nicht stören, wie sie versicherte. Begegnet sind die beiden sich nie. Dabei hätte die feurige Nationalsozialistin ihn furchtbar gern kennengelernt. Sie, die Decca über den Trubel zu Hause auf dem Laufenden hielt und alles genau wissen wollte, fand es völlig in Ordnung, dass die beiden weggelaufen waren. (Interessanterweise waren es die Faschisten der Familie, die am ehesten Deccas Partei ergriffen, Unity, Diana und Tom, der Mann mit den zwei Gesichtern.) In einem Brief vom 11. April, der vor munteren Widersprüchen nur so strotzt, erklärte Unity ihrer Schwester, dass das doch gar kein Problem sei, politisch Feinde und persönlich Freunde zu sein. Nicht, dass sie das zur Regel machen wolle. »Es käme mir natürlich nicht in den Sinn, mich mit einem Haufen Kommunisten anzufreunden, wenn ich keinen Grund dafür hätte, und ich würde es auch nicht wollen.« Aber unter Verwandten sollte man doch eine Ausnahme machen.

Nachdem Lord Redesdale seiner Tochter einen wütenden Brief geschrieben hatte, in dem er sie wissen ließ, dass sie keinen Penny von ihm bekäme, solange sie mit Esmond zusammenbliebe, zog der Vater sich weitgehend aus der Angelegenheit zurück. Die Mutter dagegen, nicht bereit, ihr Kind zu verlieren, entwickelte sich zur Diplomatin und nahm die Dinge in die Hand – wie sie es eigentlich schon immer getan hatte und in den nächsten Jahren erst recht tun sollte.

Jetzt machte Lady Redesdale nicht den beiden Revoluzzern, sondern sich selbst schwere Vorwürfe. Nach Nancys gescheiterter Mission fuhr sie selber nach Frankreich, um die beiden zur Rückkehr zu bewegen. Unity wäre am liebsten mitgekommen, aber ließ es dann doch lieber bleiben: Sie sah ein, dass Esmond und seine Genossen über den Besuch der Hitlerfreundin alles andere als erfreut gewesen wären. Das Treffen mit der Mutter verlief freundlich, aber ohne Erfolg. Schon in ihren Briefen nach Hause hatte sich Decca entschuldigt, die Eltern angelogen und im Ungewissen gelassen zu haben, ein schlechtes Gewissen hatte sie schon. Aber es sei, so sagte sie, der einzige Weg gewesen zu entkommen. Und an diesem Weg hielt sie unbeirrt fest.

Das Paar brachte Lady Redesdale zum Zug, es regnete in Strömen, als Abschiedsgeschenk drückte sie den beiden ihren Regenschirm in die Hand. »Es war schrecklich, sie im Regen davongehen zu sehen«, erzählte sie Diana. Aber Decca habe glücklich gewirkt.

An ein Leben ihrer Tochter in wilder Ehe konnte Sydney sich allerdings »in tausend Jahren nicht« gewöhnen, »es scheint mir vollkommen falsch«. Sie überredete ihren Gatten, was nicht einfach war (»auch Tom setzte sich sehr ein«), sowie Esmonds Vater, ihre Erlaubnis zur Hochzeit zu geben. Mit ihrem Mann und Tom ging sie zum Richter, der sich als nett und verständig erwies, damit auch er grünes Licht für das Mündel gab. Debo wäre furchtbar gern zur Hochzeit mitgekommen, aber das verboten die Eltern ihr. Die Mutter ließ ihre jüngste Tochter allein nach Florenz vorfahren, sie selbst würde später von Frankreich aus nachkommen. Auf dem Rückweg schauten sie bei Hitler vorbei.

Von nun an sollte sich Lady Redesdale nur noch auf Zehenspitzen bewegen. Sie wollte Frieden. Politische Themen sparte sie aus, erzählte lieber, wie zauberhaft Venedig sei, wie hübsch die Pension, wie romantisch das Burgenland und was für gute Manieren Hitler habe. Dem Schwiegersohn schickte sie Socken und der Tochter die *Vogue*, über die Decca sich »schrecklich« freute. Auch finanziell unterstützte sie sie, zahlte jeden Monat zehn Pfund auf ihr Konto bei Drummonds ein. Und immer sehnte sie sich danach, von Decca Post zu bekommen, zu erfahren, was sie trieb, schickte ihr extra dickeres Briefpapier, damit sie die schlechte Handschrift besser lesen konnte.

Angesichts der Tatsache, dass es bei den Mitfords schon als unschicklich galt, als Mädchen allein mit einem Jungen ins Ballett zu gehen, war der Sturm erstaunlich schnell vorüber.

Mr. and Mrs. Romilly

In England stand das Ereignis des Jahres an: Nachdem sein Bruder Edward VIII. wegen Mrs. Wallis Simpson abgedankt hatte, wurde Albert, der Vater der heutigen Queen, am 12. Mai 1937 zum König George VI. gekrönt. Alle Mitfords nahmen in irgendeiner Form an den Feierlichkeiten teil, Unity kam extra aus München angereist. Nur Decca fehlte. Sie war froh, in Frankreich zu sein, ihr gingen schon die ganzen Zeitungsartikel auf die Nerven. Aber da sie als britische Bürgerin automatisch zur Feier ins Konsulat eingeladen wurde, gab sie sich mit Esmond große Mühe, dort so viel Champagner wie möglich zu trinken, wozu sie mit wachsender Begeisterung spanische Revolutionslieder sangen.

Eine Woche später, am 18. Mai, feierten Decca und Esmond Hochzeit. Das Einzige, was man mit der Upperclass machen kann, so würde der Bräutigam später seinem Freund Toynbee erklären, ist, in sie einzuheiraten. In Decca, erwiderte Toynbee, habe er allerdings die einzige Angehörige dieser Schicht gefunden, die sich als seine Ehefrau eigne. Selbst Debo, die ihren Schwager so nachhaltig hasste, war davon überzeugt, dass die Ehe der beiden gehalten hätte: »Sie passten perfekt zusammen.«

Die beiden Mütter waren die einzigen Hochzeitsgäste aus der Familie. Lady Redesdale hatte ihrer Tochter ein Seidenkleid von Harrods und frische Unterwäsche mitgebracht, am Morgen gingen sie schnell noch Mantel und Hut, Schuhe und Handschuhe kaufen. Nellie Romilly hatte ihrem Sohn einen Anzug besorgt, in dessen Knopfloch er sich eine rote Nelke steckte. Natürlich warteten die Paparazzi schon vor dem Konsulat.

Gerade mal drei Monate nachdem sie sich das erste Mal gesehen hatten, waren die beiden Mann und Frau – und werdende Eltern. Ja, Decca war »trächtig«, »in pig«, wie die Schwestern den Zustand aufgrund ihrer Meerschweinchenerfahrung nannten. Vom Vizekonsul wurde das Paar um zwölf Uhr mittags getraut, eine nüchterne Zeremonie in einem dunklen Raum, bei der die beiden Jugendlichen, sie neunzehn, er achtzehn, vor lauter Nervosität kicherten, während die Mütter, so Decca, eher guckten, als wenn sie auf einer Beerdigung wären. Ein Vertreter der baskischen Regierung war auch dabei, als Geschenk überreichte er eine Schachtel Pralinen mit dem baskischen Wappen drauf. Der *Daily Express* malte die Trauung unter der leicht enttäuschten Überschrift »Keine Küsse bei Jessicas Trauung« kitschig aus. Sie sah niedlich aus als junge Braut – wenn auch ziemlich erschöpft, wie ihre besorgte Mutter fand. Im Anschluss an die Zeremonie lud Lady Redesdale alle zum Mittagessen ein, zu dem das Brautpaar ein paar Bekannte hinzugebeten hatte. Es wurde dann doch noch ganz lustig.

»Sie sind offensichtlich sehr glücklich miteinander«, schrieb Lady Redesdale noch am selben Nachmittag an Debo, »und mir ist auch viel wohler ums Herz.« Am nächsten Tag reisten die Mütter wieder ab.

Ein paar Glückwünsche und Geschenke bekam das Brautpaar auch. Der größte Hit war das Grammophon von Debo und Unity, von der Mutter aus England angeschleppt, von Peter Nevile Platten dazu. Die größte Pleite war Dianas Präsent: Das musste Decca wieder zurückschicken, weil sie sich die 500 Francs Zoll für die Kette und die Ohrringe aus Perlen und Amethyst nicht leisten konnte. Aber vielleicht, fragte sie Diana, könne sie den Schmuck ja im Herbst bekommen, wenn sie wieder in England seien? Von Dianas Exmann Bryan Guinness und dessen neuer Frau erhielten sie Geld für einen Citroën, den sie sich kaufen wollten, von Pam und Tom, den beiden Pragmatikern, kamen Schecks, von Tello, der Geliebten des Großvaters, eine scheußliche Tasche mit Rosen drauf, von der Mutter eine »entzückende« Bürste mit ihren neuen Initialen, »JLR«, Jessica Lucy Romilly, außerdem »ein Rubin-und-Diamant-Ring, der *absolut* himmlisch ist, weshalb ich ununterbrochen meine Hände ansehen muss«.

Von Nanny Blor bekam Decca ein Pfund. Neben der Mutter war niemand so verzweifelt über die Flucht wie das Kindermädchen. »Was ich empfinde, kann ich nicht in Worte fassen«, schrieb sie im März 1937, »an meine liebste Decca.« »Bei Tag und bei Nacht sehne ich mich nur nach einem: dich wieder hierzuhaben.« So erschöpft war Nanny Blor von der Aufregung und der Sorge, dass Lady Redesdale sie in Ferien schickte. Die immer gewisser werdende Erkenntnis, dass ihr Liebling nicht zurückkehren würde, machte sie fast krank. Als junges Mädchen war Decca gegangen, als Mrs. Romilly und werdende Mutter kehrte sie zurück, in ein eigenes Leben an einem anderen Ort. Blors Briefe waren ein einziges Hin und Her von Gefühl und Vernunft. Sie wäre so glücklich, wenn Decca zurückkehren würde! Aber wenn sie mit Esmond happy sei, dann sei das sicher richtig.

Nannys ganze Sorge und Liebe strömte jetzt in die Kleidung, die sie ihrem Liebling änderte, nähte und schickte. Es war das Einzige, was sie für sie tun konnte. Das blaue Leinenkleid, ist es angekommen? Sie hatte alles vorbereitet, soweit es nur ohne Anprobe ging, am liebsten wäre sie ja nach Frankreich zum Anpassen gereist, so aber musste das Kind die letzten Stiche selber machen, sogar Nadel und Faden hatte sie mitgeschickt. »Wenn es irgendetwas gibt, das ich für dich tun kann, Liebes, bin ich überglücklich.« Sie war traurig, dass sie bei der Hochzeit nicht dabei sein konnte, wie sie es sich immer ausgemalt hatte, und weil es wegen des Zolls mit Geschenken schwierig war, schickte sie ihr eben ein Pfund, damit sie sich selber was kaufte. Denn das könne sie genauso wenig: »dich ohne ein Geschenk von mir heiraten lassen«.

Und dann durfte sie die junge Ehefrau tatsächlich besuchen, gemeinsam mit Debo in Dieppe, zwei Tage, mehr nicht, und auch nur, weil Esmond gerade wegen seines Buchs in London war. Kaum war sie zurück, sehnte das Kindermädchen schon den Herbst herbei, wenn das junge Paar nach England zurückkehren würde.

Auch später, als Decca und Esmond in London wohnten, durfte Nanny sie zusammen mit Debo besuchen, brachte frische Unterwäsche und gestopfte Socken mit, lobte Decca für das Mittagessen, das sie gekocht hatte, und hörte nicht auf, sich Sorgen zu machen. Den ganzen langen Heimweg über, mit dem Zug zurück nach High Wycombe, so stöhnte Debo hinterher, habe Blor geseufzt und nur ein Thema gehabt: Wenn sie Decca doch nur einen Zettel hingelegt hätte, dass sie dran denkt, die Schuhe abzuholen! Gleich am nächsten Morgen schrieb Nanny Blor Decca einen Dankesbrief, der mit einem PS endete: »Leg die Unterhosen in ihre Schublade.« Als Decca die Briefe Anfang der 1960er Jahre noch einmal las – irgendjemand hatte sie wohl aus ihrer Londoner Wohnung gerettet –, lachte sie sich kaputt. Für sie waren sie ein großer Jux.

Fast ein bisschen pikiert notierte sie damals auch, wie zügig die Familie nach der Hochzeit wieder zur Tagesordnung übergegangen war. Zumindest sah es so aus. Mutter und Debo genossen ihr Sightseeing in Italien, machten Zwischenstopp bei den Almásys im Burgenland, besuchten Unity in München und tranken Tee mit dem »Führer«. Ganz entspannt sei es mit ihm gewesen, wie die Mutter Decca arglos berichtete, er habe sich auch besorgt nach »Little D«, wie Lady Redesdale sie nannte, erkundigt. Übers Brotbacken plauderten sie und über den »Anschluss«.

Unity berichtete Decca, was ihre deutschen Freunde zu den Eskapaden »der lustigen Kommunistin«, wie sie in Nazi-Kreisen genannt wurde, sagten. »Aber die Decca war doch so nett!«, meinte Kukuli von Arent, die Frau des Reichsbühnenbildners Benno von Arent immer wieder. Auch »Frau Doktor« (Magda Goebbels) habe »so einen lieben Brief« geschrieben. Begeistert erzählte Unity von ihren jüngsten Treffen mit dem »Führer«, wie sie stundenlang in der Reichskanzlei geplaudert hätten, in die Oper gegangen seien (zur Abwechslung nicht Wagner, sondern Verdi: *Aida*).

Und wie sie mit ihrem neuen kleinen Cabrio von Berlin nach Ostende gedüst sei, 450 Meilen an einem einzigen Tag, das habe noch nicht mal der Vater geschafft, mit einem Abstecher nach Hameln, wegen des Rattenfängers – Decca erinnere sich doch bestimmt noch an die Geschichte?

Mit Nancy hatte sich Decca bald wieder versöhnt, mit ein paar Monaten Verspätung schickte die große Schwester ein Hochzeitsgeschenk: ein Diamantring, den könne sie in Notzeiten auch verpfänden, dazu Dorothy Sayers' jüngsten Krimi.

Debo war jetzt plötzlich allein zu Hause, alle anderen waren verheiratet, Unity die meiste Zeit in Deutschland. Nachdem sie schon ihr geliebtes Swinbrook verloren hatte und die Weltreise abgeblasen worden war, hatte die Jüngste jetzt daheim keine Verbündeten mehr. Aber sich in die Ecke zu hocken und Trübsal zu blasen, dazu war sie nicht der Typ. Debos *coming out* wurde wegen des Skandals zwar um ein Jahr verschoben, doch zum Trost bekam sie zum siebzehnten Geburtstag den Führerschein und ein (gebrauchtes) Auto geschenkt.

Noch vor ihrem offiziellen *coming out* tanzte Debo sich in diesem Sommer 1937 durch ganz London, im nächsten auch, ging heute zum Ball beim amerikanischen Botschafter Kennedy und morgen zum Pferderennen in Ascot, mittags hier zum Lunch, nachmittags dort zum Tea, abends war sie mit den Eltern bei einem Ball, auf dem auch King und Queen zu Gast waren. Und zwischendurch Forellenfischen im Windrush. Wenn er sie sehe, beruhigte Tom Decca, sei Debo immer »in übermütiger Stimmung«. Er selbst war inzwischen Soldat geworden, hatte sich freiwillig zur Landwehr gemeldet. Zu seiner und aller großen Überraschung fühlte sich der musische Mann dort so wohl, dass er bald auf die Militärakademie in Sandhurst wechselte.

Frankreich

Nach der Hochzeit verbrachte das Brautpaar Romilly seine Flitterwochen in Paris, besser gesagt seine Flittertage, mehr konnten sie sich nicht leisten, aber die kosteten sie aus. Hinterher erholten sie sich in Dieppe, im Haus von Esmonds Mutter, erschöpft von den Aufregungen der letzten Monate.

Um für Decca ein Visum für Spanien zu bekommen, hatte Esmond sie als seine Sekretärin ausgegeben. So weit von der Wahrheit war das gar nicht entfernt, ihre Rollenverteilung war traditionell: er der Macher, sie die Frau an seiner Seite. Er schrieb sein zweites Buch, sie bekam ihr erstes Kind. Nach Feierabend fuhren sie gemeinsam ans Meer, gingen abends auf die Kirmes, wo Esmond am Schießstand eine Flasche Champagner gewann, diskutierten in Cafés mit Freunden und Fremden.

Im südfranzösischen Bayonne suchte sich Esmond einen Job, der zumindest Unterkunft und Verpflegung abdeckte. Als Kriegsreporter konnte er ja nicht, wie geplant, arbeiten, da Decca kein Visum bekam, eine Situation, die ihr Schuldgefühle bereitete. Ohne wirklich Spanisch zu können, vereinbarte er mit der Nachrichtenagentur Reuters, aus den spanischen Radiomeldungen von beiden Seiten der Front Bulletins zu verfassen.

Im Hôtel des Basques in Bayonne, in dem viele Flüchtlinge untergekommen waren, schrieb er weiter wie wild an dem Buch über seine Erfahrungen im Spanischen Bürgerkrieg. Ein paar Monate später war es fertig, noch 1937 kam es, wieder bei Hamish Hamilton, heraus: gekämpft, geschrieben und veröffentlicht, alles zusammen in weniger als einem Jahr. *Boadilla* liest sich noch heute frisch und lebendig, selbst Diana war fasziniert, als sie Esmonds Buch kurz nach Erscheinen las. »Danach stand ich ungefähr drei Tage auf der Seite der Regierung«, schrieb sie Unity. »Er kann eine Geschichte sehr gut erzählen.« Esmond besaß Sinn für Dramatik, seine Prosa war szenisch, hatte mit den vielen Dialogen fast etwas Filmisches. Manchmal fragt man sich, wie er all die Gespräche so minutiös im Kopf behalten konnte, wo er sich doch kaum Notizen gemacht hatte. Aber Gedächtnislücken waren für ihn kein Problem. Er hatte ja Phantasie.

Und Humor. Esmond wusste um die Bedeutung des Komischen in der Tragödie. Sich selbst porträtierte er als leicht schusseligen Antihelden, der dauernd was verliert (nur die Decke hält er fest, die spanischen Nächte sind kalt), ein Abenteurer, der noch im Schützengraben Wein trinkt und Poker spielt und zwischen den Gefechten in Madrid ins Bordell geht. Auf dem Schiff wird er seekrank, im Zug kriegt er Durchfall, im Lastwagen, auf dem Weg nach Madrid, muss er sich übergeben. Aber was ihm an körperlicher Robustheit fehlt, macht er mit seinen Einfällen wett. Er ist pfiffig genug, sich zu helfen. Nachdem er beim Fahrradfahren einen Großteil seines Gepäcks und Geldes verloren hat, checkt er in Marseille in einer katholischen Unterkunft ein, die ihn nichts kostet. Immerhin, abgesehen von seiner Zahnbürste hatte er ja noch ein paar Bücher und Hemden.

Am Ende von *Boadilla* geht Esmond in seiner Selbststilisierung als Antiheld so weit, dass er die Engländer, die inzwischen in Scharen gekommen sind und eine eigene Kompanie gebildet haben, »die wahren Helden des spanischen Kampfes« nennt. »Aber ich war nicht dabei. Stattdessen heiratete ich und lebte glücklich.« Dass er noch vor der Begegnung mit seiner Frau beschlossen hatte, nicht mehr als Soldat zurückzukehren, unterschlägt er. Decca aber dürfte er damit ein noch schlechteres Gewissen gemacht haben.

Das Überraschendste an *Boadilla* ist: wie unpolitisch, wie persönlich das Buch daherkommt. Spannend und aus der Nahsicht schildert Esmond die drei Monate in Spanien. Er wolle seine Kameraden nicht romantisieren, kündigt er an, tut es dann aber natürlich doch. Doch er spart den Dreck, die Schwächen und Niederlagen, das Chaos nicht aus, das ist es, was das Buch so komisch, so menschlich und am Ende so ergreifend macht.

Die Zeit, die Esmond schildert, gehörte noch in die »heroische Periode« des Spanischen Bürgerkriegs, wie Hugh Thomas, der Herausgeber der 1971 erschienenen Neuausgabe sie nennt, also jene Zeit, in der Franco die Übermacht noch nicht gewonnen und die ideologische Zersplitterung die republikanischen Kämpfer noch nicht zermürbt hat. Später, so hat George Orwell es erlebt und beschrieben, übernahmen die Kommunisten quasi die Diktatur, gingen die Stalinisten brutal gegen die eigenen Leute vor.

Am Anfang seines Buches beschwört Esmond das Gute und Aufrechte seiner Nation, gibt sich überraschend patriotisch, ja, pathetisch: »Die Männer, die in Boadilla starben, standen für den Wunsch fast jedes Engländers, dass am Ende Freiheit und Gerechtigkeit obsiegen.«

Am Schluss ihrer Zeit auf dem Kontinent fuhren die Romillys noch mal durch Frankreich, mit dem Zelt und dem Auto eines Freundes, auf das sie eigentlich aufpassen sollten. Stattdessen gossen sie billiges Öl in den Wagen und ließen ihn fahruntüchtig am Straßenrand liegen. Ihre Reise endete, wo sie ein halbes Jahr zuvor begonnen hatte, in Dieppe.

Decca, 1922

Unity und Decca
(rechts) in Asthall,
1922

Familie Mitford, ca. 1922. Hinten (v. l. n. r.): Nancy und Tom; Mitte: Diana und Pam;
unten: Unity, Decca, Debo, eingerahmt von Lady und Lord Redesdale

Von links nach rechts:
Nancy und Diana
(vorn), Unity und
Decca (hinten), 1932

Familie Mitford und ihre Menagerie vor Swinbrook House, 1934/35

Debo und Nanny Blor
(Laura Dicks) in Swinbrook

Die Schwestern, 1935. V. l. n. r.: Decca, Nancy, Diana, Unity und Pam

Die widerstrebende siebzehnjährige Debütantin Decca anlässlich ihrer Präsentation bei Hofe, 1935

Nancy und Peter Rodd bei ihrer Hochzeit im Dezember 1933

Oswald Mosley bei einem Aufmarsch der British Union of Fascists in London, 1936

Tom und Diana auf dem Reichsparteitag der NSDAP, 1936

Unity und Diana mit ihren »Freunden«, ca. 1937

Unity und Hitler bei den Wagners im Haus Wahnfried
in Bayreuth, 1936

Die Mitfords und die Churchills, ca. 1924. Hinten (v.l.n.r.): Diana Mitford, Diana Churchill, Lady Redesdale, Pam, Tom; vorne: Randolph Churchill, Debo, Unity, Decca, Sarah Churchill

Esmond und Giles Romilly: Autorenfoto zum Erscheinen ihres Buchs *Out of Bounds*, 1935

ily Express

HER: GALES; COLD.

RADIO PROGRAMMES: PAGE 23.

4D EACH

ROYAL SOVEREIGN

MONDAY, MARCH 1, 1937

ONE PENNY

PENCILS MAKE WRITING EASIER

Too Rough To Berth

CLACTON life-boat return-ing from assisting barge in distress had to stand by pier, tossing in rough seas, for several hours . . . Coxswain hands message to coast-guard on pier as boat swings up.

ACCUSES
SENGER

WELLS
in cabin.

PEER'S DAUGHTER 'ELOPES' TO SPAIN

Daily Express Staff Reporter

SCOTLAND-YARD and the Foreign Office are searching for the Hon. Deborah Vivien Freeman-Mitford, seventeen-year-old daughter of Lord and Lady Redesdale, who is believed to have gone to Spain in an attempt to marry her eighteen-year-old cousin, Esmond Romilly, nephew of Mr. Churchill.

Romilly, recently fighting on the Madrid barricades in the International Column, is believed to be making for Bilbao, Government stronghold now cut off by insurgent troops.

Miss Mitford was believed by her parents to be staying in Dieppe, where Colonel and Mrs. Romilly have a house. Last week a messenger brought them a letter dated from Bayonne, on the Franco-Spanish border, stating she might attempt to marry Romilly in Spain.

Lord Redesdale made every possible attempt to intercept his daughter and bring her home. His solicitors sought the aid of Scotland-yard, the Foreign Office, the Consular Service, and the Spanish Embassy.

It was found the girl had not visited Colonel or Mrs. Romilly. They did not know she had fled from Dieppe.

The first trace of her was found in Bor-deaux, where she apparently stayed during her flight to Spain. Then she made a brief halt in Bayonne, last large town before the Spanish border. There she wrote the letter to her mother.

Miss Mitford has a British pass-port. It should not be difficult for her to pass the French and Span-ish frontier guards and through the insurgent and Government lines into Spain.

"If I knew where my daughter was," Lord Redesdale said last night, "I would go to Spain at once or get somebody else to go and bring her home. We think she may be in Bilbao."

All British Consular posts in Spain and near the border have been given a description of the girl. Spanish Embassy officials have advised Lord Redesdale they will do all they can to trace her.

Miss Mitford's family fear the couple may attempt to make a Communist marriage. Such a ceremony would need no previous

➤ PAGE TWO, COLUMN ONE

The Hon. Deborah Freeman-Mitford (left), aged 17, who is believed to have "eloped" to Spain to marry her cousin, Esmond Romilly. With her, in this picture, is her sister Jessica.

Italy Arms Anew

Daily Express Correspondent
ROME, Sunday.

MUSSOLINI has drafted a far-reaching programme to keep Italy ahead in the world arms race, it was revealed tonight.

The programme is de-signed primarily to assure Italian dominance in the air, but it will also take into consideration "requirements"

LATEST NEWS

Final Tests: Third Day

AUSTRALIA ALL OUT

Australia had out declare at the slaughter score of 553 for nine, as generally expected, when the fresh match was re-sumed at Melbourne today.

McCormick (0) and Flect-wood-Smith (6) were the bats-men not dismissed. Smith was soon bowled by Farnes for the addition of 11 runs, and the side was out for 604.

Full Tests scores and story.—Page Twenty-two.

Telephone: Central 8000

of the Mediterranean naval situation."

The cost is reported to be the largest ever undertaken by Fas-cist Italy. It is possible that the World Exhibition due to be held in Italy in 1941 may have to be called off in consequence.

The programme will be presented by Mussolini tomorrow night to the Fascist Grand Council, convened to "consider the military situation and its requirements."

Theatre Loses The King Of Melodrama

Mr. Walter Melville, owner with his brother Frederick of the Lyceum and Princes Theatres, died at his Hove home last night after a long illness, aged sixty-two.

He wrote many of the melodramas; the first was "The Worst Woman in London." He was part-author of this year's Lyceum pantomime.

He had been twice married.

(See Page Seven).

Police Guard Mystery Warplane

Daily Express Staff Reporter
MAIDSTONE, Sunday.

POLICE and Customs officials are tonight guarding a silver and red ex-R.A.F. fighting air-plane housed in a privately rented hangar at lonely West Malling Airport, six miles from here.

The guard was mounted fol-lowing a police visit to the air-port, when officers disabled the airplane by removing the pro-peller and certain engine parts. Before their visit the tanks of the machine were full and she was ready to fly.

NAZI CAMP RIDDLE

Daily Express Correspondent
BERLIN, Sunday.

This year I have done up a part of an historical house, used as a country residence by Charles II in a backwater of Hammersmith. The interior part that I was responsible for consisted of a large room and a strong dull Gener-at . . . had . . . room and fi . . . paper. . . . . . moved white walls sound and through . . . White Lead Paint . . . Visitors were . . . to the vast difference made . . . the . . . corridor. the woodwork consists of carving, fluted colu . . . a wonder-ful lintelpi . . . the charm of . . . job. The exterior of this . . . is being done next

Titelseite des *Daily Express* vom 1. März 1937, nachdem Decca weggelaufen war, um im Spanischen Bürgerkrieg zu kämpfen. Allerdings bringt die Zeitung die Schwestern durcheinander: Deborah sei weggelaufen, heißt es.

Das junge Paar: Decca und Esmond im Hôtel des Basques, Bayonne, April 1937

Die verwaisten Eltern: Decca und Esmond am Strand von Korsika nach dem Tod ihrer Tochter Julia, 1938

Beste Freunde: Die Romillys und Philip Toynbee, ca. 1938

Er schreibt, sie guckt zu.

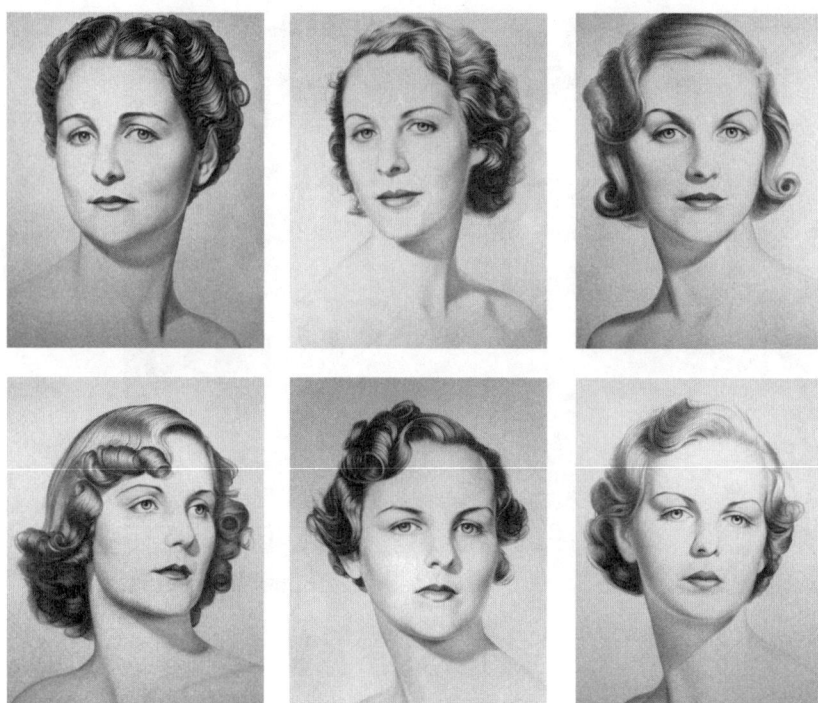

Die Schwestern, gezeichnet von William Acton 1937/38.
Jeweils v. l. n. r.: Nancy, Pam, Diana, Unity, Decca, Debo

Esmond hatte einen Plan, ein todsicheres System, wie sie ihre Geldsorgen loswerden könnten. Damit verspielte er in einer einzigen Nacht ihr ganzes Vermögen, alles, was sie mühsam zusammengetragen, gespart, zur Hochzeit geschenkt bekommen hatten. Es war nicht das erste und nicht das letzte Mal. Decca wusste, dass ihr Mann ein Spieler war. Sonst wäre sie auch nicht hier mit ihm, wenn er nicht was wagen, das Risiko lieben würde. Seine Großmutter, seine Mutter, sein Onkel, alle waren sie im Casino Stammgast. Roulette durften Esmond und Decca als Minderjährige nicht spielen, aber Boule, ein ganz ähnliches Glücksspiel, war erlaubt. Mit leuchtenden Augen erzählte Esmond seiner Frau von dem Spiel, glücklich, mit dem »Ausdruck eines Kindes, das zum ersten Mal in den Zirkus darf, oder einer Mutter, der man ihr Neugeborenes zeigt. Es war ein weicher, strahlender Gesichtsausdruck, voller Aufregung und Zukunftsversprechen – ich sollte ihn in den nächsten Jahren gut kennenlernen.«

So wie sie in ihrer Autobiographie von seinen Wetten, seinem Glücksspiel und anderen Eskapaden erzählt, ist auch diese nur eine lustige Geschichte unter vielen, nichts, was sie ins Unglück hätte stürzen können. Deccas Vertrauen war grenzenlos: Alles, was Esmond anpackte, war richtig. Am Ende würde schon alles gut.

Und das wurde es auch. Esmond war ein Stehaufmännchen, das Leben ein Abenteuer, und jetzt lief ihnen das Glück buchstäblich über den Weg. Ausgerechnet in dieser Nacht, in der sie alles verloren hatten, als sie im Café saßen und nicht wussten, wovon sie ihren Wein bezahlen sollten, spazierte ein Londoner Bekannter herein, Roger Roughton, ein Mitstreiter aus *Out of Bounds*-Tagen, inzwischen Kommunist und Dichter. Gerade hatte er im Londoner East End ein Haus gemietet, das ohnehin zu groß für ihn war. Ob sie nicht mit ihm in die Speicherstadt ziehen wollten? Das wäre doch der ideale Platz, fand Esmond, um dort eine private Spielhölle zu betreiben. Am nächsten Tag machten sie sich auf den Weg. Das Geld für die Überfahrt lieh Roughton ihnen.

Im Herbst 1937 kehrte das Paar nach London zurück. Knapp anderthalb Jahre würden sie dort leben, inklusive eines dreimonatigen Abstechers nach Korsika. Es war die längste Zeit, die Esmond und Decca je zusammen an einem Ort verbrachten.

London, 41 Rotherhithe Street

»Wir haben ein Haus mit Blick auf den Fluss, es ist himmlisch«: So wie Decca ihrer Schwester Diana ihr neues Zuhause beschreibt, könnten sie auch in ein Cottage am River Windrush gezogen sein. Dabei lebte das Paar in einer düsteren Hafengegend am südlichen Ufer der Themse. Von Mayfair und Kensington aus betrachtet, in den Slums.

Die Miete war lächerlich, der Ausblick gigantisch. Vom Wohnzimmer aus, das sich durch die ganze Tiefe des alten Lagerhauses erstreckte, konnten sie St. Paul's Cathedral und die Tower Bridge sehen, den Schiffen beim Ein- und Ausfahren zugucken. Schon die *Mayflower* war von hier aus nach Amerika gestartet. Unter die Seeleute und Arbeiter in diesem Viertel mischten sich jetzt die ersten Bohemiens.

Vier Stockwerke war das schmale Haus hoch, im Erdgeschoss lagen Esszimmer und Küche der Wohngemeinschaft, im ersten Stock das Wohnzimmer, ihr Freund Roger Roughton belegte den zweiten Stock, in dem es außerdem Gästezimmer gab, die oberste Etage hatten die Romillys für sich.

Noch nie, so Philip Toynbee, habe er Esmond so glücklich erlebt wie bei seinem ersten Besuch im East End. Decca lag schon im Bett, als er kam, die halbe Nacht redeten die Freunde miteinander. Als Esmond schließlich schlafen ging, hörte Toynbee die Unbekannte sanft »zwitschern« mit ihrem Mann. Den ganzen nächsten Tag saßen sie zu dritt am Wohnzimmerfenster, guckten den Schiffen zu, das Paar ließ sich von Toynbee lustige Geschichten aus seinem Partei- und Liebesleben erzählen. Gierige Zuhörer waren alle beide.

41 Rotherhithe Street – die Adresse als Formel fürs Glück: »Rather high«, »ziemlich high«, versteht die kalifornische Sekretärin, die Jahrzehnte später ein Interview mit Decca abtippt, in dem diese von Rotherhithe erzählt. Hier zu wohnen war mehr als eine günstige Gelegenheit, es war ein Manifest. Für Decca war das Leben mit Esmond im Arbeiterviertel ein »herrliche[r] Kontrast« zur früheren Enge und »öden Existenz« im herrschaftlichen Elternhaus. Manchmal träumte sie nachts von den Gouvernanten, die ihr beim Zeichenunterricht in den Nacken pusteten, von Spaziergängen übers Land bei strömendem Regen. Davon, wie farblose

Jünglinge sie durch Ballsäle schoben. Wenn sie aufwachte aus diesen Albträumen, atmete sie auf.

Nur selten fuhren sie in alte Londoner Gefilde. Lieber luden sie Freunde und Bekannnte zur Bottle Party ein, Bohemiens, kommunistische Parteifunktionäre, Aktivisten, Werbeleute, Journalisten, ein paar Debütantinnen sogar, die Esmond hergelockt hatte, auf dass sie in Toynbees Gästebett ihre Unschuld verlören – auch dies ein Weg, die Oberschicht zu unterwandern. Ihre Brüder kamen oft vorbei: Giles Romilly, heil aus Spanien zurück, lebte auf der anderen Seite der Themse und arbeitete als Journalist, Tom war der einzige Mitford, mit dem Esmond sich verstand. Er wurde zu den Partys eingeladen, stundenlang unterhielten sie sich, auch über Politik. Tom bewunderte offenbar Esmonds Kampfgeist, mit den Romillys redete der Jurist – ganz das Chamäleon, als das er oft beschrieben wird – als Linker. Mit den Mosleys als Faschist. Wie Esmond war Tom bei der legendären Olympia-Versammlung gewesen, nur auf der anderen Seite, den Arm zum faschistischen Gruß erhoben. Aber das erzählte er hier nicht. Deccas Bruder war offen und diskutierfreudig, ihm ging der Snobismus, den viele Edel-Internatsschüler vor sich hertrugen, ab.

Auch jetzt, da sie ein richtiges Zuhause hatten, blieb die Rollenverteilung traditionell. Esmond hatte eine Meinung, Decca war ganz auf seiner Seite. Die meisten Freunde, die sie besuchten, waren *seine* Gefährten. Freundschaften, die die Übersiedlung nach Amerika überdauerten, schloss Decca nicht in dieser Zeit, abgesehen von Philip Toynbee. Esmond und seine Welt waren ihr genug. »Boot« war Deccas Kosename für ihren Mann, sich selbst nannte sie »Slipper«.

Voller Elan stürzte sie sich in die Aufgaben der Hausfrau. Und gab ebenso schnell wieder auf. Putzen, Spülen, Waschen, Kochen, sie kapierte einfach nicht, wie man das macht. Zu Hause hatte sie nur ihr Nachthemd ordentlich aufhängen müssen, und nicht mal das hatte sie geschafft. Roger konnte das doch alles viel besser, also überließ sie dem WG-Mitbewohner das Feld. Und warum kochen, wenn man billig und bequem Fish and Chips von der Bude gegenüber holen konnte.

Im Oktober 1937, Esmond war gerade neunzehn Jahre alt, kam *Boadilla* heraus. Der erhoffte Erfolg blieb aus, die Leute waren ein bisschen spanienmüde, es gab schon so viel zu lesen zum Thema. Außerdem beschäftigte die Briten jetzt ein anderer Krieg: Sie fürchteten sich vor dem drohenden Zweiten Weltkrieg. Wo der Erste ihnen noch in den Knochen steckte.

Also fing Esmond als Texter bei einer Werbeagentur an, die Woche verdiente er fünf Pfund. Sein größter Erfolg: Spots für das Hundekraftfutter »Bob Martin's Dog-Plus Condition Powders«, die jede Woche auf Radio Luxemburg liefen. Zusammen mit Toynbee dachte er sich kleine Zwei-Hunde-Dramen aus, in denen Esmond meist den kläffenden Straßenköter gab – »Grrr! Was gibt's, Kumpel?« –, den Toynbee als snobistische Dänische Dogge mit Upperclass-Akzent zu verscheuchen versuchte. Der Köter war natürlich klarer Gewinner: weil er »Bob Martin's Dog-Plus Condition Powder« bekam.

Decca fing als »Marktforscherin« bei derselben Agentur an, für 2,10 Pfund die Woche. Mit ihren Kolleginnen – es waren nur Frauen – reiste sie in den Norden des Landes, um Hausfrauen nach ihren Gewohnheiten und Vorlieben zu befragen. Für Decca waren die Exkursionen in Sachen Cornflakes-, Fußbodenreiniger- und Deo-Reklame ein Schock, ihre erste nähere Begegnung mit der Arbeiterklasse. Die meisten Kolleginnen waren älter als sie, zwischen fünfundzwanzig und fünfundvierzig, eine ziemlich bunte, raue Mischung. Um Spesen zu sparen, quetschten sie sich zu möglichst vielen ins Hotelzimmer. Die anderen waren nett zu ihr, dem Baby der Truppe, das die oft zynischen Frauen »wie ein komisches kleines Maskottchen« behandelten. Außerdem lernte sie was von England kennen – und freute sich wahnsinnig über das erste selbst verdiente Geld. Aber jedes Mal war sie heilfroh, wieder nach Hause zu kommen.

Das junge Paar lebte so sparsam wie möglich. Esmond träumte davon, einen Nachtclub oder eine Milchbar zu eröffnen, dazu brauchte er Kapital. Also trug er am Freitagabend ihrer beider Wochenlohn zur Hunderennbahn, jede Woche wieder, voller kindlicher Vorfreude, die schnell in Enttäuschung umschlug. Oft hatten sie am Ende nicht mal mehr Geld für den Bus, mussten zu Fuß nach Hause laufen. Manchmal wandelte sich das Haus in der Rotherhithe Street in ein Casino, dann wurde Boule gespielt, mit Esmond als Croupier. Bryan Guinness, Dianas gutherziger, großzügiger Exmann, kam mit seiner neuen Frau vorbei, entschlossen, dem klammen Paar Gutes zu tun. Nur: Statt wie geplant zu verlieren, verfolgte den

Millionär das Glück. Erst nach Stunden gelang es ihm, wenigstens einen Teil des Gewinns wieder loszuwerden. Guinness mochte seine Schwägerin. Und sosehr Esmond sonst gegen die Mitfords & Co. eingestellt war, zu Bryan fuhren sie sogar für ein paar Tage aufs Land.

Philip Toynbee

Philip Toynbee war ihr Dauergast. Seine anfängliche Sorge, Decca könnte sich zwischen Esmond und ihn stellen, verflog bei der ersten Begegnung. Lächelnd, ganz lässig im Morgenmantel, kam ihm die Schwangere entgegen. »Sie zog nichts von ihm ab, sondern verstärkte nur, was bereits da war, und fügte ihre eigenen heiteren Farben hinzu.« Selbst den Schock über ihren Mitford'schen Upperclass-Tonfall – »ein eigenartig rhythmischer Singsang, der grotesk affektiert geklungen hätte, wäre er nicht auf noch groteskere Weise natürlich gewesen« – überwand er schnell. Offen und, auf ihre sehr spezielle Weise, natürlich: So empfand er Esmond und Decca.

Oft blieb er über Nacht, manchmal auch zwei oder drei, verbrachte sogar seine Ferien bei ihnen, um an seinem neuen Roman zu arbeiten, las den Freunden daraus vor, hörte sich ihre Kommentare an. Einmal, nach einer Kneipentour, prügelten die Männer sich im Spaß, der zu wüstem Ernst wurde. Als Philip Esmond zu besiegen drohte, fing dieser an, den Freund an den Haaren zu ziehen und ihn in den Arm zu beißen, bis Toynbee irgendwann zu weinen begann. Das konnten die Romillys überhaupt nicht verstehen. Die Schlägerei wurde zum Running Gag zwischen ihnen: Während Toynbee sich über ihre mangelnde Sensibilität lustig machte, mokierten sie sich über seine Gefühligkeit. »Es war nicht unsere *Ähnlichkeit*, die uns zu Freunden gemacht hatte«, stellt Toynbee trocken fest.

Der tolpatschige Intellektuelle war ein begabter Erzähler voller Witz, in seinen Geschichten machte er sich meist selbst zum Clown. Toynbee strotzte nur so vor Energie, flitzte hin und her zwischen diversen Freundinnen und Verlobten, der Uni, den Debütantinnenbällen, der Kommunistischen Partei Oxfords und der Rotherhithe Street, in die er einige seiner One-Night-Stands abschleppte.

Natürlich diskutierten sie auch über Politik, in ihrem Antifaschismus waren sie sich einig. Die Ideen der Kommunisten mochten den Romillys sympathisch sein, ihr straffes Parteiregiment aber behagte ihnen nicht. Die Kommmunistische Partei, deren Mitglied Toynbee damals war, erschien ihnen zu autoritär und sektiererisch, zu stark von großbürgerlichen Intellektuellen geprägt. Also wurden sie Mitglied der lokalen Labour-Partei. Der Ortsverein von Bermondsey, in dem vor allem die Hafenarbeiter der Gegend organisiert waren, war progressiv *und* bodenständig. Sie gingen zu Gewerkschafts- und Parteiversammlungen, sammelten Spenden für die spanische Republik und jüdische Flüchtlinge, am 1. Mai wurde fröhlich demonstriert. Arm in Arm mit Toynbee marschierten sie zum Hyde Park und schmetterten all die Lieder, die der Freund ihnen beigebracht hatte: »Kommunistische Gesänge, kommunistische Parodien auf traditionelle Lieder und Parodien auf die Parodien.«

Toynbee war zugleich ihr Verbindungsglied zum feindlichen gesellschaftlichen Lager, versorgte sie mit Klatsch über die Upperclass im Allgemeinen und die Mitfords im Besonderen. Einmal wurde er bei einem Dinner sogar zwischen Unity und Diana gesetzt. Es mache ihnen nichts aus, mit ihm zu reden, erklärte Unity ihm: »Weil wir schließlich auf der Gewinnerseite sind.« 1938 ging Toynbee auch auf Debos Coming-out-Ball, was diese, bei seinem Ruf als Trunkenbold, ziemlich nervös machte.

Als die Romillys ihrerseits Toynbee in Oxford besuchten, war er derjenige, der nervös wurde, fürchtete er doch den Clash zwischen den Gelehrten und dem wilden Schulverweigerer Esmond. Stattdessen waren die Professoren offenbar verblüfft über den jungen Mann, der so anders war als ihre Studenten: Kindlich in seiner Begeisterung, wirkte Esmond gleichzeitig so selbstsicher und erfahren, als wenn er viel älter wäre. Mit Isaiah Berlin, dem jungen Philosophen, der dem Kommunismus, den er am eigenen Leibe in Riga erfahren hatte, ziemlich skeptisch gegenüberstand, verstand Esmond sich so gut wie mit Roy Harrod, dem Wirtschaftswissenschaftler und alten Freund der Mitfords, mit dem sie einen ganzen Abend verbrachten.

Schreckliche Tage

Verglichen mit Decca, fand Toynbee, waren seine anderen liberalen Freundinnen aus der Oberschicht harmlos – sanfte, kunstliebende Rebellinnen. Aber so radikal Decca sein mochte –, wenn man den Brief liest, den sie ein paar Tage nach Weihnachten ihrer Schwester Debo schrieb, hat man das Gefühl, sie hätte Swinbrook und die Welt der Debütantinnen nie verlassen: Wortreich freut sie sich über die »wunderbare Gesichtscreme« und zählt ihre anderen Präsente auf, Handcreme und Badesalz, Lippenstift und Parfüm, Türkischer Honig und zwei Schachteln Pralinen und, ach ja, ein Buch.

Trotz Esmonds dringlichem Wunsch hatte Decca den Kontakt zur Familie nicht ganz aufgegeben. Nur den zu Diana, und auch den nicht sofort. Für deren Geburtstagsgeschenk – einen »köstlichen« Scheck über fünf Pfund – hatte sie sich noch überschwänglich bedankt. Als die große Schwester dann ein Kleidchen zur Geburt des Babys schickte, bedankte Decca sich zwar – aber bat zugleich, in Zukunft von dergleichen abzusehen: »Esmond mag es nicht.«

Immerhin kam er manchmal sogar mit, wenn Decca ihre Mutter im Restaurant traf. In ihrer Erinnerung waren es »kühle Begegnungen, unbehaglich wegen der unausgesprochenen Bitterkeit auf beiden Seiten«. Aber die Mutter gab nicht auf. Bei John Lewis, einem gediegenen Kaufhaus, hinterlegte sie ein Guthaben, damit Decca sich was zum Geburtstag aussuchen konnte, bot ihr an, den Zahnarzt zu zahlen, schickte ihr ein Curry-Rezept zur geschmackvollen Resteverwertung.

Bei Unity setzte sich Decca, anders als bei Diana, über Esmonds Kontaktverbot hinweg. Die Bouds schrieben sich, und wenn die Schwester aus Deutschland zu Besuch kam, verabredeten sie sich heimlich in der Stadt, gingen zu Harrods, ins Kino und zum Tee. Mit der Mutter trafen sie sich zum Lunch, besuchten gemeinsam die gute alte Mrs. Ham. Unity, die begeisterte Autofahrerin, kutschierte Decca sogar zum Zahnarzt. Zu Debo hatte Decca regelmäßig Kontakt, aber das Verhältnis hatte sich abgekühlt. Sie telefonierten miteinander, ein paarmal kam Debo zu Besuch, aber lieber trafen sie sich auf neutralem Boden.

Schon im Sommer hatte Lady Redesdale Decca das Cottage in High

Wycombe angeboten: Sie hätte so gern, dass ihre Tochter dort entbindet, drei Monate könnten sie es haben, die Eltern wären auch garantiert weg in dieser Zeit, sogar ein Dienstmädchen würde sie ihr dalassen. Aber das hätte Esmond nie erlaubt. Bloß keine Nannys und Gouvernanten. Bloß keine Unterstützung von der Familie.

Am 20. Dezember kam Julia Decca auf die Welt. Lady Redesdale wäre es lieber gewesen, das Baby hätte sich noch ein bisschen Zeit gelassen. So wusste jeder, der rechnen konnte, dass es noch vor der Hochzeit gezeugt worden war.

Julia (ihren Namen verdankte sie einer Ode aus dem 17. Jahrhundert) war furchtbar süß und hatte, so Decca, zum Glück nicht das, was so viele Babys verunstaltet, »starke Röte & Glatze & Geruch nach Erbrochenem«, wie sie Debo eine Woche nach der Geburt schrieb. »Die Kleine wurde zum Mittelpunkt meiner Existenz«, so Decca in ihrer Autobiographie. So liebevoll sie mit dem Baby umgingen, an ihrem Leben änderten die jungen Eltern wenig, erzählt Philip Toynbee. Die Romillys wirkten noch immer ganz jugendlich, »obwohl mich Decca mit ihrer unbekümmerten mütterlichen Kompetenz überraschte«. Allerdings hatten sie zu ihrer Unterstützung jetzt doch ein Dienstmädchen angeheuert, aber ein eigenes.

Regelmäßig ging Decca mit Julia zu den kostenlosen Vorsorgeuntersuchungen in die Poliklinik des Viertels. Decca war entschlossen, das gut zu finden, was ihre Klasse als sozialistisch verabscheute: ein Gesundheitssystem für alle, und für alle das gleiche, eingerichtet von der lokalen Labour Party, ein erster Vorbote des nach dem Krieg eingeführten National Health Service. Als in ihrem Viertel die Masern ausbrachen, beruhigte die Schwester sie, keine Sorge, ein Stillkind sei immun. Was sie nicht ahnen konnte: dass Decca selber nie Masern gehabt hatte. Beide, Mutter und Kind, wurden schwer krank. Nachdem Decca sich erholt hatte, musste sie zusehen, wie ihr Baby an einer Lungenentzündung starb. »Es lebte noch ein paar schreckliche Tage unter einem Sauerstoffzelt, wo es bei jedem Atemzug mühevoll keuchte. Schwestern kamen und gingen, und ihre professionelle Fröhlichkeit verdeckte das Entsetzen wie ein Lächeln in einem bösen Traum; dann war alles vorbei.« Am 28. Mai starb Julia mit nur fünf Monaten.

Decca und Esmond beschlossen, die Flucht zu ergreifen: vor dem Mitleid der Freunde, wie sie sagte (von der Familie war gar nicht die Rede). Vor dem eigenen Schmerz. Aber den erwähnte sie nicht. Eine kluge Entscheidung, fand Lady Redesdale, die einen sehr traurigen Brief von ihrer Tochter bekommen hatte. Fliehen war das Mitford'sche Allround-Rezept gegen Kummer jeder Art.

So waren die verwaisten Eltern auch geschützt vor der Schadenfreude ihrer Feinde. Denn Julias Tod wurde zum Stadtgespräch. Bei Dinnerpartys in Mayfair und Kensington, erzählt Philip Toynbee, »sagten die Leute, das Baby sei in einem Slum aufgezogen und von den verantwortungslosen Eltern grausam vernachlässigt worden«. Für die Gesellschaft schien die Tragödie die ausgleichende Gerechtigkeit dafür zu sein, dass die jungen Romillys ihren eigenen Eltern so viel Kummer gemacht hatten. Und wenn schon die Ehe nicht, wie prophezeit, nach kürzester Zeit in die Brüche gegangen war, dann bestätigte doch wenigstens Julias Tod alle bösen Erwartungen. Toynbee war entsetzt, wie gehässig über das Paar geredet wurde. Aber die beiden wurden als Verräter betrachtet. Und auf Verrat stand die Höchststrafe.

Vier Tage nach Julias Tod, einen Tag nach der Beerdigung (bei der die Familie unerwünscht gewesen war), brachen die Romillys nach Korsika auf. Drei Monate blieben sie dort, vom Festland abgeschnitten, »in der vollkommenen Unwirklichkeit einer fremden Stadt«. Auf der Insel konnten sie für wenig Geld gut leben, sie wärmten sich in der Sonne und kühlten sich im Meer, lernten die Revolutionäre der Insel kennen, von denen es offenbar reichlich gab, viele junge Männer waren im Spanischen Bürgerkrieg gewesen. Sie blieben, bis »der Albtraum langsam zu verblassen begann«.

Die Operation Vergessen war gelungen. Verblüfft las Decca in den 1980er Jahren in einem Buch über Toynbees damalige Freundin Julia Strachey, dass Esmond, Baby Julia und sie ein Wochenende bei dieser verbracht hätten. Sie hatte nicht die geringste Erinnerung daran. »Ich kann nur vermuten, dass es in der allgemeinen Amnesie unterging, die nach dem Kummer um den Tod des Babys einsetzte.«

Zurück in London und in der Wirklichkeit, wurde ihre traurige Stimmung durch die politische Lage noch verschärft. Die Situation in Spanien war hoffnungslos, die Republik so gut wie besiegt. Chamberlain ging vor

Hitler in die Knie und unterzeichnete im September 1938 das Münchner Abkommen, das Deutschland erlaubte, sich das Sudetenland einzuverleiben. Für Esmond und Decca, wie alle Linken im Land, ein schlimmer Verrat. Dabei schien niemand an den Frieden zu glauben, nicht einmal die Regierung selbst, die sich und die Bevölkerung zum Krieg rüstete. Man klammerte sich an die Hoffnung und rechnete mit dem Schlimmsten. Was, wenn die Nazis sich immer weiter in Europa ausbreiteten? Würden die Briten sich mit den Deutschen gegen Russland verbünden? Esmond grauste davor, in die autoritären Strukturen des Militärs, die er am Internat schon hassen gelernt hatte, eingesperrt zu werden.

Die Nachrichten aus Deutschland wurden immer schlimmer. Die in diesem Jahr gegründete, phänomenal erfolgreiche Wochenzeitschrift *Picture Post*, die während des Kriegs eine Auflage von knapp zwei Millionen Exemplaren erreichen sollte, brachte große Berichte über die Nazi-Verbrechen gegen die Juden. Und es gab viel zu berichten. Am 9. November 1938 kam es zur Reichspogromnacht.

Unity lieferte sich derweil im Hyde Park eine Schlägerei mit Labour-Anhängern, die für eine britische Intervention im Spanischen Bürgerkrieg demonstrierten. Bevor ihre Gegner das adlige Fräulein in den See schmeißen konnten, wurde sie von der Polizei gerettet. Das fand Unity furchtbar aufregend, die Zeitungen berichteten groß über den Zusammenstoß.

Mit dem Glück in der Rotherhithe Street war es auch vorbei. Niemand habe ihr gesagt, dass man für so was Profanes wie Licht bezahlen muss, beschwerte sich Decca empört. Sie hatten es einfach brennen lassen. Und die Heizung heizen lassen. Jetzt kam die horrende Rechnung für Strom und Gas. Statt zu zahlen – für Decca »undenkbar« –, zogen die Romillys einfach aus, in ein möbliertes Zimmer in der Innenstadt, nicht weit von Marble Arch, viel näher an der Werbeagentur, für die Esmond jetzt wieder arbeitete. Allerdings kam der Gerichtsvollzieher ihnen schnell auf die Spur, sie spielten Verstecken mit ihm, verkleideten sich, legten sich manchmal tagelang ins Bett – was Esmonds Chef gar nicht witzig fand. Langsam waren sie selbst genervt.

In ihrem Fragebogen hatte Schwester Unity »Gangster« als Traumberuf angegeben. Viele Zeitgenossen erinnerten Esmond und Decca ein bisschen an das Verbrecherduo Bonnie und Clyde, nur ohne Blutvergießen. Sie haben keine Bank überfallen und niemanden erschossen, aber mit großem Vergnügen nahm das Paar mit, was ihm in die Hände fiel, von den Reichen und manchmal auch den Nicht-so-Reichen – von Toynbee ließ sich Esmond ein paar Bier im Pub zahlen und steckte zu dessen Ärger auch noch das Wechselgeld ein.

Sie ließen sich, so erzählt Toynbee, bei einem wohlhabenden sozialistischen Viscount in Oxfordshire mit dessen Whisky volllaufen und füllten sich beim Dinner die Bäuche. Wer wollte dem Liebespaar, Esmond mit seinem jungenhaften Charme, Decca mit ihren strahlend blauen Augen, Böses unterstellen? Die ganze Nacht über, so erzählte sie, hielten die beiden in ihrem luxuriösen Gästezimmer die Dienstboten auf Trab, ließen sich Zigarren bringen und Rum, Sandwiches und Tee. Decca stopfte sich noch die Zigaretten des Aristokraten in die Handtasche, dann machten sie sich im Morgengrauen aus dem Staub. Für die fröhlichen Revoluzzer war das Klauen ein antikapitalistischer Akt des Widerstands. Endlich war Decca die Piratin, die sie schon lange hatte werden wollen.

Die Geschichte, ob sie stimmt oder nicht, machte schnell die Runde, viele reagierten entsetzt. Wie konnten sie die Großzügigkeit ihres Gastgebers nur so ausnutzen? Die beiden Räuber fanden es lustig. Sie hatten dem Establishment den Krieg erklärt und fochten ihn jetzt auf ihre Weise aus.

Angst, erwischt zu werden, hatten sie nicht. So verliebt, wie sie waren, konnte ihnen nichts passieren. Und wenn doch, der liebe Gott würde es schon richten. Auch wenn Decca schon lange nicht mehr an ihn glaubte, das Gottvertrauen ihrer Kindheit war unerschütterlich. »God Careth for Us«, über die Hybris des Mitford'schen Familienmottos machte sie sich gern lustig, verinnerlicht hatte sie es nichtsdestotrotz.

In diesem Jahr wurde sie wieder schwanger – und trieb ab. Eine in jeder Beziehung schmerzhafte wie gefährliche Angelegenheit, wie sie sich später in einem Artikel erinnerte, der während einer Kampagne zur Legalisierung von Abtreibungen in den USA erschien. Im England der 1930er Jahre waren Abtreibungen natürlich illegal. Eine Freundin gab ihr eine Adresse im East End, dort drückte Decca einer Frau fünf Pfund in die Hand, wofür diese ihr eine Seifenlösung in die Gebärmutter injizierte. Fünf Stunden später setzten die Wehen ein. »Die Prozedur war grauenvoll schmerzhaft, und dass die Engelmacherin mich noch warnte, als ich schon im Gehen war, machte es auch nicht besser. Sie sagte: ›Sollten Sie krank werden, rufen Sie keinen Arzt, denn wenn Sie sterben, geht's mir an den Kragen.‹ … Ich wurde krank, ich rief den Arzt – und ich überlebte.« Jahre später las sie, dass die Seifenkur eine der gefährlichsten Abtreibungsmethoden war, oft mit tödlichem Ausgang.

Warum sie das Kind nicht haben wollte – weil Julias Tod noch zu nah war, weil sie pleite waren oder schon mit dem Gedanken spielten, auszuwandern –, darüber sprach sie nicht.

Let's go to America

Deprimiert, ja, verzweifelt angesichts der politischen Entwicklungen und persönlichen Ereignisse, beschlossen Esmond und Decca, wieder die Flucht zu ergreifen. Diesmal ganz weit weg. Sie konnten es sich leisten: Decca hatte 100 Pfund geerbt. Am 11. September 1938 war sie einundzwanzig und damit volljährig geworden, beim Geburtstagsessen hatte die Mutter ihr das Präsent überreicht. Einundzwanzig Jahre lang hatte Lady Redesdale, wie für jedes ihrer Kinder, Woche für Woche Sixpence auf das Sparkonto eingezahlt. So viel Geld hatte Decca noch nie gehabt. Sie mussten nicht lange überlegen. »Auf einmal hatten wir einen Gedankenblitz und wussten, was wir mit unserem Geld anfangen sollten«, schrieb Esmond ein gutes Jahr später in der *Washington Post*: »Wir gehen nach Amerika. Das war's.«

Decca wusste so viel von Amerika, wie sie in Kinderbüchern und bei Hemingway gelesen oder in Hollywoodfilmen gesehen hatte. Die nächsten Monate verbrachten die beiden mit Pläneschmieden. Eigentlich wollten sie mit einer ganzen Clique in den USA auf Vortragstour gehen, die dortigen Women's Clubs würden ihnen sicherlich aus der Hand fressen. »Ich war eine englische Debütantin«, »Ich floh aus einer englischen Privatschule«, »Liebesleben an der Oxford University« – für jeden war schnell das passende Vortragsthema gefunden. Aber dann sprang einer nach dem anderen ab, erst Toynbees Ex-Verlobte, dann Deccas Ex-Kollegin, am Ende auch Toynbee selbst. Der ewige Dritte in ihrem Bunde zu sein, fand er auf Dauer doch zu anstrengend. Egal, worum es ging, kleine Alltagsangelegenheiten oder große Politik, immer waren die Liebenden einer Meinung. Esmonds Meinung. Toynbee fühlte sich von der Übermacht dieser »totalen Einheit« erdrückt.

Die Romillys ließen sich von ihrem Plan nicht abbringen. Ihr Abschiedsfest feierten sie, eine letzte kleine Ohrfeige für die Familie, in den Mews, der Mitford'schen Chauffeurswohnung, wo Cousine Idden gerade wohnte. Mit dem Geräuschpegel wuchs Esmonds Hoffnung, dass sein Schwiegervater, der »Nazi-Baron«, aus dem Vorderhaus rüberkommen würde, um sich polternd über den Krach zu beschweren. Den Gefallen tat Lord Redesdale ihnen nicht, vermutlich war er gar nicht da. Noch bevor die Party zu Ende war, zogen sich die Gastgeber gelangweilt zurück und überließen die Gäste sich selbst.

Toynbee wachte am nächsten Morgen in den Trümmern des Gelages auf, raffte sich zusammen und stand mit dem winzigen Abschiedskomitee zum Winken am Bahnsteig parat. Außer dem Freund gehörten dazu nur Tom, den Decca nie wiedersehen würde, und Nanny Blor, »ein seltsames, aber angemessenes Trio«, wie Decca fand. Das Kindermädchen machte sich große Sorgen, versuchte ein letztes Mal, ihren Schützling umzustimmen. Vergeblich. Toynbee winkte den beiden wehmütig nach – »die strahlende Sonne und die strahlenden Romillys ab in die strahlenden USA«.

Was Decca nicht erzählt in ihrer Autobiographie: dass sie sich vom Rest der Familie schon in den Tagen zuvor verabschiedet hatte, allein, ohne Esmond. Mit Nancy und Unity hatte sie sich zum Lunch getroffen, mit Unity und der Mutter zum Spaziergang im Park. Auch ihrem Schaf hatte sie Goodbye gesagt. Nur durfte Esmond das nicht wissen, »er hätte es albern gefunden«. Ein letztes Mal fuhr Decca ins Dorf ihrer Kindheit zurück, ging in Swinbrook zu Mirandas Weide, »rief sie aus der Herde zu mir her – ›Komm her, Miranda‹ –, und sie humpelte herbei, riesig, ein Berg von einem Schaf, die Hufe von Fußfäule zerfressen. Ich habe den ganzen Rückweg nach London geweint«, schrieb Decca ihrer Nichte Emma mehr als fünfzig Jahre danach.

Am 18. Februar 1939 legte die SS Aurania ab. »Wir waren auf dem Weg nach Amerika, und die Zukunft war eine große leere Leinwand, auf der alles Erdenkliche erscheinen mochte.« Es kam ihr so vor, als würden sie noch einmal weglaufen. Jetzt aber richtig. Erst sechzehn Jahre später wird Decca wieder englischen Boden betreten. Und dann nur als Besucherin, mit amerikanischem Pass und amerikanischem Ehemann.

5

Amerika? Amerika!

Amerika? Eigentlich hätten sie doch eher die entgegengesetzte Richtung einschlagen müssen. Aber über die Möglichkeit, in die Sowjetunion zu reisen, scheinen sie nie gesprochen zu haben. Das kommunistische Reich war ihnen fremd – zu dogmatisch und unbequem.

Amerika! Seltsam verlockend nannte Decca im Rückblick das Land, das sie aus dem Kino so gut kannte. Aber so merkwürdig ist die Verlockung gar nicht gewesen. Sie waren wie gemacht für die Vereinigten Staaten. Und diese für sie. Freiheit und Unabhängigkeit, der Kern des American Dream, waren seit jeher Deccas Traum.

Die beiden konnten nichts und hatten nichts – nicht mal was gelernt –, kannten keine Menschenseele hier. Umso besser: Im Land der Pioniere war alles möglich. Befreit aus der traditionsbewussten Klassengesellschaft, in der das Leben in vorbestimmten Bahnen verlief, konnten sie sich neu erfinden. Und wie echte Amerikaner taten sie das wieder und wieder und mit größtem Vergnügen, wobei sie ihre offiziellen Lebensläufe einfach den jeweils aktuellen Anforderungen anglichen. Rastlos und abenteuerlustig, passten sie perfekt in die Neue Welt. Besser als in die Alte. Mr. und Mrs. Happy-go-lucky: Here they come.

Als die Romillys Ende Februar in New York von Bord gingen, stand vor ihnen in der Warteschlange ein englischer Lord an der Passkontrolle. Gnadenlos strich der griesgrämige US-Beamte aus, was der Lord im Einreiseformular unter »Beruf« ausgefüllt hatte – »Peer of the Realm« (hochrangiger Aristokrat mit Sitz im Oberhaus) –, und ersetzte es durch: »keiner«. Da wusste Decca, dass sie an der richtigen Stelle gelandet war. Und das, so würden sie bald merken, genau zur richtigen Zeit.

Das Land war von einer Stimmung des Aufbruchs und Umbruchs gepackt, überall trafen die beiden Ankömmlinge auf junge New Dealer, die mit sozialpolitischem Elan und innovativen Projekten Amerika zu einem gerechteren Land umgestalten wollten. Die progressive Periode hielt nicht lange an, noch vor Ende des Kriegs würde der große Backlash gegen die Anhänger des New Deal beginnen. Aber jetzt, Anfang 1939, beflügelte der linksliberale Geist noch viele, denen die beiden Engländer begegneten, konnte Esmond die USA als Musterland der Demokratie loben, die zu seinem Schlachtruf wurde. Deswegen, erklärte er einem Journalisten, sei er doch in Spanien gewesen: um die Demokratie zu verteidigen. »Ich war kein Kommunist, war es nie und werde auch nie einer sein.« In Artikeln und Interviews malte er ein düsteres Bild von England und ein umso strahlenderes von Amerika: »Das einzige Land auf der Welt, wo noch Demokratie herrscht, ist Amerika.«

Selbst wenn man Esmonds Hang, dick aufzutragen, seinen Wunsch, dem Gastgeber zu schmeicheln, abzieht: Es gab gute Gründe zur Euphorie. Die 1930er Jahre, schreibt Deccas spätere Freundin Eva Lapin-Maas in ihren Erinnerungen, waren die schlimmste aller Zeiten für Millionen von Arbeitslosen und Bitterarmen – und die beste für junge linke Idealisten, die sich mit Begeisterung in den sozialpolitischen Kampf stürzten und denen FDR, wie der amtierende Präsident Franklin Delano Roosevelt genannt wurde, mit seinen sozialpolitischen Programmen den Boden bereitete. FDR strahlte Hoffnung aus in einer Zeit, die eigentlich völlig hoffnungslos schien. Selbst die Politikern gegenüber so kritische Decca befand noch in den 1980er Jahren: Roosevelt war »ein großer Staatsmann«.

Was die Romillys nicht hatten, das nahmen sie sich. Auch in Amerika ließen sie bei ihren Gastgebern Zigarren, Strümpfe und Zahnpasta mitgehen. Aber hier wurde ihre fröhliche Chuzpe und Hochstapelei eher mit Bewunderung als Ächtung aufgenommen. Ein erfolgreicher Selfmademan galt in den USA noch immer mehr als der Sprössling einer alten Dynastie. Wobei gerade die Mischung aus beidem, Haudegen gepaart mit englischer Aristokratie, sie so reizvoll für die Amerikaner machte.

Ihr Vertrauen, alles zu schaffen, wenn sie es nur wollten, war unerschütterlich. Als wahre Pioniere hatten die Romillys auch vor dem Scheitern keine Angst, das Einzige, wovor sie sich fürchteten, war Langeweile. Niederlagen ließen sich immer noch als amüsante Geschichten erzählen und an Zeitungen verkaufen. Was soll's, dass sich ihr ursprünglicher Plan, die Amerikaner auf Vortragsreisen über das englische Internats- und Debütantinnenwesen aufzuklären, bald zerschlug und die Werbeagenturen, bei denen Esmond sich bewarb, ihn gleich wieder nach Hause schickten: Aus der Sicht der Madison Avenue befand sich England auf diesem Gebiet noch im Mittelalter. Dann verkauften sie eben Seidenstrümpfe, Cocktails oder Merry Old England, Pioniere waren flexibel. In ihrer möblierten Einzimmerwohnung in Greenwich Village fühlten sie sich genauso glücklich und zu Hause wie in den luxuriösen Villen ihrer neuen Bekannten in Upstate New York. Selbst Esmonds gelegentliche Grobschlächtigkeit kam besser an als daheim.

Und das Allerbeste: Europa mit all seinen Problemen, den privaten wie den politischen, war weit, weit weg. Ein ganzer Ozean und 3000 Meilen, hatte Decca erleichtert ausgerechnet, trennten sie jetzt von ihrer Familie. Dass das Land der Kaugummikauer bei den Mitfords als besonders ordinär galt, dürfte die Attraktivität der USA für Decca nur noch erhöht haben. Vor allem Nancy sollte ihre heftige Abneigung gegen alles Amerikanische nie ablegen.

Mr. und Mrs. Romilly wollten mehr als eine Auszeit nehmen und ihren Schulden entfliehen. Sie waren gekommen, um zu bleiben, hatten ein One-Way-Ticket gekauft und waren mit einem Einwanderungs-, nicht einem Touristenvisum in die Staaten gereist. Bald nach der Ankunft stellten sie einen Einbürgerungsantrag.

Und was, wenn es in Europa tatsächlich zum Krieg kam? Dann, erklärte Esmond, gehe er zum Kämpfen zurück. Aber nur für die Dauer des Kriegs. Als er seinem Freund Peter Nevile einmal etwas Kritisches über Amerika schrieb, bat er ihn, es für sich zu behalten. Er wolle seine Einbürgerung nicht gefährden.

Neue Gönner, neue Freunde

300 Dollar hatten sie bei ihrer Ankunft von Deccas Geburtstagsgeschenk noch übrig – und einen Plan: In einem Luxushotel auf der Upper East Side hatte Peter Nevile, Amerikakenner und wichtiger Türöffner für die beiden, ihnen Zimmer reserviert. Auf dem imposanten Hotelbriefpapier schrieben sie nun an all die Leute, deren Adressen ihnen Freunde und

Verwandte in England mit Empfehlungen mitgegeben hatten. Jeden, der irgendjemanden irgendwie irgendwo in Amerika kannte, zapften sie an, und so kam eine illustre Schar potentieller Gönner und neuer Freunde zusammen: »Künstler im Greenwich Village, Finanzmagnaten an der Wall Street, Leute vom Film, Dichter, nette alte Damen, Journalisten, Werbeleute«.

Allein ihr WG-Mitbewohner aus der Rotherhithe Street, Roger Roughton, hatte ihnen ein ganzes Dutzend Briefe an so illustre Leute wie die Schriftsteller E. E. Cummings, James Thurber und Carl Sandburg mitgegeben. Und Ella Winter, englische Kommunistin mit Wohnsitz im kalifornischen Carmel – eine Art Bloomsbury on the Pacific –, könnte ihnen ganz viele Leute in Hollywood vorstellen.

Schon im Hotel, einem Wolkenkratzer mit Swimmingpool auf dem Dach, in dem alles größer, prächtiger und lauter als in der Heimat war, kamen die Romillys sich vor wie auf einem fremden Planeten. In der Bar schlürften sie ihren Martini und saugten »das erstaunlich Unenglische« ein, die schönen Frauen in ihren engen Kleidern, die lärmenden Geschäftsleute, die unbekannten Songs, die bald auch in London zu Hits werden würden.

Der Plan ging auf, sie wurden mit Einladungen überschüttet. Nach ein paar Wochen hatten sie das Gefühl, in New York so viele Leute – unterschiedlichster politischer Couleur – wie in London zu kennen. Aus dem teuren Hotel konnten sie beruhigt ins pittoreske Greenwich Village umziehen, in eine möblierte Einzimmerwohnung mit Schlafcouch, die Küche mit einem Vorhang abgetrennt. Einen Wecker brauchten sie nicht, morgens um sieben lief die Katze, die sie aus einem Heim geholt hatten, schnurrend übers Gesicht.

Dieses romantische Bohemien-Szenario verkauften sie dem *Time Magazine* für eine Homestory. Als »Churchills Neffe« und »Unitys Schwester« wurden die beiden in Artikeln (und im FBI-Bericht) immer wieder vorgestellt, als solche waren sie bei der amerikanischen Presse heiß begehrt. Die Journalisten lobten alles an ihnen, einschließlich Deccas kesser englischer Nase. Nachdem Esmond sich mal wieder von einem Betrüger hatte abzocken lassen, berichtete der (New Yorker) *Daily Mirror* entzückt und voller Bewunderung von diesem jungen Paar, das sich die gute Laune nicht verderben lasse. »Nie haben wir Menschen gesehen, die seelisch so gesund, so herrlich glücklich waren.«

Amerika war gerade im Englandfieber. Zur selben Zeit wie die Romillys waren nämlich auch King George und Queen Elizabeth angekommen. Eine Sensation: das erste britische Königspaar in den USA! Präsident Roosevelt hatte sie eingeladen; im Weißen Haus übernachteten sie auch, warmherzig und locker war der Empfang. New York lag den Royals zu Füßen, mehr als drei Millionen Menschen standen am Straßenrand, als sie zur Weltausstellung rausfuhren, auf der Decca als Verkäuferin arbeitete. »Wunderbar, wunderbar«, stotterte der König, als er nach seiner Meinung zu New York gefragt wurde.

Hübsch, charmant und *very English*, wurde Decca Verkäuferin und Model für elegante Damenmode, unter anderem beim Edelkaufhaus Bloomingdale's (dort hatte sie erzählt, das habe sie schon in England gemacht); ein paar Monate lang bot sie schottischen Tweed auf der Weltausstellung an, im »Ye Merrie England Village«. Dass sie gerade erst vor genau diesem Merry Old England weggelaufen war, störte sie nicht, hier war es ja nur ein Vergnügungspark.

Pam und ihr Mann Derek Jackson, als Wissenschaftler auf geheimer Mission im Dienste seines Landes in den USA, schauten in dieser Zeit überraschend in New York vorbei. Wie es war, der Familie hier zu begegnen, davon erzählte Decca wenig. Nur so viel: Sie haben ein paarmal gut miteinander gegessen und natürlich hat Pam auch für sie gekocht. Im brüllend heißen Apartment mitten im New Yorker Hochsommer wurden Hähnchen gebraten. Die beiden Männer, der Linke und der Reaktionär, konnten sich offenbar nicht leiden, was nicht nur politische Gründe haben mochte – möglicherweise waren sie sich in ihrer rabiat-rebellischen Art zu ähnlich.

Zu arbeiten, eigenes Geld zu verdienen und es nach Gutdünken wieder auszugeben, davon hatte Decca immer geträumt. Jetzt wurde sie die Hauptverdienerin der Familie, und siehe da, das Arbeiten machte Spaß, taugte zudem als politisches Statement: »Schöne Britin hasst Nazis« titelte eine Lokalzeitung aus Ashley, New York. »Deshalb arbeitet sie in den USA.«

Die meisten Wochenenden und die Zeit zwischen Jobs verbrachten die Romillys in den Villen ihrer neuen Bekannten, die passende Abendgarderobe besorgten sie sich in Secondhand-Läden. Berührungsängste hatte das junge Paar nicht. So deprimiert und zornig sie in England oft gewesen waren, in Amerika schienen sie vom ersten Tag an glücklich zu sein, gelassen und entspannt. Es war ja nicht *ihr* Land, also auch nicht *ihre* Upperclass. Außerdem war diese nicht durch jahrhundertealte Traditionen und Strukturen, sondern durch Geld geprägt, das theoretisch jeder gewinnen oder verdienen konnte. Nicht dass die Reichen so reich waren in Amerika, regte den linken Esmond denn auf, sondern nur, dass sie so kleinlich und pingelig waren und er sich erst gründlich einseifen und duschen sollte, bevor er in ihren Pool sprang. Wie kleinbürgerlich!

Es amüsierte ihn, dass die Ultrareichen ihren Reichtum nicht wie in England versteckten und wie Deccas Tante Puss damit prahlten, dass ihr Mantel so billig aussah, obwohl er teuer war. Nein, hier wurde der Reichtum ganz offen zur Schau gestellt. Da griff Esmond doch gerne zu, ließ sich Whisky und Zigarren auf dem Silbertablett hinterhertragen und keineswegs die Laune verderben, wenn einige ihrer neuen Bekanntschaften ihrem Rassismus, Antisemitismus und Konservatismus freien Lauf ließen. Was in England heftige Empörung hervorgerufen hätte, hier löste es nur amüsiertes Grinsen aus. Decca war ganz überwältigt, wie warmherzig und unkompliziert selbst die Alten sie empfingen – im Unterschied zu ihren englischen Pendants, die an den Jungen immer was zu nörgeln hatten.

Sie lernten den russischen Botschafter kennen und eine Herzogin aus New York, schauten bei Schriftstellern vorbei, besuchten in Woodstock einen Professor der Columbia University und beehrten in Neuengland eine Kloschüsselfabrik-Erbin und Mäzenatin der Kunst. Das Schneeballsystem funktionierte blendend, auf jeder Party, jeder Wochenendeinladung machten sie neue Bekanntschaften, die ihnen wiederum weitere Adressen in die Hand drückten und Empfehlungsschreiben aufsetzten.

Am Anfang erschien den Romillys fast alles aufregend und exotisch – und dann wieder auf merkwürdige Art vertraut: »In Neuengland sind die Leute viel mehr wie Engländer«, schrieb Decca ihrer Mutter, »sie reden genauso & auf dem Land sieht man Dorfdeppen, wie in England.« Im Laufe der Zeit würde sie noch andere, weniger erfreuliche Ähnlichkeiten entdecken. Viele Südstaatler erinnerten Decca aufs Deprimierendste an die Vertreter des britischen Empires.

Ihr wichtigster, treuester Förderer unter all den »Big Shots«, wie Decca die mächtigen Millionäre nannte, wurde Eugene Meyer, Banker und Verleger der *Washington Post*, Kunstsammler und Philanthrop, dessen Frau Agnes sich für Bildung und Kultur engagierte und um den Emigranten Thomas Mann kümmerte. Auch mit deren Tochter, der späteren Zeitungsherausgeberin Katharine Graham, genauso alt wie Decca, freundeten sie sich bald an. Der alte Meyer war entzückt von den beiden amüsanten Abenteurern.

Gleich beim ersten Besuch in seinem Landhaus außerhalb New Yorks – so groß wie ein englisches Country House, aber doppelt so komfortabel, das Badewasser warm, die Räume hell, das Essen köstlich – entwaffnete Decca den Banker mit ihrer entsetzten Frage, er sei doch wohl nicht *für* den Kapitalismus?! Doch, das war er. Trotzdem verstanden sie sich bestens. Meyer, konservativer Republikaner, aber überzeugter Antifaschist, liebte und pflegte in seinem Hause die lebhafte, auch lautstarke politische Diskussion, gerade mit seiner Tochter Katharine, die fest auf der Seite der Demokraten stand. Verblüfft hörten die beiden Briten zu: Eine solche Streitkultur zwischen Eltern und ihren Kindern waren sie nicht gewohnt.

Die ganze Ehe der Romillys, diese nicht einmal vier Jahre, war ein einziger Rausch. Aber keine Zeit war so aufregend und rasant wie dieses gemeinsame Jahr in Amerika, fern aller familiären Querelen. Endlich wurde ihr Hunger nach Menschen und Begegnungen, nein, nicht gestillt, das würde er nie sein, aber immer wieder geweckt. »Die Romillys hatten einen riesigen Appetit auf neue Bekanntschaften«, so Philip Toynbee, »der immer größer wurde, je mehr Futter er bekam.«

Als »unwirkliches, phantastisches Intermezzo« hat Decca diese kurze, intensive Periode beschrieben. »Wir versuchten, möglichst viel vom Leben, von neuen Menschen, neuen Orten in uns aufzunehmen, ehe der unvermeidliche Tag kommen würde«: der Tag, an dem der Ernst des Soldatenlebens begann. »Esmond lebte mit leidenschaftlichem Nachdruck ganz in der Gegenwart«, schreibt Decca in ihrer Autobiographie.

Die Vagabunden hatten ein Talent zum Zuhausesein: Wo immer sie hinkamen, fast überall fühlten sie sich wohl. Dabei flatterten sie von Job zu Job und als Seidenstrumpfvertreter von Haustür zu Haustür. In der

Branche hatte Esmond ja schon Erfahrung. Decca streckte ihre hübschen Beine den potentiellen Kundinnen entgegen, während Esmond ihnen den Weg ins Wohnzimmer freischleimte. Als »beunruhigend erfolgreich« erlebte Decca ihren Mann in dieser Rolle. Das *Time Magazine* brachte ein Foto des Duos im Einsatz.

Ende Juni gingen die Romillys in einem klapprigen alten Ford auf Grand Tour. In Neuengland gestartet, waren sie gerade auf Martha's Vineyard, der mondänen Ferieninsel am Cape Cod, als der Zweite Weltkrieg ausbrach. Das Erlebnis ist gut dokumentiert, ihr Freund Selden Rodman hat Tagebuch geführt. Rodman, Schriftsteller und Chefredakteur der linksliberalen Zeitschrift *Common Sense*, für die Esmond nun ab und zu schrieb, zeichnet ein anderes Bild des jungen Paars als die euphorischen Klatschreporter. Jetzt sind sie mal nicht charmant, amüsant und gut gelaunt, sondern knatschig, egozentrisch und chaotisch. Rodman war genervt.

Eine ganze Clique linker Freunde residierte in dem alten Hotelkomplex, in dem die Romillys sich ein Zimmer umsonst erschlichen hatten, alle redeten über den drohenden Krieg. Als ein Sturm aufzog, saßen sie fest, spielten Poker zum Zeitvertreib, lachten immer hysterischer. »Die Spannung war enorm«, schreibt Rodman in seinem Bericht. Am nächsten Morgen sollten Esmond und Decca das Boot um halb sieben nehmen. Nach zwei Stunden Schlaf stand Rodman auf, um sie hinzubringen, nur konnte Esmond sich nun doch nicht zur Abreise entscheiden, legte sich wieder ins Bett, aber dann, erzählt Rodman, »um acht, weckte mich E's Stimme, jetzt so nervenzerrüttend wie eine Kreissäge, und verkündete, ich müsse binnen einer Stunde noch mal nach Vineyard Heaven fahren, sonst würden sie in Woods Hole einen weiteren potentiellen Gastgeber verpassen.« Gerade als Rodman ihm erklärte, da müsste er sich schon selbst hinbringen und Esmond rot anlief vor Wut, platzte ein anderer Hotelgast herein und verkündete mit ruhiger Stimme: »Deutschland ist um 5.45 Uhr in Polen einmarschiert. Es ist Krieg.« Es war der 1. September 1939.

Unity

Zwei Tage später schoss Unity sich in den Kopf.

England hatte Deutschland den Krieg erklärt. Dass sie sich in diesem Fall das Leben nehmen würde, hatte Unity oft genug angekündigt. Die Familie ahnte, was passiert war, aber keiner wusste, wo sie steckte, wie es ihr ging, ob sie lebte.

Decca klebte in Amerika am Radio, bettelte die Mutter an, Nachrichten zu schicken, ihr Unitys Adresse zu geben, damit sie ihr schreiben könne. Als Kinder hatten die beiden Schwestern sich im Spiel oft genug zum Selbstmord ermuntert, wenn sich eine über die andere geärgert hatte: »Commit it!« Es war ihr Running Gag – mach's doch, bring dich doch um. Und jetzt hatte Unity es tatsächlich versucht. Nur war es ihr misslungen. Sie war in den Englischen Garten gegangen, hatte sich eine kleine perlmuttbesetzte Pistole an die Schläfe gehalten und abgedrückt. Die Kugel war im Hinterkopf steckengeblieben.

Schon im Frühjahr hatte sich der Himmel über Unitys Paradies zugezogen: Deutschland und England waren gar nicht mehr so gute Freunde. Hitler hielt ihr die Hand und tröstete »das arme Kind« mit seiner wunderbarsten Stimme und dem süßesten Blick, wie sie erzählte: »Kind, Sie müssen es nicht so tragisch nehmen.« Da war sie wieder glücklich.

Sie hatte mal mit dem Gedanken gespielt, die deutsche Staatsangehörigkeit anzunehmen, ihn aber nicht weiter verfolgt. Doch in diesem letzten Sommer, alle Zeichen standen schon auf Krieg, ließ sie sich nach Jahren als Pensionsdauerbewohnerin richtig in München nieder. Hitler hatte ihr eine Wohnung besorgt, ja, drei hatte er für sie im Angebot gehabt, sie nahm die in der Schwabinger Agnesstraße, die fand sie »perfekt«. Die jüdischen Bewohner, die, so Unity, »ins Ausland gehen« würden, mussten zugucken, wie ihre Nachfolgerin Maß nahm. Sie ließ sich ihre Möbel aus England kommen, hängte zwei Hakenkreuzfahnen übers Bett und zog im Juni 1939 ein. Kümmern musste sie sich auch jetzt um nichts. Eine Zugehfrau kam jeden Tag und machte sauber, ein SS-Mann brachte ihr die Frühstückseier vom Land.

Nach einem Besuch bei der Familie in England folgte Unity auch in diesem Sommer Hitlers Einladung nach Bayreuth, wie immer mit Diana (die

die Tradition des jährlichen Festspielbesuchs nach dem Krieg wieder aufnehmen sollte). Nach einem Essen im Haus Wahnfried erklärte Hitler den Krieg für unvermeidbar. An diesem Abend sahen sie die *Götterdämmerung*. Vier Wochen vor Kriegsbeginn traf Unity den »Führer« zum letzten Mal in der Osteria. Mit Freunden feierte sie ihren 25. Geburtstag im legendären Restaurant Walterspiel, richtete weiter die Wohnung ein. Wenn es zum Krieg käme, verriet sie Diana, würde sie möglicherweise in die Tiroler Berge verschwinden, um als »feindliche Ausländerin« niemandem durch ihre Anwesenheit Probleme zu bereiten. Die Alternative war »das andere«. Das wäre die einfachste Lösung. Andererseits wäre es möglicherweise dumm, nicht noch ein bisschen zu warten – hinterher war alles in ein paar Wochen vorbei. Die meisten Sorgen machte sie sich um ihre Dänische Dogge.

Die Ausländer verließen die Stadt, die Eltern beschworen Unity, schleunigst nach England zurückzukehren, der Vater schickte ihr 1500 Mark, auch der Konsul riet ihr dringend, Deutschland wie die anderen Briten bis zum 29. August zu verlassen. Sie dachte nicht daran. Dann stünde sie nicht mehr unter dem Schutz Großbritanniens, warnte er sie. »Ich habe den viel besseren Schutz des Führers«, erwiderte Unity. Aber auch wenn sie jetzt den ganzen Tag am Radio saß, die Nachrichten wurden nicht besser. »War die Führerrede heute Morgen nicht *wunderbar*«, flötete sie ein letztes Mal am 1. September in ihrem Brief an Janos Almásy (»mein Schatz«), nachdem Hitler den Einmarsch in Polen verkündet hatte. Am nächsten Tag schrieb sie Diana, dass »Chamberlain & Co. Verbrecher« seien und »aufgehängt werden müssten«, am übernächsten Tag erklärte Großbritannien Deutschland den Krieg.

Unity ging zu Münchens Gauleiter Wagner und gab ihm Instruktionen: Wenn ihr etwas zustoßen sollte, möchte sie in München begraben werden, mit einem signierten Foto Hitlers und dem Parteiabzeichen. In ihrem Abschiedsbrief an die Eltern richtete sie Grüße an alle aus, besonders an Decca und Nanny Blor. Später ging sie ein zweites Mal zum Gauleiter, um ihm einen Briefumschlag samt ihren Grabbeigaben und einem Brief an den »Führer« zu überreichen.

Von dort aus lief sie schnurstracks in den Englischen Garten, in den sie sich früher so gern nackt zum Sonnenbaden gelegt hatte, setzte sich auf eine Parkbank und drückte ab.

Unity wurde sofort in die Universitätsklinik gebracht, aber die Kugel saß so tief im Kopf, dass sie nicht herausoperiert werden konnte. Nach ein paar Tagen im Koma wachte sie auf, als sie wieder zu sprechen begann, waren ihre Worte oft wirr. Sie lag im Einzelzimmer, Hitler übernahm die Kosten. Er besuchte sie auch am 8. September, schickte ihr, so wie Goebbels, Blumen.

Ihre Wohnung wurde erst mal versiegelt, die Möbel eingelagert. Bis 1945 auf Hitlers Kosten, danach zahlte die Mutter, 1949 wurden sie nach England gebracht. Ihre Hitler-Devotionalien holte Unitys Freundin Rudi zu sich. Am Ende des Kriegs nahmen die Amerikaner sie mit. Ihr Freund Janos Almásy hat die Tagebücher versteckt.

Unity hatte sich überschätzt. Die Nähe zu Hitler, der Umstand, dass er sie ernst zu nehmen schien, war ihr zu Kopf gestiegen. Sie hatte sich für den Friedensengel gehalten: diejenige, die die Freundschaft zwischen Deutschland und Großbritannien garantieren und damit den Fortbestand des Empires sichern, den Krieg verhindern könnte. Dass ihre Mission gescheitert war, hat sie nicht ertragen. Die Jungfrau von Orleans hatte sie in ihrem Fragebogen 1935 zu ihrer Heldin erklärt (deren männliches Pendant natürlich Hitler war): eine Märtyrerin, die für ihr Land stirbt.

Dianas Sohn Jonathan Guinness glaubt, dass Unitys »letzter wirklich glücklicher Moment« am 31. August gekommen war: mit Deccas Geburtstagspäckchen aus Amerika. In ihrem letzten Brief vom 1. September bat Unity die Mutter, »meiner Boud … eine Million Mal« für die Geschenke zu danken, die diese ihr aus New York geschickt hatte, »unaussprechlich lieb«. Einen Absender hatte Decca nicht aufs Päckchen geschrieben, wohl damit die Schwester nicht direkt antworten konnte – wegen Esmond, wie Unity vermutete. Es war das Einzige, was Decca mit ihrem Mann nicht teilen konnte: ihre Liebe zu Boud, ihre Angst um sie. Esmond war taktvoll genug, zu schweigen.

Wochenlang mussten die Mitfords auf Nachrichten warten. Anfang Oktober kam ein kryptischer Brief von Janos Almásys Bruder Teddy aus dem neutralen Ungarn, Unity sei krank, liege in der Klinik, sei aber auf dem Wege der Besserung. Hitler, stellte sich später heraus, hatte den Selbstmordversuch zur geheimen Staatssache gemacht, in den deutschen Zeitungen las man so wenig davon wie zwei Jahre zuvor von Deccas Flucht.

Die Familie wartete, hoffte und betete (zumindest Nanny Blor tat das), aber statt verlässlicher Nachrichten kamen nur Gerüchte und Falschmeldungen. Einmal wurde Unity von der SS ermordet, ein andermal ins KZ eingeliefert, mit Hitler sollte sie sich zerstritten haben, ein Journalist rief die Mutter eines Nachts an, um ihr zu sagen, ihre Tochter sei tot. »Glaube nichts, was du in den Zeitungen liest«, warnte die Mutter Decca. »Das tun wir auch nicht! Wir glauben, dass sie sich erholt, das war das Letzte, was wir gehört haben.« Über die amerikanische Botschaft in Berlin hatten sie Anfang November erfahren, dass Unity nach einem Selbstmordversuch im Krankenhaus liege.

Grand Tour

Esmond und Decca machten es wie die USA und die Kommunistische Partei, sie hielten sich aus dem Krieg erst mal raus. Seit dem Hitler-Stalin-Pakt vom August befanden sich die linken Romillys in der Klemme: Plötzlich war die alte Grenze zwischen Gut und Böse nicht mehr so klar, die Zeit der einfachen Antworten vorbei. Aber da Amerika ja das ihrer Meinung nach demokratischste Land der Welt war, konnten sie die Demokratie doch am besten dadurch verteidigen, dass sie dort blieben.

Der Krieg hatte die Engländer von Anfang an mit voller Wucht gepackt, nicht nur die Soldaten. Allein am ersten Wochenende wurden mehr als drei Millionen Menschen evakuiert, vor allem Kinder aus ihrer vertrauten Umgebung gerissen und aufs Land geschickt. Der Krieg führte zur größten Völkerwanderung, die Großbritannien je innerhalb der eigenen Grenzen erlebt hat. Für viele bedeutete es ein unvermutetes Erwachen, was die Kluft zwischen Arm und Reich in der Klassengesellschaft anging. »Als Kinder aus dem Londoner East End zu bessergestellten Familien kamen«, so der Historiker Franz-Josef Brüggemeier, »wussten viele von ihnen nicht, dass es Tische gab, um daran zu essen; dass man sich in ein Bett legte und nicht darunter.«

Am Wochenende, als der Krieg ausbrach, war Nancy gerade bei den Eltern auf deren schottischer Insel Inch Kenneth zu Besuch, die der Vater als Trost für den Verlust von Swinbrook gekauft hatte. Es kam zu einem bitteren politischen Streit zwischen Mutter und Tochter. Auf dem Weg zum Fährschiff wurde Nancy für ihre bösen Bemerkungen über Hitler von Lady Redesdale fast aus dem Auto geschmissen. »Muv ist jetzt übergeschnappt«, schrieb Nancy zwei Wochen später an Mrs. Ham. »Anscheinend sieht sie Adolf als ihren Lieblingsschwiegersohn (der Typ, von dem man sagt: Er war wie ein Sohn für mich).«

Nancy meldete sich sofort zum Einsatz. Im Frühjahr des Jahres hatte sie ihren Mann schon in Perpignan bei der Flüchtlingshilfe unterstützt. Zu Hunderttausenden strömten die Spanier damals, um Francos Regime zu entkommen, nach Südfrankreich, wo sie unter unmenschlichen Bedingungen in Lager gepfercht wurden. In praktischen Dingen eher eine Niete, wurde Nancy als Fahrerin eingesetzt, machte sich aber mehr noch durch ihren Witz verdient, mit dem sie die Leute aufmunterte. Sie war schockiert von der Brutalität, mit der die von ihr so heiß geliebte zivilisierte französische Nation mit den Flüchtlingen umging, war ergriffen vom Los der Vertriebenen. Die Helfer versuchten möglichst viele von ihnen auf den Weg nach Mexiko zu bringen. Aber Nancy blieb Nancy, und im selben Atemzug, in dem sie sich über das Versagen des Roten Kreuzes empörte, machte sie sich furchtbare Sorgen um Milly, ihre Französische Bulldogge, die gerade Mutter von vier Welpen geworden war.

Die Wochen in Südfrankreich, die hautnahe Konfrontation mit den Folgen des Faschismus waren ein so einschneidendes Erlebnis, dass Nancy den Nationalsozialismus von nun an mit allen Mitteln bekämpfen wollte. Auch für sie, die sich in dieser Zeit als Sozialistin bezeichnete, war der Krieg mehr als ein Militäreinsatz, nämlich der erste Schritt zur grundlegenden Gesellschaftsreform. Während sie an ihrem neuen Roman schrieb, arbeitete sie als Luftschutzbeauftragte im Krankenhaus von Paddington und dann beim Feueralarm. Nach eigenen Angaben stellte die Freifrau sich auch dabei wieder so ungeschickt an, dass die anderen sie für einen Witz hielten. Ihre aristokratische Herkunft ließ sich nicht verbergen. Als Nancy einmal andere Freiwillige in Sachen Brandschutz unterrichtete, wurde sie sofort wieder aus dem Verkehr gezogen. Ihre Stimme, diese *Mitford voice*, so eindeutig Upperclass, konnten ihre Schüler nicht ertragen. Es gab verschiedene Beschwerden, einer meinte sogar, am liebsten hätte er Nancy in Brand gesetzt.

Esmond und Decca setzten derweil ihre Grand Tour fort. Sie wollten sich treiben lassen, ein paar Wochen, Monate, am liebsten einige Jahre lang die USA durchqueren – je nachdem, wo es ihnen gefiel und wo es Arbeit gab. Esmond hatte einen vagen Plan entworfen: »Washington – Stellen in der New-Deal-Verwaltung. New Orleans oder Miami – etwas in der Restaurantbranche. Texas: Hilfscowboys. Hollywood: Wir könnten Filmstars sein oder wenigstens Statisten. San Francisco: Hafenarbeiter. Chicago: Unterwelt.« Für Hollywood gab es noch einen Plan B: Wenn es nichts wird mit dem Star- und Sternchensein, könnte Esmond dort immer noch als Reporter arbeiten.

Der Weg führte sie erst einmal gen Süden, nach Washington. Als Stadt längst nicht so atemberaubend wie New York – die Hauptstadt kam Decca vor »wie ein ewiger Sonntag« –, war Washington zu dieser Zeit politisch sehr viel aufregender. Zum ersten – und einzigen – Mal machte eine amerikanische Regierung Sozialpolitik zum zentralen Programm, wobei sie gleichzeitig, ebenso unerhört, die Künste unterstützte: Schriftsteller, bildende Künstler, Fotografen erkundeten und kartographierten das Land, seine Menschen, die Armut, in der sie lebten, die Traditionen, die sie pflegten. So gut erforscht war Amerika nie.

Die Romillys waren begeistert vom kämpferischen Enthusiasmus der jungen New Dealer, die sie in Washington kennenlernten und die in den verschiedenen, neu erfundenen oder stark ausgebauten Verwaltungen arbeiteten. Sie redeten nicht nur über Sozialprogramme, sondern gestalteten sie tatsächlich. Zum ersten Mal erlebten Esmond und Decca, dass die, deren politische Ideen sie teilten, nicht in der Opposition waren, sondern an der Macht.

Der Mann, der sie in diese Welt einführte – einer von denen, deren Adressen sie aus England mitgebracht hatten –, hieß Michael Straight und war Mitarbeiter im Innenministerium und Redenschreiber für Präsident Roosevelt. Sohn einer reichen Philanthropin, wurde er als Student in Cambridge nicht nur Kommunist, sondern auch sowjetischer Spion. Das hat er allerdings erst in den 1960er Jahren verraten.

Work hard, play hard hieß das Motto der New Dealer, wobei das eine vom anderen nicht zu trennen war, auch auf den Partys wurde immer über Politik diskutiert, Decca und ihr Mann mittendrin. Straight erlebte

Esmond als »brillant, schillernd, oft rasend komisch; manchmal unfassbar grausam. Decca hatte einen feinen, spöttischen Verstand. Sie eroberten Washington, indem sie sich all seinen Konventionen widersetzten.«

Was Straight weniger witzig fand: dass Esmond sich beim alten Meyer die Taschen mit dessen teuersten Zigarren vollstopfte und mit seinem besten Brandy betrank. Nach einem heftigen Krach, in dem er Straight als Spießer beschimpfte, verließ Esmond dessen Haus, in dem sie eine Weile gewohnt hatten, »mit Decca im Schlepptau. Vorher packte er sich noch einen reichlichen Vorrat meiner Hemden, Socken und Krawatten ein.«

Wenn nur der Krieg bald zu Ende wäre, schrieb Nanny Blor aus England, die vom ersten Tag an melancholisch und verzweifelt war. Wenn nur mit Unity alles in Ordnung war! Das war der Refrain der Briefe an Decca aus diesem ersten Kriegsherbst. Wenn Unity nur mal schriebe, ein, zwei Zeilen bloß, »du weißt doch, Liebes, sie steht doch sonst auch immer wieder auf«.

Von Washington aus ging es Ende Oktober weiter in die Südstaaten, versorgt mit Kontakten zu Journalisten und Sozialarbeitern. Schockiert berichtete Decca von der Armut, der sie im Süden begegneten. Sie konnte kaum glauben, dass Menschen in diesen Bruchbuden lebten.

Eher aus Versehen – eigentlich, schreibt Decca, wollten sie nach New Orleans, irgendwo mussten sie falsch abgebogen sein – landeten die Romillys in Florida. Zum ersten Mal seit ihrer Ankunft in Amerika klang Decca deprimiert, dem Sunshine State konnte sie nichts Sonniges abgewinnen. Zu Tausenden marschierten die Kakerlaken durchs Motelzimmer, die Menschen traten als »humorloser, misstrauischer, engstirniger Haufen« auf, rassistisch und antisemitisch. Als sie 1971 zu Recherchen für ihr Buch über die amerikanischen Gefängnisse zurückkehrte, fühlte sie sich in ihrer schlechten Meinung nur bestärkt: »Oh, was für eine entsetzliche Stadt.« Weihnachten 1939 verbrachten sie in der Unwirklichkeit von Floridas heißer Sonne. In Europa herrschte seit knapp vier Monaten Krieg.

Vielleicht hatte die Heftigkeit ihrer Abneigung auch mit den Nachrichten zu tun, die sie hier in Florida erreichten: Die Gerüchte bestätigten sich, Unity hatte sich tatsächlich in den Kopf geschossen und kehrte nun nach England zurück. Wieder stürzten sich die Reporter auf Decca – diesmal nicht zur Freude, sondern zum Schrecken der Romillys. Sie wurden von Journalisten belagert, alles boten sie ihr an, 1000 Dollar für einen einzigen Artikel. Als sie Interviews verweigerte, erzählt Decca, erfanden die Reporter ihre O-Töne selber.

Boud ee ub je eedjend vegudden je Boudle

Heiligabend 1939 klingelte bei den Redesdales in England das Telefon. Ein Anruf aus Bern. Erst meldete sich Janos Almásy, dann Unity: Wann kommt ihr mich holen? Almásy hatte seine Freundin mit dem Zug in die neutrale Schweiz gebracht; in Begleitung eines Arztes und einer Nonne, die sie schon in der Klinik gepflegt hatte, waren sie in einem eigenen, von Hitler arrangierten Krankenabteil gereist.

Mutter und Debo machten sich auf den Weg nach Bern. Als sie am 29. Dezember ankamen, war Almásy noch da. Der erste Anblick Unitys war ein Schock. »Sie lag im Bett & und bestand nur aus Augen«, wird die Mutter Decca nach der Rückkehr berichten. Dünn, aber »schön« versicherte sie der Tochter in Amerika. Debos Schilderung klingt anders: zwei riesige Augen in einem eingefallenen Gesicht, verfilzte Haare, gelbe Zähne. Beides war seit dem Schuss am 3. September nicht mehr gewaschen beziehungsweise geputzt worden. »Sie ertrug es nicht, am Kopf berührt zu werden«, lächelte ein »seltsam leeres Lächeln«.

Am Neujahrstag kamen die drei Mitfords mit dem Zug in Calais an. Im Hotel, in dem sie für eine Nacht eincheckten, entdeckte sie ein Reporter vom *Daily Express*, der der Mutter 3000 Pfund für ein Interview mit Unity anbot. Ein winziger Vorgeschmack auf das, was sie auf der anderen Seite des Kanals erwartete. Der Vater holte sie mit dem Krankenwagen ab, mit dem sie kurz darauf liegen blieben. Die Familie vermutete, dass die Panne kein Zufall war: Zurück in Folkestone, am Eingang des Hotels, wurden sie von einem Blitzlichtgewitter begrüßt. Die Zeitungen überschlugen sich.

Unity wurde erst einmal ins Cottage nach High Wycombe gebracht, wo sie am Anfang unter Polizeischutz stand, dann kam sie noch mal nach Oxford ins Krankenhaus, aber die Ärzte dort konnten genauso wenig tun. Die Kugel saß zu tief, eine Operation wäre zu gefährlich gewesen. Ihr Hirn war irreparabel verletzt. Unity wusste gar nicht, wie die Kugel dort hingekommen war oder warum sie versucht hatte, sich das Leben zu nehmen. Manchmal glaubte sie, ein Arzt habe ihr in den Kopf gebohrt.

Die Geschwister waren schockiert, so dünn, so fremd sah Unity aus, die Haare, das Gesicht, ihr Wesen, alles war anders. Nancy heulte stundenlang. »Sie war nie wieder schön«, klagte Diana – für sie eines der schlimmsten Schicksale, die einen treffen konnten. Aber Unity wirke froh, zurück zu sein, berichtete Nancy Mrs. Ham. »Ich dachte, ihr hasst mich alle«, sagte sie der Familie immer wieder, »aber ich weiß nicht mehr, warum.« Und: Wie sehr sie sich wünschte, dass Decca zur Tür hereinkäme.

Anfangs konnte Unity sich kaum bewegen, musste gefüttert werden. Unbeholfen lernte sie wieder zu gehen, war abwechselnd fröhlich und deprimiert. Sie war wie ein Kind. Aber richtig erwachsen war sie ja nie gewesen.

»Boud ee ub je eedjend vegudden je Boudle«, hatte Unity Decca im Juni 1938 geschrieben, als diese nach Julias Tod nach Korsika geflohen war: »Boud, hoffentlich hast du deine Boud nicht vergessen.« Als könnte sie. Decca schrieb und schrieb, an die Mutter und Unity, aber sie war sich nicht sicher, ob in diesen Kriegszeiten alle Briefe ankamen. Umso mehr freuten sich Mutter und Unity, wenn sie Post aus Amerika kriegten, so sehr, dass Unity sie gar nicht mehr aus der Hand geben wollte.

Mehr als ein paar Worte konnte Unity selber nicht schreiben, besser gesagt kritzeln: »Liebste Boud/Alles Liebe!/Von Deiner/Boud.«

In Unitys Zimmer stand ein Foto von Decca und Esmond, das sie sich zusammen mit dem Kindermädchen immer wieder anguckte. Bei deren Besuchen redeten die beiden stets über Decca. Wenn Unity das Bild gerade nicht anschaute, lag es unter der Bettdecke, dort durfte es niemand anrühren und schon gar nicht wegnehmen.

Decca war die einzige Schwester, über die Unity nie schimpfte, von der sie immer nur liebevoll redete. Aber sie war ja auch weit weg. Debo dagegen, die als Jüngste am meisten Zeit zu Hause verbrachte, beklagte sich heftig über Unitys unerträgliches Benehmen. Sie war diejenige, die die Wutausbrüche und Launen der kranken Schwester aushalten musste – etwa wenn jemand anfing zu essen, bevor auch die Mutter saß, Debo ihr Strickzeug auf dem Tisch liegen ließ oder mal fluchte. Und das Cottage in

Swinbrook, das sie sich gemietet hatten, damit Unity in vertrauter Umgebung leben konnte, war so klein, dass es keinerlei Rückzugsmöglichkeiten gab. Was für Debo das Schlimmste war: Unity hatte ihren Sinn für Humor verloren, lachte über gar nichts mehr, »das macht es noch schwieriger, mit ihr auszukommen«.

»Bin ich verrückt?«, fragte Unity Nancy einmal. »Selbstverständlich, liebes Herz aus Stein«, antwortete die große Schwester. »Aber das warst du ja immer.« Ausgerechnet Nancy, das Partygirl, das die Geschwister in der Kindheit so getriezt hatte, die überzeugte Antifaschistin, war jetzt rührend zu ihrer kranken Schwester. Im Januar blieb sie erst mal bei der Familie, schrieb weiter an *Pidgeon Pie,* ihrem neuen Roman, der in diesem Jahr erschien.

Hobohemia

Währenddessen verkaufte Decca Modeschmuck in einem Drugstore in Florida, und das zehn Stunden am Tag, in Miami hatten sie keine reichen Gönner. Esmond stürzte sich schon ins nächste Abenteuer: Barkeeper wollte er werden. Noch in New York hatte er in einem Crashkurs gelernt, hundert Cocktails zu mixen. Außerdem hatte er ein Zeugnis vom Washingtoner Freund Michael Straight in der Tasche, an dem so ziemlich alles erfunden war, was drinstand.

Ganz fremd war Esmond die Branche nicht. Schon in England hatte er mal einen Nachtclub eröffnen wollen, einen Raum gemietet, die Einladungen gedruckt, surrealistische Malereien sollten die Kellerwände schmücken. Alles hatte er genau durchdacht und geplant – nur hatte das Startkapital von 100 Pfund gefehlt. Jetzt lieh ihm Eugene Meyer ohne Wenn und Aber das nötige Geld. Esmond, dem so schnell nichts die Sprache verschlug, war verblüfft, die Großzügigkeit der Geste, das Vertrauen dahinter beeindruckten ihn: Zum ersten Mal blieb er, der mittlerweile ruhiger geworden, nicht mehr so ruppig und jähzornig war, keinen Cent seiner Schulden schuldig. Sechs Wochen vor seinem Tod zahlte er Eugene Meyer die letzte Rate des Kredits zurück.

Zunächst hatte Esmond in Miami als Kellner eines guten italienischen

Restaurants gearbeitet. Dass er, wie seine Frau sagte, nicht mal einen Löffel von einem Zimmer ins andere tragen konnte, ohne ihn fallen zu lassen, disqualifizierte ihn. Doch die italienische Familie mochte ihn und seine Frau, bot Esmond erst einen Job als Tellerwäscher an und schließlich die hauseigene Bar. An der Theke war er in seinem Element, hier konnte er sein schauspielerisches Talent ausleben – mal gab er den Konservativen, mal mimte er Humphrey Bogart –, konnte reden, so viel er wollte, seine Neugier auf Menschen stillen, sie studieren und kategorisieren. Decca war die niedliche Bardame an seiner Seite, ein bisschen Buchhaltung lernte sie bei der Gelegenheit auch. Natürlich war das den Zeitungen wieder einen Artikel mit Foto wert: »Schwester von Adolfs Idealtyp macht ihr Glück als Bardame in Miami«.

In einer Serie unter der Überschrift »Baby-Blue-Bloods in Hobohemia« schlachteten die Romillys in Meyers *Washington Post* ihre Erlebnisse kräftig aus. »Hobohemia«, das Wort war eine Neuschöpfung aus Boheme und Hobo, dem Landstreicher, der es in Amerika fast zu ähnlichen mythischen Ehren wie der Cowboy gebracht hatte. Decca und Esmond teilten sich den Platz in der Zeitung, jeder schrieb aus seiner Perspektive, unter seinem Namen, dabei fuhr Decca alle Geschütze auf, zeichnete als »The Hon. Jessica ›Decca‹ Freeman-Mitford-Romilly«.

Wie ein Fortsetzungsroman erschien die Serie ab Ende Januar 1940 in der Sonntagsausgabe der *Washington Post*, groß aufgemacht, mit Fotos und Karikaturen. Es sind fröhliche Katastrophenberichte. Was immer die beiden anpacken, über kurz oder lang endet es im Desaster. Aber egal, ob ihnen die Türen vor der Nase zugeschlagen werden oder die Taschen leer sind, sie finden alles lustig.

Die Daheimgebliebenen fanden die Serie nicht ganz so lustig. In Europa tobte der Krieg, und Esmond und Decca schüttelten Cocktailbecher in Florida. »Nun, ihr habt sicher eine kluge Entscheidung getroffen«, schrieb Philip Toynbee ihnen Anfang April 1940, nachdem er sie bereits scharf kritisiert hatte dafür, dass sie sich aus dem Krieg raushielten. Was er ihnen nicht sagte: wie demoralisiert er war vom bitteren Ende des Spanischen Bürgerkriegs, wie tieftraurig über den Selbstmord seines älteren Bruders. Auch dass er arbeitslos war und seine Freundin ihn verlassen hatte, verschwieg er den guten Freunden (zu Deccas späterem Schreck), wohl weil er von den ungefühligen Romillys weder Verständnis noch Trost erwartete. Wie die meisten ihrer englischen Freunde meldete er sich zum Kriegsdienst.

Nur die Mutter war stets auf Deccas Seite. Was die Tochter auch tat, ob sie ihr ihre Schwangerschaft verschwieg oder mit dem Auto auf Vergnügungsreise durch Amerika kurvte, sie machte es richtig und wurde gelobt. Lady Redesdale wollte den Kontakt nicht abreißen lassen. Ihre Briefe adressierte sie an »The Hon Mrs. Romilly« – die Ehrenwerte Mrs. Romilly, beruhigte sie per Post und Telegramm, dass es Unity doch schon viel besser gehe: »KEIN GRUND ZUR SORGE«. Drei Tage später schrieb die Schwester selbst: »Als ich deinen Brief bekam, bin ich fast durchgedreht. VERSTEHST du, ich hab mich so nach dir gesehnt, weil ich dich doch so lieb habe!« Und im selben Atemzug, mit derselben Begeisterung: »Oh, Boud, ich habe eine ZIEGE!« Von »The Fem«, ihrer Mutter, habe sie die Ziege bekommen »& ich LIEBE sie«. Ihre Schrift war wüst, die rechte Hand konnte sie kaum bewegen, auf dem einen Auge war sie (noch) fast blind. Die Mutter beruhigte erneut in ihrem Begleitbrief, Unity sei zwar langsam, scheine aber bald wieder die Alte zu sein »& brüllt vor Lachen über die schwächsten Witze (vor allem über mich)«.

Wovon die Mutter Decca nicht erzählte: dass sie ihren Mann kaum noch sah, ihre Ehe auseinanderbrach. Noch vor Beginn des Kriegs war David wieder auf patriotischen Kurs umgeschwenkt. Jetzt entschuldigte er sich öffentlich im *Daily Mail* für seinen Irrtum, war wieder ganz der Alte: ein flammender Teutonenhasser. Nicht lange zuvor hatte er im Oberhaus noch dafür plädiert, den Deutschen ihre Kolonien zurückzugeben.

Sydney dagegen hielt an ihrer Überzeugung fest: Dass Hitler Deutschland aus der Wirtschaftskrise herausgeholt hatte, Frieden und Freundschaft mit Deutschland der Weg war, das britische Empire zu retten. Hitler könnte den Kontinent haben, wenn er Großbritannien die Weltmeere ließe. Lady Redesdales größte Stärke war auch ihre größte Schwäche: ihre unumstößliche Loyalität.

Zwischen den Eltern kam es nun immer wieder zum heftigen Streit bis hin zum Türenschlagen. »Ich glaube wirklich, dass sie sich nicht mehr mögen«, vermutete Nancy. Neben den politischen Differenzen trug auch Unity zur Entfremdung der Eltern bei – der pingelige Vater, der schon ausrastete, wenn jemand nur kleckerte, hielt es mit der inkontinenten, ungeschickten, launischen Tochter nicht aus. Also floh er ans Ende der Welt: nach Inch Kenneth, ihre Hebrideninsel. Dort sollte er jetzt die meiste Zeit leben, zusammen mit einer früheren Haushälterin, die der Rest der Familie nicht leiden konnte, schon weil sie jetzt die Rolle der Frau an seiner Seite einnahm; im Winter wohnte er in London. Die Mutter wäre auch wahnsinnig gern auf Inch Kenneth geblieben, hatte sie Decca zu Beginn des Kriegs von dort aus geschrieben. Aber sie durfte nicht: Lady Redesdale und Unity hatten Inselverbot, vom Kriegsminister persönlich. Die Gegend um die schottische Insel galt als Sicherheitszone und damit als Nazi-Sperrgebiet. Erst 1944 würde der Innenminister das Verbot wieder aufheben.

In ihr Scrapbook hatte Decca einen Ausschnitt aus der bunten Wochenendbeilage einer Bostoner Zeitung vom 21. Januar 1940 geklebt, mit einem riesigen Foto von ihr aus der Bar in Miami, ein Pfeil zeigt auf ihr Gesicht: »N. G. (No good)«, »Nicht gut«, hatte ein anonymer Absender danebengeschrieben. »Die Story ist Schwachsinn. Geht nach Hause und kämpft.«

Genau das hat Esmond gemacht. Nach ein paar Monaten in Miami packten sie wieder die Koffer, der Krieg rief. Vorher ließen sie es sich noch mal gut gehen, legten sich an den Strand, machten auf dem Rückweg Station an der Westküste Floridas, die ihnen viel besser als Miami gefiel, waren in Alabama, Georgia und West Virginia. Ende Mai kehrten sie nach Washington zurück, das war das Ende ihrer Grand Tour, die sie eigentlich quer über den Kontinent bis nach Kalifornien hätte führen sollen.

Es war auch der Ende ihrer intensiven Zweisamkeit. Sosehr sie all die Begegnungen des letzten Jahres genossen hatten – und einige von denen, die sie kennenlernten, würden Decca Freunde fürs Leben werden –, im Grunde war das Paar sich selbst genug. All die Dramen, die sie in so kurzer Zeit miteinander erlebt hatten, der Widerstand, den sie hatten brechen müssen, ihr Herumvagabundieren, hatte die Verliebten zusammengeschmiedet »zu einer ganz und gar selbständigen Einheit«, wie Decca in ihrer Autobiographie schrieb, »zu einer Verschwörung zweier Menschen gegen die übrige Welt«. Dieses Einssein wurde jetzt aufgebrochen.

6

Kriegsdienst

Es wurde ernst. Der Sitzkrieg – die Engländer nannten ihn *phoney war*, den »falschen Krieg« – war vorbei. Jetzt ging der Kampf erst richtig los. Im April 1940 besetzten die deutschen Truppen Norwegen und Dänemark. Esmonds Bruder Giles, als Skandinavien-Korrespondent des *Daily Express* vor Ort, wurde als einer der Ersten festgenommen und nach Deutschland gebracht. Erst fünf Jahre später kam er wieder frei.

Im Mai marschierten die Nazis in die Beneluxländer ein, im Juni besetzten sie Paris. Wenige Wochen zuvor, darauf hatte Esmond schon lange gewartet, war der verhasste Chamberlain zurückgetreten und von Churchill abgelöst worden. Und dieser, Premier und Verteidigungsminister zugleich, war *wirklich* entschlossen, gegen die Deutschen zu kämpfen. Bis zum Sieg, egal, wie bitter der würde, egal, wie lange es dauerte. Das, so Decca, war der Wendepunkt. Jetzt konnte sich Esmond zum Kriegsdienst melden. Zu Churchill hatte er Vertrauen. Churchill war »one of us«, einer von uns.

Dabei war sein Onkel ihm politisch diametral entgegengesetzt. Im großen Generalstreik in den 1920er Jahren war Winston Churchill als Hardliner aufgetreten, am Anfang des Spanischen Bürgerkriegs hatte sich der konservative Politiker auf die Seite Francos gestellt. Trotzdem blieb sein Neffe, was er schon als Teenager gewesen war: ein großer Bewunderer. Gönnerhaft beschrieb der damals Fünfzehnjährige seinen prominenten Verwandten in *Out of Bounds* als »einen der charmantesten Menschen, denen ich je begegnet bin« – »ein hochintelligenter und sympathischer Mann«. Angesichts des eigenen schwachen Papas war Churchill für Esmond eine Vaterfigur; in Chartwell, Churchills Landhaus, diskutierte er zum ersten Mal über Politik. Ihm gefiel, dass sein Onkel so aus der üblichen Rolle des Politikers fiel, Kriegsherr und Hobbymaler war, Amateurhistoriker und Bestsellerautor (der sich später sogar den Literaturnobelpreis erschrieb). Abenteurer und Rebell, folgte Churchill nicht der Parteilinie, sondern der eigenen Überzeugung, egal wie politisch unkorrekt die war.

Für Esmond und Decca repräsentierte der Amerika-liebende Churchill schon seit einiger Zeit eine gewichtige Stimme des Widerstands gegen die britische Appeasement-Politik. Früh hatte er die Gefahr, die von Hitler ausging, erkannt. Aus dem gleichen Grunde konnten die faschistisch gesinnten Mitglieder der Mitford-Familie, einschließlich Lady Redesdale, den neuen Premierminister gar nicht leiden. Die Mosleys hassten ihn regelrecht, machten ihn für den Untergang des britischen Empires verantwortlich. Nur Roosevelt war in Dianas Augen noch schlimmer.

Allerdings gab es auch gravierende Differenzen. Für Esmond war der Faschismus nur eine besonders perfide Form des Kapitalismus, der Widerstand dagegen daher der erste Schritt zu einer gesellschaftlichen Umwälzung. Wenn er sich jetzt als Soldat meldete, kämpfte er nicht für den Erhalt des britischen Empires, sondern für den großen sozialen Umbruch.

Noch hielten sich die USA aus dem Krieg heraus, unterstützten Großbritannien nur finanziell. Die Mehrheit im Land war gegen eine Beteiligung, weshalb Roosevelt sich, aus Angst vor einer Niederlage bei den anstehenden Wahlen, mit seinem Votum zurückhielt. Als lähmend haben Decca und ihre Freunde diese Zeit erlebt. Erst am 8. Dezember 1941 würden die USA Japan den Krieg erklären.

Noch war Esmond Engländer, aber in die britische Armee einzutreten, davor graute ihm, der Offizierssohn wollte nicht zurück in die alten hierarchischen Strukturen. Das hatte ihm an der chaotischen Truppe im Spanischen Bürgerkrieg ja gerade so gefallen: »Es fehlte uns das Organisationstalent, die Perfektion der britischen Armee – aber auch deren repressive Disziplin.« Außerdem waren dort jetzt all seine alten Gegner versammelt, einschließlich der Nazi-Sympathisanten der Upperclass. »Wahrscheinlich stehe ich bald unter dem Befehl einer deiner entsetzlichen Verwandten«, erklärte er seiner Frau. Von Pams erzkonservativem Mann Derek Jackson zum Beispiel, der zum hochdekorierten Helden der Royal Air Force wurde.

Kanada war Esmonds Rettung, die Royal Canadian Air Force ein pragmatischer Kompromiss, dort würden die militärischen Strukturen demokratischer sein. Als britischer Staatsbürger hatte er kein Problem, in die Armee des Commonwealth-Staates aufgenommen zu werden, zumal Eugene Meyer wieder ein gutes Wort für ihn einlegte.

Dass er sich bei der Luftwaffe bewerben würde, stand seit den Erlebnissen in Spanien fest. Nichts hatte Esmond so viel Angst eingejagt wie »die grauenhafte Vorstellung, aus der Luft beschossen zu werden«, dieser »Hurrikan aus Blei«. Dass es auch aufregender war, im Flugzeug zu sitzen, als zu Fuß durch den Schlamm zu marschieren, hat sicher ebenfalls eine Rolle gespielt. Die Ausbildung würde er noch in der Neuen Welt absolvieren, so dass er Decca sehen und sie ohne Zeitverschiebung miteinander telefonieren konnten.

Mrs. Romilly blieb nämlich in Washington. Das hatte Mr. Romilly geschickt arrangiert.

Seminary Hill

»Old Virginny, Old Virginny!« Esmond musste nicht lange flöten, um Virginia Durr mit seiner Anspielung auf das alte Südstaatenlied »Carry Me Back to Old Virginny« zu bezirzen. Die romantische Südstaatenlady war so entzückt von dem jungen Engländer, dass sie alles für ihn getan hätte. Ob sie Decca am Wochenende seiner Abreise nach Kanada nicht zu sich nehmen und ein bisschen trösten könne? Im Prinzip gerne, nur war sie just an diesem Wochenende gar nicht zu Hause, sondern in Chicago auf dem Parteitag der Demokraten. Umso besser, fand Esmond: Das würde Decca auf andere Gedanken bringen.

Auf der Fahrt nach Chicago hatte Mrs. Romilly nur einen Gedanken: Wo ist das nächste Klo? An jeder Tankstelle mussten sie halten, damit sie sich übergeben konnte. Virginia Durr brauchte nicht lange, um zu begreifen, dass Decca schwanger war. Endlich auf dem Parteitag angekommen und von Virginias gutem Freund Lyndon B. Johnson, dem späteren US-Präsidenten, kurzerhand zu Ehrenabgeordneten von Texas gekürt, wurden die beiden Frauen »100 Meilen vom nächsten Damenklo« in einem Saal platziert, in dem es über 40 Grad heiß war. Decca war hochgradig nervös, Virginia erklärte das Problem, da überreichte der galante Bürgermeister von San Antonio der Schwangeren mit großer Geste seinen Sombrero: »Madame, nehmen Sie meinen Hut!«

Politisch empfand Decca den Parteitag als Flop: »Alles Wichtige spielte sich hinter den Kulissen ab«, schrieb sie ihrem Mann enttäuscht. Aber der Unterhaltungsfaktor war ziemlich hoch. Virginia, die nach der Nominierung von Henry Wallace als Vizepräsidentschaftskandidat mit Begeisterung und Maiskolben schwingend in dessen Parade mitmarschierte, schleppte sie zu allen möglichen Dinners.

Auf dem Parteitag wurde das ungeborene Baby auch schon mal getauft. Weil es im Bauch so strampelte und um sich trat, wurde es »The Donk« genannt – »donkey«, der Esel, ist das Wappentier der Demokraten –, daraus wurde später Dinky Donk, wovon am Ende Dinky übrig blieb. So wird das Baby auch noch siebzig Jahre später genannt.

Nach dem vergnügten Parteitag – da hatte sie Decca längst fest in ihr großes Herz geschlossen – fragte Virginia die vierzehn Jahre Jüngere, ob sie nicht noch ein bisschen bei ihnen bleiben wolle. Sie wollte. Und so wurden aus dem Wochenende zwei Jahre, aus Freunden wurde ihre Wahlfamilie, aus dem Durr'schen Haus ihr erstes amerikanisches Zuhause, in dem sie mehr über ihre neue Heimat lernte, als sie aus Büchern je erfahren hätte. Esmonds Plan war aufgegangen: Decca war gut aufgehoben.

Durch Michael Straight hatten die Romillys die Durrs schon bei ihrem ersten Washingtonbesuch kennengelernt – zwei aufrechte Demokraten aus alten Familien Alabamas und New Dealer der allerersten Stunde, ein äußerst konträres Paar von großer Herzlichkeit und ebensolchem Engagement, integer bis zum Äußersten. Decca kamen die beiden Durrs wie zwei ineinander verschlungene Bäume »völlig verschiedener Spezies« vor.

Er: vierzig, schlank, groß und sportlich, eher still, fast steif, ein Jurist, der in Deccas Augen wie ein Gelehrter aussah. Ein gläubiger Mensch, der an Gott, das Recht und die amerikanische Verfassung glaubte, an die Bürgerrechte und an das Gute im Menschen. Das sollte Cliff Durr später in große Schwierigkeiten bringen. Hatten die Mitford-Schwestern ihren Vater als einen »geborenen Faschisten« bezeichnet, so wurde Cliff als »geborener Gentleman« gefeiert.

Sie: sechsunddreißig, Südstaatenaristokratin und unermüdliche Bürgerrechtlerin von großer Gestalt, mit großem Hut und einer Stimme, wie

Decca sie noch nicht gehört hatte, einer Art »weichem Kreischen«. Eine temperamentvolle, hemmungslose Lady, die nur ihr Mann auf seine behutsame Art wieder auf den Boden holen konnte: »Jetzt hör mal auf, Virginia.« Als »geborene Rebellin« bezeichnete Decca die hitzköpfige Kämpferin.

Hartnäckig und unerschrocken wie sie selbst ging auch Virginia schnurstracks auf Leute zu, ohne Scheu vor Peinlichkeiten. Im Singsang der Southern Belle feuerte sie gleich bei der ersten Begegnung eine Frage nach der anderen auf die Engländerin ab: »Ihr Ansatz bei Gesprächen war der Frontalangriff.«

Virginia Durr, geboren 1903, ein Jahr älter als Nancy, war tief beeindruckt von Deccas zarter Schönheit, ihrer weißen Haut, den »reizenden, schrägen Mongolenaugen, diesen unglaublich blauen Mitford-Augen, der schlanken Figur«. Sie war nicht die Einzige. Deccas atemberaubende Schönheit, das war es, woran sich alle als Erstes erinnern, wenn sie später von ihr sprechen.

Natürlich lud Virginia das so rührend verliebte Paar nach der ersten Begegnung gleich zu sich nach Hause ein, wo sich die Romillys auch sofort zu Hause fühlten. Die Durrs wohnten in Alexandria, Virginia, ein paar Kilometer außerhalb von Washington. Turbulent ging es zu in dem alten weißen Farmhaus, einem Holzbau mit großer überdachter Veranda. Fast so wie bei den Mitfords früher, nur wärmer, entspannter, gastfreundlicher. Im Wohnzimmer krabbelten die Kinder herum, wurden offensichtlich geliebt, aber nicht weiter beachtet. Beide Durrs hatten eine große Affinität zu England. Virginia liebte die englische Literatur, Austen, Dickens, Eliot, durchs ganze 19. Jahrhundert hatte sie sich gelesen, Cliff hatte als Rhodes Scholar in den 1920er Jahren in Oxford Jura studiert.

Nach einem Abend in Alexandria hatten die Romillys das Gefühl, die Durrs seit Jahren zu kennen. Und die waren ganz bezaubert von dem charmanten jungen Paar, das so anders war, so stark und entschlossen, so »verrückt und verrückt vor Liebe«, wie Ann, die älteste Tochter der Durrs, es beschreibt. Eher still hat Virginia später die junge Decca in Erinnerung, im Unterschied zu Esmond, dem Wortführer. Fasziniert hörte sie zu, wie er mit einem Kongressabgeordneten über den Spanischen Bürgerkrieg diskutierte – hier war tatsächlich einer, der gegen Franco gekämpft hatte! »Er war quicklebendig, wie ein Komet, ein solches Strahlen ging von ihm aus!«

Es war der Beginn eines neuen Lebens, das Ende des alten. Mit dem Abschied von Esmond, der sich mit vollgepacktem Auto auf den Weg in sein Soldatenleben machte, beendet Decca ihre Autobiographie *Hons and Rebels*. Von der tiefen Zerrissenheit zwischen ihrer politischen Überzeugung und ihrer Angst, der Ahnung, dass ihm was passieren könnte, schweigt sie in dem Buch. Wahrscheinlich hat sie es nicht einmal ihrem Mann gesagt. Natürlich musste Esmond gegen die Nazis kämpfen! Aber am liebsten hätte sie ihn zurückgehalten.

Als sie von Alabama nach Washington zogen, wo Cliff einen Job bei einer der neuen Regierungsbehörden, der Bankenaufsicht, bekommen hatte, wollte Virginia Durr nicht im Zentrum der Macht, sondern lieber in einem ländlichen Vorort leben. Seminary Hill hieß die freundliche, lauschige Gegend, die ihren Namen einem theologischen Seminar verdankte. Dort scharten die Durrs bald andere New Dealer um sich wie John Kenneth Galbraith, der damals noch junge, später berühmte Ökonom, der als einer der wenigen den sozialpolitischen Geist der Roosevelt-Ära in die Nachkriegszeit rettete und sich jetzt in der Nachbarschaft niederließ.

Dass Seminary Hill ein ausschließlich weißes Wohnviertel war, verstand sich von selbst – Schwarzen begegnete man hier nur als Dienstboten. Selbst in Washington gab es damals nur ein einziges Restaurant, in dem Schwarze und Weiße zusammen essen konnten: das Bahnhofslokal. Und auch das nur, weil der damalige Präsident Teddy Roosevelt darauf bestanden hatte. Die amerikanische Hauptstadt lag in den Südstaaten. Einer der wenigen Orte, an denen Schwarze und Weiße wenigstens einen Kaffee miteinander trinken konnten, war ein linker Buchladen, eine Kooperative, der auch Virginia angehörte.

Einer Art Villa Kunterbunt glich das weitläufige Durr'sche Haus – lebhaft, laut und chaotisch. Wobei es nicht nur voller Kinder war, so Decca, sondern auch voller Mütter, darunter Virginias depressive, schon leicht demente Mutter. Das frühere Farmhaus war eine Art Epizentrum: Gäste waren immer willkommen, die beiden Südstaaten-Freunde Lyndon B. Johnson und seine Frau Lady Bird machten es sich hier am Sonntag gemütlich, Virginias Schwester Josephine und ihr Mann Hugo Black, ein New Dealer, der als Verfassungsrichter später eine wichtige Rolle bei der Beendigung der amerikanischen Apartheid spielen sollte, gehörten sowieso zur Familie. So wie jetzt auch Decca.

Drei Töchter hatten die Durrs. Ann war zur Zeit von Deccas Einzug ein Teenager, Tilla, die jüngste, noch ein Baby, Lucy konnte gerade mal laufen und reden. Es gab eine Köchin, ein Kindermädchen, eine Putzfrau und einen Mann für den Rest. Vergeblich versuchte Virginia, ihr neues Familienmitglied ein wenig zu domestizieren und in Dingen des Haushalts zu unterrichten. Da erwies sich Decca als resistent. Sie sah gar nicht ein, warum sie ihr Bett machen sollte, wenn sie es am Abend sowieso wieder aufwühlte. Als Virginia ihrem Gast eine Schachtel Waschpulver in die Hand drückte, hörte sie als Nächstes Deccas Schreie – das ganze Badezimmer stand unter Schaum.

Vergeblich versuchte Decca danach, die älteste Tochter der Durrs dazu zu bringen, ihre Unterwäsche zu waschen. No way!, erwiderte Ann. Dann, so Decca, trage sie eben keine Unterhose. Eine Drohung, von der Ann glaubt, dass Decca sie wahrmachte. Als diese bei einem Fest vom Stuhl fiel, war sie untenrum nackt. Schockieren und provozieren war ihr auch in Washington ein Vergnügen.

Decca behandelte Ann wie ihre kleine Schwester, triezte sie so, wie sie Debo getriezt hatte, nahm sie auch genauso auf den Arm. So lustig Ann die neue große Schwester fand, sie hatte immer das Gefühl, sich wehren zu müssen. Decca war erbarmungslos, beim Nachhilfeunterricht in Französisch griff sie zu rabiaten Methoden, drohte, eine Zigarette auf dem Arm ihrer Schülerin auszudrücken, wenn sie ihre Vokabeln nicht konnte. Ann war sich nicht sicher, ob das Scherz war oder Ernst, gab den Französisch-Unterricht aber vorsichtshalber auf.

Virginia Durr

Mit ihrer exaltierten Art hatte Virginia es bei der Linken ähnlich schwer wie Nancy mit ihrer Stimme beim freiwilligen Kriegseinsatz. »Ich identifizierte mich mit der Arbeiterbewegung«, erzählte Virginia in ihrer Autobiographie, »aber ich brauchte lang, um zu erkennen, dass sich die Arbeiterbewegung nicht mit mir identifizierte.«

Virginia war ein Leben als radikale Bürgerrechtlerin nicht in die Wiege gelegt worden. In Birmingham, Alabama, wuchs sie in Verhältnissen auf, die Deccas gar nicht so unähnlich waren. Auch sie war es gewohnt, bedient zu werden, auch für sie war das (schwarze) Kindermädchen die geliebte Bezugsfigur. Eine Southern Belle, wie sie im Buche stand, stammte Virginia aus ursprünglich wohlhabendem, dann verarmtem Hause, der Großvater Plantagen- und Sklavenbesitzer, der Onkel Gouverneur von Tennessee, der Vater ein lieber Mensch, miserabler Geschäftsmann und Laienprediger. Er förderte seine kluge Tochter, schickte sie sogar aufs College, bis er es nicht mehr bezahlen konnte. Als Häretiker verlor er seine Pfarrstelle, weil er nicht schwören wollte, dass die Geschichte von Jonas und dem Wal wörtlich zu verstehen war. Nach einem Nervenzusammenbruch wurde er Versicherungsvertreter, bis er schließlich Geld und einen Teil der Plantage von Virginias Großmutter erbte.

So wie Decca nach Paris, wurde Virginia nach New York geschickt, um den letzten Schliff zu kriegen: zu lernen, wie man manierlich Tee eingießt und sich einen reichen Mann angelt. Daraus wurde nichts, stattdessen kehrte sie nach Alabama zurück und heiratete Clifford Durr, einen jungen Anwalt aus Montgomery. Die Hochzeit wurde 1926 im großen Stil gefeiert, fünfhundert Leute kamen zum Empfang. Das war der festliche Beginn einer Ehe, die den härtesten Bewährungsproben standhielt, fünfzig Jahre lang, bis zu Cliffs Tod.

Aufgewachsen in einer Welt, in der man Schwarze mit wohlwollender Paternalität behandelte, waren Virginias Vorstellungen erst allmählich ins Wanken geraten. Am liberalen Wellesley College war sie noch fast in Ohnmacht gefallen, als sich ein schwarzes Mädchen in der Mensa zu ihr an den Tisch gesetzt hatte. Am Ende aber wurde aus Virginia eine unermüdliche Kämpferin gegen Armut und Rassismus. Viele mühsame Jahre lang engagierte sie sich für die Abschaffung der jährlich zu zahlenden Wahlsteuer, die Schwarze, auch arme Weiße und vor allem Frauen von der Urne fernhielt. Als sie diesen Kampf aufnahm, war sie sechsunddreißig. Sie brauchte einen langen Atem: Erst 1965 sollte die Wahlsteuer durch den Voting Rights Act auf allen Ebenen abgeschafft werden.

In Birmingham hatte Virginia zu Beginn der 1930er Jahre ihre erste große politische Aktion auf die Beine gestellt, zusammen mit einem Frauenverein. Da hatte sie Molkereien dazu gebracht, überschüssige Milch zu spenden, statt sie wegzukippen. Ihre politische Erweckung beruhte auf einer Mischung aus Empathie, Entsetzen und gesundem Menschenverstand, sie konnte es einfach nicht fassen: Da liefen Kinder in dreckigen Mehlsäcken herum, schliefen in zusammengenagelten Bretterverschlägen, hatten Hunger, litten unter heftiger Rachitis – und gleichzeitig wurde gute Baumwolle einfach umgepflügt, Milch in die Gosse geschüttet. Nur weil die Preise im Keller waren. »Kann man sich was Idiotischeres vorstellen?«, empörte sie sich noch vierzig Jahre danach.

Die Zeiten von Bridge Club und Nähzirkel waren für sie nun endgültig vorbei. Die Armut war bitter im Süden, auch ihre eigenen Eltern konnten ihr Haus nicht mehr halten. Die Mutter wurde schwer depressiv und kam für eine Weile in die Psychiatrie, der Vater stürzte sich in den Wahlkampf für Roosevelt.

Die Durrs waren schon früh für eine Beteiligung der USA am Krieg gewesen. In der Zeit der Aufrüstung, bevor die USA sich tatsächlich am Kampf gegen Hitler beteiligte, spielte Cliff eine maßgebliche Rolle bei der Entwicklung der staatlichen Defense Plant Corporation. Die Idee dahinter, passend zum generellen Programm Roosevelts: Wenn der Staat schon die Aufrüstung finanzierte, dann sollte er auch die Rüstungsindustrie unter Kontrolle halten und nicht in private Hände geben.

Als sie nach Washington gezogen waren, nahm eine Freundin Virginia mit zu Anhörungen im Kongress und Verhandlungen des Obersten Gerichtshofs. Irgendwann fing sie an, ehrenamtlich im Frauenkomitee der Demokraten mitzuarbeiten – vor allem aus Bewunderung für Eleanor Roosevelt, die progressive Frau des Präsidenten, die sich mit großer Entschlossenheit für die Gleichberechtigung von Frauen und Schwarzen, gegen Diskriminierung jeder Art einsetzte.

Und dann, im Frühjahr 1938, starb der dreijährige Sohn der Durrs. An einem Blinddarmdurchbruch, den die Ärzte zu spät erkannt hatten. Um sich abzulenken, fuhr Virginia in diesem Sommer jeden Tag mit ihrem Mann in die Stadt und setzte sich in die Anhörungen eines Senatskomitees. Es ging um Bürgerrechte, das Recht der Arbeiter, sich zu organisieren. Am brutalsten, erfuhr Virginia, war der Widerstand gegen die Gewerkschaften in den Südstaaten. Je länger sie zuhörte, desto spannender fand sie das Ganze. Immer heftiger wurde ihre Empörung, sie fing an, mit den Kommunisten zu sympathisieren, ohne selber in die Partei einzutreten, freundete sich mit Mitgliedern des Komitees an. Und je mehr sie sich engagierte, desto radikaler wurde sie.

Virginia war ganz in ihrem Element in diesen aufregenden Zeiten, in denen alle damit beschäftigt waren, etwas zu verändern. So optimistisch war die Stimmung damals, dass Decca fest daran glaubte, dass die kommunistische Revolution kommen würde, bevor ihre eigene Tochter erwachsen war.

Die Boutiquenverkäuferin und der Soldat

Mit der Unterstützung der Royal Air Force, gerade mal 35 Dollar im Monat, kam Decca nicht weit. Sie wollte den Durrs ja auch was für die Unterbringung zahlen. Wieder ergatterte sie mit Hilfe von Eugene Meyer im August 1940 eine Stelle, diesmal als Model und Verkäuferin in einem feinen Modegeschäft, wo sie, in Highheels und hautengem Kleid, 30 Dollar die Woche verdiente, umgerechnet sechs Pfund.

Am ersten Arbeitstag wurde Decca erst mal zum Friseur geschickt, damit der ihr die Haare auf dem Vorderkopf zu Schmalzlocken kräuselte, »eine Art Vogelnest oben auf dem Kopf«. Nachdem das Benzin rationiert war und der Bus nur einmal am Tag in die Stadt fuhr, tat sich Decca jeden Morgen mit Cliff und einigen Nachbarn zu einer Fahrgemeinschaft zusammen. Im vollgepackten Auto saß sie, die einzige Frau und trotz Schwangerschaft die Schmalste, meist auf irgendeinem Schoß. Oft gehörte er John Kenneth Galbraith, einem hageren Riesen.

Den Bauch, den sie bei Weinberger's nicht zeigen durfte (ihre Arbeitgeber wussten nichts von der Schwangerschaft), zwängte Decca ins Korsett, das sie sich abends in Cliff Durrs Büro, dem Treffpunkt für die Fahrgemeinschaft nach Hause, vom Körper riss. Cliff wand sich vor Verlegenheit, aber seine Bitten, den Striptease zu unterlassen, blieben ungehört. Irgendwann schloss sie sich einer anderen Mitfahrgelegenheit an, der junge Banker holte sie sogar ab, allerdings bekamen sie sich regelmäßig über Sozialismus und Kapitalismus in die Haare. »Decca«, so Virginia Durr, »war ganz schön stürmisch.«

Aufgeregt und voller Stolz erzählte Decca Esmond in ihren Briefen von den Kleidern, die sie verkaufte. So langweilig der Job war, entwickelte sie doch Ehrgeiz, ging auf Partys, um finanzkräftige Kunden zu akquirieren (und sich über sie lustig zu machen). In der Mittagspause traf sie sich mit Mitarbeitern der *Washington Post* und der britischen Botschaft.

Auch wenn der Einsatz im Zweiten Weltkrieg für Esmond eine Fortsetzung des Kampfes in Spanien war – der Kontrast hätte kaum größer sein können. Jetzt schlief er in einem bequemen Bett, bekam zum Frühstück Eier und Speck serviert, konnte Tennis spielen und Filme gucken. Bald empfand er die Kaserne als goldenen Käfig. In Spanien hatte man ihn in eine schlabberige braune Cordhose gesteckt (es gab nur eine Einheitsgröße), hatte ihm ein Gewehr in die Hand gedrückt und gezeigt, wie man es lädt und wo man abdrückt – fertig war der Soldat. In Kanada dauerte die Ausbildung bei der Air Force ein geschlagenes Jahr. Esmond wurde von Trainingslager zu Trainingslager versetzt, musste üben, üben, üben, vor allem Geduld – und dann, die Prüfungen hatte er mit Bravour bestanden, sollte er als untauglich ausgemustert werden: wegen einer Operation am Ohr in Kindertagen. Maßlos enttäuscht, schloss er sich mit einer Flasche Whisky ins Hotelzimmer ein. Aber die Depression hielt nicht lange an. Nachdem er seine Entlassungspapiere bekommen hatte, schummelte Esmond sich durch eine Hintertür wieder rein.

Seine Eltern hätten gestaunt: Der einst so aufsässige Schüler, der rastlose Jugendliche nahm den ganzen Drill, all die stupiden Aufgaben des Soldatenlebens in Kauf. Obwohl er in Spanien nicht mal rechts von links, Süden von Norden unterscheiden konnte und sich auch jetzt im Hauptgebäude des Truppenstützpunkts ständig verlief, wurde er bei der Air Force zum Luftraum-Beobachter und Navigator ausgebildet.

Regulation 18B

Während Esmond sich darauf vorbereitete, mit Churchill in den Krieg zu ziehen, steckte dieser die Mosleys ins Gefängnis. Nach dem Einmarsch der Nazis in Norwegen und Dänemark wurde in Großbritannien eine Art Notgesetz erlassen, das es erlaubte, Menschen ohne Prozess und Urteil auf unbestimmte Zeit zu inhaftieren, wenn sie als Gefahr für die nationale Sicherheit des Landes galten. Gleichzeitig wurde die Faschistische Union verboten und aufgelöst.

Unter »Regulation 18B« wurden rund 750 britische Faschisten, darunter fast hundert Frauen, inhaftiert. Oswald Mosley kam im Mai in Brixton hinter Gitter, Diana wurde einen Monat später im Frauengefängnis Halloway inhaftiert. Ihren Sohn Max, elf Wochen alt, den sie noch stillte, übergab sie dem Kindermädchen, im Glauben, in kürzester Zeit wieder zu Hause zu sein. Es sollten dreieinhalb Jahre werden.

Nancy wurde damals ins Kriegsministerium gebeten, um über Dianas Besuche in Deutschland Auskunft zu geben. »Ich sagte, ich hielte sie für eine extrem gefährliche Person«, berichtete sie Mrs. Ham hinterher. »Kein sehr schwesterliches Verhalten, aber in Zeiten wie diesen halte ich das für eine Pflicht.« Als Diana, lange nach dem Krieg, Mosley war schon tot, davon erfuhr, »war mein erster Gedanke tiefe Dankbarkeit, dass Kit (Oswald Mosley, d. A.) davon niemals erfahren hat. Er hätte es ihr nie verziehen.« Für sich selbst wischte Diana den Verrat einfach beiseite, so war Nancy nun mal, das hatte doch keine Bedeutung.

Nicht, dass die Mosleys zu jener Zeit eine akute politische Bedrohung darstellten, dazu war die Partei viel zu schwach. *The leader* hatte seine Leute sogar an ihre patriotische Pflicht erinnert, im Krieg mitzukämpfen. Aber wäre Hitler in England einmarschiert, hätten die Mosleys mit Sicherheit eine führende Rolle gespielt. Gut möglich, dass Hitler den britischen Faschistenführer, ähnlich wie Marschall Pétain in Frankreich, mit der Bildung einer Kollaborationsregierung beauftragt hätte. Diana, die noch einen Monat vor Kriegsbeginn nach Deutschland gefahren war, wäre First Lady geworden.

Die Lebensbedingungen im Gefängnis waren grässlich. Es war dreckig, zugig und zu jeder Jahreszeit kalt, das Essen eine Katastrophe. Von der

Außenwelt war Diana anfangs weitgehend abgeschnitten, durfte kaum Post und Besuch empfangen. Da die Gefangenen unter Regulation 18B aber den Status von Untersuchungshäftlingen hatten, verfügten sie über eine Reihe von Privilegien. So durften sie Zivilkleidung tragen, sich Essen und Trinken schicken lassen – sogar eine Flasche Bier oder eine halbe Flasche Wein pro Tag war erlaubt. Dianas Abendbrot bestand aus einem Glas Portwein, dazu ein Stück Stilton. Da ihr Mann der große Held ihrer Mitgefangenen war, wurde sie von diesen gut behandelt. Zum Warmhalten besorgte die Mutter ihr einen Pelzmantel.

Es stank nach Urin, Wasser kriegten die Gefangenen nur in homöopathischen Dosen zugeteilt, einen halben Liter am Tag zum Waschen, Trinken und als Klospülung – und mittendrin: Diana bei der Lektüre von Goethe, Schiller und Racine. Im Gefängnis habe man keinen Bedarf an realistischen Romanen, hat sie später erklärt, da brauche man Schönheit, Witz, Eleganz, das, was die Deutschen »das Erhabene« nennen. Schlimmer als alle Konzentrationslager und Slums zusammen, so würde sie Halloway später in ihrer Autobiographie beschreiben. Die Inhaftierung ohne Prozess und Urteil bedeutete für sie eine ungeheuerliche Verletzung des britischen Rechtsstaats.

Sie wollte raus. Im Oktober 1940 wurde sie vor einen Untersuchungsausschuss geladen, der über ihren Antrag auf Freilassung entscheiden sollte. Doch vom ersten Moment an machte Diana klar, dass sie zu Kompromissen und Eingeständnissen nicht bereit war, dass sie nicht als Bittstellerin auftrat. Das Protokoll dieser Anhörung liest sich mit seinen knappen Dialogen wie ein Drama, die Aussagen verschlagen einem die Sprache. Kühl und stur ließ sie ihre Verhörer abblitzen.

Ob sie die Demokratie verachte?

»Ja.«

Ob Hitler auch so denke?

»Ja.«

Ob sie die gegenwärtige Regierung Großbritanniens durch eine faschistische ersetzen würde, wenn sie könnte?

»Ja.«

Ob sie das Naziregime gut finde?

»Für die Deutschen eine wunderbare Sache, denke ich.«

Ob sie der deutschen Politik gegenüber Juden zustimme?

»Bis zu einem gewissen Punkt, ja. Ich mag Juden nicht besonders.«

Ob sie nicht die Bomben in der letzten Nacht gehört habe, die wieder hilflose Menschen getötet hätten?

»Das ist entsetzlich. Deshalb sind wir ja immer für Frieden gewesen.«

Weihnachten 1940

Decca legte sich abends mit Esmond ins Bett und wachte morgens mit ihm auf. So intensiv dachte sie an ihren Mann, dass sie tatsächlich einen Moment lang das Gefühl hatte, er liege neben ihr. Ich liebe Dich, ich sehne mich nach Dir, ich hab Dich so lieb – das war der Refrain ihrer Briefe. Wenn die beiden es vor Sehnsucht gar nicht mehr aushielten, schickten sie einander ein Telegramm. Es gab, das hatte Decca schnell entdeckt, einen günstigen Mondscheintarif.

Sie lebte für den Moment des Wiedersehens. Weihnachten kam Esmond nach Washington, es wurde ein rauschendes Fest, ihm zuliebe wurde der Tannenbaum mit Schmuck nur so überladen. »Old Virginny« war wieder ganz entzückt von Esmond, der Strümpfe mit lustigen Sachen füllte und an die Betten hängte: »so strahlend, so voller Leben«.

Dann war Esmond schon wieder weg. »Mach dir unbedingt eine schöne und aufregende Zeit und amüsier dich gut«, ermahnte er Decca, als sie wieder einmal so traurig über ihre Trennung war. »Ich mach's genauso.« In Esmonds Akte im kanadischen Kriegsdienst-Archiv in Ottawa hat ein Rechercheur in den 1970er Jahren Schecks an diverse Hotels gefunden.

Auch Nancy richtete 1940 ein Weihnachtsfest aus. Es war kein einfaches Jahr für sie gewesen. *Pidgeon Pie* war ein Flop, der Roman war den Briten wohl zu leicht geraten, nicht mehr zeitgemäß. Nanny Blor hatte ihn gelesen, wie sie Decca schrieb, »er ist sehr unterhaltsam, aber ich kann nicht sagen, dass er mir wirklich gefallen hat«. Außerdem hatte Nancy eine Fehlgeburt gehabt, schon die zweite. Die Schriftstellerei war in den Hintergrund gerückt, ihr Mann lebte als Soldat in der Ferne, und wenn er nach London kam, schlief er oft in seinem Club. Von gelegentlichen

Ausflügen aufs Land abgesehen, verbrachte Nancy als Einzige der Familie die ganze Kriegszeit in der Hauptstadt. Die Angriffe der deutschen Luftwaffe bekam sie in ihrer vollen Wucht mit, durchlebte den Schrecken der Bombennächte. (Einen guten Eindruck davon vermittelt Kate Atkinsons 2013 erschienener Roman *Die Unvollendete*, deren Hauptfigur abwechselnd Züge von Nancy, Unity und Decca trägt.) London war in dieser Zeit eine gespenstische Stadt. Es waren kaum Kinder zu sehen, keine Hunde, die Straßen waren leer, die Nachtclubs voll. Man könne, erzählte die Mutter Decca, mitten auf der Fahrbahn laufen, ohne überfahren zu werden.

Im November, ein halbes Jahr nach Dianas Inhaftierung, hatte Nancy die Autoritäten erneut beschworen, ihre Schwester unbedingt im Gefängnis zu halten (das kam allerdings erst nach Dianas Tod heraus). Ja, eigentlich fand sie, dass auch Pam hinter Gitter gehöre. Sie war empört über die Jacksons, »sie reden so faschistisch daher, dass die ganze Stadt sich den Kopf zerbricht, wie sie's schaffen, DRAUSSEN zu bleiben«.

Nancy kümmerte sich jetzt um Evakuierte aus dem East End und Flüchtlinge, die in der Villa der Mitfords in Kensington untergebracht waren. Sie hatten Glück, dass das Haus in der Rutland Gate noch stand – in London wurden Tausende von Gebäuden im Krieg beschädigt oder zerstört. In herrschaftlichen Villen wie dem der Familie Mitford wurden Heimatlose untergebracht, aus Country Houses wurden Lazarette, Schulen und Schwesternheime. Lady Redesdale war gar nicht erfreut über die neuen Bewohner, die ihr zu schmutzig waren. Vermutlich auch zu jüdisch.

Nancy besorgte »ihren« Juden – fünfzig Menschen wohnten jetzt im einstigen Einfamilienhaus – Weihnachtsgeschenke, organisierte ein Fest für die Bewohner, mit Band und allem Drum und Dran. Die Mutter war gar nicht amüsiert. »Du kannst dir nicht vorstellen, wie gemein Muv zur Zeit ist«, berichtete Nancy Mrs. Ham, »wie sie mich, glaub ich, als Jüdin ansieht & sie redet abscheulich, sowohl mit mir als auch über mich.« Nancy arbeitete bis zur Erschöpfung, manchmal aber löste die Mutter sie im »Haus für Obdachlose« ab. Es ist schwer zu sagen, ob Lady Redesdale wirklich so haarsträubende Dinge von sich gab, wie Nancy behauptete, auf jeden Fall war sie froh, als das Kriegsministerium ihr Haus übernahm.

»Natürlich hinterließen die Familien, die drin wohnten, einen unbeschreiblichen Schmutz«, schrieb sie Decca.

Nancy ließ sich nicht bremsen, suchte weitere Unterkünfte für Evakuierte, freute sich, wenn sie helfen konnte, und fand es schrecklich, Menschen wegschicken zu müssen. »Wir brauchen viel, viel mehr Gastfreundschaft.«

Ann Constancia Romilly

Kurz vor Weihnachten hörte Decca auf, in der Boutique zu arbeiten, länger konnte sie ihren Bauch nicht verstecken. Virginia hatte die Schwangere zu einem bekannten Arzt geschickt, der in Deccas Augen nur ein Halsabschneider war, weswegen sie damit drohte, im Stall niederzukommen. Julia, ihr erstes Kind, war schließlich auch eine Hausgeburt gewesen. Dann gab sie dem Drängen ihrer Freundin doch nach und ging zur Entbindung ins Krankenhaus, aber natürlich in die dritte, nicht die erste Klasse. Als die Wehen einsetzten, raste Virginia sofort aus New York nach Washington.

Am 9. Februar 1941 kam Dinky auf die Welt. Als Decca aus der Narkose aufwachte, durfte sie Esmond gleich anrufen und war selig. Sie bekam Geschenke, Kleidchen und Badewanne, und Besuch. Die Meyers kümmerten sich um die junge Mutter, versorgten sie mit allem, was sie brauchte. Ganz Amerika wusste, wie das Baby aussah: Die *Washington Post* schickte einen Fotografen vorbei, der *Times Herald* brachte ein Bild der strahlenden Decca, in kariertem Blüschen. Der mütterliche Ausdruck in ihrem Gesicht war Decca peinlich, aber vielleicht sagte sie das auch nur Esmond zuliebe. Sie wusste, dass er so was »zum Kotzen« fand. Die Journalisten erinnerten noch mal daran, dass Decca die »Schwester der Hitlerfreundin Unity Valkyrie Freeman-Mitford« war.

Ann Constancia Romilly, so lautet der Name in Dinkys Pass. Im Überschwang der Gefühle und in Abwesenheit des Vaters hatte Decca das Baby nach der ältesten Durr-Tochter Ann und der Aristokratin Constancia de la Mora benannt, die ihrer Familie entflohen war, um sich im Spanischen Bürgerkrieg auf die Seite der Republikaner zu stellen. Deren, wie sie fand, sehr bewegende Autobiographie hatte Decca gerade gelesen.

Im Saal mit den anderen Wöchnerinnen organisierte Decca auch ihren ersten Aufstand in Amerika, den »Bettpfannen-Streik«, wie sie ihn nannte, oder das große »Pee-In«: Weil die Schwestern sich so viel Zeit ließen, wenn die Frauen klingelten, um auf die Pfanne gesetzt zu werden, animierte Decca die Mütter, alle gleichzeitig ins Bett zu pinkeln – was bedeutete, dass die Schwestern sämtliche Betten frisch beziehen mussten. Der Aufstand war ein triumphaler Erfolg, das Krankenhaus froh, als Decca wieder ging.

Virginia war diejenige, die Großmutter Redesdale ein Telegramm mit der freudigen Nachricht schickte. Decca selbst geizte in dieser Zeit mit Informationen für die Daheimgebliebenen. Erst Ende Januar hatte sie ihrer Mutter überhaupt von der Schwangerschaft erzählt, Nanny Blor wusste drei Monate nach der Geburt noch immer nicht, wie das Baby hieß.

Als Unity ihrer Mutter, die gerade in London war, die Botschaft des Telegramms per Telefon weiterreichte, brach diese vor Freude in Tränen aus, was so untypisch für sie war, dass Unity die Nachricht mit vier Ausrufezeichen versah. Dinky war die erste Enkeltochter. Die erste seit Julia. Aber Lady Redesdale fing sich schnell, war bald wieder ganz die Alte. Das Baby fand sie auf dem Bild, das Decca ihr geschickt hatte, wahnsinnig süß. »Was Dein Foto angeht«, meinte sie dagegen in gewohnter Offenheit, »das ist unbeschreiblich schrecklich.«

Ehemann, Kinder, Haus

Zu Weihnachten und zu Geburtstagen schickte Decca Carepakete in die alte Heimat, mit Zucker, Schokolade und Zigaretten (in England waren die meisten Lebensmittel rationiert), die Mutter revanchierte sich mit dem *New Statesman*, auch wenn sie das linke Blatt noch immer nicht leiden konnte. Sie wollte Decca glücklich machen. Einige Briefe wurden vom Zensor geöffnet. Immerhin, er machte seine Arbeit nicht heimlich, sondern klebte eine Benachrichtigung auf den Umschlag.

Die Lektüre dürfte eine ziemliche Enttäuschung gewesen sein, Brisantes gab es nicht zu lesen, politische Themen sparten Mutter und Tochter weitgehend aus. Lady Redesdale berichtete vor allem von den Mühen und kleinen Freuden des Alltags, Decca las den Durrs die Briefe vor, »sie schienen erstaunt, wie gelassen alles aufgenommen wird«. Wenn sie gewusst hätte, sagte sie später in ihrer Autobiographie, wie sehr die Mutter sich der Sache des »Führers« verschrieben hatte, hätte sie möglicherweise nie wieder mit ihr gesprochen. Aber sie erfuhr davon erst Jahre später, als sie sich wieder nahegekommen waren, der Krieg Vergangenheit war.

»Es gibt drei Dinge, die wichtig sind, und zwar in dieser Reihenfolge«, hatte die Mutter einmal geschrieben: »Ehemann, Kinder, Haus. Natürlich ändert sich die Reihenfolge gelegentlich, und die Kinder rücken an die erste Stelle – oder sogar das Haus.« Ihr Mann war aus Sydneys Leben weitgehend verschwunden, ihre Behausung bescheiden. Jetzt nahmen die Kinder den ersten Platz ein.

Jede Woche besuchte Lady Redesdale Diana im Gefängnis, berichtete auch Decca davon. Es war eine anstrengende, umständliche Reise, mit dem Bus nach Oxford und weiter mit dem Zug nach London, der so voll war, dass sie meistens stehen musste, dann wieder retour. Alle Hebel setzte sie in Bewegung, um ihre Tochter aus dem dreckigen Loch rauszuholen, schrieb hierhin, dorthin – vergebens. Decca musste ihre Hartnäckigkeit bewundern, als sie in den 1960er Jahren ihre Korrespondenz entdeckte.

Lady Redesdales Welt war geschrumpft: das große Londoner Haus mit Flüchtlingen belegt, Swinbrook House verkauft, das Mill Cottage in High Wycombe erst vermietet, bald würde es zu einem Wohnheim für Frauen umgewidmet, die schottische Insel für sie gesperrt. Die meiste Zeit lebte sie mit Unity in Swinbrook in dem kleinen Cottage neben dem Swan Inn. Statt einer Schar von Dienstboten hatte sie jetzt nur noch Mrs. Stobie aus dem Dorf, die ihr im Haus und mit den Tieren half.

In all den Jahren des Kriegs, als sie sich rund um die Uhr um Unity kümmerte und die Familie auseinanderbrach, jammerte Lady Redesdale nie in ihren Briefen an Decca, gab sich Mühe, fröhlich und optimistisch zu klingen. Wenn sie fürs Weihnachtsfest weder Pute noch Gans bekam, dann fand sie das riesige Hähnchen, das sie stattdessen in den Ofen schob, »fast so gut«. Begeistert erzählte sie von ihrer Verwandlung in »ein altes Milchmädchen«: Sie molk ihre Ziegen, machte Käse aus der Milch. Nur selten erlaubte sie sich einmal zu sagen, dass sie ihren Mann vermisste.

Ab und zu kam Tom auf Heimaturlaub, alle schwärmten Decca vor, wie gut er aussah in Uniform, wie er strahlte. Auch Nancy und Pam schauten regelmäßig vorbei, ansonsten war Besuch selten. Roy Harrod, der Gelehrte aus Oxford und Freund der Familie, ließ sich ein paarmal blicken. »Sehr süß und rührend«, so hat er Unity erlebt. Unity war auch häufiger bei ihnen in Oxford zu Besuch, wie Lady Harrod erzählt. »Sie war schrecklich einsam. Die arme alte Bobo, sagte Nancy zu uns, zu allen läuft sie hin, wie ein riesengroßer Hund, der mit dem Schwanz wedelt, und keiner ist nett zu ihr.«

Etwas besser ging es Unity schon, sie fiel nicht mehr so oft in Ohnmacht, hatte nicht mehr ständig das Gefühl zu ertrinken, »dass ihr Bett untergeht«. Mit einer Engelsgeduld ertrug Lady Redesdale die Launen ihrer Tochter, nie wurde sie laut oder böse, sondern kümmerte sich ums Unterhaltungsprogramm: las mit Unity Theaterstücke, mit verteilten Rollen, spielte Klavier für sie, kaufte ihr teure Pelzhandschuhe – seit neuestem hatte ihre Tochter einen Handschuhtick. Zu den regelmäßigen Abwechslungen gehörte der wöchentliche Gesangsunterricht in Oxford, auch ins Kaufhaus und Kino ging Unity gern, irgendwann konnte sie sogar wieder Auto fahren. Manchmal besuchten sie Pam für ein, zwei Wochen, in deren Haus ging es immer gesellig zu.

In guten Momenten zeigte Unity ihren alten Humor, häufiger aber regte sie sich auf über Kleinigkeiten, fing an zu zittern und zu weinen, war ungeschickt und machte in die Hose. Jonathan und Desmond Guinness, Dianas große Söhne, verbrachten oft die Ferien in Swinbrook – ihre Mutter war ja im Gefängnis –, aber ihre Tante war ihnen ein bisschen unheimlich, machte ihnen Angst.

Früher war der »Führer« Unitys Gott, jetzt war die Religion ihre Obsession, nicht mal fluchen durfte man in ihrer Gegenwart. Den politischen Wahn ersetzte sie durch religiösen Eifer. Dabei wechselte sie gern die Konfessionen, ging mal zu den Katholiken, mal zu den Anglikanern, am liebsten aber waren ihr die Christian Scientists, von denen eine Gemeindeschwester jede Woche vorbeikam, auch mal aufpasste auf Unity, wenn die Mutter verreist war.

Einmal erzählte sie dem Maler Derek Hill, der sie auf Nancys Drängen hin zum Mittagessen eingeladen hatte, sie sei gerade der Congregationa-

lists Church beigetreten. Bei der Zeremonie habe sie jedem die Hand ge-
schüttelt. »Sie sagte«, so Hill, »es sei wunderbar, wenn einem zweihundert
Menschen die Hand schütteln – mir gibt jetzt keiner mehr die Hand.«

Zu Unitys Lieblingsbeschäftigungen gehörte es, ihre Beerdigung zu
planen. Dem Kirchenvorsteher teilte sie ihren Wunsch mit, möglichst nah
an der Kirche begraben zu werden, um die Lieder, die die Gemeinde während des Gottesdienstes singt, hören zu können.

Und dann bekam Decca eine Einladung: »Lord und Lady Redesdale
bitten um das Vergnügen, die Ehrenwerte Mrs. Romilly bei der Trauung
ihrer Tochter Deborah mit Lord Andrew Cavendish empfangen zu dürfen.« Zwei Monate nach Dinkys Geburt heiratete Freifräulein Debo in den
englischen Hochadel ein.

Mit achtzehn hatte die Debütantin sich in Andrew Cavendish verliebt,
den witzigen, flotten, von Frauen umschwärmten zweiten Sohn des Duke
of Devonshire, dessen Herzogtum flächenmäßig wie historisch eins der
größten im Lande ist. Bevor Andrew (zusammen mit Philip Toynbee) die
Militärakademie besuchte, hatte er in Cambridge studiert. Er liebte Bücher
und Politik – »das genaue Gegenteil von Debo«, wie die Mutter schrieb,
»die niemals liest & Politik hasst«. Besonders gutaussehend fand Lady
Redesdale ihren Schwiegersohn nicht, aber »er sprüht vor Leben & Geist«.

Viel Kontakt hatten Decca und Debo in letzter Zeit nicht gehabt. Debo
sagte zwar immer, dass sie ihr schreiben wolle, tat es aber so gut wie nie.
Das Einzige, wovon sie der fernen Schwester hätte erzählen können, war,
wie gut sie sich amüsierte – und wie sehr sie unter der häuslichen Situation
mit Unity und den Eltern litt. Und beides, vermutete Debo richtig, wollte
Decca nicht hören. Sie selber wiederum wollte vom Krieg nichts wissen,
weswegen sie freiwillig keine Nachrichten im Radio hörte. Die Mutter beklagte sich oft, dass Debo sich auf beschämende Weise vor dem Kriegseinsatz drücke. Die jüngste Mitford-Schwester hatte nicht aufgehört zu
tanzen, jeden Abend, wenn es ging. Davon erzählte sie Decca auch mal,
obgleich sie wisse, so setzte sie hinzu, dass die Schwester ihr frivoles Leben
aus tiefstem Herzen verachte.

Ob Decca schon Kick Kennedy in Washington getroffen habe, wollte
Debo wissen. Das sei eine gute Freundin von ihr, so ein lustiges Mädchen,
sie waren zusammen Debütantinnen. Noch so ein Party Girl. Kathleen,

Schwester von John F. und Tochter von Joseph Kennedy, der gerade amerikanischer Botschafter in London war, galt als Liebling der Saison: nicht weil sie sonderlich hübsch gewesen wäre, sondern weil sie so lebendig, so erfrischend offen und natürlich war. Kick hatte sich in Andrews Bruder und Debos späteren Schwager William »Billy« Marquess of Hartington verliebt, den angehenden Herzog von Devonshire.

Inmitten der Luftangriffe auf London heirateten Andrew und Debo im April 1941 in der Rutland Gate. Dort standen zwar keine Möbel mehr und die Fenster waren in den Bombardements zu Bruch gegangen, aber Lady Redesdale ließ die Scherben einfach wegfegen und faltete Tapeten zu dekorativen Vorhängen. Der Caterer brachte Tische und Stühle mit, Debos Schwiegermutter schickte massenweise rote Kamelien von Schloss Chatsworth, ein willkommener Farbklecks im Grau der Stadt. Lady Redesdale war sehr zufrieden, trotz der Improvisation (der Zuckerguss auf der Hochzeitstorte wurde von weißer Pappe ersetzt) wurde es eine rauschende Feier mit 300 Gästen. »Heutzutage, wo wenig gefeiert wird, scheint sich jeder über ein Fest zu freuen.«

Für Debo begannen nomadische Jahre. Sie zog ihrem Mann hinterher, je nachdem, wo er gerade als Soldat stationiert war, lebte in den verschiedenen Häusern ihrer Schwiegereltern, mit denen sie sich gut verstand. Schwanger war sie ein paarmal, verlor die Kinder aber bei Früh- und Totgeburten. 1943 kam ihre Tochter Emma auf die Welt, die Deccas Lieblingsnichte wurde, ein Jahr später Peregrine, genannt Stoker, der heutige Herzog von Devonshire.

HAUT in die Tasten! EINS zwei! EINS zwei!

Statt zu Debos Hochzeit nach London zu reisen, fuhr Decca mit Säugling Dinky für ein paar Wochen nach Kanada: damit der Vater auch was von seiner süßen Tochter hatte. Decca wollte in der Nähe von Esmond sein.

Dann war es endlich so weit – Esmond sollte nach England gehen, die Nazis persönlich bekämpfen. Im Juni traf sich das Paar ein letztes Mal bei den Rodmans auf Martha's Vineyard. Ihr Baby hatte Decca bei den Durrs in Washington gelassen, auf der Insel feierten die Romillys mit ihren Freunden, spielten Poker und Tennis, lagen am Strand. Bis plötzlich die Nachricht eintraf, dass die Deutschen in Russland einmarschiert waren. Ein Déjà-vu: Knapp zwei Jahre zuvor hatten sie an derselben Stelle vom Beginn des Zweiten Weltkriegs erfahren.

»Ich war wahnsinnig traurig nach Deiner Abreise«, schrieb Decca ihrem Mann, kaum dass er nach Europa abgereist war. Allmählich erhole sie sich, wie von einer Krankheit, so kam es ihr vor. Jeden Tag ging es ein bisschen besser.

Decca war wieder schwanger, das vierte Mal innerhalb von vier Jahren. Aber diesmal hatte sie im zweiten Monat eine Fehlgeburt, verlor das Baby im August auf einem Tankstellenklo. Da war sie gerade unterwegs mit Bekannten durch den Süden, um sich verschiedene New-Deal-Projekte anzuschauen, auch eine progressive Schule für Landarbeiter, überhaupt: »den ganzen Schrecken & die ganze Faszination des Südens zu erforschen«.

Sie hatte es sich so schön vorgestellt: einen Spielkameraden für Dinky zu haben, die Geschwister wären nur dreizehn Monate auseinander gewesen. Sie hoffte, dass ihr Mann nicht zu enttäuscht war, klang fast, als fühlte sie sich schuldig, als wäre die Fehlgeburt ihr Versagen. Esmond beschwor sie, sich auf keinen Fall davon niederdrücken zu lassen.

Was nun? Nur herumsitzen und Baby Dinky-Donk wickeln, das war Decca nicht genug. Sie hatte schon einen Plan: Sie wollte unbedingt Journalistin werden. Aber wie, ohne Schulabschluss? An der Columbia University in New York hatte sie einen Sommerkurs entdeckt, war ganz begeistert von der Idee. Sie wusste, dass Esmond so etwas für reine Zeit- und Geldverschwendung hielt, dennoch bat sie um seine Erlaubnis: »Bitte sei dafür!« Damit hätte sie doch viel bessere Chancen bei der *Washington Post*. »Bitte schreib sofort, wenn du einverstanden bist.« Die junge Mrs. Romilly tat nichts ohne Mr. Romillys Genehmigung.

Entweder war die Sache mit dem Journalistenprogramm eine Fehlinformation oder Esmond war dagegen gewesen. So oder so, im September 1941 beschloss Decca, stattdessen in Washington einen Kurs für Steno und Schreibmaschine zu belegen. Hatte ja auch was mit Schreiben zu tun. Im Moment sah sie darin die einzige Möglichkeit, dem Edelverkäuferinnen-Dasein zu entkommen. Also schrieb sie sich an der Strayer Business School ein. Endlich Schule!

Ihre erste Lektion an der Schreibmaschine: »may any man yes yet you jab big bit try now own book both done down fine walk sign June July wait want back baby«. Musste sich James Joyce oder Sigmund Freud ausgedacht haben, so ihre Vermutung. »Tra la la«, jubilierte sie, als sie schneller war als ihre Klassenkameraden und ein paar Lektionen vorwegstürmte. Überhaupt hatte sie jetzt in ihren Briefen was zu erzählen, über ihre Lehrerin, die ihre Schüler wie eine Pferdetrainerin antrieb, durch den Raum marschierte und im Takt zu Märschen kommandierte: »HAUT in die Tasten! EINS zwei! EINS zwei!« Fast kam sie sich selber vor wie ein Soldat. Aber vor allem machte ihr das Ganze unglaublichen Spaß, sie war so froh, endlich was zu tun zu haben.

Und für Dinky war gesorgt. Ein Nachbar hatte den Durrs seinen japanischen Butler Yamasaki vermacht (als Mitarbeiter im Weißen Haus durfte er keinen so intimen Feindkontakt haben). Yamasaki zog mit seiner Familie ins Dienstbotenzimmer, seine Frau Saiko passte auf Dinky auf und kochte. Ihr Sohn Hiroshi nannte Cliff, wie alle Kinder im Haus, »Daddy«.

7

30. November 1941

Nach mehr als zwei Jahren Amerika kehrte Esmond in die alte Heimat zurück. Und stellte überrascht fest, dass die Atmosphäre in der Kompanie sehr viel freundlicher und demokratischer war als befürchtet. Ansonsten aber war alles wie eh und je. Erstaunt berichtete er seiner Frau, wie wenig das Land sich verändert hatte, wie konservativ es noch immer war.

Philip Toynbee traf er, sooft er nur konnte, wobei dieser sich an den Anblick des Rebellen in Uniform erst gewöhnen musste. Noch mehr überraschte ihn Esmonds Aussage, sein einziges politisches Motiv sei »seine Bestürzung angesichts menschlichen Unglücks«. Toynbee war geradezu alarmiert über das emotionale Bekenntnis seines sonst so toughen Freundes.

Er selbst war inzwischen Nachrichtenoffizier und verheiratet, das Paar hatte ein hübsches kleines Haus. Esmond mochte Philips Frau Ann, die aus Deccas Kreisen kam, sie hatte, wie er glaubte, einen guten Einfluss auf Philip. Die beiden Freunde waren sich so nah und vertraut, als wäre Esmond nie weg gewesen.

Zwischendurch fuhr er nach London, um sich mit Peter Nevile, Cyril Connolly oder Stephen Spender zu verabreden; Connolly wollte auch »sofort« Artikel von ihm für seine Literaturzeitschrift *Horizon* haben, darüber, was die Amerikaner vom Krieg hielten, was sie beschäftigte, einschließlich aller Moden, Hobbys und Trends. Auf einer Dinnerparty in Soho traf Esmond alte Bekannte wie Dylan Thomas, Brian Howard, Nancy Cunard. »Nach der wunderbar schlichten Naivität der Amerikaner war es doch einigermaßen faszinierend, die Raffiniertheit und die Bosheit und die Untertöne vieler unserer englischen Bekannten wieder zu erleben, bei denen man eine Bemerkung nie wörtlich nehmen darf, sondern eher als eine Form von Dolchstoß.« Die Gespräche erinnerten ihn an Nancys subtile Gemeinheiten.

Um die Mitfords selbst machte er einen großen Bogen, auch seine eigene Mutter hielt er sich vom Leib. Sie sahen sich nur ein einziges Mal. Sein Vater lebte schon nicht mehr: Bertram Romilly war im Jahr zuvor an Krebs gestorben.

Decca schickte ihm ihre Liebe, Zigaretten und Schokoriegel, hielt ihn über Dinkys Fortschritte auf dem Laufenden. Allerdings musste sie sich bremsen, wenn sie von Dinky schwärmte, zu viel »Baby Talk« mochte Esmond offenbar nicht. Sie hatte Angst, ihn mit ihrer Begeisterung zu langweilen, entschuldigte sich auch, wenn sie mal nicht fröhlich, sondern deprimiert war, weil sie solche Sehnsucht nach ihm hatte. Er erwartete doch von ihr, dass sie ein Soldat war, so wie er. Dass sie nach vorne guckte.

In Wahrheit ist man sehr untough

Am 16. Oktober 1941 flog Esmond von East Yorkshire aus seinen ersten Angriff. Ausführlich erzählte er Decca von den Flügen, wobei er einen heiteren Ton anschlug: wie ein ausgestopftes Tier komme er sich vor, wenn er in voller Montur an Bord gehe. In der Luft fühle er sich sicherer als auf der Erde. Und wenn sie erst ein gutes Stück über der Nordsee seien, »hat man alles ziemlich gut unter Kontrolle«. Er fühlte sich wohl in der Kompanie und war glücklich mit seiner Aufgabe, die Piloten während des Fluges zu lenken.

Er liebte den Kitzel, den Moment, wenn sie in der Luft waren und er nach vorne zum Piloten krabbelte und ihm den Weg zu dem Ziel wies, das sie attackieren wollten. »Bald bricht hektische Aktivität aus. Lichter aller Art und Farbe flammen auf und blinken und flimmern … die langen dünnen gelben Finger der Suchscheinwerfer fahren hin und her, heben und senken sich, wie um am Himmel ein Spinnennetz zu weben.« So wie Esmond die Explosionen beschreibt, klingen sie fast wie ein farbiges Feuerwerk. Das Flugzeug bewegt sich wie auf der Achterbahn, »auf und nieder, duckt sich und torkelt und taucht ab, um den Geschossen und den Suchscheinwerfern zu entgehen«, so lange, bis sie alle Bomben abgeworfen haben und zurückkehren, zum »Nicht-Hemingway'schen« Teil des Einsatzes, lästiger mechanischer Arbeit. Dass er zum Offizier ernannt wurde, war ihm ein bisschen peinlich. Aber er stand hinter seiner Aufgabe. Überhaupt, fand Toynbee, hatte Esmond von seinem jugendlichen Enthusiasmus nichts eingebüßt, auch wenn er ernsthafter geworden, nicht mehr so gewalttätig, so aggressiv war.

Als Philip seinen Freund einmal fragte, was Decca denn dazu gesagt habe, dass er als Soldat nach England gegangen war, schaute Esmond ihn ganz erstaunt an: Das sei doch allein seine Entscheidung gewesen. Für ihn stand auch fest, dass er den Krieg überleben würde. Nicht mal die Möglichkeit, in Gefangenschaft zu geraten, zog er in Betracht. Ein Testament hatte er dennoch aufgesetzt, im Juli 1940, zu Beginn seiner Zeit in der Air Force, darin hatte er seine Frau zur Testamentsvollstreckerin und Alleinerbin bestimmt.

Sollte sie nun kommen oder nicht? Mit oder ohne Dinky? Die Frage zog sich durch Deccas Briefe, immer dringender, immer drängender. Ständig hatte sie betont, wie gern sie ihm nach England folgen würde. Aber das letzte Wort überließ sie ihrem Mann. Was die transatlantische Familienzusammenführung anging, zeigte sich der sonst so energische Esmond jedoch sehr zögerlich. Es war ein ständiges Hin und Her. Zwar erklärte er ihr, wie sehr er sie vermisse, war aber dagegen, dass sie ihm folgte. Am 5. Oktober 1941 schrieb er, dass sie kommen könne – wenn sie es »wirklich schrecklich will und wenn es möglich ist«. Aber seiner Ansicht nach sei das Leben in Amerika für sie interessanter und befriedigender. Am Ende des Monats fand er es gut, wenn sie käme, hatte sogar schon eine Wohnung entdeckt, in der sie eine Weile leben könnten. Die Motive für sein Zögern bleiben ungewiss – vielleicht hatte er Angst um sie, um sich, ums Kind, oder fürchtete, ihre Anwesenheit könnte für ihn zur Belastung werden.

Am 8. November schickte sie ihm ein Telegramm, dass sie einen Platz auf einem Schiff bekommen könnte. »KOMME ABER NUR WENN DU 100 % DAFÜR BIST.« – »Mehr als alles auf der Welt möchte ich wieder bei dir sein«, antwortete Esmond drei Tage später. Erst jetzt bereute er, ihr nicht gleich zum Kommen geraten zu hatten. Er empfahl ihr, das Flugzeug zu nehmen, nicht das Schiff. Der sonst so quirlige Optimist und Aktivist klang jetzt viel melancholischer, niedergeschlagener, auch zärtlicher als sonst. Der Tod guter Kameraden machte ihm sehr zu schaffen. »In Wahrheit ist man sehr *untough*«, schrieb er Decca.

Zwei Wochen später fand er, sie solle Dinky lieber in Washington lassen, wegen der Sicherheit des Babys, aber auch, weil Decca sich doch nützlich machen und am Leben teilnehmen wolle, da sei ein Kind hinderlich. Andererseits: »Ich verstehe absolut die Argumente, die dafür sprechen, das Eselchen mitzubringen.«

In diesen letzten Wochen traf Esmond Philip Toynbee noch ein paarmal, der Freund war jetzt ebenfalls in Yorkshire stationiert. Bei ihrer letzten Begegnung zogen sie durch die Pubs, redeten, schon ein bisschen beschwipst, über den Krieg. Als Esmond an diesem Abend in seine Kaserne zurückkehrte, erfuhr er, dass drei seiner engsten Freunde in der Kompanie von einem Einsatz nicht zurückgekommen waren. Stundenlang habe er über der Nordsee nach ihnen gesucht, schrieb er Philip zwei Tage danach, während er gleichzeitig an grausamen Zahnschmerzen litt. »Sein Kummer war durchsetzt von den irdischeren Nöten seines Zahnwehs. Es war ein beredter, ironischer, deprimierender Brief«, so Toynbee.

Zwei Tage später zeigt ein Freund Toynbee in der Offiziersmesse eine Zeitungsmeldung: Ein Neffe des Premierministers werde nach einem Angriff auf Hamburg vermisst.

Am Montag, dem 1. Dezember, telegraphiert Decca ihrem Mann:

»REISE FREITAG SCHRECKLICH AUFGEREGT LIEBSTER STOP BRINGE BABY MIT TELEGRAPHIERE DASS EINVERSTANDEN WIE KANN ICH DICH ERREICHEN REISE WIRD SEHR BEQUEM LIEBSTE GRÜSSE – ROMILLY.«

Da ist Esmond schon tot.

Am Dienstagnachmittag, einen Tag vor der Abreise nach New York, wo sie die Durrs noch mal treffen und am Freitag mit Dinky aufs Schiff steigen will, erhält Decca aus Ottawa ein Telegramm:

»BEDAUERN MITTEILEN ZU MÜSSEN DASS LT AUSKUNFT ROYAL CANADIAN AIR FORCE CASUALTIES OFFICER OVERSEAS IN ÜBERSEE IHR MANN PILOT OFFIZIER ESMOND MARK DAVID ROMILLY CAN J FÜNF SECHS SIEBEN SIEBEN IM EINSATZ VERMISST SEIT NOVEMBER DREISSIG STOP BRIEF FOLGT.«

Die Durrs kommen sofort nach Washington zurück.

Nothing Ever Breaks Except the Heart

Dem Telegramm folgen Briefe, vom kommandierenden Offizier, dem kanadischen Rot-Kreuz-Büro, dem Pastor des Stützpunktes in Yorkshire. Aber die Nachricht bleibt die gleiche: Seit dem 30. November wird Esmond vermisst, und es gibt weder eine Spur noch eine Hoffnung. Er ist mit seinen Kameraden Richtung Hamburg geflogen, über der Nordsee hat die Mannschaft die letzte Nachricht übermittelt. Sie mussten ins Meer gestürzt sein. Wie und warum, weiß keiner.

Sein Kommandeur ist voll des Lobes über den Rebellen in Uniform. So enthusiastisch habe Esmond seine Aufgabe angepackt, voller Tatkraft und Charme sei er gewesen. »Seine muntere und doch fordernde Anwesenheit wird hier schmerzlich vermisst werden«, schreibt der Seelsorger der Kaserne. Der Pfarrer schickt Decca ein Amulett, von dem er glaubt, dass sie es Esmond geschenkt habe.

Ansonsten hat ihr Mann nicht viel hinterlassen. Vor allem Bücher finden sich auf seiner Stube. Außerdem fünf Holzscheite samt Streichhölzern, sechs Longdrinkgläser von Woolworth, zehn Cocktailgläser, eine Teekanne und eine Kaffeemaschine, ein gelber Sessel, ein Packen Schreibmaschinenpapier, ein Stapel Briefe und, der letzte Posten auf der Inventarliste, »1 Satz kostbarer Poker-Chips aus Elfenbein«. Sein Besitz an Bargeld beläuft sich auf neun Pence.

Decca kann es nicht glauben. Will es nicht glauben. Sie hat ihn für unsterblich gehalten. »Für mich war er meine ganze Welt, mein Erretter, der meine Träume in ein Leben übersetzt hatte, der faszinierende Gefährte meines erwachsenen Lebens … und der Mittelpunkt allen Glücks«, so schreibt sie in ihren Erinnerungen, in denen sie Esmonds Tod in einer Fußnote versteckt: »Er wurde im November 1941 bei einem Einsatz getötet, im Alter von dreiundzwanzig Jahren.«

»Ich glaube, mit dem Tod wird niemand fertig«, hat Philip Toynbee Esmond kurz vor dessen Absturz geschrieben, ein Brief, den Decca in ihrem Buch *Faces of Philip* zitiert. »Er ist ungeheuerlich und unmöglich zu akzeptieren oder zu bewältigen. Was zählt, ist nur, dass der Mensch nicht mehr existiert und dass man (& vielleicht die Welt) ohne ihn schlechter dran ist.«

»Nothing Ever Breaks Except the Heart«, hat Deccas Freundin Kay Boyle eine ihrer Kurzgeschichten genannt.

Nein, Decca will nicht an seinen Tod glauben. Mit Hilfe der Durrs und englischer Freunde zieht sie überall Erkundigungen ein, hält sich an der Vorstellung fest, jemand könnte ihn aus der Nordsee gefischt haben. Zwei Monate nach Esmonds Verschwinden schickt ihr die Royal Air Force Delegation in Washington einen detaillierten Bericht. Winston Churchill hatte eine genaue Untersuchung des Falls angeordnet.

Demnach signalisierte die Mannschaft der *Whitley Z6506* auf dem Weg nach Hamburg am 30. November abends um 20.16 Uhr, dass sie wegen des niedrigen Öldrucks im Backbordmotor ihre Mission abbrechen müsse. Um 20.30 Uhr baten sie den Stützpunkt um ihren Kurs, den sie auch sofort bekamen. Um 20.42 Uhr der letzte Funkspruch: »S. O. S. technische Störung«. Ihre Position über der Nordsee zu dieser Zeit: 105 Meilen östlich von Spurn Head, einer Landzunge in Yorkshire. Es gibt keinen Grund zur Annahme, dass das Flugzeug durch einen feindlichen Angriff beschädigt wurde, davon ist in den Nachrichten der Crew nicht die Rede.

Nichts wird im Meer gefunden, weder Flugzeug noch Rettungsboot, nur ein großer Ölfleck 30 Meilen südwestlich von ihrem letzten bekannten Standort und »ein halb unter Wasser treibendes gelbes kugelförmiges Objekt etwa 40 Meilen südsüdostlich dieser Stelle«. Allerdings ist es wegen des schlechten Wetters auch erst am späten Vormittag möglich, mit der Suche zu beginnen. Am Nachmittag müssen die drei Flugzeuge des Air Sea Rescue Service schon wieder aufgeben wegen des dichten Nebels, der die nächsten Tage anhält. Am Abend des 3. Dezember wird die Suche endgültig abgebrochen.

Esmonds Leiche wird nie gefunden. Es gibt kein Grab, außer dem Meer, nur seinen Namen auf einem Denkmal im englischen Surrey, auf dem alle vermissten Piloten der Royal Canadian Air Force stehen.

In seinem Testament, das er am 26. Juli 1940 aufgesetzt hat, hat Esmond seiner Mutter nichts hinterlassen, nicht einmal die Möglichkeit, eine Todesnachricht zu erhalten. »Verzeihen Sie, dass ich Ihnen jetzt erst schreibe«, entschuldigt sich Esmonds Kommandeur daher am 4. Dezember 1941 bei Nellie Romilly, »aber Ihr Sohn hatte weder Ihre Adresse noch die Anweisung hinterlassen, Sie zu informieren, sollte er fallen.« Giles schickt seiner Mutter ein gefühlvolles Gedicht, das er in deutscher Kriegsgefangenschaft auf Esmond geschrieben hat, ein Heldenabgesang, in dem er an seines Bruders »helles, rastloses Feuer«, sein »gerechtigkeitsliebendes Drängen« erinnert und das im August 1942 im *Evening Standard* veröffentlicht wird.

»Zu offiziellen Zwecken«, wie es heißt, wurde der 30. November 1941 als Esmonds Todestag festgelegt. Gestorben im Alter von dreiundzwanzig Jahren, vier Monaten und zwanzig Tagen, so steht es in der Sterbeurkunde, die Decca aus Ontario zugeschickt bekommt.

Decca glaubt trotzdem nicht an den Tod ihres Mannes. Er hat ihr doch versprochen, zu überleben! Noch kurz vor seinem Absturz hat Esmond ihr geschrieben, dass es sehr lange dauern könne, bis man erfährt, ob ein Vermisster irgendwo in Sicherheit gelandet oder in Gefangenschaft geraten war. Sie sei sich *absolut sicher*, dass es Esmond gut gehe, schreibt Decca ihrer Mutter fast drei Monate nach dem Flugzeugabsturz, zwei Wochen nachdem sie den detaillierten Untersuchungsbericht bekommen hat. Alles Mögliche könne doch passiert sein, vielleicht sei er in Norwegen, manchmal dauere es sechs Monate, bis man von einem Gefangenen höre.

Er lebt, er lebt, sie will, dass er lebt. Niemand kann sie davon abbringen, weder die Untersuchungskommission noch der Premierminister. Erst ganz allmählich »dämmerte« es ihr, wie sie Katharine Graham später sagt, dass Esmond nie wieder zurückkommen würde.

Weiterleben!

»Esmonds Tod muss sie beinahe zerstört haben«, glaubte ihre Schwester Debo. Anmerken ließ Decca es sich nicht. Sie machte sich hart, wurde zum Soldaten, so hatte Esmond es immer gewollt, kein Jammern und kein Weinen. Diesen Panzer würde sie sich ihr Leben lang bewahren. Alle bewunderten ihre Tapferkeit. Tagsüber gelang es ihr, Haltung zu bewahren. »Aber du hättest sie nachts hören sollen«, erzählte Virginia einer Freundin Dinkys einmal. »Oh, das Wasser war so kalt. Das Wasser war so kalt«, wimmerte sie in der Nacht. Decca hatte Albträume von ihrem Mann, wie er in der Nordsee trieb. Mehr als dreißig Minuten, so wusste sie inzwischen, hätte er im bitterkalten Wasser nicht überlebt.

»DECCA NOCH BEI MIR WOHLAUF SEHR TAPFER« telegraphierte Virginia Deccas Mutter am 12. Dezember. Heimlich hielt sie Lady Redesdale auf dem Laufenden. Sie kannte sie zwar nicht persönlich, aber Decca hatte von ihr erzählt, manchmal aus den Briefen vorgelesen. Virginia machte sich Sorgen: Als Witwe bekäme Decca so wenig Geld, sei außerdem so englisch, dass sie ihrer Meinung nach in England besser aufgehoben wäre. Virginia glaubte auch, dass Decca gern zurückkehren würde, nur wisse sie nicht wirklich wohin.

Da kannte Virginia ihre Freundin aber schlecht. Nein! Decca ging nicht zurück, auf gar keinen Fall, egal, wie intensiv die britische Botschaft, ihre Mutter, ihre Schwestern, das Kindermädchen sie auch beknieten. Sie wollte nicht zu ihrer, wie sie sie nannte, faschistischen Familie zurück, der sie jetzt die Schuld am Tod ihres Mannes gab. Zur Hauptschuldigen kürte sie Diana.

Nach jedem Besuch in der Botschaft – der amtierende Botschafter, der frühere Außenminister und Antikommunist Lord Halifax, war auch noch ein großer Appeasement-Politiker gewesen – kam sie wütend nach Hause gestürmt. Decca hatte kaum Geld, »doch eine stolzere Frau als sie würde man nicht finden«, schreibt ihre Schwester Debo in ihrer Autobiographie. Ihre Witwenrente war ein Witz, aber selbst den kleinen monatlichen Scheck der kanadischen Regierung wollte sie nicht einlösen. »Das fasse ich nicht an, das ist Blutgeld!« Wegwerfen wollte sie es aber auch nicht. Sie sparte es für Dinkys Studium. Dass die Mutter ihr weiter jeden Monat zehn Pfund auf ihr Konto bei Drummonds überwies, war ihr unangenehm. Ob sie es nicht lieber Nanny Blor geben wolle?

Lady Redesdale kapitulierte und bestärkte von nun an ihre Tochter in ihrem Entschluss, zu bleiben. Eine erneute Entfremdung wollte sie nicht riskieren. Im Mai beruhigte Virginia Lady Redesdale, dass Decca allein ganz gut zurechtkomme. »Ich habe nie einen Menschen getroffen, der mehr Kraft und Mut hat als sie. Ich hoffe, Sie sind wohlauf, und darf ich nach allem, was ich gehört habe, sagen, dass Decca ihre Kraft offensichtlich von Ihnen geerbt hat.«

Am 7. Dezember 1941, eine Woche nach Esmonds Tod, griffen die Japaner Pearl Harbor an, am 8. Dezember folgte Roosevelts Kriegserklärung an Japan, drei Tage darauf erklärten Italien und Deutschland den USA den Krieg. Zehn Tage später reiste Winston Churchill nach Washington, um Roosevelt zu treffen.

Weihnachten bat der britische Premier Decca ins Weiße Haus, was, wie die Mutter betonte, doch ziemlich nett von ihm sei, so viel, wie er gerade zu tun habe. Genauer gesagt, wollte Churchill seine Cousine erst in die Kirche und dann ins Weiße Haus einladen, schickte zwei Secret-Service-Männer bei den Durrs vorbei, um sie abholen zu lassen. Decca war allerdings gerade bei Freunden. »Waaah!«, meinte Virginia nur. »Es braucht mehr als zwei Männer, um Decca in eine Kirche zu schaffen, und seien es der englische Premierminister und der Präsident der Vereinigten Staaten.« Am nächsten Morgen fuhr Decca mit der kleinen Dinky, die sie in ein feines weißes Woll-Outfit gesteckt hatte (wie Churchill Esmonds Mutter und diese wiederum Deccas Mutter berichten wird), zum britischen Premierminister ins Weiße Haus. So warmherzig ihr Onkel ihr gegenüber war, sosehr er Esmond gemocht hatte – auch er konnte ihr keine guten Nachrichten überbringen. Auf Bitten von Esmonds Mutter hatte er schon genauere Nachforschungen anstellen lassen. Das Ergebnis: Es gab keine Hoffnung. Aber nach seiner Rückkehr nach England sollte er jene erschöpfende Untersuchung anordnen, deren detaillierte Ergebnisse Decca im Februar übermittelt wurden.

Winston Churchill beging dann allerdings noch einen großen Fehler. Er glaubte Decca tatsächlich etwas Tröstendes sagen zu können, indem er ihr erzählte, dass Diana im Gefängnis jetzt unter besseren Bedingungen lebe, weil er dafür gesorgt habe. Decca ging an die Decke. Wie konnte er diese Faschistin verwöhnen, wenn Dianas »feine Freunde« gerade Esmond umgebracht hatten! Die Mosleys gehörten an die Wand gestellt und erschossen! Churchill versuchte sie zu beruhigen.

Beim Abschied drückte die Sekretärin Decca einen Briefumschlag in die Hand. Der Inhalt: 500 Dollar. Doch Decca wollte kein Geld, an dem Blut klebte. So pragmatisch war sie allerdings schon, es nicht einfach wegzuwerfen. Also verschenkte sie es an Ann Durr, damit die sich ihr Pferd kaufen konnte, und an die Kommunistische Partei. Sie wollte keine Almosen, konnte schon für sich selber sorgen, das wollte sie jetzt beweisen.

Diana verdankte ihr neues Glück Bruder Tom. Bei Churchills zum Essen eingeladen, hatte er seinem Onkel erzählt, wie sehr seine Schwester sich danach sehne, mit Mosley zusammen zu sein. Der Premier machte es möglich. Nach knapp anderthalb Jahren Haft wurde Sir Oswald ins Frauengefängnis Halloway verlegt. Zusammen mit einem anderen faschistischen Paar lebten die beiden in einem eigenen Gebäude auf einer Ecke des Gefängnisgrundstücks, wo die Männer einen Gemüsegarten anlegten und Diana »köstliche« Mahlzeiten kochte. Ihr Stiefsohn Nicholas Mosley schmuggelte Schinken und Brandy rein und unterhielt sich mit seinem Vater über Philosophie. Politik sparten sie aus.

Natürlich kamen auch Dianas Schwestern zu Besuch: Debo mit ihren Windhunden, selbst Nancy, trotz ihrer belastenden Aussage gegen die Schwester. Ansonsten verbrachten die Mosleys ihre Zeit mit Büchern, Klassikern ebenso wie Neuerscheinungen von Freunden wie Evelyn Waugh, die diese ihnen schickten. Mosley, in Dianas Augen brillant wie immer, hatte sich in der Haft Deutsch beigebracht. Jetzt konnten sie beide ihr Lieblingswerk, Goethes *Faust*, im Original lesen.

Für die englischen Zeitungen war die Zusammenlegung ein gefundenes Fressen, sie waren genauso empört wie Decca über dieses, wie sie fanden, Luxusgefangenenleben für die größten Bösewichte im Land.

Office of Price Administration

Selbst wenn Decca nach England hätte zurückkehren wollen: Eine Überfahrt wäre gefährlich gewesen, ein Leben in London mit den vielen Bombenangriffen erst recht. Es gab so viele Gründe, in Amerika zu bleiben, wie sie ihrer Mutter im Oktober 1942 schrieb: weil es Dinky so gut gefalle, weil Amerika überhaupt ein besserer Ort sei, um Kinder großzuziehen, die hätten hier viel mehr Spaß, außerdem sei sie doch jetzt schon so lange weg und habe das Gefühl, in England kaum noch jemanden zu kennen ...

Ihrer Familie gegenüber hätte sie es nie zugegeben, aber es gab Momente, da sehnte sie sich nach ihnen zurück. Virginia würde sie später daran erinnern, als Deccas Autobiographie erschien: »Dein Mut ist wirklich phänomenal, zumal ich ja weiß, wie oft und wie schmerzlich du deine Familie und Schwestern und die Wärme des Kokons vermisst hast, sosehr du dich auch befreien und ein Schmetterling sein wolltest.« Aber Decca wusste: Bei den Durrs war sie besser aufgehoben. Trotz der Ruhestörungen.

»Muutter! Das FBIIII!« An den Besuch der Männer im Trenchcoat waren die Kinder von Seminary Hill schon genauso gewöhnt wie an Milchmann und Postbote. Die Ermittler des Federal Bureau of Investigation standen oft vor der Tür, die Bewohner waren ja doppelt und dreifach verdächtig: Da war zum einen die japanische Familie, die die Durrs aufgenommen hatten, schließlich führten die Japaner jetzt Krieg gegen die USA. Dann Decca, die sich selber als Kommunistin bezeichnete, zwei faschistische Schwestern hatte und deren Mann ein Kämpfer im Spanischen Bürgerkrieg gewesen war. Bald sollte auch der Hausherr selbst unter Beobachtung stehen. Und zwar jahrzehntelang. Aber vorerst ließ sich noch niemand ernsthaft von den Trenchcoats irritieren.

Nach einer kleinen Erholungspause mit Dinky bei Freunden im sonnigen Florida fand Decca im Office of Price Administration (OPA) ihre Rettung. Frustriert davon, so weit weg zu sein vom eigentlichen Schauplatz des Kampfes gegen die Nazis, hatte sie das Gefühl, im OPA der Front so nah zu kommen, wie es in Washington überhaupt möglich war. Sie war froh, in diesen finsteren Zeiten Sinnvolleres tun zu können, als teure Mode zu verkaufen.

In der jungen Behörde, die gegen Kriegsgewinnler, Preistreiber, Mietwucherer und Verstöße gegen die Rationierung anging, herrschte noch der progressive, kämpferische Geist des New Deal. Hier, so Decca, versammelten sich »überwiegend junge, unglaublich energiegeladene und hart arbeitende, engagierte Antifaschisten«. John Kenneth Galbraith, der Nachbar aus ihrer Fahrgemeinschaft, hatte als Volkswirt eine führende Position im OPA.

Näher sind die USA dem Sozialismus wahrscheinlich nie gekommen als mit diesem Amt, das – in Amerika unerhört – in den freien Markt eingriff, Preise, Mieten und kriegsbedingte Rationierungen regulierte und kontrollierte. Es war eine kurze, aufregende Zeit. 1943 musste Galbraith sein Amt schon wieder aufgeben, weil er sich mit seiner restriktiven Preispolitik zu viele Feinde gemacht hatte.

Mit dem Tempo der blutjungen Mitschüler an der Strayer Business School beim Tippen hatte die Vierundzwanzigjährige auf Dauer zwar nicht mithalten können, aber was machte das schon. Im Denken war Decca immer noch schneller, und das, was andere als deprimierende Niederlage empfunden hätten, amüsierte sie, konnte sie als Geschichte zum Besten geben: dass sie es am Ende ihres Sekretariatskurses lediglich zur »sub-eligible typist«, zu einer »nur bedingt geeigneten Tipperin«, ins Office of Price Administration geschafft hatte. »Muss in der Lage sein, einfache Anweisungen auszuführen«, lautete die Job-Beschreibung.

Schnell schummelte sich die Hilfssekretärin ohne Schulabschluss nach oben, sorgte als Erstes dafür, dass professionelle Stenotypistinnen möglichst oft das Schreibmaschineschreiben für sie übernahmen. Mit ihrem Aussehen, ihrem Auftreten und dem englischen Akzent nahmen ihr alle ab, dass sie tatsächlich was zu sagen hatte. So besorgte sie sich und ihrer Chefin ein Büro, indem sie einfach eins besetzte, und als die Juristin sie zur Ermittlerin für die OPA befördern wollte – wozu man eigentlich einen Collegeabschluss gebraucht hätte –, machte Decca im Bewerbungsformular aus ihrem Pariser Seminar für höhere englische Töchter kurzerhand ein ganzes Studium an der Sorbonne. Der Mangel an Arbeitskräften war jetzt, da so viele Männer im Krieg kämpften, so dramatisch, dass jede Frau, die eine Schreibmaschine von einer Waschmaschine unterscheiden konnte, einen Job bei der OPA bekam, wie Deccas Zukünftiger Bob Treuhaft im Rückblick erzählte.

Bob Treuhaft

Eines Tages, im Jahr 1943, landete Decca als Ermittlerin bei ihm, dem jungen Anwalt, der beim Amt für die Preisbindung und -kontrolle zuständig war. Auch Bob Treuhaft (sprich: Truuhaft) wollte bei der OPA seinen Kriegsdienst leisten, wenn er schon nicht als Soldat in den Kampf ziehen konnte: Als Epileptiker war er ausgemustert worden (eine Krankheit, die Decca später, in ihren Büchern und Briefen, so gut wie nie erwähnte, obwohl – oder weil – seine Anfälle, bei denen Bob sich einmal sogar die Schulter brach, sie zutiefst verstörten).

Aus der Ferne hatte Bob die junge Witwe schon seit einiger Zeit bewundert. In der Kantine, so erzählte er es später gern, hatte er sich endgültig in sie verliebt, und das nicht nur wegen ihrer »atemberaubenden Schönheit«. Fasziniert beobachtete er bei ihrer ersten Verabredung zum Lunch, wie sich Decca in der langen Schlange vor der Selbstbedienungstheke verköstigte, einen Tomatensaft nahm, in einem Zug austrank und das leere Glas in eine Ablage unter der Vitrine zurückstellte, an der nächsten Station einen Salat aß und den Teller versteckte, bevor sie sich noch ein Sandwich gönnte. Als sie endlich an der Kasse ankam, war sie satt und hatte nur eine Tasse Kaffee auf ihrem Tablett stehen. Fünf Cent kostete Bob das Mittagessen. »Das ist die richtige Frau für mich, habe ich mir gesagt.«

Gemeinsam zogen die beiden, der Jurist und die Ermittlerin, los: auf Verbrecherjagd. »Natürlich wäre ich liebend gern Spionin geworden«, wird Decca vier Jahrzehnte später ihrem Freund Michael Straight erklären, der im England der 1930er Jahre tatsächlich einer gewesen war, »aber es hat mich ja keiner gefragt.« Jetzt war sie ganz in ihrem Element. Öffentlichkeitswirksam wollten die beiden Amateurdetektive Sünder überführen, die gegen die von Bob verfasste »Pleasure Driving«-Regel verstießen: Seit Benzin rationiert war, durften Amerikaner nur noch dienstlich Auto fahren, nicht mehr zum Privatvergnügen. Prompt ging ihnen ein großer Fisch ins Netz, der norwegische Botschafter persönlich. Nur erwies der sich zu ihrem Leidwesen als zu clever: Noch bevor sie ihn öffentlich an den Pranger stellen konnten, ließ er sich für die Zeitung vor einem Bus ablichten und erklärte, dass er selbstverständlich die öffentlichen Verkehrsmittel benutze.

Auch wenn Decca de facto als Assistentin für Bob arbeitete, begegnete sie ihm, anders als Esmond, von Anfang an nicht als Verehrerin, die zu ihrem Helden aufschaute, sondern auf Augenhöhe. Bob und Decca waren ein Team, das würden sie bis zu ihrem Tod bleiben. »Bob kennenzulernen, war das Beste, was ihr im Leben passiert ist«, glaubt ihr Freund Simon Head.

Verehrer hatte Decca in Washington etliche, erinnert sich Ann Durr, doch die meisten von ihnen hat sie beschimpft und weggejagt. Den Kollegen aus New York dagegen, fünf Jahre älter als sie, fand sie äußerst anziehend. Der guckte immer so verschmitzt, war so links wie Esmond, aber sehr viel ruhiger, ja, sanfter. Ihr gefielen »seine leicht schrägen, funkelnden schwarzen Augen, seine wunderbar witzigen Scherze, sein (für mich) exotischer Bronx-Akzent«. Endgültig verliebt in Bob hat sie sich nach ihrer eigenen Darstellung bei einem kleinen subversiven Streich: Als sie zusammen den mühsam ausgearbeiteten Umzugsplan ihrer Behörde über den Haufen warfen und heimlich neu zeichneten, wobei sie zum Beispiel eine antisemitische Mitarbeiterin zwischen lauter Juden platzierten. Sich selbst setzten sie nebeneinander.

»Sie strahlt vor schöner Aufrichtigkeit und Mut«, schrieb Bob seiner Mutter Aranka, die das komplette Gegenteil von Lady Redesdale war, eine jüdische Mamme, wie sie im Buch steht, Tag und Nacht besorgt um das Wohl ihres einzigen Sohns: Isst er auch genug?! Bekommt er ausreichend Schlaf?! Verdirbt er sich nicht die Augen, wenn er liest?! Ist er auch warm angezogen?!

Im Vergleich zu Esmond, der aus demselben Stall stammte wie Decca, kam Bob von einem anderen Stern. Gerade das reizte sie so an ihm: dass er, als Sohn ungarischer Juden 1912 in der Bronx geboren, so anders war als alle, die sie kannte. Seine Eltern hatten als Teenager, unabhängig voneinander, ihre Heimat verlassen, um der Armut zu entkommen. Aranka, temperamentvoll und extrovertiert, arbeitete sich von der Fabrikarbeiterin zur Modistin mit eigenem Hutladen auf der feinen Park Avenue hoch. Auch ihr Mann Albin hatte den Aufstieg geschafft, dafür hatte seine Frau schon gesorgt, vom Kellner zum Alkohol-Schwarzhändler während der Prohibition (ein Job, für den er eigentlich viel zu lieb war), und weiter zum Restaurantbesitzer an der Wall Street.

Religiös waren die Treuhafts nicht, die Synagoge besuchten sie nur selten. Und doch wuchsen Bob und seine Schwester Edith in einer ganz und gar jüdischen Welt auf. Selbst wenn er auf der Highschool mit irischen Katholiken in der Schulbank saß – nach Hause eingeladen hätte er diese nie. Erst als Student in Harvard (Bob war der Erste seiner Schule, der die Prüfung für die Eliteuni bestand) freundete er sich mit Nicht-Juden an.

Ursprünglich hatte er Medizin studieren wollen, das war der sehnliche Wunsch seines Vaters gewesen. Nachdem dieser aber an Krebs gestorben war, verlor Bob das Interesse und schwenkte auf Jura um. Noch bevor er 1937 sein Examen bestand, hatte die ehrgeizige Mutter die Karriere ihres

Sohnes genau geplant: als erfolgreicher Anwalt in einer großen New Yorker Kanzlei.

Bob aber hatte anderes im Sinn. Obwohl er sich an der Uni nicht übermäßig politisch engagiert und nicht viel mehr getan hatte, als Spenden für den Spanischen Bürgerkrieg zu sammeln, war die Zeit der Großen Depression nicht ganz spurlos an ihm vorbeigegangen. Die Rechte von Arbeitern wollte er als Jurist vertreten und sich für linke Anliegen einsetzen. Arbeitsrecht interessierte ihn besonders. So heuerte Bob in New York beim Anwalt des Bosses der Textilgewerkschaft an, der ihn allerdings verdächtigte, Kommunist zu sein. Für Bob nach eigener Aussage Grund genug, sich schlau zu machen, was das denn nun eigentlich genau war. Je mehr er darüber las, desto marxistischer wurde er, und desto linker seine Freunde.

Nach einem kurzen, nicht sehr erfolgreichen Intermezzo als selbständiger Anwalt in New York bekam er einen Job bei der Regierung, bevor er im Dezember 1941 bei der OPA anfing, wo er auch Vertrauensmann der Gewerkschaft wurde.

Als Bob und Decca einander kennenlernten, erzählten sie sich ihre für den anderen so exotische Kindheit, entdeckten die Ähnlichkeit ihres Humors, den Sinn fürs Absurde. Auch politisch lagen sie auf einer Wellenlänge: Beide wollten in die Kommunistische Partei eintreten. »Ich könnte niemals mit jemandem ins Bett gehen, mit dem ich in den grundlegenden Anschauungen nicht übereinstimme«, wird Decca nach fünfzig Jahren Ehe mit Bob verkünden.

Bei den Durrs war sie inzwischen ausgezogen und teilte sich jetzt eine kleine Wohnung in Washington mit einer Studentin, der Freundin von Bobs Mitbewohner. Zwischendurch nahmen sie noch zwei Untermieterinnen auf, die Wohnungsnot in der Hauptstadt war groß. Das Apartment lag ideal, so nah zum Büro, dass sie mittags sogar nach Hause kommen konnte. Jeden Sonntag ging sie die Durrs besuchen, die unter der Woche oft zum Dinner vorbeikamen, auch Weihnachten feierten Decca und Dinky in Seminary Hill. Ein »furchtbar süßes« schwarzes Kindermädchen, selber Mutter von zwölf Kindern, passte auf die Kleine auf, »die zwei Süßen« wurden die beiden genannt. Überhaupt schwärmte Decca von den Schwarzen, im Park hatte Dinky sich mit ein paar schwarzen Kindern angefreundet. »Sie sind erstaunlich intelligent«, schrieb sie ihrer Mutter, »für ihr Alter viel weiter als weiße Kinder, manche können mit 10 Monaten reden.«

Die vier Freunde aus den zwei Wohngemeinschaften verbrachten viele Abende zusammen, die kleine Tochter immer dabei. »Dinky war der Star bei diesen Gelegenheiten – tatsächlich war sie der eine Fixstern an meinem Firmament, beständige Freundin und Gefährtin, die letzte Verbindung zu meinem früheren Leben mit Esmond.« Nach dessen Tod war Dinky ihre Rettung. Was freilich nicht bedeutete, dass Decca ihre Tochter bemutterte, im Gegenteil. Da sie es nicht abwarten konnte, dass die Kleine endlich groß war, behandelte sie sie prophylaktisch schon mal als Erwachsene. Fast so hatten sie es geplant, damals, als sie Miami hinter sich gelassen hatten, kurz bevor Esmond nach Kanada gegangen war: dass Dinky in der Zeit von Esmonds Abwesenheit Deccas »Freundin und Gefährtin« sein sollte.

Und dann wurde sie eifersüchtig. Zum ersten Mal in ihrem Leben, wie sie sagte, auf alte Freundinnen von Bob, dem sanften Womanizer, die in seinem Leben wieder aufzutauchen schienen. Decca tat, was sie immer tat, wenn es schmerzhaft wurde. Sie ergriff die Flucht. Von der OPA ließ sie sich nach San Francisco versetzen, so weit weg wie irgend möglich. Bob brachte Mutter und zweijährige Tochter im Februar 1943 zum Bahnhof, leicht entsetzt über ihr Sammelsurium an Tüten, Kartons und Dreirad, einen Koffer schien The Honourable Mrs. Romilly nicht zu besitzen. Zwei Stationen fuhr er noch mit, bis der Schaffner ihn aus dem Zug warf.

Ihre Flucht an die Westküste, bekannte Decca vierzig Jahre später, hatte nicht nur mit Bob, sondern auch mit Esmonds Tod zu tun. Die Ostküste war besetzt von Erinnerungen. Indem sie nach San Francisco zog, erfüllte sie zudem einen letzten gemeinsamen Traum: Kalifornien hätte die Krönung der Grand Tour mit Esmond sein sollen.

8

Go West!

Nach drei Tagen kamen sie am anderen Ende des Kontinents an. Hier, wo niemand sie kannte, wollte Decca sich noch mal neu erfinden. Keine öffentliche Mitford-Figur mehr sein, nicht Tochter, Schwester, Nichte von irgendwem, sondern einfach nur: Decca. Mit einer Ausnahme würde ihr das tatsächlich gelingen. Zum ersten Mal, seit sie von zu Hause weggelaufen war, blieb ihr Privatleben wirklich privat. Virginia Durr war diejenige, die Lady Redesdale per Telegramm mitteilte, dass Decca und Dinky nach San Francisco gezogen und über das OPA zu erreichen seien, dass es ihnen gut gehe. Erst siebzehn Jahre später, mit der Veröffentlichung ihrer Kindheitserinnerungen, wird Decca wieder auf die Mitford-Bühne treten. Aber dann aus freien Stücken und zu ihren eigenen Bedingungen.

So aufgeregt sie war, ein bisschen mulmig war ihr schon. Es war ein radikaler Schnitt, der Abschied vom glamourösen Leben, fern aller Polit- und sonstigen Prominenz, ohne reiche Gönner im Hintergrund. Aus dem Washingtoner Kreis der regierungsnahen New Dealer stieg sie ab in die Niederungen der Basis; sie würde schuften, für wenig oder gar kein Geld, eine neue Familie gründen und unzählige Freundschaften schließen. Im politischen Kampf fand sie ein neues Zuhause, in ihren Mitstreitern aus der Kommunistischen Partei eine neue Familie.

»Frisco! Allein der Name hatte einen Zauber«, erzählte Decca Jahrzehnte später im *Daily Telegraph*, jener erzkonservativen englischen Zeitung, die sie Anfang der 1940er Jahre nicht mit spitzen Fingern angefasst hätte – »am Ende der westlichen Hemisphäre, Zuflucht für Entronnene jeglicher Art, Hafen für menschliches Strandgut, der perfekte Ort, um ein neues Leben anzufangen«. San Francisco war Amerikas Hauptstadt des Arbeiterkampfs, nirgends waren die Gewerkschaften so stark und so links wie hier. Ganz fremd war Decca das Milieu nicht, schließlich hatten die Romillys in London schon unter Hafenarbeitern gelebt. Überhaupt hatte die Stadt, so exotisch sie war, auch etwas Vertrautes: die Häuser viktorianisch, das Wetter englisch. Meist war sie in Nebel getaucht.

San Francisco, das war das andere Amerika. »Bagdad an der Bucht« hatte Herb Caen, Kolumnist des *San Francisco Chronicle*, die Stadt am Pazifik getauft. Schon in den 1940er Jahren hatte er sie als das erkannt, was sie später wirklich werden würde – zu einer Zeit als »Bagdad« noch keine Schreckensvisionen hervorrief, sondern Träume wie aus *Tausendundeiner Nacht*: eine märchenhafte Stadt am Wasser, in der alle willkommen waren, Schwule und Linksliberale, Dichter und Hippies, Menschen von überall, voller Italiener, Chinesen – und normalerweise Japaner. Aber die waren jetzt verschwunden; mehr als 100 000 Japaner und Japanoamerikaner wurden in den USA für die Dauer des Kriegs in Lager gesteckt. Ihre Internierung war einer der dunkelsten Flecken auf Roosevelts Weste. Auch die Kommunisten, sonst demonstrativ auf Seiten der Unterdrückten, haben nicht dagegen protestiert.

»Don't Call it Frisco«, »Nennt sie nicht Frisco«: So hatte Herb Caen eins seiner Bücher über die goldene Stadt genannt. »Frisco«, das Wort, bei dem Einheimische zusammenzucken, benutzten nur Touristen und frisch Zugereiste wie Decca. Bald gehörte sie selbst dazu, würde auch sie für den *San Francisco Chronicle* schreiben und regelmäßig in den Kolumnen von »Mr. San Francisco« Herb Caen auftauchen, der einer ihrer guten Freunde wurde.

Bei ihrer Ankunft freilich zeigte die Stadt der Kriegswitwe die kalte Schulter. Ihre Washingtoner Freunde hatten ihr San Francisco als fröhlichen Sündenpfuhl geschildert, doch als Decca am ersten Abend – die zweijährige Dinky hatte sie schlafend im Hotel zurückgelassen – in einer Bar etwas trinken wollte, wurde ihr nichts serviert: San Francisco im Jahr 1943 war eine Stadt voller Männer, Soldaten und Arbeiter aus der Kriegsindustrie, da machte sich eine Frau ohne Begleitung verdächtig. Erst als ein Paar sie einlud, bekam sie ihren Drink.

Bald wohnten Mutter und Tochter möbliert in der Haight Street, die in den 1960er Jahren zur Hauptstraße der Hippies aus aller Welt wurde und als solche noch heute eine Touristenattraktion ist. In den 1940er Jahren war Haight Ashbury ein ärmliches Viertel, in dem Decca ein günstiges Arrangement fand: Ihre Unterkunft kostete 25 Dollar im Monat, für zusätzliche 40 Dollar passte die nette Pensionswirtin Mrs. Betts, selber Mutter von drei Söhnen, auf die Kleine auf. Ein Schnäppchen, wie Decca ihrer Mutter versicherte. Nicht mal selber kochen musste sie hier.

OPA-Schnüfflerin heiratet Rechenschieber-Jungen

Beim Office of Price Administration war sie jetzt als Ermittlerin für Mietwucher zuständig. Ihr Gehalt, 2000 Dollar im Jahr, bekam sie vom Special Alien Fund, dem Topf für ausländische Mitarbeiter. Unter den Kollegen fand sie schnell Gleichgesinnte wie Al Bernstein, dessen Schreibtisch zu ihrer Freude noch schlampiger als ihr eigener war, ein humorvoller Gewerkschaftsaktivist, von dem sie viel über politische Organisation lernte. Auch mit seiner Frau Sylvia war Decca befreundet.

Oder Doris »Dobby« Walker, die in den 1960er Jahren Bobs Partnerin in der Anwaltskanzlei wurde. Die Tochter aus reichem texanischem Hause, verheiratet mit einem Schwarzen, war eine überraschende Wahl für Decca als Freundin: eine ultradogmatische Kommunistin, die in Sachen Politik gar keinen Spaß verstand. Aber Decca bewunderte ihre Kämpfernatur und ihren Mut, ihre Aufrichtigkeit und Selbstlosigkeit. Bei der Wahl ihrer Freunde hatte sie ohnehin ein Faible für anstrengende Charaktere. Sooft sie sich über Dobby lustig machte, die auch noch große Naturliebhaberin und passionierte Wanderin war (und sensibler, als sie auf den ersten Blick wirkte), Decca würde ihr immer die Treue halten, noch lange nachdem sie selbst aus der Kommunistischen Partei wieder ausgetreten war.

Inzwischen war Decca aktives Mitglied der United Federal Workers Union für Regierungsangestellte, für die sie sich mit Bob schon in Washington engagiert hatte und deren lokale Vorsitzende Dobby war. Aber der Wind begann sich zu drehen: Wer sich in der Gewerkschaft engagierte, machte sich automatisch des Kommunismus verdächtig. Das hielt Decca, die weiter unter FBI-Beobachtung stand, für den wahren Grund, warum sie als »alien«, als Ausländerin, plötzlich von der OPA entlassen werden sollte. Aber das konnten ihre »Brüder und Schwestern« verhindern. In Deccas Nachlass findet sich ein Flugblatt, mit dem die Gewerkschafter gegen ihre Entlassung protestierten. Mit Erfolg. Dobby war die treibende Kraft hinter der Solidaritätsaktion.

Einen Monat nach ihrer Ankunft schrieb Decca ihrer Mutter, sie fühle sich in »Frisco« schon sehr wohl und komme viel rum. In ihrer Autobiographie hört sich das anders an: Als furchtbar einsam schildert sie da die Anfangszeit. Die Fünfundzwanzigjährige war es nicht gewohnt, allein zu sein. Bob Treuhaft war derjenige, der sie mit seinen amüsanten Briefen aufzuheitern vermochte. Kaum war Decca aus Washington weg, hatte er schon einen Antrag auf Versetzung nach San Francisco gestellt, wo er in seinem Leben bislang nie gewesen war. Noch bevor seinem Gesuch entsprochen wurde, kam er Decca im Juni besuchen und machte ihr einen Heiratsantrag und – war »vollkommen sprachlos, als sie ihn annahm«. Was er nicht wusste: Die Antwort stand schon fest, bevor die Frage ausgesprochen war. In den Wochen des Alleinseins hatte sie genug Zeit zum Nachdenken gehabt.

Am nächsten Tag standen die beiden vor dem Friedensrichter. Mit dem Bus waren sie kurzerhand nach Guerneville gefahren, einen Ferienort 160 Kilometer nördlich von San Francisco, idyllisch an einem Fluss namens Russian River gelegen – so weit weg wie möglich von den Paparazzi. Kommunistische Tochter antisemitischer Aristokraten und Schwester zweier Hitler-Freundinnen heiratet linken Sohn jüdischer Einwanderer, das hätte wieder krachende Schlagzeilen gegeben. Unterwegs hatte das Brautpaar Dinky Freunden von Freunden in die Arme gedrückt, um die Hochzeitsnacht für sich zu haben. Für Flitterwochen war keine Zeit.

Die überstürzte Trauung war noch unfeierlicher als Deccas erste Hochzeit, nicht mal Trauzeugen hatten sie dabei, die mussten sie sich ausleihen: zwei Männer, die gerade auf dem Amt waren, weil sie ohne Angelschein geangelt hatten. Nicht einmal ihrer Mutter hatte Decca vorher von ihren Heiratsplänen erzählt. Wann auch. »Du wirst sehr überrascht sein zu hören, dass ich mit Bob Treuhaft verheiratet bin«, schrieb sie ihr am Tag der Trauung. »Ich bin furchtbar glücklich & die ganzen bitteren, schrecklichen letzten Monate scheinen sich in Luft aufgelöst zu haben.«

Zwei Monate nach der Hochzeit zog Bob nach San Francisco. Die Kleinfamilie wohnte jetzt noch immer bei Mrs. Betts, aber ein Stockwerk tiefer, in einem winzigen Apartment, das nur über die Wohnung der Vermieterin oder eine dunkle Gasse und die Feuerleiter zu erreichen war. Was Bob zunächst für einen von Deccas Scherzen gehalten hatte.

Unmöglich!, fand Bobs Mutter, die von der Ehe ohnehin nicht gerade begeistert war. Dafür hatte sie ihren Sohn nach Harvard geschickt, dass er jetzt diese Schickse aus England heiratete – ohne sie zu fragen! – und ans andere Ende des Kontinents zog?! Und demnächst würde er auch noch in einer Kanzlei anfangen, die lieber linke Gewerkschafter als reiche Leute vertrat!

Ein Jahr nach der Hochzeit segelte Deccas neue Schwiegermutter im Pelzmantel herein, mit einem Haufen Gepäck und kläffendem Hündchen. Es ist nicht ganz klar, für wen der Schock größer war. Decca auf jeden Fall behielt diesen ersten Besuch als einziges Desaster in Erinnerung. Allerdings schreckte er Aranka nicht von weiteren Visiten ab. Jetzt bearbeitete sie ihre Schwiegertochter, sie müsse Bob Beine machten, von ihm Pelze, Auto, Kleider verlangen, damit er härter arbeite. Am nächsten Morgen steckte Decca ihren Kopf aus dem Fenster und brüllte ihrem Mann auf der Straße hinterher: »Marsch, an die Arbeit, du fauler Sack! Beweg dich! Bring Kohle nach Hause!«

Als Aranka 1948 nach Paris fuhr und dort auch Nancy besuchte – die beiden verstanden sich gut –, schüttete die Modistin ihr Herz aus: Decca, klagte sie, habe alle Chancen ihres Sohnes ruiniert. Das gab Nancy natürlich brühwarm an Diana weiter. Oswald Mosley amüsierte sich köstlich: Dann wäre Decca am Ende die einzige Mitford, die je einem Juden Schaden zugefügt habe. Es sollte eine Weile dauern, bis Aranka und ihre Schwiegertochter Frieden schlossen, sich anfreundeten. Und selbst dann zog Decca ihre Schwiegermutter immer wieder gerne auf. In ihrem neuen Leben war Aranka das Hauptopfer des Mitford'schen Spotts.

Auf ihrem Weg in die ersehnte Anonymität war Decca jetzt einen großen Schritt weiter: Ihre Kollegen hatten keine Ahnung, wer sie war, und so sollte es auch bleiben. Deshalb fiel sie fast in Ohnmacht, als Bob ihr am Tag nach der Hochzeit eine Boulevardzeitung mit der Riesenschlagzeile »OPA-Schnüfflerin heiratet Rechenschieber-Jungen: S. F. fassungslos« vor die Nase hielt. Das Blatt entpuppte sich als Jux ihres allzeit zu Scherzen aufgelegten Mannes.

Nie mehr so gelacht: Die Freilassung der Mosleys

Bald allerdings wurde es tatsächlich ernst, holte die Mitford-Vergangenheit sie noch mal ein. Ein Reporter des *San Francisco Examiner* tauchte bei Decca im Büro auf, sie ging ihm an die Kehle und schlug ihm die Kamera aus der Hand, so hat sie es erzählt. Dobby Walker hatte die Szene anders im Gedächtnis, es war überhaupt eine der ersten Erinnerungen an ihre Freundin:»Sie hat *geweint*, ob ihr's glaubt oder nicht«, erzählte Dobby vierzig Jahre später.»Sie war jünger und verletzlicher.«

Der Artikel erschien trotzdem im *Examiner*, voller Fehler und unter der Überschrift»Schwester von Hitlers ›nordischer Göttin‹ hier im öffentlichen Dienst – Jessica Freeman-Mitford auch in linker Arbeitergruppe aktiv«. Bald lauerten ihr mehrere Journalisten vor der Haustür auf. Aber sie verschwanden auch wieder.

Der Grund für die neu erwachte Neugier: Im November 1943 wurden Diana und Oswald Mosley nach dreieinhalb Jahren Haft entlassen, vom Innenminister persönlich, mit Churchills Unterstützung. Weil Mosleys Gesundheit stark angeschlagen war, so die Begründung. Die Empörung auf Seiten der Linken und Liberalen in England war gewaltig, Zehntausende gingen aufgebracht auf die Straße, auch Decca war außer sich vor Wut.

Sie folgte Dobbys Ratschlag, in die Offensive zu gehen, und legte scharfen Protest gegen die Freilassung ein, mit einem offenen Brief an»Cousin Winston«, den sie dem *San Francisco Chronicle* zum Abdruck gab, der Konkurrenz des lästigen *Examiner*:»Die Freilassung von Sir Oswald Mosley und Lady Mosley ist ein Schlag ins Gesicht der Antifaschisten jedes Landes und ein dreister Verrat an jenen, die im Kampf gegen den Faschismus umkamen. Sie sollten im Gefängnis bleiben. Dort gehören sie hin.«

Im Rückblick gab Decca sich milder, selbstkritischer, nannte ihr Verhalten selbstgefällig.»Das sehe ich ein«, stimmte sie Nancy zu, die ihren Protest als»nicht sehr schwesterlich« bezeichnet hatte. Was Nancy ihr allerdings nicht verriet: dass sie selber zweimal gegen Diana ausgesagt hatte. Ihrer Mutter gegenüber schlug Decca jetzt einen scharfen Ton an und drohte, den Kontakt abzubrechen, falls die Mosleys bei ihr waren. Waren sie?

Waren sie nicht. Pam und ihr Mann hatten die beiden bei sich aufgenommen, woraufhin das Haus in den Cotswolds erst mal tagelang von Journalisten umzingelt wurde. Pam, mit Gummistiefeln gewappnet, machte sich einen Spaß daraus, mit ihren Hunden ins tief verschneite Feld zu laufen, in dem die Reporter aus der Stadt mit ihren Halbschuhen versanken. Aber dann mussten die Mosleys das Haus wieder verlassen. Der Regierung war eingefallen, dass Pams Mann als hochkarätiger Physiker ja Geheimnisträger der Royal Air Force war. Also feierten sie Weihnachten mit der Mutter und Unity in Swinbrook und kauften sich anschließend ein eigenes Haus auf dem Land (in die Stadt, das war eine der Auflagen, durften sie nicht ziehen), mit Kuh dazu. Dort lebten sie bis zum Ende des Kriegs quasi unter Hausarrest, durften weder Auto fahren noch politische Freunde treffen oder Interviews geben. Dianas Mitgefangene in Halloway waren traurig über die Entlassung. Sie hätten später nie mehr so gelacht, seit Lady Mosley weg war, soll eine von ihnen gesagt haben.

Nicholas Tito Treuhaft

Ende 1943 gab Decca ihre Stelle beim Office of Price Administration auf. Die Reiserei als Kontrolleurin war ihr zu viel geworden, sie wollte nicht mehr so oft von Dinky und Bob getrennt sein. Sie waren jetzt eine richtige Familie, für Dinky war Bob ihr neuer Vater, auch wenn sie ihn nicht Daddy nannte, aber zu Decca sagte sie ja auch Decca und nicht Mom. Bob war ein guter, warmherziger Vater, der stabile Pol der Familie, der Kümmerer. An Esmond hatte Dinky keine Erinnerungen, nur manchmal Phantasien: dass er plötzlich vor der Tür steht. Seine Leiche war ja nie gefunden worden.

Nach einem kurzen Intermezzo beim Joint Anti-Fascist Refugee Comittee, wo sie sich um Flüchtlinge aus Francos Spanien kümmerte, widmete sich Decca erst mal einer anderen Aufgabe: Am 16. Mai 1944 kam Nicholas Tito Treuhaft auf die Welt. Der Name war als kleine Ohrfeige für die englischen Großeltern gedacht, Tito wie der jugoslawische Marschall und Nicholas – wie Lenin, schreibt Decca ihrer Schwester Nancy rätselhafterweise. Aber er wurde sowieso nur Nicky genannt.

Die Geburt war in Deccas Schilderung wieder ein Kinderspiel. Als die Wehen am Nachmittag einsetzten, mitten in der feierlichen Vereidigung Bobs vor der kalifornischen Anwaltskammer, blieb sie einfach im Saal sitzen. Erst nach dem Abendessen gingen die Treuhafts ins Krankenhaus, plauderten dann gemütlich und spielten bis Mitternacht Karten – kurze Pause, in der der propere Achtpfünder um zehn nach zwölf herausplopppte –, danach wurde weiter Cribbage gespielt. Sagt Decca.

Unter den Gratulanten war auch ihr Vater, mit dem sie seit der Flucht keinen Kontakt mehr gehabt hatte. Fünf Tage nach Nickys Geburt meldete er sich von Inch Kenneth aus. »Irgendwann«, so schrieb er ihr, »wenn alles wieder in ruhigeren Bahnen verläuft, hoffe ich sehr, euch alle zu sehen, und nach der ganzen Nachrichtenlage & wie die Dinge stehen, scheinen gute Aussichten zu bestehen, dass ich so lange durchhalte – das fände ich sehr schön. Alles Liebe, Farve.«

Lord Redesdale war nie ein großer Briefeschreiber gewesen, mit der Rechtschreibung tat er sich schwer. Es ist ungewiss, ob er noch häufiger geschrieben hat. Von Decca sind keine Briefe an ihn nach ihrer Flucht erhalten. Die Mutter war es, die sie über den Vater und seine Gesundheit auf dem Laufenden hielt (wobei sie verschwieg, dass sie im Prinzip getrennt waren). Die Augen machten ihm große Probleme, fast wäre er erblindet, mehrere Operationen haben ihm das Augenlicht gerettet. Aber der Lord blieb gebrechlich. Über die Mutter ließ Decca ihm Grüße ausrichten. Lady Redesdale schickte Grüße zurück. »Er hat sich *so gefreut* über deine Nachricht.«

Zu viert brauchten die Treuhafts jetzt doch mehr Platz und zogen in ein eigenes Häuschen in der Clayton Street, ebenfalls in Haight Ashbury. Als Mieter wählten sie Leute, die auf Dinky und Nicky aufpassten, allerdings wechselten die Babysitter ziemlich oft. Im Schlafzimmer von Decca und Bob hing nun das Schaf Miranda an der Wand, die Mutter hatte Decca ein Foto von ihrer alter Freundin geschickt.

Ein Monat Babypause, und Decca begann wieder zu arbeiten, diesmal bei der legendären California Labor School, einer progressiven, von Gewerkschaften und Philanthropen unterstützten Volksschule, die Politik mit Kunst verband. Die Teilnehmer – egal welche Hautfarbe, welches Alter, welches Geschlecht – konnten Kurse nicht nur in Gewerkschaftskunde und Marxismus-Leninismus belegen, sondern auch für Sprachen und Geschichte, Theater, Tanz und Kunst. Und alles ohne Gebühren. Viele der Dozenten verzichteten auf ihr Honorar, zu den Gastrednern gehörten der Architekt Frank Lloyd Wright und der Schauspieler Orson Welles, der schwarze Sänger, Bürgerrechtler und Kommunist Paul Robeson war ein häufiger Gast an der Schule. In der Oaklander Zweigstelle kümmerte sich Decca als »Financial Director« um die Buchhaltung. 1948 landete auch diese Institution auf der Schwarzen (besser gesagt: Roten) Liste subversiver Organisationen des Generalbundesanwalts und verlor ihre staatliche Lizenz, worauf ein schleichendes Ende und 1957 das endgültige Aus folgte.

Für die Treuhafts bedeutete der neue Job: früh aufstehen, die Kinder fertig machen, frühstücken, sie auf den Weg bringen, dann nach Oakland fahren, wo Bob inzwischen in einer Kanzlei arbeitete. An vielen Tagen kam Decca erst um Mitternacht nach Hause, die Kurse, für Berufstätige gedacht, liefen ja meist abends, und die Heimfahrt mit Zug und Bus dauerte eine gute Stunde.

Pele de Lappe

An der Labor School unterrichtete auch Pele de Lappe, Künstlerin und Kommunistin, eine unerschrocken muntere Aktivistin von der ersten bis zur letzten Stunde. Ein Jahr jünger als Decca, trat sie schon Anfang der 1930er Jahre in die Partei ein und fuhr noch als alte Dame im Rollstuhl zu Demonstrationen gegen George W. Bush und den Irakkrieg. Kettenraucherin und Stöckelschuhträgerin, trank sie in jungen Jahren die Jungs unter den Tisch und verführte sie in Scharen. Ein paar heiratete sie auch, bis sie mit über siebzig die Liebe ihres Lebens fand. »Sie presste das Beste aus dem 20. Jahrhundert heraus«, fasste eine Journalistin ihr Leben zusammen.

Pele war in San Franciscos linker Boheme groß geworden, der Vater war Illustrator, Marxist und Mitarbeiter einer Werbeagentur. Da er unentwegt zeichnete, tat seine Tochter das auch – und hörte nicht mehr auf, immer war ihr Stift in Bewegung, sie malte die Küchenwände ihrer Freunde voll und auch deren Bücher. Für Decca illustrierte sie einige Werke, darunter das erste und das allerletzte: Das Cover von Deccas posthum erschienenen Briefen ziert ein Porträt, das Pele von ihr gezeichnet hat.

Mit vierzehn wurde das Einzelkind auf die Kunstschule in San Francisco geschickt, ein Jahr später ging sie nach New York. Im kommunistischen Künstlerclub John Reed fand sie Vorbilder, freundete sich mit Frida Kahlo an. Tagsüber studierte sie Kunst, nachts entdeckte sie in den Clubs ihre Liebe zum Jazz, den Sommer verbrachte sie in einer Künstlerkolonie in Woodstock. Von einer großen Europareise zurückgekehrt nach San Francisco, stürzte sie sich dort 1934 in den großen Streik und wurde prompt zweimal festgenommen. Und da war sie noch nicht mal volljährig. Wenn das keine Traumkindheit war, Decca war ganz neidisch. In ihren Augen hatte Pele die glücklichste Kindheit gehabt, die sie sich vorstellen konnte.

Pele, inzwischen Redakteurin und Karikaturistin bei der *People's World*, der kommunistischen Zeitung der Westküste, war eine der Ersten, die Decca nach ihrer Ankunft in San Francisco kennenlernte. Es war Freundschaft auf den ersten Blick. Voller Witz und Lebenslust, hatten die beiden im ernsten Kampf gegen Rassismus und Ungerechtigkeit viel Spaß miteinander. Bei Fundraisingpartys sangen sie mit Inbrunst schmutzige Lieder. Pele wohnte in Berkeley, nicht weit von den Treuhafts entfernt, Kinder im selben Alter hatten sie auch, und ihr erster Mann Bert Edises gründete 1946 mit Bob eine gemeinsame Kanzlei. »Ich mag Menschen«, erklärte Pele noch mit sechsundachtzig Jahren. Der Satz hätte auch von Decca stammen können.

Endlich Kommunistin!

Anfang 1944, genau fünf Jahre nach ihrer Ankunft in New York, wurde Decca amerikanische Staatsbürgerin. Jetzt konnte sie nicht mehr wegen linker Gewerkschaftsarbeit des Landes verwiesen werden – zumindest im Moment nicht, später würde sich das ändern – und durfte in die Communist Party USA eintreten. Die Kommunistische Partei hatte nämlich zwischenzeitlich, um sich selbst und die Anwärter zu schützen, Ausländer von der Mitgliedschaft ausgeschlossen.

Der CP-USA beizutreten, das war, genau wie die Reise nach Kalifornien, so etwas wie die Erfüllung von Esmonds Letztem Willen. Dazu, so erzählt Decca, hatten sie sich gemeinsam nach Hitlers Einmarsch in die Sowjetunion entschlossen, als die Fronten wieder klar waren, die Guten nicht länger auf der Seite der Bösen standen. Auch Bob wollte schon lange diesen Schritt tun. Allerdings genügte es nicht, eintreten zu wollen. Man musste gefragt werden. Die Partei war vorsichtig geworden, Kommunisten standen schon unter Beschuss und unter Beobachtung des FBI.

Dobby Walker war diejenige, die Decca und Bob fragte, nachdem die Partei die beiden streng geprüft und ihren Segen gegeben hatte. Endlich!

Als sie aufgenommen wurden, hatte die Partei ihre »glorreiche« Zeit, wie Decca sie nannte, schon hinter sich. Die guten Jahre, das waren die 1930er Jahre gewesen, die Zeit des Aufbruchs und der Hoffnung, der großen Arbeiterstreiks, als sich Linke, Liberale und Kommunisten, auch progressive Kirchen und Synagogen, zum breiten Bündnis der Popular oder United Front zusammenschlossen, um den Faschismus zu bekämpfen und den New Deal zu unterstützen. Die amerikanische Linke hatte aus dem verhängnisvollen Grabenkrieg von Kommunisten und Sozialdemokraten in Deutschland gelernt.

Nachdem Hitler und Stalin ihr Stillhalteabkommen beschlossen hatten, hatte die moskauhörige amerikanische Communist Party 1939 ihren Kurs auf der Stelle angepasst. Dabei war mindestens die Hälfte der Parteimitglieder in New York, wo die Zentrale saß, jüdisch. Mit dieser Haltung hatte die Partei viele geschockt, Vertrauen verloren und sich selbst in die Isolation getrieben – selbst wenn sie zwei Jahre später, nach dem Angriff Hitlers auf die Sowjetunion, wieder auf den Anti-Nazi-Kurs zurückschwenkte.

1944, als die Treuhafts in die Partei eintraten, hatte diese immerhin die höchste Mitgliederzahl ihrer gesamten Geschichte: knapp 100 000. (Die Angaben zu Mitgliedszahlen schwanken allerdings. Der FBI-Experte Tim Weiner sagt, dass sie selbst in ihren allerbesten Zeiten nicht mehr als 80 000 Mitglieder hatte.) Der wichtigste Antrieb für die Treuhafts, in die Partei einzutreten, war auch der simpelste: Sie wollten die Welt verbessern. Sie gerechter machen. Aus gutem Grunde wurde Decca jedes Mal, wenn ihr Kommunismus mit dem Faschismus ihrer Schwestern gleichgesetzt wurde (und das geschah oft), wahnsinnig wütend. Ihre Motive waren völlig andere. Es war, glaubt Tochter Dinky, eine ganz pragmatische Entscheidung. »Sie war kein ideologischer Mensch. Sie sah, dass manches auf der Welt falsch war, und zu einer bestimmten Zeit waren es eben die Kommunisten, die sich bemühten, das zu ändern.«

Es war der praktische Einsatz für die amerikanische Demokratie, gemeinsam mit ihren Freunden, der sie lockte, der Kampf für bessere Schulen und mehr Kindergärten, für Arbeitslosen- und Krankenversicherung, für Meinungsfreiheit und Bürgerrechte, überhaupt: für eine gerechtere Gesellschaft. Als aufregend hat Bob diese Zeit in Erinnerung. Die Kommunistische Partei, da musste man hin, das war, wie er sagte, »the place to be«.

Die Kommunisten, und das war beiden Treuhafts besonders wichtig, gehörten in den 1940er und 1950er Jahren zu den wenigen, die sich für die Rechte der Schwarzen einsetzten, und das mit Stalins ausdrücklichem Segen. Die »Negro Question«, die »Negerfrage«, stand für die CP-USA ganz weit oben auf der Agenda, durchaus auch im eigenen Interesse: um neue Anhänger zu gewinnen. Die Linken forderten die in der Verfassung verbriefte Gleichstellung aller Bürger und die Aufhebung der Rassentrennung, sie halfen Schwarzen, wenn diese von der Polizei zusammengeschlagen oder aus einem Viertel vertrieben werden sollten, wenn sie vor Gericht standen – oft wegen Verbrechen, die sie nie begangen hatten und die sie trotzdem den Kopf kosten konnten. Nicht ohne Grund wurden noch in den 1960er Jahren Bürgerrechtler fast automatisch als Kommunisten beschimpft und als solche vom FBI überwacht.

Wie alles an der Westküste war auch die Partei anders. Die kalifornische Linke hatte nicht nur mit der *Daily People's World* ihre eigene Zeitung (im Unterschied zum New Yorker *Daily Worker*), sie hatte auch ihren eigenen Kopf. Weit undogmatischer als die stalinistische Zentrale in New York, galt sie als das »Jugoslawien« der CP-USA. Gaben an der Ostküste Intellektuelle und Ideologen den Ton an, waren es in Nordkalifornien mehr die Arbeiter und im Süden Hollywood.

Mit einem Optimismus, der sie später amüsierte, den sie aber keineswegs bereute, stürzte sich Decca in die Revolution, an deren baldigen Sieg sie fest glaubte. »Dumm von mir«, wie sie ihrem Enkel in den 1980er Jah-

ren sagte, »aber so war es nun mal: Es herrschte der totale Optimismus.«
Nach den elektrisierenden Lektüreerfahrungen ihrer Jugend erlebte Decca jetzt ihr zweites politisches Erwachen. Ganz »entzückt« war sie, die Veteranen der großen Arbeiteraufstände der 1930er Jahre kennenzulernen, bis tief in die Nacht mit den Genossen zu diskutieren. Willig unterwarf sich die aristokratische Rebellin der rigiden Disziplin und Hierarchie der Partei, dem Konzept des »demokratischen Zentralismus«: Die Mitglieder sollten sich an allen Diskussionen beteiligen, mussten am Ende aber den Beschlüssen folgen, die auf höherer Ebene getroffen wurden. Wie ein früheres Parteimitglied einmal meinte: »Es bedeutete, dass die ganze Demokratie anderswo zentralisiert war.«

Für Virginia Durr waren diese undemokratischen Prinzipien – neben der verschwörerischen Geheimniskrämerei, die mit den Jahren immer schlimmer wurde – der Grund, warum sie trotz aller Sympathien *nicht* eintrat. Decca dagegen akzeptierte die Parteimeinung, auch wenn es nicht ihre eigene war, nahm hin, dass alle gleich waren, aber einige gleicher und weiser als der Rest. »Ich liebte und bewunderte die Leute [in der Partei] und war nur zu gern bereit, die Führung jener zu akzeptieren, die so viel erfahrener waren als ich. Außerdem schien mir das Prinzip des demokratischen Zentralismus für das Funktionieren einer revolutionären Organisation in einer feindseligen Welt unabdingbar.« Die CP duldete nun mal keine Abweichler, keinen Individualismus. Und die Vorstellung, die Partei verlassen zu müssen, hatte für Decca etwas Traumatisches. So, wie aus einem Nest geworfen zu werden. Mit einem Ausschluss hätte sie all ihre Freunde auf einen Schlag verloren, denn Mitgliedern war der Kontakt zu Relegierten verboten. Und es waren doch gerade die Menschen in der Partei, die sie liebte: »Sie waren erstaunlich, sie waren bewundernswert, sie waren optimistische, hinreißende Menschen, selbstlose Menschen, die ihr Leben in den Dienst der verschiedenen Anliegen stellten, für die sie sich einsetzten.«

Aber Bob und Decca waren vom Ausschluss weit entfernt, im Gegenteil, sie hielten die Fahne hoch. Gemeinsam belegte das Ehepaar einen Crashkurs in Sachen Marx – das *Kapital* in wenigen Wochen und nach Feierabend. Bis spät in die Nacht lasen sie, hörten sich gegenseitig ihre Hausaufgaben ab, lernten, den historischen Bogen vom frühindustriellen England des 19. Jahrhunderts zum modernen Amerika zu schlagen. Glaubt man dem FBI, hatte Decca ihre Lektion gelernt. »Sie begreift die Bedeutung des Marxismus und der marxistischen Prinzipien und setzt sie um«, hieß es in einem FBI-Memo von 1953.

Meetings, Meetings, Meetings, die endlosen, öden Gewerkschaftstreffen der letzten Jahre entpuppten sich als harmloses Vorspiel zu dem, was sie jetzt an Sitzungen erwartete. Ständig saß sie in, wie sie später gestand, langweiligen Arbeitsgruppen und Versammlungen. »Oscar Wilde scherzte, der Sozialismus werde daran scheitern, dass er zu viele Abende beanspruche«, so Deccas Freundin Eva Lapin-Maas. »Was ich am deutlichsten in Erinnerung habe, sind die endlosen Palaver«, fasste Sylvia Bernstein ihre Erfahrung zusammen.

Die meisten Mitglieder kamen aus der bürgerlichen Mittelschicht, waren Ärzte, Anwälte, Sozialarbeiter, Hausfrauen mit Collegeabschluss, Künstler, Journalisten. Salonkommunisten waren sie deswegen noch lange nicht. Sie arbeiteten hart, sehr hart, stellten sich ganz in den Dienst der Partei. Wenn diese sie zum Arbeiten in die Fabrik schickte, dann gingen sie auch.

Mehr subversiv als Hausfrau

Die Partei des Proletariats hatte nicht gerade auf eine Aristokratin aus Oxfordshire gewartet. Aber über mögliche Klassenkonflikte scherzte Decca einfach hinweg: In dem Fragebogen, in dem sie über ihre Herkunft Auskunft geben sollte – je proletarischer, desto besser –, habe sie bei Mutter »Matrose« geschrieben, schließlich hatte Lady Redesdale ja einen Teil ihrer Kindheit auf einer Yacht verbracht, und beim Vater, der in Kanada nach Gold gegraben hatte, »Bergmann«. Beim weiblichen Rest der Familie füllte sie einfach »häuslich« aus.

Sie hatte einige Hürden des Misstrauens zu überwinden, erzählt ihre Freundin Marge Frantz. Respekt habe sie sich schließlich durch harte Arbeit verschafft. Waren Unity und Diana die Glamourgirls der Faschisten, so war Decca eine fleißige Ameise der KP, eine unter vielen, die tat, was getan werden musste, und ohne zu murren lästige Aufgaben übernahm, von denen es reichlich gab.

Ein Großteil der Arbeit war ziemlich unromantisch. Flugblätter vervielfältigen und verteilen zum Beispiel, oft morgens um fünf oder abends im Dunkeln am Fabriktor. Einmal wurde Decca dabei überfallen, ob sie auch vergewaltigt wurde oder nicht, darüber gibt es verschiedene Versionen. Sie selbst spielte den Vorfall herunter, vielleicht, weil sie zum Thema sexueller Übergriffe generell eine erstaunlich nonchalante Haltung einnahm, vielleicht auch, weil der Angreifer ein Schwarzer war. Sie machte einfach weiter, verkaufte Zeitungen, ging zu Sitzungen, organisierte Demonstrationen …

Das Demonstrieren und Organisieren machte ihr Spaß, das Marschieren in *picket lines*, dieser amerikanischen Form der öffentlichen Empörung, bei der Protestierende mit erhobenem Schild im Kreis laufen, direkt vor der Institution, der der Protest gilt. Mal war es ein großes Hotel in San Francisco, das keine Schwarzen anstellte, mal eine Behörde, die einen Genossen ausweisen wollte. Oft demonstrierten sie wegen der Kosten, vor allem für Lebensmittel und Wohnungen, die mit dem Ende des Kriegs, als die Preisbindung abgeschafft wurde, rapide in die Höhe gingen. Als die Amerikaner wegen der Fleischpreise meuterten, empfahl der republikanische Senator Taft einfach: »Esst weniger!« Die Zeichen standen auf Sturm. In diesem Jahr kam es, zum letzten Mal, zu großen Streiks.

Wieder einmal zog Decca von Haustür zu Haustür, nur dass sie diesmal statt des forschen Esmond eine schüchterne Genossin an ihrer Seite hatte und nicht Seidenstrümpfe, sondern Versammlungen verkaufte. Um sie den Arbeitern schmackhaft zu machen, verzichtete sie auf den trockenen Parteijargon und griff einfach aufs gute alte Mitfordisch zurück: »Es wird absolut wunderbar und schrecklich interessant … Kommt *unbedingt*, ich bin sicher, ihr werdet es *lieben*.«

Deccas Freundin Eva Lapin-Maas kam später ins Grübeln, was die Rolle der Frauen in der Partei anging: Sie waren diejenigen, die Kaffee kochten, die Flugblätter tippten und mühsam vervielfältigten, während die Führungspositionen fast ausschließlich von Männern besetzt waren. Für Decca fühlte sich das anders an. Nicht ausgeschlossen zu sein war ihr vorherrschendes Gefühl, sondern, im Gegenteil, *dazuzugehören*. Zum ersten Mal in ihrem Leben. Das hatte sie so gereizt an der Partei, dass diese »etwas unglaublich Einigendes« hatte. Dass sie sich wegen ihres Geschlechts nicht benachteiligt fühlte, erklärte Decca auch damit, dass sie und Bob eine so gleichberechtigte Beziehung führten.

Außerdem war ihr politisches Leben ausgesprochen gesellig. Nicht alle Parteimitglieder waren Freunde von Decca und Bob – aber fast all ihre Freunde gehörten der Partei an. Die Familien unternahmen viel miteinander, hüteten den Nachwuchs reihum, mit Pele & Co. machten sie Ferien auf einem südkalifornischen Bauernhof, der einzigen von Schwarzen betriebenen Urlaubsranch, mit Tennisplatz, Swimmingpool und Pferden. Natürlich wurden die Kleinen zu Demonstrationen mitgeschleppt, dann forderte Dinky im Kinderchor und mit viel Gebrüll mehr Kindergärten. Auch für sie waren die befreundeten Genossen aus der Partei *ihre* Familie. Die englische Mitford-Verwandtschaft hatte für Dinky überhaupt keine Realität.

Man traf sich bei den Genossen zu Hause, in Küchen und Wohnzimmern, zum Abendessen oder danach, zu Partys und Picknicks, Dinners, Flohmärkten und Tombolas, zu Jazz- und Blues-Konzerten. Der große schwarze Sänger Leadbelly übernachtete schon mal bei den Treuhafts, wobei er Aranka aus dem Gästebett vertrieb. Auf den Festen wurde eifrig getanzt und gegessen, Bourbon getrunken und Poker gespielt und viel, sehr viel gesungen. Irgendwann trug Decca immer die Ballade von Grace Darling vor, der englischen Leuchtturmwärterstochter, die Schiffbrüchige rettete, »das war ein wirklich bewegendes Erlebnis«, so Pele. Beim Refrain »Help! Help!« schrien alle im Chor mit.

Dass Decca eine begnadete Fundraiserin war, erkannten die Genossen schnell. Was anderen peinlich war, bereitete ihr Vergnügen, selbst ihre Freunde schröpfte sie mit Freuden. Bei einem Fest im eigenen Haus verlangte sie nicht nur für Eintritt und Drinks je 50 Cents, sondern auch für die abgelehnten Drinks (25 Cents), die Klo-Benutzung (10 Cents) und das Klopapier (noch mal 5 Cents extra). Wer das Fest vor ein Uhr nachts verlassen wollte, musste sich mit 75 Cents freikaufen. Als ein paar Leute sich hinterher beschwerten, schickte Decca allen Gästen einen Brief und versprach: Wenn jeder ihr 5 Dollar gäbe, würde sie nie wieder so ein Fest veranstalten. So wurde Decca Financial Director der San Francisco Communist Party, wofür sie das gleiche Einheitsgehalt wie alle Funktionäre bekam, 40 Dollar die Woche. Bob verdiente als Anwalt genug, dass sie davon – bescheiden – leben konnten.

Mit ihrer Art machte Decca sich allerdings nicht nur Freunde. Einigen waren ihre Scherze zu frivol, anderen zu hart. Als 1960 ihre Autobiographie erschien, schrieb ihr ein Freund aus alten Tagen: »Als ich dich kennenlernte, hat es mir gar nicht gefallen, dass du nur um des Schockierens willen Leute verschreckt hast – zum Beispiel mit deinen Badezimmerscherzen, die nur schockierend waren, ohne witzig zu sein.« Sie selbst bestätigte das. In jungen Jahren sei sie »brutal und rücksichtslos« gewesen, habe es genossen, Feinde, echte oder eingebildete, auszutricksen.

Angesichts des millionenschweren Etats des FBI, der von Jahr zu Jahr stieg, hatten Deccas Sammelaktionen fast etwas Rührendes. Aber selbst wenn sie gewusst hätte, mit welchem Aufwand die Ermittlungsbehörde die Partei und ihre Mitglieder von morgens bis abends überwachte und systematisch unterwanderte – 1939 hatte das FBI dafür knapp 800 Agenten, 1952 waren es mehr als 7000 –, sie hätte weitergemacht mit ihrer Politik der kleinen Schritte.

Für den Nachwuchs freilich blieb vor lauter Aktivismus kaum noch Zeit. »Obwohl ich meine Kinder SEHR, SEHR lieb hatte«, erzählte Decca ihrem Enkel James Jahrzehnte danach, »habe ich es doch geschafft, mich nicht dauernd um sie kümmern zu müssen.« Als »nüchtern« beschreibt Dinky Deccas Haltung gegenüber Kindern. Mit den ganz Kleinen konnte sie gar nichts anfangen, die langweilten sie nur. »Sie mochte uns *sehr*, sobald wir reden konnten und verständig wurden«, so Dinky. Weil das aber eine Weile dauerte, behandelte sie ihre Tochter von vornherein praktisch wie eine Erwachsene, wollte nicht, dass diese »als albernes kleines Mädchen« herumrannte, wie Dinky sagt.

Dabei war Decca von ihren Sprösslingen hemmungslos begeistert. Wenn man liest, was sie in diesen Jahren über Dinky schreibt, musste diese ein Wunderkind gewesen sein, das mit drei Jahren professionelle Hausfrau und Ersatzmutter war. Dinky, jubelte Decca, die sich in England nach solcher Freiheit aus tiefstem Herzen gesehnt hatte, ging in den Kindergarten und zu Partys, und wenn sie über Nacht bei Freunden bleiben wollte, rief sie einfach zu Hause an. Dass ihre Tochter tapfer war und kaum jammerte, selbst wenn sie aus dem Hochbett fiel, machte Decca besonders stolz. Aber Dinky hätte sich gehütet, zu weinen. Das war mit Sicherheit eine der ersten Lektionen ihres Lebens: Eine Mitford kennt keinen

Schmerz. Mit zweieinhalb konnte Dinky angeblich schon buchstabieren und hat Deccas Amerikanisch korrigiert, als Eingeborene fand sie, dass ihre Mutter Worte wie »dance« und »grass« nicht korrekt aussprach. Dass Dinky singen konnte, verstand sich von selbst. Decca brachte ihr »The Ninety and Nine« bei, was wehmütige Erinnerungen an Nanny Blor weckte.

Wenn die Babysitter verreist waren, schmiss Dinky quasi den Haushalt. Um ans Spülbecken ranzukommen, hockte sie auf einem Stuhl, von ihrer Mutter mit einer Schnur festgebunden, damit sie nicht runterfiel. Zu Deccas Staunen beherrschte Dinky Sachen, von denen sie selbst keine Ahnung hatte, Treppe putzen oder Backofen saubermachen zum Beispiel. Sie hatte, versichert Dinky, eine glückliche Kindheit: »sehr glücklich«. Die häuslichen Tätigkeiten waren einfach Teil ihres Alltags.

»Subversive Housewife«, so hat Herausgeber Peter Sussman in Deccas Gesammelten Briefen die Jahre 1943 bis 1959 überschrieben. Wobei sie mehr subversiv als Hausfrau war. Nur wenn es unbedingt sein musste und sie gerade niemanden zur Betreuung der Kinder hatte, blieb Decca eine Weile zu Hause und war heilfroh, wenn sie eine neue Haushälterin fand. Erstens hasste sie Hausarbeit, wie sie ihrer Mutter versicherte, zweitens war sie dabei eine Katastrophe (»phänomenal schlecht«) und drittens arbeitete sie viel, viel lieber außer Haus.

Wie schrecklich die Welt geworden ist

Deccas Mutter hatte zu dieser Zeit andere Sorgen. Nach dem Einmarsch der Alliierten in der Normandie durfte sie mit Unity im Sommer 1944 wieder nach Inch Kenneth fahren. Für Lady Redesdale wurde die abgelegene Insel nun ihr Hauptwohnsitz, ihr kleines Paradies. Nur in den Wintermonaten und zu Stippvisiten zwischendurch zog sie in die kleine Londoner Chauffeurswohnung.

In ihrer Autobiographie erzählt Debo von der kurzen Zeit, in der Vater, Mutter und Unity auf der Insel vereint waren: »Es war qualvoll.« Kein Klavierspiel, keine Scherze, der Vater saß mit versteinerter Miene am Tisch; sobald sie mit dem Essen fertig waren, floh er in die Küche zu Mar-

garet, der Haushälterin, die sich in Debos Darstellung als Hausherrin aufspielte und nur dummes Zeug erzählte. Seine Frau, so Debos Eindruck,
schien er zu hassen, und die angespannte Atmosphäre wurde durch Unitys merkwürdiges Verhalten noch intensiviert. Jede Nacht machte sie ins
Bett, jeden Tag wusch Lady Redesdale das Bettzeug und hängte es in den
Wind. »Es war alles unerträglich traurig, und dieses elende Gefühl wurde
durch das Inseldasein nur noch verstärkt … Was ein idyllischer Ort für
einen Sommerurlaub hätte sein sollen, war in Wahrheit eine Art Hölle.«

Der Vater ergriff erneut die Flucht: Lord Redesdale kehrte nach Redesdale zurück, in das Tal in Northumberland, aus dem seine Familie stammte. Mit seiner Gefährtin Margaret zog er in das kleine abgelegene Cottage
kurz vor der schottischen Grenze, in dem schon seine Mutter als Witwe
gewohnt hatte. Seine Familie sah er danach nur noch selten. Manchmal
schenkte er seinen Töchtern Geld: Nachdem er Diana in den 1950er Jahren einmal in Paris besucht hatte, gab er ihr 500 Pfund – für Vorhänge;
Nancy erhielt 3000 Pfund, damit sie sich bei der Londoner Buchhandlung Heywood Hill einkaufen konnte, wo sie seit 1942 arbeitete und ihre
Schriftstellerfreunde wie in einem Salon um sich scharte. Wenn die Töchter zu Besuch kamen, freute er sich, aber oft kamen sie nicht. »Anders als
Muv«, so Diana, »interessierte er sich nicht im Mindesten für uns oder
unsere diversen Aktivitäten.«

Alles, was er mal geliebt hatte, Jagen, Angeln, Poker spielen, konnte David nicht mehr, und alles andere interessierte ihn nicht. Nicht nur
müde – geradezu sanft war er geworden als einsamer alter Mann. Aber
seine Töchter wollten keinen zahmen Vater, keinen Löwen, der nur noch
miaute. Sie wollten ihn so wild und exzentrisch, wie er in ihrer Jugend gewesen war, brüllend laut und brüllend komisch.

Was Lord Redesdale vielleicht mehr noch als alle anderen Familien-
krisen und nationalen Katastrophen gebrochen hatte, war der Tod seines
einzigen Sohns und Erben.

Als Soldat hatte Tom bereits einige Stationen hinter sich gebracht, war
in Italien und Afrika gewesen. Aber in Deutschland einmarschieren und
auf die Menschen schießen, unter denen er viele Freunde hatte, das wollte
er nicht. Dann schon lieber gegen die Japaner kämpfen. Also ließ er sich
nach Burma versetzen. Am 2. April 1945 erhielt Lord Redesdale ein Tele-

gramm mit der Nachricht, sein Sohn sei verwundet. Die Familie schwankte zwischen Hoffen und Bangen, je mehr Zeit verging, desto optimistischer wurden sie. Dann aber, fünf Tage nach dem ersten, kam das zweite Telegramm. Am 24. März war Tom vom Maschinengewehrfeuer am Hals getroffen worden, man hatte ihn noch operiert, am 30. März aber, Karfreitag, war er gestorben. Mit sechsunddreißig Jahren. Begraben wurde er auf dem Militärfriedhof von Mandalay in Burma.

»Wie schrecklich die Welt geworden ist, alles schwarz & dunkel«, schrieb Lady Redesdale Decca drei Wochen nach seinem Tod. »Ich muss es von dir lernen, Liebes, mit Deinem großen Mut warst Du ein Vorbild für alle.« Sie sei doch immer »so eine tapfere kleine D« gewesen. Die »tapfere kleine D« gab sich hart. Jeder, der in diesem Krieg getötet wurde, erklärte sie ihrer Mutter, sei »für die glorreichste Sache der Geschichte« gestorben. Besser tot, als mit den Nazis in einer Welt zu leben, das habe Esmond schon richtig erkannt. Von Tom selbst sprach sie nicht in diesem Brief. Immerhin spürte sie, dass die Mutter Trost brauchte: Sie wünschte, sie könnte mit »den süßen Kindern« nach England kommen, vielleicht würde es ja bald klappen.

Gut möglich, dass Roosevelts überraschender Tod ein paar Wochen zuvor, am 12. April 1945, Decca mehr beschäftigte als der ihres Bruders. Auf jeden Fall hatte er mehr Realität für sie. Viele Amerikaner, gerade die Linken, brachen in Tränen aus, als sie die Nachricht hörten, wo immer sie waren, im Supermarkt, auf der Straße oder daheim. Für Millionen von Amerikanern, so der Historiker Eric Goldman, war Roosevelt wie ein zweiter Vater gewesen. Sein Tod bedeutete einen tiefen Einschnitt in der politischen Landschaft der USA, deren Folgen auch Decca und Bob bald zu spüren bekommen sollten: das Ende der liberalen Ära. Nachfolger Harry S. Truman war gerade mal zweiundachtzig Tage Vizepräsident gewesen, als er das Amt übernahm, ein Mann vom Lande, und was die große Politik anging, völlig unerfahren.

Unter seiner Ägide sollte tatsächlich einiges einstürzen. Denn kaum war der Zweite Weltkrieg überstanden, setzte der Kalte Krieg ein. Aus Überzeugung, Machtkalkül und unter dem Druck der neuen republikanischen Mehrheit im Kongress unterstützte der Demokrat die Hexenjagd gegen die amerikanische Linke. Die Hatz richtete sich mindestens so entschieden gegen die Anhänger des New Deal wie gegen die echten »Roten«. Die McCarthy-Zeit, davon waren die Treuhafts wie viele Linke überzeugt, hätte eigentlich Truman-McCarthy-Ära heißen müssen.

Der Krieg in Europa war im Mai zu Ende, aber Decca war nicht nach Feiern zumute. Die Bilanz der Familie: Esmond tot, Tom tot, Unity behindert, vier Cousins und mehrere Freunde tot, Debos Schwager tot, die Eltern getrennt.

Kluge, kluge Nancy!

Nancy war bei ihrem Freund Lord Berners auf dessen zauberhaftem Anwesen Farringdon bei Oxford zu Gast, als sie von Toms Tod erfuhr. Zum Abendessen kam sie herunter, benahm sich, als sei nichts passiert. Eine Mitford kennt keinen Schmerz.

Sie saß in diesen Tagen an ihrem neuen autobiographischen Roman. Von der Buchhandlung hatte sie sich für drei Monate beurlauben lassen, die Arbeit bei Heywood Hill fand sie immer unerträglicher – langweilig, anstrengend, schlecht bezahlt. Im Sommer war sie fertig mit dem Schreiben, der Vorschuss war fürstlich, im Dezember kam *The Pursuit of Love* bei Esmonds Verleger Hamish Hamilton heraus – und schlug ein wie eine Bombe: »eine düsternisvertreibende Rakete«, so nannte Harold Acton das Buch. »Kluge, kluge Nancy«, gratulierte John Betjeman. Der Titel des Romans stammte von Evelyn Waugh, der selber gerade *Brideshead Revisited* veröffentlicht hatte, seinen melancholischen Abgesang auf die Welt der Country Houses und die Generation der Ästheten.

Das Timing hätte nicht besser sein können. Großbritannien lag am Boden. Auch wenn das Land den Krieg gewonnen hatte, das Leben war grau, der Winter bitterkalt, die Stimmung düster, die Lebensmittel rationiert, ebenso wie das Papier (weil alles für Churchills monumentale Memoiren gehortet wurde, wie Diana über ihren Erzfeind spottete). Und da kam, drei Wochen vor Weihnachten, diese Komödie daher, leicht wie ein Soufflé, mit dem Nancys Bücher immer wieder verglichen wurden, romantisch, rasant und amüsant. 200 000 Exemplare wurden innerhalb eines Jahres verkauft, bis heute läuft und läuft der Roman.

Mit dem Buch hat Nancy ihre Familie zur Legende gemacht – die Mitfords light, ohne ernsthafte Konflikte und Skandale, sie erzählte von einem Clan, den es so schon gar nicht mehr gab. Die Ereignisse hatte Nancy zugespitzt, die Namen geändert – Alconleigh heißt zum Beispiel das Zuhause, das mehr Ähnlichkeit mit Asthall als mit Swinbrook hat. Selbst der Vater hatte seine Freude an dem Buch, er war gerne der polternde Onkel Matthew, der Star des Romans. Eine komische Figur, unmöglich, aber liebenswert.

Bei der Lektüre »kreischte« Decca vor Lachen, amüsiert tauchte sie aus der Ferne noch mal in ihre Kindheit ein. Außerdem wusste sie danach genau: Nancy *musste* eine leidenschaftliche Affäre mit einem Franzosen haben, genau wie Linda, Nancys Alter Ego im Buch. »Wir wissen doch alle, dass du keine Phantasie besitzt – dein Buch sagt mir eindeutig, dass du eine Affäre mit einem Franzosen hast. Stimmt's?«

Offenbar hatte Nancy ihrer Schwester in Amerika bisher nichts von der Liebe ihres Lebens erzählt. Die beiden hatten wenig Kontakt während des Kriegs gehabt, waren zu beschäftigt mit dem eigenen Leben. Erst jetzt erzählte Nancy Decca von der Romanze, die sie so beflügelt hatte, dass das Schreiben ganz von alleine ging, schwärmte von dem Mann, der überhaupt der Grund dafür war, dass es den Roman gab. Er hatte sich so über ihre Erzählungen von der Familie amüsiert, dass er immer mehr hören wollte. Gaston Palewski, von Nancy nur »der Colonel« genannt, war *The Pursuit of Love* gewidmet.

In London hatten die beiden sich kennengelernt, dort war der Mann der Résistance mit dem Komitee Freies Frankreich im Exil gewesen. Als rechte Hand de Gaulles kehrte er mit diesem 1944 im Triumphzug ins befreite Paris zurück. Hässlich wie ein Frosch soll er ausgesehen haben, ja, wie eine ungeschälte Kartoffel – wenn es um den Colonel ging, Sohn eines polnischstämmigen Juden, überboten sich die Leute in Negativ-Vergleichen. Dafür hatte Gaston Palewski andere Qualitäten, mit denen er Frauen im Dutzend verführte. Er strotzte nur so vor Vitalität und Lebenslust, war witzig, charmant und gebildet. Der Colonel war der erste Mann in Nancys Leben, der sich für Kunst und Klatsch und alles Schöne begeisterte, ohne schwul zu sein. Fließend Englisch sprach er auch, hatte er doch in Oxford studiert. Der Frosch wurde für Nancy zum Prinzen, der sie, so Charlotte Mosley, sexuell wachküsste. Noch nie war Nancy so glücklich.

Kaum war der Krieg zu Ende, packte sie die Koffer und fuhr nach Paris. Drei Monate, probehalber, um mit Vaters Geld für Heywood Hill eine Abteilung für französische Literatur aufzubauen. Ein guter Vorwand, in der Nähe des Colonels zu sein. Der finanzielle Erfolg von *The Pursuit of Love* erlaubt es ihr, 1946 ganz nach Frankreich zu ziehen.

Wie einst Diana für Oswald Mosley, stand Nancy ihrem Geliebten allzeit bereit. Wenn der Colonel anrief und sagte, dass er kurz Zeit habe, rannte sie sofort hinüber, und wenn dann jemand kam, versteckte sie sich im Treppenhaus oder Schrank. Nancy, dieser bissige Snob, ließ sich immer wieder demütigen, sie lebte für die Minuten, die der Geliebte ihr gewährte. Alles andere war egal. »Ich wünschte, ich würde vor Deiner Haustür sitzen wie ein treuer Hund und darauf warten, dass Du aufwachst, Liebling.« Besonders romantisch war es nicht, das Leben als Mätresse von Gaston Palewski.

Ihr Geliebter machte Nancy klar, dass er sie, als geschiedene Frau, nie heiraten werde, das schade seiner Karriere – de Gaulle, der konservative Katholik, wäre strikt gegen eine solche Verbindung. Und außerdem, daraus machte er kein Geheimnis, liebte er sie nicht. Wenn Nancy ihm ihre große Leidenschaft erklärte, was sie wieder und wieder tat, antwortete er nur, das sei furchtbar nett von ihr. Eine Mitford hielt das nicht zurück. »Wenn Gefühle schon nicht auf Erwiderung stoßen, ist es wohl das Zweitbeste, wenn sie immerhin *geschätzt* werden«, erwiderte sie ihm. Nancy war zur Liebe entschlossen. Wenn sie sich auf Reisen begab – natürlich allein, in der Öffentlichkeit traten sie nie zusammen auf –, hielt sie es kaum aus vor Sehnsucht und Einsamkeit. *The Horror of Love*, so heißt Lisa Hiltons kürzlich erschienenes Buch über die Beziehung der beiden, die sich über dreißig Jahre hinzog. Den Ausdruck hatte Nancy selbst geprägt.

Bevor sie ihre Heimat für immer verließ, hatte sie bei den Wahlen 1945 noch für die Labour Party gestimmt. Das nahm Evelyn Waugh, der immer konservativer und katholischer wurde, seiner Freundin außerordentlich übel: dass sie ihnen erst den Mist einbrockte und sich dann aus dem Staub machte.

Die Labour Party hatte haushoch gewonnen, Churchill musste im Jahr seines größten Triumphes abtreten. Bald wurde er jedoch, zu Dianas Entsetzen, als größter Brite des 20. Jahrhunderts heroisiert, als Retter der Nation – in einer Zeit, da das nicht mehr so große Großbritannien der Helden dringend bedurfte. Aber die radikale Umstrukturierung der Gesellschaft war in Gang gesetzt, der Sozialstaat wurde eingerichtet, eine nationale Gesundheitsversorgung eingeführt, Zechen wurden verstaatlicht, Sozialwohnungen und kleine Häuser für Arbeiter gebaut. Es war ein heftiger Schlag gegen die Upperclass. Vor allem die mörderisch hohen Erbschaftssteuern, bis zu 90 Prozent, zwangen viele, ihre Schlösser oder mindestens die Kunst darin zu verkaufen oder dem National Trust zu vermachen. Pam und Derek Jackson gehörten zu denen, die lieber die Flucht ergriffen und nach Irland zogen, wo die Mosleys sich ebenfalls ein Schlösschen kauften. Drei Schwestern, vereint: Auch die Familie von Debos Mann besaß in Irland ein Schloss, einmal im Jahr ging man dort auf die Jagd.

Ein Sechstel von einer Insel

Der Krieg war noch nicht zu Ende, da begann schon die Gründungskonferenz der Vereinten Nationen, die im Juni 1945 in der Unterzeichnung der Charta durch fünfzig Staaten gipfelte. Das Ende des Nationalismus! Und das in San Francisco! Delegierte, Beobachter und Journalisten aus der ganzen Welt reisten in die Stadt, auch alte Bekannte aus England traf Decca nun, darunter den Chefredakteur des *New Statesman*.

Einer der Gäste aus der Alten Welt, der Journalist Claud Cockburn, bekam auch bald einen Auftrag von ihr. Der Anwalt der Familie hatte ihr nämlich mitgeteilt, dass sie ein Sechstel von Inch Kenneth geerbt hatte. Der Vater hatte die Insel ein paar Monate vor Ende des Kriegs auf Tom überschrieben; nach schottischem Recht ging das Eiland nach dessen Tod an die Schwestern über. Decca wusste, was zu tun war: Um die Familie zu provozieren, beschloss sie, ihr Sechstel der Kommunistischen Partei Großbritanniens zu vermachen. Die Vorstellung, wie sich die Spazierwege ihrer Familie mit denen der klassenkämpferischen Proletarier kreuzten, wie sie buchstäblich gemeinsam in einem Boot sitzen würden, amüsierte sie sehr. Cockburn, ein Freund von Esmond und selber Kommunist, sollte das vor Ort in die Wege leiten.

Ihre Schwestern waren außer sich. Wusste Decca nicht, dass der Vater krank war, dass die Mutter ihr eigenes Leben aufgegeben hatte, um sich um Unity zu kümmern? Dass die Ehe der Eltern zerbrochen war und diese damit fertigwerden mussten? Dass ihr einziger Sohn gestorben war? Natürlich wusste sie es, aber es interessierte sie nicht.

Als sie lange nichts von Cockburn hörte, wandte sie sich irgendwann selber an ein Parteimitglied weiter oben in der Hierarchie. Sie könne sich nur schwer vorstellen, dass die britische Partei kein Interesse an ihrem Geschenk habe, schrieb sie leicht pikiert. Doch die lehnte dankend ab. Die Aussicht, den Zipfel einer stürmischen Insel am Ende der Welt zu besitzen, für deren Unterhalt man auch noch aufkommen müsste, stieß auf wenig Begeisterung, ja, man schien sogar etwas beleidigt zu sein. So hat Cockburn es jedenfalls später erzählt. Er selber hatte sich nach einer Begegnung mit Lord Redesdale stillschweigend zurückgezogen aus dem Deal.

Also trat Plan B in Kraft: Decca wollte ihren Anteil an der Insel verkaufen, für so viel Geld wie möglich. Sie wollte damit Gutes tun, wie sie sagte, als Wiedergutmachung für den politischen Schaden, den ihre Familie angerichtet hatte, vor allem die Mosleys und ihr Vater im House of Lords. Die Schwestern verweigerten sich jedoch auch dieser Idee. So blieb Decca Miteigentümerin einer Insel am anderen Ende der Welt, die sie noch nie gesehen hatte und von der sie nicht wusste, ob sie sie je betreten würde.

9

Endstation Sehnsucht:
Oakland

San Francisco war nur das Vorspiel gewesen – in Oakland kam Decca wirklich an. Neunundvierzig Jahre lang, bis zu ihrem Tod, wird sie in der kalifornischen Provinzstadt leben. Ein Ort, wie sie ihn sich als junges Mädchen erträumt hatte, amerikanisch, hässlich, lebensgefährlich, Swinbrooks komplettes Gegenteil. »Ich liebe mein Leben in Oakland und alles, was mir in den vielen, vielen vergangenen Jahren hier widerfahren ist«, verkündete sie dem britischen Fernsehpublikum in den 1970er Jahren. »Viel besser als jedes Leben, das ich in England hätte haben können.« Sie wirkte befreit. Als müsste sie der englischen Familie nicht mehr beweisen, dass sie sich von ihr gelöst hatte, als würde die große Anspannung nach Esmonds Tod langsam abfallen. Der Ton ihrer Briefe änderte sich, wurde frecher, witziger.

Auf der anderen Seite der Bucht gelegen, war Oakland durch Fähren, Brücken, Züge und Blicke mit San Francisco verbunden. Trotzdem lagen Welten dazwischen. Im Westen das Bagdad der Boheme, im Osten eine popelige Industriestadt. Von San Francisco aus betrachtet, war Oakland für viele noch immer das, was Newark für New York war: der Fußabtreter. Ein schäbiger Vorort für jene, die es sich nicht leisten konnten, in der Metropole zu leben. Mitleidig sahen die kultivierten Großstädter auf die »Bridge-and-Tunnel-People«, die »Brücken-und-Tunnel-Leute«, herab.

»There is no there there«, das berühmte Zitat der Schriftstellerin Gertrude Stein klebte wie ein Fluch an der Stadt, da konnten die Einheimischen noch so sehr beteuern, dass sie es doch gar nicht so gemeint habe. Oakland war eine Stadt ohne Seele, ohne Gesicht, ja, viele zweifelten daran, ob es überhaupt eine Stadt war. Wer heute als Fremder herkommt, verliert sich schnell in den Schleifen der Autobahn, die die Innenstadt brutal zerschneidet. Oakland ist im Kommen, das haben Zeitungen wie die *New York Times* und die *Los Angeles Times* in den letzten Jahren immer wieder verkündet. Start-up-Unternehmen haben sich hier angesiedelt, junge Leute und Künstler aus San Francisco, die sich die Immobilienpreise in der goldenen Stadt – die ihnen ohnehin zu brav geworden ist – nicht mehr leisten können. Hier sind die Wohnungen erschwinglich, günstiger auch als im angrenzenden Berkeley mit seiner berühmten Universität.

Oakland, so lautet heute die frohe Botschaft, ist eine Stadt, wo man sich im Dunkeln wieder auf die Straße traut – wenn man sich an die richtigen Gegenden hält. Ansonsten gilt sie weiterhin als eine der gefährlichsten Ortschaften der USA und eine der ärmsten. Je ärmer ein Viertel, desto gefährlicher. »Blues City« hat der schwarze Schriftsteller Ishmael Reed Oakland getauft. Ein treffender Name, nicht nur wegen der Musik, die die Schwarzen in den 1940er Jahren aus dem Süden der USA mitbrachten: Nach dem Krieg, einer kurzen Phase des Booms, bekam die Stadt den Blues. Arbeitslosigkeit, Rassenkonflikte, Polizeibrutalität, Banden- und Drogenkriminalität, eine der höchsten Mordraten im ganzen Land, teilweise doppelt so hoch wie in New York. Ob bei Streiks, Protesten gegen den Vietnamkrieg oder zuletzt bei Demonstrationen der Occupy-Bewegung, in Oakland sind die Auseinandersetzungen immer heftiger als anderswo. Nachts kreisen Hubschrauber der Polizei über den Wohnhäusern, werden Drogendealer durch Vorgärten gejagt.

Dass die Stadt hässlich war, interessierte Decca nicht, vielleicht hat sie es nicht einmal bemerkt. Und wenn, dann war es in ihren Augen eher ein Plus, ein Protest gegen die Mitfords mit ihrem Schönheitskult. Als die Treuhafts im Sommer 1947 ins »Wasteland of Oakland« zogen, wie Decca es nannte, in »Das wüste Land von Oakland«, machten sich nicht nur viele Freunde aus San Francisco über sie lustig und die neue Heimat mies. Auch Schwester Nancy rümpfte die Nase: Die Stadt war so was von »non-U«, nicht oberschichtsgemäß, hätten sie nicht wenigstens ins benachbarte Berkeley ziehen können?

Hätten sie nicht. Im Zentrum von Oakland lag Bobs Kanzlei, außerdem lebte es sich hier günstig. »Ich fand es eindeutig nach meinem Geschmack«, so Decca. Oakland entpuppte sich als Glücksgriff. Der Ort mochte eine kulturelle und gesellschaftliche Wüste sein, politisch war er ein Eldorado. Noch im Jahr zuvor hatten sich die Arbeiter zu einem großen Generalstreik zusammengeschlossen, da flackerte etwas vom Kampfgeist der 1930er Jahre wieder auf. Was andere als abschreckend empfanden, erschien Decca gerade verlockend: »Es war nichts Abstraktes am Klassenkampf in Oakland«, schreibt sie in ihrer zweiten Autobiographie *A Fine Old Conflict*. Oben und Unten waren hier sogar geographisch klar zu erkennen. Wer es sich leisten konnte, zog auf die grünen Hügel, der Rest blieb in den Flatlands hängen.

In Oakland, erzählte Decca später, habe sie zum ersten Mal das Leben der Arbeiterschicht wirklich kennengelernt, »und Menschen, wie sie eben sind«. Selbst die Partei war hier anders als in San Francisco, zählte weniger Künstler und Akademiker, mehr Arbeiter und Schwarze zu ihren Mitgliedern. Wovor die meisten sich gegraust hätten, das beschreibt Decca als »großartig« und »unheimlich spannend«: »Die Auseinandersetzungen und die Kämpfe – das war's, was einem an Oakland gefiel. Das Gefühl stahlharter, andauernder Feindseligkeit mir gegenüber.« Trotz seiner 400 000 Einwohner hatte sich Oakland etwas Kleinstädtisches bewahrt. Hier gab es noch richtige Bösewichte, man kannte sich und hasste sich. »Angenehm an Oakland waren die Privatfeinde, die man sich machte – der Bürgermeister, der Herausgeber der Lokalzeitung, der Polizeichef: Sie alle *kannten* einen, und das machte Spaß.«

Decca liebte ihre Intimfeinde wie Frank Coakley, der von 1947 bis 1969 Bezirksstaatsanwalt von Alameda County war und damit Bobs unmittelbarer Gegenspieler; 1966 versuchte Bob vergeblich, ihn aus dem Amt zu treiben, indem er selbst dafür kandidierte. Außerdem gab es die ultrarechte Familie Knowland, Eigentümer und Verleger der *Oakland Tribune*. »Für die *Tribune* war Bob Volksfeind Nummer eins«, so Decca. Die Zeitung ließ keine Gelegenheit aus, ihn anzuprangern, egal, ob er seine Strafzettel fürs Falschparken nicht bezahlt hatte oder einen Prozess führte, schon stand es am nächsten Tag in der Zeitung. Die Knowlands, Vater Joseph und Sohn William, waren eingefleischte Republikaner und überzeugte Antikommunisten; William saß zudem von 1945 bis 1959 im US-Senat. In New York oder San Francisco, davon war Decca überzeugt, hätte sich keiner solcher Big Shots um die Treuhafts geschert. In Oakland schon. »Ein relativ großer Fisch in einem kleinen Teich« zu sein gefiel ihr außerordentlich.

Nicht nur für sie war Oakland Endstation: Hier stieg man aus, wenn man mit dem Zug von der Ostküste nach Nordkalifornien kam, zu einer

Zeit, als noch alle mit der Bahn reisten. So ließen sich auch viele Schwarze in der East Bay nieder. Schlafwagenschaffner war einer der respektabelsten Jobs, den man als Schwarzer ergattern konnte, die Brotherhood of Sleeping Car Porters die erste schwarze Gewerkschaft, die anerkannt wurde und die sich auch in Bürgerrechtsfragen engagierte.

Der Krieg machte Oakland zur Boomtown. So groß war der Bedarf an Kriegsschiffen und an Konserven für die Versorgung der Soldaten in Übersee, dass auf den Werften, teilweise auch in den Fabriken, im 24-Stunden-Betrieb produziert wurde. Nach der harten Schicht wollten die Arbeiter sich vergnügen. Die neuen Kinos, Restaurants, Jazzclubs und Bars hatten oft rund um die Uhr geöffnet, in den legendären Tanzpalästen spielten Glenn Miller und Duke Ellington auf. Die Bevölkerung stieg zwischen 1940 und 1945 rasant an: um ein Drittel von 300 000 auf 400 000.

Der Zweite Weltkrieg war in ganz Amerika die Zeit der großen Migration. Nach Oakland zogen vor allem ungelernte Arbeiter aus dem bitterarmen Süden, aus Alabama und Louisiana, Mississippi, Georgia und Tennessee. 1940 hatten noch knapp 8500 Schwarze in Oakland gewohnt, 1950 waren es bereits knapp 50 000. Zum ersten Mal kam es zu Rassenkonflikten. Hatten Schwarze und Weiße in Oakland bisher friedlich, aber getrennt nebeneinanderher gelebt, drängten die »Neger« jetzt auch in weiße Viertel. Wer sich dort einfach so herumtrieb, machte sich verdächtig und riskierte, festgenommen zu werden. Plötzlich frequentierten Schwarze Lokale, in die sie sich, wie der konservative *Observer* im Mai 1943 entsetzt beklagte, früher nie gewagt hätten. »Jetzt tauchen überall Neger auf.«

Im selben Jahr wurde ein Schwarzer in einem Lokal in Richmond niedergestochen, weil er die Nische, in der er saß, nicht einem Weißen überlassen wollte. In Alabama war so ein Vorfall nichts Besonderes, in Kalifornien schon.

Nach Ende des Kriegs ging es nicht mehr um den Streit zwischen Zugezogenen und Alteingesessenen, jetzt ging es vor allem um Schwarz gegen Weiß. In der Regel waren die Südstaatler aus extrem ländlichen Gegenden zugereist, wo Schwarze und Weiße in klar getrennten Welten lebten. Die meisten Schwarzen hatten, wenn überhaupt, nur kurz die Schule besucht, sie mussten ja auf den Feldern arbeiten und wohnten in Bretterbuden. Niemand hatte sie auf die Stadt vorbereitet. Beschwerden wegen

Lärms, auch wegen Pinkelns auf der Straße, häuften sich bei der Oaklander Polizei, in der fast ausschließlich Weiße arbeiteten. Viele von ihnen kamen aus den Südstaaten und spielten ihre Macht aus. Die Polizei der Stadt galt lange Zeit als eine der brutalsten und rassistischsten im ganzen Land. Als Jurist verbrachte Bob einen großen Teil seiner Zeit damit, sie zu bekämpfen.

Als die Treuhafts im Sommer 1947 nach Oakland zogen, befand sich die Stadt mitten im Umbruch, genauer gesagt: im Niedergang. Mit Ende des Kriegs wurden viele der Zugezogenen arbeitslos, Frauen und Schwarze zuerst. Konserven und Kriegsschiffe wurden nicht mehr gebraucht, auf jeden Fall nicht in solch rauen Mengen. Hatten die Werften zu ihren besten Zeiten 90 000 Arbeiter in Lohn und Brot, waren es Ende 1945 nicht mal mehr 35 000. Danach ging es weiter bergab. Aber selbst wenn die meisten in Behausungen lebten, die als temporäre Unterkünfte schnell hochgezogen worden waren und nun rapide zu Slums verfielen – zurück in die Südstaaten wollten die Neu-Oaklander nicht. Dort gab es erst recht keine Hoffnung.

675 Jean Street

Die Treuhafts zogen in eine bürgerliche Gegend mit kleinen Einfamilienhäusern, 675 Jean Street lautete die neue Adresse (die ihnen bald doch zu bürgerlich war: Ein paar Jahre später zog die Familie nach unten in die Flatlands, eine stärker gemischte Gegend, in der auch Schwarze lebten).

Kaum hatten sie die Kartons ausgepackt, kam im Oktober der neue Mitbewohner auf die Welt: »#3« (»No. 3«), wie Decca ihn nannte, bis sie sich für den Namen Benjamin entschieden, nach Benjamin Davis, dem schwarzen Kommunisten und Aktivisten. Diesmal war es eine schwere und lange Geburt, aber egal, das Baby war groß und kräftig und »extrem hübsch, auf ganz eigene Art«.

Das neue »reizende dicke, lustige Wesen« drückte Decca ihrer Tochter in den Arm, die sich vorrangig um die kleinen Brüder kümmerte. Dinky fütterte das Baby und spielte mit ihren Freunden Vater-Mutter-Kind, während Nicky seine Tage bei einer Nachbarin verbrachte, die Decca nicht kannte und die kennenzulernen sie sich weiter keine Mühe machte. Selbst die Haushälterin, die die Treuhafts zwischenzeitlich hatten, schien in Sachen Kinderversorgung mehr Vertrauen zu Dinky als zu deren Mutter zu haben. Wenn man die Mitford'sche Übertreibung abzieht, bleibt wohl immer noch ziemlich viel Wahres an diesen Schilderungen. Dass Dinky abends, wenn die Eltern nach dem Essen zu einem ihrer Meetings gingen, auf die kleinen Brüder aufpasste, verstand sich von selbst.

Am besten, so beschreibt Dinky Deccas Erziehungsmethode, solle man kleine Kinder einfach in Ruhe lassen, dann würden sie schon von selbst gedeihen. Decca selber formulierte es etwas drastischer. Sie glaube nicht, dass sie sie überhaupt erzogen habe, hat sie später gesagt, sie hätten sich selber da rausgezogen. Decca war einfach entschlossen, alles lustig zu finden, was passierte, ob der kleine Benjy einen Stein in Nachbars Autofensterscheibe geworfen oder einem Mädchen eins übergezogen hatte. Als sie Debo einmal Fotos von ihren Kindern schickte, schrieb sie dazu, sie sähen zwar aus wie Engel, seien aber alles andere als das, nämlich meistens dreckig und laut, auch verwöhnt. »Sie können nichts dafür, wir haben offenbar nie Zeit, sie richtig aufzuziehen, die Ärmsten.« Aber hübsch und klug seien sie schon.

Sie hatte ihre sehr eigene Auffassung von dem, was Kinder brauchten. Als Aranka ihr Geld für einen Fernseher gab, kaufte sie stattdessen einen Trockner, mit Bullauge. Um die Phantasie anzuregen, setzte sie ihre Kinder davor, und während die Kleinen auf die drehende Trommel guckten, sollten sie sich Geschichten ausdenken. Waren die Cowboy-Outfits, die Aranka den Jungen geschenkt hatte, in der Maschine, bedeutete das: Cowboy- und Indianergeschichten.

Ansonsten wurden die Kinder einfach in den politischen Alltag integriert und zu Demos mitgeschleppt, tüteten Einladungen für Fundraising-Events ein und klebten Briefmarken auf Umschläge (besser als jede Kinderpost). Mit elf hielt Dinky schon eine Rede auf einer Fundraisingparty für inhaftierte Kommunisten.

Inzwischen verstand Decca zwar genug von der Hausarbeit, um alleine zurechtzukommen, aber ihre Abscheu gegen die Sisyphustätigkeit war so ausgeprägt wie eh und je. Über die Oaklander Küchenspüle hatte sie Lenins Worte gehängt: »Hausarbeit ist höchst unproduktiv, grausam und beschwerlich, und sie wird von Frauen verrichtet. Diese Arbeit ist belanglos und enthält nichts, das auch nur im Geringsten die Entwicklung der Frauen begünstigt.« Ihr Sohn Benjy sieht es etwas anders, unmarxistischer:»Wenn es um den Haushalt ging, war sie immer noch sehr aristokratisch.« Immerhin hatte Decca jetzt den ersten Kühlschrank ihres Lebens und kochen konnte sie inzwischen auch ganz gut. Jeden Abend aß die Familie gemeinsam. Trotzdem hatte sie zum Thema Essenzubereitung ein nüchternes Verhältnis. Als Benjy sie einmal bat, ihm ein Lieblingsrezept fürs Schulkochbuch mitzugeben – alle Schüler sollten eins von ihren Müttern mitbringen –, diktierte sie ihm:»Du besorgst dir eine Ente, tust sie in den Ofen und brätst sie, bis sie durch ist.« Dazu Salat:»Nimm Kopfsalat und tu Dressing drauf.« Statt sich mit ihren Kochkünsten zu brüsten, kokettierte sie lieber mit ihrer nichthausfraulichen Ader. Das Entenrezept gab sie mit großem Vergnügen immer wieder zum Besten, es wurde auch ein paarmal gedruckt.

Aber so was Feines wie Ente konnten sie sich in diesen frühen Jahren ohnehin nur selten leisten. Die Treuhafts waren arm – untere Mittelschicht, so beschreibt Dinky ihren Status. Die Einrichtung war kunterbunt zusammengestückelt, sie saßen auf Plastik und aßen aus Plastik. Mehr als ein Auto konnten sie sich nicht leisten, so dass Dinky und Bob zusammen zur Schule beziehungsweise ins Büro trampen mussten. Wenn Bob einen Fall gewonnen hatte und zur Feier des Tages Butter kaufte, war das ein Fest. Einmal machten sich in der Speisekammer die Ameisen darüber her. Doch das kostbare Fett wegzuwerfen kam gar nicht in Frage. Die Kinder mochten »Iiiih!« schreien, Bob schmierte sich die Butter auf den Toast und erklärte:»Sehr gut! Extra Protein!« Alle Jubeljahre leistete sich die Familie eine Gans, das war für Decca das Größte: Gänseschmalz auf dem Frühstückstoast.

Egal, wie wenig Geld die Treuhafts hatten, Weihnachten wurde gefeiert, mit Tannenbaum und allem Drum und Dran. Das bunte, turbulente Fest ihrer Kindheit war das Einzige, was Decca vermisste, was nostalgische Sehnsüchte weckte, das wollte sie für ihre Kinder unbedingt rekonstruieren. Ihr Pech, dass Bob das Fest genauso leidenschaftlich hasste, wie sie es liebte. Jedes Jahr gab es Krach deswegen, und wenn er den Baum besorgen sollte, fiel dieser immer winzig aus. Die Kinder hängten nach alter englischer Sitte Strümpfe an ihre Bettpfosten, nur waren es in Oakland ausrangierte Nylonstrümpfe, die Decca mit lustigem Krimskrams füllte. Unter dem Tannenbaum lag ein richtiges Geschenk für jeden, meist etwas Praktisches wie Kleidung. Als Nicky einmal ein Dreirad bekam, war das eine kleine Sensation. Auch Decca hat immer einen Strumpf an ihr Bett gehängt, aber Bob ließ sich nicht erweichen, und so hing das Nylon alle Jahre wieder schlaff und traurig am Pfosten. Dafür kriegte sie von den Kindern was unter den Baum gelegt. Als Dinky noch klein war und einen Dollar für ein Geschenk hatte, besorgte sie das Größte, was sie im Laden dafür kriegen konnte: ein Paket Stahlwolle.

Lady Redesdale in Oakland

Lady Redesdale reichte es jetzt. Sie kannte ihre Enkel nicht, hatte ihre Tochter seit Jahren nicht gesehen, und Decca machte keinerlei Anstalten, nach England zu kommen. »Eines Tages steige ich in ein Flugzeug & komme zu euch.« Im Frühjahr 1948 machte sie ihre Drohung wahr.

Alles, was sie brauchte, war ein Signal. Dinky war diejenige, die es gab. Es war mal wieder ein Päckchen von der Großmutter gekommen, die regelmäßig selbstgestrickte Pullover, Spielzeug und Bilderbücher, Becherchen, Kleidchen und Lätzchen schickte. Solange Dinky noch zu klein zum Schreiben gewesen war, hatte Decca sich in ihrem Namen bedankt, auch Fotos geschickt, mit der Bitte, ein paar an Nanny Blor weiterzugeben. Eins davon, die kleine Dinky mit riesigem Pferd, fand Lady Redesdale so süß, dass sie es gleich an die Redaktion von *Country Life* schickte, die es prompt als Titelbild druckte.

Aber jetzt war die Enkelin schon sieben und konnte schreiben, also hatte sie sich selbst bedankt und bei der Gelegenheit gefragt, wann »Granny Muv« sie denn mal besuchen komme. Darauf hatte Lady Redesdale nur gewartet. Postwendend schickte sie ein Telegramm, um sich anzukündigen. Sie war vielleicht nicht so rebellisch wie ihre Töchter, aber genauso entschlossen und stur. Drei Jahre nach Ende des Kriegs, Europa lag noch in Trümmern, packte die Achtundsechzigjährige ihre Sachen, darunter die Fotos von früher und das Liederbuch, um die Decca sie gebeten hatte, und flog (damals noch was ganz Besonderes) in ein ihr völlig fremdes Land, um eine ihr unbekannte Familie zu besuchen.

Decca war hin- und hergerissen: »schrecklich aufgeregt«, dass ihre Mutter die Kinder endlich sah, gerührt, dass sie die anstrengende, teure, 7000 Kilometer lange Reise auf sich nahm, und gleichzeitig voller Angst. Vor der Begegnung, aber auch vor den Reportern. Sie fürchtete, dass die Zeitungen Wind von dem Besuch bekommen könnten. Ob die Mutter nicht unter falschem Namen reisen könne? Decca fragte auch vorher bei der Parteiführung nach, ob sie den Klassenfeind bei sich empfangen dürfe. Sie durfte: Für Mütter, erklärte ihr der Funktionär, würden Ausnahmen gemacht.

Es war ein voller Erfolg. »Wir haben uns alle riesig über deinen Besuch gefreut«, schrieb Decca ihrer Mutter hinterher aus ganzem Herzen. Der ging es ganz genauso. Dabei hatte anfangs noch verlegenes Schweigen im Auto geherrscht, als die Familie Lady Redesdale am Flughafen von San Francisco abholte. Bis Dinky von der Rückbank aus ihre Großmutter fragte: »Wann wirst du Mami schimpfen, dass sie durchgebrannt ist?« Da war das Eis gebrochen. »Wir haben gekreischt vor Lachen«, so Decca.

Bob mochte seine Schwiegermutter, ihren Humor, ihre Direktheit und Arglosigkeit, war fasziniert von ihrer ganz und gar unjüdischen Form der Mütterlichkeit. Zum Frühstück bekam sie Waffeln von ihm gebacken, ein bisschen Sightseeing machte die Familie auch mit dem englischen Gast: Kaufhaus, Supermarkt, Friedhof. Das hatte Lady Redesdale sich gewünscht, sie hatte Evelyn Waughs gerade erschienene Satire auf die kalifornische Form der Beerdigung, *The Loved One*, gelesen. Vom euphemistisch »Funeral Parlour« genannten »Bestattungssalon« war sie genauso entzückt wie vom Konzept der Selbstbedienung, das sie ihren Landsleuten in einem Leserbrief an die Londoner *Times* umgehend zur Nachahmung ans Herz legte.

Ihr berühmtes Vollkornbot backte Lady Redesdale in Oakland natürlich auch, und in Dinkys Klasse erzählte sie den kleinen Kaliforniern, wie es sich so lebt auf einer einsamen schottischen Insel. Wie die Nachbarn seien, wollten die Kinder wissen. Nachbarn? Hatte sie nicht. Nur Kühe und Schafe, und wenn die Kühe auf den Markt gebracht werden sollen, führt sie die Tiere zum Wasser und gibt ihnen einen kleinen Schubs: »So, los, rein mit euch.« Und dann schwimmen sie brav ans andere Ufer.

»Nichts konnte sie überraschen, aber so gut wie alles hat sie amüsiert«, so hat Jim Lees-Milne Lady Redesdale in seinem Nachruf beschrieben, der Decca so gefiel. Diese Qualitäten kamen der Aristokratin in Oakland sehr zugute. Die Industriestadt fand sie lustig, den Hamburger köstlich, die kommunistischen Freunde ihrer Tochter nett. Die linken Ansichten der Treuhafts akzeptierte sie, ohne mit der Wimper zu zucken, und angesichts von Deccas Hackbraten brach sie in Entzücken aus: »Kluge kleine D, dass Du so einen herrlichen Hackbraten hingekriegt hast!« Nonchalant nahm die passionierte Innenarchitektin Krach, Chaos und Plastikgeschirr im Hause Treuhaft hin. Mangels Schrank legte sie ihre Kleider aufs Klavier, stoisch watete sie durch Wäscheberge. So ehrlich, bis zur Beleidigung, Lady Redesdale sonst sein konnte – wenn es um ihre Töchter ging, war sie Diplomatin. Als sie, ungefähr zur selben Zeit, von ihrem ersten Besuch bei Pam in Irland zurückkehrte und die Schwestern sie neugierig fragten, wie Pam denn das Schloss eingerichtet habe, meinte sie nur taktvoll: »Dazu sag ich nichts.«

Hübsch habe ihre Mutter das Oaklander Haus gefunden, berichtete Decca ihrer Schwiegermutter. Lady Redesdale hatte Aranka auf der Rückreise bei einem Zwischenstopp in New York kennengelernt. Zu aller Überraschung mochten die beiden sich, hocherfreut zog Lady Redesdale mit einem Aranka'schen Sommerhut ab. Sie hoffe, der Besuch sei nicht zu anstrengend gewesen, schrieb Decca ihrer Mutter hinterher. Aber nein, Granny Muv hatte ihren Spaß. Nicky hatte es ihr besonders angetan, »my little okay«, »meinen kleinen Okay«, nannte sie den Vierjährigen, der immer alles *okay* fand. Nachdem sie wieder abgereist war, fragte Nicky unentwegt, wann Großmutter Redesdale denn zurückkomme, er dachte, sie sei nur kurz weggefahren.

Sydney hatte ihre Mission erfüllt, hatte sich überzeugt, wie sie daheim erzählte, dass ihre Tochter in Amerika glücklich war. Schön war's, das sagte sie jedem, den sie traf. Richtig gut sah Lady Redesdale bei ihrer Rückkehr aus, fand Nanny Blor.

Decca wusste am Ende selber nicht mehr, wer von ihnen sich mehr verändert hatte. Sie vermutete, dass sie diejenige gewesen sein muss. Auf alle Fälle hatte sich ihr Blick verändert. Jetzt, da sie ihr eigenes Leben nach ihren eigenen Vorstellungen lebte, lernte sie auch die »bemerkenswerten

Eigenschaften« ihrer Mutter zu schätzen. Beide waren milder, gelassener geworden und entschlossen zu einer guten Beziehung. Selbst beim größten Reizthema war die Mutter auf sie zugegangen: Als Decca sie beim gemeinsamen Spülen daran erinnerte, wie sehr sie sich gewünscht hatte, zur Schule zu gehen, und zu ihrer eigenen Überraschung in Tränen ausbrach – »ich weinte aus derselben Wut und Frustration wie damals« –, gab Lady Redesdale zu, dass es ein Fehler gewesen war. Aber damals habe sie sich so viel Sorgen um die Großen gemacht, dass sie gedacht habe, die Kleinen wären im häuslichen Klassenzimmer am besten untergebracht.

Der Besuch war der Beginn einer neuen Freundschaft. Fortan berichtete Decca ihrer Mutter von ihren politischen Aktivitäten, schilderte ihr in allen schaurigen Details die Brutalität der Polizei im Umgang mit Schwarzen, schickte ihr Partei-Broschüren, Flugblätter und Zeitungsartikel, begleitet von dem Kommando: »Unbedingt lesen.« Brav klebte Lady Redesdale alles in ihr Album ein, zwischen die Einladung zu den Krönungsfeierlichkeiten von George VI. in der Westminster Abbey und dem Besucherschein für Dianas Gefängnis. Sie wurde sogar von ihrer Tochter in die politischen Kampagnen mit einbezogen, sollte an den kalifornischen Gouverneur schreiben (mit Kopie an sie, Decca), dass er doch bitte schön Wesley Robert Wells freilassen möge, einen Schwarzen, der zum Tode verurteilt war.

Unitys Tod

Kurz nachdem Lady Redesdale nach Inch Kenneth zurückgekehrt war, wurde Unity schwer krank: Die Stelle, wo die Kugel saß, hatte sich entzündet. Es war mal wieder so stürmisch auf der Insel, dass sie mit der Kranken nicht übersetzen konnten. Als es wieder ging, war es zu spät, wäre es wahrscheinlich auch so gewesen. Im Krankenhaus von Oban starb Unity am 28. Mai 1948, dreiunddreißig Jahre alt, an einer Hirnhautentzündung.

Lord Redesdale holte seine Frau mit dem Sarg ab, Unity wurde auf dem Friedhof von Swinbrook begraben, so nah wie möglich an der Kirche, wie sie es sich gewünscht hatte. Noch vor dem Leichenschmaus zog der Vater sich zurück, er mochte nicht mit Sir Oswald reden. Später entschuldigte er sich bei Diana dafür. Auf Unitys Grabstein ließ Lady Redesdale die Worte »Sagt nicht, der Kampf habe nicht gelohnt« setzen.

Vor ihrer Abreise aus Kalifornien hatte die Mutter gefragt, ob sie Unity etwas von Decca übermitteln solle. Jetzt schrieb diese: »Ich bin so froh, dass Du Bobo noch von mir gegrüßt hast, bevor sie starb … Natürlich habe ich schon vor Jahren um meine Boud getrauert, als mir klar wurde, dass wir keine Freundinnen mehr sein können.« – »Meine liebste kleine D«, antwortete die Mutter, »als ich ihr bei meiner Rückkehr Deine lieben Grüße ausgerichtet habe, wusste sie, dass es mit einem Teil von Dir war, das konnte ich an ihrem Gesicht sehen. Ich denke, ihr beide habt einander verstanden. Ich weiß noch, wie ich zu Dir sagte, ich sei so froh, dass Du ihr eine Nachricht schickst, schließlich sind wir alle bald tot. Aber ich habe nicht geahnt, dass sie so bald gehen würde, ich dachte, ich wäre die Erste.«

Trotz aller Trauer war die Mutter auch erleichtert; der Gedanke, vor Unity zu sterben und die Tochter allein zurückzulassen, hatte sie gequält. Ein bisschen verloren kam sie sich anfangs vor, aber auf eine nicht unangenehme Weise. »Mein Leben kommt mir wunderbar nutzlos vor.« Decca drängte sie, sich eine sinnvolle Tätigkeit zu suchen.

Drei Jahre nach dem Besuch in Kalifornien hatte Lady Redesdale einen Traum, den sie minutiös aufschrieb: Sie war nach San Francisco gefahren, um Decca zu besuchen, die in einem großen warmen Zimmer saß. »Ich küsste & umarmte sie & und auch sie freute sich sehr, mich zu sehen.« Nicky kam herein, war aber gar nicht mehr »das lustige kleine Ding, das ich in Erinnerung habe«, sondern schon groß. Benjy kam auch, sie hatte ihm Puppen von Debos Kindern mitgebracht, »& Decca sagte, ich soll der Puppe die Zähne rausnehmen, woraufhin ich ihr die Zähne herausriss (nur aus Wolle bestehend)«. Bob hatte schon graue Haare, sah aber wohlhabender aus als bei ihrem Besuch. Als sie sich die Hände waschen wollte, schwammen im Waschbecken lauter kleine schwarze Dinger. Kaviar, wie Decca ihr erklärte, der sei sehr teuer, ein Pfund das Pfund, woraufhin die Mutter erwiderte, in England sei er noch viel teurer. Sie merkte, dass sie immer noch Pantoffeln statt fester Schuhe trug. »Und dann wachte ich auf.«

Die Hexenjagd beginnt

1947, das Jahr ihres Umzugs und von Benjys Geburt, war das Jahr der großen politischen Wende, der Beginn des Kalten Kriegs. Die Republikaner hatten inzwischen die Mehrheit im Kongress und drehten das Rad des New Deal zurück. Jetzt wurde zur großen Hatz auf die Linke geblasen. Im März beschloss Präsident Truman das Federal Loyalty Program, das als eigentlicher Beginn der Hexenjagd gilt.

»Executive Order 9835« wurde für viele zum Schreckenswort. Mit diesem Erlass wurden Ermittlungen gegen zwei Millionen Amerikaner angeordnet – »die größte Untersuchung in der amerikanischen Geschichte«, wie FBI-Experte Tim Weiner sagt, der den Chef des Federal Bureau of Investigation, J. Edgar Hoover, als treibende Kraft hinter der drastischen Maßnahme sieht.

1947 feuerte Hoover die Treibjagd mit einem großen Auftritt vor dem House Un-American Activities Committee so richtig an. Als Erstes, da besonders publicitywirksam, war Hollywood dran. Die sogenannten Hollywood Ten, linke Drehbuchautoren und Regisseure, wurden ins Gefängnis geschickt und landeten auf der Schwarzen Liste. Natürlich organisierte Decca gleich Fundraisingdinners, um Geld für ihre Verteidigung zu sammeln.

Alle Bundesangestellten wurden auf ihre Gesinnung überprüft und beim bloßen Verdacht mangelnder Staatstreue entlassen. Das FBI lieferte die nötigen Informationen, nutzte Nachbarn, Freunde, Kollegen und Spitzel als Informanten. Politische Überzeugungen und persönliche Ansichten wurden ausgeschnüffelt und zum Kündigungsgrund. Die letzte Instanz für die Beschuldigten waren die sogenannten Loyalty Boards, in denen sie Fragen beantworten mussten wie: Welche Zeitschriften lesen Sie? Wie erklären Sie die vielen Platten von Paul Robeson in Ihrem Wohnzimmer? Bewirten Sie Neger in Ihrem Haus? War jenes linke Gewerkschaftsmitglied nicht ein guter Nachbar von Ihnen? Lesen Sie eigentlich viele Bücher?

Deccas Freunde Cliff Durr und Al Bernstein gehörten zu den wenigen Mutigen, die Angeklagte vor dem Loyalty Board vertraten. Nicht, dass Cliff sich darum gerissen hätte, aber sein Rechtsbewusstsein hatte den Rebellen wider Willen in diese ungemütliche Position geführt. Eigentlich hasste er Auseinandersetzungen. »Ich habe Schmetterlinge im Bauch«, gestand er seiner Schwester, »mein Mund wird trocken und ich wünsche mir plötzlich, zu den Typen zu gehören, die sich nicht den Teufel um irgendwas scheren.« Aber ihm ging das alles sehr an die Nieren. Die Meinungsfreiheit war für Cliff eines der höchsten weltlichen Güter, das Fundament, auf dem die Nation stand. Das Ende der Meinungsfreiheit bedeutete für ihn das Ende von Rechtsstaat und Demokratie. Der Schaden dieses »Loyalitätsprogramms«, davon war er überzeugt, würde weit größer sein als jeder Nutzen.

Eher widerwillig ließ er sich danach als Anwalt im nunmehr konservativen Washington nieder – in der eben noch progressiven Hauptstadt herrschte inzwischen eine Atmosphäre von Misstrauen und Angst. Vor dem Loyalty Board führte Cliff einen Kampf gegen Windmühlen. Denn das Perfide, für den Juristen Ungeheuerliche war, dass die Anschuldigungen anonym blieben: um die Informanten zu schützen, wie es hieß. Das bedeutete aber, dass es keine Beweise gab, die man widerlegen, keine Zeugen, die man verhören konnte.

Das Loyalty Program war eine Aufforderung zur Denunziation. Nachbarn, Kollegen, Vereinskameraden, Lehrer oder Schüler, alle wurden ausgehorcht. Es reichte schon, eine Landkarte der Sowjetunion an der Wand zu haben oder die Zeitschrift *The Nation* zu lesen, um sich als Kommunist verdächtig zu machen. Tausende verloren ihre Jobs oder wurden zum Rückzug gedrängt.

Was Cliff besonders schockierte: dass es nicht nur irgendwelche Fanatiker waren, die zur Hatz riefen, sondern der demokratische Präsident der Vereinigten Staaten persönlich. Von den Anhörungen kam Cliff oft mit Migräne nach Hause, musste sich übergeben und legte sich ins Bett. Zur Wut kam die Enttäuschung hinzu, dass ihn von all den alten Freunden und Gefährten kaum einer unterstützte. Um sein mageres Einkommen etwas aufzubessern, begann Virginia, die gerade noch mal Mutter geworden war, Ausländern Englischunterricht zu erteilen.

Civil Rights Congress

Das Truman'sche Loyalitätsprogramm hatte inzwischen Schule gemacht. Bald mussten nicht nur Bundesbedienstete, sondern auch Mitarbeiter im regionalen öffentlichen Dienst, Lehrer, Studenten, Angestellte, Werftarbeiter, ja sogar Stripperinnen ihre Staatstreue bekunden und überprüfen lassen und schwören, dass sie die Regierung nicht stürzen wollten. Die Liste subversiver Organisationen, die der Generalbundesanwalt nach eigenem Gutdünken zusammenstellte, wurde zum Gradmesser für Loyalität in allen Bereichen. Auch die beiden Organisationen, für die sich Decca und Bob neben der Parteiarbeit am meisten engagierten, gehörten dazu: die National Lawyer's Guild und der Civil Rights Congress.

Zu Deccas großer Freude stand der Civil Rights Congress (CRC), eine der ersten Bürgerrechtsorganisationen im Land, sogar ziemlich weit oben auf der Liste. Die Betätigung im CRC, der nicht zur Kommunistischen Partei gehörte, ihr aber sehr nahestand, war Deccas Fronteinsatz: Alle Mitglieder der Partei mussten sich zum Engagement in einer »Massenorganisation« verpflichten, und der CRC und Decca waren füreinander gemacht. Da ging es nicht um Theorie und Philosophie des Marxismus, sondern um ganz konkrete Einsätze gegen Rassismus. Wenn sie einen Protest organisieren konnte, war sie in ihrem Element. Das durfte sie allerdings nicht zu laut sagen, denn Abenteuerlust galt in den Augen der Partei als »linker Infantilismus«.

Nichts war Decca so gern wie subversiv. Ein politisches Amt strebte sie auch später nie an, viel lieber stritt sie mit den Machthabenden, machte ihnen das Leben schwer. Die Arbeit im CRC zählte sie später zu den befriedigendsten Zeiten ihres Lebens.

Als sie, frisch in Amerika gelandet, bei der Jobsuche in Bewerbungsbögen die Frage nach »Farbe« beantworten sollte, schrieb Decca »hellbraun«, in dem Glauben, sie solle ihre Haarfarbe angeben. Jetzt, drei Jahre nach seiner Gründung, fing sie beim CRC an. Ihr Chef war ein Schwarzer, ein charismatischer, lebenslustiger Mann, der aus der East Bay Chapter einen besonders aktiven, eigenständigen Verband gemacht hatte. Die Mehrheit unter den Mitgliedern und im Vorstand, eine weitere Besonderheit, waren Afroamerikaner.

Ein Verein, in dem Schwarze und Weiße zusammenarbeiteten, war selbst in der liberalen Bay Area Ende der 1940er Jahre noch eine Rarität. Gemischte Ehen durften in Kalifornien erst ab 1948 geschlossen werden; in neunundzwanzig anderen amerikanischen Bundesstaaten war die Mischehe zu dieser Zeit noch immer verboten. Wer mit Schwarzen verkehrte, sie gar zu sich nach Hause einlud, machte sich höchst verdächtig und galt fast automatisch als Kommunist. Viele legten ihre Einladungen daher vorsichtshalber in die dunklen Abendstunden. Bob und Decca begrüßten ihre schwarzen Gäste betont herzlich am helllichten Tag vor der Haustür.

Bei ihrer Arbeit für den Civil Rights Congress kamen Decca ihre Herkunft und ihr – trotz aller Anstrengung noch immer hörbarer – Akzent zugute. Die Schwarzen betrachteten die junge Frau im Tweed-Rock eher als Ausländerin, als solche stand sie außerhalb der amerikanischen Geschichte von Unterdrückung und Sklaverei. Die arme Virginia Durr dagegen musste nur den Mund aufmachen, um mit ihrem Südstaaten-Plantagenbesitzer-Enkelin-Akzent sofort böse Erinnerungen und Hassgefühle zu wecken.

Nur ein Jahr nachdem sie beim CRC angefangen hatte, wurde Decca Nachfolgerin ihres Chefs, als dieser versetzt wurde. Geschäftsführerin des East Bay Chapters, der Posten klang pompöser, als er war. Decca war Direktorin ohne Mitarbeiter und auf Niedrigstlohnniveau – wenn sie überhaupt Geld bekam. Ihrem Enthusiasmus tat das keinen Abbruch.

Zur Unterstützung wurde ihr Vorstandsmitglied Walter »Buddy« Green zur Seite gestellt, der als Reporter für die *People's World* arbeitete. Decca gefiel dessen erfrischend eigenwilliger Schreibstil, mit dem er sich wohltuend von den hölzernen Artikeln der meisten Genossen abhob. Mit siebzehn als blinder Passagier auf Güterzügen nach Oakland gekommen, hatte der Schwarze schon als Hafenarbeiter, Wettkampfboxer und Café-besitzer gearbeitet, und, noch keine dreißig, eine steile Karriere in der Partei gemacht. Durch ihre Arbeit im CRC lernte Decca viele Schwarze kennen, aber mit niemandem war sie so eng befreundet wie mit Buddy Green. Auch ihre Kinder schwärmten von ihm.

Decca half Buddy bei der Erfüllung seines Traums. Er wollte raus aus dem Büro, Lkw fahren, ein eigenes Frachtunternehmen gründen. Für einen Schwarzen ein sehr ungewöhnlicher und teurer Traum. Sie half ihm bei der Finanzierung – mit den 2000 Dollar, die auf Dinkys Sparbuch fürs College lagen –, trieb weitere Sponsoren auf, unterstützte ihn beim Ausfüllen der unzähligen Formulare. Und sie gab ihm das nötige Selbstvertrauen. Denn er fürchtete sich vor den Fragen, die man ihm stellen würde, am meisten vor dieser: Wie er es als Schwarzer in einer Branche schaffen wolle, in der selbst viele Weiße scheitern. Er hatte keine Antwort darauf. »Und Decca meinte, na ja, wenn sie dich was fragen, was du nicht weißt, dann sagst du einfach, du weißt es nicht. Für sie war es so einfach. Und nachdem sie's gesagt hatte, war's für mich plötzlich auch ganz einfach. Man muss ja nicht auf alles eine Antwort wissen. Das weiß niemand.«

Mit Buddy Green und anderen schwarzen Freunden gingen Bob und Decca regelmäßig essen, zu Demonstrationszwecken gewissermaßen. Wenn man sie aus einem Lokal rauswerfen wollte oder bedrohte, blieben sie sitzen, bis es brenzlig wurde. In der Bay Area hingen zwar keine Schilder in den Restaurants, auf denen stand, dass nur Weiße willkommen waren, aber trotzdem konnte es vorkommen, dass Schwarze nicht bedient wurden.

Solche Art der Öffentlichkeitsarbeit gehörte zu Deccas wichtigsten Aufgaben. Wenn sie als Kind etwas gelernt hatte, dann war es zu kommunizieren – und Krach zu schlagen. Nahm ein Untersuchungsausschuss die Brutalität der Oaklander Polizei unter die Lupe und die *Oakland Tribune* berichtete nicht darüber, dann verteilten sie eben mit Hilfe einer Heerschar von Freiwilligen 30 000 Flugblätter. Wenn ein Herrenclub Minstrel Shows veranstaltete, bei denen sich Weiße auf groteske Weise als Schwarze anmalten, dann ging sie dagegen auf die Straße. Den Kampf gegen Rassismus machte sie zu ihrer Herzensangelegenheit, mit solcher Leidenschaft schmiss sie sich da hinein, dass sich ihre arme Schwiegermutter schon bei ihr beklagte: Aranka wünschte sich, sie wäre schwarz, »dann würdest du mich lieben«.

Kritiker warfen den Kommunisten immer wieder vor, sie würden sich vor allem für die Schwarzen engagieren, um sie auf ihre Seite zu ziehen. Decca zuckte in solchen Fällen bloß mit den Schultern. »Meine Antwort wäre: Ja, und?« Auch das sah sie pragmatisch. Und politisch. Langfristig gab es für sie nur eine Lösung: den Sozialismus. Aber indem sie in der Zwischenzeit Schwarzen half, unterminierte sie das bestehende System, radikalisierte im besten Falle die Beteiligten, auf dass sie im Kapitalismus den wahren Gegner erkannten.

Und wenn sie dabei noch einem ihrer Feinde eins auswischen konnte, umso besser. Einmal trat sie als Strohfrau für ein schwarzes Paar auf, das sich ein Haus in einer guten Gegend kaufen wollte. Wie sich zu Deccas großer Freude herausstellte, lag es direkt gegenüber dem Eigenheim des verhassten Bezirksstaatsanwalts Coakley – der sein Haus daraufhin gleich unter Wert verkaufte und wegzog.

In puncto Wohnen herrschte zu dieser Zeit selbst in Kalifornien fast komplette Apartheid. Gemischte Viertel waren nach Meinung vieler der Schlüssel zur Gleichberechtigung, aber auf dem freien Wohnungsmarkt hatten Schwarze keine Chance. Zwar setzte nach dem Krieg ein großer Bauboom ein, heimkehrende Veteranen des Zweiten Weltkriegs bekamen besonders günstige Kredite, wer es sich leisten konnte, zog raus aus der Stadt. Fast über Nacht verwandelte sich Amerika in Suburbia. Doch die Schwarzen blieben in den Ghettos. Von den 75 000 Baugenehmigungen, die zwischen 1949 und 1951 in der Bay Area erteilt wurden, gingen ganze 600 an Afroamerikaner.

Und da wagte es nun eine schwarze Familie, eine große Familie mit sieben Kindern, in eine dieser neuen Vorortsiedlungen zu ziehen. Wilbur Gary, selber Kriegsveteran, hatte ein Häuschen in Rollingwood gekauft. Das gefiel den weißen Nachbarn, von denen viele aus den Südstaaten kamen, gar nicht. Beim Einzug im Frühjahr 1952 wurden die Garys mit Gebrüll begrüßt – »Nigger, raus!« –, mit Steinen beschmissen. Die Menge wurde immer größer, immer lauter, drohte, das Haus anzuzünden. Ein Kreuz brannte schon. Ein Pfarrer, der der Familie zu Hilfe kam, wurde als »Niggerfreund« und »Kommunist« beschimpft.

Als sie davon erfuhr, machte sich Decca mit Buddy Green auf den Weg nach Rollingwood. Mit Hilfe von Telefonketten und anderen Helfern trommelten sie schnell ein paar Dutzend Leute zusammen. Vor allem Hafenarbeiter übernahmen die Bewachung im Schichtdienst, rund um die Uhr. Die Longshoremen, die ihrem Namen alle Ehre machten – »die größten Männer, die ich je gesehen habe«, so Mrs. Gary –, begleiteten die Kinder zur Schule und die Eltern zur Arbeit. Die Helfer sprachen Elterngruppen, Kirchen, Bürgervereine an. Nach drei Monaten war Ruhe.

Eine Geschichte mit Happy End. Die Garys lebten fortan friedlich in Rollingwood, bis an ihr Lebensende, neun andere schwarze Familien folgten ihnen in die Siedlung. »Ich dachte, das ist etwas, was das Leben lebenswert macht«, meinte Decca hinterher. Oakland-Historikerin Rosalynn S. Johnson glaubt dagegen, dass der Schuss eher nach hinten losgegangen ist: Nach dieser Geschichte, über die alle Zeitungen mit großen Schlagzeilen berichtet hatten, hätten sich Schwarze erst recht nicht getraut, in weiße Vororte zu ziehen.

Bei ihrem Engagement arbeiteten die Treuhafts Hand in Hand, sie als Geschäftsführerin des CRC, er als deren ehrenamtlicher Rechtsberater. Für die Fälle, die Bob als Anwalt vertrat, sammelte Decca Beweismaterial, Informationen, Zeugenaussagen und sorgte für die nötige Öffentlichkeit. Im Mittelpunkt stand der Kampf gegen die Polizeibrutalität, meist liefen die Fälle nach demselben Muster ab: Schwarzer Arbeiter bekommt am Freitag seinen Lohn, geht in die Kneipe, wird von der Polizei wegen Trunkenheit festgenommen, das Geld nimmt man ihm ab, nicht selten wird er auch noch zusammengeschlagen.

Trotz der Aussichtslosigkeit der Fälle – Zeugen gab es ja keine – zeigten Bob und sein Partner Bert Edises wieder und wieder die Polizei an. So etwas traute sich sonst kaum einer in Oakland. Dabei entwickelte sich Bob zum beschlagenen Verfassungsjuristen, denn um überhaupt eine Chance zu haben, mussten sie auf die höheren Ebenen gehen, ihre Fälle beim Landes- oder Bundesgerichtshof vortragen.

Finanziell ausgezahlt hat sich der Einsatz nicht. Die Mandanten besaßen in der Regel nicht mal die Mittel, um die Gerichtskosten zu tragen. Das Geld musste Decca mit Mitstreitern sammeln. Aber diese Zähigkeit, dieses Nie-Aufgeben brachte den Treuhafts viel Bewunderung ein.

Willie McGee

Die meisten Einsätze für den CRC waren lokal. Nur einmal war Decca in einen Fall involviert, der international Schlagzeilen machte: der Fall von Willie McGee. Dem schwarzen Lastwagenfahrer aus Mississippi wurde vorgeworfen, ins Haus einer weißen Familie eingebrochen zu sein und eine dreifache Mutter unter Todesdrohungen vergewaltigt zu haben – in dem Bett, in dem sie mit ihrer zweijährigen Tochter lag. Er selber erzählte eine andere Geschichte: dass er seit Jahren ein Verhältnis mit der Weißen gehabt habe, das von ihr ausgegangen sei. Aus Angst, entdeckt zu werden, habe sie sich die Vergewaltigungsgeschichte ausgedacht. Im November 1945 wurde er festgenommen, ein paar Wochen später in einem Prozess, der nach einem Tag abgeschlossen war, zum Tode verurteilt. Die Jury, in der ausschließlich Weiße saßen, hatte nicht einmal drei Minuten gebraucht, um das Urteil zu fällen.

Mit Unterstützung des Civil Rights Congress ging Willie McGee in Berufung, der Rechtsstreit in Jackson, Mississippi, zog sich über mehr als fünf Jahre hin. Am Ende wusste die ganze Welt davon, Albert Einstein, Norman Mailer und die Sowjetunion hatten gegen das Urteil protestiert.

Die Geschichte von Willie McGee war komplex. Sehr viel komplexer, als Decca sie gern gehabt hätte. Gut und Böse, Lüge und Wahrheit waren längst nicht so eindeutig, wie sie glaubte. Aber so viel steht fest: Es war ein Prozess von schreiender Ungerechtigkeit. Als Schwarzer hatte McGee keine Chance. Selbst wenn er schuldig war – einem Weißen hätte wegen Vergewaltigung niemals die Todesstrafe gedroht.

Im Rahmen seiner groß angelegten Kampagne schickte der CRC McGees Frau auf Vortragsreise. Decca, beeindruckt von der jungen Rosalee, organisierte Demonstrationen für die Freilassung ihres Mannes, im hupenden Autokorso fuhr sie mit anderen durch die Stadt. Als Anfang 1951 die New Yorker Zentrale des CRC weiße Frauen dazu aufrief, aus allen Ecken des Landes nach Jackson zu pilgern, war Decca sofort Feuer und Flamme.

Sex zwischen Schwarzen und Weißen war in den Südstaaten ein hochexplosives, dämonisiertes Thema. »Rassenschande« galt als das schlimmste Verbrechen. Die – oft genug nur mutmaßliche – Vergewaltigung durch einen Schwarzen wurde mit Lynchmord oder Todesstrafe vergolten. Weißen Frauen wurde unaufhörlich Angst vor dem schwarzen Mann eingebläut, das Ende der Apartheid als Beginn einer Massenvergewaltigung ausgemalt. Dabei schienen sich vor allem Männer bedroht zu fühlen, als fürchteten sie um ihre Männlichkeit. Darüber, dass weiße Männer seit der Zeit der Sklaverei mit schwarzen Frauen schliefen und sie schwängerten, ganze Nebenfamilien mit ihnen gründeten, sprach niemand. Decca war ganz aufgeregt: Raus aus dem Haus, weg von Kindern, Küche und Bürokram, rein ins Abenteuer. So machte sie sich auf die weite Reise, zusammen mit drei anderen Freiwilligen, unter denen zu ihrer Freude eine Gleichgesinnte war: Wenn sie sich schon in Gefahr begaben, da war sie sich mit Evie Frieden einig, dann wollten sie wenigstens Spaß dabei haben. Auch wenn Decca die Expedition in ihrer Autobiographie vor allem als lustiges Abenteuer schildert, war sie eine ziemlich gefährliche Unternehmung: Vier linke Frauen, alleine in einem kleinen Auto von Kalifornien nach Mississippi, 3200 Kilometer hin und zurück, begaben sich mitten in die Höhle der Rassisten und Antikommunisten. »Für Mitford und ihre Truppe war eine Gefängnishaft durchaus nicht unwahrscheinlich; auch Schlimmeres war möglich«, meint McGee-Experte Alex Heard. Kurz zuvor war ein Freund aus dem CRC im Hotelzimmer in Jackson krankenhausreif geschlagen worden.

Für Decca war es der erste tiefe Einblick in den Süden. »Es war erschreckend«, gestand sie dreißig Jahre später, »weil man das Gefühl hatte, dass alles passieren konnte.« Aber davon ließ sie sich so wenig bremsen wie von der Enttäuschung, die sie bei der Ankunft erwartete: Statt Hunderter Frauen aus dem ganzen Land hatte sich nur ein kümmerliches Häufchen eingefunden. Aber einmal in Mississippi angekommen, dem Bundesstaat, in dem es FBI-Angaben zufolge lediglich ein einziges Mitglied der Kommunistischen Partei gab, zogen die Ladys los. Immer zu zweit, nur bis Einbruch der Dunkelheit, mit Handschuhen, Kleidchen, Seidenstrümpfen und Hut, ihrem Schutzanzug. Mit nackten Beinen rumzulaufen galt in den Südstaaten selbst im Hochsommer als unschicklich. Sie zogen von Tür zu Tür, besuchten Kirchengemeinden und Lehrer, redeten über die Doppelmoral der Justiz, die Unschuld des Verurteilten. Von einigen wurden sie gleich fortgejagt – man hätte McGee längst aufhängen sollen! –, andere redeten mit ihnen über ihre Zweifel am Urteil. Aber kaum jemand traute sich, damit an die Öffentlichkeit zu gehen, auch nur eine Petition zu unterschreiben. Decca war schockiert. Nicht nur über den Hass der Rassisten, damit hatte sie gerechnet, sondern vor allem über die Mutlosigkeit der Liberalen, diese tiefsitzende Angst.

Immerhin, die Hinrichtung McGees wurde erst einmal ausgesetzt, wie Decca ihrer Mutter berichtete, »wir haben also was Gutes bewirkt«. Decca, die Anführerin der vierköpfigen White Women's Delegation, kehrte im Triumphzug nach Kalifornien zurück. Schon von unterwegs hatte sie in der *Daily People's World* regelmäßig von ihren Erlebnissen berichtet, jetzt hielt sie vor Hunderten von Leuten auf CRC-Versammlungen und in Kirchengemeinden an der ganzen Westküste Reden, wurde mit Standing Ovations gefeiert, wie der FBI berichtet. Es waren ihre ersten großen öffentlichen Auftritte.

Am Ende freilich hat alles nichts genützt. Am 8. Mai 1951 wurde Willie McGee auf den elektrischen Stuhl gebunden, die Hinrichtung war live über das Radio zu hören. Vor dem Gericht warteten Hunderte von begeistert johlenden Menschen auf den Vollzug.

Der andere spektakuläre Fall, um den die Treuhafts sich noch viel länger, intensiver und mit mehr Erfolg kümmerten, war der des achtzehnjährigen Jerry Newson. Der Schuhputzer wurde 1948 beschuldigt, in Oakland einen Drugstore-Besitzer und seine Assistentin ermordet, ja, geradezu hingerichtet zu haben. Als »leitende Ermittlerin« sammelte Decca Beweismaterial und Zeugenaussagen, suchte Leute, die Newsons Alibi bestätigten, während Bob mit seinem Partner Bert Edises die Verteidigung übernahm. In der ersten Instanz wurde der Schwarze von der Jury (in der ausschließlich Weiße saßen) schuldig gesprochen und zum Tod in der Gaskammer verurteilt. Der Fall ging zum Landesgerichtshof, der eine neue Verhandlung anordnete, derweil Decca und ihre Freunde mit dem CRC Proteste an allen Fronten organisierte und Geld für die Verteidigung sammelte. Nach insgesamt vier Jahren und drei extrem strapaziösen Prozessen – wobei Bob jedes Mal zehn Kilo abnahm (und gleich darauf wieder zu) – wurde die Anklage wegen Mordes fallen gelassen. Bob war der Nachweis gelungen, dass die Polizei Fotos gefälscht hatte. Dass sich ein weißer Anwalt mit einer solchen Hingabe und Hartnäckigkeit für den jungen Schuhputzer einsetzte, machte Bob zum Helden der schwarzen Kids in Oakland, unter ihnen auch der spätere Black-Panther-Gründer Huey Newton.

Newson musste trotzdem elf Jahre im Gefängnis absitzen: für den Diebstahl von 500 Dollar. Das hatte Staatsanwalt Coakley durchgesetzt.

Dass der Schuhputzer am Ende doch freikam, hatte er der Hartnäckigkeit von Bob und seinem Partner zu verdanken. 1962 wurde Jerry Newson auf Bewährung entlassen.

Geplatzte Englandreise

Seit ihrem Besuch in Oakland hatte Lady Redesdale versucht, die Treuhafts nach England zu locken, jetzt hatten sie tatsächlich Pässe ergattert. Am 5. September sollte es losgehen. Schon Monate vorher hatte Decca am Ende jedes Briefes an die Mutter geschrieben, wie sehr sie sich danach sehne, Blor wiederzusehen. Ein »Schwiegermütterkoordinationsrat« hatte alles vorbereitet, Schule und Kindergarten für die beiden Jungs, die in New York bleiben sollten, waren organisiert.

Aber ein paar Wochen vor der geplanten Abreise verabschiedete der Kongress – gegen Präsident Trumans Veto – ein neues Gesetz, das den Kommunisten das Leben noch ein bisschen schwerer machen würde. Die meisten ihrer Freunde rieten Bob und Decca daraufhin von der Reise ab. Wenn sie erst mal in England seien, dürfe Decca womöglich nicht wieder zurück. So ist es zwei Jahre später Charlie Chaplin ergangen: Auf dem Weg nach Europa bekam der Filmstar, der seine britische Staatsbürgerschaft behalten hatte, ein Telegramm von der US-Einwanderungsbehörde, dass er im Falle einer Rückkehr festgenommen würde.

Die Hysterie nahm zu, die Partei rechnete mit einer neuen Verhaftungswelle, so dass der Vorsitzende ihres Ortsverbandes schließlich die Treuhafts zurückkommandierte: Sie könnten die Genossen jetzt nicht im Stich lassen, jeder Anwalt würde gebraucht. Enttäuscht, aber auch ein bisschen geschmeichelt ob ihrer Unabkömmlichkeit, gehorchten sie. Zwei Wochen bevor es losgehen sollte, bliesen sie die Reise ab.

Zum Trost fuhren sie auf eine Ranch in New Mexico, wo schwarze und weiße Linke gemeinsam Ferien machten. Auch Virginia, die Decca seit ihrem Umzug vor sieben Jahren nicht gesehen hatte – für große Reisen fehlte beiden Familien das Geld –, kam mit den Töchtern zu Besuch. Die Durrs waren inzwischen von Washington nach Denver gezogen, wo Cliff einen Job bei der Gewerkschaft angenommen hatte. Sie würden dort nicht lange bleiben. Nachdem Virginia eine Petition gegen den Koreakrieg unterschrieben hatte, wurde Cliff von der Gewerkschaft unter Druck gesetzt, seine Frau solle sich öffentlich von ihrer Unterschrift distanzieren. Das kam für ihn gar nicht in Frage. So verlor Cliff den einzigen Job, den er als »verbrannter« Jurist hatte bekommen können.

Aber davon ahnten sie in diesem Moment noch nichts, die Kinder hatten ihren Spaß, konnten schwimmen, reiten, Indianer bestaunen, abends saßen sie alle zusammen am Lagerfeuer, sangen und tanzten. Decca hatte, zu Recht, das Gefühl, dass es auf lange Zeit ihre letzten Ferien sein würden.

Die Treuhafts machten sich auf das Schlimmste gefasst.

10

Unamerikanische Umtriebe

Die Gedanken waren nicht mehr frei. Dass man nicht mehr nur für Taten, sondern allein für Überzeugungen verurteilt werden konnte, war für die Treuhafts ein sicheres Zeichen für drohenden Faschismus. Im Rückblick beschrieb Decca die Zeit der Hexenjagd als »Augenblick entsetzlichen Schreckens«. Anmerken ließ sie sich die Angst nicht.

Das Komitee mit dem unaussprechlichen Namen House Un-American Activities Committee, kurz HUAC, gab es schon eine ganze Weile. 1938 gegründet, hatte es sich zunächst mehr gegen Faschisten als Kommunisten gerichtet. Damals hatte es kaum einer ernst genommen, der Vorsitzende Martin Dies galt als durchgeknallt. 1945 aber wurde aus dem Untersuchungsgremium eine feste Institution, die mit Beginn des Kalten Kriegs erst richtig mächtig wurde und deren Aktivitäten in den 1950er Jahren ihren Höhepunkt erreichten.

Decca hatte das Komitee zunächst für einen schlechten Witz gehalten. »Völlig bizarr. Man stelle sich ein Komitee für unenglische Umtriebe vor – was wäre das wohl? Womöglich die Verweigerung des Fünf-Uhr-Tees.« Sie war nicht die Einzige, die so dachte. Aber spätestens als die Hollywood Ten 1947 ins Gefängnis geschickt wurden und quasi Berufsverbot bekamen, war klar, dass die Sache so lustig nicht war. Einige Beschuldigte wurden in den Selbstmord getrieben, unzählige ins Abseits, in die Isolation, ein paar starben vor Aufregung am Herzinfarkt. Und ebenfalls Tausenden, darunter Decca und Bob, drohte die Deportation: Ab 1950 führte das FBI eine Liste von Leuten, die als gefährlich galten und im Falle eines nicht näher definierten nationalen Notstands in Lager interniert werden konnten. Die Liste wurde täglich länger, die Treuhafts standen noch in den 1960er Jahren darauf. Als sie in den 1970er Jahren endlich ihre FBI-Akten einsehen durften, war das für sie die verstörendste Entdeckung zwischen den ansonsten langweiligen Observierungsberichten.

Dabei hielten sich die Treuhafts und ihre Genossen für die wahren Patrioten: »Kommunismus ist der Amerikanismus des 20. Jahrhunderts«, das war die Devise der Kommunisten schon in den 1930er Jahren gewesen. Waren *sie* nicht diejenigen, die die Ideale des Landes, die Verfassung hochhielten – das Recht auf Meinungsfreiheit, die Idee, dass alle Menschen gleichberechtigt waren? Niemand befolgte das Gesetz so genau wie sie, wussten sie doch, dass ihre Jäger nur darauf warteten, ihnen aus dem kleinsten Fehltritt einen Strick zu drehen: Oft saßen Ermittler der Einwanderungsbehörde oder des Finanzamts zur Einschüchterung der Zeugen in den Anhörungen. Im Unterschied zu den meisten seiner Kollegen, erzählte Bob, habe er bei seiner Steuererklärung daher nie getrickst. »Ich hatte einfach keine Lust auf Gefängnis, und sollte ich doch ins Gefängnis müssen, dann wenigstens aus Treue zu meinen Prinzipien – sicher nicht wegen so was wie der Einkommenssteuer.«

Wichtigster Lieferant von Informationen (und Fehlinformationen) war das FBI, das alle Liberalen zu Kommunisten und alle Kommunisten zu moskautreuen Vasallen und Spionen erklärte. Die niedrige Zahl der Parteimitglieder irritierte FBI-Chef Hoover nicht, entscheidender war für ihn deren Begeisterung und eiserne Disziplin. In seinen Augen war der Kommunismus keine politische Idee, sondern eine Krankheit. Schulen, Gewerkschaften, Kirchen, Unis, Rundfunksender und Filmstudios hatten die Kommunisten schon mit dem Virus »durchseucht«. »Und wie bei einer Epidemie braucht es eine Quarantäne, damit nicht die ganze Nation angesteckt wird.«

Dazu war Hoover jedes Mittel recht. Auf der Jagd nach den Viren brachen seine Agenten in Wohnungen und Büros ein, stahlen Dokumente, fotografierten Mitgliederlisten und installierten Wanzen, sie lauschten Telefongesprächen, fingen Post ab und streuten Gerüchte, verbreiteten Lügen und denunzierten Angestellte bei ihren Arbeitgebern. Meist folgte sofort die Kündigung, wie Decca selbst ein paar Jahre später erleben würde. Denn natürlich wurden auch die Treuhafts überwacht, selbst die Kinder auf dem Schulweg verfolgt – von Männern, die aussahen wie die Parodie ihrer selbst, in Trenchcoat und Hut. Die Kleinen wussten, dass sie den bösen Onkels nicht aufmachen durften, wenn diese klingelten.

Bill Turner hieß der Mann, der Anfang der 1950er Jahr auf die Treuhafts angesetzt war und zwei Jahre lang ihre Telefongespräche abhörte. Über alles wusste er Bescheid: wann Nicky zum Zahnarzt musste, bei wem Benjy zum Kindergeburtstag eingeladen war und welche Geheimnisse Dinky mit ihren Freundinnen betuschelte. Der FBI-Agent hatte das Gefühl, Teil der Familie zu sein, ohne zu wissen, wie deren Mitglieder aussahen. Umso überraschter war er, als er Jahre später auf einer Cocktailparty plötzlich die ihm so vertraute markante Stimme Deccas hörte. Da sah er zum ersten Mal das Gesicht dazu. Er wusste, erzählte Turner, ein fröhlicher Mann, in den 1980er Jahren, welche Zahnpasta die Familie benutzte – aber dass sie vorhatten, die Regierung zu stürzen, hatte er nicht mitbekommen. Sicher ging es bei den Treuhaft'schen Telefonaten auch um kommunistische Versammlungen, Demonstrationen und Flugblätter. Aber »ich habe nie etwas Konspiratives aufgeschnappt«.

Wenn sie tatsächlich vorgehabt hätten, die Regierung zu stürzen, hätten sie es bestimmt nicht übers Telefon kundgetan. Denn dass sie abgehört wurden, war Bob und Decca klar, so oft, wie es in der Leitung knisterte. Wichtige Dinge wurden unter freiem Himmel besprochen. Wobei sie gelegentlich schon an sich selbst zweifelten: Waren sie nun vollkommen paranoid? Das war für sie das Beruhigendste bei der Lektüre der FBI-Akten in den 1970er Jahren: bestätigt zu bekommen, damals nicht unter Verfolgungswahn gelitten zu haben, sondern tatsächlich überwacht worden zu sein.

Man könne ihr und vielen anderen Linken zu Recht vorwerfen, dass sie zu spät erkannt hätten, was in der Sowjetunion passiert war, bekannte rückblickend die linke Schriftstellerin Lillian Hellman, die dem Komitee die Stirn bot und auf Hollywoods Schwarze Liste kam. »Aber was für Fehler wir auch begingen – ich glaube nicht, dass wir unserem Land in irgendeiner Weise schadeten.«

Als zutiefst unamerikanisch beschrieb Eleanor Roosevelt die Hexenjagd. Die frühere First Lady war eine der wenigen Liberalen, die öffentlich protestierte, was den Hass des FBI-Chefs auf sie nur noch steigerte. Allein wegen ihres Engagements für die Bürgerrechte der Schwarzen war sie ihm seit ihrer Zeit als Präsidentengattin zutiefst zuwider.

Verglichen mit dem stalinistischen Terror war die Opferbilanz der amerikanischen Antikommunisten geradezu lächerlich, meint Ellen Schrecker zu Recht. Aber es war, wie die Autorin in ihrem Buch *The Age of McCarthyism* dokumentiert, eine extrem effektive Form der politischen Unterdrückung. Und die Folgen für die Gesellschaft waren verheerend. Im ganzen Land herrschte eine Atmosphäre von Misstrauen, Hysterie und Angst, und zwar auf beiden Seiten. Die einen fürchteten sich vor der roten Revolution und dem Ende Amerikas, die anderen vor Faschismus, Gefängnis, »Konzentrationslagern«, der Vernichtung ihrer Existenz.

Der Zorn, ja, Hass der Konservativen richtete sich vor allem gegen den New Deal, der in ihren Augen ja nichts anderes als ein verkappter Kommunismus gewesen war. Eben noch Regierungspolitik, wurde er jetzt zum Schimpfwort: zur Bedrohung des wahren Amerikas. Als Eisenhower und Nixon 1952 die Wahlen gewannen und die Demokraten nach zwanzig Jahren im Weißen Haus ablösten – im Senat und Repräsentantenhaus hatten die Republikaner längst die Mehrheit –, bedeutete das in den Worten von Senator Joseph McCarthy, dem berühmtesten aller Hexenjäger, das Ende von »zwanzig Jahren Hochverrat«. Unterstützt von konservativen Demokraten aus den Südstaaten, betrieben die Republikaner die Hetze nicht zuletzt um der eigenen Karriere willen.

Am besten ist das Richard Milhous Nixon gelungen, »ein schändlicher Lügner«, wie Lillian Hellman ihn beschreibt, auch »Tricky Dick« genannt, nachdem er im Wahlkampf seine Gegenkandidatin erfolgreich als Kommunistin verunglimpft hatte. Seine eifrige Arbeit im HUAC führte ihn steil nach oben: 1952 stieg Nixon zum US-Vizepräsidenten auf, als der er fortan FBI-Chef Hoover, mit dem er sich bestens verstand, jeden Morgen und jeden Abend vom Weißen Haus aus anrief. 1969 wurde »Tricky Dick« Präsident der Vereinigten Staaten.

Ich verweigere die Antwort

Das HUAC war bei weitem nicht das einzige Komitee seiner Art, es war nur das größte, mächtigste und langlebigste – erst 1975 wurde es offiziell aufgelöst. Daneben gab es eine Vielzahl von kleinen HUACs, Ausschüssen auf Bundes-, Landes- und Regionalebene, die alle nach demselben Muster agierten. Unter diesen war das kalifornische Komitee das wichtigste:

In Hollywood, an den zahlreichen renommierten Universitäten, in der Rüstungs- und Atomindustrie war an der liberalen Westküste fette Beute zu holen.

Schon die Vorladung zu bekommen bedeutete für viele das berufliche, mindestens das gesellschaftliche Aus. Denn wer vorgeladen, *subpoenaed*, wurde (ein Wort des Schreckens), galt in der öffentlichen Meinung bereits als schuldig, war öffentlich abgestempelt. Die Anhörungen selbst wurden als Schauprozesse geführt. Der Saal, vorzugsweise an einem prominenten Ort, war vollgestopft mit Reportern, Fernsehteams und Fotografen, die die Zeugen wie in einem Boxring umzingelten. Das Publikum ließ seinen Gefühlen freien Lauf, Mitglieder konservativer Gruppen wurden als Claqueure geladen und in der ersten Reihe platziert. Je prominenter ein Zeuge, desto größer die Aufmerksamkeit – auch für die Mitglieder des Ausschusses.

Tagein, tagaus berichteten die Medien, damit die Amerikaner bloß nicht vergaßen, wie gefährlich die Roten waren und was jedem drohte, der auch nur in Berührung kam mit einem von ihnen. Natürlich schrieb auch die den Treuhafts so verhasste *Oakland Tribune* seitenlang und en detail über die Sitzungen. Die Namen der Geladenen standen vorher *und* nachher in der Zeitung, ein Kainsmal für die Betroffenen. Wenn ein FBI-Spitzel eine lange Liste von Leuten vortrug, die er bei irgendwelchen Sitzungen gesehen haben wollte, dann druckte die Zeitung auch diese Namen ab, manchmal sogar mit deren Adresse.

Die *subpoenaed* wurden als Zeugen geladen, aber wie Angeklagte behandelt. Der Ton der Befragung war aggressiv, immer wieder wurde den Zeugen das Wort abgeschnitten. Am Anfang jeder Anhörung stand die Frage:»Sind Sie jetzt oder waren Sie jemals Mitglied der Kommunistischen Partei?«

Als die Hollywood Ten die Antwort verweigerten, wurden sie, ohne irgendetwas getan zu haben, ins Gefängnis gesteckt und auf die Schwarze Liste gesetzt. Sie hatten noch geglaubt, dass das First Amendment, der erste Verfassungszusatz, sie schützen würde, garantierte er doch das Recht auf Meinungsfreiheit. Aber das galt jetzt nicht mehr. In Zukunft mussten sich die»unfreundlichen Zeugen« – diejenigen, die sich weigerten, andere zu denunzieren und über ihre eigenen Überzeugungen zu sprechen – aufs

Fifth Amendment berufen. Das erlaubte jedem, die Aussage zu verweigern, wenn er sich damit selbst belasten könnte. Daraus allerdings ergab sich die sogenannte Catch-22-Situation: Wenn ein Zeuge schwieg, musste er ja etwas zu verbergen haben, das heißt, wer »das Fifth nahm«, sprach sich in den Augen der Öffentlichkeit selber schuldig. Ab 1954 wurde jeder Staatsbedienstete, der die Aussage verweigerte, auf Anweisung von Präsident Eisenhower automatisch entlassen.

Mit großer Bitterkeit erinnert sich die Schriftstellerin Lillian Hellman an die *Scoundrel Time* (*Die Zeit der Schurken*), wie sie ihre Memoiren über jene Zeit nannte. Sie fühlte sich von so vielen im Stich gelassen. Gegen solche Stimmungen waren die Treuhafts gefeit, die eigenen Anhörungen bedeuteten für sie nicht annähernd einen so tiefen Einschnitt. Als Bürgerrechtler und Kommunisten waren sie ja schon vorher Outcasts gewesen, auch die Enttäuschung über feige Freunde blieb ihnen erspart. Sie hatten ohnehin kaum Kontakt mit Leuten, die nicht der Partei nahestanden; und innerhalb ihres Kreises fühlten sie sich geborgen. In der kalifornischen Linken herrschte ein starker Zusammenhalt, »ein Gefühl, im sicheren Hafen zu sein«, wie Decca das später beschrieb.

Dass McCarthy, Hoover & Co. so wenige Verbrecher und Spione erwischten, hat sie nie irritiert. Im Gegenteil, das verkauften die Hexenjäger als Bestätigung der roten Bedrohung: Weil die Staatsfeinde so subversiv agierten, waren sie einfach nicht zu fassen. Wenn man die Berichte aus dieser Zeit und Hoovers Memos liest, glaubt man irgendwann tatsächlich, Millionen menschlicher Maulwürfe vor Augen zu haben, Maulwürfe, die Amerika unterwanderten und mit Feuereifer in unterirdischen Gängen buddelten.

Der Maulwurf aber war das Mitford'sche Wappentier. Nichts war Decca lieber als subversiv. Natürlich gehörten auch sie und Bob zu denen, die vorgeladen wurden. Decca war als Erste dran. Am 11. September 1951, ihrem vierunddreißigsten Geburtstag, musste sie als Direktorin des East Bay Chapters des Civil Rights Congress antreten. In der Vorladung wurde sie aufgefordert, dessen Mitglieder- und Spenderliste mitzubringen. Bob war vorsichtshalber abgetaucht, um nicht auch vorgeladen zu werden (die *subpoenas* wurden wie Einschreiben immer persönlich überreicht). So konnte wenigstens einer bei den Kindern bleiben, falls Decca was passierte. Die Sorge war berechtigt: Krimiautor Dashiell Hammett, Lillian Hellmans Lebensgefährte, war zu einem halben Jahr Gefängnis verurteilt worden, weil er die Namen der CRC-Sponsoren nicht hatte verraten wollen.

Als gebürtiger Engländerin drohte Decca zudem die Ausweisung: Zwischen 1946 und 1966 wurden 250 im Ausland geborene Genossen des Landes verwiesen. Decca hatte Angst, glaubt Dinky. Sie selber auch. Was, wenn ihre Eltern deportiert würden?!»Entsetzlicher Gedanke. Vielleicht müssten sie untertauchen. Und wenn sie sich tatsächlich davonmachten – würden sie uns mitnehmen oder zurücklassen? Es war beängstigend.« Im September 1951 setzte Decca unter einen Brief an ihre Mutter ein PS: »Beim nochmaligen Lesen meines Briefs fällt mir auf, dass darin ständig von Gefängnissen die Rede ist, entschuldige, aber dort sind nun mal die meisten unserer Freunde.« Was nicht stimmte, aber es fühlte sich so an.

Vor der Anhörung war Decca zur Direktorin von Dinkys Schule marschiert und hatte ihr klargemacht, auf gar keinen Fall irgendeine Form des Mobbings ihrer Tochter zu dulden, weder von Schülern noch von Lehrern. Dinky imponierte der energische Auftritt ihrer Mutter schwer. Jahre später gestand Decca ihrer erwachsenen Tochter, innerlich gezittert zu haben, schließlich hatte sie vor Schulen noch immer großen Respekt. Anmerken ließ sie sich nichts.

Zu ihrer Anhörung im Rathaus von San Francisco nahm Decca ihre Tochter sogar mit: um der Zehnjährigen die amerikanische Demokratie in Aktion zu zeigen. Ihr Auftritt war kämpferisch, wenn man dem FBI-Bericht glauben darf. Der Anwalt hatte ihr eingeschärft, bei der Anhörung auf keine einzige Frage zu antworten, um nicht das Recht der Aussageverweigerung zu verlieren. Also berief sie sich wieder und wieder auf das Fifth Amendment.

»Ich verweigere die Antwort mit der Begründung, dass sie mich belasten könnte.«

»Ich verweigere die Antwort mit der Begründung, dass sie mich belasten könnte.«

»Ich verweigere die Antwort mit der Begründung, dass sie mich belasten könnte.«

Ihre Freundin Sylvia Bernstein empfand diese Prozedur als extrem demütigend, Decca war einfach langweilig dabei. Aber sie nahm sich zusammen, der Anwalt hatte ihr eingeschärft, bloß keine Witze zu reißen. Am Ende sorgte sie trotzdem für einen großen Lacher. Als Decca den Vorsitzenden nach ihrer Mitgliedschaft im Berkeley Tennant Club fragen hörte, hob sie wieder an: »Ich verweigere die Antwort mit der Begründung ...« Das Publikum, darunter viele Freunde, brach in Gelächter aus: Der Mann hatte gefragt, ob sie dem Berkeley Tennis Club angehöre. Als der Anwalt des Komitees meinte, der als konservativ bekannte Verein zähle wohl kaum zu den subversiven Organisationen, erwiderte Decca nur: »Woher soll ich wissen, was Ihr Komitee für subversiv erklärt hat?« Wieder großes Gelächter. Vergebens versuchte der Vorsitzende den Saal zur Ordnung zu rufen, schließlich erklärte er die Sitzung für geschlossen und entließ die »unfreundliche Zeugin« als »total unkooperativ«.

Nach dem Wichtigsten hatte er jedoch vergessen zu fragen: der Mitgliederliste. Schnell abhauen!, riet ihr der Anwalt, bevor dem Komitee das Versäumnis auffiel. Sie solle sich verstecken, bis die Sitzungsperiode vorbei sei. Okay, aber dann müsste er Dinky nach Hause bringen. Decca fand bei einem unverdächtigen Versicherungsmakler Unterschlupf, während sich Dinky um die kleinen Brüder kümmerte. Nach ein paar Tagen kehrten die Eltern zurück.

In ihrem Lebenslauf führte Decca die Vorladung später in der Rubrik »Honors, Awards & Prizes« auf.

Red Diapers

Die Hysterie wurde immer schlimmer, die Atmosphäre in den HUAC-Sitzungen immer finsterer – und die Angst der Linken immer größer. Die ihrer Kinder erst recht.

»Red Diaper Babies«, so wurden die Kinder der Kommunisten anfangs abfällig, später bewundernd genannt. In rote Windeln gewickelt, trugen sie die Anschauungen ihrer Eltern als Erbe mit sich herum. Für die Neue Linke repräsentierten sie später so etwas wie alten Adel. In den 1960er und 1970er Jahren traten die »Red Diapers« zum ersten Mal an die Öffentlichkeit, wobei sie »mit einer Mischung aus Wehmut, Stolz, Verwirrung, Zorn und Schmerz in unterschiedlicher Zusammensetzung« auf ihre Kindheit zurückblickten, wie es in einer Anthologie über sie heißt.

Nicht wenige Eltern verheimlichten ihre Parteimitgliedschaft vor den Kindern, darunter auch Deccas gute Freunde Barbara und Ephraim Kahn. Verständlich, aber falsch, wie deren Tochter Kathy glaubt, der die offene Atmosphäre bei den Treuhafts sehr viel besser gefiel. Die Heimlichtuerei machte alles nur noch schlimmer: zu wissen, dass da etwas Bedrohliches war, ohne genau zu wissen, was es war, Aufregung, Angst und Sorgen zu spüren, ohne sie verstehen zu können.

Die Red Diapers führten oft eine Art Doppelleben: Hier die kommunistische Welt der Eltern – dort die Schule, in der sich der Nachwuchs möglichst unauffällig benahm. Dinky zum Beispiel beschreibt sich im Rückblick als angepassten, naiven All-American-Teenager der Fifties, Carl Bernstein gab sich an seiner Schule im konservativen Washington »superpatriotisch« und Benjy hielt sich einfach bedeckt – er redete nicht weiter darüber, was die Eltern so machten. Wenn sie Glück hatten, kamen die Red Diapers damit durch, wenn sie Pech hatten und ängstlich wirkten, wurden sie gemobbt.

Und fast alle hatten Angst, einige schreckliche Angst: dass die Eltern ins Gefängnis oder Lager kämen, dass sie deportiert oder getötet würden. Mit der Hinrichtung von Ethel und Julius Rosenberg, die wegen Atom-Spionage für die Sowjetunion verurteilt worden waren, erreichte die Panik 1953 ihren Höhepunkt. Denn das Ehepaar ließ zwei kleine Söhne als Waisen zurück. So niederschmetternd die Exekution für die amerikanische Linke war, deren Kinder erlebten sie als traumatisch. Es gibt wohl kein Red Diaper Baby und keinen amerikanischen Kommunisten, der sich nicht ganz genau an den 19. Juni 1953 erinnert, der einen so tiefen Einschnitt in ihrer Geschichte bedeutete, das Ende aller Hoffnung. Familie Treuhaft ging noch mal demonstrieren. Am folgenden Tag, so Red Diaper Baby Dorothy Zellner, heute Dinkys beste Freundin, »verbreiteten sich die New Yorker Zeitungen genüsslich über jedes Detail der Hinrichtung, unter anderem über kleine Rauchfahnen, die nach Betätigung des Schalters von Ethels Kopf aufstiegen. Ich brach zusammen und schluchzte stundenlang, auf dem Boden vor dem Bett kniend.« Auch im Radio, so Dinky, wurden die »grausigen Einzelheiten« vor den Hörern ausgebreitet. »Alle waren entsetzt und untröstlich.«

Was die Schreckensphantasien der Kinder so anfeuerte, war die Tatsache, dass es da jemanden gab, mit dem sie sich identifizieren konnten: die kleinen Rosenbergs. Michael, zwei Jahre jünger als Dinky, und Robert, genauso alt wie Benjy. Nachdem die Eltern ins Gefängnis gekommen waren, wurden sie von einem zum anderen geschoben, während des Prozesses selbst waren sie in einem Kinderheim untergebracht. Die eigene Familie hatte Angst, sie aufzunehmen, bis sie schließlich von einem kommunistischen Paar adoptiert wurden.

Die Rosenberg-Söhne selbst dagegen fühlten sich nach der Adoption offenbar sicher aufgehoben in der linken Community, die sich auch finanziell um sie kümmerte. So hat auch Dinky die Zeit erlebt: In all den Jahren der Inquisition vermittelten die Eltern ihr immer das Gefühl, behütet und beschützt zu sein. Einmal hätten sie alle zusammengesessen und Decca und Bob hätten erzählt, dass die Regierung hinter ihnen her sei. Es könne sein, dass ein befreundetes Paar sie eines Nachts holen würde, da sollten sie ruhig mitgehen, die würden sie an einen sicheren Ort bringen. »Und ich erinnere mich«, so Dinky, »dass ich mich dabei vollkommen beruhigt und sicher fühlte, weil ich wusste, dass diese Leute und die anderen Genossen sich um mich kümmern würden.«

Zudem habe Decca, im Unterschied zu anderen Müttern, ihre Kinder die eigene Nervosität und Furcht nie spüren lassen. »Meine Mutter hatte natürlich auch schreckliche Angst. Aber ihrem Verhalten war nichts davon anzumerken. Uns gab sie immer das Gefühl, dass für alles gesorgt würde.« Darum, so ihre Vermutung, wurden sie und ihr Bruder auch als Erwachsene keine ängstlichen Typen. Dieses Urvertrauen ist es, an das sie sich erinnert. »Ich hielt meine Eltern für Superhelden. Ich dachte, die schaffen alles!«

Ein extrem unherzogliches Leben

Mitten in der Rosenberg-Hysterie, in der Zeit zwischen Verurteilung und Hinrichtung, kam Debo, Duchess of Devonshire, nach Kalifornien. Die Schwestern waren beide ziemlich nervös. Als sie sich das letzte Mal gesehen hatten, war Debo noch ein Teenager gewesen, jetzt, im Februar 1952, war sie Mutter von zwei Kindern und Herzogin.

Debos Schwager William, der Erbe des Titels, war im Krieg gefallen, ihr rüstiger Schwiegervater 1950 beim Holzhacken tot umgekippt: Herzinfarkt. Wäre er ein paar Monate später gestorben, hätten sie nur einen Bruchteil der gewaltigen Erbschaftssteuern begleichen müssen. Nun aber tüftelten sie gerade aus, wie sie zumindest Chatsworth, das große Schloss, für die Familie halten konnten. Andrew, der junge Herzog, verkaufte Land, ein Haus in London, van Dycks Skizzenblock, Gemälde von Holbein, Rubens und Rembrandt.

Das Wiedersehen mit Decca war für Debo ein Schock: »Ein neuer Mensch, hosentragend, Amerikanerin nach Aussehen und Akzent – ich erkannte sie nicht wieder.« Furchtbar einsam habe sie sich in Oakland gefühlt. »Was tat ich hier, Tausende Meilen von zu Hause entfernt, zu Besuch bei einer Fremden, die mir mal mehr bedeutet hatte als irgendein anderer Mensch auf Erden?« Wirklich näher kamen sie sich nicht in dieser Woche, der Besuch war ein Flop.

Decca hatte ihre Schwester gewarnt: »Wir führen hier ein extrem unherzogliches Leben.« Bob und sie würden arbeiten rund um die Uhr, ihr Haus sei so klein, dass Debo auf dem Sofa schlafen müsse, ein Hotel könnten sie ihr nicht zahlen, aber Debo würde es selber auch nicht können, weil die Einfuhr von Devisen noch immer stark eingeschränkt war. Bombardiert hatte sie die Schwester mit Warnungen.

Debo ließ sich nicht schrecken. Immerhin hatte sie es geschafft, sich in einem Hotel in Berkeley einzumieten, worüber sie jetzt heilfroh war. Kaum eingecheckt, ließ sie ihren ganzen Kummer in einem Brief an Diana los: Wie schrecklich amerikanisch ihre Schwester aussah und sprach! Wie winzig ihr Haus war und wie komisch es roch. Wegen der »Neger-Familie«, so Debos Vermutung, die gerade im Keller wohnte – Sozialhilfeempfänger. Der einzige Lichtblick für Debo war Dinky: »himmlisch«, so ihr erster Eindruck.

Die Schilderungen der beiden Schwestern von diesem Besuch lesen sich recht unterschiedlich. Decca erzählt, ihre Genossen seien ganz scharf darauf gewesen, eine leibhaftige Herzogin kennenzulernen, wobei sie selber das Essen zu Debos Ehren dann als ziemlich steif in Erinnerung hatte. Jeder erhob sich, um feierlich sein besonderes Engagement bei den Kommunisten zu verkünden (»aktiv sein«, wie es im Parteijargon heißt). Decca musste zugeben, dass die Adlige und die Linken nichts miteinander anfangen konnten.

Als feindselig, engstirnig und schlecht erzogen erlebte Debo Deccas Freunde, geschmacklos kamen ihr die abfälligen Bemerkungen ihrer Schwester zum englischen Königshaus eine Woche nach dem Tod King Georges VI. vor. Beide lehnten alles ab, woran die andere glaubte. Nur manchmal, wenn sie über früher sprachen, hatten sie das Gefühl, einander wieder nah zu sein, die Schwester von einst wiederzuerkennen. Wenn sie in alten Geschichten schwelgten, die Songs ihrer Kindheit sangen, Honnish sprachen, waren sie glücklich und entspannt.

Debo ist danach noch oft nach Amerika gereist, aber nie wieder zu Decca nach Kalifornien. Weihnachten schickte sie der Schwester ein Foto von sich und ihrem Mann in höfischer Robe: »Andrew und ich, aktiv.«

Ich bin bereit, auf jeder Ebene gegen dieses Übel vorzugehen

Im November 1953, ein paar Monate nach der Hinrichtung der Rosenbergs – der Prozess hatte den Hexenjägern ordentlich Auftrieb gegeben –, wurde der ehemalige US-Präsident Truman, dem die Hexenjagd später selber unheimlich geworden war, der dann aber die Geister, die er gerufen hatte, nicht mehr stoppen konnte, vor das HUAC zitiert. Der Ausschuss wurde zu dieser Zeit von einem besonders scharfen Vorsitzenden geleitet, dem Republikaner und ehemaligen FBI-Agenten Harold Himmel Velde. Truman sollte Rechenschaft ablegen, warum sowjetische Spione, die angeblich in der Regierung und ihr nahen Kreisen agierten, nicht verfolgt würden.

Als Decca davon erfuhr, schickte sie Truman sofort ein langes Telegramm, in dem sie an die verheerenden Auswirkungen des Komitees erinnerte. »Sie haben jetzt Gelegenheit, loyalen Amerikanern ein Vorbild zu sein, indem Sie sich dem Komitee entgegenstellen«, schärfte sie dem Ex-Präsidenten ein. Dieser bedankte sich artig mit einem handschriftlichen Brief: »Ihr nachdrückliches Eintreten für die Verfassung der Vereinigten Staaten und unsere freien Institutionen wird hoch geschätzt.«

Im Rückblick kam Decca ihr Telegramm ziemlich pompös und »gouvernantenhaft« vor – aber es entsprach ihren damaligen Gefühlen. Von Trumans Antwort war sie so entzückt, dass sie den Brief einrahmte und bei sich zu Hause an die Wand nagelte, wo er die nächsten Jahrzehnte hängen blieb.

Truman wählte seinen eigenen Weg des Widerstands: Er erschien erst gar nicht vor dem Komitee. Als Ex-Präsident konnte er sich das leisten. Decca nicht. Für Anfang Dezember wurden die Treuhafts, zusammen mit hundert anderen Zeugen, ins Rathaus von San Francisco geladen, zu einer jener Mammutsitzungen, die sich über eine ganze Woche hinzogen. Diesmal kostümierte Decca sich regelrecht für das Spektakel. Bei ihrer Schwiegermutter hatte sie sich einen ganzen Satz schicker Hüte bestellt, die sie einen nach dem anderen trug – als Zeugin musste sie an jedem Tag der Sitzungswoche anwesend sein. Der Kopfschmuck tat seine Wirkung, die konservativen Damen in der ersten Reihe versicherten sich tuschelnd, sie könne doch unmöglich eine »von denen« sein. Eine Chance, die eingeschworenen Republikanerinnen eines Besseren zu belehren, bekam Decca dann doch nicht. Diesmal waren so viele Zeugen geladen, dass sie selber gar nicht aufgerufen wurde.

Dafür hatte Bob am 3. Dezember 1953 seinen großen Auftritt. Er war vorgeladen worden, weil ein früherer Kanzleipartner von ihm, ein demokratischer Abgeordneter, angeblich bei einem kommunistischen Treffen gesehen worden war. Bob hatte ein vierseitiges Statement vorbereitet, das er gleich zu Beginn an die anwesenden Journalisten verteilte. Dass es ihm auch gelang, es vorzulesen, war eine kleine Sensation. So etwas hatten Zeugen schon häufiger versucht, aber meist waren sie sofort unterbrochen worden. Bobs Trick: Er präsentierte sein Statement als Antwort auf die Routinefrage »Werden Sie von einem Anwalt begleitet?«.

In ruhigem Ton trug Bob vor, wie ihm einer nach dem anderen aus Angst vor dem Ruin abgesagt hatte, wobei er seine Kollegen nicht denunzierte, sondern mit Hochachtung von ihnen sprach. Nicht die Juristen, die um ihre Existenz fürchteten, klagte er an, sondern das Komitee, das eine solche Atmosphäre des Terrors erzeugte. Bob schloss seinen Vortrag mit einem Zitat von Truman, der über »die Ausbreitung von Angst und die Zerstörung des Vertrauens auf jeder Ebene der Gesellschaft« geklagt hatte: »Dieser entsetzliche Krebs frisst an den lebenswichtigen Organen

Amerikas und kann die großen Errungenschaften der Freiheit zunichtemachen.« Bob sagte dem Komitee den Kampf an: »Ich bin bereit, auf jeder Ebene gegen dieses Übel vorzugehen.«

»Stück für Stück«, so erzählt Benjy noch heute voller Begeisterung, habe sein Vater das Komitee auseinandergenommen: »phantastisch!«. Als »hübsche kleine Vorführung von Attacke und Parade, ausgeführt mit dem Stilett« beschrieb Decca Bobs Auftritt. Am Ende: großer Applaus und Gejohle, der Vorsitzende ließ den Saal von der Polizei räumen. »Treuhafts Frau sprang auf, umarmte und küsste ihren Mann«, berichtete die *Oakland Tribune.* »Zuschauer klopften ihm beim Verlassen des Saals auf die Schulter und drückten ihm die Hand.« Bob, der kleine Bob, wurde gefeiert als der Mann, der dem Komitee die Stirn bot. »Du wärest wahnsinnig stolz auf ihn gewesen«, erklärte Decca ihrer Schwiegermutter.

So munter ihr Bericht für Aranka ausfiel – im Brief an ihre eigene Mutter klang die Geschichte anders, da war die Woche der Anhörungen keine große Gaudi mehr, sondern einfach deprimierend. »Du kannst dir nicht vorstellen, wie ekelhaft sie sind.« Etliche der Zeugen hätten im Laufe dieser Woche ihre Jobs verloren. Die Vorladung machte auch alle Versuche, einen Pass zu bekommen, um nach England reisen zu können, wieder zunichte. Aber es gab etwas auf der Habenseite, einen kleinen Racheakt: Nachdem sie herausgefunden hatte, dass Zeugen einen Anspruch auf Aufwandsentschädigung hatten, 40 Dollar pro Tag, beantragte sie diese auch. Den Scheck über 200 Dollar übergab sie der Partei.

»Sie überstanden die McCarthy-Zeit intakt«, schreibt der Journalist Alexander Cockburn in seinem Nachruf auf Decca. In der Tat: Die Treuhafts ließen sich nicht brechen. Und doch hatte das HUAC etwas Zermürbendes, Zerstörerisches auch für sie. Die Partei wurde immer mehr in die Defensive gedrängt, von der Revolution redete schon lange keiner mehr. Es ging, wie Bob später klagte, eigentlich nur noch darum, Leute zu retten und vor Gericht zu verteidigen, das Leben im Untergrund zu organisieren – nicht mehr darum, die Gesellschaft zu verändern.

Wobei zum Druck von außen, da waren sich Decca und Bob im Rückblick einig, die Unfähigkeit von innen kam: die Festungsmentalität der Kommunistischen Partei, der Hang zu Geheimniskrämerei. Die CP-USA wurde immer sektiererischer, war gefangen in der paradoxen Situation, einerseits ständig im Scheinwerferlicht zu stehen, andererseits praktisch von der Bildfläche verschwunden zu sein. Denn öffentliche Veranstaltungen fanden kaum noch statt. Welches Nicht-Parteimitglied kam schon zu einem Paul-Robeson-Konzert, wenn ihm das zum Verhängnis werden konnte? Sie versuchten auch gar nicht mehr, neue Mitglieder zu gewinnen, jeder Anwärter konnte ja ein Spitzel sein. Die meisten waren es auch.

Die Durrs in Alabama

In ihrem Engagement für den Civil Rights Congress ließ Decca sich von alldem nicht bremsen. Im Sommer 1954 fuhr sie auf eine Tagung des CRC in St. Louis, eine günstige Gelegenheit für einen Abstecher nach Alabama, um ihre Freunde in Montgomery zu besuchen, zu hören, was los war, wie es ihnen ging. Denn die Durrs hatten Schlagzeilen gemacht. Im Frühjahr 1954 war Virginia in New Orleans vor eines der kleinen HUACs, das Eastman Committee, zitiert worden. Unter Beschuss standen vor allem Bildungsorganisationen, die sich für den gemeinsamen Unterricht von Weißen und Schwarzen einsetzten, aber im Grunde, glaubte Virginia, ging es bei der Anhörung um etwas anderes: In wenigen Wochen stand die Entscheidung des Supreme Courts über die Aufhebung der Rassentrennung an den Schulen an. Und einer der Obersten Richter, Hugo Black, bekannt für seine liberale Position, war Virginias Schwager. Indem ihre Gegner versuchten, Virginia und ihre Freunde als rote Zelle zu »enttarnen«, wollten sie Hugo Black diskreditieren.

Während der Anhörung war Cliff, laut Decca sonst »der sanftmütigste Mann auf Erden«, angesichts der Lügen, die der (bezahlte) Kronzeuge über Virginia erzählte, so ausgerastet, dass er über die Absperrung sprang, ihm an die Kehle ging und anschließend selber mit einer Herzattacke zusammenbrach. Aus Deccas Sicht ein weiteres Indiz dafür, wie ekelhaft und brutal, wie »beastly« die Untersuchungsausschüsse waren.

Alt waren die Durrs geworden, fand Decca, als sie in Alabamas Hauptstadt ankam. Die Familie hatte harte, extrem harte Jahre hinter sich, seit sie 1951, als Folge des Debakels in Denver, nach Montgomery zurückgekehrt war, wo überall die Flagge der Konföderierten hing und die Rassentrennung Gesetz war. Cliff verteidigte vor allem Schwarze, von denen ihn die meisten allenfalls miserabel zahlen konnten. Nicht mal eine eigene Wohnung konnten die Durrs sich leisten. Cliffs sechsundachtzigjährige Mutter, die Virginia nicht leiden mochte, hatte die Familie bei sich aufgenommen.

Als Gegner der Apartheid waren die Durrs für die meisten hier Verräter, wurden fast wie Aussätzige behandelt, vom Großteil ihrer alten Freunde geschnitten. Es waren einsame Jahre, für die gesellige Virginia eine grausame Strafe. Wichtigster Zufluchtsort der Familie war eine Hütte am Fluss, der einzige Ort, wo sie mal für sich sein konnten. Deccas Briefe waren für Virginia wie Sauerstoff, so wie ihre eigenen Briefe an die Freundin, in denen sie frei reden konnte.

Dann, zwei Monate nach der Anhörung vor dem Eastman Committee, im Mai 1954, erklärte der Oberste Gerichtshof die Rassentrennung an öffentlichen Schulen für verfassungswidrig – eine der wichtigsten und folgenreichsten Entscheidungen in der Geschichte des Supreme Courts. Für die Schwarzen, so Virginia, war es wie die zweite Emanzipationserklärung: »Es war ein Jubel in allen Kirchen.« Zum ersten Mal seit dem Ende des Bürgerkriegs 1865 hatten die Schwarzen das Gefühl, dass die Regierung auf ihrer Seite stand. Allerdings hatten sie nicht mit dem Widerstand der Weißen gerechnet. Bis aus dem Urteil gängige Praxis wurde, sollte es noch Jahre dauern. Stattdessen heizte sich die hasserfüllte Stimmung noch mal richtig auf, wurden Schwarze verprügelt und gelyncht, ihre Häuser angezündet. Für viele weiße Südstaatler war die Entscheidung des Gerichts eine Katastrophe, das Ende der Zivilisation für den Gouverneur von South Carolina, oder, wie es sein Kollege aus Georgia formulierte, der Anfang der »Bastardisierung der Rassen«. Sodom und Gomorrha.

Nur wenige Politiker hatten den Mut oder überhaupt Lust, den Entschluss durchzusetzen. Noch drei Jahre nach dem Urteil musste Präsident Eisenhower Bundestruppen nach Little Rock, Arkansas, schicken, damit neun schwarze Jugendliche die Central High School besuchen konnten; der Gouverneur hatte seine National Guard abkommandiert, um die Schüler eben daran zu hindern. »Rassentrennung heute, Rassentrennung morgen, Rassentrennung für immer!« lautete der Schlachtruf von Alabamas Gouverneur George Wallace bei seinem Amtsantritt 1963.

Zwar sahen liberale Weiße in dem Urteil des Supreme Court einen Meilenstein auf dem Weg zur wahren Demokratisierung Amerikas, aber viele von ihnen verließen die Südstaaten, wohl wissend, dass jetzt noch brutalere Zeiten beginnen würden. Virginia wäre auch gegangen, sie sah im Süden keine Zukunft mehr. Aber Cliff wollte bleiben, hatte das Gefühl, hier sei sein Platz. Die Heimat schien da anderer Meinung zu sein: keine Rede des Ku-Klux-Klan-Chefs, in dem er nicht gegen Cliff, den Anwalt der Schwarzen, hetzte.

Die Durrs zahlten einen hohen Preis für ihre Integrität, und in diesem Sommer 1954 war der Tiefpunkt erreicht. Der Skandal der Eastland-Anhörung hatte für sie aber auch etwas Befreiendes. Die Ärzte verschrieben dem herzkranken Cliff mehr Ruhe, sie zogen aus dem Haus von Cliffs Mutter aus und mieteten sich eine eigene Wohnung, so dass sie jetzt wenigstens zu Hause offen reden konnten. Da Virginias Ruf als »nice Southern Lady« ohnehin ruiniert war, mischte auch sie wieder aktiv in der Bürgerrechtspolitik mit.

Deccas Besuch in diesem Sommer 1954 tat den Durrs gut. Nach einer Woche fuhr sie wieder nach Hause, beruhigt, dass die Dinge bei ihren Freunden zumindest halbwegs »in Ordnung« waren. Auf dem Rückweg nach Kalifornien las sie im *Atlantic* einen Auszug aus Nancys gerade erschienener Biographie von Madame Pompidou unter dem Titel *How to Catch a King* (»Wie man sich einen König angelt«), was sie köstlich amüsierte. Ein Jahr noch, und sie würde ihre berühmte Schwester in Paris wiedertreffen. Es wurde ein dramatisches Jahr.

Nickys Tod – »My little Okay«

»Mein kleiner Okay«, so hatte Großmutter Redesdale ihren Enkel Nicky getauft. Ab dem 15. Februar 1955 war gar nichts mehr okay.

Nicky war »The Master of Desaster«: Mal fiel er aus dem fahrenden Auto heraus, mal zündete er fast das Haus an oder schluckte Schlaftabletten, als wenn es Smarties wären. Dann wurde ihm der Magen ausgepumpt und alles war wieder gut. Er war ein Stehaufmännchen, ein lebhaftes, originelles Kerlchen. Ein »absoluter Augenstern«, so beschrieb ihn Decca ihrer Freundin Kay Graham. Es gibt ein Foto von ihm als kleiner Knirps, da steht er quietschfidel in seinem Ställchen, als wollte er jeden Augenblick übers Gitter hüpfen. Nicky half dem Weihnachtsbaumverkäufer, Weihnachtsbäume zu verkaufen, und bügelte die Taschenbücher von Bob, mit acht wurde er das erste Mal festgenommen: weil er, ganz allein, von Haustür zu Haustür gezogen war, um Karten für eine Benefizveranstaltung zugunsten des wegen Mordes angeklagten schwarzen Schuhputzers Jerry Newson zu verkaufen. Schlagfertig und witzig, brachte er seine Umgebung dauernd zum Lachen. Als seine geliebte Lehrerin Mrs. King der Klasse von einem Ausflug in den Wild Cat's Peak erzählte, wo es so windig war, dass ihr der Rock um die Ohren flog, fragte Nicky sofort: »Did the wild cats peek?« (»Haben die Wildkatzen geguckt?«) Eine Geschichte, die Decca liebte.

Am 15. Februar 1955 war Nicky wie jeden Nachmittag mit dem Rad unterwegs, um die *Oakland Tribune* auszutragen, den »Erzfeind«, wie Bob und Decca die konservative Zeitung nannten. Nicky hatte keine ideologischen Berührungsängste. Der Zehnjährige wollte sein Taschengeld aufbessern. Als ihn der Bus auf der Shattuck Avenue erwischte, war der Strahlemann der Familie sofort tot.

Bob und Decca waren noch bei der Arbeit, als die Kinder aus der Nachbarschaft schreiend zum Haus der Treuhafts gerannt kamen. Dinky lief mit ihnen zur Unfallstelle zurück. Sie kam gar nicht auf die Idee, dass ihr kleiner Bruder tot sein könnte: Äußere Verletzungen hatte er keine, nicht mal sein Rad war verbogen. Der Krankenwagen kam und nahm Nicky mit.

Als sie sich umdrehte, um wieder nach Hause zu gehen, hörte Dinky eine Nachbarin mit lauter Stimme sagen: »Tja, das wäre nicht passiert, wenn Mrs. Treuhaft nicht ständig unterwegs wäre.« Da stürzte sich die Vierzehnjährige auf die Frau, schlug sie mit Fäusten, kratzte. Irgendjemand hat sie weggezerrt. Es ist in Dinkys Erinnerung das einzige Mal in all den McCarthy-Jahren, dass jemand in der Nachbarschaft sich abfällig über ihre Eltern äußerte. Als sie zurück in die 61. Straße kam, war das Haus schon voller Freunde, »wunderbarer Freunde«, wie Dinky sagt, »aber einen echten Halt spürte ich nicht«. Sprachlos, konnten die Eltern weder einander noch die Kinder trösten. Dinky wanderte durchs Haus und sah Bob in einem Zimmer, Decca in einem anderen, jeder für sich.

»Selbst an diesem Tag konnten wir unsere Trauer nicht teilen, konnten es auch nie in all den Jahren danach.«

Mrs. King, die Nicky fünf Jahre zuvor bescheinigt hatte, »das intelligenteste & wissbegierigste Kind« zu sein, das sie je unterrichtet habe, wie Decca ihrer Mutter stolz berichtete, fehlte am Tag nach dem Unfall in der Schule. Auch später fing die Lehrerin im Unterricht immer wieder an zu weinen.

Das FBI nahm die Meldung aus dem *San Francisco Chronicle*, der Junge sei vom Fahrrad gefallen und dann überfahren worden, in Deccas Akte auf, Lady Redesdale bekam ein Telegramm: »LIEBSTE MUV NICHOLAS WURDE GESTERN AUF DEM FAHRRAD VOM BUS ÜBERFAHREN BEERDIGUNG IST FREITAG NACHMITTAG DINKY UND BENJAMIN WERDEN WUNDERBAR DAMIT FERTIG SCHREIBE BALD FAHRE FÜR PAAR TAGE AUFS LAND BOBS MUTTER KOMMT MACH DIR BITTE KEINE SORGEN ES GEHT SCHON UNSERE FREUNDE SIND BEI UNS LIEBSTE GRÜSSE DECCA« – »Du bist sehr tapfer«, antwortete Lady Redesdale ihrer Tochter. »Aber das habe ich ja immer gewusst.«

Die Trauerfeier fand auf dem Friedhof statt, den Decca ihrer Mutter 1948 als Oakland'sche Sehenswürdigkeit gezeigt hatte, Chapel of the Chimes. Pele de Lappe, deren Sohn genauso alt wie Nicky war, hat die Beerdigung in schrecklicher Erinnerung: Das ganze kommerzielle Drum und Dran, über das Decca sich später in ihrem Buch über die Bestattungsbranche mokieren sollte, der kleine weiße Sarg mit Rosen drauf – »dieser ganze schreckliche Horror«. In Guerneville wurde Nicky beigesetzt, dort, wo Decca und Bob zwölf Jahre zuvor geheiratet hatten. Danach flohen die Treuhafts nach Mexiko.

Nicky war tot, ja, toter als tot: Es war, als hätte es ihn nie gegeben. Er verschwand einfach aus ihrem Leben, so wie seine Bilder aus den Regalen und von der Wand. Aus einigen Familienfotos wurde er sogar rausgeschnitten. Es gab, so Dinky knapp vierzig Jahre später, »eine stillschweigende Vereinbarung in der Familie, Nick danach nie mehr zu erwähnen«.

In den 1960er Jahren würde eine neue Generation, gerade in Kalifornien, über alles sprechen, über jede Befindlichkeit, jedes noch so intime Gefühl. Jetzt, in den 1950er Jahren, herrschte allgemeines Schweigen. Bei den Kahns, Deccas guten Freunden, redete ja auch kein Mensch vom behinderten Sohn der Familie. Er wurde in ein Heim gebracht, und ab da war es so, als hätte er nie existiert. »Er wurde einfach ausradiert«, erzählt seine Schwester Kathy Kahn. Es war etwas, was Decca und Barbara Kahn verband, ohne dass sie darüber gesprochen hätten. So wie das Trinken. Selbst wenn es üblich gewesen wäre, sich Hilfe zu holen, Decca hätte es nicht getan. Von Psychologen und »psychobabble« hielt sie nichts. Ihr Rezept gegen Unglück hieß nicht »Psychogeschwätz«, sondern Arbeiten und Weglachen. Sie glaubte an die Willenskraft und die *stiff upper lip*: nicht weinen, nicht jammern, weitermachen. Dabei hatte das Sich-in-die-Arbeit-Stürzen jetzt, ohne dass sie selbst es wohl so empfand, etwas doppelt Verzweifeltes. Denn die Partei war nicht mehr zu retten und der Civil Rights Congress, vom FBI stark geschwächt, hauchte gerade sein Leben aus. Je mehr Decca sich für andere engagierte, desto weniger Zeit blieb für Dinky und Ben. »Es war grauenhaft«, erinnert Dinky sich an diese Zeit. »Absolut grauenhaft.«

Decca, die fast rund um die Uhr kommunizierte, die Briefe und Artikel und Bücher schrieb, die nonstop mit anderen redete und selbst nach Feierabend nichts lieber tat, als beim Scrabble aus Buchstaben Worte zu formen, diese eminent verbale Frau verstummte. »Ich glaube, sie hat nie gelernt, über Schmerz zu reden«, sagt ihre Freundin Helena Kennedy. Mit ihr sprach Decca nie über Nicky. Auch anderen gegenüber war das Thema tabu. Einmal gab Bob einer jungen Freundin der Familie, Leah Garchik, einen Ableger seiner großen Wohnzimmerpflanze mit der Bemerkung, die hätten sie an Nickys Todestag geschenkt bekommen. Das war das erste und letzte Mal, das Leah von dem Jungen hörte. Die meisten Freunde, die die Treuhafts nach 1955 kennenlernten, erfuhren höchstens zufällig von seiner Existenz. Im Nachlass in Ohio, in den mehr als zweihundert Kartons, gibt es nicht eine einzige Mappe unter Nickys Namen.

Nur einmal brach es aus Decca heraus. Das war in den 1980er Jahren, als sie ihrer Freundin Kay Graham, inzwischen Verlegerin der *Washington Post*, beim Mittagessen zu erklären versuchte, warum sie Nicky in ihrer Autobiographie nicht mal erwähnt hatte. Da begann sie zu weinen. »Äußerst sonderbar von mir«, entschuldigte sie sich hinterher bei ihrer Washingtoner Freundin für den Gefühlsausbruch, »er starb ja 1955 mit

10 Jahren & man hätte annehmen sollen, dass ich mich seither wieder vollkommen gefangen hätte; ganz zu schweigen davon, dass man uns ja beigebracht hat, niemals vor anderen zu weinen. Bitte verzeih mir diese merkwürdige & völlig ungewohnte Entgleisung.«

»Agonie« war das Wort, das Decca, wenn sie denn einmal über Nickys Tod sprach, meistens gebrauchte. »Es hat für lange, lange Zeit alles Glück vollkommen zerstört«, verriet sie Jahrzehnte danach. Kaum ein Tag, so bekannte sie noch kurz vor ihrem eigenen Tod, an dem sie nicht an ihn dachte. Daran, wie er war und wie er sein könnte, jetzt: mit zwanzig, dreißig, vierzig, fünfzig Jahren.

Als würde jemand ein Teil aus einem Mobile herausnehmen, so hat ein Vater einmal beschrieben, was passiert, wenn ein Kind stirbt. Die Familie gerät aus dem Gleichgewicht, verliert die Balance. Bei den Treuhafts war Benjy derjenige, den es am tiefsten nach unten zog. Der Jüngste war auch der Labilste der Familie. Dinky würde bald schon aufs College gehen, eine Weile unglücklich sein und dann ihren Weg finden, politisch, beruflich, privat. Aber selbst als sie noch zu Hause lebte, hatte sie das Gefühl, »dass zwischen mir und Benjamin jetzt das Verbindungsglied fehlte«.

Benjy hatte plötzlich keinen großen Bruder mehr. Sein Leben, so glaubt er im Rückblick, wäre mit Nicky anders verlaufen: »Ich hätte mich nicht so verloren gefühlt.« Auch wenn die beiden sich oft und heftig bekriegt hatten, zuletzt am Abend vor dem Unfall – »ich hätte einen Verbündeten gehabt«. Stattdessen war er allein mit den Eltern, denen er sich intellektuell nicht gewachsen fühlte, allein mit der Trauer. »Wir waren keine gefühlsbetonte Familie«, sagt er heute. Benjy, der mit seinen fünfundsechzig Jahren immer noch ein bisschen was von einem großen Teddybären hat, hätte es gern gefühlvoller gehabt. Ihm hat die Wärme, die Zuwendung gefehlt.

Fast vierzig Jahre später, nach Jahrzehnten eisernen Schweigens, rief im März 1993 plötzlich eine Frau bei den Treuhafts an. Sie stellte sich als Nickys Freundin vor, man lud sie zum Tee. Auf dem Schulhof, erzählte Camelia Chun, seien Nicky und sie immer zusammen gewesen, oft sei er nach der Schule mit zu ihr nach Hause gekommen. Zum Valentinstag habe sie ihr ein Herzmedaillon geschenkt. Aber die anderen Kinder hätten sie deswegen gehänselt. Als Nicky sie am Tag des Unfalls besuchen kam, gab sie ihm den Anhänger mit den Worten zurück: »Ich glaube nicht, dass wir miteinander gehen können.« Den Ausdruck auf seinem Gesicht, sagte sie den Treuhafts, werde sie nie vergessen.

Decca und Bob schrieben ihren erwachsenen Kindern von diesem Besuch aus dem finsteren Tal der Erinnerungen. Das heißt: Bob schrieb. Decca setzte ein PS hinzu. Sie überlegte, ob Camelia Chun wohl wegen ihrer Erfahrung mit Nicky Krankenschwester in einem Hospiz geworden sei, sich heute um Sterbende kümmere.

Es war das erste Mal, dass sie als Familie über Nickys Tod sprachen. Das heißt, ein »Gespräch« im eigentlichen Sinn war es noch immer nicht: Sie schrieben einander, mit Sicherheitsabstand. Noch jetzt klang es so, als würden selbst Bob und Decca nicht direkt miteinander reden. »Ich denke oft an ihn«, schrieb Bob über Nicky, »Decca sicher auch.« Er scheint sie nicht gefragt zu haben.

In ihrem PS rechtfertigte Decca sich dafür, dass sie Nicky aus ihrer zweiten Autobiographie »herausretuschiert« habe: Sie hätte die Erinnerung nicht ertragen. Es wäre wie ein zweiter Tod gewesen. Das wusste sie aus Erfahrung, seit sie in *Hons and Rebels* von Julia, ihrem Baby, erzählt hatte – selbst zwanzig Jahre nach deren Tod »das Schwierigste, worüber ich je geschrieben habe«. Jetzt gibt sie ein paar Nicky-Anekdoten zum Besten. »Es gäbe noch unendlich viel mehr zu sagen.« Aber sie konnte es nicht. Dinky und Benjy schlug sie vor, ihre Gedanken an Bob zu schicken.

Dinky, die mittlerweile selber Krankenschwester geworden war, antwortete ihrem Stiefvater gleich, dachte über das Schweigen nach. Just vor ein paar Monaten habe Pele de Lappe ihr ein Weihnachtsfoto mit Nicky geschickt, das sie auf ihre Kommode gestellt, aber vor Deccas Besuch in einer Schublade versteckt habe.

Ben antwortete zweieinhalb Jahre später, nachdem ihm der Brief der Eltern beim Aufräumen in die Hände gefallen war. Endlich, so sagte er, habe er weinen können – darüber, wie traurig das Ganze für alle war. »Wirklich großartig« fand Decca sein Fax. »Eines Tages würde ich gern mit dir reden.« Dann ging sie schnell zu einem sichereren Gesprächsthema über, zu O. J. Simpson, dem schwarzen Footballspieler, der gerade wegen Mordes an seiner Exfrau unter Anklage stand.

Dieser Brief an Benjy ist der einzige an ihren Sohn, den sie nicht als Decca unterzeichnet hat. »Alles Liebe, Mama.«

11

Going Home Again

Ein Pass, ein echter Pass! Sie konnten es nicht fassen. Und dann kam er noch einfach so, mit der Post, im Juli 1955, nachdem sie ihn jahrelang vergeblich beantragt hatten. Mitglieder der Kommunistischen Partei galten nämlich als reiseuntauglich. Sollte der Ausweis etwa das Zeichen einer neuen Liberalisierung sein? McCarthy war schließlich weg vom Fenster, nachdem er 1954 in Ungnade gefallen war. Decca schmiss sich sofort in die Reiseplanung. Dinky sollte mitkommen, Nebby Lou, die Tochter von Freunden, ihr Gesellschaft leisten, der siebenjährige Benjy sollte in New York bei Aranka und Bobs Schwester bleiben. Was für ihn kein Opfer war: Er war wahnsinnig gern bei seiner Großmutter Aranka, dort durfte er Hüte basteln und Stoffe dämpfen, sie guckten sich Hollywoodfilme an und aßen Süßigkeiten, und die ganze Wohnung war so hübsch und aufgeräumt. »Sie war sehr kultiviert. Sie hat uns geliebt.«

Sie hatten alles gebucht und geplant und jede Menge Abschied gefeiert, Decca saß nichtsahnend mit Benjy und Nebby Lou im Zug nach New York, Dinky war schon vorgefahren und wartete am Bahnhof mit der heulenden Aranka und der schlechten Nachricht auf sie, dass der Pass nur ein Versehen gewesen war. Sie sollten ihn zurückgeben, und zwar sofort. Wenn sie ihn benutzten, so warnte ein Telegramm des Außenministeriums, würden sie sich strafbar machen. Und da die Passbehörde schon ahnte, dass die Treuhafts ihr kostbares Stück nicht freiwillig hergeben würden, hatten sie bereits Mitarbeiter losgeschickt. In Bobs Kanzlei und bei den Treuhafts zu Hause suchten sie, in Arankas Wohnung und ihrem Hutladen in New York. Vergeblich: kein Pass und keine Treuhafts.

Sie wollten die US-Behörden überlisten und ein früheres Schiff nehmen. In der Zwischenzeit tauchten sie bei Bobs unverdächtiger Schwester in Queens unter, während Bob im Flugzeug Richtung Ostküste saß.

Am nächsten Morgen ergatterten sie tatsächlich eine Kabine für vier Personen auf einem Schiff, das mittags ablegen sollte. Nur mussten sie den vollen Preis noch mal zahlen, bar und sofort. Geld, das sie nicht hatten. Da sprang Aranka ein, die schon ganz hysterisch war vor Aufregung und Angst, vielleicht auch vor Ärger über ihre Schwiegertochter. Aber beherzt, wie es (auch) ihre Art war, »wurde sie plötzlich ebenfalls vom Jagdfieber ergriffen«, so Decca, raste zur nächsten Bank, kam mit einem Bündel Geldscheine zurück und bezahlte die Überfahrt für alle vier. »Großartige Aranka! Das war der Moment, glaube ich«, so Decca, »dass ich zum ersten Mal so etwas wie Achtung spürte für ihre unschätzbaren Qualitäten, dass sie uns so tapfer unterstützte, obwohl sie unseren Lebensstil zutiefst missbilligte.«

So stürzten sie zehn Minuten vor Abfahrt auf das Schiff mit Namen *S. S. Liberté*. Kaum an Bord, schickte Decca schon die ersten Berichte an ihre Freunde in Kalifornien. In ihrer Autobiographie schilderte sie die abenteuerliche Abreise fünf Monate nach Nickys Tod als lustiges Fangenspiel.

Die fünftägige Überfahrt war eine willkommene Atempause. Denn bei aller Vorfreude war Decca ziemlich nervös. Sosehr sie sich danach sehnte, ihre Familie wiederzusehen – sie hatte keine Ahnung, wie die Mitfords auf ihren Mann – Jude, Kommunist *und* Amerikaner – reagieren würden, auf Dinky, Tochter des verhassten Esmond Romilly, und die schwarze Nebby Lou. Zehn Jahre nach dem Krieg waren die heftigen familiären Auseinandersetzungen noch lange nicht vergessen. Auf beiden Seiten nicht. Die meisten Verwandten hatte Decca seit mehr als sechzehn Jahren nicht gesehen. Selbst mit Nancy, der sie sich politisch am nächsten fühlte, hatte sie nur sporadisch korrespondiert.

Geschichten von früher

Es war eine fremde Welt, in die sie zurückkehrte. Tom und Unity waren tot, die Eltern getrennt, die Schwestern über Europa verstreut. Und aus »Britannia«, so hat es Andrew Marr formuliert, war mit Ende des Kriegs »Britain« geworden.

»Sehr angespannt« hat Dinky ihre Mutter vor allem am Anfang der Reise in Erinnerung. Als sie am 25. August 1955 in Southampton ankamen, genau dort, wo Decca im Februar 1939 mit Esmond aufgebrochen war, machte Dinky eine schockierende Erfahrung. Jahrelang hatte ihre Mutter sich solche Mühe gegeben, ihren englischen Akzent abzulegen – und nun stieg sie vom Schiff und schmiss ihr ganzes Amerikanisch über Bord, »als hätte es diese sechzehn Jahre nie gegeben«, kehrte geradewegs zum Mitford'schen Upperclass-Englisch mit all seinen Manierismen zurück. Die Vierzehnjährige sah ihre Mutter an »und wusste nicht, wer sie war. Das war so bizarr!« Den neuen alten Akzent behielt Decca für den Rest ihres Lebens bei.

Sie war selbst ganz verblüfft. Das Cockney-Englisch des Hafenarbeiters, der ihnen in Southampton die Gangway herunterhalf, löste eine Welle der Nostalgie in ihr aus, die sie nie für möglich gehalten hätte. Zum ersten Mal überhaupt nahm sie Notiz von den bunten englischen Vorgärten, den lieblichen grünen Hügeln, über die sie als Kind nie spazieren mochte (und es auch jetzt nicht wollte) – »so ganz anders als die kahlen braunen Hügel von Kalifornien«. In London schleppte sie ihre Lieben zum Lyons Corner House, um Bovril-Sandwiches zu essen (denen der amerikanische Teil der Familie nichts abgewinnen konnte), wurde, wie ihre Mutter, Stammkundin beim »bösen alten Harrod«. Auch diese Sentimentalität sollte sie sich für den Rest ihres Lebens bewahren.

Am Bahnhof in London begrüßte sie Debo, ein »Eine-Frau-Empfangskomitee«, und nach einem ungemütlichen Mittagessen brachen sie noch am selben Abend auf zur »schlimmsten Reise der Welt«, wie Nancy sie zu nennen pflegte, der mühsamen Fahrt in Lady Redesdales schottisches Inselparadies. Als einen der glücklichsten Momente in ihrem Leben hat die Mutter Deccas Ankunft auf Inch Kenneth beschrieben.

Die Woche auf dem abgeschiedenen Eiland war zum Aufwärmen mit Familie und Heimat ideal. Die Treuhafts wurden verwöhnt mit den Delikatessen, die Wiese und Meer hergaben, frischer Hummer, zartes Lamm. Die Frühstückseier hatten die Hühner am Morgen gelegt, das Brot hatte Lady Redesdale wie eh und je selbst gebacken. Decca holte ihr Scrabble aus dem Koffer, eine amerikanische Erfindung und ihre neueste Leidenschaft, die sie ihrer englischen Familie nun beibrachte. Sie erzählten sich

Geschichten von früher, sangen die Lieder ihrer Kindheit und Jugend, »Dancing Cheek to Cheek«, »Grace Darling«.

»Ich fand es seltsam verstörend, wieder unter dem Dach meiner Mutter zu sein«, erinnert sich Decca später, »in der gegen die Zeitläufte immunen Atmosphäre von Inch Kenneth, wo einem jede Stunde wie vier vorkam, wo die Tage langsam vorüberzogen, unterbrochen nur von der Ankunft des Postdienstes Ihrer Majestät um vier und den BBC-Nachrichten im Radio um sechs Uhr.«

Der Kontrast zu ihrem rastlosen Leben in Oakland konnte nicht größer sein. Was sie aber noch mehr irritierte als die Ruhe und das Nichtstun waren die Geister der Vergangenheit, die ihr hier begegneten und aus den riesigen Alben der Mutter entgegenstiegen. Merkwürdig vertraut kam Decca das Haus vor, in dem sie zuvor noch nie gewesen war. Hier standen die alten Mahagoni-Möbel aus Swinbrook, die Antiquitäten aus dem Londoner Haus, hingen dieselben alten Gemälde wie einst an der Wand, einschließlich der Porträts der sechs Schwestern aus den 1930er Jahren, die Lady Redesdale in rote Brokatrahmen gesteckt hatte. Unter den Schallplatten im Wohnzimmer fand Decca »Die Wacht am Rhein« und das »Horst-Wessel-Lied«, Relikte von Unity.

Debo und Decca wurden auch jetzt nur schwer warm miteinander. Sie wussten kaum, worüber sie reden sollten, ihr Leben hatte keine Berührungspunkte – keine gemeinsamen Erlebnisse, Interessen oder Freunde. Nur die gemeinsame Kindheit. Die Vergangenheit war das einzige Terrain, auf dem sie sich sicher bewegen konnten, und so hielten sie sich am alten Weißt-du-noch fest.

Ihre Schwierigkeiten verschärften sich, als die Treuhafts auf dem Rückweg bei Debo und Andrew in Chatsworth haltmachten. Beide Seiten waren empfindlich und ständig auf der Hut, aus Angst vor der nächsten Attacke. Decca fuhr ihre Stacheln aus, keine von beiden hatte Verständnis für das Leben der anderen. Debo war am Ende so verstört, dass ihr Mann meinte, die Schwestern sollten sich in Zukunft am besten gar nicht mehr sehen.

Als entsetzlich amerikanisch hat Debo Decca erlebt. Die Sprache, das Auftreten, der Kurzhaarschnitt, die Brille, die Kettenraucherei – und dann diese Hosen! Eine Mitford trug Rock oder Kleid. In ihren Briefen an Nancy malte Debo ein ziemlich unfreundliches Bild von Decca und deren Familie. Das amerikanische Gekreische ging ihr ebenso sehr auf die Nerven wie das progressive Gerede. Erstaunt stellte sie fest, dass Bob und Decca tatsächlich glücklich miteinander zu sein schienen. Dabei war sie selber erschrocken, wie hässlich sie über die Treuhafts sprach.

Decca fühlte sich genauso unwohl. Aus ihrer Sicht war die kleine Schwester gefangen in einem Leben, vor dem sie selber mit fliegenden Fahnen geflohen war. Die Devonshires wohnten auf den Ländereien von Chatsworth, dem legendären Anwesen der Herzöge von Devonshire. Während des Kriegs als Mädcheninternat genutzt, mit Turnhalle, Schlafsaal und Mensa, wurde das riesige Schloss gerade renoviert. Besuchern stand es schon für Führungen offen, die Hausherren selbst würden erst 1959 einziehen. Ängstlich führte Debo die Treuhafts dorthin; sie glaubte nicht, dass Kommunisten sich sonderlich für Schlösser und Rembrandts interessierten, fürchtete wieder Kritik.

»Nur ein bisschen größer und prächtiger als Versailles«, so Bobs Resümée in einem Brief an Genossin Dobby Walker – »178 Zimmer und keine Bäder«. Aber an den Bädern arbeiteten die Devonshires gerade, vierzehn würden es am Ende im Wohntrakt sein. Bob fand die drei Tage bei Herzogs offenbar ganz amüsant, überhaupt hatte der Familienbesuch für ihn etwas von einer Komödie, die er sich mit belustigtem Staunen ansah.

Von ihren Lieblingscousinen war Decca so enttäuscht wie diese von ihr, die Treffen mit alten Freunden verliefen auch nicht besser. Als »kurz, hässlich und brutal« beschreibt Decca ihre erste Begegnung mit Philip Toynbee, Esmonds bestem Freund, mit dem sie bald wieder eine enge Freundschaft verbinden wird, und dessen Bruder Giles. Decca war froh, dass sie wenigstens ihre ungeliebte Schwiegermutter nicht mehr treffen musste: Nellie Romilly war ein paar Monate zuvor an Krebs gestorben.

Am glücklichsten war das Wiedersehen mit der guten alten, inzwischen über achtzigjährigen Nanny Blor und mit Mrs. Ham, die so schrullig war wie eh und je. Decca hat die Freundin der Familie allein auf der Isle of Wight besucht, stundenlang kauten sie am Kamin alles durch. Die Alten, einschließlich der Onkel und Tanten, schienen sich ohnehin am wenigsten verändert zu haben. Die Jungen kamen Decca jetzt alt vor.

In London ließen sich die Treuhafts in der kleinen Chauffeurswohnung über der Garage in der Rutland Gate nieder. Dinky und Nebbie Lou wurden auf Sightseeing-Tour geschickt, Bob wäre gern mitgekommen, durfte aber nicht. Decca kannte London ja schon. Dafür führte sie ihre Familie zu den Schauplätzen ihrer ländlichen Kindheit, Swinbrook und Asthall, »ein großer Erfolg«.

Am wohlsten aber fühlte sie sich bei den Genossen, denen sie sich, wie in Amerika, sofort verbunden fühlte. Obwohl sie diese zum ersten Mal in ihrem Leben traf, fühlte sie sich ihnen näher als ihren Verwandten. Verblüfft beobachtete sie auch das entspannte, offene Auftreten der Londoner Linken. Ein im Central Park oder Golden Gate Park Reden schwingender Kommunist wäre undenkbar gewesen. Im Hyde Park dagegen war das 1955 so selbstverständlich wie in den 1930er Jahren.

Ungarn: Wir besichtigten den Sozialismus

Auch Ungarn, kommunistisches Mutterland, Heimat von Bobs Eltern, stand auf dem Reiseplan. Das war Bobs Herzenswunsch, als Kind war er ein paarmal hier gewesen, zuletzt als junger Erwachsener, 1937. In Wien hatten sie sich ihre Einreisegenehmigung nur mit großer Hartnäckigkeit und einer Lüge erschlichen: Sie gaben Nebby Lou als Nichte des schwarzen Sängers Paul Robeson aus, der im Ostblock ein Star war.

Bob machte seine wenigen Verwandten ausfindig, die die Nazis nicht ermordet hatten, ansonsten ließen sie sich ein sozialistisches Touristenprogramm zusammenstellen, besichtigten Schulen und Altersheime, LPGs und sozialen Wohnungsbau, gingen ins Volksballett und tranken Tee mit Stahlarbeiterfamilien in Sztálinváros, einer aus dem Boden gestampften Vorzeigestadt. Sie hatten nur Augen für den Fortschritt, sahen, was sie sehen wollten: der Sozialismus – ein einziger Triumph für Arbeiter und Bauern, deren bittere Armut Bob selbst erlebt hatte. Bildung und Krankenversorgung für alle, und selbst auf dem Grand Hotel leuchtete der rote Stern.

Nur zwei Begegnungen haben sie leicht irritiert. In einem Lokal bat ein Kellner sie eindringlich, einen Brief an seinen Bruder in New York mitzunehmen. Wieso, wollten die Treuhafts wissen, stimmte was nicht mit der Post? »Er war offensichtlich in Not«, wie Decca später erzählt. Trotzdem lehnten sie ab – wer weiß, vielleicht war er ja ein Spion. In einer Hotellobby kamen die Treuhafts mit einer jungen Frau ins Gespräch, einer Lehrerin, die sie zu sich einlud, ihr Mann spreche ausgezeichnet Englisch, er würde so gern mal in die Vereinigten Staaten reisen. Auch ihre Ansprache hatte etwas Dringliches. Sie verabredeten sich für den nächsten Abend, aber am Nachmittag erreichte sie die Nachricht: »Nicht kommen. Magda, Lehrerin«. Ihre Freunde vom Friedenskomitee legten ihnen nahe, sich von solchen Kontakten doch bitte fernzuhalten.

Decca und Bob, die strammen Kommunisten, spürten nicht, wie es rumorte in dem Land, das zwar eine relativ liberale Regierung hatte, im Jahr darauf aber vom Aufstand und dem Einmarsch der Russen doppelt erschüttert wurde. Nachdem ihnen bei der Rückkehr nach Amerika der Pass wieder abgenommen worden war, beschrieb Bob sich und seine Frau einem ungarischen Bekannten gegenüber als »Gefangene innerhalb der Grenzen der Vereinigten Staaten«. Dass dieser, wie all seine Landsleute, ja, der gesamte Ostblock, hinter dem Eisernen Vorhang eingesperrt war, schienen die Treuhafts gar nicht zu bemerken. Zurück in Kalifornien hielten sie glühende Vorträge über das gelobte sozialistische Land, schrieb Decca einen entsprechenden Bericht für die *People's World*: »We Visited Socialism«. In den 1970er Jahren bekannte Decca, erst nach den Enthüllungen der folgenden Jahre hätten sie und Bob »langsam gesehen, dass wir eigentlich nichts gesehen haben bei diesem kurzen Besuch«.

Paris: Immer noch meine zweite Heimat

Und dann der geplante Höhepunkt der Reise: Paris. Zwei Tage lang fuhren sie von Budapest aus durch Regen und Dunkelheit. Als sie endlich ankamen, standen sie vor verschlossener Tür. Decca hatte ihre genaue Ankunftszeit nicht angekündigt und Nancys Telefonnummer verschlampt.

Seit fast zehn Jahren lebte ihre große Schwester nun schon in Frankreich, das Nancy als ihre eigentliche Heimat betrachtete. Als wäre sie aus einem Bergwerk ans Tageslicht gekommen, so hat sie die Übersiedlung beschrieben. Als Nancy am Ende ihres Lebens mit dem Gedanken spielte, ihre Autobiographie zu schreiben, wollte sie diese mit der Pariser Neugeburt beginnen. Die Kindheit hatte sie ja schon mit ihren Romanen abgedeckt, den Rest konnte man bei Decca nachlesen, und an alles, was dazwischenlag, hatte sie offenbar keine Lust, sich zu erinnern.

Nancy hatte unterschiedliche Brillen, durch die sie die Welt betrachtete: eine rosarote, eine düstere und eine glasklare. In Paris, überhaupt in ganz Frankreich war alles zauberhaft und ewiger Sonnenschein – Frankreich, Frankreich über alles –, während England in grauem Nebel versank. Dabei sprach sie noch immer Französisch mit Akzent, waren unter ihren Pariser Freunden viele Briten. Die Franzosen dürften die »Lady von der Rue Monsieur«, wie sie sich nannte, für durch und durch englisch gehalten haben.

Die Rue Monsieur war eine unauffällige Stichstraße, zentral, aber ruhig gelegen, ohne Läden und Cafés, die Nr. 7 ein hübsches Haus aus dem 18. Jahrhundert, jenem Zeitalter, das Nancy ohnehin das liebste war. Die Moderne mochte sie immer weniger. Ein großes dunkelgrünes Tor mit riesigen Türklopfern versperrte die Sicht auf den kleinen Hof, das elegante Zuhause war so verschlossen wie die berühmte Bewohnerin. Als »äußerst reserviert« hat Decca ihre älteste Schwester beschrieben. Intime Gespräche führten die beiden nicht, »unsere Konversation glitt an der Oberfläche dahin«. In ihrer Kindheit war der Altersunterschied von dreizehn Jahren zu groß gewesen, um sich nah zu sein, auch später hielten sie einander immer auf eine gewisse Distanz. Decca bezweifelte, dass Diana und Debo tiefer in Nancys Innerstes vorgedrungen waren.

Eigentlich hätte sie ja gerne einen Paris-Roman geschrieben, hat Nancy Mrs. Ham einmal erzählt, aber das Erfinden war nicht ihre Stärke. Also stieg sie jetzt auf Biographien um, die sich wie Romane lasen und eher romantische Komödien denn historische Werke waren und an ihren Lieblingsschauplätzen Paris und Versailles spielten: Madame de Pompadour, Ludwig XIV., Voltaire. Wie ein Kritiker bemerkte, machte sie aus historischen Gestalten Mitfords in Kostümen. Die meisten fanden das lustig, einige hat es genervt.

Völlig unbefangen spazierte Nancy in ihren Büchern durch die Vergangenheit wie durch einen Park und pflückte nur die Blumen, die ihr gefielen: die prächtigen und schillernden. In ihren munteren Elogen auf den Sonnenkönig & Co. gibt es praktisch keine Schattenseiten, keine Armut, keine Brutalität. Not langweilte sie, Armut ging ihr gegen den ästhetischen Strich. Wenn sie doch mal etwas Dunkleres einfügte, dann nicht aus Überzeugung, sondern aus Pflichtgefühl. In ihrer Vorstellung von Utopia lebten die Bewohner der Hütten glücklich in ihren Hütten,»während ich glücklich und zufrieden in meinem *Big House* wohne«. Ihr soziales Engagement hatte »die französische Dame«, wie die Familie sie nannte, mit dem Krieg beendet.

Als erfolgreiche Schriftstellerin und Kolumnistin der Londoner *Times* hätte Nancy sich sogar einen größeren Palast leisten können. Spätestens mit ihrer sehr freien, sehr Mitford'schen Adaption des Theaterstücks *La petite hutte* zum englischen *The Little Hut* (1957 mit Ava Gardner, David Niven und Stewart Granger verfilmt) hatte sie finanziell ausgesorgt. Dank ihrer geliebten Haushälterin Marie musste sie sich um nichts als ihre Arbeit und ihre zahlreichen Freunde kümmern. Was anstrengend genug war, das Telefon klingelte nonstop, ihre Wohnung war eine Art Salon für Aristokraten und Literaten. Um in Ruhe arbeiten zu können, zog sie manchmal den Telefonstecker raus.

Das Beste an der Rue Monsieur aber war die Lage im 7. Arrondissement: Ihr Geliebter wohnte gleich um die Ecke, so konnte er schnell mal zum Lunch oder Dinner vorbeikommen (nie über Nacht) oder sie zu ihm rüberhuschen. Decca ist dem gaullistischen Politiker zweimal kurz begegnet, einen tiefen Eindruck hat er nicht hinterlassen. Sie hatte sich den Colonel wie eine Mischung aus Maurice Chevalier und ihrem Onkel, Colonel Bailey, vorgestellt, »ein rotgesichtiger, mit scharfer Peitsche reitender Gutsherr«. Stattdessen war er nur Colonel, keine Spur Chevalier, so ihr Eindruck. Mehr hatte Decca über ihn nicht zu berichten.

Wie sehr sie sich freue auf ihren Besuch!, hatte Nancy Decca geschrieben. Den anderen Schwestern und Evelyn Waugh dagegen vertraute sie an, wie sehr sie sich fürchtete. Sie hasste Amerikaner doch so sehr …

Nancys Anti-Amerikanismus war gewaltig. Natürlich war er auch ein Spaß, mit dem sie ihre kalifornische Schwester ärgern konnte: Wie hielt Decca das Leben unter diesen Barbaren nur aus?! Die erste Amerikanerin, die Nancy 1939 näher kennengelernt hatte, war eine Bekannte von Decca gewesen, und die fand sie so schrecklich, dass sie »lieber Hitler & Stalin jeden Tag bei Harrods treffen würde« als diese Frau. Als sie später, todkrank, unter höllischen Schmerzen litt und verkündete, sie würde überall hingehen, wenn es dort nur eine Kur für sie gäbe, fügte sie schnell hinzu – »ja, wirklich, überall, auß.: New York«. Die vielen amerikanischen Touristen, die durch Paris zogen, stimmten sie gewiss nicht um. Ebenso wenig der große Erfolg, den ihre Bücher in den USA hatten. Nicht einmal ein ungemein lukratives Angebot aus Hollywood konnte sie, die in ständiger Angst vor dem Verarmen lebte, locken.

Nancy ist nie in Amerika gewesen. Decca in Kalifornien zu besuchen kam ihr gar nicht in den Sinn. Vielleicht fürchtete sie sich vor der Wirklichkeit: dass sie ihr Bild hätte revidieren und differenzieren müssen. Sie war schließlich entschlossen zum Hass. »Sie waren ihre Juden«, so Charlotte Mosleys Erklärung für Nancys Anti-Amerikanismus. Sie habe aus den Amerikanern »einfach Schreckgespenster« gemacht, »wie man es halt tut. Es ist leichter, alles, was man nicht leiden kann, in ein und denselben Topf zu werfen.«

Lady Redesdale machte es genau umgekehrt, lobte die Wahlheimat ihrer Tochter, wo sie nur konnte, und sei es wegen der Nachthemden, die Decca ihr schickte: »Alles, was Du in den USA besorgst, ist so hübsch!«

Je näher der Besuch der Treuhafts herangerückt war, desto panischer war Nancy geworden, bis sie es nicht mehr aushielt und die Flucht ergriff: zu Debo nach England, die würde sie am besten verstehen. Als die Treuhafts vor der Tür in der Rue Monsieur standen, erschöpft von der langen Reise aus Ungarn, war es die gute alte Haushälterin Marie, die ihnen aufmachte und den Kamin anzündete.

Bis Nancy sich wieder abgeregt hatte und nach Paris zurückkehrte, war Bob mit Nebbie Lou zwar schon wieder abgereist, aber Decca hatte beschlossen, ihren Europabesuch um einen Monat zu verlängern, wer wusste, wann sie wieder kommen könnte. Vielleicht war es auch besser, dass die beiden Schwestern unter sich waren, so konnten sie eine Woche lang wie früher plaudern und lachen. Und zu lachen hatten sie viel. Selbst wenn keiner so gemein sein konnte wie Nancy, es war auch niemand so witzig, so unterhaltsam und lebendig wie sie. »Ein Licht«, so hat Debo sie beschrieben, »sie war wie ein Licht.« Und Nancy war, wie Decca ihren kalifornischen Freunden erleichtert berichtete, weder Faschistin noch dumm. Es wurde eine schöne, glückliche Woche für alle beide. Unverändert fand Nancy – selber großzügig und geizig wie eh und je – ihre Schwester, »so süß«.

Für Decca hatte sich Paris ebensowenig verändert wie ihre Gefühle für diese Stadt, an die sie so glückliche Jugenderinnerungen hatte. »Immer noch meine zweite Heimat.«

Diana, Pam und Farve

Diana wiederzusehen, die ganz in der Nähe, vor den Toren von Paris, lebte, das hätte sie nicht ertragen, schreibt Decca in ihrer Autobiographie. Ob sie die Schwester nicht aus reiner Neugier habe wiedersehen wollen, fragte Philip Toynbee. Wenn sie sie einst nicht so innig geliebt hätte, antwortete Decca, ja, vielleicht. Aber so? »Sie auf der Ebene einer beiläufigen Bekanntschaft, als Kuriosität aus der Vergangenheit zu treffen wäre unglaublich merkwürdig gewesen; auf der Ebene schwesterlicher Zuneigung sogar undenkbar. Es hatte sich zu viel Bitterkeit eingenistet, zumindest auf meiner Seite.«

Egal, was Unity auch Haarsträubendes angestellt und in der Öffentlichkeit verkündet hatte: Deccas Liebe zu ihr versiegte nie. Hass, Enttäuschung und nackte Wut hob sie sich für Diana auf. Denn Diana, intelligent, sensibel, musisch und gebildet, deren Lieblingsbuch Prousts *Auf der Suche nach der verlorenen Zeit* war und deren Lieblingsdichter Goethe hieß, dessen *Wahlverwandtschaften* (»einer der Romane, in denen ich gelebt habe«) sie aus dem Deutschen übersetzte, hätte es besser wissen müssen. Decca machte Diana stellvertretend für den Tod Esmonds, für alles, was die Nazis verbrochen hatten, verantwortlich. Auch für Unitys Fanatismus.

Decca war nicht die Einzige, die Diana und ihren Mann als Hitlers Stellvertreter auf englischem Boden, ja, als Mörder betrachtete. Als nach dem Krieg die Gräueltaten der Nazis an die Öffentlichkeit kamen, waren die Mosleys in Großbritannien noch verhasster als zuvor. Diana gab sich cool. Nachdem jemand ihre Wohnungstür beschmiert hatte, schrieb sie

Nancy: »Natürlich denken sie, das emsige Hausmütterchen putzt gleich alles wieder weg, aber wirklich, Liebste, ich habe nicht die *geringste* Lust dazu.«

Unmittelbar nach dem Krieg verweigerte die neue Labour-Regierung den Mosleys den Pass. Obwohl sie sich so nach der warmen Sonne des Mittelmeers sehnte, gab Diana sich auch darüber erhaben: Die Schikanen der Politiker könnten sie nicht verbittern, weil sie ohnehin eine geringe Meinung von ihnen hätte. Genau wie die Treuhafts tricksten die Mosleys ihre Widersacher schließlich aus. Als Sir Oswald herausfand, dass die Magna Carta jedem Briten das Recht gewährte, zu kommen und zu gehen, wie es ihm passte, kaufte er kurzerhand ein Segelboot. So konnten sie die Fluggesellschaften und Reisebüros umgehen, wo sie sonst einen Ausweis hätten vorlegen müssen. In Francos Spanien und Salazars diktatorisch regiertem Portugal, so die Überlegung, könnten sie auch ohne Papiere an Land gehen. Am Tag vor der Abreise kam dann doch noch ein Pass. Die britische Regierung, so die Vermutung der Mosleys, hatte Angst, sich vor den Augen der Welt zu blamieren. Überglücklich segelten sie in ihr »geliebtes Frankreich«.

1951 kauften sich die Mosleys in Irland einen Bischofssitz (der später abbrannte), aber ihren Hauptwohnsitz verlegten sie nach Orsay. »Temple de la Gloire« hieß ihr Domizil, das nicht ganz so prächtig war, wie der Name vermuten lässt, der aber doch, was ihr Glück an diesem Ort betrifft, recht treffend ist. Als »Liebe auf den ersten Blick« beschrieb Diana die Begegnung mit der hundertfünfzig Jahre alten Villa. Von hier aus jetteten sie nach Madrid, an die Riviera, Monte Carlo und jeden Sommer, wie Nancy, nach Venedig. Am Mittelmeer trafen sie oft Debo und ihren Mann, die in den 1950er Jahren das Jetsetleben genossen: Mit Rita Hayworth und dem Sohn des Aga Khan feierte Debo Karneval in Rio, in Paris ging sie ins Maxim's, an der Côte d'Azur legte sie sich in die Sonne. Die Frau von James-Bond-Erfinder Ian Fleming war eine gute Freundin von ihr, bei ihr lernte sie Francis Bacon und Lucian Freud kennen.

Dass Diana ein so glückliches, entspanntes Leben in Frankreich führte, hatte auch damit zu tun, dass sich ihr Mann hier – aus Höflichkeit, wie Diana erklärte – aus der Politik heraushielt. Da die britischen Diplomaten anfangs nicht mit ihnen verkehren durften, bewegten sich die

Mosleys vor allem in französischen High-Society-Kreisen, während Nancys Wohnung als Außenstelle der britischen Botschaft galt. Marquis und Prinzessinnen gehörten zu Dianas Freunden, ihre Nachbarn waren der Herzog von Windsor und seine Frau, über die sie später auch ein Buch schrieb.

In die englische Politik zog es ihren Mann trotzdem zurück. Mehrere Monate im Jahr verbrachte Mosley in der Heimat, wo er eine neue Bewegung zu starten versuchte, das Union Movement. Sein Fokus war jetzt ein anderer: Das Empire war tot, der Faschismus auch – lang lebe Europa. Ein vereintes Europa als Bollwerk gegen das Böse, gegen die Übermacht der USA auf der einen und der Sowjetunion auf der anderen Seite, ein Europa ohne dunkle Einwanderer, das war Mosleys Traum.

Seine Ideen hielt er in Büchern fest, nur dass die in England niemand verlegen wollte. So gründete das Paar kurzerhand einen eigenen Verlag, Euphorion Books, benannt nach einer Figur in Goethes *Faust II*. Um sich ein weiteres Forum zu schaffen, gaben sie in den 1950er Jahren sogar eine eigene Zeitschrift heraus, *The European*. Chefredakteurin und fleißigste Mitarbeiterin des Magazins: Diana.

Nur ein einziges Mal während ihres viermonatigen Europabesuchs kam es zwischen Decca und ihrer Mutter zum Streit: als sie, zurück in London, in Lady Redesdales Kalender ein Mittagessen mit den Mosleys entdeckte. Außer sich, verkündete Decca, dass sie und Dinky dann verschwinden würden, was die Mutter wiederum böse werden ließ: Diana sei doch ihre Schwester! Sie habe, erwiderte Decca, keine Lust, ihr Brot mit Mördern zu teilen. Ansonsten blieb es friedlich zwischen Mutter und Tochter. Streitthemen versuchten sie aus dem Weg zu gehen, ja, Decca schien sogar das Gefühl zu haben, dass ihre Mutter politisch auf einer Wellenlänge mit ihr lag.

Auch mit Pam, mit der sie am wenigsten von allen Schwestern verband, hat sich Decca getroffen. Die Zweitälteste war seit vier Jahren geschieden. Derek Jackson war Irland doch zu langweilig geworden, nur Reiten und Jagen, keine Forschungsarbeit, das füllte den Wissenschaftler nicht aus. In Dublin verliebte er sich in eine Frau, die er zu Ehefrau Nummer drei machte. Wie sehr sie unter der Trennung litt, ließ Pam sich nicht anmerken. Bald lebte sie die meiste Zeit in der Nähe von Zürich, zusammen mit einer Frau, Giuditta Tommasi, die Decca nicht leiden konnte, was sie die Reitlehrerin und Pferdetrainerin auch spüren ließ. Wenn Decca Pam in ihren Briefen erwähnte, dann nur, um zu sagen, wie beschränkt sie war – nicht mal Scrabble spielen konnte man mit ihr!

Ihrem Vater ist Decca nicht begegnet. Lady Redesdale hatte ein Treffen vorgeschlagen, ihr Mann war alt und krank, mit großer Wahrscheinlichkeit war es die letzte Gelegenheit. Okay, meinte Decca, nachdem sie ihren jüdischen Mann und ihre (und Esmonds) Tochter konsultiert hatte. Aber nur unter einer Bedingung: dass ihr Vater nett zu den beiden wäre, sie nicht anbrüllte. »Nachdem du unmögliche Bedingungen stellst«, soll Lady Redesdale geantwortet haben, »werde ich kein Treffen mit Farve arrangieren.« Schwer zu sagen, ob die Geschichte so stimmt, wie Decca sie in ihrer Autobiographie erzählt. Noch auf dem Kontinent hatte sie ihrer Mutter geschrieben, sie sollten doch noch mal über den Besuch beim Vater reden, den Lady Redesdale offenbar erneut vorgeschlagen hatte – sie wisse nur nicht, wie sie es zeitlich schaffen solle, in den Norden hochzufahren. In ihrer Autobiographie jedoch hielt Decca das Bild vom Nazi-Baron aufrecht. Dass ihr Vater bereits vor dem Krieg wieder umgeschwenkt und auch nach 1945 erklärter Gegner Mosleys war, erwähnte sie nicht. Allerdings war er auch entschiedener Antikommunist. So haben sich die beiden vor seinem Tod 1958 nicht mehr gesehen.

Dinky

Der heimliche Star der Europaexpedition war Dinky. Die Mitfords waren entzückt von ihr, priesen ihre »atemberaubende Schönheit«, wie Nancy es nannte. Sie wurde akzeptiert als eine der ihren, Nancy schenkte der Vierzehnjährigen eine Brosche der Urgroßmutter, ermunterte Decca, ihre Tochter nach Frankreich zum Französischlernen zu schicken. Jahrelang drängte Lady Redesdale Decca, Dinky doch für längere Zeit bei ihr in England zu lassen. In jedem Brief erkundigte sie sich nach ihrer Enkelin und wann sie denn käme.

Dinky war diese Vorstellung eher unheimlich, den Wunsch der Großmutter hat sie lieber nicht erfüllt. Ihr ging es genau umgekehrt: Wie eine fremde Spezies kam ihr die englische Verwandtschaft vor. Sicher hatte Decca ihr, als sie klein war, immer mal von ihrer Familie erzählt. Aber für Dinky gehörten die Geschichten ins Reich der Märchen. Herzöge, Schlösser und Dienstboten, so was gab es in ihrer kalifornischen Welt nicht. Selbst als Lady Redesdale bei ihnen in Oakland war, hatte sie nie das Gefühl, mit ihr verwandt zu sein. Dieser Besuch hatte ebenso wie der von Debo etwas Unwirkliches. Sie kamen kurz und verschwanden wieder, »sie funktionierten nicht in meiner Welt«, schüchterten sie höchstens ein.

Wie Alice im Wunderland kam Dinky sich auf der Europareise vor: als wäre sie ins Kaninchenloch gefallen und auf einem Filmset gelandet. So phantastisch es für Lady Redesdale war, einen Einkaufswagen durch einen amerikanischen Supermarkt zu schieben, so märchenhaft erschien es Dinky, Milch aus dem Euter statt aus dem Kühlschrank zu holen oder ein Haus mit 178 Zimmern zu besitzen. Was das Ganze noch merkwürdiger machte, war die schlagartige Verwandlung ihrer amerikanischen Mutter zur Engländerin.

Irgendwie lustig fand Dinky ihre Großmutter schon. Wie ihre Töchter hatte diese Humor und ein Talent zum Erzählen, wobei Sydney gar nicht immer komisch sein wollte, der Witz ergab sich oft einfach aus ihrer direkten Art, ihrer Naivität oder ihrer Schwerhörigkeit oder allem zusammen.

Nach fast vier Monaten in der Alten Welt kehrten Dinky und Decca im Dezember 1955, mit Geschichten und Geschenken bepackt, nach Oakland zurück. Am Bahnhof wurden sie mit Pauken und Trompeten empfangen: Ihre Freunde hatten sich zur Blaskapelle zusammengeschlossen, machten mit den Instrumenten ihrer Kinder ordentlich Krach und schwenkten selbstgemachte Fahnen.

So ungeheuer wichtig die Reise für sie war – der Beginn einer neuen Beziehung zu Heimat und Familie –, so froh war Decca auch, wieder ihren Sicherheitsabstand zu haben. Oakland, ihre Freunde, die Politik, Bob, Dinky und Benjy, das war jetzt ihr Zuhause. Die englische Verwandtschaft schien ihr mehr Angst einzujagen als alle Oaklander Erzfeinde, Polizeipräsident, Zeitungsverleger und Bezirksstaatsanwalt, zusammen.

Barkeeper: Decca und Esmond im Restaurant »Roma« in Miami, Florida,
Anfang 1940

Decca als Modeverkäuferin in
Washington, ca. 1940

Decca mit Dinky, 1941

Virginia und Cliff Durr mit ihren Töchtern Tilly, Lucy und Ann, 1948

Decca, Washington,
1942

Bob, Nicky, Dinky und Decca Mitte der 1940er Jahre

1950 beteiligte sich Decca an der Organisation zum Schutz der schwarzen Familie Gary, die 1950 in den weißen Vorort Rollingwood zog und massiv von Nachbarn bedroht wurde.

Zusammen mit anderen Frauen versuchte Decca 1951 – vergeblich – den wegen Vergewaltigung einer weißen Frau zum Tode verurteilten Willie McGee vor dem elektrischen Stuhl zu retten. Das Plakat hat Pele de Lappe entworfen.

Dinky, Nicky und Benjy, Weihnachten 1952. Decca hat Weihnachten geliebt,
Bob hat das Fest gehasst.

Decca mit Dinky und deren Freundin Nebby Lou 1955 in Ungarn.
Die Treuhafts waren begeistert vom Sozialismus dort.
Stalin, so Bob später, sei einer ihrer Helden gewesen.

Unity mit Lord und Lady Redesdale vor dem Old Mill Cottage in Swinbrook, 1942

Nancy in ihrer Pariser
Wohnung, 1956

Decca vor Schloss Chatsworth

Decca und ihre Mutter auf Inch Kenneth

Decca am Strand ihrer Insel

Wie man Linke zum
Lachen bringt

Als sie aus England zurückkamen, hatte Dinky das Gefühl, aus einem Roman ins wirkliche Leben zurückzukehren. Decca dürfte es erst recht so gegangen sein. Nur zu real war das Leben jetzt. Viele Genossen und Mitglieder des Civil Rights Congress hatten ihre Jobs verloren, der Verband stand vor dem Aus. Anfang 1956 wurde er abgewickelt und hinterließ eine riesige Lücke in Deccas Leben. Die Kinder gingen zur Schule, Bob zur Arbeit und sie – hockte zu Hause. Nach den hektischen Jahren des Aktivismus kam sie sich nutzlos vor.

Ihre letzte richtige Anstellung, beim Office of Price Administration, lag schon zehn Jahre zurück. Soviel sie seitdem auch geschuftet hatte, offiziell galt sie als Hausfrau, eine subversive noch dazu, ohne Schulabschluss und Ausbildung. Nicht gerade die beste Qualifikation für einen interessanten Job. Sie bewarb sich auf alle möglichen Büro- und Sekretariatsstellen und war schließlich froh, in der Anzeigenabteilung des *San Francisco Chronicle* überhaupt etwas zu bekommen. Ihre Aufgabe: die Kleinanzeigen-Kunden von der Konkurrenz wegzulocken. Wenn sie was konnte, dann war es reden, und so schmiss sie sich in die neue Aufgabe wie in einen politischen Kampf, trug als Mitarbeiterin der Woche regelmäßig Trophäen in Form von Sektflaschen und Kinokarten nach Hause.

Und dann, kurz vor ihrer Beförderung in die Gebrauchtwagenabteilung, nach nur drei Monaten, wurde ihr plötzlich gekündigt. Wie sich später herausstellte, hatte das FBI der Zeitung einen Besuch abgestattet. Das war's. Neue Bewerbungen rauszuschicken hatte keinen Sinn. Selbst wenn sie noch mal einen Job bekäme, sie wäre ihn schnell wieder los, das FBI würde sie erneut anschwärzen. Decca war am Boden zerstört, hatte Angst, bis ans Ende ihres Lebens zum Nichtstun verdammt zu sein.

Was macht man in einer solchen Situation, mit fast vierzig Jahren? Man amüsiert sich, wenn man eine Mitford ist, für einen guten Zweck, wenn man Decca ist. Fundraising war ihr Spezialgebiet, Sprache und Witz ihre Stärke. Also schrieb sie eine Persiflage auf den linken Parteijargon, illustriert mit Karikaturen ihrer Freundin Pele de Lappe – eine Zusammenarbeit, die für Decca eine einzige Freude war. Alle Einnahmen gingen an die *Daily People's World*, in deren Artikeln es nur so wimmelte von genau den Klischees, die sie in ihrem Text aufspießte. Die Idee zu dieser ersten Publikation verdankte Decca ihrer Schwester.

Nancy hatte im September 1955 einen Essay veröffentlicht, der gewaltiges Aufsehen erregte, ja, eine nationale Debatte über die Klassengesellschaft auslöste, der die Schriftstellerin endgültig zur Kultfigur machte und Lady Redesdale auf die Palme brachte.

The English Aristocracy hatte Nancy ihren Essay über das mittlerweile wichtigste Erkennungsmerkmal des Adels, die Sprache, genannt. Die Betonung liegt auf *english*, denn *british* wäre, so Nancy, eindeutig »non-U«, nicht Upperclass. Der Aristokrat, so wird dem Leser schnell klar, ist im Grunde ein Mensch wie Lord und Lady Redesdale: jemand, der die Dinge klar beim Namen nennt. Deswegen spricht er, im Unterschied zum Non-U-Vertreter, nicht von »psychisch krank«, sondern von »verrückt«, nicht von »wohlhabend«, sondern von »reich«, nicht von »Zahnersatz«, sondern von »falschen Zähnen«. Diese Direktheit hat auch Decca stark geprägt.

Nancy machte sich einfach über alle lustig, über die Upperclass, der sie nur zu gern angehörte, ebenso wie über die Middleclass, der sie, wie allem, was *middle* war, so gar nichts abgewinnen konnte. Im Übrigen versuchte sie mit ihrer Satire, der Vulgarisierung der englischen Sprache durch Amerikanismen Einhalt zu gebieten. Nancy hasste die Sitte, Fremde beim Vornamen zu nennen, verabscheute Floskeln wie »Schön, dich zu sehen«.

So viel Spaß habe ihr kaum ein anderer Text bereitet, meinte Nancy. »Das ist, glaube ich, das Beste, was ich je gemacht habe.« Der *Encounter*, in dem der Aufsatz erschien, war sofort ausverkauft, eine Flut von Leserbriefen erreichte die Redaktion, andere Zeitungen griffen die Geschichte auf. Anfang 1956 wurde der Essay, ergänzt um ein paar andere Texte, schnell noch als Büchlein unter dem Titel *Noblesse Oblige* veröffentlicht. Der Band war ein Instant-Hit, selbst in Amerika, allein in der ersten Woche sollen dort 10 000 Exemplare verkauft worden sein.

Decca war elektrisiert. Im Grunde war die Kommunistische Partei doch genau wie die Aristokratie: eine geschlossene Gesellschaft, die sich über andere erhaben fühlt und an ihrer Sprache schnell zu erkennen ist. Das war *die* Idee! Sie würde etwas Ähnliches über L und non-L, linke und nichtlinke Sprache schreiben: *Lifeitselfmanship or How to Become a Precisely Because Man. An Investigation into Current L (or Left-wing) Usage.* In der Einleitung nennt Decca Nancys Ausführungen als Vorbild – ohne zu erwähnen, dass die Autorin ihre Schwester ist. Den Titel und die Form des Pseudoratgebers verdankte sie einem anderen Engländer. *Lifemanship*, das war eine Erfindung von Stephen Potter. In einer Reihe höchst erfolgreicher Bücher brachte der humoristische Autor seinen Lesern bei, wie sie in einem Gespräch durch Bluff und Taktik immer die Oberhand behielten. *Gamesmanship, One-Upmanship, Christmas-ship, Supermanship*, die Technik ließ sich beliebig erweitern.

Schon mit dem Titel *Lifeitselfmanship* machte Decca das, wofür die Kommunisten berühmt waren: die Sache komplizierter, als sie ist. Vierzehn Seiten umfasste das Büchlein, mit dem sie das Verquaste, Pompöse, Pseudowissenschaftliche der linken Sprache verspottete. Es erschien im Selbstverlag: Selbst getippt, selbst vervielfältigt, selbst am Küchentisch zusammengeheftet, selbst verkauft (für 50 Cents) und selbst verschickt (noch mal 10 Cents extra). Freunde und Familie halfen mit, selbst der kleine Benjy verkaufte im Bus Subskriptionen. Fünfhundert Heftchen hatten sie als Erstauflage zusammengestellt – mit hundert hätte Decca ihr Soll bei der Fundraising-Kampagne bereits erfüllt. Am Ende wurden es zweitausendfünfhundert, selbst Buchhandlungen nahmen *Lifeitselfmanship* ins Sortiment auf. Decca konnte sich gar nicht sattdenken an der Vorstellung, dass so viele Menschen jetzt lasen, was sie geschrieben hatte, und dass es ihnen auch noch Spaß machte! Sagenhafte 1250 Dollar bekam die *Daily People's World* dank dieser Benefizauktion, die Zeitung durfte sämtliche Einnahmen zu 100 Prozent behalten.

Dabei hätten Autorin und Illustratorin ein bisschen Geld gut gebrauchen können: Decca hatte gar kein Einkommen, Pele de Lappe hasste ihren Brotjob in der Druckerei. Aber Decca machte das Schreiben Spaß, es flutschte nur so. Bei der Recherche freilich ließ sich helfen. Ihre erste eigenständige Publikation war wie all ihre Werke ein Gemeinschaftsunternehmen, wie sie offen bekannte und wofür sie sich, wie immer, herzlich und nachdrücklich bedankte. Bob war ihr Hauptlieferant für Zitate aus der aktuellen Berichterstattung, Freunde schleppten Partei-Ausdrücke heran, eine von ihnen übersetzte Verszeilen von Henry Wadsworth Longfellow in den umständlichen Jargon der Linken. Aus »Leben ist nichts als ein leerer Traum« wurde so plötzlich »die Aussicht darauf, dass aus den gegenwärtigen Kräfteverhältnissen keine positiven Schlüsse gezogen werden können«. Aus besonders populären Sprachklischees bastelte Decca ein Quiz, abgedroschene Bilder führte sie ad absurdum.

Doch bevor sie mit ihrer Satire an die Öffentlichkeit ging, probierte sie ihre Scherze sicherheitshalber erst an befreundeten Genossen aus der Führungsriege aus. Ihre Loyalität gegenüber der Partei war immer noch größer als ihre Lust, sich lustig zu machen. Das unterschied sie von Nancy.

Aber siehe da, die Kommunisten hatten ihren Spaß, wo es schon so lange in der Partei nichts zu lachen gab. Diverse linke Zeitungen feierten das Heft, selbst nichtkommunistische Zeitungen griffen die Geschichte auf. Auch Schwester Nancy und Stephen Potter waren von der Lektüre entzückt, was Decca ganz besonders freute. »Ich hab *gebrüllt* vor Lachen über deinen Text, er ist *zu* gut«, lobte Nancy die Debütantin.

Decca war verblüfft über den unerwarteten Erfolg, wobei sie sich besonders wunderte, »dass die schlimmsten Übeltäter am begeistertsten sind«. Die Satire war ihre süße Rache für die zahllosen, endlosen Versammlungen, die sie über sich hatte ergehen lassen, all die langatmigen Texte, die sie hatte schlucken müssen.

Mit ihrem Witz hat Decca viele ihr Leben lang in die Irre geführt, verwechselten ihre Gegner ihn doch oft mit mangelnder Ernsthaftigkeit. Dabei war es ihr immer ernster, als ihre Scherze vermuten lassen. Diese Distanz zeichnete Decca aus, das, was ihre Freundin Katharine Graham »British cool« nannte, ihre Fähigkeit, einen Schritt zurückzutreten, sich und andere mit Humor und Ironie zu betrachten. Nach Ansicht von Alexander Cockburn war das ihr vielleicht wichtigster Beitrag: »die Lebensfreude, die sie in eine freudlose amerikanische Linke hineintrug«.

Im Endeffekt war *Lifeitselfmanship* sehr viel folgenreicher für Deccas Leben als für das der Partei. Es war das erste Mal, dass sie als Autorin auftrat, ja, sich vorstellen konnte, daraus einen Beruf zu machen.

Parteiaustritt

Für die Partei kam das Büchlein zu spät. Als es erschien, war die CP-USA schon erledigt.

Im Februar 1956 hatte Nikita Chruschtschow auf dem XX. Parteitag der KPdSU seine legendäre Rede über die Verbrechen Stalins und den Terror im eigenen Land gehalten. Für viele amerikanische Genossen waren die Enthüllungen eine traumatische Erfahrung. Nicht für Decca. Den Schock hatte sie schnell überwunden, mit den Massenmorden hielt sie sich nicht weiter auf. Sie habe, im Unterschied zu vielen Genossen, sowieso nicht an die Unfehlbarkeit der Sowjetunion geglaubt und schon immer für einen eigenen amerikanischen Kurs plädiert. Dabei war Stalin, wie Bob offen bekannte, lange Zeit ihrer beider Held gewesen.

Die extrem schmerzhaften Gefühle vieler Genossen angesichts der Enthüllungen konnte Decca nicht teilen. Was ihr wirklich naheging, war das Ende des Civil Rights Congress, in den sie so viel Herzblut gesteckt hatte. Dass in der Sowjetunion Millionen von Menschen im Namen des Kommunismus ermordet, gefoltert und mundtot gemacht, Existenzen vernichtet wurden, hatte für sie keine Realität. Das war zu abstrakt, zu weit weg, dafür war sie nicht verantwortlich. Real war das, was vor ihrer Haustür passierte. Während die anderen Genossen noch unter Schock standen, marschierte sie, nach Decca-Art, schon weiter: vorwärts immer, rückwärts nimmer. Für die Optimistin war Chruschtschows Rede in erster Linie ein Zeichen der Hoffnung, die Chance, sich vom Einfluss des Großen Bruders zu lösen und zu reformieren. Noch nie, so ihr Eindruck, wurde in der Partei so frei, ohne Angst vor Sanktionen, diskutiert. War nicht der Erfolg von *Lifeitselfmanship* eine Bestätigung dieser neuen Öffnung?

Aber dann entpuppte sich der Frühling doch nur als Herbst, die Russen marschierten in Ungarn ein, und die meisten Freunde der Treuhafts traten aus der Partei aus. Decca und Bob blieben drin. Aus Hoffnung und Trotz, als Akt der Solidarität. Gehen, wenn alle über die Kommunisten herfallen? »Also, wenn man angegriffen wird, dann bleibt man. Ist meine Meinung«, erklärte Decca viele Jahre später.

Als Delegierte der East Bay fuhr sie – zum ersten Mal und voller Stolz –

1957 zum großen Parteitag nach New York, in der Hoffnung, die kalifornische Position durchsetzen zu können. Sie forderten nichts weniger als eine Revolution: Freiheit und Unabhängigkeit, eine eigenständige Partei, wie die Franzosen und Italiener sie hatten. Aber hinterher blieb doch alles beim Alten, die Führung in New York zerfleischte sich in ideologischen Grabenkämpfen, am Ende siegte die Garde der Stalinisten.

1958, so Bobs Freund und Kollege Victor Rabinowitz, hatte die gesamte CP-USA noch 5000 Mitglieder. Anderen Quellen zufolge waren es sogar nur noch 3000. Und von denen waren die meisten betagte Veteranen des Klassenkampfes oder aber Mitarbeiter des FBI. Ein Drittel der Parteimitglieder zu dieser Zeit waren Spitzel, vermutet Griffin Fariello in seiner Oral-History-Sammlung *Red Scare* über die Zeit der Hexenjagd. Niemand brauchte die Kommunisten so dringend wie J. Edgar Hoover: als Schreckgespenst, um die eigene Macht zu erhalten.

Die Parteitreffen wurden immer trostloser. Es war, wie Decca schließlich fand, sinnlos und langweilig geworden, weiter auszuharren. Pragmatikerin, die sie war, wollte sie was erreichen. Deswegen war sie in die Partei eingetreten und deswegen trat sie jetzt aus, so einfach war das.

Nie, nicht einen Moment lang, hat sie all den Tagen und Nächten nachgeweint, die sie der Kommunistischen Partei gewidmet hatte, nie hat sie sich distanziert von ihr. Die Treuhafts blieben immer stolz auf ihre Mitgliedschaft. Wenn Decca später darüber sprach, erwähnte sie zwar Dogmatismus und Sektierertum, aber in erster Linie ging es immer um die guten Seiten. In ihrer Erinnerung war die CP-USA vor allem eine Ansammlung wunderbarer, warmherziger, selbstloser Menschen. Auch ihren guten Freunden blieben die Treuhafts treu, egal, ob diese, wie Marge Frantz, die Kahns und die Lapins, ausgetreten waren oder dringeblieben, wie Dobby Walker und Pele de Lappe. Mit Dankbarkeit sprach Decca von der Partei als Schule ihres Lebens, in der sie mehr als Disziplin, Fleiß und Organisieren gelernt hatte. Die Kommunisten hatten der Heimatlosen ein neues Zuhause gegeben.

Aber jetzt, davon war sie genauso überzeugt, war es der richtige Schritt, dieses Haus zu verlassen. Nur behielt sie ihn lieber für sich. Sie wollte der Partei nicht in den Rücken fallen, blieb deren Ideen treu. Das Konzept erschien ihr einfach zu überzeugend: Nicht eine herrschende Klasse zu haben, sondern die Güter auf alle zu verteilen und damit allen Kriegen und Verbrechen ein Ende zu setzen. Als »gewesene Aristokratin, gewesene Kommunistin« führt die Journalistin Helen Benedict Decca in ihrem Porträt ein. Aber Decca hatte kein Talent zur Ex. Sie blieb, wer sie war. Der Mitford'sche Adel und die Kommunistische Partei waren die beiden prägenden Erfahrungen ihres Lebens. Als »Kommunistin ohne Partei« hat Pele de Lappe sich bezeichnet, nachdem sie Anfang der 1990er Jahre endgültig ausgetreten war. So hat man sich auch Decca vorzustellen: als Gläubige, nur ohne Kirche.

Selbst wenn Decca in späteren Jahren eher von Sozialismus als von Kommunismus sprach – »demokratischer Sozialismus« nannte sie das Konzept, das ihr am sympathischsten erschien –, hörte sie nicht auf, an die Erfüllung ihres ursprünglichen Traums zu glauben. Wenn Menschen Fehler machen, so ihre Haltung, kann das System ja nichts dafür. Noch vier Wochen vor ihrem Tod beschrieb sie den Sozialismus als »die einzig logische und anständige Lösung für das menschliche Zusammenleben«. Die Perestroika hatte sie als Demokratiebewegung begeistert begrüßt, keine Frage, dass ihr Gorbatschow tausendmal lieber war als Maggie Thatcher. Von den nachfolgenden Entwicklungen indes war sie schwer enttäuscht – »absolut verheerend«. Ob sie heute, 1996, glaube, dass es in der ehemaligen Sowjetunion besser gewesen sei? »Ja, wahrscheinlich.«

Bob fuhr ein paarmal in die Sowjetunion, von wo er wenig begeistert zurückkehrte, aber da hatte er auch schon ein anderes, sonnigeres sozialistisches Paradies für sich entdeckt: Kuba. Auf diese Reisen in den Sozialismus kam Decca nicht mit. Vielleicht war es die Angst, die sie zurückhielt, die Furcht vor der Enttäuschung bei der Begegnung mit der Wirklichkeit. Als ihre Freundin Eva Maas-Lapin 1968 zum ersten Mal in die Sowjetunion kam, war sie ziemlich verstört von der »Freudlosigkeit und Verdrießlichkeit« des Lebens dort, gerade im Vergleich mit den USA.

Einmal, ein einziges Mal, setzte Decca ihren Fuß auf russischen Boden. Nicht auf eigene Initiative, sie hatte nur den lukrativen Auftrag einer Zeitschrift angenommen, über eine Wolgakreuzfahrt zu berichten. Es wurde einer ihrer langweiligsten Artikel. Sie, die sonst so Neugierige, interessierte sich nicht für die Menschen am Ufer, blieb lieber in der Bar unter amerikanischen Touristen sitzen und ließ sich später von Eve Arnold von den

Ausflügen an Land berichten. Die Freundschaft mit der renommierten Fotografin war das Beste, das einzig Bleibende an dieser Reise.

Als sie in die Partei eintrat, hatte Decca sich abgewandt von allen Freunden, die einen anderen politischen Kurs verfolgten, hatte auf sie herabgesehen, weil sie »das Licht noch nicht gesehen hatten«, wie sie das später beschrieb. Jetzt wurde ihr Freundeskreis wieder größer, bunter, schillernder. Künstler wie Eve Arnold zählten dazu, reiche Exzentriker wie der englische Millionär David Pleydell-Bouverie, auf dessen kalifornischer Luxus-Ranch die Treuhafts gern unter dem Outdoor-Kronleuchter speisten, Kommilitonen von Bob wie der Architekt Bertrand Goldberg in Chicago, Journalistinnen wie Shana Alexander. Dobby Walker hat Decca schon mal gerügt dafür, der strammen Funktionärin waren einige dieser Gestalten vom politischen und Klassenstandpunkt aus betrachtet ziemlich suspekt. Aber Decca liebte Vielfalt und Abwechslung.

Die Überwachung durch das FBI hörte mit dem Ende ihrer Mitgliedschaft in der Partei noch lange nicht auf. In den 1960er, 1970er Jahren wurden die Treuhafts weiter beobachtet, wurden Informationen und Zeitungsausschnitte über sie gesammelt. Denn eins war klar: Von der Politik hatte Decca sich nicht verabschiedet.

12

Hons and Rebels

Im März 1958, vier Tage nach seinem achtzigsten Geburtstag, starb Lord Redesdale in seinem Cottage in Redesdale. Die Mutter schickte Decca gleich ein Telegramm, sie hatte ihn noch mit Debo und Diana zum Geburtstag besucht. Sein Interesse am Leben hatte er da längst verloren, für seine Töchter war er schon vor Jahren gestorben. »Als er starb, trauerte ich um den Farve von vor langer Zeit«, schreibt Diana in ihrer Autobiographie.

»Er hat sich gefreut, uns zu sehen, der gute alte Junge«, berichtete die Mutter Decca. Es war, so schreibt sie, ein glücklicher Tag, er habe sie alle, bettlägerig und fast taub, wie er war, noch zum Lachen gebracht. »Nie werde ich den Ausdruck in Farves Gesicht vergessen, als Muv an seinem Krankenbett erschien«, erzählt Diana in ihrer Autobiographie, »und sein Lächeln war pure Freude. Alle ihre Differenzen waren vergessen, sie schienen zwanzig Jahre zurückzugehen, in die glückliche Zeit vor den Tragödien.« Ein unerwartetes Happy End.

Der im Leben so ungesellige Patriarch wurde mit drei Trauerfeiern verabschiedet, seine Asche in Swinbrook begraben. Der Tod ihres Vaters schien Decca nicht weiter berührt zu haben, um ihre Mutter hat sie sich Sorgen gemacht. Am liebsten hätte sie ihr Dinky zum Trösten geschickt.

Dann aber kam doch noch ein böses Ende, ein Abschiedsgesang mit hässlichem Refrain: »Except Jessica – Except Jessica – Except Jessica.« Hinter jeden Absatz in seinem Testament hatte Lord Redesdale dieses Vermächtnis gestellt. Nancy, Diana, Debo und Pam, alle sollten erben – außer Decca.

Vermutlich hatte er Angst, dass sie das Erbe postwendend an die Kommunistische Partei weiterreichte. Der Hass auf die Bolschewisten war offenbar stärker als die Liebe zu seiner Tochter, nach der er sich doch gesehnt hatte: »Ich erinnere mich«, so Nancy, »dass Farve irgendwann, lange nachdem du uns verlassen hattest, mal gefragt wurde, wen er am liebsten durch die Tür kommen sähe & er sagte: Decca.« Vielleicht hat er ihr auch nie verziehen, dass sie mit Esmond weggelaufen war.

Für die Journalisten war die Geschichte ein gefundenes Fressen. Endlich wieder ein Mitford-Sensatiönchen, ein kleiner Skandal. So was hatte es seit fünfzehn Jahren, seit der Entlassung der Mosleys aus der Haft, nicht mehr gegeben, da nahm man es mit den Fakten nicht so genau. Der Artikel in der kanadischen Zeitung *The Globe and Mail Toronto* war der schlimmste von allen und strotzte nur so vor Unwahrheiten. Doch Decca, inzwischen abgebrüht, sah nur, was sie sehen wollte: die Überschrift »Rotes Schaf im Testament übergangen«. Die gefiel ihr so gut, dass sie daraus den Titel für ihre Autobiographie machen wollte: »Red Sheep«.

Zum Trost für das, wie Nancy fand, schreiend ungerechte Testament, wollte sie Decca ihr Sechstel an Inch Kenneth schenken, der Hebrideninsel, die der Vater 1938 als Ersatz für Swinbrook gekauft hatte.

Eine eigene Insel: Inch Kenneth

Wer hat nicht schon mal davon geträumt: eine eigene Insel! Selbst wenn sie winzig ist und in frostigen schottischen Gewässern liegt. Tagelang war Inch Kenneth manchmal durch den Sturm von der Welt abgeschnitten, Regenjacke und Gummistiefel waren die wichtigsten Kleidungsstücke, zur Begrüßung bekam jeder Gast eine Wärmflasche in die Hand gedrückt. Lady Redesdale war begeistert, selbst von der schaukelnden Überfahrt im offenen Boot. Das Wetter konnte ihrer guten Laune nichts anhaben, schließlich war sie halbe Schottin und stolz darauf, seit ihrer Kindheit geübte Seefahrerin und Lord-Nelson-Fan. Noch als Achtzigjährige stieg sie ins eiskalte Meer.

Ein grüner Fleck im Atlantik: Anderthalb Kilometer lang, kaum einen Kilometer breit, bildet das Eiland auf Landkarten nicht mehr als ein klitzekleines Pünktchen, wenn es überhaupt eingezeichnet ist. Immerhin, schon im 18. Jahrhundert haben der Schriftsteller Dr. Johnson und sein Kompagnon Mr. Boswell sie entdeckt und besungen, ob ihrer Schönheit und der Gastfreundschaft ihrer kultivierten Bewohner. Von einem weichen Teppich aus Grün überzogen, ist Inch Kenneth weit lieblicher als die meisten der fünfhundert Hebrideninseln, die schroff und unbewohnt sind, manche nicht mehr als ein Fels in der Brandung. Auf Inch Kenneth wogt im Frühjahr ein ganzes Meer von Osterglocken, blühen Iris und Butterblumen.

Seit der Aufhebung des militärischen Banns 1944 hatte Lady Redesdale jeden Sommer hier verbracht, und der Sommer reichte für sie von Frühjahr bis Herbst. Im Winter wohnte sie bei ihren Töchtern oder in der kleinen Chauffeurswohnung in London, das große Haus in der Rutland Gate hatte die Familie verkauft. Nach all den Dramen der 1930er Jahre und dem Tod ihrer zwei Kinder, hatte Lady Redesdale in der äußersten Abgeschiedenheit Frieden gefunden. Schon früher in der kanadischen Wildnis, wenn sie mit ihrem Mann wieder mal vergeblich Gold gesucht hatte, hatte sie das Leben in der einfachen Blockhütte ohne fließend Wasser genossen. Auf ihrer »prächtigen Insel« blühte sie erst recht auf.

Es reichte ihr, was sie aus Zeitung, Briefen und Radio von der Welt erfuhr. Die Post, Punkt vier Uhr nachmittags, war Höhepunkt des Tages, die Sechs-Uhr-Nachrichten der BBC so heilig wie anderen der Gottesdienst. Dringende Botschaften wurden per Telegramm übermittelt, dann hisste die Postfrau auf Mull die Fahne, damit der Fährmann die Nachricht abholen kam. So war es auch 1945, als Lord Redesdale seiner Frau das Telegramm schickte, das mit den Worten begann: »Ich weiß nicht, wie ich Dir dies sagen soll.« Tom war gefallen.

Von Ziegen umringt, mit einem Stock in der Hand, das Kopftuch fest unterm Kinn zusammengezurrt – auf Fotos sieht Lady Redesdale fast wie eine Hirtin aus. Sie war stolz auf ihre kleine Ponyzucht, lebte gerne mit Ebbe und Flut und vor allem mit ihrem engsten Gefährten, José. Als der Dackel starb, war die sonst so disziplinierte Stiff-Upper-Lipperin so traurig, dass sie nicht mal mehr Briefe schreiben konnte. Noch drei Jahre später sagte Lady Redesdale, dass José ihr fehle wie am ersten Tag.

Die englischen Enkel und Urenkel verbrachten ihre Sommerferien auf der Insel, mit ihnen hat sie, was sie mit ihren Töchtern nie tat, Marmelade eingekocht. Die Insel war ein Kinderparadies, wie Lummerland, nur ohne Eisenbahn, das einzige Gefährt auf Inch Kenneth war der Traktor. Ein Abenteuerspielplatz zum Muschelnsammeln und Angeln, Bötchenfahren, Ponyreiten, Klettern und Versteckenspielen. »Sie führten das fröhliche

Leben der altmodischen englischen Kinderbücher«, schreibt Decca in einem Artikel über die Insel,»bauten unentwegt Flöße, zimmerten Hütten, retteten Möwenkinder, gruben nach verschütteten Gängen.« Für die Kinder war schon die Anreise ein großes Abenteuer, für die Erwachsenen war sie die Pest. »Grausig« nannte Diana sie, die regelmäßig in Glasgow einen Zwischenstopp einlegte, um in der Gemäldegalerie ein letztes Mal Zivilisation zu tanken. Die Reise mit Schlafwagen, Fähre, Auto und Boot dauerte fast länger, als Lady Redesdale von London nach San Francisco gebraucht hatte. Die zwanzig Kilometer über die Insel Mull lenkte sie ihren uralten Morris persönlich. Mit Karacho. Am anderen Ende von Mull angekommen, schlitterte die Gesellschaft über seetangbedeckte Felsen, wurde ins Ruderboot gehievt und zum offenen Motorboot gebracht, das auf den Namen *Puffin* hörte, *Papageitaucher*. Auf der anderen Seite der Bucht das Gleiche noch mal, durchs flache Wasser waten, über die Felsen rutschen, ankommen. Gäste, Koffer, Vorräte und Waschmaschine, alles wurde auf diese Weise hinübergeschafft. Nur die Kühe mussten selber schwimmen.

Im Haus wartete dann die Belohnung auf die erschöpften Reisenden: Tea Time am flackernden Kamin mit Scones, Baiser und Brot – alles so frisch und selbst gemacht wie die Butter aus der eigenen kleinen Molkerei und die Erdbeermarmelade aus eigenen Früchten. Im Gemüsegarten wuchsen Bohnen, Erbsen, Möhren, einen kleinen Kartoffelacker und ein Mini-Weizenfeld gab es auch. Die Lämmer auf der Weide landeten als Braten auf dem Tisch, Muscheln wurden von den Felsen gepflückt, Austern von den Bänken.

Ein Generator versorgte das Haus mit Strom. Oder auch nicht, er war ein wenig eigen. Wer Bügeleisen oder Radio benutzen wollte, musste erst das Licht anschalten, damit kein Unglück passierte. Am Abend wurde mit Besuchern Scrabble gespielt, Deccas erfolgreicher Import, und gesungen. Abgesehen vom Familienbesuch waren Tea Partys die aufregendste Abwechslung, mit den Nachbarn auf den umliegenden Inseln kam Lady Redesdale gut aus. Als sie das letzte Mal, begleitet von ihrer Nichte, nach Inch Kenneth fuhr, war »das Verlassen des Schiffs eine Art Königsparade«, so beschrieb Madeau Stewart Decca die Szene, »weil so viele Leute kamen und mit Deiner Mutter sprachen und sie begrüßten«.

Auch wenn Lady Redesdale keine Miete zahlte, war die Insel kein billiges Zuhause. Die Farm macht Verluste, die Angestellten wollten bezahlt sein, immer wieder ging etwas zu Bruch. Falls er ihr ihren Unterhalt nicht mehr zahlen könne, hatte Sydney ihren Mann 1954 ängstlich gebeten, »wäre ich sehr dankbar für eine Mitteilung einige Monate im Voraus, damit ich in der Lage bin, die Insel zu verlassen. Ich bin Dir & den Kindern überaus dankbar, dass Ihr es mir ermöglicht habt, all die Jahre hier zu leben.«

Ihre Töchter konnten die Begeisterung nicht nachvollziehen. Friedlich? Grauenvoll und schrecklich laut, so erlebte Nancy die Insel bei einem Besuch. »Es geht ein ständig heulender Wind, die Möwen kreischen, der Regen peitscht, Wasser, Wasser, wohin man schaut, strömende Berge mit Wasserfällen alle paar Meter, platsch-platsch, wenn man nur einen Fuß vor die Tür setzt (was ich natürlich nicht tue).«

Und Decca? Hätte eigentlich schreiend davonlaufen müssen. »Nature nature how I hate yer!«, hieß ihre Devise. Sie hasste die Natur – kein Zigarettenladen und kein Zeitungskiosk, keine Freundin, mit der sie sich zum Lunch treffen konnte, weder Telefon noch Fernseher. Und nicht mal ein klitzekleiner Wodka am Nachmittag. Wo sie sich zu Hause doch schon am Morgen einen genehmigte. Auf Inch Kenneth wurde allenfalls ein Gläschen Sherry oder Madeira gereicht, zum Essen ein wenig Wein. Vorsichtshalber brachte Decca sich beim zweiten Besuch 1959 harten Stoff mit, nur traute sie sich dann nicht, auch nur daran zu nippen: aus Angst, von der Mutter erwischt zu werden. Erst als alle anderen am Sonntagmorgen in der Kirche waren, genehmigte sie sich einen Whisky. Den ersten nach sechs Tagen, wie sie leicht fassungslos notierte.

Noch nie hat die Naturhasserin ein Auge für die Schönheit von Landschaft gehabt, ja, gefürchtet hat sie sich vor dem ersten Inselbesuch. Und jetzt feierte sie die Insel als »Oase des Friedens« in »diesem zeitlos schönen Teil der Welt«. Fast erschrocken war sie, wie sehr sie die Ruhe genoss nach der hektischen Zeit in London, der »Irrsinnsstadt«. Wenn nur nicht dauernd gegessen würde! »Ich muss sagen, es werden hier insgesamt acht Stunden des Tages mit dem Vorbereiten und Verspeisen von Mahlzeiten zugebracht.« Die Amerikanerin vermisste die Effizienz ihrer kalifornischen Haushaltsgeräte, die Messer waren stumpf, Konserven verboten, einen Kühlschrank gab es nicht. »Weil«, wie die Mutter dem fassungslosen Bob erklärte, »davon das Essen kalt wird.« Gekocht wurde auf dem Aga, einem Rolls-Royce von Herd, gusseisern und gewaltig und rund um die Uhr in Betrieb. Die Kohle wurde alle paar Jahre geliefert.

Und dieses Paradies sollte Lady Redesdale nun, nach dem Tod ihres Mannes, aufgeben? Da bot Decca an: »Ich will gern mein Vermögen mit dir teilen.« Ja, sie hatte ein kleines Erbe gemacht. Eigentlich hatten Esmonds Eltern ihren Sohn und seine Familie ausdrücklich aus dem Testament gestrichen, aber irgendwo hatten sie wohl doch nicht richtig aufgepasst, so dass Decca nach einigen Kämpfen einen Teil des Geldes bekam.

Bei ihrem Besuch im Mai 1959 überlegte sie, ihren Schwestern die Anteile an der Insel abzukaufen. So könnte die Mutter dort sorgenlos leben – und sie hätte das Romilly-Erbe gut angelegt. Aber sie wollte, dass Dinky einverstanden war, vielleicht hatte die Achtzehnjährige ja sogar Lust, auf der Farm mitzuhelfen oder eine Pension zu führen, »mit Benj als (Un-)Handlanger?«. Sie hätte die englischen Wurzeln ihrer Kinder gern tiefer eingegraben.

Nancy, noch immer empört über das Testament des Vaters, wollte Decca ihren Anteil an Inch Kenneth schenken und hoffte, dass die anderen Schwestern mitzogen. So großzügig zeigten die sich nicht, aber immerhin verkauften alle drei, Diana inbegriffen, der amerikanischen Schwester ihr Sechstel zu einem Schätzpreis von insgesamt 7000 Pfund, der Decca selber sehr niedrig vorkam.

Warum Decca die Insel unbedingt haben wollte, was sie damit wohl vorhabe, fragte sich Nancy, misstrauisch trotz aller Großzügigkeit. »Sie sagt es nicht. Atombasis nehme ich an – wahrscheinlich wirst Du demnächst Chruschtschows Ankunft erleben«, schrieb sie ihrer Mutter. Debo hatte Angst, dass Decca die Mutter austricksen wollte. Nichts lag dieser ferner. Diesmal ging es nicht um Politik und schon gar nicht darum, der Familie eins auszuwischen. Im Gegenteil: Es war der Versuch, ihr wieder näherzurücken – auf neutralem schottischem Boden. Anders als Swinbrook war Inch Kenneth nicht mit Erinnerungen an das Gefühl von Eingesperrtsein verseucht. Und trotzdem war dieser Ort für sie Zuhause, möbliert mit den Requisiten ihrer Kindheit, den Aquarellen, den französischen Antiquitäten, dem Chippendale-Tisch. So radikal und freiheitsliebend Decca war, so sentimental konnte sie sein.

Lady Redesdale unterstützte den Plan, schlug ihr vor, das Inventar gleich mit zu übernehmen und die Schwestern auszubezahlen, zum eher symbolischen Preis von jeweils 100 Pfund, auch das ein Schnäppchen. In Deccas Nachlass in Ohio liegen kleine rosa Zettelchen, auf die sie die Einverständniserklärung gekrakelt hat. Die Schwestern haben brav unterschrieben.

Buchhalterin, die sie gern geworden wäre, stellte Lady Redesdale eine Liste zusammen mit allem, was sich im Hause befand, selbst mit dem, was nicht drin war, aber eigentlich dorthin gehörte. Jeden Becher, jede Teekanne, jeden Feuerlöscher führte sie auf. Das Grammophon in der Walnuss-Box, der Chippendale-Mahagonihocker, die Kaffeekanne von KPM, die alte Landkarte von Oxford und Umgebung, das große Lunéville-Service, das Familienwappen … Deccas einzige Sorge: dass noch irgendwas von Diana im Hause sein könnte. Die Mutter beruhigte sie.

Decca wunderte sich selbst: dass ausgerechnet sie, das rote Schaf, diejenige war, die den letzten Besitz der Familie übernahm. Vom ersten Moment an kam Decca für alle Rechnungen auf, aber es sollte noch ein Jahr dauern, bis die Insel wirklich auf ihren Namen überschrieben wurde. Jetzt war »Miss Decca«, wie sie hier genannt wurde, Herrin über 200 Morgen fruchtbares Weideland und karge Felsen, einen Stier, sechs Rinder, zwei Färsen, achtundvierzig Schafe, vierzig Lämmer, zwei Böcke, einen Traktor (das war zumindest das Ergebnis der Volkszählung 1966) und ein Desaster pro Jahr. Mit kleinen Katastrophen müsse man rechnen, erklärte Decca ihrer Freundin Dobby, die den juristischen Part des Kaufs in Kalifornien übernahm, ein morscher Boiler, Risse im Putz, irgendwas war immer. Eigentum verpflichtet, auch dazu, jedes Jahr zu einem Fest anlässlich der Highland Games in Tobermory zu laden, dem Hauptdorf auf Mull, wo die Einheimischen um die Wette tanzen, Dudelsack pfeifen und Baumstämme werfen.

Der Friede war Mutter und Tochter kostbar. Mit allem, was die neue Inselherrin vorhatte, war Lady Redesdale einverstanden, sogar, dass sie Philip Toynbee einlud, den für seine wüste Trinkerei berüchtigten Freund Esmonds aus rebellischen Tagen. Der Besuch verlief überraschend gut, der leidenschaftliche Angler und Segler war auf Inch Kenneth in seinem Element, packte an, wenn es was zu tun gab, half Bob, abgestorbene Bäume zu fällen. Lady Redesdale war entzückt, dass »der junge Mann« so gern an der frischen Luft war und jeden Tag in den eisigen Atlantik sprang. Nur an seiner Frau hatte sie was auszusetzen: dass sie seine zerlumpte Kleidung nicht flickte.

Philip Toynbee konnte nur staunen: wie lieb Decca, deren wilde Seite er so gut kannte, zu ihrer Mutter war. »Extrem lieb und reizend.«

Das erste richtige Buch

So traurig sie waren – für die meisten »Ex«, wie die Ex-Parteimitglieder sich nannten, hatte der Austritt aus der Partei etwas Erlösendes. Plötzlich konnten sie selbst über sich bestimmen, hatten so viel Zeit wie seit Jahren nicht mehr und die Möglichkeit, etwas ganz Neues anzufangen. »Befreit von Jahren extremen Drucks und starrer Disziplin«, so Decca, »liefen die Ehemaligen in tausend Richtungen auseinander, wie Schüler am Ende des Schultags, wenn die Glocke geläutet hat.« Ehen zerbrachen, einige ihrer Freundinnen fingen an zu studieren, fanden später im Feminismus eine neue politische Heimat, Eva Lapin-Maas wurde Sozialarbeiterin, Marge Frantz Amerikanistin, eine sehr beliebte Dozentin an der Universität von Santa Cruz, die sich zudem von ihrem Mann trennte und fortan mit einer Frau zusammenlebte. Und Decca – schrieb ein Buch. Ihr erstes richtiges.

Das heißt, erst mal tat sie das, was man tut, wenn man Zeit hat, aber keinen Plan, sie kramte in alten Sachen herum. So fielen ihr die Briefe von Esmond in die Hand, sie beschloss, sie für Dinky abzutippen, und während sie tippte, kam ihr die Idee, die Briefe als Buch herauszugeben, aber dann kamen all die Erinnerungen zurück und plötzlich war sie mittendrin, richtige Memoiren zu schreiben. Am Ende hörte sie mit ihrem Buch dort auf, wo sie eigentlich anfangen wollte, mit Esmonds Eintritt in die Armee.

Voller Elan hackte Decca in die Tasten, acht, zehn, fünfzehn Seiten füllte sie am Tag. Das meiste schmiss sie dann wieder weg und fing von vorne an, so ging das ein paarmal. Je länger sie an dem Text saß, desto langsamer wurde sie, zumindest für ihre Verhältnisse. Am Schluss schaffte sie manchmal nur ein, zwei Seiten. Anfangs glaubte sie, in ein paar Wochen fertig zu sein, am Ende wurden zwei Jahre daraus. Das Schreiben war eine Achterbahnfahrt, ein ständiges Auf und Ab, völlig absorbiert war sie davon. Nicht mal die ganzen Absagen, die ihr Agent von den großen Verlagen kassierte, konnten sie bremsen. Um ihre Ruhe zu haben, schickte sie Dinky im Sommer 1957 nach Mexiko und Benjy ins Ferienlager.

Dass das Vergnügen des Schreibens unterm Strich größer war als das Leiden daran, hatte sie nicht zuletzt ihren Mitstreitern zu verdanken. Decca war zum Alleinsein nicht gemacht und die Gemeinschaftsproduktion hatte sich schon bei *Lifeitselfmanship* bewährt. Das hatte sie ja so an der Kommunistischen Partei geliebt: dass man dort alles gemeinsam tat. Für jede Aufgabe gab es dort eine Arbeitsgruppe, also musste jetzt auch eine her: das *Writing Committee*, das Schreibkomitee. In dem Komitee, deren Mitglieder ihr zum Teil über Jahrzehnte hinaus treu blieben, saßen Pele de Lappe, Marge Frantz, Barbara Kahn und ein paar andere Freunde, außerdem Dinky und natürlich Bob, der an der Hommage auf seinen Vorgänger Esmond eifrig mitarbeitete: »Superlacher, Superrechtschreibexperte, Superlektor«, wie Decca ihn lobte. »Er applaudierte, wenn es gut lief, hatte Mitgefühl, wenn's schlecht ging, trieb mich an oder bremste mich, ganz nach Bedarf.«

Fast jeden Nachmittag trat das Komitee zusammen, dann las Decca die frischen Seiten vor. Die Zuhörer feuerten die Debütantin an, machten Verbesserungsvorschläge, diskutierten Ideen. Und vor allem lachten sie. Oder etwa nicht?! Der *Roarometer*, »Lachometer«, war für Decca der wichtigste Gradmesser für Qualität: je brüllender das Lachen, desto besser. (*Roadameter* hieß das Instrument, mit dem die amerikanischen Pioniere im 19. Jahrhundert ihre täglich zurückgelegte Strecke gen Westen maßen.) Allerdings reichte es nicht, zu lachen, man musste auch erklären können, warum man es tat. Vorschläge, egal ob inhaltlicher oder stilistischer Art, waren immer willkommen.

Auch als Schriftstellerin war Decca Performerin, sie brauchte unmittelbares Feedback. Schließlich verfasste sie ihre Texte ja nicht für sich, sondern für andere. Wenn sie später gefragt wurde, für wen sie schreibe, dann sagte sie immer: für ihre Freunde. Das war es, was ihre Artikel und Bücher so natürlich, so lebendig machte.

Neben dem Komitee-Vorsitzenden Bob war Marge Frantz über Jahre hinweg das wichtigste Ausschussmitglied. Unzählige Stunden steckte sie in das Projekt ihrer Freundin, an das sie fest glaubte. Marge war neugierig und liebte Geschichten, hatte Humor, Ausdauer und einen scharfen Verstand. Sie war ein politisches Tier, blitzschnell im Denken – und sehr ehrlich. Mit ihren Kommentaren holte sie Decca immer wieder auf den Boden. Auch später, als die Autodidaktin längst Profi war, wollte sie stets Marges Meinung hören. »Fünf Minuten nachdem sie was geschrieben hat«, rief Decca an, um ihr die neuesten Passagen vorzulesen, schickte ihr Artikel, selbst wenn sie schon erschienen waren, mit der Bitte um Kommentar.

Deccas Komiteemitglieder wurden mit Dank überschüttet und mit Geschenken belohnt. Als sie den Vorschuss für ihr Buch bekam, ging sie als Erstes mit ihren Freundinnen shoppen: neue Kleider für alle. Ihr späterer Lektor Bob Gottlieb war skeptisch gegenüber dieser kommunalen Arbeitsweise. Erstens hielt der Profi nichts von Amateurlektoren, obwohl sie ihm die Arbeit eindeutig erleichterten, zweitens fand er wohl, dass Decca ihre Freunde ausbeutete. Aber für die Autodidaktin war die unmittelbare Resonanz ihrer Vertrauten elementar. Gerade bei ihrem ersten, persönlichsten und heikelsten Projekt. Denn mit Widerstand musste gerechnet werden.

Wie sag ich's meiner Familie?

Deswegen war sie auch sehr nervös, als sie im April 1959 nach England fuhr, diesmal mit Benjy als Begleiter. Bob sollte für ein paar Wochen dazustoßen, im August kehrten sie zurück. Seit Dezember 1958 hatte Decca endlich wieder einen Pass, nachdem der Supreme Court entschieden hatte, dass das Außenministerium seinen Bürgern die Reisefreiheit nicht einfach aus ideologischen Gründen nehmen durfte.

In London wurde Decca von ihrer alten Freundin Joan Rodker und dem Journalisten Cedric Belfrage vom Bahnhof abgeholt. Zu Deccas Überraschung wartete auf dem Bahnsteig in Paddington auch ihre Mutter, die eigentlich auf Inch Kenneth hätte sein sollen. Frisch sah sie aus:

Zwei Stunden zu früh gekommen, hatte Lady Redesdale, um sich die Zeit zu vertreiben, am Bahnhof ein Bad genommen.

In der Chauffeurswohnung – noch eine Überraschung – wurde Decca von Nancy empfangen. Die beiden Schwestern mussten an diesem Nachmittag so heftig lachen, dass Decca noch am nächsten Tag das Gesicht wehtat. Vor allem über Lady Redesdale amüsierten sie sich, die noch ein bisschen tüddeliger war als beim letzten Besuch vier Jahre zuvor. Ihre Hände waren zittriger, die Ohren schwerhöriger, aber ihre Pillen zu schlucken, dazu hatte sie so wenig Lust, wie das lästige Hörgerät einzusetzen. Wozu auch, Lady Redesdale führte trotzdem ein bewegtes Leben, fuhr zu Onkeln und Tanten aufs Land, empfing Pam zum Frühstück, ging, treu wie eh und je, zu einer Anhörung von Oswald Mosley vor Gericht. Die Mutter, so berichtete Diana, besuchte auch die politischen Versammlungen ihres Schwiegersohns. Aber darüber redete sie mit Decca nicht.

Der Reise ging so fröhlich weiter, wie sie begonnen hatte, Decca war viel entspannter und vergnügter als vier Jahre zuvor. »Da war nichts von dem Unbehagen und dem Druck, die mir bei meinem letzten Besuch ziemlich zusetzten.«

Auch für Benjy war die Reise ein ungeahntes Vergnügen. Noch heute ist er überzeugt, dass seine Mutter in England anders war, relaxter, lustiger. Was sicher nicht nur an der alten Heimat lag, sondern auch an der Tatsache, dass sie die Mühen des Alltags in Kalifornien zurückgelassen hatte. In Europa hatte sie immer Ferien. In Oakland, erzählt Dinky, hatten die Treuhaft-Kinder »eine sozusagen kulturfreie Erziehung«: kein Kino, kein Theater, kein Museum. Höchstens, dass die Eltern mal den Fernseher aus dem Schlafzimmerschrank ins Wohnzimmer hievten, um sich mit der ganzen Familie was Besonderes anzugucken, irgendein russisches Ballett oder ein Symphoniekonzert. Zu Hause drehte sich alles um Politik. In Europa dagegen sah sich Decca, mit oder ohne Nachwuchs, jede Menge Filme und Theaterstücke an.

Hier war das Verhältnis zwischen Decca und ihrem Sohn auch deshalb entspannter, weil sie mit dem langsamen Lerner nicht über Hausaufgaben zu streiten brauchte. Und ihn wiederum plagte nicht ständig das Gefühl, den intellektuellen Ansprüchen der Eltern nicht zu genügen. Der warmherzige Benjy war in vielem wie seine Mutter, witzig, kontaktfreudig, originell. So hat er mit den fünf Dollar, die er zum elften Geburtstag bekam, seine Eltern zum Chinesen eingeladen, sogar den Tisch hat er selbst reserviert. Auf der Überfahrt nach England hatte der Elfjährige sofort den Weg aufs Erste-Klasse-Deck gefunden und alle möglichen Bekanntschaften an Bord geschlossen, bei der Gala tanzte er, wenn man Decca glauben darf, mit jeder Dame am Tisch sowie sämtlichen hübschen Mädchen an Bord.

Aber Benjy war ein hoffnungsloser Chaot, der dauernd seine Schulhefte verlor und Termine vergaß. Von natürlicher Intelligenz, schrieb er schon als Kind Geschichten und Gedichte und als Erwachsener seine Autobiographie. Nur ein Intellektueller ist er nie gewesen. »Leicht legasthenisch«, braucht er noch heute Monate, um ein Buch zu lesen. In der Schule fühlte er sich komplett überfordert. So wie auf den Partys seiner Eltern, zwischen »diesen ganzen Hochleistungsintellektuellen und ich ein bisschen benebelt. Ich hatte das Gefühl, dass ich nicht besonders viel zu bieten hatte.«

In seinen Briefen von damals und denen der Mutter klang er immer so *happy go lucky*, so lustig und unbeschwert. Die Lehrer hielten ihn für klug, weil er so sprachbegabt war, das, glaubt Benjy, hatte er von seinen Eltern geerbt. Das Scrabblespielen half sicher auch. Die Treuhafts wohnten in einem ärmlichen Viertel, die meisten Klassenkameraden kamen aus eher bildungsfernen Familien, »im Vergleich mit den anderen wirkte ich zehnmal schlauer. Aber eigentlich war ich nicht annähernd so schlau wie die meisten von ihnen.« Er übersprang sogar eine Klasse und kam danach gar nicht mehr mit. Sein Geschichtslehrer, eine Art Beatnik, freute sich, als der Sohn der Treuhafts in seine Klasse kam. »Und ich habe ihn so enttäuscht.« Auf Schule hatte er einfach keine Lust.

Decca sah kein Problem darin, ihren Sohn jetzt für die vier Monate in Europa, weit über die langen Sommerferien hinaus, aus der kalifornischen Schule zu nehmen, von der sie, zu ihrer eigenen Überraschung, schwer enttäuscht war. Am liebsten hätte sie Benjy auf eine englische Schule geschickt. Wenn die nur nicht so weit weg und teuer gewesen wäre.

Dass Benjy in London gleich einen Kumpel hatte, der mit ihm durch die Stadt zog, hob die gute Laune von Mutter und Sohn ebenfalls erheblich. Zum Dinner am ersten Abend hatte Joan Rodker die Schriftstellerin Doris Lessing eingeladen. »Du weißt, wer sie ist«, schrieb Decca ihrem

Mann, »eine englische Bestsellerautorin aus der Angry Young School.«
Virginia Durr schickte sie gleich Lessings Neuerscheinung, zusammen
mit einer Tagesdecke, die die Freundin so zauberhaft fand wie das Buch
deprimierend. Lessings Sohn Peter hatte sich extra die Osterferien frei-
gehalten für den Besuch aus Amerika, gemeinsam mit Benjy fuhr er Dop-
peldecker, sie gingen ins Naturkundemuseum und in den Zoo. Überhaupt
mangelte es nicht an Unterhaltungsprogramm, bei Deccas Cousine Rudbin in Buckinghamshire konnte Benjy reiten lernen, mit seiner Großmutter Scrabble spielen.

So war Decca frei, sich dem wichtigsten Anliegen ihrer Reise zu widmen: der Suche nach einem Verlag. Vielleicht hatten die ganzen Absagen
in Amerika ja weniger literarische als politische Gründe. In England wollte sie ihr Glück noch mal versuchen. Ein Freund hatte ihr den Agenten
James MacGibbon empfohlen, bei dem sie auch gleich einen Termin bekam. Als Jugendlicher war er Fan von Esmond und dessen Schülerzeitung
gewesen, außerdem war er selber ehemaliges KP-Mitglied.

Schon am Telefon war MacGibbon – James, wie sie ihn bald nennen
durfte – von ihrem Projekt angetan. Am Montag trafen sie sich, am Dienstag rief er sie, begeistert von der Lektüre, an, bis Ende der Woche hatte
er gleich zwei Verlage gefunden, einen englischen und einen amerikanischen. Der von Decca bewunderte Victor Gollancz – derselbe, der in
den 1930er Jahren das *Brown Book of Hitler Terror* publiziert und den Left
Book Club gegründet hatte – wollte es haben. Houghton Mifflin in Boston griff ebenfalls zu. Bingo. Sie hatte zwar ein etwas schlechtes Gewissen,
ihrem amerikanischen Agenten zu kündigen, aber James beruhigte sie,
das sei normal.

Brisanter war die andere Frage, der sie sich jetzt stellen musste: Wie sag
ich's meiner Familie? Am besten erst mal gar nicht. Am Abend der frohen Botschaft war sie mit Pam zum Essen verabredet und Decca musste
sich zügeln, um nicht mit der Neuigkeit rauszuplatzen. Noch schwieriger wurde es auf Inch Kenneth, das Geheimnis zu wahren. Dort arbeitete sie schließlich weiter an ihren Erinnerungen, was mangels Ablenkun-
gen auch bestens funktionierte. Nur wurde die Mutter immer neugieriger.
Decca hatte Angst, ihr zu erzählen, worum es ging, mochte sie aber auch
nicht hintergehen. Wieder und wieder fragte Lady Redesdale nach, bis ihr

Decca die ersten Kapitel gab – unter der Bedingung, niemandem etwas zu verraten. Und siehe da, zu Deccas großer Erleichterung gefiel es ihr.

Den Schwestern gegenüber hegte Decca weniger Skrupel als Misstrauen. Erst erzählte sie ihnen gar nichts, dann, dass sie an »einer Art Erinnerungsbuch an mein Leben mit Esmond« sitze. Schon das versetzte Debo in Panik: »Oh Hen, lass es nicht zu offenherzig sein!«, flehte sie Decca an.

Im Juni fuhr Decca nach Paris zu Nancy, die endlich von Peter Rodd geschieden war. Aber was nützte ihr die Freiheit: Der Colonel war weg. Seit 1957 war ihr Geliebter Botschafter in Rom, wo Nancy ihn einmal im Jahr besuchen durfte. Ihr Spott wurde dadurch noch schärfer als sonst, wurde so böse, dass selbst gute Freunde ihn nicht mehr komisch, nur noch grausam fanden.

Weiter ging es nach Südfrankreich, wo Decca sich mit Benjy im Hotel Paradis einquartierte: eine hübsche altmodische Unterkunft mit Garten, köstlicher Halbpension und Ruhe zum Schreiben. Auf einen Spickzettel hatte sie ein paar Lücken im Manuskript notiert, die sie noch füllen wollte. »Mehr über Tom« steht da oder mehr über die gegenseitige Zuneigung der Eltern. Und dann, am 10. Juli, war es so weit: »DAS BUCH IST FERTIG!«, jubelte sie. Übermütig heckte sie erst mal »ein paar gute Benjy-Streiche« aus: »Seine Badehose verstecken; ihm ein bisschen Wasser ins Bett schütten und ihn dann bestrafen, weil er hineingemacht hat; ihn mit einer Wette um sein Taschengeld bringen; ihn ein paarmal boxen. Vor Martine den Papagei nachmachen.« Wie Benjy sagt: »Sie brachte uns sehr oft in Verlegenheit.«

Zurück in England, sollte es eine Familienzusammenführung geben. Schon früher mal hatte Debo überlegt, sie könnte sich doch mit Decca zum Essen verabreden – und dann säße Diana als Überraschung einfach da. Das trauten die beiden sich dann aber doch nicht. Jetzt ließ Diana ausrichten, dass sie Decca und ihren Sohn furchtbar gern sehen würde. »Ich schrieb ihr zurück und sagte, lieber nicht, sonst wird aus Benj noch ein Lampenschirm.« Benjy war schließlich der Sohn eines Juden – und das war es doch, was Nazis mit Juden machten, ihre Haut in Lampenschirme verwandeln.

Die Geschichte gefiel Decca so gut, dass sie sie im Laufe der nächsten Jahrzehnte noch oft, auch Journalisten gegenüber, erzählte. Diana dagegen bestritt, Decca je um ein Treffen gebeten zu haben, das hätte sie schon aus Rücksicht auf ihren Mann nie getan. Wann immer Diana zu ihrer Mutter in die Chauffeurswohnung, die Mews, kam, machte Decca sich aus dem Staub, ging zu Harrods einkaufen, verabredete sich zum Essen oder versteckte sich im Schlafzimmer.

»Stell dir vor, sie kommt wieder nach England«, hatte Debo Diana zu Beginn des Jahres geschrieben. »Mir graut davor.« Decca, ahnungslos, kam trotzdem mit ihrer Mutter zu Besuch. Die kleine Schwester war gerade dabei, das große Schloss einzurichten, am Ende des Jahres zogen die Devonshires in Chatsworth ein, inzwischen zu fünft: 1957 war Nachzüglerin Sophy auf die Welt gekommen. Debo fand ihre Schwester sehr verändert – »furchtbar nett & gar nicht empfindlich oder so. Ich *liebe* Benjy, er ist so freundlich & lustig.« Deccas Resümée: »Schöne Zeit.« Von nun an ging es bergauf, die Schwestern kamen sich wieder näher, schrieben sich immer häufiger, trafen sich regelmäßig. Ganz verschwinden würden die Spannungen zwischen ihnen freilich nie, sie waren nur unsichtbar.

Debo ließ Decca und Benjy sogar eine Weile in ihrem Londoner Stadthaus wohnen, dessen diskreten Luxus die beiden in vollen Zügen genossen. Jeden Morgen lag die Zeitung sauber gefaltet auf dem Wohnzimmertisch, der Eiskübel stand allzeit bereit »und pünktlich um halb fünf kommt das voll beladene Teetablett; man hat das Gefühl, es käme auch dann, wenn niemand da wäre, der sich daran laben könnte.« Nur der Mutter zuliebe zogen sie wieder in die Mews.

Nanny Blor lebte nicht mehr, mit fast neunzig war sie gestorben, jetzt war es Mabel, die alte Haushälterin, von der sich Decca die Koffer packen ließ. Doch kurz vor der Abreise, als sollte sie noch einmal an das Glück erinnert werden, im fernen Kalifornien zu leben, kam es zu einem Zusammenstoß: Aunt Weenie stauchte sie aus heiterem Himmel zusammen. Eigentlich war Lady Redesdales Schwester – in Unitys Fragebogen aus den 1930er Jahren hatte sie als ihre größte Schwäche »Menschen hassen« angegeben – wegen Pam gekommen. Decca hatte nur das Pech, gerade auch da zu sein. Beim Abschied wurde sie von Aunt Weenie nach unten zitiert, sie habe ihr etwas zu sagen: »Ich persönlich werde niemals vergessen, mit welcher gemeinen Grausamkeit du deine Eltern behandelt hast«, donnerte sie ihrer verdutzten Nichte entgegen, die sich wieder wie ein kleines

Kind vorkam. »Und jetzt kommst du zurück, du mieses kleines Miststück & und schreibst lauter abscheuliche Dinge über deine Mutter & kommst auch noch her & liegst ihr auf der Tasche.«

Es war ihr kleiner Sohn, der den Ritter für Decca spielte und zurückschlug. »Dumme, rücksichtslose Großtante Weenie« begann Benjy seinen Brief (das »Liebe« am Anfang hat er wieder durchgestrichen):

»Jeder im Hause Redesdale war geschockt und entsetzt über Dein rücksichtsloses und hasserfülltes Verhalten gegenüber meiner Mutter gestern.

Ich für meinen Teil werde nicht stumm danebensitzen, während gemeine Leute wie Du meine Mutter beleidigen.

Ich habe von vielen Leuten (die ich nicht namentlich nennen will) gehört, wie grässlich Du vor Jahren Deine Kinder behandelt hast. Jetzt fängst Du, völlig grundlos, wieder damit an.

Ich habe heute an Deiner Tür geläutet und bin dann weggelaufen, damit Du die Treppe herunterkommen und aufmachen musst.

Viel Hass, Dein Feind Benj

PS: Dieser Brief ist nicht im Auftrag meiner Mutter geschrieben.

PPS: Ich hoffe, Du heulst jetzt in Dein Kissen und erstickst vor Wut.«

Dieses schamlose und höchst vergnügliche Buch

Im März 1960 erschien *Hons and Rebels* mit einem Cover von Pele de Lappe in England, im Juni als *Daughters and Rebels* (»Töchter und Rebellinnen«) in Amerika. Mit Nachdruck, aber vergebens hatte Lady Redesdale beim englischen Verlag Veto gegen den Titel eingelegt, den sie abgelutscht fand. Vermutlich weckte er schmerzhafte Erinnerungen an die Zeit der Skandale, als die »Peer's Daughters« ständig in den Schlagzeilen gestanden hatten. Ihr gefiel »Red Sheep« entschieden besser, nur hatte der Verleger Decca den Titel ausgeredet, mit der Begründung, er könnte missverstanden werden: dass sie wie ein Schaf hinter den Kommunisten hergetrottet sei. Jahre später würde Decca ihrer Mutter recht geben: »Red Sheep« wäre der bessere Titel gewesen. Aber jetzt freute sie sich so sehr, dass das Buch rauskam, dass sie sich mit Victor Gollancz nicht anlegen wollte.

Hons and Rebels ist ein kurzes Buch (in der Paperbackausgabe nicht viel mehr als 200 Seiten), das man in einem Rutsch liest, kurzweilig, witzig und berührend. Ein Leser war so traurig, als es zu Ende war, dass er gleich wieder von vorne anfing. Decca bekam viel Post, auch aus der Vergangenheit. Der einstige Prokonsul aus Bilbao meldete sich, der Bursche Lord Redesdales aus dem Ersten Weltkrieg erinnerte sich liebevoll an seinen einstigen Herrn. Die Tochter der französischen Familie, bei der Decca als angehende Debütantin in Paris gewohnt hatte, erzählte, sie hätte ihre eigene Tochter Jessica genannt. Gefährten aus frühen kommunistischen Tagen stellten nach der Lektüre erleichtert fest, dass Decca offenbar weicher geworden war, warmherziger, humorvoller, nicht mehr so hart und hasserfüllt wie in den 1940er Jahren. Alte Freunde aus Washington nahmen wieder Kontakt auf.

Hons and Rebels wurde zum Renner auf beiden Seiten des Atlantiks. Auf der englischen Bestsellerliste überholte das Buch sogar die Memoiren Anthony Edens, der als Außenminister in den 1930er Jahren versucht hatte, Decca aus Spanien zurückzukommandieren, in Amerika schob sich Decca vor Harry S. Truman und John Kenneth Galbraith, den Ökonomen und alten Freund aus Washington. Innerhalb weniger Wochen wurden mehrere Auflagen nachgedruckt, die großen Zeitungen besprachen das Buch ausführlich und gleich nach Erscheinen. Fast alle Rezensionen waren freundlich bis euphorisch, fanden die Memoiren lebendig und bewegend. Einige englische Kritiker lobten Decca dafür, eine ganze Generation heraufbeschworen zu haben, sie und ihre Schwestern wurden zum Trost für alle Eltern ungezogener Kinder erkoren: So schlimm wie die Mitford Sisters könne der eigene Nachwuchs ja gar nicht sein.

Selbst im konservativen *Daily Telegraph* gab sich der Earl of Birkenhead ganz entzückt über »dieses schamlose und höchst vergnügliche Buch«, in dem er nicht eine einzige langweilige Seite habe finden können. Das war die Kritik, die nicht nur Decca, sondern auch Lady Redesdale am besten gefiel, hatte der Earl das Buch doch als das begriffen, was es für sie war: Entertainment. Lady Redesdale war jedenfalls fest entschlossen, die Erinnerungen ihrer Tochter als Komödie zu lesen: »Ich habe lang und laut gelacht.« Sie könne sich zwar nicht erinnern, dass bei den Mahlzeiten je schweres Schweigen geherrscht oder der Vater immer nur herumgewütet habe. »Aber es macht ein Buch wirklich amüsant.«

Schwer beleidigt war dagegen Mrs. Ham: Sie kam in *Hons and Rebels* gar nicht vor! Für alles hatte die Dreiundachtzigjährige Verständnis, dass Decca von zu Hause abgehauen und in die Kommunistische Partei eingetreten war – aber dafür nicht. Dabei besaß die alte Freundin die Größe, das Buch trotzdem zu loben. Gut geschrieben und gut gebaut, unterhaltsam und interessant fand sie es. Dass Diana der schillernden Familienfreundin später ein – sehr schönes – Porträt in ihrer Sammlung *Loved Ones* widmete, mochte eine Art Wiedergutmachung sein.

Deccas Autobiographie war weniger Selbstreflexion und -analyse als Unabhängigkeitserklärung. »Zurückzublicken entspricht meinem Wesen nicht besonders, aber nachdem ich nun einmal diesen Blick getan habe, beschloss ich aufzuschreiben, was ich da sah.« Sie sah, was sie sehen wollte. Sie übertreibt, spitzt zu, malt aus und lässt weg, was das Bild stören könnte. So erzählt sie zwar von der Zeltreise mit Esmond durch Frankreich, nicht aber, dass das junge Paar einige komfortable Wochen in der Villa ihrer Schwiegermutter in der Normandie verbracht hat. Sie vermittelt auch den Eindruck, praktisch zu allen Familienmitgliedern den Kontakt abgebrochen zu haben, obwohl sie diese, mit Ausnahme von Diana und ihrem Vater, regelmäßig traf. Es war *ihre* Version der Geschichte. Die, an die sie glauben wollte.

Decca gierte nach Reaktionen aus der Familie und dem alten Freundeskreis. Gewidmet hatte sie das Buch ihrer Tochter, die bei der Lektüre mehr über ihren Vater erfuhr, als ihre Mutter ihr je erzählt hatte. Dinky war begeistert, vom Buch so sehr wie von seinem Erfolg. Decca aber sehnte sich vor allem nach Nancys Urteil. Ohne das Vorbild ihrer ältesten Schwester, so bekannte sie, wäre sie vielleicht nie auf die Idee gekommen, Bücher zu schreiben. Aber da konnte sie lange warten: Da Nancy jede Form der Eile für vulgär hielt und sie Decca ein bisschen triezen wollte, schickte sie ihre Bewertung nicht per Luftpost, sondern auf dem langsamen Weg per Schiff. Zwei Wochen brauchte der Brief, dann konnte Decca endlich erleichtert lesen: »Ich finde es schrecklich gut – leicht zu lesen & in Teilen sehr komisch.« Aber auch dies: »Es weht einem ein kühler Wind ums Herz, vielleicht – du scheinst niemanden lieb zu haben, aber ich nehme an, der Zweck besteht darin, die Swinbrook-Welt grauenhaft darzustellen, um zu erklären, warum du davongelaufen bist.«

Es war die Mutter, die Decca tröstete angesichts des Vorwurfs der Kälte. »Das Buch zeigt große Zuneigung zu 3 Personen«, versicherte sie ihr: »Esmond, Bobo [Unity] und natürlich Dinky.« Das war für viele ihrer Freunde das Überraschendste an *Hons and Rebels*: wie zärtlich, mit wie viel Wärme Decca von Unity spricht. Die Passagen gehören zu den einfühlsamsten des ganzen Buchs.

Natürlich hatte Nancy noch einiges mehr zu meckern, aber davon verriet sie Decca nichts. »Es ist ein unehrliches Buch, voller Lügen«, schrieb sie Evelyn Waugh, der zu seiner eigenen Überraschung selber merkwürdig aufgebracht war von der Lektüre. Niemand, fand der Schriftsteller, komme sympathisch rüber, nicht mal Esmond. Er glaubte, zwei Handschriften darin zu erkennen, die eine witzig und frech, die andere verlogen, schwerfällig und einfallslos. Er hatte auch schon einen Bösewicht im Sinn: »Ist sie nicht mit einer Art jüdischem Prof. verheiratet? Kann nicht er seine Hand im Spiel gehabt haben?« Ja, erwidert Nancy, möglicherweise stecke Bob dahinter, »ein gerissener kleiner Anwalt«, vielleicht habe er sie überhaupt zu dem Buch gedrängt. »Die Wörter Kasse machen liegen ihm immer auf der Zunge. (Ich mag ihn ganz gern, aber *ach*, Amerikaner.)«

Pam bedankte sich nach einigen Wochen für das Buch, »das mir ungeheuren Spaß gemacht & mich die ganze Zeit immer wieder zum Lachen gebracht hat«. Nur die Bemerkungen zu Uncle Tommy fand sie gemein. Debo hüllte sich in beredtes Schweigen, nachdem Decca ihr ein Vorabexemplar zugesandt hatte. Ihre Antwort kam eigentlich erst fünfzig Jahre später: Als Neunzigjährige schrieb die Jüngste ihre eigene Autobiographie, mit der erklärten Absicht, ihre Eltern zu rehabilitieren, über die Decca so »niederträchtige Geschichten« geschrieben habe. Als alte Frau, die kaum noch sehen konnte, nicht mal das, was sie selber aufs Papier kritzelte, setzte Debo sich hin, um Swinbrook und ihre Kindheit so zu schildern, wie sie sie als Jüngste erlebt hat: als Paradies.

Anfangs fand Debo Deccas Buch vor allem furchtbar traurig. Der Tod von Deccas Kindern erinnerte sie wahrscheinlich an ihre eigenen Babys, die sie verloren hatte, der Tod Esmonds an ihren Schwager und all ihre Freunde, die gefallen waren. Aber je mehr positive Rezensionen zu *Hons and Rebels* erschienen, je größer der Rummel wurde, desto schlimmer schien Debo das Buch zu finden.

Doch keiner in der Familie regte sich so auf wie Diana. Lady Redesdale lachte ganz demonstrativ über die Kritiken, die sie als Monster schilderten. Selbst als der – was sie betrifft – schlimmste Artikel in der Literaturbeilage der *Times* erschien, rückte sie nicht einen Millimeter von ihrer Tochter ab. Diana dagegen war außer sich, schickte der Zeitung einen Leserbrief, den diese auch abdruckte. Sie war überzeugt, dass Decca sehr wohl wusste, wie schrecklich sie ihre Eltern aussehen ließ, widersprach auch dem Eindruck, dass diese antiintellektuell gewesen seien.

Decca war zweiundvierzig, als *Hons and Rebels* erschien. Für eine Debütantin schon ziemlich alt – aber reif für ein neues Leben. Plötzlich war sie nicht mehr der rote Teufel, die Aussätzige, sondern eine respektierte Schriftstellerin. Selbst ihr Erzfeind, die *Oakland Tribune*, brachte eine hymnische Besprechung, *Life Magazine* eine Homestory. Fürs Foto sollte die Familie Tee trinken, schließlich war Decca Engländerin. Okay, schüttete die Hausherrin die Martinis eben kurzerhand in Tassen um. Wenn man sich die Fotos genau anschaut, kann man die Eiswürfel durchs Plastik durchschimmern sehen.

Die Amerikaner sahen Lord und Lady Redesdale auch weniger als anachronistische und hinterwäldlerische Landadlige denn als amüsante Kuriositäten: »Eine verrücktere Familie hat nie existiert«, schrieb ein Freund in der kommunistischen *People's World*, deren Zustimmung Decca besonders wichtig war. Von der englischen Adelswelt waren die Bewohner der Neuen Welt so fasziniert wie von der zutiefst amerikanischen Aufsteigergeschichte Deccas.

Plötzlich wollten alle Jessica Mitford, wie sie in der Öffentlichkeit nun hieß. Und die trat so schlagfertig und selbstbewusst auf, als hätte sie nie etwas anderes getan, als Interviews zu geben und auf der Bühne zu stehen. Journalisten rissen sich um die erfrischend offene, unorthodoxe Gesprächspartnerin. Überwältigt vom eigenen Erfolg, genoss die Debütantin die große Aufmerksamkeit nicht nur in vollen Zügen, sie nutzte sie auch, um vor großem Publikum ihre politische Meinung kundzutun. Im Fernsehinterview zog sie über das FBI her, beim Presselunch im Bostoner Ritz-Carlton feierte sie die rebellischen Studenten Kaliforniens. »Ich stellte bald fest, dass man sich als publizierter Autor fast alles erlauben kann.« Die Leute erlagen ihrem Witz und Charme.

Für Lady Redesdale war das Zuhause ihr Leben: *Five Houses* hat sie ihre unveröffentlichten Erinnerungen genannt. Für Decca war es ein Ort zum Weglaufen. Aus einer Familie geradezu fanatischer Hausbauer, -umbauer, -einrichter und -besitzer kommend, hatte sie nicht zufällig ein so nomadisches Leben geführt, zur Untermiete gewohnt, bei Freunden, im Hotel. Als die Treuhafts in San Francisco ihr erstes Haus kauften, taten sie es aus praktischen Gründen, weil es schwer war, was zum Mieten zu finden. Ein Haus war nichts, woran sie hingen, alle paar Jahre zogen sie um.

Für Nancy, Debo und Diana dagegen war das (exquisite) Zuhause ganz existentiell. Diana war geradezu besessen von »schönen Häusern«, sie hörte nicht auf zu schwärmen, manchmal klang es, als betete sie ihre vier Wände an, als sei das Einrichten ihr Gottesdienst. Mit großem Talent schuf sie sorgenfreie Oasen aus Antiquitäten und Gobelins – Bollwerke gegen die feindliche Welt, gegen alle, die ihre Verbindung mit Mosley missbilligten und die sie am liebsten für immer in einer dreckigen Gefängniszelle gesehen hätten. Mit Vorhängen für ein paar Tausend Pfund schirmte sie sich ab. Von ihrem abgebrannten irischen Bischofspalast sprach sie in ihrer Autobiographie mit so viel Zärtlichkeit und Trauer, als wäre ihre große Liebe gestorben.

Für Decca war das Zuhause einfach ein Dach überm Kopf und ansonsten etwas, um das man sich lästigerweise kümmern, das man putzen und gelegentlich renovieren musste. Aber nun, da sie es sich dank ihres Bestsellers leisten konnte, sehnte sie sich nach mehr Platz und Bequemlichkeit. Bisher hatten sie in Häuschen gelebt, jetzt zogen sie in ein richtiges Haus. Und blieben. Hier, in ihrem Wohnzimmer, starb Decca fünfunddreißig Jahre später.

Es war Freundschaft auf den ersten Blick. Reingehen, rumgehen und kaufen war eins: ein großzügiger Holzbau, mit Schindeln verkleidet, zur Straße hin die typische *porch*, eine Veranda mit Säulen, ein paar Stufen hoch. Zweieinhalb Stockwerke mit Giebeln auf dem Dach, für kalifornische Verhältnisse geradezu historisch, von 1910. Die Gegend freundlich, die Straße lauschig, locker mit Einfamilienhäusern bebaut, keins wie das andere und doch alle erkennbar amerikanisch.

Im Dezember 1960 zogen Bob und Decca und Benjy und Koko ein. Der Hirtenhund, ursprünglich Dinkys, war kleiner als sein Name lang: Kokomo Ruggamole Fleasome Humdinger Treuhaft Romilly Treuhaft. Aber er hatte es in sich, ein paar Jahre später machte er sich einen Spaß daraus, Kinder zu beißen, was deren Eltern gar nicht lustig fanden, weshalb sie die Polizei riefen. Das war aber auch der einzige Ärger, den die Treuhafts mit ihren Nachbarn hatten.

6411 Regent Street, das klang pompöser, als es war. Die Regent Street war keine endlose Avenue, hatte auch keinerlei Ähnlichkeit mit ihrem Namensvetter, der eleganten Londoner Einkaufsstraße. Und doch war der Umzug ein Aufstieg für die Treuhafts, die zuletzt in einem eher kleinbürgerlichen, multikulturellen Viertel gewohnt hatten. Hier, in der breiten, ruhigen Wohnstraße, lebten viele Akademikerfamilien, Schriftsteller und Journalisten, Studenten und Dozenten.

Berkeley lag jetzt buchstäblich vor der Haustür: Die Stadtgrenze lief mitten durch die Regent Street. Nur ein paar Hundert Meter waren es zur College Avenue mit ihren Läden und Lokalen, auch zur Uni kam man zu Fuß. *Wenn* man zu Fuß ging, was Decca tunlichst vermied. Schnell suchte sie sich ein Stammlokal, einen Chinesen um die Ecke, für längere Strecken hatte sie ihr Decmobile, eine alte Kiste, die sie noch fuhr, als das Polster schon aus den Sitzen quoll und die Beifahrertür sich nicht mehr öffnen ließ. Aber der Motor war tipptopp, wie sie einem Freund versicherte. In späteren Jahren ließ sie sich sowieso lieber kutschieren, von Freunden, Assistenten, Chauffeusen, Benjy oder Bob. Obwohl sie nur widerwillig in dessen cremefarbenen Mercedes stieg, der so groß war wie Bob klein (aus der Ferne sah man ihn kaum hinterm Steuer): Decca hatte gegen die Anschaffung des »Kraut car« protestiert.

Regent Palace, so taufte sie das 220 Quadratmeter große Haus, und so kam es der ganzen Familie vor, im Vergleich zu allem, was sie bisher bewohnt hatten: wie ein Palast. Großzügig und gemütlich, bot er reichlich Platz für Partys und Gäste, mit separatem Esszimmer, zwei Bädern und Gästeklo. »Die Küche ist super«, schwärmte Decca ihrer Mutter am Tag des Einzugs vor. Sie war ganz verliebt in ihre Redwood-Regale, die sie fast bis zur Decke bauen ließ. Wobei die Bücher sich trotzdem überall ausbreiteten, bis unters Dach, wo Schränke und schäbigere Regale sich schnell füllten. Noch heute stehen in ihrem Haus, in dem jetzt ihr Stiefenkel Ben Weber mit seiner Familie lebt, viele ihrer Bücher, zusammen mit Bobs Papieren. Ansonsten war das Dachgeschoss vor allem Benjys Reich.

Decca liebte ihre Begonien und die weißen Rosenbüsche im Vorgarten, die die Veranda hochkletterten. Gekümmert hat sich ein Hippie-Gärtner darum. Der größte Luxus aber, nach all den Jahren des Schreibens am Küchentisch, war das eigene Arbeitszimmer, ihre »Kommandozentrale«. Auf ihrem Schreibtischstuhl rollte sie zwischen Telefon und Schreibmaschine hin und her. Bloß keinen Schritt zu viel.

Zum Einrichten hatte Decca weder Talent noch Geschmack und schon gar keine Zeit. Die maßgeschneiderten Regale und die Holzverkleidung für den Kamin waren der einzige Luxus, den sie sich leisteten. Die Einrichtung war ziemlich eklektisch, eine Mischung aus Oakland, Trash und Redesdale. Nach dem Tod ihrer Mutter setzte Decca deren antike Porzellanuhr auf den Kaminsims, hängte das Gemälde von Lady Redesdale als junge, bildschöne Frau an die Wand, die Acton'schen Porträts der Schwestern kamen in ihr Schlafzimmer (Dianas natürlich nicht).

An die Wand nagelte sie im Laufe der Jahre, was sie lustig fand und woran Erinnerungen hingen, Zeichnungen von Pele de Lappe, ein Gruppenbild mit Schriftstellern (Shakespeare, Vonnegut, Swift & Co.), ansonsten: viel Decca. Karikaturen und Fotos von ihr, einige mit Woody Allen, der ihr eine klitzekleine Rolle in *Mach's noch einmal, Sam* gegeben hatte, im Klo Aufnahmen von ihr mit Hollywoodstar Julie Andrews, die Schranktür pflasterte sie von innen mit Postkarten voll.

297 Zimmer: Chatsworth

Keine ihrer Schwestern hat Decca je in der Regent Street besucht. Egal, wie inständig Decca Debo bat, vorbeizukommen, wo sie doch schon in Amerika war – die Schwester ließ sich nicht erweichen. Offenbar hatte sie der Besuch 1952 in Oakland nachhaltig verschreckt.

Debo rief lieber an, wenn sie in den USA war. Meist aus Washington, gern vom persönlichen Telefonanschluss John F. Kennedys. Debo speiste auch im Weißen Haus und badete im Pool des Präsidenten, der bei einer

Veranstaltung schon mal über ein paar Sitzreihen kletterte, um mit ihr zu sprechen. Wenn John F. Kennedy, »der Geliebte«, wie sie ihn nannte, rief, ist Debo immer gekommen. Seine Schwester Kick (Kathleen) war eine enge Freundin von ihr gewesen, als Debütantinnen hatten sie sich in den 1930er Jahren kennengelernt, als Kennedy senior US-Botschafter in London war. Die kleine, lebhafte Kick hatte nach langem Widerstand von beiden Familien, die eine erzkatholisch, die andere streng protestantisch, 1944 Debos Schwager geheiratet.

Eigentlich sollte Kick jetzt Herzogin von Devonshire sein. Aber Andrews Bruder war im Krieg gefallen und sie selber starb 1948 bei einem Flugzeugabsturz, zusammen mit ihrer neuen Liebe, einem verheirateten Mann. Von der ganzen Kennedy-Familie kam nur der Vater zu ihrer Beerdigung in Edensor, dem Dorf, in dem Debo mit ihrer Familie damals lebte. 1963 reiste John F. Kennedy an, um das Grab seiner Schwester zu besuchen.

Debo mochte den US-Präsidenten, mit dem sie schon als junges Mädchen getanzt hatte, liebte seinen Witz, seine Selbstironie, sein Tempo. Und seinen Körper. »Wie schade, dass du die Amerikaner nicht magst«, ließ sie ihre Schwester Nancy wissen. »Den Körper des Präsidenten würdest du anbeten.« Debo »hatte lange, liebevolle Tête-à-Têtes mit deinem Herrscher«, schrieb Nancy Decca im Dezember 1961. »Laut Andrew tut Kennedy für Sex, was Eisenhower für Golf getan hat.« Das Verhältnis Debos zu Kennedy erinnerte Lady Redesdale an das von Unity zu Hitler. Natürlich war Debo seiner Einladung zur *inauguration,* der »Krönung«, wie Debo sie nannte, im Januar 1961 gefolgt. Ihr Mann witzelte schon, Debo sei praktisch Amerikas First Lady Number Two, zumindest erzählte Nancy das.

Und dann wurde Kennedy im November 1963 ermordet. Die Schwestern schickten Debo Kondolenzbriefe, versuchten sie zu trösten. Decca berichtete, was für ein Schock die Nachricht für alle gewesen war, weinend seien die Nachbarn auf die Regent Street getreten. Der Brief scheint Debo gerührt zu haben. In der Maschine von Prinz Philip flog sie zur Beerdigung, bei den Feierlichkeiten wurden die Devonshires als Teil der Familie platziert. Beim Gottesdienst liefen ihr, ganz unmitfordisch, die Tränen übers Gesicht. Debo hat häufig von diesen Tagen erzählt. In ihren

Artikeln und ihrer Autobiographie erfährt man mehr über den amerikanischen Präsidenten als über ihre Kinder.

Auch in den Jahrzehnten danach ist Debo oft in den USA gewesen. Im Unterschied zu Nancy mochte sie die Amerikaner, auf jeden Fall die, die sie in der High Society traf, freundete sich mit einigen an. Sie brachte auch die Schätze ihres Schlosses über den Atlantik, wo sie in den großen Museen gezeigt wurden, die Amerikaner liebten Chatsworth und seine Kunst, die charmante Herzogin und ihre Bücher. Ja, Debo, die gern kokettierte damit, nicht zu lesen, die die Bilderbuchautorin Beatrix Potter zu ihrer Lieblingsschriftstellerin erklärte, fing irgendwann selber mit dem Schreiben an. Und das mit gewaltigem Erfolg. Ihr Lieblingsthema: ihr Zuhause.

Animiert von Onkel Harold, Ex-Premierminister Macmillan, der viel Zeit bei ihnen verbrachte, veröffentlichte Debo 1982 ihr erstes Buch, *The House. A Portrait of Chatsworth*. Decca hat den Bildband im *San Francisco Chronicle* besprochen, nannte die Herzöge von Devonshire große Plünderer, weshalb es im Schloss kostbare Beute zu bewundern gäbe. Abgesehen von dieser kleinen Spitze pickte sie sich die lustigen Sachen raus und feierte die zweiundsechzigjährige Debütantin als originale Autorin. Das hätten sie und Nancy ja schon immer gesagt: Wenn Debo erst einmal anfinge zu schreiben, würde sie sie alle in den Schatten stellen.

Ein Buch folgte dem anderen, mit Humor und leichter Hand erzählte Debo von ihrem Schloss, das zugleich historisches Anwesen und lebendiges Zuhause war. Chatsworth, Chatsworth, Chatsworth – wovon die Fans gar nicht genug kriegen konnten, das hat Decca schnell gelangweilt. Das erste Buch fand sie ja noch ganz lustig, schon beim zweiten wurde es für sie absurd: »Du weißt schon – alles darüber, wie es ist, 80 Gärtner zu haben, und solche Sachen«, wischte sie Debos *Chatsworth. The Estate* vom Tisch.

Chatsworth war Debos Lebensprojekt. Ihr Mann hat das Schloss gerettet – sie hat es mit Leben gefüllt. Dabei waren die Anfänge schwierig gewesen. Nach dem Tod des Vaters stand Andrew mit seinen dreißig Jahren vor einer Riesenherausforderung. Er hatte ein ganzes Imperium an Schlössern, Häusern und Ländereien geerbt – und dazu 80 Prozent Erbschaftssteuern. 1950 war ein denkbar schlechter Zeitpunkt, um Schlossherr zu werden. Dem Land ging es noch immer miserabel, der Adel, jahrhundertelang die herrschende Klasse, war verhasst. Als Andrew 1945 und

1950 als Abgeordneter für die Torys kandidierte, wurde er beschimpft und bespuckt und verlor haushoch. Beim ersten Mal hatte Debo ihn im Wahlkampf noch unterstützt. Das ließ sie beim zweiten Mal bleiben, sie hatte keine Lust, sich anspucken und beschimpfen zu lassen. Aber den Herzog brachten Niederlagen nicht aus der Fassung – er war ein Spieler, nichts liebte er so sehr wie Pferderennen, jettete auch schon mal nach Biarritz, um einen Haufen Geld zu verlieren. Nein, dann wurde er eben Bürgermeister von Buxton, dem Städtchen, das nun das Tor zum neugeschaffenen Peak District bildete, Großbritanniens erstem Nationalpark, in dem auch Chatsworth liegt. Später schaffte Andrew es doch noch dank Uncle Harold Macmillan in die große Politik – der schlimmste Fall von Nepotismus, wie er selbst zu scherzen pflegte: 1962 stieg der Duke of Devonshire zum Minister of State im Commonwealth Office auf. Debo hat ihn auf einigen seiner Reisen begleitet, nach Jamaika und Kenia, Uganda und Nigeria. Viele britische Kolonien wurden damals in die Unabhängigkeit entlassen.

Schlösser und Herrenhäuser galten in der Nachkriegszeit als sichtbarster Ausdruck unverdienter Privilegien. Vielen Aristokraten fehlte aber das Geld oder das Personal oder beides, um die riesigen historischen Kästen unterhalten und restaurieren zu können. Und zu reparieren gab es immer was, erst recht nach dem Krieg, in dem die Schlösser als Lazarette, Heime oder, wie Chatsworth, als Internate genutzt worden waren. Jetzt waren sie teure Anachronismen, auch die Upperclass lebte nicht mehr im alten Stil, von einem Ball zur nächsten Weekendparty. Damals wurden viele Country Houses abgerissen, verscherbelt oder durch Umbauten zerstört, mussten Schnellstraßen und Autobahnen weichen, wurden in Wohnungen aufgeteilt oder in Hotels verwandelt. Im besten Falle wurden sie vom National Trust übernommen und der Öffentlichkeit zugänglich gemacht, dabei allerdings zum Museum eingefroren.

Es dauerte lange, bis Andrew ausgetüftelt hatte, wie er die Steuerschuld begleichen und trotzdem möglichst viel vom Familienerbe erhalten konnte. Er verkaufte Ländereien, Waldstücke, ein Haus in London und ein Dutzend besonders wertvoller Gemälde. Vor allem übergab er eins seiner Schlösser, Hardwick Hall – heute bekannt aus Filmszenen von *Harry Potter* –, dem Finanzamt, das es an den National Trust weiterreichte. Bis er alle Schulden abbezahlt hatte, sollte es siebzehn Jahre dauern. Das hieß allerdings nicht, dass der Herzog am Hungertuch nagte. Als Andrew 2004 starb, vermachte er seinem Sohn eine halbe Milliarde Pfund – knapp 600 Millionen Euro. Unter den Großgrundbesitzern zählten die Devonshires zu den größten.

Das Schloss liegt da wie ein altes Gemälde, ein rechteckiger Kasten, gebettet in Grün. Scheint die Sonne, leuchtet es wie Gold (wenn nicht gerade ein Gerüst davorsteht, weil wieder was zu reparieren ist). 297 Räume und 21 Küchen hat der im Kern fast 500 Jahre alte Bau, außerdem 112 Kamine und 56 Klos. Deccas Regent Palace hätte spielend in den einen oder anderen Saal gepasst. Das Schloss war größer als 365 durchschnittliche Häuser zusammen, hat Debo ausgerechnet.

Wobei Chatsworth weit mehr ist als ein gewaltiges Haus und Museum, nämlich ein ganzes Reich mit Ländereien, Dörfern, Farmen und Schafherden, mit Hotels und Ferienhäusern, Schule und Fitnessclub. Den hat Andrew für seine Mitarbeiter eingerichtet, inzwischen dürfen auch Anwohner der Umgebung rein. Das Devonshire'sche Reich wird nach alter paternalistischer Art regiert. Butler und Gärtner stehen fünfzig, sechzig Jahre lang in herzoglichen Diensten, schon die Mutter von Debos treuer Sekretärin arbeitete für die Familie.

Andrew, der Herzog wider Willen, hat Schlagzeilen als Lebemann und Gönner zahlreicher Geliebter gemacht – aber auch über fünfzig Jahre gedient. Der Mann, nach dem sogar eine Erbse benannt ist, bekleidete unzählige Ehrenämter, war Präsident des Derbyshire Cricket Clubs und des National Councils für Alleinerziehende, begutachtete Hirtenhunde ebenso wie Alte Kunst (für die Nationalgalerie, in deren Vorstand er saß), engagierte sich für die Krebsgesellschaft und taube Kinder, war Universitätskanzler und Träger mehrerer Ehrendoktoren und vieles, vieles mehr. Adel verpflichtet. Beim Spaziergang durch den Park konnte man ihn schon mal mit seinen legendären hellgelben Socken und seinem Pullover mit der Aufschrift »Heirate nie eine Mitford« sehen. Zuweilen kam er sich wie Denis Thatcher vor: der Mann an der Seite einer berühmten Frau. Wobei Debo, energisch, wie sie war, auch eine klitzekleine Ähnlichkeit mit Maggie Thatcher besaß. Ohne eine besondere Affinität zur Eisernen Lady zu haben, deren Partei sie nichtsdestotrotz ihr Leben lang wählte.

Nachdem die Devonshires 1957, demselben Jahr, in dem Debo noch mal Mutter geworden war, beschlossen hatten, selber ins Schloss einzuziehen, übernahm die Herzogin das Zepter. In den Wohntrakt ließ Debo eine Zentralheizung einbauen und siebzehn Bäder – wen sie denn alles darin waschen wolle, wollte Nancy wissen – und Wohnungen fürs Personal, sie ließ Decken abhängen und Wände mit Samt und Seide bespannen und packte selber mit an. Neue Möbel brauchte sie keine, im Schloss und in den anderen Häusern der Devonshires standen ja genug herum. Neues mochte Debo sowieso nicht leiden. Die Bilder, fand sie, waren das Schwierigste. Wohin mit dem Velázquez? In ihr privates Wohnzimmer, dort diente er ihr als Inspiration. Und der Rembrandt? Auf eine Staffelei, empfahl Andrew, so dass ihre Gäste sich das *Porträt eines alten Mannes* aus der Nähe angucken konnten. Joshua Reynolds kam ins blaue Wohnzimmer, Liotard ins rote Samtzimmer.

1959 zogen die Devonshires in ihr Schloss. Wenn die Touristen ihnen auf dem Kopf herumtrampelten, hörten sie nichts, so dick, wie die Mauern waren. »Über dem Laden wohnen« nannte Debo das in ihrer Autobiographie. Denn Chatsworth war ein Fulltimejob. Dauernd gab es was zu entscheiden, zu verhindern, anzustoßen, zu schlichten, mit den Farmern zu reden. Um das ganze Unternehmen auf solidere Füße zu stellen, begann Debo, sich um Marketing und Besucherdienst zu kümmern. Sie war es, die das alte Gemäuer zu einer solchen Touristenattraktion machte. Das Anwesen ist inzwischen ein Unternehmen mit 700 Mitarbeitern und 700 000 Besuchern im Jahr und gehört einer Stiftung, die Andrew 1981 gegründet hat.

Als dies noch keineswegs selbstverständlich war, richtete Debo Cafés und Restaurants ein, ihre Toiletten wurden prompt zum »Klo des Jahres« gekürt. Die geschäftstüchtige Duchess kümmerte sich um Andenken- und Buchladen (in dem Deccas Werke zeitweise nur selektiv zu bekommen waren), stellte sich auch gern selbst an die Theke, um Chatsworth-Postkarten, Chatsworth-Tabletts, Chatsworth-Teedosen zu verkaufen. Damit auch Stadtkinder mal mit eigenen Augen erleben können, dass Milch nicht aus dem Tetrapak, sondern aus dem Euter kommt, richtete sie einen Schau-Bauernhof ein. Und lange bevor das Mode wurde, eröffnete sie ihren Chatsworth Farm Shop, ihr liebstes Baby.

Der Laden in Pilsley, einem der Dörfer, die mit allem Drum und Dran zum Anwesen gehören, befriedigt die nostalgischen Sehnsüchte nach Merry Old England ebenso wie die modernen nach natürlichen, regionalen Produkten. »The Best of British« gibt es hier: Rindfleisch und Lamm von den eigenen Gütern, Wild aus den eigenen Wäldern, Kartoffeln von den eigenen Bauernhöfen, Pies und Pasteten aus der eigenen Küche und auf Stroh gebettete Eier von den Hühnern der Herzogin.

Es war, so Debo, das meistfotografierte Geflügel der britischen Insel, so malerisch, wie es durch den Schlosspark marschierte. Die Herzogin konnte sich gar nicht sattsehen an den Buff Cochins und den Welsummers and Burford Browns, den White Leghorns und, ihre besonderen Lieblinge, den Warrens. Für sie waren die herausgeputzten Hühner wie Menschen mit all ihren Schwächen und Eitelkeiten, auch ihrer Schönheit. Kleine Exzentriker, die zu beobachten sie unglaublich unterhaltsam fand und für die (und ihre Eier) sie etliche Preise einsammelte. Jeden Tag, den sie zu Hause war, ging Debo in Gummistiefeln ihre Entertainer füttern. Starfotograf Bruce Weber schickte die Fünfundsiebzigjährige in ihrem besten Vintage-Ballkleid von Balmain mit dem Blecheimer in der Hand zu ihren Freunden. Ein Bild, so großartig, dass es zur Postkarte wurde.

Ihr zweiter Tick hieß Elvis. Als gestandene Lady in mittleren Jahren entflammte die Herzogin für Elvis Presley. Hitler hatte sie als junges Mädchen kaltgelassen – am meisten beeindruckt beim Tee mit dem »Führer« hatten sie die Handtücher mit eingesticktem Monogramm auf dem Gästeklo, das hatte sie dem Diktator nicht zugetraut. Aber Elvis war in ihren Augen (und Ohren) ein echtes Genie. Auslöser war eine Dokumentation, die sie in den 1970er Jahren zufällig im Fernsehen sah. Ein paarmal war *Her Grace* in Graceland, der Elvis-Gedenkstätte in Memphis, gewesen, das sie so schrill wie berührend fand, brachte auch einige Andenken mit, darunter ein Telefon mit Jailhouse-Rock-Klingelton. Auf dem Gästeklo ihres Alterssitzes hängt ein riesiges Elvis-Plakat.

Als sogenannte Queen of the North empfing Debo den Schah von Persien und den Präsidenten von Indien, Queen Elizabeth und Prinz Charles, der sich hier regelmäßig zurückzog, Yehudi Menuhin und Teddy Kennedy, der Debo nach Deccas Tod gleich anrief, um ihr zu kondolieren. Unter den vielen Gästen waren auch alte Gefährten der Mitford'schen Kindheit: Jim Lees-Milne und Mrs. Ham, Cecil Beaton und Evelyn Waugh, ein anstrengender Gast, der dauernd in ihr Schlafzimmer platzte, wenn ihm wieder was nicht passte. Und so abgelegen und idyllisch wie Chatsworth liegt, blieben die meisten Besucher über Nacht. Gern mehrere Nächte. Mit Lady Bird Johnson und Tochter ging Debo dann auf Sightseeing-Tour durch Derbyshire.

Im Jahr 2000, da war Debo achtzig Jahre alt, wurde sie zur »Ländlichen Geschäftsperson des Jahres« gekrönt. In einer anderen Zeit, unter anderen Umständen geboren, hätte sie wahrscheinlich in der freien Wirtschaft Karriere gemacht, in Vorständen und Aufsichtsräten gesessen. So aber nannte sie sich »Housewife«, Hausfrau. Und das hat sie wörtlich gemeint: Sie fühlte sich verheiratet mit all ihren Schlössern und Häusern, die Devonshires hatten ja noch Zweit-, Dritt- und Viertwohnsitz. Aber Chatsworth war das, was die Kommunistische Partei für Decca gewesen war, nur ein paar Jahrzehnte länger: ihr Leben.

Wie Decca hatte sie das Gefühl, einer guten Sache zu dienen, ihre Pflicht zu tun. Auch ihr machten manche Aufgaben mehr, andere weniger Spaß, auch sie verbrachte endlose Nachmittage und Abende in Sitzungen und Komitees, schmückte Wohltätigkeitsveranstaltungen mit ihrer Anwesenheit, begutachtete Schweine und Marmeladen.

Als Herzogin, die sich elegant in der großen weiten herrschaftlichen Welt bewegte, blieb Debo zugleich das, was sie schon als junges Mädchen gewesen war: *a countrywoman.* Wie ihre Mutter war sie bei den Landfrauen aktiv, züchtete Shetlandponys und ging zu Pferderennen, redete mit den Bauern, das tat sie besonders gern. Während Decca gegen den Vietnamkrieg protestierte, demonstrierte Debo gegen die Abschaffung der Fuchsjagd.

Debo machte Chatsworth zu einer Art Mitford'schem Familiensitz. Nach dem Tod von Lady Redesdale 1963 übernahm sie deren Rolle als Mittelpunkt des Clans. Bei Debo traf man sich, sie wurde Nancys Nachlassverwalterin und Hüterin des Familienarchivs: Fotos, Briefe, Dokumente, all das bewahrte sie bei sich im Schloss auf. Diana kam nach ihrer Hirntumor-Operation für ein paar Monate zur Erholung, die kinderlose Pam verbrachte hier, wie Lady Redesdale, viele Weihnachtsfeste. Auch Decca machte bei ihren Englandbesuchen regelmäßig Station, schließlich hat sie Debo geliebt. Chatsworth weniger. Für sie war das Schloss ein gigantisches, prunkvolleres Swinbrook, ein Ort, an dem ihr die Verbündeten fehlten. Einige der Gäste hier fand Decca so schrecklich und humorlos wie Debo die kommunistischen Freunde ihrer Schwester. Bestenfalls hat sie sich amüsiert über ihr mit Chintz ausgeschlagenes Schlafzimmer.

Decca traf Debo lieber in London, auf neutralem Grund, dort war das Eis, auf dem sie sich bewegten, nicht so brüchig und glatt. In der Stadt, in der sie beide Gäste waren, ließ sich leichter ausblenden, was ihre Intimität stören konnte – die Tatsache, dass sie in zwei konträren Welten lebten. Am liebsten trafen sie sich ohne ihre Männer, die Schwager mochten sich nicht sonderlich. Beide Männer hatten zudem das Gefühl, ihre Frau schützen zu müssen vor Verletzungen durch die Schwester.

Bob spürte, dass Herzog und Herzogin ihn nicht schätzten. Für sie blieb er das, was er für Diana war: »der kleine Ehemann«. Ein Fremder, nicht, wie Dinky, »one of us«, ein linker Jude aus kleinen Verhältnissen. Er störte ihr ästhetisches Empfinden. Als »unbehaglich« beschreibt Dinky das Verhältnis ihres Vaters zu Debo.

In *The Honourable Rebel*, dem BBC-Porträt von Decca aus den 1970er Jahren, gibt es eine Szene, in der Bob erzählt, wie exotisch ihm Chatsworth erschienen war. Im Weißen Haus, so habe er seiner Mutter nach einem Besuch dort geschrieben, habe er wenigstens gewusst, wo er sei und wie er sich zu benehmen habe. Aber hier habe er nicht mal geahnt, in welchem Jahrhundert er sich befinde. »Es war alles vollkommen anders – aber äußerst angenehm, muss ich sagen.« Ein kurzer Moment, und er korrigiert sich: »Na ja, angenehm interessant.« In dem Film erzählt er auch, wie er sich auf die männlichen After-Dinner-Riten der britischen Upperclass vorbereitet hatte – er erwartete Zigarren und schmutzige Geschichten – und ganz irritiert war, als Andrew und die anderen Herren gemeinsam mit den Damen die Tafel verließen. Halt! Moment! So geht das doch nicht. Aber, erklärten die Gentlemen ihm, sie brachten doch nur die Ladys zur Tür. Es war eine sehr lustige Szene, Decca war ganz hingerissen von ihrem Mann. Debo hat sie sehr verletzt, hatte sie doch das Gefühl, dass ihr Schwager sich lustig machte über sie und ihre Welt.

Anders als Decca haben die Briten Chatsworth im Laufe der Jahrzehnte immer mehr lieben gelernt, inzwischen liegt es voll im Trend. Nachdem der Volkszorn gegen die Upperclass verpufft war, entwickelten ihre Landsleute plötzlich nostalgische Gefühle für die Zeit, als Großbritannien noch wirklich groß gewesen war. Jetzt wollten sie mit eigenen Augen sehen, wie der Adel einst gelebt hatte oder es immer noch tat. Die historischen Anwesen, die nun ganz oder teilweise der Öffentlichkeit zugänglich waren, wurden nicht mehr als privates, sondern als nationales Erbe betrachtet.

Ordentlich angekurbelt wurde diese neue Popularität durch Kino und Fernsehen. *Brideshead Revisited*, die TV-Verfilmung von Evelyn Waughs Roman, führte in den 1980er Jahren zu einer ersten großen Besucherwelle, inzwischen hören die in schmucken Country Houses angesiedelten historischen Romanverfilmungen gar nicht mehr auf. Besonders beliebt: Jane Austen, die natürlich auch mal in Chatsworth gewesen war, das Modell für das Heim von Mr. Darcy gestanden haben soll. In der Verfilmung von *Stolz und Vorurteil* von 2005 wurde Chatsworth zum Schloss Pemberley.

Jetzt hat *Downton Abbey* zu einem neuen Besucher-Boom geführt. In Zeiten der großen Wirtschafts- und Finanzkrise hat sich die TV-Geschichte über eine aristokratische Familie, ihre Dienerschaft und ihr Schloss zu einer der erfolgreichsten britischen Fernsehserien der letzten Jahrzehnte entwickelt. Genau wie Lord und Lady Redesdale müssen Lord und Lady Grantham mit lauter eigenwilligen, rebellischen Töchtern fertigwerden. 2012 strahlte die BBC einen dokumentarischen Dreiteiler über Chatsworth aus, der als »exklusiver Einblick in das wirkliche Downton Abbey« vermarktet wurde.

Debos Popularität ließ mit dem Tod ihres Mannes im Jahr 2004, als sie als Herzogin abdanken und Chatsworth verlassen musste, nicht nach. Als Dowager Duchess of Devonshire und letzte noch lebende Mitford-Schwester – Diana starb 2003 – blieb sie eine Institution. Mit der Veröffentlichung der schwesterlichen Briefe 2007 und ihrer eigenen Autobiographie drei Jahre danach sorgte sie immer wieder für Aufmerksamkeit. Für ihren Sohn Peregrine, den 12. Duke of Devonshire, ist es schwer, aus dem Schatten der Eltern zu treten. In den Augen der britischen Öffentlichkeit ist Chatsworth noch immer Andrews und Debos Werk.

Inzwischen lebt Debo einen Kilometer entfernt in Edensor, im alten Pfarrhaus, das sie elegant und behaglich eingerichtet hat, mit viel Licht und Elvis Presley. Vom Sofa bis zum Teekessel sind es nur noch ein paar Schritte statt einer Tageswanderung, die Hühner laufen gleich vor der Tür herum.

Fast ein halbes Jahrhundert hat Debo in und für Chatsworth gelebt, aber dort auszuziehen, fand sie eigentlich nur »odd«, komisch. Der Abschied von Swinbrook dagegen hatte ihr in jungen Jahren das Herz gebrochen, wie sie Nancy einmal gestand. »Nichts hat je seinen Platz einnehmen können, und das wird auch so bleiben.« Der Verlust des kindlichen Zuhauses war neben der kurzen Zeit im Oxforder Internat »schlimmer als alles, was mir seither zugestoßen ist, der Tod dreier Babys, dass meine vier besten Freunde im Krieg gefallen sind – nichts hat mich so traurig gemacht wie der Abschied von Swinbrook.«

Im hohen Alter kehrte Debo doch noch heim. Schon Anfang der 1980er Jahre, in ihrem Reiseartikel »The Mitford Country Revisited«, hatte Decca ihren amerikanischen Lesern den Swan Inn in Swinbrook sehr ans Herz gelegt. Es sei dort wie im Bilderbuch, Besucher würden eine »Beatrix-Potter-artige Umgebung im Taschenformat« erleben können. Später kaufte Debo den Gasthof und machte sich 2004 im Alter von vierundachtzig Jahren mit Elan und viel Vergnügen an die Generalüberholung und richtete neue Gästezimmer ein. Den Swan Inn, in dem auch Szenen von *Downton Abbey* gedreht wurden und wo Premier Cameron seinen französischen Kollegen Hollande Anfang 2014 zum Lunch einlud, hat sie aufgehübscht und mit den Fotos einer glücklichen Mitford-Kindheit tapeziert.

13

American Ways

Decca hatte ein neues Projekt: ein Buch »über Neger«, so hatte Lady Redesdale gehört. Nicht ganz, korrigierte Decca, mehr was über Virginia Durr und deren Leben in Alabama. Der Kontakt zwischen den Freundinnen hatte sich in den letzten Jahren wieder intensiviert, für Virginia war er existentiell. »Komm unbedingt in den Süden, du musst den wunderbaren Stimmungsaufschwung hier erleben«, hatte sie, animiert von den ersten Sit-ins, der Freundin 1960 zugerufen: »Du wirst begeistert sein.«

Es war was los in den Südstaaten, seit sich vier schwarze Studenten am 1. Februar 1960 in Greensborough, North Carolina, an einen Lunch-Counter im Kaufhaus Woolworth gesetzt und Kaffee bestellt hatten und, als man sie erwartungsgemäß nicht bedient hatte, einfach bis zum Abend sitzengeblieben waren. Am nächsten Tag waren es zwanzig Menschen, die friedlich an der Theke protestierten, am übernächsten sechzig und am überübernächsten dreihundert.

Am 1. Dezember 1955, dem Tag der Verhaftung von Rosa Parks, hatte das begonnen, was heute als die glorreiche Zeit der Bürgerrechtsbewegung bezeichnet wird, mit dem jungen Pfarrer Martin Luther King an der Spitze und den Durrs mittendrin. 1965 wird diese Phase enden, als alle großen Urteile gefällt und die ersehnten Gesetze verabschiedet, die Schwarzen aber trotzdem noch unendlich weit von wahrer Gleichberechtigung entfernt sind. Die Aufbruchstimmung der 1950er Jahre wich jetzt Aggressivität und Militanz.

An jenem Abend im Dezember 1955 hatte sich die Näherin Rosa Parks, die gelegentlich auch für die Durrs arbeitete und mit ihnen befreundet war, geweigert, ihren Platz im Bus für einen Weißen zu räumen. Dieser Akt des Widerstands war mehr als die spontane Entscheidung einer müden Frau. Die zweiundvierzigjährige Rosa Parks war eine erfahrene Bürgerrechtlerin, seit 1943 im NAACP (National Association for the Advancement of Colored People), der großen Bürgerrechtsorganisation, engagiert. In diesem Sommer 1955 hatte Virginia ihr einen Platz im zweiwöchigen Workshop der Highlander Folk School in Tennessee verschafft, jener Volksschule im besten Sinne, deren Leiter Myles Horton zusammen mit Virginia vor dem Eastman-Tribunal in New Orleans als kommunistischer Spion denunziert worden war und die auch Martin Luther King besucht hatte.

Die Nachricht von Rosa Parks' Verhaftung machte in Montgomery schnell die Runde. Aber E. D. Nixon, Aktivist der NAACP und ebenfalls ein Bekannter der Durrs, bekam als Schwarzer keine Auskunft von der Polizei. Also bat er Cliff, auf der Wache anzurufen, um zu erfahren, was los war. Anschließend zogen sie zu dritt dorthin – Virginia kam natürlich mit, auch wenn sie nicht eingeplant war –, Nixon zahlte die 100 Dollar Kaution und dann entwarfen sie in Rosas Haus einen Schlachtplan. Die engagierte Näherin war die Frau, auf die die Aktivisten gewartet hatten. Schon lange wollten sie gegen die Diskriminierung in den Bussen klagen, ihnen fehlte nur der geeignete Kandidat dafür. Ob Rosa die Kraft habe, mit ihnen durch alle Instanzen zu gehen? Nach kurzem Überlegen und gegen den dringenden Rat ihrer Mutter und ihres Mannes erklärte sie sich bereit.

Ein ganzes Jahr lang, von Dezember 1955 bis Dezember 1956, fuhren die Busse fast leer durch Montgomery. 50 000 Menschen gingen aus Protest zu Fuß, schlossen sich zu Fahrgemeinschaften zusammen oder wurden von ihrer Herrschaft abgeholt und abends wieder nach Hause gebracht. Virginia war eine der wenigen Weißen, die auch fremde Schwarze von der Straße aufsammelte, wofür sie prompt bestraft wurde – sie hätte am Stoppschild nicht richtig angehalten, so der Vorwurf der Polizei.

Decca hat bis zum Schluss nicht verstanden, warum die Leute sich so aufregten über einen Sitzplatz im Bus. Sie hatte in Alabama doch viel schlimmere Formen der Diskriminierung gesehen. »Ich hätte gedacht, es ist die geringste ihrer Sorgen, WO sie im Bus SITZEN.« Pragmatikerin der Oberschicht, die sie war, schien Decca kein Gespür für das Gefühl der Demütigung zu haben. Aber natürlich war sie für den Kampf als solchen Feuer und Flamme. Als Virginia um Hilfe rief, nachdem Rosa Parks ihren Job verloren hatte und keinen neuen fand, sammelte Decca sofort Geld für die Näherin, schickte Kleidung und Schuhe. Sie schrieb auch einen Artikel über den Boykott und empfing Rosa Parks in Oakland auf deren Vortrags- und Good-Will-Tour.

Im November 1956 erklärte der Supreme Court die Rassentrennung in Bussen für verfassungswidrig, im Dezember, nach zwölfeinhalb Monaten, wurde der Boykott beendet. Für Virginia Durr war das Urteil »ein Quell der Freude«. Ein Quell, in den nun allerdings erst recht Blut floss: Die Häuser engagierter Pfarrer und viele Kirchen, wichtige Zentren der Bewegung, wurden bombardiert, auch Cliff Durr bekam Morddrohungen. Abschrecken ließen sie sich nicht davon.

Der Busboykott hatte zwar weltweit Schlagzeilen gemacht, aber die Teilnehmer selbst waren alle aus Montgomery gekommen. Jetzt, zu Beginn der 1960er Jahre, reisten junge Schwarze *und* Weiße aus dem ganzen Land gen Süden, um sich an Sit-ins, Demonstrationen und Wählerregistrierungen zu beteiligen. Wenn Schwarze von den Hockern gezerrt, geprügelt, getreten oder geschubst wurden, nützte das den Verfechtern der weißen Vorherrschaft nichts mehr: Für jeden, der festgenommen wurde, rückte mindestens ein anderer nach. Aus lokalen Protesten wurde ein nationaler Widerstand, aus der Bürgerrechts- eine Studentenbewegung.

Die Brutalität, mit der die Autoritäten im Süden auf den gewaltlosen Widerstand antworteten, konnte das ganze Land in schockierenden Fernsehbildern verfolgen. Vor aller Augen brachen diejenigen, die für Recht und Ordnung sorgen sollten, das Gesetz, provozierten Chaos mit rabiater Gewalt. Jetzt konnte niemand mehr sagen, er hätte es nicht gewusst, spätestens jetzt war klar: Rassentrennung und Diskriminierung waren kein Problem der Südstaaten, sondern eins der Vereinigten Staaten. Die US-Regierung musste handeln.

Reise in den Süden

Im Frühjahr 1961 hatte Decca endlich Zeit für einen Besuch im politischen Wunderland. Harper Lees gerade erschienenen Roman *To Kill a Mockingbird* empfahl Virginia ihrer Freundin zur Vorbereitung der Recherchen als das realistischste Porträt Alabamas. Sie versuchte Decca die Mentalität des Südens zu erklären, die Folgen der Niederlage im Bürgerkrieg. Für Virginia war es eine ganz ähnliche Mischung aus Armut und Stolz, Verzweiflung, Selbstzweifeln und Überlegenheitsphantasien, die sie bei den Deutschen in der Zeit des Nationalsozialismus beobachtet hatte: »Ich dachte oft, was Unity so angesprochen hat, war die Vorstellung vom ewig Unterlegenen, der am Ende triumphiert.«

Decca war in Virginias Augen bestens geeignet, ein Sittengemälde der Südstaaten zu entwerfen, nicht zuletzt, weil sie durch die Hexenjagd geübt war in politischer Diskretion. Kurz zuvor hatten die Durrs nämlich eine böse Erfahrung mit einem Reporter vom *New Yorker* gemacht. Der Journalist hatte ihnen Vertraulichkeit zugesichert, aber am Ende all ihre freimütigen Aussagen stehengelassen und die beiden so beschrieben, dass jeder in Montgomery sie auch ohne Namensnennung sofort erkannte: einen weißen Bürgerrechtsanwalt mit einer »nervösen, überspannten Gattin« gab es nur ein einziges Mal in der Stadt. Danach war die Hölle los. Anonyme Anrufer schrien ins Telefon, auf der Straße wurden die Durrs geschnitten und beschimpft. Hundsgemein fand Decca den Artikel.

Die Südstaaten hatten Decca fasziniert und befremdet, seit sie ihnen 1940 das erste Mal begegnet war, die unglaubliche Armut, der Rassismus und Snobismus hatten sie schockiert. Die Geschlossenheit dieser Gesellschaft mit ihren eigenen Regeln, der eigenen Sprache, selbst eigenem Essen, reizte sie. Fast hundert Jahre nach dem Ende des amerikanischen Bürgerkriegs war der Süden noch immer eine feudale Gesellschaft. Ein Demokrat aus Alabama tickte völlig anders als einer aus Massachussetts, ein Republikaner aus Vermont war im Zweifelsfalle liberaler und toleranter als ein Demokrat aus Mississippi, der mit großer Wahrscheinlichkeit die Apartheid unterstützte.

So machte sich Decca 1961 wieder auf den langen Weg, diesmal mit Umweg über New York und Washington, näherte sich dem Süden allmählich vom liberalen Norden aus. Kentucky und Tennessee enttäuschten sie geradezu mit ihrer Fortschrittlichkeit und Normalität. In den Hotels war die Rassentrennung bereits aufgehoben, in den meisten Restaurants und Lunch Countern auch, feine weiße Damen setzten sich an die Billigkaufhaustheke, um sicherzustellen, dass Schwarze bedient wurden.

Aber je weiter sie in den Süden vordrang, desto schlimmer wurde der Rassismus. In Alabama erwartete er sie in seiner nacktesten, hasserfülltesten Form – schlimmer war er nur noch in Mississippi. Je mehr Bundesgesetze und Verfassungsgerichtsurteile die Gleichberechtigung der Schwarzen anordneten, desto heftiger erhob sich der Widerstand dagegen. Dann wurden eben neue Landesgesetze eingeführt. Oder die Anordnungen aus Washington einfach ignoriert.

Der Backlash nahm immer absurdere Züge an. Ungläubig betrachtete Decca das Gras, das auf den Tennisplätzen wuchs: Lieber schloss die Stadt Montgomery Schwimmbäder, Spielplätze und Parks, als Schwarze hineinzulassen. Im tiefen Süden landeten Bilderbücher im Giftschrank der Bibliothek, nur weil darin ein dunkles Kaninchen ein helles heiratet. Alabama beschloss kurzerhand, die Stadtgrenzen von Tuskegee nach innen zu verschieben, so dass viele schwarze Einwohner plötzlich nicht mehr im Ort wohnten, dort also auch nicht mehr wählen konnten. Gerade im sogenannten Black Belt, wo Schwarze zum Teil 40 bis 50 Prozent der Bevölkerung stellten, war das von großer Brisanz. Wenn sie alle wählen könnten, wäre mit der Politik der Apartheid schnell Schluss.

Am 15. Mai 1961 traf Decca bei den Durrs in Montgomery ein. Kaum war sie angekommen, klingelte das Telefon. Eine Frau ließ ausrichten, dass der Ku-Klux-Klan hinter Cliff her sei und ihn schon kriegen werde. »Ich wollte wissen, um wie viel Uhr sie hier wären«, schrieb Decca ihrem Sohn, »(schließlich wollte ich nicht ausgerechnet dann in der Badewanne liegen), aber sie legte auf.« Für die Durrs waren solche Anrufe Routine. Cliff kämpfte noch immer gegen die Brutalität der – ausschließlich weißen – Polizei, gegen Zinswucher und betrügerische Versicherungen. Allein oder zusammen mit Rosa Parks' Anwalt Fred Gray vertrat er lauter Willie McGees: Schwarze, die weiße Frauen vergewaltigt oder belästigt haben sollen. Die einzige Chance bei solchen Fällen lag in der Berufung, in der ersten Instanz wurden die Angeklagten fast immer schuldig gesprochen. Aber selbst dann konnte Cliff oft bestenfalls die Umwandlung der Todesstrafe in eine lebenslange Freiheitsstrafe erreichen.

Das Haus der Durrs hatte sich inzwischen zu einem Zentrum der Bürgerrechtsbewegung entwickelt, eine Art Jugendherberge und liberale Oase im Auge des Orkans. Junge Protestler aus allen Richtungen campierten hier; englische Gaststudenten und progressive Studenten aus ganz Amerika bekamen bei den Durrs ein heißes Bad, was Warmes zu essen und ein Plätzchen zum Schlafen. Der Strom der Hausgäste riss nicht mehr ab, 1967 schrieb Virginia Decca, so viele Besucher wie in diesem Sommer hätten sie wohl noch nie gehabt. Irgendwann wurde es selbst dem geduldigen Cliff zu viel.

Aber bis zu dieser Erschöpfung war es noch ein paar Jahre hin. Jetzt, nach so langer Zeit der Isolation und des Einzelkämpferdaseins, war vor allem die gesellige Virginia überglücklich über die enthusiastischen Verbündeten, mit denen sie sich – wie Decca stets Zigarette in der einen, Drink in der anderen Hand – hitzige Debatten lieferte. Ohne den Schwung der Jungen, davon war sie überzeugt, wäre die Bürgerrechtsbewegung irgendwann eingeschlafen. Endlich durfte die Southern Belle, die mittlerweile schon auf die sechzig zuging, wieder sein, was sie im Washington des New Deal so gerne gewesen war: Königin im summenden Bienenkorb. Nur dass der diesmal von Killerbienen umzingelt war. Allein einen Schwarzen nach Hause einzuladen konnte einen Weißen ins Gefängnis bringen. »Anstiftung zum Aufruhr« lautete die Anklage in solchen Fällen.

Gerade mal vier Monate zuvor hatte John F. Kennedy sein Amt als Präsident der Vereinigten Staaten angetreten. Die Stimmen der Schwarzen waren beim knappen Wahlergebnis ausschlaggebend gewesen, aber wie er sich nun als Präsident verhalten würde, war noch völlig ungewiss. Der Bürgerrechtskampf hatte keine Priorität für den Neuengländer; was ihn vor allem beschäftigte, war der Kalte Krieg. In zwei Wochen würde er sich mit Chruschtschow in Wien treffen, drei Monate später wurde die Berliner Mauer hochgezogen. Auch um Kennedy zu testen, machten sich jetzt die »Freedom Riders« auf den Weg: junge Weiße und Schwarze, die sich gemeinsam in überregionale Busse setzten. Diese durften nach dem jüngsten Verfassungsgerichtsurteil nicht mehr *segregated* sein, so wenig wie die Busbahnhöfe mit ihren Wartesälen und Toiletten.

Aber Anweisungen aus Washington und die Wirklichkeit in den Südstaaten waren schon lange zweierlei. Es ging darum, wer der Stärkere war: Bund oder Land. Der im Bürgerkrieg gedemütigte Süden bestand auf Selbstbestimmung. Die Freedom Riders provozierten die Konfrontation, um die Aufmerksamkeit der Medien zu erregen. Sie wussten, dass sie Prügel einstecken würden, ja, ihr Leben riskierten. Einige hinterließen Briefe an ihre Familien, für den Fall ihres Todes.

Am 4. Mai, fast zur selben Zeit wie Decca, waren dreizehn Freedom Riders in Washington aufgebrochen. In Alabama wurden sie zum Empfang mit Steinen beworfen und verprügelt, ein Bus ging in Flammen auf. Einer der Freedom Riders wurde so schwer am Kopf verletzt, dass er mit fünfzig Stichen genäht werden musste, ein anderer landete im Rollstuhl. Alabamas Gouverneur John Patterson zeigte sich erbarmungslos. Wer Ärger suche, würde ihn auch finden.

Im Weißen Haus berief Kennedy, noch im Schlafanzug, eine Notsitzung ein. Die Gewalt gegen die Freedom Riders machte international Schlagzeilen, die der Präsident nicht gebrauchen konnte. Schließlich versuchte er gerade, die USA gegenüber den kommunistischen Staaten als Musterland der Freiheit zu präsentieren. Es wurde beschlossen, im Notfall Bundestruppen nach Alabama zu schicken. Die Situation spitzte sich zu, bis die Reisenden in Sachen Freiheit aufgaben und nach New Orleans geflogen wurden. Zwei Tage später fuhren siebenundzwanzig neue Freedom Riders von Montgomery aus los. In Jackson, Mississippi, wurden sie von der Polizei erwartet, geradewegs ins Gefängnis gebracht und am nächsten Tag zu sechzig Tagen Haft verurteilt. Aber die nächsten Busfahrer waren schon unterwegs. Die neue Gruppe setzte die Fahrt von Birmingham nach Montgomery fort. Bis zur Stadtgrenze standen die einundzwanzig Freedom Riders unter dem Begleitschutz der State Troopers. Dann sollte die Polizei von Montgomery übernehmen. Tat sie aber nicht.

Am 20. Mai fuhr der Bus in den Bahnhof von Montgomery ein, der leer zu sein schien, bis plötzlich eine Horde von Weißen aus der Deckung kam: »Bringt die Nigger um!« Und dann stieg als Erster ein Weißer aus dem Bus. Dem »Verräter« schlugen sie gleich mal die Zähne aus. Männer, Frauen, Teenager knüppelten mit allem, was sie hatten, auf die Studenten ein, mit Baseballschlägern und Rohren, Koffern und Fäusten, Eisenketten, Handtaschen, Steinen. Die Polizei überließ den Ku-Klux-Klan-Leuten und ihren Gefährten das Feld.

Decca und die Durrs hatten eigentlich ein ruhiges, entspanntes Wochenende in Pea Level verbringen wollen. Cliff war schon vorgefahren zu seinem geliebten Zufluchtsort, 30 Kilometer außerhalb der Stadt, Virginia und Decca sollten am Samstag nachkommen. An diesem Morgen des 20. Mai wollten sie nur noch schnell im Büro vorbeischauen, um Post abzuholen.

Als sie die Menschenmenge vor dem Busbahnhof sahen, sprang Decca sofort aus dem Wagen und schmiss sich ins Getümmel, während Virginia noch einen Parkplatz suchte, die Autos standen kreuz und quer. Von Cliffs Kanzlei aus musste Virginia schließlich zusehen, wie die Polizei die Schwarzen schikanierte: Hände hoch, Schuhe aus. »Auf die Nigger, los, packt sie!« Sie sah, wie ein Richter und der Justizsenator von Alabama sich die Hände rieben. Mit unglaublicher Brutalität knüppelten die Polizisten auf die Leute ein.

Was Besseres hätte Decca gar nicht passieren können: Action! Vor ihren Augen stellte sich der Chef der State Trooper und Beschützer der Freedom Riders, der inzwischen dazugestoßen war, breitbeinig über einen verletzten Schwarzen am Boden, zückte seine Pistole und drohte, auf jeden zu schießen, der den Mann berührte. Zur Warnung feuerte er ein paarmal in die Luft. John Siegenthaler, Stellvertreter von Justizminister Robert Kennedy und von diesem als Beobachter nach Alabama geschickt, wurde beim Versuch, Verletzte in sein Auto zu bringen, mit einem Rohr zusammengeschlagen und bewusstlos auf der Straße liegengelassen. Decca erlebte eine verkehrte Welt: Statt der Schläger nahm die Polizei ein junges weißes Paar fest, das zufällig vorbeigekommen war und versucht hatte, den Opfern zu helfen.

Für Virginia war die Schlacht am Busbahnhof ein Schock: Es waren *ihre* Leute, die sich da vor ihren Augen in Bestien verwandelten, Menschen am Samstag, einige auf dem Weg zum Einkaufen. Das Gefühl der Hoffnung, das sie im Laufe der letzten Jahre aufgebaut hatte, wurde mit einem Schlag vernichtet. Und Decca steckte mittendrin. Als einer der jungen Studenten, mit denen Virginia sich angefreundet hatte, bei ihr im Büro auftauchte, schickte sie ihn los, ihre Freundin in Sicherheit zu bringen. Das gelang ihm zwar, aber »sie kochte vor Wut«, so Virginia. »Sie wollte im Getümmel bleiben.«

An diesem Samstag tobte die Schlacht weiter, bis es keine Freedom Riders mehr gab, die hätten verprügelt werden können. Entweder waren sie im Krankenhaus – wenn sie es dorthin geschafft hatten, einige Ambulanzen weigerten sich, die Verletzten zu transportieren – oder im Gefängnis oder sie hatten sich irgendwo versteckt.

Virginia zitterte am ganzen Körper, als sie, mit Decca am Steuer, aufs Land hinausfuhren. Sie hörte gar nicht mehr auf zu zittern, worauf Decca und Cliff sie mit so viel Gin, in Limonade versteckt, abfüllten, dass sie erst am nächsten Morgen wieder zu sich kam. Als sie aufwachte, drängte Decca, deren Reporterherz entflammt und Kampfgeist geweckt war, sofort zurück in die Stadt zu fahren. Sie bekam ihren Willen. Decca war »außer sich vor Begeisterung«, so Virginia. »Unsere Reaktionen waren diametral entgegengesetzt. Sie war an einer tollen Story dran. Sie hatte es mit ihren eigenen Augen gesehen.«

Im Autoradio hörten sie, dass in der First Baptist Church von Reverend Ralph Abernathy, einer zentralen Figur der Bürgerrechtsbewegung seit den Tagen des Busboykotts, eine große Versammlung stattfinden sollte. Martin Luther King würde extra aus Atlanta einfliegen. Natürlich wollte Decca hin, während die Durrs versuchten, sie zurückzuhalten: Die Rassisten rotteten sich schon wieder zusammen. Am Ende zog Decca mit einem Studenten, auch er ein Bekannter der Durrs, los. Vorher schmiss sie sich noch in ihre beste Südstaatenuniform, grünes Chiffon-Kleid, Perlenkette, weiße Handschuhe und zur Krönung ein großer grüner Aranka-Hut. Virginia glaubte zwar, dass das Outfit, gepaart mit ihrem Upperclass-Akzent, mehr Provokation als Schutz sein würde, aber bremsen ließ ihre Freundin sich nicht.

Mit dem alten Buick der Durrs machte sie sich auf den Weg, auf keinen Fall, schärfte Virginia ihr ein, solle sie ihn in der Nähe der Kirche parken. Decca stellte den Wagen direkt davor ab, ob aus Ungeduld oder Angst vor der Meute, die sich dort, brüllend und bewaffnet, versammelt hatte, ist nicht ganz klar. Nachdem Gouverneur Patterson sein Versprechen, die Freedom Riders zu schützen, gebrochen hatte, tat John F. Kennedy das, was John Patterson auf gar keinen Fall wollte: Der Präsident schickte Federal Marshals nach Montgomery. Der Gouverneur tobte, drohte sogar, Bundessoldaten verhaften zu lassen.

1500 Menschen saßen dicht an dicht im Gotteshaus, umzingelt von ihren Gegnern. Decca war beeindruckt von dem Kontrast: »Das Kircheninnere war eine von lautem, süßem Gesang erfüllte Oase, einhüllend und herzerwärmend.« Männer, Frauen und Kinder im Sonntagsstaat lobten den Herrn. Und Decca, fast die einzige Weiße unter lauter Schwarzen, lobte die Menschen, ihre Ruhe und gute Laune. King und Abernathy predigten im Wechsel: keine Panik, wir wollen für unsere Freiheit einstehen, wir haben keine Angst. Dazwischen wurde viel gesungen und geklatscht. Tränengas, mit dem die Federal Marshals versuchten, die Rassisten draußen zu bändigen, drang ins Innere, Flaschen und Steine flogen durch die offenen Kirchenfenster, die jetzt geschlossen werden mussten, so dass es drinnen noch heißer und stickiger wurde. Die größte Angst der Versammelten: dass die Hooligans das Gebäude abfackelten, so wie sie es ein paar Tage zuvor mit dem Bus der Freedom Riders gemacht hatten. Auch wenn sie selbst nicht darüber sprach: Decca hatte Angst in diesem Moment, wie Virginia später erzählte, Todesangst.

Ein Auto brannte draußen schon: der Buick der Durrs. »Spektakulär« fand Decca die Szene, als sie sie ein Vierteljahrhundert später in *Eyes on the Prize*, der preisgekrönten PBS-Fernsehserie über das Civil Rights Movement (die nicht nur für sie das Beste war, was man über die Bewegung finden kann), mit eigenen Augen sah. »Umwerfend.«

Inzwischen war es früher Morgen, und sie waren immer noch eingesperrt. Martin Luther King hatte Robert Kennedy angerufen, der ihnen Schutz zusicherte. Am Ende erklärte Gouverneur Patterson den Ausnahmezustand, schickte notgedrungen State Police und National Guard los, um die Menge aufzulösen und die Eingeschlossenen sicher nach Hause zu bringen.

So lange war Decca in ihrem ganzen Leben noch nicht in einer Kirche gewesen. Es dämmerte schon, als sie im Jeep der Alabama National Guard zu den Durrs kutschiert wurde. »Es war ein atemberaubend schöner Morgen«, wird sie in ihrem Artikel über ihre Südstaatenreise schreiben, »eine weiche, warme, luftige Morgenröte, in der die hübsche kleine Stadt bestmöglich zur Geltung kam.«

Decca sei heil und gesund, beruhigte Bob Lady Redesdale in der Zwischenzeit, denn auch in England hatten Zeitungen und Fernsehen groß über die Krawalle und die brenzlige Nacht berichtet. Der *Daily Express* würde sogar eine eigene Geschichte über Deccas Erlebnisse bringen. Ihre

Mutter war schockiert von dem, was sie gelesen hatte, die Durrs waren froh, als sie heil nach Hause kam. Vorwürfe wegen des Autos machten sie ihr nicht. Decca beschwatzte später ihre eigene Versicherung, den Schaden zu übernehmen.

Ein paar Stunden nachdem sie aus der Kirche zurückgekehrt war, stand Decca schon wieder auf und rief alle Redaktionen an, die ihr einfielen, bis sie einen Auftrag hatte. Für *Life Magazine* sollte sie über ihre Erlebnisse berichten. Dann setzte sie sich hin und haute in die Tasten. Anfang Juni sollte der Artikel erscheinen, aber am Ende brachte die Redaktion ihn doch nicht. Die Gründe dafür sind nicht ganz klar, aber zum Trost kriegte Decca sagenhafte 500 Dollar Ausfallhonorar, außerdem hatte sie Gelegenheit, Zeitungen und Radiosendern in diversen Interviews von ihren Erlebnissen zu erzählen. Einen Teil des Textes rettete sie in ihr »Southern Potpourri«, das ein Jahr später in der Zeitschrift *Esquire* erscheinen sollte. Ein Buch wurde nicht mehr daraus.

Als Virginia den Artikel las, musste sie Tränen lachen. Die Oberschicht, fand sie, habe Decca großartig durchschaut – nur die Unterschicht habe sie nicht verstanden. Decca hatte sich über die schäbige Erscheinung der weißen Rassisten lustig gemacht: »Den letzten Schrei der Proletenmode« tragen die Weißen in ihrem Text, sie hätten ausgesehen wie Mob-Statisten in einem schlechten Film. Die Leute seien schlichtweg arm, musste Virginia der Freundin erklären, die doch eigentlich Expertin in Sachen Klassengesellschaft war. Viele, so Virginia, klammerten sich an die Idee der »weißen Vorherrschaft«, weil sie sonst nichts hätten. Man müsse die ökonomischen Ursachen beschreiben und bekämpfen, dürfe das Auftreten dieser Leute »nicht einfach als die hässliche Manifestation einer Armut im Geiste« betrachten.

Aber als Autorin interessierte Decca das Was immer mehr als das Warum. Sie war eine begnadete Geschichtenerzählerin, hatte ein großes Talent, Szenen und Leute zu beschreiben, sie mit wenigen witzigen Worten einzufangen. Die Analyse lag ihr nicht, für Psychologie hatte sie nichts übrig. Vielleicht wollte sie sich auch nur ihre Pointen nicht kaputtmachen.

Je länger sie sich im Süden aufhielt, desto heftiger wurde der Wunsch, dieses Irrenhaus hinter sich zu lassen, desto größer wurden Heimweh und Sehnsucht nach Bob. Selbst die engagierten Weißen ödeten sie inzwischen an, hatten sie doch kein anderes Thema als den Kampf gegen den Rassismus. Und Virginia war ihr auf Dauer zu anstrengend. Nicht gerade als Glucke bekannt, wünschte Decca sich plötzlich nichts sehnlicher als ein Wiedersehen mit der Familie in Kalifornien. Nach den zwei Wochen in Montgomery kürzte sie die Reise ab, tankte im liberaleren Atlanta noch ein bisschen auf und fuhr schnell heim.

Auch wenn die Freedom Riders hinterher als kommunistische Verschwörer und auswärtige Randalierer verunglimpft wurden, die Reisenden in Sachen Freiheit hatten ihr Ziel erreicht. Ab Ende 1961 konnten Schwarze auf überregionalen Busfahrten ganz offiziell sitzen, wo sie wollten, das galt auch für die Wartesäle und Cafés, konnten aus jedem Wasserspender trinken. Die Schilder mit »Colored« und »White« verschwanden aus den Busbahnhöfen. Für viele im finstersten Süden wurde der Ausdruck Freedom Riders zum Synonym für Bürgerrechtler.

Statt für das ursprünglich geplante Buch in den Süden zurückzukehren, sollte Decca sich jetzt in ein anderes Projekt schmeißen. Diesmal wurde tatsächlich ein Buch daraus. Und was für eins!

Ein neues Wunderland

Wie all ihre Freunde gehörten die Treuhafts, seit sie in Oakland lebten, dem Berkeley Co-Op an, der größten Kooperative im ganzen Land. Zu den besten Zeiten, in den 1960er Jahren, bevor sie sich zerstritten, hatte sie mehr als 100 000 Mitglieder. Decca nahm das Motto des genossenschaftlichen Supermarkts – »wo Menschen zusammenkommen« – ganz wörtlich. »Lunch-and-Co-op« war ihr fast tägliches Ritual in den 1940er und 1950er Jahren, den lästigen Einkauf verband sie mit einem geselligen Mittagessen, oft mit ihrer Freundin Barbara Kahn, die Hausfrau war.

Bob engagierte sich schon seit längerem in der Selbstverwaltung des Co-Ops. Als er nach dem Austritt aus der Partei plötzlich mehr Zeit hatte, gründete er zusammen mit anderen einen Ableger, die Bay Area Funeral Society. Als Anwalt von Gewerkschaftlern hatte er nämlich festgestellt, dass nach dem Tod des Hauptverdieners einer Familie das ganze Sterbegeld, eigentlich als Notgroschen für die Hinterbliebenen gedacht, für die Bestattung draufging, egal, ob es 1000 oder 2000 Dollar waren. Offenbar wussten die Bestattungsunternehmer immer genau, wie viel sie aus einer Leiche herausholen konnten. Ziel der Funeral Societys war es daher, ihren Mitgliedern günstige, aber würdevolle Beerdigungen zu vermitteln. Mit 100 bis 200 Dollar waren sie dabei.

Bob stürzte sich in den Verein genauso hinein wie in die Partei und seine Prozesse. Er saß im Vorstand, war ein Jahr lang Präsident, machte Öffentlichkeitsarbeit und akquirierte neue Mitglieder. Aber so viel unerwarteten Zulauf die Non-Profit-Organisation auch hatte, sie erreichten doch nur eine Minderheit von linksliberalen Intellektuellen, Gewerkschafts- und Kirchenmitgliedern. Bob wollte ran ans Volk.

Natürlich machte sich Decca über das morbide Engagement ihres Gatten lustig – bis Bob anfing, die Branchenblätter nach Hause mitzubringen. Da war es um sie geschehen. Allein die Namen der Magazine brachten sie noch Jahrzehnte später zum Kichern: *Mortuary Management, Casket and Sunnyside* und ihr besonderer Liebling: *Concept. The Journal of Creative Ideas for Cemeteries* – »Begräbnismanagement«, »Sarg und Sonnenseite«, »Konzept. Kreative Ideen für Friedhöfe.« »Ich war auf einmal in einem neuen Wunderland, von dessen Existenz ich nichts geahnt hatte.« Allein die Anzeigen waren so gut, dass sie bald ihr ganzes Gästeklo damit tapezierte: »Solides Kupfer – ein Qualitätssarg von höchstem Wert für Kunden, die lang anhaltenden Schutz wünschen«. Überhaupt, die Särge! Für jeden gab es das richtige Modell, für den Patrioten (»solide, verlässlich, mutig«) ebenso wie für den Jetsetter (»Modell Monaco«). Und dann die verführerischen Dessous aus den Bestatterkatalogen: »Neue BH-Form. Postmortale Formrestaurierung, größte Wirkung bei geringstem Aufwand«. Philip Toynbee hat Decca später aufgezogen, das hätte sie doch alles erfunden. Hatte sie aber nicht. War alles echt. So echt, wie das in einer Branche möglich ist, die sich dem schönen Schein verschrieben hat.

Bob musste seine Frau nicht lange überreden, einen Artikel über die Funeral Society als Alternative zur kommerziellen Branche und deren Tricks zu schreiben. Die Abwechslung kam Decca recht, sie steckte gerade mit *Hons and Rebels* fest, hatte noch immer keinen Verleger gefunden. Also machte sie sich an die Arbeit, und je mehr sie erfuhr, desto faszinierender, unerhörter – und komischer fand sie das Ganze.

Nur wollte ihren Artikel niemand haben. Vergeblich ging sie bei den großen Zeitschriften damit hausieren, bis sie endlich einen Abnehmer fand: *Frontier*, ein kleines liberales Magazin aus Südkalifornien, das 40 Dollar Honorar zahlte. Ihr Artikel »St. Peter Don't You Call Me« erschien im November 1958. Er begann mit den Worten »The American Way of Death …« (»Die amerikanische Art des Sterbens …«) und endete, nach einigen Horrorgeschichten von kommerziellen Bestattungsunternehmern, mit den Funeral Societys.

Die Zeitschrift *Frontier* hatte zwar nur eine Auflage von 2000 Exemplaren, aber Bobs Bay Area Funeral Society ließ noch mal 10 000 nachdrucken und verteilte sie großzügig in der Gegend von San Francisco. Zusammen mit dem Vorsitzenden der Funeral Society und zwei kommerziellen Bestattern wurde Decca in eine Talkshow eingeladen, die außerordentlich unterhaltsam verlief – »urkomisch«, so Bob –, mit gewaltiger Resonanz. Ein Interview mit den Treuhafts in der populären *Saturday Evening Post* im Juni 1961 schlug dann ein wie eine Bombe. Tausende von Leserbriefen erreichten die Zeitschrift, so viele wie noch nie, auch Decca bekam jede Menge Post, adressiert an »Mrs. Treuhaft – Günstige Bestattungen – Oakland«. Von nun an war die Freifrau Miss Billig-Beerdigung.

Kein Zweifel, sie waren auf ein Riesenthema gestoßen, eines, das jeden irgendwann betraf, mit dem fast alle schon Erfahrungen gesammelt hatten, oft schlechte, aber über das keiner sprach. Also fragte Bob, dem das Thema ein echtes Anliegen war, den Reporter der *Saturday Evening Post*, ob er nicht ein Buch darüber schreiben wolle. Der winkte ab, warum sie es nicht selber übernähmen? Schließlich klopfte Bob seine Frau weich. Unter einer Bedingung: dass er mitmachen und sich von der Kanzlei beurlauben lassen würde. Das hat er getan, ein knappes Jahr nahm er sich frei.

Ohne Bob hätte Decca das Buch nie schreiben können. Abgesehen von dem Fachwissen, das er sich angeeignet hatte, war er als Jurist den Umgang mit mächtigen Gegnern gewohnt, hatte Übung im Recherchieren und nahm es mit den Fakten ganz genau. In Prozessen musste das Beweismaterial nun mal hieb- und stichfest sein. Das war es im Buch am Ende auch: Die Angeklagten mochten Decca mit Schlamm bewerfen, geklagt haben sie nicht. Die Kampfeslust von beiden, Bobs Präzision in Kombination mit Deccas Witz und Stil, machte sie zum idealen Team.

Decca betrachtete die merkwürdigen amerikanischen Sitten wie eine Ethnologin, mit den Augen der Engländerin. In ihrer protestantischen Heimat wurden Leichen nicht in aller Öffentlichkeit aufgebahrt, sondern in einen billigen Sarg gesteckt und ohne großen Pomp im engsten Freundes- und Familienkreis unter die Erde gebracht. Der wichtigste Teil jeder Mitford-Beerdigung waren die Lieder, und die waren umsonst. Man pflegte einen nüchternen Umgang mit dem Tod, den man auch beim Namen nannte, gerade in der Aristokratie. Man sagte »graveyard« statt »cemetery«, »to die« statt »to pass on« – »Totenacker« statt »Friedhof«, »sterben« statt »entschlafen«. Euphemismen hatten im noblen Wortschatz keinen Platz. Die aber waren *das* Erfolgsrezept der amerikanischen Bestattungsbranche. Hier wurden Leichen »Loved Ones«, »geliebte Menschen«, genannt, sie waren auch gar nicht tot, sondern »schlummerten« nur. Bestattungsinstitute hießen »funeral home« oder »parlour« (»Bestattungsheim« oder »Gute Stube«). Die Sprache war es, die Decca als Erstes reizte.

Der Ausdruck »grief therapists«, »Trauertherapeuten«, den die Bestatter sich selbst gern umhängten, hatte es ihr besonders angetan. »Es *gibt* keine Trauertherapie«, schrieb Decca ihrer Freundin Eva Lapin-Maas, »außer der Zeit, die vergeht, und selbst das funktioniert nicht.« Schon von richtigen Therapeuten hielt sie nichts. Aber dass Sargverkäufer sich als Trauerberater aufspielten und vermarkteten, war für sie der Gipfel.

Decca hatte nichts gegen Beerdigungen als solche, fand das letzte gesellige Zusammensein in der Regel recht unterhaltsam, bei Trauerfeiern von Freunden hielt sie oft (kurze) Ansprachen. Aber sie hatte was dagegen, wenn Leute daraus Kapital schlugen und das noch als Altruismus verbrämten. Ihre Freundin Pele de Lappe glaubte, dass das traumatische Erlebnis von Nickys Beerdigung »mit dem weißen Sarg und den Blumen darauf und dem ganzen grauenhaften Bestattungskitsch« mit dazu geführt hatte, dass Bob und Decca sich so intensiv mit dem Thema beschäftigten.

Decca verstand, dass Angehörige den Toten noch mal sehen wollten – aber nicht, dass er rausgeputzt und aufgespritzt vorgeführt wurde. Jemanden, der qualvoll an Krebs gestorben war, so aufzubrezeln, dass er aussah wie das blühende Leben, war für sie die ultimative Heuchelei. Das Cover des fertigen Buches schmückte ein Trauergebinde in Form eines Dollarzeichens. So lautete auch der Titel der deutschen Übersetzung, die 1965 erschien: *Der Tod als Geschäft.*

25 000 Bestattungsinstitute gab es zur Zeit ihrer Recherchen, die einerseits miteinander konkurrierten, andererseits Preisabsprachen trafen, wie die Treuhafts herausfanden. So setzte Decca fort, was sie mit der Arbeit beim Office of Price Administration angefangen hatte: den Kampf gegen Preistreiberei. Eines ihrer Hauptziele war es, die Bestatter dazu zu bringen, ihre Gebühren offenzulegen. Es ging um nicht weniger als Freiheit. Die Freiheit, selbst zu entscheiden, ob man es gern billig oder opulent hätte.

Die Bestattungsindustrie war für Decca Kapitalismus in seiner besonders bizarren, aber auch besonders schäbigen Form, ein Zerrspiegel der Gesellschaft. Der American Way of Death war wie der American Way of Life, nur noch absurder. Ob es um Verkaufstricks ging oder Werbesprüche, überhaupt das Schaffen von Illusionen, alles war wie im richtigen Leben, nur extremer, geschmackloser und nicht zuletzt komischer. Für Decca war es kein Zufall, dass die Branche und ihre Lobby in Kalifornien, der Heimat Hollywoods und Disneylands, besonders mächtig war. Was sie vor allem störte, war die Tatsache, dass sie geschäftsträchtige Praktiken mit »Patriotismus, Liebe zu Gott und Vaterland« gleichsetzten. Dabei war das, was die Bestatter als »traditionell« verkauften, wie Decca betonte, eine ziemlich moderne Erfindung. Ursprünglich waren Beerdigungen auch in den USA eine schlichte Angelegenheit gewesen.

Decca war nicht die erste Engländerin, die sich über die amerikanischen Bestattungsgebräuche lustig machte. 1948 war Evelyn Waughs Friedhofs-Satire *The Loved One (Tod in Hollywood)* erschienen, die er seiner guten Freundin Nancy Mitford gewidmet hatte, wofür diese sich auch artig bedankte, während sie einem Freund anvertraute, dass sie es für ganz schön harten Tobak hielt. So grotesk die Geschichte klingt – was Ort und Sitten angeht, hat Evelyn Waugh einen ziemlich realistischen Roman geschrieben. Sein Whispering Glades ist ein recht genaues Abbild des Forest Lawn Memorial Parks, im Großraum Los Angeles gelegen, nicht weit von Hollywood entfernt.

Forest Lawn ist ein Friedhof plus Beerdigungsinstitut in Privatbesitz, der erste einer ganzen Kette, 1917 von Dr. Hubert Eaton gegründet. Dr.

Eaton, so scheint es, konnte Friedhöfe nicht leiden. Deswegen machte er einen Freizeitpark daraus, mit Kleiner Meerjungfrau, Michelangelos David und einem Schlosstor, doppelt so groß wie das Tor des Buckingham Palace. »Deprimierende Todessymbole haben hier keinen Platz«, wie es in dem Leporello des Museumsshops heißt, nicht mal kahle Äste sind erlaubt. Als Erstes mussten die Grabsteine verschwinden, stattdessen ließ Dr. Eaton flache Platten in den Rasen versenken, zwischen denen man auch picknicken darf. Wer mit dem Auto auf der sanft geschwungenen Straße den grünen Hügel hinauffährt, wähnt sich eher in einem Country Club als auf einem Todesacker. Auf einer gigantischen Tafel können die Besucher Dr. Eatons amerikanischen Traum nachlesen: Er werde einen Friedhof anlegen, wie es noch keinen gegeben habe, erfüllt von Sonnenschein, Vogelgezwitscher, Brunnengeplätscher und Immergrün. Forest Lawn ist ein Feel-Good-Friedhof, in auf altenglisch getrimmten Kirchen kann man sogar heiraten, auch Ronald Reagan hat das getan. Die Namen der Grabfelder sind so verlockend, dass man am liebsten gleich sterben möchte: »Affection«, »Everlasting Love«, »Sunrise Slope«, »Whispering Pines« und »Slumberland«, ein »Graceland« gibt es auch. Halb Hollywood liegt auf dem Friedhof, Spencer Tracy, Humphrey Bogart, Clark Gable, Jean Harlow, Chico Marx, James Stewart und, natürlich, Dr. Eaton selbst.

Dr. Eaton war ein Pionier, sein Memorial Park wurde für viele zum Modell. Anfang der 1960er Jahre war bereits nur noch ein Viertel der amerikanischen Friedhöfe in öffentlicher Hand. »Er beeinflusste die Moden der modernen Bestattungsindustrie wahrscheinlich mehr als irgendein anderer«, schreibt Decca in ihrem Buch. Eine seiner lukrativsten Innovationen: sein eigenes Bestattungsinstitut und einen Blumenladen gleich mit auf den Friedhof zu setzen, »alles aus einer Hand, für bequemstes Einkaufen«.

Während der arme Bob im San Franciscos College of Mortuary Science zugucken musste, wie Leichen in Wachsfiguren verwandelt wurden (da, sagte Decca ganz offen, hätte sie niemand hingekriegt), verbrachte sie im Herbst 1961 eine ganze Woche in L. A., die meiste Zeit auf Forest Lawn. Mit einem Freund schaute sie sich für ihre angeblich sterbende Schwester schon mal in den Schlummerräumen um, den »Loved Ones« in Oakland brachte sie Souvenirs aus dem Museumsshop mit. Der Forest-Lawn-Aschenbecher wurde das Weihnachtsgeschenk des Jahres. Virginia Durr kriegte auch einen.

Als Decca der Friedhofsverwaltung eine Liste mit Fragen zu Preisen und Umsätzen schickte, kam nur ein böser Brief aus der Rechtsabteilung zurück mit der versteckten Drohung, sie zu verklagen. Genützt hat es nichts: Dem Memorial Park hat sie ein ganzes und ganz besonders unterhaltsames Kapitel gewidmet. Die Überschrift: »Shroudland Revisited«, ein kleiner Gruß an Evelyn Waugh, den Autor von *Brideshead Revisited*. »Shroud« bedeutet Leichentuch oder Totenhemd.

Die Treuhafts waren mit der Arbeit schon ziemlich weit fortgeschritten, als sie einen kräftigen Dämpfer bekamen: Nach der Lektüre der ersten hundert Seiten wollte weder ihr englischer noch ihr amerikanischer Verlag das Buch veröffentlichen. Das Ganze erschien ihnen zu unappetitlich und makaber, der Ton zu locker und lustig. Besonderen Anstoß nahmen sie an dem Kapitel übers Einbalsamieren – all diese widerlichen Details wolle doch kein Mensch lesen!

Genau diesen Teil zu streichen kam für die Treuhafts gar nicht in Frage. *Embalming* war eine amerikanische Spezialität, »das Herzstück der Industrie«, wie Kulturhistoriker Gary Laderman schreibt, das, was die Branche so profitabel machte. Denn wenn eine Leiche, mit viel Aufwand zurechtgemacht, tagelang für Nachbarn, Kollegen und den weiteren Bekanntenkreis offen aufgebahrt wurde, musste sie auch in einem repräsentativen, entsprechend teuer gefütterten Sarg liegen, und der Raum, für den natürlich Miete zu entrichten war, musste mit Blumen geschmückt werden. Das Einbalsamieren war der Hauptgrund, warum eine amerikanische Beerdigung zehnmal so viel kostete wie eine englische.

Das Kapitel war das Herzstück des Buches, der spannendste Teil, las man dort doch von Dingen, die sonst im Verborgenen stattfanden, aber fast allen Amerikanern drohten. Und erst indem Decca das Ganze lustig aufschrieb, wurde es erträglich. Nein, eher würden die Treuhafts das Manuskript selber vervielfältigen und unter die Leute bringen.

Bob Gottlieb

Nein, fand auch Deccas Agentin, die überzeugt war von dem Projekt und das Manuskript Robert Gottlieb beim Verlag Simon & Schuster zu lesen gab. Der junge Lektor schnappte sofort zu, ja, war sogar bereit, die Konkurrenz zu überbieten und 5000 Dollar Vorschuss zu zahlen, für Decca eine enorme Summe. Er sah sofort das Potential in dem, was anderen als obskures Thema erschien.

Als »Wunderknabe der Verlagsszene« hat Decca Bob Gottlieb bezeichnet, der mit dreißig schon Cheflektor bei Simon & Schuster war, bevor er 1968 zu Alfred A. Knopf wechselte und Verlagsleiter wurde. Die Freundschaft der beiden hielt bis an Deccas Lebensende, als er längst nicht mehr ihr Lektor war, denn Ende der 1980er Jahre wurde Gottlieb Chefredakteur der Zeitschrift *New Yorker*. Er selbst war New Yorker durch und durch, die Ähnlichkeit mit Woody Allen ist nicht zu verkennen, aber er hatte auch in Cambridge studiert, kannte die Mitford Sisters und Nancys Romane, die englische Literatur und Aristokratie. Extrem belesen, gehörte Gottlieb bald zu den Legenden seiner Branche, »ein großer Lektor«, so Doris Lessing, »wahrscheinlich der beste seiner Zeit«.

An Deccas Manuskripten habe er kaum etwas ändern müssen, »bei ihr war es fast immer nur kosmetisch«. Was an Deccas Amateur-Lektoren-Gruppe liegen mochte, vielleicht aber auch daran, dass er mit ihr als Freundin milder umging. »Einfühlendes Lektorieren« nannte Decca seine Methode. Gottlieb zügelte sie in ihrer hemmungslosen Lust am Kalauern, bei späteren Büchern bremste er sie auch, wenn sie sich zu große Freiheiten mit den Fakten nahm. »Eine absolut skrupellose Angreiferin. Um ihren Willen durchzusetzen, schreckt sie vor nichts zurück«, so Gottlieb. »Zum Glück steht es meist im Dienst der Menschheit.« Er war begeistert von ihrer Begeisterungsfähigkeit, von der Verve, mit der sie sich – unbarmherzig gegenüber ihren Opfern – in ein Thema schmiss. Als Liebe auf den ersten Blick haben beide ihre Begegnung beschrieben.

Bob Gottlieb war ein absoluter Glücksfall für Decca. Scharf, schnell, böse und ironisch – »nicht gerade gemütlich«, wie Deccas Assistentin Katie Edwards sagt –, fand sie in ihm einen Partner auf Augenhöhe. »Beißer« nannte sie ihn. Sie verließ »sich absolut auf seinen Rat und seine Meinung zu allem«, erzählt Katie Edwards. Unterhielt Gottlieb mit vielen seiner Autoren eine rein professionelle Beziehung – langen intensiven Arbeitsphasen folgte jahrelanges Schweigen –, war es mit Decca genau umgekehrt. »Unsere Freundschaft war eine dauernde – unterbrochen von beruflichen Intermezzi. Eine Familienangelegenheit.« Mit Dinky ist er bis heute befreundet. Decca und Bob telefonierten regelmäßig miteinander und trafen sich in New York, wann immer sie in der Stadt war. Nur zu ihren alten linken Freunden ging er nicht mit, über die machte er sich lustig.

Der Teil, den die anderen rausschmeißen wollten, gefiel Gottlieb ganz besonders. Mit diesem Kapitel betrat Decca »verbotenes Gelände«, wie sie es nennt, wo der Tote »vom gewöhnlichen Leichnam in ein wunderschönes Erinnerungsbild verwandelt« wird. Hier läuft sie zu ironischer Hochform auf. Da werden fehlende Nasen aus Wachs geformt, abgetrennte Köpfe geschickt wieder aufgesetzt, Lippen mit Sicherheitsnadeln zu einem haltbaren Lächeln fixiert, Kiefer gebrochen und mit Draht in Position gebracht, Haare gewaschen und geföhnt, Nägel manikürt und Hände passend zum Teint geschminkt. Auf besonderen Wunsch bekommt die Leiche noch einen persönlichen Touch verpasst, eine Pfeife in den Mund gesteckt oder ein Buch in die Hände gelegt.

Das Kapitel übers Einbalsamieren wurde ihr erfolgreichster Text überhaupt: Kein anderer wird so oft zum Nachdruck nachgefragt, in zahlreichen College-Lehrbüchern kann man ihn finden.

Die Bestattungsindustrie wird nie wieder dieselbe sein

Nach ziemlich genau einem Jahr und zahlreichen Sitzungen mit dem Writing Committee war das Manuskript Ende 1962 fertig. Eigentlich wollte Decca, dass das Buch unter ihrem *und* Bobs Namen erschien, doch das redete Gottlieb ihr aus: schlecht fürs Marketing, argumentierte er. Bob schien es nichts auszumachen, so Benjys Eindruck: »Ich bin sicher, dass er nicht einen Funken Neid in sich hatte.« Er bereute auch die Auszeit nicht. Die Funeral Societys bekamen neuen Zulauf, und so viel Geld wie mit dem Buch hätte er als Anwalt nie verdient, 100 000 Dollar allein im ersten halben Jahr. Decca hat *The American Way of Death* ihrem Mann gewidmet.

Den Bestattern war schon vor der Veröffentlichung klar, dass das Buch nicht, wie erhofft, unbemerkt wieder verschwinden würde. Noch wussten sie nicht, was genau darin stand, nur so viel: dass es explosiv war. »Wer hat Angst vor dem Großen Bösen Buch?«, fragte die Zeitschrift *Mortuary Management*. Viele, so wie es aussah. Und das zu Recht.

Anfang August 1963 kam *The American Way Of Death* heraus, zwei Monate später druckte der Verlag schon die fünfte Auflage. Auf der Bestsellerliste schoss es nach oben und blieb dort bis zum Frühjahr stehen, einige Buchhandlungen orderten ein paarmal am Tag nach. Es regnete hymnische Besprechungen.

Gerade die Mischung aus Information und Unterhaltung hatte es den Kritikern angetan. Eine Dokumentation und politische Streitschrift, die (Real-)Satire zugleich war, so etwas hatte es noch nicht gegeben. Das Buch war lebendig und verständlich geschrieben, mit Beispielen gespickt und geprägt von einer sehr amerikanischen Lust an Zahlen und Statistiken. Gleichzeitig ist es ein persönliches Buch. Decca erzählt von ihren Recherchen, vorzugsweise denen undercover, einige Interviews dokumentiert sie im Original, selbst wenn sie zu keinem Ergebnis führen, ja, gerade dann: um zu zeigen, wie der Interviewte herumeiert, statt Auskunft zu geben. Mit knackigen Zitaten führte sich die Branche selbst ad absurdum. Es ist ein sehr dichtes Buch geworden, für die Fülle der Informationen und die Breite des Themas geradezu schlank: Die Taschenbuchausgabe hat etwas mehr als 300 Seiten.

Buchclubs ernannten es zum Buch des Monats, von der Paperbackausgabe wurde eine halbe Million verkauft. Decca bekam stapelweise Briefe, in denen die Absender ihrer Wut, ihrer Trauer und ihrer Freude Luft machten. Es waren so viele, dass sie die Tochter von Freunden anheuerte, ihr beim Beantworten zu helfen. Die Londoner *Times* war bald überzeugt, dass Jessica Mitfords Einfluss in Amerika größer und nachhaltiger sei als der der Beatles.

Über Nacht wurde Decca zu »Amerikas führender Bestattungsexpertin«, wie sie scherzte. Viele Medien griffen das Thema mit eigenen Geschichten auf, die Autorin gab unzählige Interviews. Als auch ein deutscher Sender anfragte und sie einwandte, sie könne kein Deutsch, bot die Redaktion ihr an, ihr geplantes Statement vorher zu übersetzen, dann müsse sie es nur noch auswendig lernen. Also lernte sie: »*Ein teures be-grabenesse* heißt: kostspielige Beerdigung«, wie sie ihrem Enkel später er-klärte, »(ich hab's phonetisch gelernt, die Rechtschreibung dürfte schief & krumm sein) *ist ein status symbol, wie ein luxus auto, ein schwimming-pool im garten, oder en weekend in Miami beach for funfzig dollar am tag!*«

Zu ihrer Freude ging die Branche hoch wie eine Horde HB-Männchen. Die Bestatter waren es gewohnt, ihrem Geschäft hinter verschlossenen Türen nachzugehen, und die hatte Decca nun weit aufgerissen. Die Auf-regung genoss sie in vollen Zügen.

Der Verlag schickte sie, was damals noch ungewöhnlich war, auf aus-gedehnte Lesereise. Dallas, Denver, Boston, sechzehn Städte insgesamt, in Hotellobbys und im Speisewagen wurde sie oft erkannt. Wo sie auch hinkam, versuchten die Bestatter, ihr an den Kragen zu gehen. Was ein großer Fehler war, verschaffte es ihr doch nur noch mehr Publicity und Vergnügen. »Man muss ihr nur widersprechen«, so Bob Gottlieb, »oder vorsichtig eine andere Meinung äußern, und schon fährt sie ihre kleinen Klauen aus und schlägt um sich.« Rhetorisch waren die Gegner ihr nicht gewachsen. Statt wenigstens jetzt den Mund zu halten, fütterten sie Decca unentwegt mit neuem Material, das sie dann in weiteren Artikeln, Inter-views und Auftritten verwursten konnte. Wann immer pompöse Bestatter mit ihr auf einer Bühne auftraten, hatte sie die Lacher auf ihrer Seite. »Sie war witzig«, so Gottlieb, »und ich sage Ihnen was: Die Bestattungsunter-nehmer in Amerika sind nicht witzig.«

The American Way of Death war Deccas erfolgreichste Revolution. Da-mit hatte sie eine Branche aus den Angeln gehoben – »die Bestattungs-industrie wird nie wieder dieselbe sein«, schreibt Gary Laderman in seiner Kulturgeschichte über das amerikanische Bestattungswesen im 20. Jahr-hundert. Plötzlich fielen die Preise, während die Zahl der (sehr viel bil-ligeren) Einäscherungen hochging. Sie hatte ein neues Bewusstsein ge-schaffen: Hinterbliebene überlegten es sich jetzt genau, ob sie wirklich ein paar Tausend Dollar für einen Sarg ausgeben wollten, wehrten sich gegen zu viel Blumenschmuck. Sie wurden mutiger, begegneten den Bestattern mit mehr Misstrauen.

Das ging bis in die höchsten Kreise. Eine Woche nachdem Decca in Dallas *The American Way of Death* vorgestellt hatte, wurde John F. Kennedy in der texanischen Stadt erschossen. Jackie und Bobby Kennedy entschieden sich gegen eine offene Aufbahrung des Toten, Amerika sah nur den mit einer Fahne zugedeckten Sarg. Dass dieser eher schlicht ausfiel, auch daran war Decca schuld: Bobby Kennedy und sein Berater hatten ihr Buch gelesen. Wenn es stimmt, was Debo ihr erzählte, war JFK selbst ganz angetan von Deccas Projekt gewesen.

The American Way of Death wurde das Thema ihres Lebens, ihr Chatsworth, ihr Versailles. Als sie selber, dreiunddreißig Jahre später, im Sterben lag, arbeitete Decca gerade an einer Aktualisierung des Bestsellers. Sie freute sich diebisch, dass der Name Mitford in Amerika jetzt als Erstes mit Billigbeerdigungen in Verbindung gebracht wurde. Jahrzehntelang hielt sie mit größter Wonne Vorträge zum Thema, in der Anfangszeit jede Woche einen, und jedes Mal so frisch und lebendig, als wäre es das erste und nicht das 385ste Mal. War das Schreiben des Buches mühselige »Bergauf«-Arbeit gewesen, war das Reden nur noch pures Vergnügen. Decca war eine Rampensau.

Bei »The Talk«, wie Bob ihre Auftritte nannte, ließ sie sich die Namen der Branchenzeitschriften auf der Zunge zergehen und führte ihre Lieblingsrequisite vor, den anpassungsfähigen »Fit-a-Fut Oxford«, den hinten offenen Schuh, der sich auch über den erstarrten Fuß leicht ziehen ließ und immer passte. Decca steckte sich die Finger in den Mund und zog die Mundwinkel auseinander, riss die Augen auf und legte den Kopf schief, um zu demonstrieren, wie der Bestatter der Leiche mit Hilfe des »Natural Expression Formers« aus Plastik »ein Engelslächeln auf das tote Gesicht« zaubert. Das Publikum tobte, vor allem das studentische. Schwer zu sagen, wer mehr Spaß an den Veranstaltungen hatte, die Rednerin oder ihre Zuhörer. Mit Mitte vierzig war Decca das, was sie schon als Kind sein wollte: ein Clown. Ein kapitalismuskritischer Clown, der ordentlich abkassierte. »Ich habe das Thema bis zum Letzten ausgeschlachtet.«

So hat das Buch auch Deccas Leben umgekrempelt. Dank der Vortragseinladungen und Aufträge für Artikel zu anderen Themen reiste sie nun ausgiebig und umsonst durchs Land, konnte sich leisten, Freunde in Chicago, New York und Washington zu besuchen und regelmäßig wochenlang nach Europa zu fahren, wo Schwester Nancy sie zu Dior schleppte und zwang, ein Kleid für 700 Dollar zu kaufen.

Decca war jetzt ein Star. Und sie war gerne berühmt, liebte ihre Fanpost (»sie beantwortete jedes Schreiben«, glaubt Benjy), es gefiel ihr, im Supermarkt erkannt und nach Hollywood eingeladen zu werden. Aus dem Plan, sie das Drehbuch für die Verfilmung von Evelyn Waughs *The Loved One* schreiben zu lassen, wurde zwar nichts: Regisseur Tony Richardson war klug genug, zwei Profis für die Aufgabe zu engagieren, Terry Southern (*Dr. Strangelove Or: How I Learned to Stop Worrying and Love the Bomb*) und Christopher Isherwood. Trotzdem war Decca entzückt von dem Film mit Stars wie Rod Steiger, John Gielgud und Liberace. Die Filmemacher hatten sich von ihrem Buch inspirieren lassen und drehten zu Waughs Entsetzen noch mal richtig auf. Decca besuchte den Set für eine Reportage, zu Gast beim Produzenten des Films lernte sie bei einem ausgedehntvergnügten Mittagessen Liz Taylor und Richard Burton kennen. Heute liegt Liz Taylor auf Forest Lawn, so wie ihr junger Freund Michael Jackson.

Ein großer Erfolg wurde der Film nicht, als er 1965 in die Kinos kam, den meisten Kritikern war die Satire zu schrill und geschmacklos, aber gerade das verschaffte ihm einen gewissen Kultstatus. Decca selbst war vom fertigen Streifen so begeistert wie von den Dreharbeiten, viel besser, fand sie, als Waughs Original. Die Filmproduktionsgesellschaft MGM wiederum war so hingerissen von der Überschrift ihrer Reportage »Something to Offend Everyone« (»Etwas Beleidigendes für jeden«, eigentlich ein Spruch der Regieassistentin, den Decca aufgeschnappt hatte), dass sie diese Zeile zum Motto ihrer Werbekampagne machten und ihr als Dankeschön eine Brosche in Form eines Trauerkranzes von Tiffany schenkten.

Mit Tony Richardson verband sie von nun an eine besonders vergnügte, unbeschwerte Freundschaft, auf ihren Europatrips besuchten die Treuhafts ihn oft in seinem Landhaus in Frankreich (»eine Wonne«), trafen ihn auch in London, so wie seine (dann Ex-)Frau Vanessa Redgrave.

Muv heute Morgen gestorben

Einen Teil von *The American Way of Death* hatte Decca auf Inch Kenneth geschrieben, hatte sich das Kapitel über englische Beerdigungen auch von ihrer Mutter und Philip Toynbee absegnen lassen. Das fertige Buch konnte Lady Redesdale nicht mehr lesen: Sie starb im Mai 1963, als die Vorbereitungen des Verlags für die Veröffentlichung gerade auf Hochtouren liefen. Die Beerdigung der Mutter war ganz nach Deccas Geschmack: preiswert, schlicht und schnell erledigt. Sie selber nahm nicht daran teil.

Decca wusste gleich, dass etwas nicht stimmte, als ihre Mutter schrieb, sie habe den halben Tag im Bett gelegen, das war so gar nicht ihre Art. Im Sommer zuvor hatte Lady Redesdale die Ziegen noch mit dem Regenschirm über die Wiese gescheucht. Als Debo, Diana, Nancy und Pam auf der schottischen Insel ankamen, konnte ihre Mutter nur noch mit Schwierigkeiten sprechen und schlucken. Gefragt, wie sie sich fühle, antwortete sie: »Ich fühl mich wie der Tod.« Falls ihnen ihr Testament nicht gefalle, sagte sie ihren Töchtern noch schnell, sollten sie es einfach umschreiben. Der Kamin in ihrem Zimmer brannte bei Tag und bei Nacht, auch jetzt im Mai war es noch eisig auf der Insel. Als ihnen die Kohle ausging – die nächste Lieferung sollte erst in ein paar Monaten kommen –, sammelten die Schwestern, aufgeregt wie die Kinder, am Strand Treibholz ein.

Für die vier war es das erste Mal seit ihrer Jugend, dass sie so lange so eng zusammen waren, noch dazu in einer so existentiellen Situation und abgeschnitten von der Außenwelt: Tagelang war Inch Kenneth im Sturm unerreichbar. So schrecklich es war, der Mutter zwei Wochen lang beim Sterben zuzusehen – wenn die vier nicht weinten, lachten sie, genossen die alte Vertrautheit. »Wir wussten alle, was die anderen dachten«, so Debo, »und (wie mein alter Collie) wussten, was die anderen sagen würden, bevor sie den Mund aufmachten.« Es war eine Erfahrung, die sie noch stärker zusammenschweißte.

Decca war draußen. In ihren Briefen klang es, als habe sie sich vor der Reise gedrückt. Wovor sie sich mehr gefürchtet hatte, vor Diana oder dem Tod, lässt sich schwer sagen. Vielleicht passte es ihr auch nicht, weil sie mit ihrem Buch gerade in den letzten Zügen lag. Die Telegramme flogen zwischen Oakland und Mull hin und her, fast täglich schickte ihr entweder Debo oder Nancy ein Bulletin, versorgten sie mit Nachrichten, ohne die sie sich, wie sie den Schwestern dankte, sehr einsam gefühlt hätte. Am 25. Mai 1963 bekam Decca wieder ein Telegramm: »MUV HEUTE MORGEN GESTORBEN ALLES LIEBE VON ALLEN SCHWESTERN.«

Zwei Wochen nach ihrem dreiundachtzigsten Geburtstag war Lady Redesdale tot. Der Schreiner kam, nahm Maß und zimmerte einen schlichten Sarg. Der *Puffin*, Fahne auf Halbmast, brachte sie an einem klaren Abend ein letztes Mal nach Mull, begleitet vom Klagegesang eines Dudelsackpfeifers.

»Waise« hat Debo das Kapitel über den Tod der Mutter in ihrer Autobiographie überschrieben. Genau so fühlte es sich für Decca auch an. Sechsundvierzig Jahre war sie alt – und fühlte sich verlassen wie ein Waisenkind. Jetzt gab es niemanden mehr, der »darling little D« zu ihr sagte. »Es ist wahrscheinlich ein Gefühl schrecklicher Einsamkeit«, schrieb Mrs. Ham ihrer »liebsten kleinen Decca, die Du für mich immer noch bist«. Diese war selber überrascht, wie genau die alte Freundin ihr Gefühl getroffen hatte.

Als Decca im Jahr darauf auf die Insel zurückkehrte, fürchtete sie sich vor der Einsamkeit. Das Haus kam ihr nackt vor ohne Mutter, ohne deren Familienalben, die schon nach Chatsworth gewandert waren – dort seien sie gut aufgehoben, »für max. Archivierung«, wie Debo versicherte. Pam hatte das silberne Teeservice mitgenommen und Debo die Kaffeemaschine. Nicht, dass Decca sie brauchte – trotzdem fühlte sie sich irgendwie beraubt, wurde misstrauisch. Vorsichtshalber hatte sie sich für den Besuch einen Begleitschutz in Form ihrer Freundin Babby Dreyfus mitgenommen, die sich als »Lebensretterin« entpuppte, wie Decca Bob erleichtert schrieb, als Rettung vor der Vergangenheit, die sie zu überrollen schien. Einmal ließ sie die Geister selber los: als sie einen ganzen Korb voller Briefe entdeckte, darunter viele von ihr selbst über Nicky als Baby.

Zwei »gurrls«, Studentinnen, hatte sie angeheuert, damit sie all das erledigten, wozu sie keine Lust hatte. Hähnchen braten, Erdbeeren pflücken, Kaminfeuer anzünden. Zur moralischen Verstärkung hatte sie sich sogar Aranka eingeladen. Noch nie hatte Decca sich so aufrichtig auf ihre Schwiegermutter gefreut. Allein darauf, sie in der Stadt abzuholen – »Glasgow! Glasgow! ist unser Schlachtruf.«

Selbst als Waisenkind war Decca hier die gute Tochter, besuchte eine Nachbarin, die sie nicht leiden konnte, fing an, Brot zu backen, ging sogar in die Kirche und freute sich, dort den Dudelsackpfeifer zu treffen, der den Sarg ihrer Mutter begleitet hatte.

Freundin Babby fing an zu malen, Decca fing an zu denken. Nach dem Wirbel der letzten drei Jahre – zwei Bestseller, das neue Leben als öffentliche Figur, der Umzug in die Regent Street – hielt sie für einen Moment inne. Bald würde sie fünfzig, die Jugend hatte sie hinter sich, das Alter vor sich. Was sollte sie machen mit dem Rest ihres Lebens?

Ersetzen, das wusste Decca, konnte sie ihre Mutter auf der Insel nicht. Die Farm machte Verluste, Dinky und Benjy zeigten keinerlei Ambitionen, Bauern oder Pensionswirte in Schottland zu werden. Mit den Versuchen, reiche Amerikaner als Touristen hierherzulocken, war sie gescheitert, es kamen ja kaum Briten her. Und für sie selbst, stellte sie fest, hatte Inch Kenneth ohne ihre Mutter keinen Wert. So beschloss die Inselherrin zu verkaufen. Allerdings musste sie feststellen, dass eine Insel zu kaufen sehr viel leichter war, als sie wieder loszuwerden. Wenn sich überhaupt Interessenten meldeten, entpuppten sie sich meist als Phantasten. *Ramparts*, die linke Zeitschrift in San Francisco, in deren Beirat Decca saß, druckte als Gag Riesenanzeigen, ohne dass Decca dafür zahlen musste, die *Oakland Tribune* brachte einen Artikel, selbst die *New York Times* berichtete. Vergeblich.

1966 reist sie noch mal nach Schottland, diesmal mit Dobby als Begleitschutz, die »gurrls« waren wieder zum Kochen gekommen, am 11. September wurde Deccas Geburtstag in kleinem Inselkreis mit Hummer und Scrabble gefeiert. Ein Jahr später, endlich, hatten sie jemanden gefunden, einen Kinderarzt aus London mit Frau und zwei Kindern, der bereit war, 27 000 Pfund zu zahlen für das Land (inklusive Traktor und Vieh), das Decca ein paar Jahre zuvor 4200 Pfund gekostet hatte. Selbst das FBI fand den Verkauf bemerkenswert: »Innerhalb der letzten 30 Tage«, notieren die Beamten, »unternahm das Subjekt eine Reise nach Schottland, um eine im eigenen Besitz befindliche Insel zu verkaufen.« Die Barlows waren eine glückliche Wahl. Inch Kenneth ist noch heute in ihrem Besitz. So wie der Minimax-Feuerlöscher, den die Mutter in ihre Inventarliste damals aufgenommen hatte.

Ein paar Bilder und Möbel hat Decca nach Kalifornien mitgenommen. Das Porträt von Lady Redesdale als junge Frau hängt heute bei Dinky im New Yorker East Village. Auch das zierliche rote Samtsofa ihrer Großmutter steht in ihrem Wohnzimmer, darauf sitzen nun die Freunde des Palästinensischen Freedom Theatres, deren Vorsitzende Dinky ist. Die französische Porzellanuhr tickt noch immer in Oakland, auf dem Kaminsims in Deccas Haus.

Okay, das ist jetzt meine Bestimmung: Dinky

Im Wintersemester 1958 hatte die siebzehnjährige Dinky mit ihrem Studium begonnen. Nach einigem Hin und Her hatte sie sich für Sarah Lawrence entschieden, ein traditionsreiches Frauencollege in Upstate New York. Bob hätte sie lieber in Harvard gesehen. Decca war ganz aufgeregt, hechelte nach Post, wollte alles wissen.

Aber Dinky merkte schnell, dass sie einen großen Fehler begangen hatte. Die kalifornische Kommunisten-Tochter passte nicht an das elitäre Ostküsten-Institut, wo die meisten Studentinnen von Privatschulen kamen und sich darüber lustig machten, dass sie wohl als Einzige noch Jungfrau war. »Schrecklich, schrecklich! Es war unerträglich!« Nach Berkeley, sagt sie heute, hätte sie gehen sollen, das vor der Tür lag und im politischen Aufbruch stand.

Decca gab sich optimistisch, an der Uni seien doch so viele Leute, die einem helfen würden, sich selbst und die Welt zu verstehen. Sie wurde so persönlich wie selten, erzählte Dinky von ihrer eigenen Einsamkeit in den ersten Monaten in San Francisco. Ihre Versuche, die zutiefst unglückliche Tochter aufzubauen, wirken so rührend wie hilflos. Deccas Motto hieß Handeln, nicht Grübeln. »Man kann nichts Besseres tun im Leben, als die praktischen Entscheidungen zu treffen, die einem richtig erscheinen, und das Beste zu hoffen.« Sie beschwor »Darling Donk«, »Darling Dinkydonk«, viel zu lesen und hart zu arbeiten. Höhen und Tiefen, erklärte sie, gehörten zum Leben.

»Deine Dich lbd. Mama« unterschrieb sie, die für ihre Kinder sonst immer nur Decca oder Dec war. Doch die Kommunikation zwischen Mutter und Tochter war zu sporadisch, um wirksam zu sein, Dinky war schreibfaul und Decca hasste es zu telefonieren, ja fürchtete sich davor: »Sie war vor einem Telefon wie versteinert«, wie Dinky erzählt. Nie hätte sie einfach so angerufen. Nur im Notfall, wenn schnell etwas übermittelt werden musste, griff sie zum Hörer. Es hat Jahre gedauert, bis Decca entspannt am Telefon plaudern konnte. Möglich, dass die Phobie etwas mit den damals noch hohen Preisen und der englischen Sparsamkeit zu tun hatte, vielleicht war es auch eine Folge der FBI-Überwachung.

Dinkys politisches Erwachen hatte sich sehr allmählich hingezogen. Rassismus, über den zu Hause so viel geredet wurde, hatte sie erst am Ende der Highschool das erste Mal erlebt: Als ihre weißen Mitschüler aus der Schülerverwaltung ein Essen planten, zu dem sie ein schwarzes Mädchen aus der Gruppe nicht einluden. Da, sagt Dinky, sei für sie eine Welt zusammengebrochen. Rassismus der krasseren Art lernte sie in Alabama kennen. Weil die weite Heimreise vom College in New York nach Kalifornien zu teuer gewesen wäre, verbrachte sie 1958 ihre ersten Weihnachtsferien als Studentin bei den Durrs in Montgomery. Sie war schockiert vom Ausmaß der Apartheid dort. Aber zu dieser Zeit war sie noch keine Rebellin, wie Virginia mit leiser Enttäuschung bemerkte. Nicht wie Esmond und Decca.

Am College tief unglücklich und einsam, machte es bei Dinky plötzlich Klick, als zu Beginn der 1960er Jahre die ersten Sit-ins stattfanden, da wusste sie – und noch heute, beim Erzählen, seufzt sie aus tiefem Herzen erleichtert auf: »Okay, das ist jetzt meine Bestimmung!« Mit voller Kraft stürzte sie sich ins Civil Rights Movement, »es war, als wäre ich neu geboren. Mein Leben fing an!« Nie wieder hatte sie unter Depressionen zu leiden.

Jetzt wollte sie raus aus dem Elfenbeinturm, und zwar richtig: 1962, ein paar Wochen vor ihrem Abschluss, warf Dinky das Studium hin. Wutentbrannt fuhr Decca nach New York, aber umstimmen ließ sich ihre Tochter nicht, schließlich war sie ihre Tochter. Die Bahnfahrt zurück nach Kalifornien war eine Qual, drei Tage lang saßen die beiden in ihrem Abteil und schwiegen sich an.

Während Decca und Bob den Sommer in England verbrachten, sollte Dinky sich einen Job suchen und auf den kleinen Bruder aufpassen. Aber statt abends zu Hause in der Regent Street zu sitzen, stürzte sich die Einundzwanzigjährige in die politischen Veranstaltungen, von denen Berkeley schon einige zu bieten hatte. So lernte sie auch Charles »Chuck« McDew kennen, Gründungsmitglied und Vorsitzender von SNCC (sprich: Ssnick), dem Student Nonviolent Coordinating Committee, einer jungen Bürgerrechtsvereinigung, die 1960 im Zuge der Sit-ins gegründet worden war. Die beiden begannen das, was Dinky eine »glühende Affäre« nennt. Mit ihrem schwarzen Geliebten haute die früher so brave, verantwortungsbewusste Dinky einfach nach New York ab. Den vierzehnjährigen Benjy überließ sie sich selbst und der Obhut einer Nachbarin.

In New York suchte sich Dinky einen Bürojob zum Geldverdienen, um nach Feierabend für SNCC zu arbeiten. Mit der Familie gab es wenig Kontakt – bis Mutter und Tochter es nicht länger aushielten und sich in die Arme fielen, wie Decca später erzählte. Danach waren sie bis ans Ende ihres Lebens ein Herz und eine Seele, was durchaus ungewöhnlich war, viele von Deccas Freundinnen hatten ein sehr gespanntes Verhältnis zu ihren Töchtern. Von nun an, so Dinky, »standen meine Eltern hundertprozentig hinter mir«. Schließlich setzte sie fort, was Decca und Bob begonnen hatten. Was für ihre eigene Generation der Spanische Bürgerkrieg gewesen war, so Decca, war für Dinky die Bürgerrechtsbewegung. Darauf war ihre Mutter sehr stolz. In ihren Augen war SNCC der Nachfolger des Civil Rights Congress.

Das Student Nonviolent Coordinating Committee war die jüngste, radikalste und aggressivste unter den Bürgerrechtsgruppen, auch die einzige, die Mitglieder der Kommunistischen Partei aufnahm. Statt den langen juristischen Weg zur Gleichberechtigung zu gehen, bevorzugten sie die konkrete Aktion, den unmittelbaren, oft provokanten Protest – unter den Freedom Riders waren viele SNCCler gewesen. Der andere große Schwerpunkt war die Registrierung von Schwarzen für die Wahl.

1963 war ein dramatisches Jahr für die Bürgerrechtsbewegung. Als Reaktion auf die massiven Proteste waren die Südstaaten nur noch repressiver, noch gewalttätiger geworden. Am 11. Juni stellte sich der Gouverneur von Alabama George Wallace vor die Tür der Universität, um den beiden allerersten schwarzen Studenten den Weg zur Einschreibung zu versperren. Damit erklärte er der Bundesregierung den Krieg; Präsident Kennedy schickte die Alabama National Guard los, Wallace musste zur Seite treten, unter Begleitschutz gelangten die beiden Studenten in die Universität.

Am selben Abend kündigte Kennedy in einer im ganzen Land übertragenen Rede an, dem Kongress einen Entwurf für ein Bürgerrechtsgesetz vorzulegen, das mit jeder Form von Diskriminierung an öffentlichen Orten Schluss machen sollte. Außerdem würde jeder, der sechs Schulklassen besucht hatte, als alphabetisiert gelten und damit das Wahlrecht erhalten. Um Kennedys Gesetzentwurf Nachdruck zu verleihen und weitere Forderungen zu stellen – vor allem nach besserer (Aus-)Bildung und Förderung auf dem Arbeitsmarkt –, beschlossen die verschiedenen Bürgerrechtsorganisationen eine Großdemonstration in Washington. Sie sollte am 28. August 1963 stattfinden, hundert Jahre nach Abraham Lincolns Emancipation Proclamation, mit der der damalige Präsident die Sklaven für frei erklärt hatte.

Mehr als 250 000 Demonstranten füllten an diesem sonnigen Mittwoch die Mall der Hauptstadt. Dinky war eine von ihnen. Präsident Kennedy verfolgte die Kundgebung zu Hause vor dem Fernseher, durch die Fenster des Weißen Hauses drangen die Schreie: »Lasst das Gesetz durch! Lasst das Gesetz durch!« Joan Baez sang »We Shall Overcome«, die Hymne der Bewegung, Bob Dylan seine Ballade auf den wenige Wochen zuvor ermordeten schwarzen Bürgerrechtler Medgar Evers.

Jim Forman, der Geschäftsführer von SNCC, hielt nicht viel von dem March on Washington. Er befürchtete, dass die friedliche Massendemonstration am Ende nur als Propagandaveranstaltung dienen würde, um das angekratzte Image der Vereinigten Staaten aufzupolieren. Hinter den Kulissen kam es zu heftigen Auseinandersetzungen. Die Rede, die der neue SNCC-Vorsitzende John Lewis – der Nachfolger von Dinkys Freund Chuck McDew, auch er ein Freedom Rider und der jüngste Sprecher an diesem Tag – halten wollte, war den anderen Gruppen entschieden zu scharf. Erst in letzter Minute, die Kundgebung hatte schon angefangen, schrieb er sie mit Hilfe von Forman um. Am Ende war es noch immer die mit Abstand zornigste Ansprache.

Aber es waren nicht Lewis' Worte, die die Menge auf der Mall und die Millionen vor den Fernsehern am stärksten aufwühlten. Das gelang Martin Luther King, der als Letzter dran war und an dem die jungen Revolutionäre einiges auszusetzen hatten: zu selbstherrlich und dominant war ihnen »the King«, zu heilig. »De Lawd« hieß sein Spitzname. Aber gerade mit der biblischen Wucht seiner Rhetorik packte der Pfarrer das Publikum. »I have a dream«, sang Martin Luther King mehr, als dass er es sprach.

Am Tag nach der Kundgebung machte sich Dinky auf den Weg ins aristokratische England: Als Stellvertreterin Deccas fuhr sie zur Hochzeit von Debos Tochter Emma. Ihre Mutter hatte ihr eingeschärft, dass sie nur unter der Bedingung hinfahren könne, wenn sie sich höflich gegenüber Diana verhalte. Falls sie hinfuhr – was allein ihre Entscheidung war –, dann sei sie dort Gast und müsse sich als solcher benehmen. Sie sollte sich selbst ein Bild von der englischen Verwandtschaft machen.

Und so kam die zweiundzwanzigjährige Linke, die bis vor kurzem noch eine leidenschaftliche Affäre mit einem sehr schwarzen Aktivisten gehabt hatte, in dieses englische Schloss, in dem ihre Cousine mit Diamantendiadem im Haar und Jeans rumlief. Dinky hatte das Schickste mitgenommen, was sie besaß, aber ihre kleinen Sommerkleidchen waren für Chatsworth weder fein noch warm genug. Debo wollte ihr etwas leihen, das war lieb gemeint, aber: »Natürlich lehnte ich ab. Ich war trotzig.« Und so schnatterte Dinky in ihrem Fummel, verlegen inmitten der feudalen Gesellschaft.

Gesagt hat niemand was dazu. Mussten sie auch nicht. Nancy, erzählt Dinky, war stillschweigend gemein zu ihr. »Sie wusste, dass ich mich sehr unwohl fühlte – und kehrte mir den Rücken zu.« Als Deccas Tochter am ersten Abend ins Wohnzimmer hinunterkam, stand ihre Tante am Feuer, um sich selber aufzuwärmen – und drehte sich ostentativ von ihrer Nichte weg, die sie zehn Jahre zuvor noch zu ihrer Erbin hatte machen wollen. Als »einfach furchterregend« beschrieb Dinky Nancy ihrer Mutter gegenüber, die das nicht weiter überraschte.

Diana dagegen gab sich besonders große Mühe, nett zu Dinky zu sein, die ihrerseits höflich, aber kühl reagierte. Die anderen Schwestern versuchten Diana zu helfen, auf den gemeinsamen Spaziergängen blieben sie extra zurück, so dass Dinky gar nichts anderes übrig blieb, als sich mit ihrer Tante zu unterhalten. Mit ihrem Mann sei sie gerade in Upstate New York gewesen, erzählte Diana, wo Mosley von einer Universität zum Vortrag eingeladen worden war, ihre Gastgeber hätten sich als Juden entpuppt und seien richtig nett gewesen. »Lächerlich!« fand Dinky das. Was sollte sie dazu sagen? »Da gibt es nichts zu sagen.« Also schwieg sie. Nach einer Weile gab Diana ihren Annäherungsversuch auf.

Vier Tage verbrachte die junge Amerikanerin mit der Familie ihrer Mutter unter einem Dach, überwältigt von der ganzen Pracht, den Feierlichkeiten und diesen Menschen von einem anderen Stern. Und dann passierte etwas Merkwürdiges. Als sie einmal allein mit Debo, Diana, Nancy und Pam beim Mittagessen am Tisch saß, hatte sie plötzlich das Gefühl, nicht eine Nichte, sondern eine von ihnen zu sein: »Es war ein ganz sonderbares Gefühl. Ich gehörte auf einmal vollkommen dazu.« Und das, obwohl sie Nancy und Diana schrecklich fand und Pam ihr gleichgültig war.

Debo war die Einzige, die sie mochte, von der sie sich verstanden fühlte, die nett zu ihr war. Im Bericht nach Hause beschrieb Dinky sie als »Heldin des Tages wegen äußerster Freundlichkeit«. Das war der Beginn ihrer Freundschaft, die bis heute anhält. Vor allem nach Deccas Tod hat Dinky den Kontakt zu ihrer Tante gepflegt, sie mindestens einmal im Jahr in England besucht, sie in New York getroffen, wenn Debo mal wieder nach Amerika kam.

Dinky verbrachte noch ein paar Tage auf Inch Kenneth, wo sie sich einen kurzen Moment lang der romantischen Vorstellung hingab, auf die schottische Insel zu ziehen, um sie schnell wieder als Schnapsidee zu verwerfen, und fuhr zurück nach Amerika. Dort setzte sie sich in den Bus nach Atlanta, von dem sie kaum wusste, wo es lag, um in der Zentrale von SNCC zu arbeiten. Jim Forman, den sie bei einem glamourösen Fundraising-Event für SNCC mit Harry Belafonte, Eartha Kitt und anderen Stars kennengelernt hatte, hatte ihr den Job angeboten. Bald waren die beiden ein Paar.

Virginia Durr bekam Dinky jetzt häufiger zu sehen als die eigene Mutter. Sie habe sich »mit Leib und Seele« auf das politische Engagement eingelassen, »lebt es und atmet es, und es gibt nichts anderes für sie«, berichtete Virginia Decca im Jahr darauf. Patent, engagiert und ein großes Organisationstalent, war Dinky jetzt ein Mädchen ganz nach Virginias Geschmack. In der Zentrale von SNCC in Atlanta koordinierte sie die Aktivitäten des heißen Sommers 1964, in dem Studenten versuchten, Schwarze in Mississippi zur Wahl zu mobilisieren. Sie kümmerte sich um die Öffentlichkeitsarbeit, versuchte Geld aufzutreiben.

Ihr Freund Jim Forman engagierte sich derweil in Mississippi. Ein charismatischer Redner, der den Sonntagsanzug der meisten Bürgerrechtler gegen den Overall des Landarbeiters eingetauscht hatte (wobei er bei manchen Großdemos, Arm in Arm mit Martin Luther King, doch Schlips und Kragen trug), stimmte Forman die aufgeregten jungen Freiwilligen aus dem Norden auf die Realität ein: »Ich könnte umgebracht, ihr könntet umgebracht werden«, begrüßte er die Jugendlichen im Trainingscamp, bevor er ihnen die strengen Verhaltensregeln mit auf den Weg gab. Wenn ein Polizist sie festnehmen wolle, bloß nicht anfangen zu diskutieren – mitgehen.

Dem Ansturm des Freedom Summer 1964 begegneten die Städte wie gehabt mit Gewalt. Wahl-Registrierwillige wie Bürgerrechtler wurden bedroht, verprügelt und ins Gefängnis gesteckt, einheimische Unterstützer mussten um ihre Jobs fürchten. Am 2. Juli, während die Studenten von Holzhütte zu Holzhütte zogen, um die eingeschüchterten Bewohner zu ermutigen, ihr Wahlrecht wahrzunehmen, unterzeichnete der alte Durr-Freund und neue Präsident Lyndon B. Johnson den Civil Rights Act, der zumindest legal die Diskriminierung an allen öffentlichen Orten beendete.

Doch die Wirklichkeit sah anders aus. Am 4. August wurden in Mississippi die Leichen von drei Bürgerrechtlern gefunden, die seit mehreren Wochen vermisst worden waren. Michael Schwerner und Andrew Goodman waren brutal zusammengeschlagen worden, James Chaney, ein Schwarzer, auch gefoltert und verstümmelt. Am Schluss hatte man alle drei erschossen und verscharrt. Die Freiwilligen bestärkte das nur in ihrer Entschlossenheit, zu bleiben. Jetzt erst recht, hieß die Devise, jetzt noch länger. Das war auch die Philosophie von SNCC: »Wenn ihr zu Boden geht, steht wieder auf; werdet ihr eingeschüchtert, macht mit der Angst weiter.«

Durch Virginia, die alte Klatschbase, erfuhr Decca im September 1964 zum ersten Mal von Jim Formans Existenz in Dinkys Leben. Zu dieser Zeit war er »de facto der Leiter« von SNCC, wie Harry Belafonte in seiner Autobiographie schreibt. Forman war älter als die meisten anderen Mitglieder, sogar ein Jahr älter als Martin Luther King – und nur neun Jahre jünger als Quasi-Schwiegermutter Decca. Durch Militärdienst und Studium war er geübt in Disziplin, brachte Struktur in die chaotische Organisation. Die Öffentlichkeitsarbeit war ihm besonders wichtig, Sprache für ihn ein zentrales Instrument. Er war stolz, ein Schwarzer zu sein, links und ungeduldig. Wenn es nach ihm gegangen wäre, hätten sich die Leute in Montgomery 1955 gleich in den Bussen dorthin gesetzt, wo sie wollten, und nicht ein ganzes Jahr lang auf die Erlaubnis des Supreme Courts gewartet. Der Boykott war ihm entschieden zu passiv, ihm schwebte ein offensiver Kampf für die eigenen Rechte vor. Die Freedom Riders 1961 waren schon weit mehr nach seinem Geschmack. In dieser Zeit war er, ein zorniger junger Mann, der traumatische Erfahrungen mit Rassismus gemacht hatte, zum SNCC gestoßen, das er zu einer echten Volksbewegung machen wollte.

»Ich fange an, ihn zu lieben«, schrieb Decca ihrer Freundin Barbara Kahn 1965 aus New York, wo die Treuhafts zusammen mit Dinky, Forman und Benjy Weihnachten feierten, über ihren »common-law-son-in-law«, ihren »Gewohnheitsrechtsschwiegersohn«, wie sie ihn nannte, kurz: »common«. Es störte sie, dass das Paar noch immer nicht verheiratet war. Aber »er hat was Fröhliches, und vor allen Dingen macht er meine Tochter (wie Aranka gesagt hätte) glüüück-lich«.

Zwanzig Jahre später, als die beiden längst nicht mehr zusammen waren und Decca sich gerade mit großer Begeisterung die TV-Dokumentation *Eyes on the Prize* ansah, war sie besonders angetan, wie sie ihrem Enkel James schrieb, von »Deinem Papa, der absolut großartig rüberkommt v. a. in Berichten über die Mississippi Freedom Delegation. Übrigens reden alle über die *erstaunliche* Ähnlichkeit zwischen Dir und ihm, als er jung war. Va. Durr sagt, sie hat geweint, als sie ihn sah – so jung & so STARK.«

14

Frühling in der Luft

Für die Treuhafts waren die 1950er Jahre geprägt von Rassismus, Antikommunismus und Kaltem Krieg. Das Gros der (weißen) Amerikaner dagegen lebte in einer anderen Welt, so heil und heiter wie ein Hollywoodfilm. Selbst wenn sie etwas gestört haben sollte – protestiert haben sie nicht. »Que sera sera«, trällerte Doris Day. Das sollte sich nun schlagartig ändern.

In Kalifornien fing das revolutionäre Jahrzehnt früher an als irgendwo sonst: am Freitag, den 13. Mai 1960. Das HUAC hatte mal wieder zur Inquisition ins Rathaus von San Francisco geladen, unter den rund fünfzig Zeugen befanden sich etliche Freunde und Bekannte der Treuhafts. Zum ersten Mal in der Geschichte dieser unamerikanischen Institution gab es schon im Vorfeld massive Proteste. Allein dreihundert Professoren der University of California und tausend Studenten hatten mit ihrer Unterschrift Einwand erhoben, dazu Kirchen und Synagogen, die National Lawyers Guild, der *San Francisco Chronicle*. Aus Solidarität oder Neugier waren jede Menge Kommilitonen zum ersten Sitzungstag am 12. Mai gekommen.

Natürlich war auch Decca dabei, das Spektakel ließ sie sich nicht entgehen. Diesmal hatte sie Kathy Kahn mitgebracht. Barbara und Ephraim Kahn, die guten Freunde der Treuhafts (Ephraim war auch ihr Arzt), gönnten sich als »Ex« zum ersten Mal eine lange Reise und hatten ihre Tochter für sechs Wochen bei Decca und Bob geparkt, in denen Decca die Siebzehnjährige kurzerhand zu ihrer Patentochter erklärte. Wie knapp zehn Jahre zuvor bei Dinky, fand sie, dass Kathy an diesem Tag im Rathaus mehr lernen konnte als in der Schule, und nahm sie kurzerhand aus dem Unterricht. Das, sagt Kathy Kahn, hätte ihre Mutter nie gemacht.

Decca und Kathy gehörten zu den wenigen HUAC-Gegnern, die es an diesem Donnerstag in den Saal schafften. Freunde hatten ihnen die nötigen Eintrittskarten besorgt, jeder Vorgeladene hatte ein paar bekommen.

Die Mehrzahl der Tickets allerdings war an Leute gegangen, die den Ausschuss unterstützten. Die meisten Studenten gingen leer aus.

Am nächsten Tag kehrten die Studenten noch zahlreicher zurück, um sich schon frühmorgens für Karten anzustellen. Aber Stunden später zogen die HUAC-Sympathisanten wieder an ihnen vorbei, während sie draußen vor der Tür blieben. Die Stimmung war explosiv. »Türen auf! Türen auf!« skandierten die Wartenden. »Türen auf!« stimmten die Vorgeladenen im Saal wie ein Echo ein. Als die Polizei versuchte, die Studenten zur Räumung der großen Rathaus-Rotunde zu drängen, fingen diese an zu singen, zu klatschen und zu buhen. Dann setzten sie sich einfach hin. Seit den ersten Sit-ins in North Carolina wenige Monate zuvor wussten sie, wie effektiv diese Methode war.

Während die Studenten in den Saal reinwollten, wollten die Polizisten sie aus dem Rathaus raushaben. Und so öffnete sich statt der Türen der Feuerwehrschlauch. Der Strahl traf die friedlichen Demonstranten mit voller Wucht, sie wurden die prächtigen Rathaus-Marmortreppen runtergespült, geschleift und geschubst. Vierundsechzig Leute wurden festgenommen (und später freigesprochen), darunter zu Deccas Freude auch Danny, der jugendliche Sohn ihrer Freunde Hazel und Aubrey Grossman, dem sie daraufhin ein paar Verszeilen zum Geburtstag schenkte: »The son of Aubrey can / Fight like a hurricane / The shitty committee / That's called Un-American« (»Der Aubrey-Sohn / Bekämpft wie ein Orkan / Das Scheißkomitee / Das sich unamerikanisch nennt«).

Am Tag nach diesem »Black Friday« versammelten sich Tausende von Demonstranten, Studenten aus Berkeley, Stanford und San Francisco State, aber auch kampferprobte Longshoremen, vor dem Rathaus und schmetterten »Freude schöner Götterfunken«. Es waren Szenen, wie sie die Stadt seit den 1930er Jahren nicht mehr erlebt hatte – »ein emotionales Erdbeben«, wie ein Dozent es nannte. »Ein sehr aufregender Moment«, so Kathy Kahn. »Als läge Frühling in der Luft – einer dieser funkelnden Augenblicke.« Für viele, die eher aus Neugier ins Rathaus gekommen waren, wurde das Erlebnis zur politischen Feuertaufe.

Die Bilder von der Polizeiattacke sorgten für Aufsehen im ganzen Land, die *New York Times* machte auf der Titelseite groß damit auf. Das HUAC benutzte die Aufnahmen für einen legendären Propagandafilm über die kommunistischen »Dreckschleudern«, die ihrer und Hoovers Meinung nach dahintersteckten. *Operation Abolition* hatte allerdings nicht unbedingt den gewünschten Effekt: Viele junge Zuschauer animierte der Film erst dazu, beim neuen kalifornischen Protest mitzumachen. »Go West!« hieß die Devise.

Die empörte Generation

Decca war elektrisiert. Der 13. Mai 1960 signalisierte für sie das ersehnte Ende der sogenannten Silent Generation, jener Jugend, die weder diskutierte noch protestierte – »ein unheimliches, unjugendliches Schweigen, das manchen von der älteren Generation gar nicht geheuer war«, wie sie schrieb. Sie erkannte sofort, dass dies der Anfang einer großen Bewegung war. Die Folgen des Zusammenstoßes mit der Polizei würden noch in Jahren zu spüren sein.

Für die Frauenzeitschrift *Harper's Bazaar* schrieb sie einen Artikel über die »empörte Generation«, deren Treiben in Berkeley sie jetzt hautnah erlebte. 1961 war der Artikel fertig; *Harper's* bezahlte ihn auch, gedruckt wurde er nicht. Wahrscheinlich hatte sich die Redaktion von Decca was Leichteres erwartet. Ihr Porträt der »Rebels with a Hundred Causes. The Indignant Generation« fiel ungewöhnlich nüchtern und ernst, fast akademisch aus. Die Überschrift war eine Anspielung auf den Film *Rebel Without a Cause* mit James Dean (*... denn sie wissen nicht, was sie tun*) über die Generation der 1950er Jahre, die nicht gewusst hatte, wogegen sie protestieren sollte.

Der seriöse Ton kam nicht von ungefähr. Es war ihr ernst um diese neue Rebellion, die das wurde, wovon sie in der Partei immer geträumt hatte: eine Massenbewegung, angefeuert durch das Civil Rights Movement mit seinem gewaltlosen Widerstand, die mehr auf direkte Aktionen als auf Gesellschaftstheorien setzte. Im Unterschied zu vielen Genossen der Alten Linken, wie sie nun hieß, denen die neue Revolte zu unpolitisch und nicht klassenkämpferisch genug war, waren die Treuhafts Feuer und Flamme. Sie akzeptierten, dass die Neue Linke anders, dass sie eine Bewegung war – besser gesagt: viele Bewegungen, »Rebels With a Hundred

379

Causes« eben – und keine Partei, nicht hierarchisch-bürokratisch, sondern basisdemokratisch organisiert.

Decca und Bob hätten die Eltern der Rebellen sein können, aber so traten sie nicht auf. Eher wie Pateneltern: politisch erfahren und kampferprobt, ließen sie den Jungen freie Hand, unterstützten sie großzügig mit Zeit, Kraft und Wissen. Berührungsängste hatten sie keine, auch nicht die Furcht, verdrängt oder gar abgeschrieben zu werden. Die Treuhafts schwammen fröhlich mit, freuten sich am positiven Geist der Studenten und dem Humor ihrer Redner. Davon hatten sie doch immer geträumt: dass Tausende von Menschen für die Meinungsfreiheit auf die Straße gingen. Und wenn die Protestler sich bei der Gelegenheit ineinander verliebten, umso schöner. Dass die Neue Linke keine Lust hatte, sich von der Alten bevormunden zu lassen, sondern ihren eigenen Weg gehen wollte, hat Bob und Decca gerade gefallen. Sie stellten sich gerne als Cheerleader an den Wegesrand und marschierten mit, wenn es erwünscht war. Bei der Neuen Linken spürten Bob und Decca jene Aufbruchstimmung und Lust an der Attacke, die sie in der Partei am Ende vermisst hatten.

Zuneigung und Bewunderung beruhten auf Gegenseitigkeit. So wie Decca sich in der Jugend der 1960er Jahre wiedererkannte, konnten die Studenten sich mit ihr identifizieren. Mit ihrer Entschlossenheit zu kämpfen, für das, was sie für richtig hielt, respektlos und mit Humor, inspirierte sie viele von ihnen. Bisher waren Deccas engste Freunde alle so alt gewesen wie sie selbst, nun kamen zunehmend jüngere dazu (wobei sie den alten weiter die Treue hielt). Da Hierarchien für sie keine Bedeutung hatten, begegnete sie den Achtzehnjährigen voller Neugier und auf Augenhöhe. Unorthodox und unmütterlich, wie sie war, entdeckte sie eine neue Rolle für sich, die sie für den Rest ihres Lebens mit großer Lust ausfüllte: die der Mentorin.

Eine der Ersten, die sie zu Beginn der 1960er Jahre unter ihre Fittiche nahm, war die junge Kommunistin Bettina Aptheker, ein klassisches Red Diaper Baby, aufgewachsen in New York und durch die HUAC-Proteste 1960 nach Berkeley gelockt. Ihre Eltern waren alte Genossen der Treuhafts: Herbert Aptheker, ein Historiker, war führendes Mitglied der CP-USA, Mutter Philippa organisierte Reisen in die Sowjetunion, die sie zum Teil selber leitete.

Decca – die »gute alte Dec«, wie sie sie nannte – war eine wichtige Stütze für die junge labile Studentin. Mit dreiundzwanzig erlitt Bettina in Berkeley einen Nervenzusammenbruch; in ihrer Autobiographie klagte sie ihren Vater später an, sie bis zu ihrem dreizehnten Lebensjahr missbraucht zu haben. Davon wusste Decca nichts (das Buch erschien zehn Jahre nach ihrem Tod), aber als es der Studentin schlecht ging, sie sogar mit dem Gedanken an Selbstmord spielte, munterte sie sie auf. Oft lud sie Bettina, die Nickys Jahrgang war, zum Lunch in feine Lokale ein, »ein Festessen« für die Collegestudentin. Sie redeten über Bücher, vor allem aber über Politik. Decca gierte nach Klatsch aus der Kommunistischen Partei, manchmal erzählte sie auch von Esmond, ihrer großen Liebe, oder las Bettina vor, was sie gerade geschrieben hatte. Die Partys der Treuhafts, auf denen sich Alte und Neue Linke traf, waren für das Red Diaper Baby wie eine Rückkehr in die Kindheit. Nur dass sie sich jetzt an der Unterhaltung der Erwachsenen beteiligen durfte.

Free Speech Movement

Bettina Aptheker gehörte zu den führenden Figuren des Free Speech Movements, mit dem die weltweite Studentenbewegung im Herbst 1964 in Berkeley begann. Da politische Aktionen, Diskussionen und Demonstrationen auf dem Campus seit Anfang der repressiven 1950er Jahre verboten waren, war den Studenten ihr schmaler Streifen Meinungsfreiheit direkt vor dem Unigelände heilig: Auf dem Bürgersteig Bankcroft, Ecke Telegraph Avenue stellten verschiedene Gruppen seit einiger Zeit Klapptische mit Flugblättern und Broschüren auf, sammelten Spenden, diskutierten und agitierten, warben vor allem für das Civil Rights Movement.

Für *Oakland Tribune*-Verleger Knowland war das ein großes Ärgernis, machten die Studenten dort doch Stimmung gegen sein Blatt und seinen umstrittenen Parteifreund Barry Goldwater, auch Mr. Conservative genannt, der auf dem Parteitag der Republikaner in San Francisco zum Präsidentschaftskandidaten gekürt worden war. Also beschwerte sich Knowland bei der Uni, die plötzlich feststellte, dass besagter Bürgersteig gar nicht auf städtischem, sondern auf Campusgelände lag. Die Studenten sollten ihre politischen Aktivitäten dort umgehend einstellen.

Das sahen die gar nicht ein. In ihren Augen war es ein absurdes, weltfremdes Verbot. Also packten sie ihre Klapptische zusammen und stellten sie mitten auf dem Unigelände wieder auf. An einem saß an diesem 1. Oktober 1964 Jack Weinberg. Schon am Abend zuvor hatte der Mathestudent bei einem Sit-in geredet. Als die Polizei ihn jetzt als Rädelsführer festnehmen wollte, blieb er einfach sitzen. Sollten sie ihn doch wegtragen, mitgehen würde er auf keinen Fall.

Weiter als bis zu ihrem Auto kamen die Cops mit ihrem Häftling nicht. Dutzende von Studenten hockten sich einfach auf die Erde, bald waren es Hunderte, die den Wagen friedlich umzingelten und nicht wieder aufstanden. Zweiunddreißig Stunden dauerte die Sitzblockade auf dem Sproul Plaza. Langweilig wurde ihnen nicht dabei: Die Demonstranten nutzten das Polizeiauto als Redner-Bühne, sprachen über griechische Philosophie, die Französische Revolution und die Verfassung der Vereinigten Staaten, sangen und tanzten.

Der Erste, der aufs Dach des Polizeiautos sprang – aber erst nachdem er seine Schuhe ausgezogen hatte, gewaltloser Widerstand, das hieß auch: keine Gewalt gegen Sachen –, war Mario Savio. Der Sohn italienischer Einwanderer war für den Posten des Anführers eigentlich denkbar ungeeignet, so heftig, wie er stotterte. Aber in diesem Herbst und Winter 1964, gerade erst zurück aus dem Freedom Summer in Mississippi, wurde der Philosophiestudent fast über Nacht zum charismatischen Kopf des Free Speech Movements. Sobald er zu der Menge sprach, stolperte er über keinen Buchstaben mehr, sondern hielt, wie Bob fand, »wunderschöne Reden«, deren Analyse sich später Literaturprofessoren widmeten. »Eindringlich und leidenschaftlich«, so beschreibt Bettina Aptheker ihn, mit dem sie bald im Lenkungsteam der Bewegung saß.

Aus Angst vor blutigen Auseinandersetzungen in Berkeley schickte der kalifornische Gouverneur Pat Brown den Unipräsidenten an den Verhandlungstisch. Am nächsten Abend hatten Univerwaltung und Free Speech Movement zwar einen Kompromiss ausgehandelt – Weinberg wurde wieder freigelassen, ohne dass Klage gegen ihn erhoben wurde –, aber das war nur ein Waffenstillstand. Jetzt fing der Kampf erst richtig an.

Zäh und wochenlang zogen sich die Verhandlungen hin. Je störrischer und kompromissloser die Verwaltung sich den Forderungen der Studenten widersetzte, desto größer wurde deren Anhängerschar.

In dem von Unipräsident Kerr einberufenen Ausschuss saßen je sechs Vertreter der Administration, der Lehrenden und der Studenten. Da die Verwaltung einen Anwalt zu den Gesprächen mitbrachte und unter den Dozenten ein Jura-Professor war, wollten die Studenten auch einen Rechtsberater an ihrer Seite haben. Und so rief Mario Savio – wohl auf Empfehlung von Bettina Aptheker – Bob an.

»We don't trust anyone over 30«, hatte Jack Weinberg auf die Frage eines Journalisten geantwortet, ob die Neue Linke nicht von der Alten gesteuert sei. »Trau keinem über dreißig« wurde zum Schlachtruf der 1960er Jahre. Und nun riefen die Studenten einen Zweiundfünfzigjährigen: *weil* sie ihm vertrauten. Mit seiner Kanzlei gehörte Bob zu den wenigen »Movement Lawyers« der Gegend. Er vertrat Leute von SNCC und von CORE, einer weiteren Bürgerrechtsorganisation, Studenten, die bei Sit-ins und Demonstrationen festgenommen worden waren. Er solle sie wirklich nur juristisch beraten, schärfte Mario Savio Bob als Erstes ein, den Studenten nicht politisch reinreden. Den unbezahlten Job nahm er gerne an, die Sache hat ihn brennend interessiert.

Bei den Verhandlungen konnten die Studenten zwar die Dozenten auf ihre Seite bringen, aber die Verwaltung blieb stur. Im November kam es zum Eklat, als die Uni plötzlich doch Disziplinarmaßnahmen gegen die Führer der Bewegung beschloss. In der Zwischenzeit hatte sich ziemlich viel Wut angestaut. Am 2. Dezember hielt Mario Savio die meistzitierte seiner vielen Reden auf der Treppe vor Sproul Hall, dem Verwaltungsgebäude – die heute seinen Namen trägt, Mario Savio Steps. Savio haute dem Unipräsidenten dessen utilitaristisches, in den Augen des Philosophiestudenten zutiefst undemokratisches Universitätskonzept um die Ohren, nach dem Studenten nur zu gefügigen Angestellten, als Futter für Privatwirtschaft und öffentlichen Dienst ausgebildet werden sollten. Längst ging es ums Ganze: die akademische Freiheit, das freie Denken, antiautoritäre Strukturen. Um die Frage, wer an der Uni das Sagen hatte, Studenten und Dozenten – oder Geldgeber, Aufsichtsräte und Bürokraten.

Während Joan Baez die Rebellen mit »We Shall Overcome« anfeuerte, zogen mehr als tausend Studenten hinter Savio her ins Gebäude, um es zu besetzen. Im ganzen Haus breiteten sie sich aus, sangen und guckten sich Filme an, gaben sich in Teach-ins den Unterricht, den sie sich wünschten.

Als an diesem Abend um zehn das Telefon bei den Treuhafts klingelte, taten sie gerade das, was sie meistens um diese Zeit taten: Sie spielten Scrabble. Mario Savio war am Apparat. Das Lenkungskomitee des Free Speech Movements benötigte noch einmal Bobs juristischen Rat. Von der Regent Street brauchte Bob nur ein paar Minuten. Sproul Hall war zwar von der Campuspolizei abgeriegelt, aber als Anwalt wurde er durchgelassen. Kurz darauf sickerte durch, dass die Polizei auf Befehl des demokratischen Gouverneurs Brown (dem Vater des heutigen Gouverneurs von Kalifornien) im Anmarsch war, um das Gebäude zu räumen. Offenbar hatte ihn der stellvertretende Bezirksstaatsanwalt Ed Meese aufgehetzt, ein Hardliner, von dem es hieß, dass er am liebsten schon den Besitz von Marihuana unter Todesstrafe stellen würde.

Bob wurde nach unten geschickt, um Minderjährige und Leute mit Drogen in der Tasche zum Gehen zu überreden. Nachdem das erledigt war, guckte er auf dem Weg nach draußen noch kurz im improvisierten Presseraum vorbei, wo der Sheriff den Journalisten gerade ein Statement vorlas. Hinter ihm: die beiden Stellvertreter von Bezirksstaatsanwalt Coakley. »Sheriff!«, rief Ed Meese sofort, »hier ist einer, der nicht von der Presse ist.« »Tja«, erwiderte Bob, »dann sind wir schon zu dritt.« Das fanden die Vertreter von Recht und Ordnung gar nicht witzig. Bob, der als Anwalt eigentlich Immunität genoss, war der Erste, dem in dieser Nacht Handschellen angelegt wurden. Er blieb nicht der Einzige.

Was folgte, war die größte Massenverhaftung von Studenten in der amerikanischen Geschichte – insgesamt achthundert wurden festgenommen. Das dauerte: zwölf Stunden. Denn die friedlichen Widerständler machten sich, wie sie es bei den Sit-ins gelernt hatten, steif, mussten einzeln weggetragen werden. Im Gefängnis trafen sie sich dann alle wieder. Bob, berichtete Decca hinterher stolz, kam in eine Zelle ohne Stuhl und Bett, stand stundenlang in Socken auf kaltem Beton. Die Schuhe hatten sie ihm abgenommen. Vielleicht, witzelte Bob später, fürchteten sie, er würde sich an den Schnürsenkeln aufhängen. Decca war wütend, auf Uni, Staatsanwaltschaft und Polizei. Und außer sich vor Sorge, wie Bettina Aptheker erzählt: dass die Aufregung bei Bob einen epileptischen Anfall auslösen könnte. Also wählte sie sich die Finger wund, um den zuständigen Richter zu erreichen. Am nächsten Morgen kam ihr Mann wieder frei.

Decca platzte fast vor Stolz: »Bob ist der absolute Held der Studenten und Dozenten, es war alles ganz großartig.« Wie die Jungen hatten sie das Gefühl, dass in Berkeley Geschichte gemacht wurde – und sie waren mittendrin. Ein paar Tage später begrüßte Bob die anderen achthundert Festgenommenen bei einer großen Versammlung als »Knastbrüder«. »Er bekam standing ovations«, so Decca. »Sie liegen ihm praktisch zu Füßen.«

Eine knappe Woche später, am 7. Dezember, berief Unipräsident Kerr eine Vollversammlung im großen Freilufttheater auf dem Campus ein. Reden durften allerdings nur die »Erwachsenen«, wie die Mitfords die Bestimmer zu nennen pflegten. Als Mario Savio ebenfalls das Wort ergreifen wollte, stürzten sich zwei Polizisten auf ihn, der eine legte ihm die Hand an die Gurgel, der andere Handschellen an, zusammen rissen sie ihn von der Bühne. Das Greek Theatre kochte, und bei 15 000 Leuten kocht es ziemlich laut.

Am 8. Dezember beschloss der Akademische Senat mit überwältigender Mehrheit, die Suspendierung der Wortführer aufzuheben und den Studenten die volle Meinungsfreiheit zu gewähren. Eine Zensur fand nicht mehr statt. Die Studenten jubelten, selbst einigen Dozenten flossen bei der Versammlung Tränen übers Gesicht. Dieser Tag, so Savio-Biograph Robert Cohen, markierte für viele das endgültige Ende der 1950er Jahre. Die Gedanken waren wieder frei. Savio appellierte an die Studenten, verantwortungsvoll mit der neuen Freiheit umzugehen.

Das Free Speech Movement bedeutete einen gewaltigen Schritt nach vorn – und einen großen zurück. Denn der Befreiung folgte der Gegenschlag, längst nicht alle waren von der rebellischen Jugend so angetan wie Decca und Bob. Es hagelte Beschwerden und wüste Beschimpfungen, Savio, der inzwischen unter FBI-Überwachung stand, wurde »Fidel« genannt und als »neuer Hitler« beschimpft. Während es für ihn, dem viele eine glänzende akademische Karriere vorhergesagt hatten, nach dem Moment des größten Triumphs bergab ging, stieg ein anderer auf, mit dem niemand gerechnet hatte, ein zweitklassiger Schauspieler, den Decca – wie viele – für einen schlechten Witz hielt: Ronald Reagan. 1966 gewann er die Wahlen zum Gouverneur von Kalifornien. Als US-Präsident hat er später seinen alten Weggefährten und Bobs Widersacher Ed Meese zum Justizminister gemacht. Jetzt, einmal im Gouverneursamt, sorgte der Republikaner schnell für die Entlassung von Unipräsident Kerr, der seiner Meinung nach viel zu lasch mit den Studenten umgegangen war, die ihn ihrerseits als viel zu restriktiv empfunden hatten. Wenn es nach Reagan gegangen wäre, hätte Kerr alle Rebellen von der Uni schmeißen müssen.

Aber vorher, am 1. April 1965, begann der Prozess gegen die achthundert mit Bob festgenommenen Studenten, der sich monatelang hinzog. Am Ende bekamen die meisten Angeklagten eine Geldstrafe wegen Hausfriedensbruchs. Savio und ein paar andere Führungsfiguren wurden wegen Widerstands gegen die Festnahme zu Haftstrafen verurteilt. Nach gescheitertem Einspruch musste Savio zwei Jahre später für vier Monate ins Gefängnis.

Bobs Fall lag ein paar Jahre auf Eis, bis seine Verteidiger ihm schließlich rieten, auf das Angebot der Staatsanwaltschaft einzugehen: Wenn er die Klage gegen Meese zurückziehe, würden sie ihre wegen Hausfriedensbruchs fallen lassen. »Ich folgte ihrem Rat«, erzählte Bob Jahrzehnte später. »Meine Frau hat mir das nie verziehen. Sie denkt, ich hätte den Lauf der Geschichte umlenken können, wenn ich Meese verklagt hätte. Da hab ich irgendwie meine Zweifel.«

The Rampartian Age

Unter den vielen Briefen, die Decca zu ihrem Buch über die Bestatterbranche bekam, war ein ganz besonderer gewesen. Kaum hatte er *The American Way of Death* gelesen, schon schrieb Howard Gossage der ihm unbekannten Autorin, denn das musste er ihr einfach erzählen: wie er nach dem Tod seiner Mutter nicht nur einen Sarg aussuchen sollte, sondern auch noch dessen Auskleidung. Wobei der Bestatter den trauernden Sohn vor die Wahl stellte: reine Seide oder künstliche Viskose. Letztere war natürlich billiger, aber: »Wir finden, dass Kunstseide die Haut wesentlich mehr reizt.« Die Geschichte war zu gut, um sie für sich zu behalten, also brachte Decca sie sofort unter die Leute, baute sie in Artikel und Vorträge ein

Das war der Beginn einer viel zu kurzen Freundschaft, die 1969 mit Gossages frühem Tod an Leukämie endete – sechs Jahre, in die sie, so Decca, eine Freundschaft, so lang wie ein ganzes Leben, stopften. Sogar ihren fünfzigsten Geburtstag haben sie gemeinsam mit einem großen Fest gefeiert, das einzige Mal, dass Decca ihren Geburtstag so rauschend beging. Als Gossage im Sterben lag, bat er seinen Schwager, Decca mit der Organisation der Beerdigung zu beauftragen. Wenn jemand es schaffen würde, die billigste ausfindig zu machen, dann sie. Nicht, dass er arm oder geizig gewesen wäre, im Gegenteil, der erfolgreiche Werbemann lebte gern erster Klasse. Gossage gönnte sich nur noch mal einen Scherz. Und natürlich setzte Decca ihren ganzen Ehrgeiz daran, seinen letzten Wunsch zu erfüllen. Mit Erfolg: »150 Dollar!!!!«, jubelte sie.

Es war nur ein müder Trost. Mit Howard Luck Gossage – auf seinen Mittelnamen, »Glück«, wies er gerne hin – hatte sie einen Seelenverwandten verloren. Einen schillernden Querkopf und begnadeten Geschichtenerzähler, der San Francisco am liebsten in einen Stadtstaat verwandelt hätte und Sweatshirts mit Beethovens Kopf zum Kultobjekt machte, um einem schwächelnden Radiosender auf die Beine zu helfen, ein ebenso vehementer Verfechter der Meinungsfreiheit wie sie, strotzend vor Lebenslust und (Selbst-)Ironie, anstrengend, höflich und rotzig. Einer, der einfach tat, was er wollte, eine Zumutung für Mitarbeiter und Freunde.

Enfant terrible der Werbebranche, bildete er in San Francisco den Gegenpol zu New Yorks zynischen Mad Men. Der Kalifornier machte sich über Ethik, Ästhetik und Moral seiner Branche Gedanken, ohne moralinsauer zu werden, sein wildes Lachen dröhnte noch lauter als das der Mitfords. Er vertrat die Überzeugung, dass es nicht nur zu viel Werbung gab auf der Welt, sondern auch zu viel langweilige, die das Publikum für dümmer verkaufte, als es war. Allerdings: »Werbeleuten den Begriff der Verantwortung zu erklären ist dasselbe, als wollte man einem Achtjährigen klarmachen, dass Geschlechtsverkehr viel besser ist als Schokoladeneis.« Gossage war berühmt für solche knackigen Zitate, die er gern anderen großen Geistern in den Mund legte, auch wenn er sie sich selbst ausgedacht hatte.

Wie Decca Kettenraucher und Trinker, verkaufte er den Lesern des *New Yorker* in einer exklusiven Anzeigenserie irischen Whiskey, hielt als Stotterer legendäre Vorträge, mit denen er, ebenso wie mit seinen extrem textlastigen Kampagnen, witzig und politisch unkorrekt seine Branche aufmischte. Seine gesammelten Weisheiten erschienen 1967 unter dem programmatischen Titel *Ist die Werbung noch zu retten?*. Seine Antwort auf die Frage lautete: Guerilla-Marketing. Als die Zeitschrift *Scientific American* ihn anheuerte, um mehr Anzeigen von Fluggesellschaften zu akquirieren, entwarf er den Ersten Internationalen Papierflieger-Wettbewerb.

Neben seinen unzähligen anderen Tätigkeiten – unter anderem war er derjenige, der Marshall McLuhan (*Das Medium ist die Botschaft*) entdeckte und populär machte – war Howard Gossage auch der gute Geist, der über der Zeitschrift *Ramparts* schwebte, die sich in den 1960er Jahren innerhalb kürzester Zeit von einem liberalen katholischen Blättchen zum populären Sprachrohr und Spielplatz der Neuen Linken entwickelt hatte: Gestartet mit 2000 Exemplaren, erreichte das Magazin auf dem Höhepunkt des Erfolgs eine Auflage von 250 000. Als »eine Art Guru für die abgefahrene junge *Ramparts*-Truppe« beschrieb Decca Gossage, der vor allem für den blutjungen Chefredakteur Warren Hinckle ein wichtiger Freund und Mentor war.

Ramparts war gestartet als teures Hobby eines reichen Mannes. Edward Keating hatte das Magazin 1962 als literarisch-kritische Vierteljahresschrift für den aufgeklärten Katholiken gegründet. Zwei Jahre später stand es vor dem Aus, und Warren Hinckle, abtrünniger Jesuitenschüler und früherer Polizeireporter in Oakland, wurde zum Chefredakteur ernannt. Ihr erster großer gemeinsamer Coup war eine publicityträchtige Kampagne für Rolf Hochhuths Stück *Der Stellvertreter* über das Versagen des Papstes und der Kirche angesichts des Holocausts. Gegen die New Yorker Premiere gab es 1964 großen Protest.

Zur Verstärkung holte sich Hinckle Treuhaft-Freund Bob Scheer an die Seite, der als Journalist stark von Decca geprägt war und ab 1966 offiziell als Co-Chefredakteur im Impressum geführt wurde. Seriöser, auch politischer als Hinckle, versiert in internationaler Politik – in Kuba und Vietnam war er oft und lange gewesen –, ergänzten die beiden sich perfekt.

1966 taten sich Bob Scheer und Bob Treuhaft sogar im Wahlkampf zusammen: Scheer kandidierte für einen Sitz im Kongress, Deccas Mann für den Posten des Bezirksstaatsanwalts. Nicht dass Bob eine Chance gehabt hätte gegen Coakley, aber ein bisschen ärgern wollte er ihn schon. Mit Hilfe seiner Wahlkampfmanagerin Decca erlangte er für ihn selbst überraschende 30 Prozent, in Berkeley sogar die Mehrheit der Stimmen.

Es war Gossages Idee gewesen, Decca mit ins Redaktionsboot zu holen, als eine Art Patentante und frechen Geist im Hintergrund. *Ramps*, wie sie das Magazin nannte, machte einen Deal mit ihr, eine Win-win-Situation für beide Seiten: Dafür, dass die Redaktion mit ganzseitigen Farbanzeigen für ihre Insel Inch Kenneth warb, als sie einen Käufer suchte, durften sie die prominente Autorin als »assoziiertes Mitglied der Chefredaktion aus Oakland« ins Impressum nehmen. Sie ließ sich nicht lange bitten. *Ramps* war alles, was Decca liebte: bissig, links, rotzfrech, plakativ, rücksichtslos, investigativ und subversiv. Sie knöpften sich heilige amerikanische Kühe vor – CIA, FBI und die Armee –, gehörten zu den frühen lautstarken Gegnern des Vietnamkriegs und setzten sich vehement für den Bürgerrechtskampf ein – bis hin zur massiven Unterstützung der Black Panther.

Dabei war Decca weniger als Autorin gefragt – sie schrieb nur gelegentlich für das Heft, das ihr zu schlecht und unzuverlässig zahlte – denn als Beraterin. Als »Coach« beschreibt Art Director Dugald Stermer sie. »Sie war wunderbar. Wir wollten ihre Anerkennung.« Ihre Hauptaufgabe: an lustigen, feuchtfröhlichen Mittagessen teilzunehmen. Dabei war sie eine der ganz wenigen Frauen, die zum Inner Circle gehörten. *Ramparts* war eine von Männern, oft Machos, gemachte Zeitschrift. Hinckle wurde einmal sogar von einer Frauenzeitschrift zum Chauvi des Monats gekürt. Decca fühlte sich bei den Jungs wohl, störte sich auch nicht an sexistischen Titelbildern.

Die Geschichten waren rasant geschrieben, manchmal ein bisschen zu rasant, mit der Richtigkeit nahmen sie es nicht immer so genau. Überhaupt war *Ramparts* nicht zimperlich. Man praktizierte Guerilla-Journalismus und ebensolches Marketing, mit extravaganten, von Gossage inspirierten Strategien, bombardierte die Öffentlichkeit mit Riesenanzeigen in überregionalen Zeitungen und Werbung auf Bussen, mit Pressekonferenzen, zu denen Hinckle die Journalisten per Telegramm einlud.

Das Besondere an dem Magazin, das in dieser Art nur an der Westküste gedeihen konnte, waren nicht nur die Enthüllungsgeschichten, die sonst keiner hatte und die von überregionalen Medien gern aufgegriffen wurden, sondern auch der Look: eine subversive Zeitschrift auf Hochglanzpapier. Statt im alternativen Schmuddelkleidchen kam das kritische Blatt als »Radical Slick« daher, wie Warren Hinckle den schicken, hochpolierten Stil beschrieb, der Schule machte. Und mit Humor.

Artdirector Dugald Stermer war der wichtigste Mann neben der Chefredaktion, er gab dem Heft sein aufregendes Gesicht. Einige seiner Titelbilder erregten mindestens so viel Aufsehen wie die Geschichten im Inneren. Das umstrittene Porträt des erzkonservativen Barry Goldwater als Klapperschlange im November 1964 (in der heißen Phase des Free Speech Movements) führte offenbar dazu, dass Pan Am dafür zahlte, seine Anzeigen *nicht* im Heft gedruckt zu sehen. Nachdem die Zeitschrift im Dezember 1967, auf dem Höhepunkt des Vietnamkriegs, vier Männerhände auf dem Cover gezeigt hatte, die die brennenden Einberufungsbefehle von vier *Ramparts*-Redakteuren hielten, wurde das Quartett vor Gericht gestellt, aber freigesprochen. Die neuesten CIA-Abhörgeräte hängte Stermer einer bekannten Stripperin mit legendärer Oberweite ans knappe Oberteil. Manchmal war das Titelbild fertig, noch bevor die Geschichte überhaupt geschrieben war.

Im Inneren des Hefts wartete der Artdirector mit ähnlich originellen und plakativen Aufmachungen auf. So gab es Hugh Hefner nackt zum Ausklappen (den *Playboy*-Chef hätten sie gern als Investor gewonnen), zu Deccas Besprechung von Ronald Reagans Autobiographie *Where's the Rest of Me?* erschien der angehende Politiker als Anziehpuppe mit verschiedenen Kostümen für seine diversen öffentlichen Rollen.

Die Redaktion ähnelte oft einer Mischung aus Marx Brothers und *Einer flog übers Kuckucksnest*. (Den Roman hatte Ken Kesey, ebenfalls *Ramparts*-Autor aus San Francisco, 1962 veröffentlicht.) Sie schufteten wie die Verrückten, mal erschien die Zeitschrift zu spät, mal gar nicht, oft sollte sie plötzlich ganz schnell an den Kiosk. Wie ein Tornado stürmte Hinckle, das größenwahnsinnige, sensationslüsterne Genie, mit seinem Drink durch die Redaktion, brüllte ins Telefon oder Mitarbeiter an, empfing die Witwe des 1965 ermordeten militanten Bürgerrechtlers Malcolm X (samt einem Dutzend Leibwächter mit geladenem Gewehr), entwickelte wilde Fundraising-Konzepte. Mit seiner Augenklappe auf dem linken Auge, Folge eines Unfalls in Kindertagen, sah Hinckle nicht nur aus wie ein Pirat, er war auch einer. Als »geniale junge Banditen« hat Decca das Führungsteam ziemlich treffend beschrieben. Gern zogen sie mit Charme und Chuzpe reichen Gönnern das Geld aus der Tasche: Die Zeitschrift kostete sehr viele Leute sehr viel Geld, und falls die Anleger sich eine Dividende versprachen, hatten sie Pech. Genau wie einst Esmond als Schülerzeitungsherausgeber, bezahlten sie die Rechnungen der Druckerei einfach nicht, ließen Autoren lange – und nicht selten vergeblich – auf ihr Honorar warten.

1967 geriet *Ramparts* in eine Krise. Als Keating seinen verschwendungssüchtigen Chefredakteur Hinckle stürzen wollte, trat Decca als Vermittlerin auf. Sie selber hatte nur gute Erfahrungen mit Hinckle und Scheer gemacht, konnte aber auch die Vorwürfe nachvollziehen. Wenn die beiden weiter so auf ihren Mitarbeitern rumtrampelten, fürchtete sie, würden sie noch mehr Talente verscheuchen. Auch die Atmosphäre permanenten Feueralarms sah sie so kritisch wie die Kritiker, führte die Aufgeregtheit doch zu einem massiven Kräfte- und Nervenverschleiß und oft zu groben Fehlern in den Artikeln. (»Eine Teetasse mit einem Feuerwehrschlauch füllen« nannte Gossage die Methode.)

Und trotzdem – Keating war für Decca keine Alternative. So ergriff sie in der entscheidenden Beiratssitzung erfolgreich Partei für ihre beiden Freunde Hinckle und Scheer. Aber der Triumph war der Anfang vom Ende. Obwohl die *Ramparts*-Truppe 1968 noch ihren größten Coup landete, die Veröffentlichung von Fidel Castros Tagebüchern – Ende des Jahres hatten sie fünf Millionen Schulden. Im Januar 1969 musste die Zeitschrift Insolvenz anmelden, nach einem zahmen Wiederbelebungsversuch wurde sie 1975 endgültig eingestellt.

Wobei *Ramparts* nicht allein an der legendären Verschwendungssucht Hinckles und dem allgemeinen Redaktionsirrsinn zugrunde ging, sondern auch am Lauf der Zeit. Die Neue Linke dividierte sich zunehmend auseinander, wurde, was sie anfangs gerade nicht gewesen war, immer ideologischer, auch militanter. Der Redaktion mangelte es zunehmend an Glaubwürdigkeit. Ähnlich wie hierzulande die *taz* oder die Politik der Grünen, wurde auch *Ramparts* gewissermaßen Opfer des eigenen Erfolgs;

bürgerliche Medien griffen ihre Themen und Methoden, ihre Frechheit und den Look auf. Die Lektionen, die *Ramparts* dem Land in Sachen investigativer Journalismus erteilte, sind bis heute zu spüren, glaubt die *New York Times*, die selber viel von ihnen gelernt hat. Ein paar frühere *Ramparts*-Redakteure gründeten *Rolling Stone*, andere *Mother Jones*, die, jedes auf seine Weise, die Traditionen des Blattes fortführten.

Black Panther

Auf dem Papier waren Rassentrennung und Diskriminierung inzwischen abgeschafft: Ein Jahr nach dem Civil Rights Act von 1964 wurde der von Präsident Johnson initiierte Voting Rights Act verabschiedet, der Minderheiten den freien Zugang zur Wahlurne verschaffte – die Erfüllung von Virginias Traum, für den sie Jahrzehnte gearbeitet hatte. Auch wenn Gouverneur Wallace noch immer mit Schaum vor dem Mund für die Apartheid kämpfte, die Südstaatenbewohner gewöhnten sich allmählich an eine gemischte Gesellschaft.

Dafür explodierte es jetzt im Norden. Denn das Ausmaß von Rassismus und sozialer Not war noch immer gewaltig. Abgesehen von einer kleinen schwarzen Mittelschicht, die sich mittlerweile etabliert hatte, war die soziale Lage für die Mehrheit noch immer katastrophal. In Großstädten wie Chicago, Philadelphia und New York lebten viele in Ghettos, die Aussicht, im Gefängnis zu landen oder in Vietnam verheizt zu werden, war für schwarze Männer weit größer, als aufs College zu gehen. Nachdem es schon vorher in Städten wie Philadelphia und New York zu heftigen Rassenunruhen gekommen war, kam es im Sommer 1965 in Watts, dem Schwarzen-Viertel von Los Angeles, zu Krawallen. Dabei starben vierunddreißig Bewohner, mehr als tausend wurden verletzt. Bei den Detroit Riots zwei Jahre später kamen dreiundvierzig Menschen ums Leben.

Viele Schwarze hatten die Politik der kleinen Schritte satt, sie wollten nicht betteln, sondern kämpfen. Wie Deccas Quasi-Schwiegersohn Jim Forman es einmal plastisch formulierte: »Wenn wir nicht am Tisch der Demokratie sitzen können, hauen wir seine Scheißbeine weg.« Das mühsam zusammengehaltene Zweckbündnis der verschiedenen Civil-Rights-

Organisationen brach auseinander, der gewaltlose Widerstand hatte ausgedient und wich zunehmender Militanz. Aus dem »We Shall Overcome«, so der deutsche Journalist Kai Hermann Ende der 1960er Jahre, wurde ein »We Shall Overrun«. Bei einigen Organisationen wie SNCC übernahmen Separatisten die Führung, wurde Black Power zum Schlachtruf und revolutionären Konzept.

Der feurige Stokeley Carmichael hatte den Begriff zwar nicht erfunden, aber als »Black Power's rock star« machte er ihn populär. Im selben Jahr, in dem der frühere Freedom Rider den Vorsitz bei SNCC übernahm, 1966, setzte er den Ausschluss von Weißen durch. »Starmichael«, wie seine Genossen ihn nannten, war es auch, der den Zusammenschluss mit den Black Panther forcierte, deren »Ehren-Premierminister« er kurzzeitig war, bevor er sich wieder mit ihnen überwarf und schließlich mit seiner Frau Miriam Makeba nach Guinea auswanderte. Der Grund ihres Streits: Die Panther wollten die Hilfe von Weißen annehmen, Carmichael nicht.

Virginia Durr hielt die militante Black-Power-Bewegung für ebenso naiv wie rassistisch. Decca nicht. »Ich weiß tief in meinem Herzen«, schrieb sie ihrer Freundin 1968, »dass ich, wenn ich in ihrem Alter wäre und ihre Hautfarbe hätte, 100 % mit dabei wäre.« So tat sie, was sie konnte, unterstützte die Black Panther mit Partys, Spenden und Einsätzen als Conférencier.

Eigentlich sprach einiges gegen ihre Sympathie für diese humorlose, ironiefreie Macho-Truppe mit ihrem gockelhaften Auftreten. Decca hätte der Vergleich auf die Palme gebracht, aber mit ihrer schwarzen Uniform, den dunklen Hemden und Hosen, Lederjacken und Baskenmützen, den Sonnenbrillen und Gewehren, erinnerte die Selbstinszenierung der Panther an den hollywoodesken Oswald Mosley und seine Schwarzhemden. Auch sie erhoben die Hand zum Gruß, und ihr smart aussehender Parteiführer Huey Newton – der Bob verehrte, seit dieser sich über Jahre hinweg für den wegen Mordes angeklagten schwarzen Schuhputzer Jerry Newson engagiert hatte – nannte sich eine Zeitlang sogar »Supreme Leader«.

Aber Decca konnte die Wut und Ungeduld der Rebellen nur zu gut verstehen, die genug davon hatten, »Neger« zu sein, Amerikaner dritter Klasse. Wer gegen die brutale Polizei von Oakland Widerstand leistete, die die Panther teilweise wie Freiwild jagte, hatte die Treuhafts sowieso auf seiner

Seite. Bob verteidigte auch einige von ihnen. Die Panther bildeten jetzt die Speerspitze der linken Revolution, hatten sich aus Frantz Fanon, Mao, Marx & Co. ihre eigene sozialistische Philosophie zusammengebraut. In der Anfangszeit finanzierten sie sich sogar mit Hilfe der Mao-Bibel, die sie für 30 Cents in San Franciscos Chinatown kauften, um sie in Berkeley für einen Dollar weiterzuverkaufen. Dass sie nicht zauderten, sondern entschlossen handelten, machte sie Decca zutiefst sympathisch. Sie liebte *action*.

Quasi vor ihrer Haustür, in Oakland, hatten Bobby Seale und Huey Newton die »Black Panther Party for Self Defense«, wie sie zunächst hieß (später ließen sie die Selbstverteidigung fallen), 1966 gegründet. Trotz des hohen schwarzen Bevölkerungsanteils bestand die Polizei in Oakland noch immer fast ausschließlich aus Weißen, darunter viele Rassisten, die schnell zur Waffe griffen. Also nahmen die Rebellen das Recht demonstrativ in die eigene Hand, patrouillierten in den Straßen mit geladenem Gewehr im Arm. Wo die Selbstverteidigung aufhörte und die aggressive Gewalt anfing – sogar gegen die eigenen Leute, wenn sie nicht spurten –, ist bis heute umstritten. Auch wer für die Toten der eigenen oder anderen Seite verantwortlich war, Panthers oder Polizei – unterstützt vom FBI, das die Gruppen mit allen, auch höchst kriminellen, blutigen Strategien von innen und außen zu zersetzen versuchte –, ist in vielen Fällen nicht geklärt.

Die meisten Mitglieder der Partei waren in Oakland und Umgebung aufgewachsen, in der Regel als Kinder jener Südstaatler, die während des Kriegs in die Gegend gelockt worden waren und nach dem Krieg ihre Arbeit wieder verloren hatten. Huey Newton zum Beispiel, in Lousiana geboren, kam als Dreijähriger mit seiner Familie nach Oakland. Von den Lehrern vernachlässigt, brachte sich Newton nach eigenen Aussagen das Lesen und Schreiben mit Plato selber bei. Auf dem College las der Sohn eines Baptistenpredigers, was er an linken Schriften kriegen konnte, Lenin, Marx, Che Guevara. Dort lernte er auch Bobby Seale kennen. Die meisten ihrer Parteimitglieder rekrutierten sie allerdings auf der Straße, die sie selber bestens kannten. Schon als Teenager war Newton ein paarmal wegen Waffenbesitzes und Vandalismus festgenommen worden.

In ihrem Zehnpunkteparteiprogramm forderten die Panther unter anderem Vollbeschäftigung, bessere Wohnungen, ein Ende der Polizeigewalt gegenüber Schwarzen, die Freistellung vom Militärdienst (später ersetzt durch freie medizinische Versorgung), die Freilassung aller schwarzen Gefangenen, die sie als politische Häftlinge betrachteten, schwarze Jurys für schwarze Angeklagte.

Nicht nur die Waffengewalt, auch die Sozialarbeit nahmen sie in die eigene Hand, richteten freie Polikliniken für die unterversorgte schwarze Bevölkerung ein, organisierten Busse, damit Angehörige Häftlinge in den umliegenden Gefängnissen besuchen konnten, und, das war ihr berühmtestes Aktionsprogramm: Sie teilten kostenlos Frühstück an Schulkinder aus, die sonst mit leerem Magen in der Schulbank gesessen hätten. Auch wenn die Panther all das nicht allein aus Nächstenliebe taten, sondern – auch – zu Propagandazwecken und um Anhänger zu rekrutieren, ihrem sozialen Engagement in den Kommunen zollten selbst Kritiker Respekt.

Die Zahl ihrer Fans überstieg die der Parteimitglieder bei weitem: Selbst in den besten Zeiten kamen sie nie auf mehr als ein paar Tausend. Aber der Medienhype, der die Panther praktisch von Anfang an begleitete, machte sie zu Politstars.

Eine zentrale Rolle bei der Mythenbildung spielte die Redaktion von *Ramparts*, die den Black Panthern als Erste eine Plattform gab – kein Heft mehr ohne Panther –, wobei einiges vom Glanz der neuen Stars dann wieder auf das Magazin abfiel. So erschien in der Zeitschrift ein legendäres Foto von Huey Newton, wie ein Stammesfürst in einem riesigen Korbsessel thronend, mit Gewehr in der einen und Speer in der anderen Hand. Das Bild hing als Poster bald in unzähligen, auch deutschen Studentenbuden.

Geschossen hatte es Eldridge Cleaver, der nach seiner Entlassung aus dem Gefängnis, in dem er ein Drittel seines Lebens verbracht hatte, Redakteur bei *Ramparts* wurde, wo er als extremer Sexist auftrat. In seinem Buch *Soul on Ice* (*Seele auf Eis*), das auch in Europa Kult wurde, brüstete er sich mit der Vergewaltigung erst von schwarzen Frauen (zum Üben), dann von weißen (um Rache am weißen Mann zu nehmen). »Wenn ich 'ne Negernutte vögle, schließ ich die Augen, konzentriere mich mit aller Kraft und glaub dann ziemlich bald, eine von diesen Blonden zu geigen.« Der Kampf der Panther war sexuell ebenso aufgeladen wie der der Rassisten in den Südstaaten. Und ebenso chauvinistisch. Frauen durften in den ersten Jahren nicht mal Mitglied werden, später kümmerten sie sich vor allem, ganz traditionell, um die Sozialarbeit. Elaine Brown, die Frau, die Huey Newton in den 1970er Jahren vertreten durfte, als dieser, des Mordes an einer Prostituierten beschuldigt, für ein paar Jahre nach Kuba abgetaucht war, vertrat den Realoflügel.

1968 befand sich die Partei auf dem Höhepunkt ihrer Popularität, was sie ironischerweise nicht besonderen Verdiensten oder Erfolgen zu verdanken hatte, sondern der Festnahme ihres Führers. Huey Newton wurde angeklagt, einen Polizisten bei einer Autokontrolle erschossen zu haben, eine dubiose Angelegenheit. Linke, Intellektuelle und Künstler gingen auf die Barrikaden, es gab weltweit Solidaritätsveranstaltungen, Newton wurde als Märtyrer glorifiziert, Schriftsteller wie Susan Sontag, Norman Mailer, James Baldwin protestierten und beteiligten sich an der »Free Huey«-Kampagne, Marlon Brando trat an der Seite von Bobby Seale in Oakland auf. 1970 kam Newton mit Hilfe seiner Anwältin Fay Stender, einer Freundin der Treuhafts, wieder auf freien Fuß.

Mit all ihren Ministerposten schienen die Panther sich als Staat im Staat zu betrachten. Deccas Quasi-Schwiegersohn Jim Forman hatte eine Zeitlang das Amt des Außenministers inne, bevor er sich wieder verabschiedete. Die Gründe, die Forman für das Zerbrechen der kurzen Allianz zwischen der Partei und SNCC aufzählte, sind dieselben, die auch den späteren Fall der Panther erklären: »kleinliche Persönlichkeitsdifferenzen, Misstrauen, exzessives Trinken, tiefsitzende politische Konflikte und tiefsitzende neurotische Machtkämpfe auf Seiten vieler Leute«.

Decca unterstützte die Partei noch lange, nachdem Forman und andere sich desillusioniert wieder abgewandt hatten. Störrisch, mit Mitford'scher Loyalität, hielt sie an den erklärten Revolutionären fest. »Sie weigerte sich, ihre böse Seite zu sehen«, glaubt ihr Freund David Weir, der als Redakteur eine große Reportage betreute, die 1978 endgültig mit dem Mythos der Panther aufräumte. Unter der Überschrift »The Party's Over« wurden dort die vielfältigen Verbindungen zur Unterwelt, Drogenmissbrauch, kriminelle Taten und mafiöse Methoden aufgedeckt.

Deccas legendärstes Black-Panther-Fest fand im März 1970 statt. An einem Freitag – Newton und Seale saßen beide im Gefängnis – rief der amtierende Parteivorsitzende David Hilliard sie an, ob sie für Sonntag nicht eine Fundraisingparty mit Jean Genet als Ehrengast organisieren könne. Der französische Schriftsteller, der selbst oft genug im Gefängnis gesessen hatte, unterstützte die Partei aus vollem Herzen. Als Gäste wollte Hilliard alle Intellektuellen der Bay Area sehen.

Alle bekam Decca zwar nicht zusammen, aber eine ganze Menge: Weit über hundert Gäste quetschten sich ins Haus. Wie eine Wilde hatte sie herumtelefoniert, Essen besorgt, Wein in Zweiliterflaschen. *Ramparts* hatte einen Dolmetscher organisiert, Hilliard den Dichter frisch eingekleidet (Gitanes-Kettenraucher Genet hielt offenbar nicht viel von persönlicher Hygiene und schlief am liebsten in seinen Klamotten). Bob stellte eine Trittleiter bereit, auf dass der kleine Genet bei seiner leidenschaftlichen Rede über den Rassismus in den USA nicht in der Menge unterging. Doch die Stimmung war angespannt, plötzlich ging Hilliard auf den weißen Aktivisten (und Jane-Fonda-Ehemann) Tom Hayden los.

Über den Streit und seine Gründe gibt es verschiedene Versionen, in Deccas Darstellung zwanzig Jahre später war Hilliard – aggressiv und schlecht gelaunt – der Provokateur. Die Panther waren wie immer bewaffnet: mit Sonnenbrille, Baskenmütze und Gewehr. Als ein anderer Gast dazwischenging, schnappte Hilliard sich einen Riesenkrug – und traf die junge Tochter eines Dichters am Kopf, die anfing zu schreien. In Deccas Schilderung stieg sie als Gastgeberin dann auf die Leiter und schickte alle freundlich, »auf ihre feinste englische Weise« nach Hause. »Die Party ist vorbei.« Genet habe den Abend genossen.

In der Version von Jan Herman, damals Student, heute Autor der *Huffington Post*, klingt es etwas anders. Bedrohlicher. Herman zufolge brach Chaos aus, fingen die Leute an zu schreien und liefen panisch weg aus Angst vor einer Schießerei und vor der Polizei, von der es hieß, dass sie unterwegs sei. Das FBI wusste sowieso Bescheid.

Ein paar Monate nach Deccas Party erschien Tom Wolfes berühmter Artikel »Radical Chic«, in dem er sich, wortgewaltig wie immer, lustig machte über die Party, die der Musiker Leonard Bernstein in seiner luxuriösen Wohnung für die Panther gab. »Radical Chic«, der Ausdruck blieb kleben, an den Panthern ebenso wie an denen, die sie protegierten.

Revolutionary Suicide, der Titel von Huey Newtons Autobiographie, beschreibt den turbulenten Abstieg der Black Panther ziemlich genau. Drogensüchtig und umgeben von Bodyguards, lebte der Parteiführer in einem Luxus-Penthouse hoch über dem Zentrum von Oakland, mit Blick auf einen künstlichen See und das Elend der Schwarzen, von denen sich viele bald genauso vor den Panthern fürchteten wie Weiße. 1989, inzwischen selber wieder auf der Straße gelandet, wurde Newton von einem Drogendealer und Mitglied der Black Guerilla Family ermordet. Eldridge Cleaver wurde fromm und trat den Republikanern bei.

Sosehr Decca die Black Panther bewunderte (auch wenn sie sich manchmal über sie lustig machte, wie vor einer ihrer Fundraisingpartys, als sie sich laut fragte, ob sie wohl besser ihr Silber verstecken sollte) – für den bewaffneten Terrorismus der weißen Weathermen, einer kleinen linksradikalen Untergrundorganisation, die die Arbeit der Panther fortsetzen wollte, hatte sie gar kein Verständnis. Als Kathy Boudin, die Tochter ihres linken Anwaltfreundes Leonard Boudin, nach einem Bankraub festgenommen wurde, bei dem zwei Polizisten und ein Wachmann getötet worden waren, meinte sie nur: »Ich kann kaum ausdrücken, was für ein totaler Horror das ist. BÖSE und DÄMLICH, das ist alles, was ich sagen kann.« Das Einzige, was sie ihrer Meinung nach damit erreichten: dem FBI neuen Auftrieb zu geben. Dass sie ihren Freund Leonard Boudin trotzdem moralisch unterstützte beim Einsatz für seine Tochter, verstand sich von selbst. Als der Jurist seine Freunde bat, gegen die Zustände in ihrem Gefängnis zu protestieren, griff sie sofort zur Feder.

Mein Sohn, der Klavierstimmer

Spätestens Mitte der 1960er Jahre gab es ein Thema, das alle beherrschte: der Vietnamkrieg. Gegen den war Decca schon zu Beginn des Jahrzehnts auf die Straße gegangen, hatte sich verschiedenen Frauenfriedensgruppen angeschlossen. Mit der Zahl der eingesetzten Soldaten und der Toten intensivierte sich auch die Heftigkeit des Protests, an dessen Spitze wieder Berkeley stand. Dabei war der Krieg für Decca nicht nur eine Fortsetzung des Antikommunismus der 1950er Jahre mit anderen, blutigen Mitteln (»lieber tot als rot« hieß die Devise der Kriegstreiber) und ein weltpolitisches Desaster – er war auch eine ganz reale persönliche Bedrohung: Ihr

Sohn, Jahrgang 1947, befand sich im besten Soldatenalter. Allzu viele Sorgen, dass er eingezogen würde, schien sie sich allerdings nicht zu machen.

Benjy war ihr Sonnenschein und ihr Sorgenkind, »mein Augapfel«, auch derjenige, der ihr immer das Farbband in der Schreibmaschine wechselte, das lernte sie nie. Allein mit seinem Auftauchen brachte er sie zum Strahlen und mit seinen Streichen und Benjyismen zum Lachen. Aber sie war sich nie ganz sicher, ob er seinen Weg gehen, und wenn, ob er auch irgendwo ankommen würde.

Der Umzug in die Regent Street war seiner Schulkarriere nicht gerade förderlich gewesen. Unter den bildungsbürgerlichen Kindern aus der Nachbarschaft schnitt er noch schlechter ab als zuvor. Seine Eltern waren, so sein Gefühl, enttäuscht von ihm. Bob und Decca waren so gebildet – und er, der Legastheniker, konnte nicht mal richtig lesen.

Benjy entwickelte seine eigenen Interessen, einen Schuhtick zum Beispiel, der sich bald danach in sein Gegenteil verkehrte. Noch heute läuft Benjy am liebsten barfuß herum, auch draußen, egal, ob Sommer oder Winter. Als Teenager reizten ihn Sleep-ins mehr als Teach-ins, und so schloss er sich jener anderen Bewegung an, die in der Bay Area ihren Anfang nahm und von dort um die Welt zog: Benjy wurde Hippie. Ein Ausdruck, den Deccas Freund Herb Caen erfunden haben soll.

1964 hatte Treuhaft junior die Highschool endlich überstanden. Für die Eltern stand fest, dass er studierte. Benjy schickte einen Haufen Bewerbungen an Unis los, schon aus reinem Selbstschutz – Studenten wurden in der Regel vom Kriegsdienst zurückgestellt. Das gehörte zu den Ungerechtigkeiten dieses Kriegs: dass überproportional viele Arme, darunter die Mehrzahl der Schwarzen, die sich ein Studium nicht leisten konnten, nach Vietnam geschickt wurden.

Mit Ach und Krach und Beziehungen nahm ein – besonders liberales – College Benjy tatsächlich an. Unter der Bedingung, dass er erst mal ein Jahr lang »konstruktive« Erfahrungen sammeln und ein bisschen erwachsen würde. Die Eltern schickten ihn zum Arbeiten auf eine englische Farm von Freunden und zum Französischlernen auf ein französisches Internat, wo Decca ihn zu einer Reise durch Frankreich und Italien abholte.

Langhaarig und schnurrbärtig, stand er schließlich im Herbst 1965 vor dem pikierten Direktor des humanistischen Reform-Colleges St. John's.

Von Latein und Griechisch, beides Pflichtfächer, blieb wenig hängen, auch mit den »100 Großen Büchern«, die jeder Student lesen sollte, kam Benjy nicht weit. Bei seinem Tempo hätte er ungefähr fünfzig Jahre dafür gebraucht. Als er sich in den Weihnachtsferien bei seinen Eltern über den ebenfalls obligatorischen Matheunterricht beklagte, meinte Decca nur, gnadenlos: »Du hast die Wahl, entweder Geometrie oder ein Gewehr über der Schulter.« Vom Campus in Maryland wurde er zu dem in Santa Fe versetzt, aber am Ende lernte Benjy dort vor allem eins kennen: LSD. Eine Freundin gab ihm auch was ab von ihrem Ritalin, im Laufe der Jahre nahm er alles mit, was er kriegen konnte, von Marihuana bis Kokain. Am College war er dauer-high, und wenn er nicht high war, war er low. Benjy litt unter Depressionen.

Die einzigen Nachrichten, die er seinen Eltern in dieser Zeit schickte, waren Bettel-Zettel: Brauche dringend Geld, einen Plattenspieler, einen Mantel, wie Bob Dylan ihn trug, für dessen Konzert er natürlich auch was brauchte. Und für seinen Stoff, aber das erwähnte er lieber nicht. »Die Roten mochten keine Drogen«, sagt er heute, betrachteten sie als kapitalistisches Übel. Statt sich vollzudröhnen, sollte man doch die Welt verbessern.

Das Einzige, was ihm außer dem Tischtennisspielen am College wirklich gefiel, war die Musik, die er mit seinen Kommilitonen machte, das heißt improvisierte, wobei sie nicht nur auf klassischen Instrumenten spielten, sondern auch grunzten, schnauzten und Wecker klingeln ließen. Ansonsten erkundete er das Universum und sein Ich, mit dem Ergebnis, dass ihm irgendwann alles gleich bedeutungslos und bedeutungsvoll erschien und dass er, noch keine neunzehn Jahre alt, beschloss, das College zu verlassen.

Zurück in Berkeley, versuchte er, selbstgemachten Joghurt zu verkaufen, das war ein Flop, trug Zeitungen aus, jobbte als Tankwart und Theaterausfeger. Bis er, 1967 muss das gewesen sein, plötzlich eine Epiphanie hatte, wie er selbst es nennt, als er am Laden eines Klavierstimmers vorbeikam und wusste: Das war es, was er machen wollte. Ein Entschluss, der alle, einschließlich ihn selbst, ziemlich überraschte. Benjy konnte nicht mal Klavier spielen. Im Hause Treuhaft wurde nur gesungen, das allerdings umso ausgiebiger, kommunistische Kampflieder, Bürgerrechtssongs, alte englische Balladen, selbstgedichtete Verse, keine Party ohne

Gesang. So hatte er ein Gefühl für Rhythmus und Melodie mitbekommen. Und tatsächlich: »Es hat wunderbar funktioniert«, wie Benjy sagt. Die Eltern waren selig. Wenn ihr Sohn schon kein Intellektueller sein konnte, war ein so ungewöhnlicher, künstlerisch-handwerklicher Beruf das Beste. »Mein Sohn, der Klavierstimmer«: Das, so Benjy, konnte Decca mit Stolz sagen.

Dabei machte sie sich immer noch Sorgen, vor allem wegen des LSD. Im Unterschied zu einigen ihrer gleichaltrigen Bekannten reizte es Decca nicht, die Droge selber auszuprobieren. Sie hatte keine Lust, die Kontrolle über sich zu verlieren und womöglich alle Leute lieb zu haben – so wie Allen Ginsberg, von dem sie gehört hatte, dass ihm beim LSD-Trip selbst Lyndon B. Johnson sympathisch wurde. »Könnten sie nicht eine Hassdroge erfinden?«

Dem Vietnamkrieg ist Benjy entkommen, auch ohne Student zu sein. Vielleicht rettete ihn die Tatsache, dass er mit dreizehn noch Bettnässer gewesen war. In einem Handbuch für Kriegsdienstverweigerer hatte er gelesen, dass dies ein Grund für die Ausmusterung sein konnte. Vielleicht aber auch, weil seine Eltern Kommunisten waren, oder er so ziemlich alles an illegalen Substanzen geschnupft, geraucht und geschluckt hatte, was es gab, und dass er selbst ohne Drogen *spaced out* war.

Dr. Spock

1967 war auch für Decca ein einschneidendes Jahr, in dem sie fünfzig und zum ersten Mal Großmutter wurde. Ein paar Wochen nach der Geburt von Enkel James Robert Lumumba Forman (»Ich wette, er sieht genauso aus wie deine Mutter, nur pechschwarz«, foppte Philip Toynbee die Oma) nahm sich Esmonds Bruder Giles vor Deccas Haustür das Leben: in einem Hotelzimmer in Berkeley, zusammen mit seiner neuen Frau, die allerdings überlebte. Sie nahmen die junge Witwe zu sich, aber Decca setzte alles daran, sie so schnell wie möglich loszuwerden. Die zwei Tage mit Coral Romilly fühlten sich für sie wie ein ganzer Monat an. Giles' Frau vertraute Decca alle Details ihres »abartigen Liebeslebens« an, die diese gar nicht wissen wollte. Sex interessierte sie nicht, schon gar nicht der anderer

Leute. Außerdem war Decca sowieso überzeugt, dass Giles schwul gewesen war und glücklicher geworden wäre, hätte er das auch als Erwachsener ausgelebt. Schon als Schüler hatte er ja unter Depressionen gelitten. Esmonds frühen Tod und die lange Kriegsgefangenschaft bei den Nazis, über die er auch ein Buch schrieb, hatte Giles Deccas Meinung nach nicht verkraftet. Nach seiner Rückkehr »setzte ihn irgendein dämlicher Arzt auf Drogen, und am Ende war er hoffnungslos süchtig«.

Decca stürzte sich in ein neues Projekt. Begierig griff sie die Idee ihres Lektors auf, über einen Prozess gegen fünf Vietnamkriegsgegner zu schreiben, die der Verschwörung gegen die Regierung der Vereinigten Staaten beschuldigt wurden. Der berühmteste unter ihnen: Dr. Spock (nicht zu verwechseln mit dem Captain aus *Raumschiff Enterprise*), ein Kinderarzt, nach dessen Methode des gesunden Menschenverstands und der Gelassenheit Millionen von amerikanischen Babyboomern aufgezogen wurden. Sein Instantbestseller *The Common Sense Book of Baby and Child Care*, 1946 erstmals erschienen, verkaufte sich bis zum Tod des Autors 1998 knapp 50 Millionen Mal. Nur die Bibel lief noch besser. Seine ungeheure Prominenz nutzte Dr. Spock zum Protest gegen den Vietnamkrieg, in Talkshows und auf Demonstrationen, bei denen er oft in der ersten Reihe lief.

Wie viele erwartete Decca ganz aufgeregt den »politischen Prozess des Jahrzehnts«, in dem es um grundsätzliche Fragen von Politik und Moral, um die Legitimation der US-Regierung gehen sollte. Inzwischen waren schon 22 000 Amerikaner, lauter Spock-Babys, in Vietnam gefallen. Aber noch bevor die Verhandlung gegen die »Boston Five« richtig begonnen hatten, ließ der fünfundachtzigjährige Richter, ein Hardliner, die Luft raus und unterband alle politischen Debatten. Verhandelt wurde ausschließlich auf formaljuristischer Ebene, Thema war vor allem das Verschwörungsrecht. Decca langweilte sich zu Tode.

Dabei fiel der Prozess 1968 in eine hochdramatische Zeit. Am 16. März – dem Tag des Massakers von My Lai, bei dem amerikanische Soldaten praktisch ein ganzes Dorf umbrachten – gab Robert Kennedy bekannt, in den Präsidentschaftswahlkampf zu ziehen. Am 4. April wurde Martin Luther King in Tennessee von einem Rassisten ermordet, was zu blutigen Krawallen im ganzen Land führte, nur zwei Monate später, am 6. Juni, wurde Hoffnungsträger Bobby Kennedy erschossen. Auch in Europa brach jetzt die

Revolution aus; in Paris machte in diesem Mai 1968 ein junger Mann von sich reden, der Nancy stark an Esmond erinnerte: Daniel Cohn-Bendit.

Im August marschierten die Sowjets in der Tschechoslowakei ein und bereiteten dem Prager Frühling ein brutales Ende. Beim New Yorker Parteitag im Herbst wurde der moskautreue Kurs der amerikanischen CP-Führung bestätigt. Nur drei Mitglieder sprachen sich gegen die Invasion aus, Bettina Aptheker, Al Richmond, der alte Freund der Treuhafts und Chefredakteur der *People's World*, und die südkalifornische Parteiführerin Dorothy Healy. Healy und Richmond wurden aus der Partei ausgeschlossen (nachdem sie selber wohl schon ausgetreten waren), Aptheker durfte – wie sie glaubt: wegen ihres berühmten Kommunistenvaters – bleiben. »Decca war außer sich vor Wut«, so Aptheker, rastete völlig aus. Beides, die Invasion wie den Ausschluss, fand sie unerträglich. Dass die Partei ein so treues Mitglied wie Al Richmond so behandelte! Es war das einzige Mal in all den Jahren ihrer Freundschaft, dass sie Bettina Aptheker angeschrien hat. »Wie kannst du da bleiben?!«, brüllte Decca. »Wie kannst du das!!«

Als Deccas Buch *The Trial of Dr. Spock* 1969, ein Jahr nach dem Prozess, endlich herauskam, war es zu spät, es fehlte an Relevanz und Brisanz. Das Ganze war ausgegangen wie das Hornberger Schießen: Auch die Geld- und Gefängnisstrafen der Angeklagten waren inzwischen wieder aufgehoben worden. Die Rezensionen waren durchwachsen.

Aber Decca grämte sich nicht. Erstens war das nicht ihre Art, und zweitens hatte sie andere Sorgen. Nachdem sie das Manuskript abgegeben hatte, im Mai, besuchte sie Nancy in Versailles. Vielleicht, so fürchtete sie, zum letzten Mal.

Nancys Krankheit

»Ich habe das Gefühl, dass in meinem Leben nichts wirklich *Schönes* mehr passiert«, klagte Nancy ihrem Geliebten, als ihre Mutter im Sterben lag, dieselbe Mutter, von der sie sich so ungeliebt fühlte und die sie, je älter, desto bitterer, für so ziemlich alles verantwortlich machte, was in ihrem Leben schiefgelaufen war, einschließlich ihrer Kinderlosigkeit. »Es wird einfach alles immer schlimmer und mündet in Alter & Tod.«

Dabei sah es zunächst gar nicht danach aus. Gut, 1960 hatte Nancy ihren letzten Roman veröffentlicht, *Don't Tell Alfred*, der bei der Kritik nicht sonderlich ankam, damit war das Kapitel Fiktion für sie beendet. Aber mit ihrer unterhaltsamen Biographie über das Leben Ludwigs XIV. in Versailles, die zu schreiben ihr großen Spaß gemacht hatte, landete »The French Lady Writer« 1966 noch mal einen richtigen Bestseller. Sie war selber überrascht vom Erfolg des üppig illustrierten Coffee Table Books – 250 000 Exemplare in zwei Jahren. Und das Schönste war: de Gaulle hat *The Sun King* gefallen! So gut, dass er das Buch der Engländerin seinen Kabinettsmitgliedern zur Lektüre empfahl.

Das Versailles des 17. und 18. Jahrhunderts war für Nancy ein Ort zum Glücklichsein, ein Fest fürs Leben. In diesem vielleicht eher fiktiven als historischen Paradies fühlte sich die Biographin von Voltaire und Madame Pompadour mehr zu Hause als im Paris des 20. Jahrhunderts. Der einstige Sehnsuchtsort war ihr zu laut, zu teuer, zu hässlich und rasant geworden. Je älter sie wurde, desto abscheulicher erschien ihr die Gegenwart, deren Sprache, Architektur, Manieren und Mode sie als eine einzige Zumutung empfand. Als ihr auch noch die Miete in der Rue Monsieur drastisch erhöht wurde, stand ihr Entschluss fest. Die Zweiundsechzigjährige wollte raus aus der Stadt. Versailles erschien ihr friedlich, die Nachbarn freundlich, die Sitten ländlich. Sie erklärte das Städtchen zu ihrer heilen Welt.

Das unauffällige Häuschen, das sie dort kaufte, lag in Fußnähe zum Schloss. Rue d'Artois Nummer 4 war nicht so elegant wie ihre Wohnung in Paris, aber luftig, hell und historisch – 18. Jahrhundert, versteht sich. Das Beste aber war der Garten, von Mauern geschützt, den sie gepflegt verwildern ließ: Mohnblumen, Kornblumen, Gänseblümchen, eine Wiese statt englischem Rasen, dazu Rosen über Rosen, Rosenbüsche, Kletterrosen … Ein wucherndes, blühendes Märchenreich.

Diana war ihr jetzt noch näher gerückt: Orsay lag nur zwanzig Kilometer entfernt. Seit die Mosleys Anfang der 1950er Jahre nach Frankreich gezogen waren, war Diana Nancys wichtigster Lebensmensch. Jeden Morgen telefonierten sie miteinander, sahen sich, sooft es ging. Dass Nancy ihre Schwester während des Kriegs zweimal denunziert hatte, wusste diese noch nicht. Sie redeten nicht über Politik, das hätte das Gefühl der Nähe nur getrübt. Wenn sie zusammensaßen, verfielen die Damen schnell in den Mitford'schen Jungmädchen-Jargon, quietschten und kreischten. Schwager Oswald Mosley und seine Schwägerin gingen sich freilich lieber aus dem Weg, auch wenn ihr Verhältnis mit den Jahren besser geworden war – sie blieben eifersüchtig aufeinander, buhlten wie die Kinder um Dianas Aufmerksamkeit und Zeit.

Für Nancy war der Umzug nach Versailles Anfang 1967 die Erfüllung eines Traums, den anderen erschien er im Rückblick wie der Anfang vom Ende. Mit unerklärlichen Schmerzen in Rücken und Beinen begann im Herbst 1968 ihr viereinhalbjähriger Leidensweg, ein Auf und Ab, mehr Ab als Auf, gepflastert mit Fehldiagnosen, unerfüllten Heilsversprechen und Untersuchungen, die nichts brachten außer zusätzlicher Pein.

Genau zu dieser Zeit, einen Tag bevor es im *Figaro* nachzulesen war, gestand ihr der Colonel, dass er heiraten wollte. Die Glückliche war eine andere Geliebte, Violette de Talleyrand Périgord, deren Schloss und Vermögen so imposant waren wie ihr Name. Wie Nancy war sie eine geschiedene Frau. Bisher hatte Gaston Palewski immer gesagt, dass er aus politischen Gründen eine Frau, die schon einmal verheiratet gewesen war, nicht ehelichen könne, aber jetzt war er im Ruhestand. Nicht, dass ihre Liaison damit beendet gewesen wäre. Nancy hing am Colonel wie eh und je. »Lass mich nicht im Stich«, flehte sie ihn ein Dreivierteljahr vor ihrem Tod aus dem Londoner Krankenhaus an, »ruf an.« Ja, er rief an, kam vorbei, war auch ihr letzter Besucher am Tag, an dem sie starb. Aber kümmern – kümmern taten sich vor allem ihre Schwestern, Freunde und die Hausangestellten um sie.

Kurz nach der Hochzeit des Colonels, im April 1969, wurde Nancy operiert. Dass dabei ein bösartiger Tumor an der Leber entdeckt wurde, erfuhr sie nicht. Die Schwestern hatten auf Anraten des Arztes beschlossen, ihr die Wahrheit zu verschweigen. Decca hielt das für falsch, ja, gemein, aber damit stand sie alleine. Vor allem Debo hatte Angst, der Kranken damit Hoffnung und Lebenskraft zu nehmen, sie ärgerte sich über Deccas Wahrheitsdrang, empfand ihn als kommunistische Gouvernantenhaftigkeit. Diana war hin- und hergerissen: Sagen oder nicht sagen? Am Ende stand es drei zu eins.

Decca hatte Nancy immer gern besucht, war auf jeder Europareise in Paris vorbeigekommen. Ihre große Schwester war eine amüsante Gastgeberin, nahm sie zu Partys mit oder gab welche für sie. Schockiert von den schlechten Nachrichten, wollte Decca die Kranke nun unbedingt sehen und helfen. Kurz nach Nancys Operation machte sie sich auf den Weg nach Versailles, wo sie sich in einem kleinen Hotel um die Ecke einquartierte. Fliehen können wollte sie schon.

Nancy sah ziemlich grau aus im Gesicht, doch dass sie schon wieder Witze riss, war für Decca ein gutes Zeichen. Über ihre Schmerzen redete die Kranke nicht, wenn sie zu schlimm wurden, zog sie sich zurück. Decca war froh, dass sie gekommen war, auch wenn sie allem, was mit Krankheit und Medizin zu tun hatte, hilflos gegenüberstand. Zwischendurch erlaubte sie sich kleine Fluchten, besichtigte mit einer amerikanischen Freundin das Schloss von Versailles, fuhr nach Paris, während der Colonel mit Nancy zu Mittag aß.

Es war das erste Mal nach mehr als dreißig Jahren, dass sie Diana wiedersah. »Nie werde ich Deccas Ausdruck des Staunens vergessen«, schreibt Debo in ihrer Autobiographie. Ihrer Freundin Pele de Lappe schilderte Decca die neunundfünfzigjährige Schwester als wunderschöne alternde Skulptur, »sie haben hierzulande überhaupt kein Bedürfnis, jung auszusehen, ihr Haar ist fast weiß, kein Make-up, großartige Figur, dasselbe große, perfekte Gesicht und riesige Augen«. Diana ihrerseits fand die Schwester bis auf ihre Stimme unverändert. Wie sie auskamen miteinander? »Eigentlich ziemlich gut«, schrieb Decca ihrer Freundin Marge Frantz. »Das heißt, während ich das Gras um die Schwertlilien schnitt, unterließ ich die Bemerkung – die mir durchaus in den Sinn kam –, ich gäbe den Lilien *Lebensraum*. Mit anderen Worten, alles ist um Nancys Wohlergehen bemüht & das ist alles, worüber wir reden, wenn wir allein sind.« Plaudernd und lachend saßen sie auf dem Sofa mit ihren Erinnerungen. Diana war ganz verblüfft, wie selbstverständlich, wie unkompliziert sich die Begegnung anfühlte, war überrascht von der Sympathie, »ja, der Zuneigung«, die sie für ihre Schwester empfand.

Auch Debo kam für ein paar Tage vorbei, zusammen tauchten sie ab in ihr Mitford-Land. »Das Leben hier zu beschreiben ist so schwer, als versuchte man, jemandem, der noch nicht mal Haschisch (das Pendant zu einem gewöhnlichen Wochenende in Swinbrook oder Chatsworth) geraucht hat, einen LSD-Trip zu schildern«, versuchte Decca gegenüber

Virginia das Unmögliche. Stundenlang quietschten sie vor Lachen, »die Nachbarn müssen sich gewundert haben. Sogar unter größten Schmerzen brachte N. noch kreischendes Gelächter fertig, es ist ihre Lebensart.«

Dass sie nicht offen über den Tumor reden durfte, machte Decca zu schaffen. Das Schweigen empfand sie als Verrat, das ließ sie Debo immer wieder wissen. Nach zwei Wochen kam Ablösung: Pam. Decca war froh, wieder abreisen zu können.

Die Ärzte hatten zwar das apfelsinengroße Geschwür aus Nancys Körper entfernt, nicht aber den Schmerz. Nach einer kurzen Ruhepause kehrte er mit umso größerer Wucht zurück. Die korrekte Diagnose, Hodgkinsche Krankheit, eine rare Form von Lymphknotenkrebs in der Wirbelsäule, wurde erst kurz vor ihrem Tod gestellt. Bis dahin hat sie Dutzende von Ärzten konsultiert in der Hoffnung auf Heilung oder wenigstens auf ein Schmerzmittel, einen *painkiller*, der erfüllte, was der Name verspricht. Dabei hielt sie von Medizinern so wenig wie ihre Mutter. »Schriebe ich so schlecht, wie Sie heilen«, erklärte sie einem von ihnen, »wäre ich längst verhungert.«

Wie Balsam wirkte da ihr Paradiesgarten, in dem sie so viel Zeit wie möglich verbrachte, hier schrieb sie, solange sie konnte, wärmte sich an der Sonne. Bienen und Blumen waren jetzt ihr tägliches Theater, ebenso wie ihre Schildkröten, deren Sexleben sie besonders faszinierte – »wie eine Hand in den Handschuh«, hatte Pam einmal bemerkt, passten die Tiere zu- beziehungsweise ineinander, der Spruch wurde in der Familie zum geflügelten Wort. (Decca und Debo haben den Schildkröten-Geschlechtsverkehr einmal bei einer feinen Dinnerparty in einem Country House aufs Anschaulichste vorgeführt: Von der Gastgeberin ließen sie sich Mülltonnendeckel geben, die legten sie sich als Panzer auf den Rücken, dann ging's mit Karacho los.) Wenn Nancy von ihrem zoologischen Garten erzählte, blühte sie zur zärtlichen Mutter auf. Sie sorgte dafür, dass die Schildkröte immer Heu in ihrer Hütte hatte, und als das Tier eines frostigen Nachts verschwand, reagierte sie so panisch, dass Haushälterin und Putzfrau sie ermahnten, eine Schildkröte sei doch kein Baby.

Nur gute Freunde konnte Nancy jetzt ertragen. Sie wollte nicht, dass andere sie weinen sahen, weinen ist langweilig. Sie bewahrte Haltung, soweit es ging. Auf einem Foto, das sie zwei Jahre vor ihrem Tod in ihrem geliebten Garten zeigt, sieht sie makellos elegant aus wie immer, die Haare streng nach hinten gekämmt, Perlenkette um den Hals.

Einmal, als sie auch noch eine schwere Grippe erwischte, Haushälterin, Putzfrau und Pam ebenfalls krank waren, Nancy niemanden hatte, der sich um sie kümmerte, und sie zu schwach war, um in die Küche runterzugehen, lag sie drei Tage lang hungernd und weinend im Bett.

»Das Schlimme ist«, meinte Diana, »sie ist für niemanden die Nummer eins.«

Nancy LIEBT Fred

Egal wie heftig Nancy litt, auch wenn sie nur noch 39 Kilo wog – der Wille zu leben war immer noch größer als ihre Bereitschaft zu sterben. An einem neuen Kleid von Yves Saint Laurent konnte sie sich nach wie vor erfreuen (»Es gefällt mir so gut, dass ich praktisch damit zu Bett gehe«), ihre grauen Haare machten ihr manchmal mehr Kummer als ihre Gesundheit. Ein paar Tage ohne Beschwerden, schon hielt sie sich für geheilt. Aber irgendwann kehrten die Schmerzen zurück, meist mit noch größerer Wucht.

Zäh, wie sie war, trotzte sie sich noch ein letztes Buch ab, eine Biographie Friedrichs des Großen. Ausgerechnet. Wo sie die Deutschen doch eigentlich gar nicht leiden konnte. Auf ihrer persönlichen Hassliste kamen sie gleich nach den Amerikanern, meint ihre Biographin Selina Hastings. Aber für Nancy war der Freund Voltaires praktisch Franzose; er hatte schon seit einigen Jahren in ihrem Kopf rumgespukt, und seine Zeit, das 18. Jahrhundert, war wichtiger als seine Nationalität. Dass sie kein Deutsch konnte, hielt sie nicht zurück, »praktisch alle Quellen sind französisch«, behauptete sie kühn. Außerdem hatte sie ja Diana, die schon ganze Bücher aus dem Deutschen übersetzt hatte.

Nach dem Sonnenkönig nun der Preußenkönig – einige ihrer Freunde führten Nancys Vorliebe für nicht eben zimperliche Herrscher auf den schlechten Einfluss von Lord Redesdale zurück, der ihr Männerbild geprägt habe. Auf jeden Fall schien sie den alten Fritz für einen Mitford zu halten: »Er ist ganz nach meinem Herzen«, schwärmte sie, »tapfer, witzig, ohne Firlefanz, mit vorzüglichem Geschmack, gesundem Menschenverstand, an allem interessiert.« Auf ihren Freund ließ sie nichts kommen – »sie LIEBT Fred«, wie Diana meinte. Die einzige Enttäuschung war sein karges Sexleben. Aber nicht mal darüber mochte sie sich mokieren.

Nach ihrer Operation machte sie sich im Herbst 1969 auf in die DDR, mit Pam als Krankenschwester und Dolmetscherin an ihrer Seite. Deutsch hatte »Woman« sich selbst beigebracht und in Grüningen, ihrem Wohnort am Zürichsee, fleißig praktiziert. Nancy genoss die Reise nach Berlin, Potsdam und Dresden in vollen Zügen. Wie Staatsgäste wurden sie empfangen, nicht mal einen Kaffee durften sie selber zahlen. Die Gastgeber kutschierten sie in einer Limousine herum, Kuratoren standen stramm, führten sie durch Schlösser, Städte und Museen, stellten der Geschwächten überall einen Stuhl bereit. Dass sie die ganze Zeit staatliche Begleitung an ihrer Seite hatten, fand Nancy sehr bequem, da musste sie sich um nichts kümmern. War zwar ein komisches Gefühl – aber die Polizisten waren doch so »freundlich und lustig«. Auch auf ihre anderen Bewacher sang sie ein Lobeslied: »Wir hatten eine wunderbare Zeit miteinander, unsere Aufunsaufpasser scheuten keine Mühe & wir gewannen sie wirklich lieb. Aber wie finden sie da je wieder raus?«

Schwankend zwischen Schwärmerei und Ablehnung gegen das System, überwog die Schwärmerei. Die verwöhnte Pariserin lobte das, wie sie fand, köstliche Essen in der DDR, die Kartoffeln vor allem, die für sie nach Kindheit schmeckten. Ganz entzückt war sie vom Osten: »so ruhig und arm«, viel schöner als West-Berlin: »so laut & reich«. Wenn sie wählen müsste, würde sie auf jeden Fall lieber im Osten leben – »abgesehen vom Terror natürlich«. Sie schloss die Menschen, denen sie begegnete, ins Herz. »Aber in den eisernen Ländern ist immer dieses unheimliche Gefühl.«

In Ost-Berlin traf sie auch einen alten Freund von Decca, einen englischen Sozialisten und Journalisten (wahrscheinlich der einzige Bürger der DDR, der ein Exemplar von *Hons and Rebels* besaß, wie er Decca einmal schrieb). In Nancys Schilderung war er ziemlich deprimiert, mochte seine Arbeit nicht und sehnte sich danach, reisen zu können. »Weißt du«, schrieb Nancy an Debo, »wie bringt es Decca nur fertig, an all das immer noch zu glauben. Das sag ich ihr – in unseren Ländern kann man ja ruhig Kommunist sein, gut und schön, aber warte, bis du *the real thing* kennenlernst.«

In Potsdam erklärte sie ihrem Begleiter, sie mögen das Hotel, in dem sie untergebracht waren, ein modernes Hochhaus, doch bitte schnell wieder abreißen. Aber sie hätten es doch gerade erst gebaut!, wendete der Staatsvertreter ein. Eben, sagte sie. Dass er sich dauernd kaputtlachte über das, was sie sagte, sah sie als gutes Zeichen. Nachdem sie erfahren hatte, dass viele Altbauten in der Stadt Friedrichs des Großen durch Plattenbauten ersetzt werden sollten, startete sie zu Hause unter ihren Freunden eine kleine Rettet-Potsdam-Kampagne.

1970 erschien *Frederick the Great* (1976 in deutscher Übersetzung: *Friedrich der Große*). »Nicht nur das beste Buch, das ich je geschrieben habe«, prahlte sie, »es ist auch das beste Buch, das ich je gelesen habe.« Dass es sich nicht so gut verkaufte wie ihre anderen Biographien, störte sie nicht.

Es ist das einzige Buch, das Nancy einer ihrer Schwestern, Diana, gewidmet hat.

15

Die »Me Decade«: Die 1970er Jahre

Am Ende sah die Bilanz der 1960er Jahre ziemlich düster aus. Der Vietnamkrieg hatte Hunderttausende Menschenleben gekostet, die Militanz
der Black Panther in eine Sackgasse geführt, die Studentenproteste ein
blutiges Ende gefunden. Von der Aufbruchstimmung zu Beginn des Jahrzehnts war so wenig übrig geblieben wie vom Gemeinschaftsgefühl von
Schwarzen und Weißen. Einige von Deccas alten Kampfgefährten gingen
bitter und enttäuscht in die neue Dekade, ein paar, wie die neuen Chef-
redakteure bei *Ramparts*, machten später gar eine Hundertachtzig-Grad-
Kehrtwende nach rechts.

Für Decca, die unerschütterliche Optimistin, war das Glas noch immer
ziemlich voll. In ihren Augen war trotz der Rückschläge viel erreicht worden. Und sie machte weiter, mischte sich ein, wann immer sie Unrecht
sah (oder zu sehen meinte), vor allem in puncto Meinungsfreiheit und
Medienpolitik, setzte sich mit aller Macht für Häftlinge ein, erregte sich
über Nixon und seine Machenschaften, kurzum: Sie blieb ein politisches
Tier. Nur kämpfte sie nicht mehr an vorderster Front. Sie fand, das konnten jetzt die Jungen machen. Schließlich ging sie auf die sechzig zu, wurde
zum zweiten Mal Großmutter: Im Februar 1970 kam Chaka Esmond Fanon Forman auf die Welt.

In Kalifornien schien die Notwendigkeit des Engagements auch nicht
mehr so drängend wie einst. 1975 löste Jerry Brown Ronald Reagan als
Gouverneur ab: ein unorthodoxer, für amerikanische Verhältnisse geradezu linksliberaler Demokrat und Vietnamkriegsgegner, der als Erster einen Schwarzen in sein Kabinett aufnahm. Und er rief Bob – zum Entsetzen der Branche und zu Deccas großer Freude – ins State Board of Funeral
Directors and Embalmers, das Aufsichtsgremium der Bestatter.

Die konservativen Intimfeinde der Treuhafts hatten abgedankt; seit
1977 wurde Oakland zum ersten Mal von einem schwarzen Bürgermeister

regiert, einem Demokraten, der fast fünfzehn Jahre im Amt blieb. Damit waren zwar die Probleme der Stadt nicht automatisch vom Tisch – die Drogenkriminalität stieg dramatisch an, Arbeitslosigkeit und Armut unter Schwarzen waren weiter extrem hoch –, aber im Vergleich zum Rassismus der 1940er und 1950er Jahre war es ein gewaltiger Schritt. Der Kater kam später.

Doch die 1970er Jahre waren, wie Decca enttäuscht feststellte, politisch ziemlich müde. Die große Bewegung gab es nicht mehr, statt auf die Straße gingen die meisten Jungen lieber ins innere Ich: »The Me Decade« hat der Autor Tom Wolfe das Jahrzehnt getauft. Auf Wochenendworkshops schrien die Amerikaner zu Deccas Entsetzen ihre Gefühle heraus, seufzten, weinten, meditierten, fielen sich in die Arme und summten im Chor Om.

Sally Belfrage

Mit einigem Befremden las Decca denn auch das Buch ihrer Freundin Sally Belfrage über die Bhagwan-Sekte. Mit dem Ausflug ins esoterische Fach konnte sie gar nichts anfangen. Einen Monat hatte Sally im Aschram in Poona verbracht, um herauszufinden, was zwei ihrer besten Freunde dort hingezogen hatte. Decca verstand nicht, wie sie sich überhaupt für so humorlose Leute interessieren konnte.

Dabei war sie sonst ein großer Sally-Fan, hatte die Freundin sogar zur literarischen Nachlassverwalterin auserkoren. Zuerst hatte sie an Marge Frantz gedacht, schon weil die so einen Spaß an Briefen hatte. Aber Marge war zu alt dafür, so alt wie sie selbst. Dass die neunzehn Jahre jüngere Sally vor ihr sterben, Marge dagegen im Jahr 2013 noch leben würde, zusammen mit ihrer über hundertjährigen Lebensgefährtin, konnte Decca nicht ahnen. Es war ihr wichtig, ihre literarische Zukunft in den richtigen Händen zu wissen, denn wie Debo mit Nancys Nachlass umging, die Wahl ihrer Biographin, gefiel ihr zum Beispiel nicht.

Sally wurde als Tochter von Deccas Freund Cedric Belfrage, einem linken Journalisten aus englischem Upperclass-Hause, und der schillernden Kolumnistin Molly Castle 1936 in Hollywood geboren. Ihre Eltern mussten im Zuge der Hexenjagd das Land verlassen, Sally folgte ihnen in den 1950er Jahren nach Großbritannien, wo Decca die damals Neunzehnjährige kennenlernte. Zwei Jahre später veröffentlichte das Red Diaper Baby mit großem Erfolg ihr erstes Buch, *A Room in Moscow*. Aus dem Nahen Osten brachte sie anstelle des geplanten nächsten Buchs einen palästinensischen Ehemann mit, dann kamen der Freedom Summer, eine neue Ehe, New York, wo Sally zwei Kinder bekam, zur selben Zeit wie Dinky, die ihre beste Freundin wurde. Bis Sally endgültig nach England zog und Decca diese Stelle einnahm.

Decca bewunderte den Mut der begabten jungen Frau, die nach der Trennung von ihrem Mann ihre Kinder allein erzog und eine Heerschar von Liebhabern und Verehrern hatte. Zu ihren Lieblingsbeschäftigungen zählte Sally sich verlieben. Begierig ließ sich Decca, monogam seit eh und je, vom ausschweifenden Leben ihrer Freundin erzählen.

Mit ihren politisch-autobiographischen Büchern ging die Feministin dahin, wo es wehtat, zu Russen und Chinesen mitten im Kalten Krieg, zu Rassisten in Mississippi, nach Belfast zur heißen Zeit des Nordirland-Konflikts, wo sie das Leben protestantischer *und* katholischer Arbeiterfamilien erforschte, und am Schluss in die eigene Vergangenheit. Decca pushte die ungewöhnliche Autorin – munter und voller Abenteuerlust, politisch, ohne dogmatisch zu sein –, wo sie nur konnte. Bekam sie von *Vogue* den Auftrag, über weibliche Individualisten zu schreiben, brachte sie gleich eine Hymne auf die Freundin unter. Sie dachte sich auch Elogen aus, die Sally auf die Umschläge ihrer Bücher setzen konnte, rührte lautstark die Werbetrommel für ihre Neuerscheinungen.

Wenn Sally nach Kalifornien kam, sollte sie unbedingt so lange wie möglich bleiben, Sallys Mappe in Deccas Nachlass in Ohio ist prall gefüllt. Hunderte von Briefen schickten sie einander, erzählten sich von Begegnungen, Reisen und Plänen, tauschten Klatsch und Tratsch aus. Sally schickte Decca alle möglichen Artikel, die sie interessieren könnten, außerdem war sie Deccas britische Geschenkebeauftragte, immer wieder wurde sie losgeschickt, etwas zu besorgen, ein Geburtstagspräsent für Mary Clemmey, ein Bettjäckchen von Harrods für Cousine Idden, die im Krankenhaus lag (»Geld spielt in diesem Falle keine Rolle«), ein Boggle-Set für Debo, ein Hochzeitsgeschenk für Helena Kennedy …

Miss Marple recherchiert: Decca als Journalistin

Decca hatte inzwischen eine andere Form des Engagements für sich entdeckt: den Journalismus. Das Schreiben war für sie die Fortsetzung des politischen Kampfs. Nicht, dass sie ganz aufgehört hätte, auf die Straße zu gehen. Aber in ihrem Alter, kokettierte Decca, setze sie sich lieber an die Schreibmaschine, als sich von der Polizei den Schädel einschlagen zu lassen. Mit ihren Artikeln und Büchern über die Unterdrückung von Schwarzen, die Misshandlung von Gefangenen oder betrügerische Unternehmen erreichte sie Tausende, manchmal Millionen von Menschen – im Unterschied zu einer Handvoll Gleichgesinnter in den Zeiten kommunistischer Versammlungen. Das Ziel blieb das Gleiche: »gegen die Bösewichte vorgehen«, wie Tochter Dinky sagt.

Schon als kleines Kind hatte Decca ihre ersten journalistischen Texte geschrieben. Persiflagen auf sensationslüsterne Zeitungsartikel waren das, wilde Geschichten über den Vater, den sie schon mal am Galgen hängen ließ. Die Artikel, eigenhändig illustriert, hätten jedes Boulevardblatt geschmückt. Von denen gab es schon damals in England genug, selbst wenn sie im Hause Mitford nicht auf den Frühstückstisch kamen. Dort lag immer die *Times*, die den Kindern als Lesebuch diente. Eine passionierte Zeitungs- und Zeitschriftenleserin blieb Decca ihr Leben lang.

In ihrer frühen Zeit in Amerika hätte sie wahnsinnig gern Journalismus studiert. Dass es dazu nicht kam, war am Ende ihr Glück, denn gerade dem Auftreten und Blick der Amateurin verdankte sie ihren Erfolg. Frei von allen Dogmen und Lehren, entwickelte sie ihren Stil, ihre eigenwilligen Methoden. Die wichtigsten journalistischen Qualitäten, die ihre Artikel so lebendig machten (die besten auf jeden Fall, mittelmäßige und schlechte schrieb sie auch), brachte sie ohnehin mit: Originalität und Begeisterung, gesunden Menschenverstand, eine schier unstillbare Neugier, eine Lust an Begegnungen. Wie ein Kind nahm sie nichts als selbstverständlich hin.

Journalismus, das merkt man den Texten an, war für Decca mehr Spaß als Beruf. Und in einigen Fällen war es ein Riesenspaß, an dem sie ihre Leser nur zu gern teilhaben ließ: *The Making of*, die Entstehungsgeschichte, baute sie gern in ihre Artikel ein. Dabei war die Autodidaktin, was Deadlines und Zeilenvorgaben anging, ziemlich professionell, Pünktlichkeit hatte ihr der Vater eingebläut. Aber wenn sie dann einen Text abgegeben hatte und die Redaktion sich nicht umgehend meldete, kamen ihr sofort Zweifel: ob er womöglich doch nichts taugte? Manchmal stellte sie sich neben den Redakteur, um ihn beim Lesen zu beobachten. Sosehr sie sonst vor Selbstvertrauen strotzte, diese Unsicherheit, die Sehnsucht nach Bestätigung wurde Decca nie ganz los.

Am Anfang ihrer Karriere hatte sie sich ein paar Stilfibeln als Lehrbücher besorgt, von denen sie sich vor allem bestätigen ließ, wovon sie ohnehin überzeugt war: dass Humor eine der schärfsten Waffen des Autors ist, dass man Wissen vermitteln, Missstände enthüllen und trotzdem lebendig und unterhaltsam schreiben kann. Ansonsten war das Leben ihre Journalistenschule und Bob ihr wichtigster Dozent. Für jedes Projekt holte sie sich seinen Segen. Wenn ihm eine Idee nicht hundertprozentig gefiel, ließ sie sie gleich wieder fallen.

Über niemanden schrieb Decca so gern wie über Feinde. Als ihr Enkel James kreatives Schreiben unterrichtete, riet sie ihm, den Schülern Aufgaben zu geben wie »Der schlimmste Tag in meinem Leben« oder »Ein Porträt des Lehrers, den ich am wenigsten mag«. Für sie war Journalismus Sport und Spiel, sie wollte kämpfen und gewinnen. Empörung war ihr bester Antrieb – ein Gegner stachelte sie erst richtig an.

Seit dem Erfolg von *Hons and Rebels* standen ihr Redaktionstüren offen, an denen sie früher nicht mal zu klopfen gewagt hätte, *The American Way of Death* machte sie endgültig zur begehrten Autorin. *Life, Esquire, The Nation, Saturday Evening Post, New York Review of Books, Harper's, San Francisco Chronicle, Vanity Fair, McCall's, Atlantic Monthly, Life,* ja, sogar Hausfrauenzeitschriften wie *Ladies Homes Journal* und *Good Housekeeping* – alle wollten ein Stück von Decca. Das Thema war fast egal, Hauptsache, sie kriegten was von ihr, was Freches, Erfrischendes: *the Mitford Voice.* Sie schrieb über Schönheitsfarmen und Gefängnisse, Ronald Reagan und die eigenen Schwestern, über Fernsehsendungen, die sich die Anstalten nicht auszustrahlen trauten, und schillernde Frauen. Humorvolle Anklägerin, die sie war, gelang es ihr, selbst der bürgerlichsten Presse ein paar subversive Gedanken unterzujubeln.

Längst bekam sie mehr Anfragen, als sie Artikel schreiben konnte. Ihr Lektor war gar nicht begeistert. Für Bob Gottlieb ließ Decca sich viel zu sehr ablenken von ihren Buchprojekten. Als die beiden sich 1965 einmal in New York trafen, versprach sie ihm, die »Drecks«-Artikel sein zu lassen und sich auf ihre Autobiographie über die kommunistischen Jahre zu konzentrieren. Gesagt und nicht getan: *A Fine Old Conflict* erschien erst zwölf Jahre später. Die Verlockung war einfach zu groß – die schnelle Befriedigung, das süße Geld.

Das Bücherschreiben war mühsamer, verlangte einen längeren Atem – von dieser Arbeit lenkte sich Decca nur zu gern ab. Über die Mühen des Schreibens hat sie regelmäßig geklagt, im Prokrastinieren war sie Weltmeister. »Ich finde das Schreiben eine furchtbare Plackerei«, warnte sie ihre Freundin Eva Lapin-Maas, als diese ebenfalls den Stift in die Hand nehmen wollte, »ein Vergnügen nur in seltenen Fällen, zum Beispiel wenn man von seinem Thema besessen ist.« Ihre Texte hat sie permanent überarbeitet, auseinandergeschnitten und neu zusammengesetzt, abgetippt und umgeschrieben. Schere und Klebe waren neben der Schreibmaschine, die sie überallhin mitschleppte, ihr wichtigstes Arbeitsinstrument. Mit dem Ende tat sie sich besonders schwer. Manchmal schrieb sie einfach: *The End.*

Die Recherche dagegen war pures Vergnügen. Mit ihrem Buch über die Bestattungsindustrie hatte Decca nicht nur ihre Stimme, sondern auch ihren Weg gefunden, den sie von nun an bei allen Büchern und Artikeln beschritt und den sie in ihrer journalistischen Anthologie *Poison Penmanship*, einer Art Lehrbuch für angehende Journalisten, beschrieb. Als Erstes ging sie sammeln, je mehr Hintergrundinformationen, desto besser. Einen Computer hatte sie nicht, Internet gab es noch nicht, wenn Decca mit einer Geschichte begann, schlug sie als Erstes in der Enzyclopedia Britannica nach. Dass ihre Ausgabe aus dem Jahr 1911 stammte, störte sie nicht, im Gegenteil. Was sie darin fand, diente vor allem dazu, ihre Phantasie anzuregen. Sie liebte Informationen aller Art, je kurioser, desto besser.

Von Schülern, Studenten und Assistenten ließ sie sich Artikel und Urteile zum jeweiligen Thema in der Bibliothek heraussuchen, Kopien und Bücher ins Haus bringen, wofür diese nicht nur mit Dollars entlohnt wurden: Jedes Buch enthält Hymnen auf ihre Helfer, einigen widmete sie ihre Werke auch. Katie Edwards zum Beispiel, ihre Assistentin, die die Übersicht behielt und Ordnung in das Material brachte, das Decca im ganzen

Haus ausbreitete. »Horizontale Ablage« nannte sie das System, bei dem sie ihre Bücher und Papiere auf Schreibtisch, Esstisch, Küchentisch, Beistelltisch, Couchtisch verteilte. Mit besonderem Vergnügen schlachtete Decca Fachzeitschriften aus – nirgends fand sie so knackige Zitate.

Als ihre Laufbahn als investigative Reporterin so richtig ins Laufen kam, war Decca Anfang vierzig. Nach heutiger Zeitrechnung eine junge Frau, damals ziemlich alt. Außerdem war sie von Hause aus Hausfrau, wie das FBI in seinen Berichten nicht müde wurde zu betonen. Mit anderen Worten: harmlos. Das war ihr Joker. Ihre Opfer unterschätzten sie. So wurde Decca zur Miss Marple des Enthüllungsjournalismus, wobei sie der englischen Amateurdetektivin im Laufe der Jahre auch rein äußerlich immer ähnlicher wurde. Bei Agatha Christie und Dorothy Sayers hatte Decca viel gelernt, vor allem in puncto Überrumpelung. Ihre Opfer merkten gar nicht, wie sie von ihr eingekreist wurden, und wenn die Falle zuschnappte, war es zu spät. Als Ermittlerin beim Office of Price Administration während des Kriegs hatte sie bereits ein bisschen geübt. Wenn sie schon nicht Spionin hatte werden können, überführte sie den Feind jetzt eben als Journalistin.

»Ausgestattet mit einem Paar kräftiger Beine, einem einnehmenden Wesen, einem unfehlbaren Ohr und einem Instinkt für die empfindliche Stelle«, so Watergate-Reporter Carl Bernstein über Decca, »macht sie sich fröhlich auf den Weg, wobei sie wie der Inbegriff der leicht kauzigen alten Dame wirkt, die mit einer Hausarbeit fürs VHS-Seminar zu kämpfen hat.« Mit Charme, Schleifenblüschen und blitzblauem Augenaufschlag führte die Lady ihre Gegner in die Irre. Der englische Akzent setzte diese schachmatt, Amerikaner, so der Journalist Bob Scheer, fühlten sich davon schnell eingeschüchtert. Als Aristokratin, meint ihr Freund und Kollege Doug Foster, ging sie ganz selbstverständlich davon aus, dass ihr die Menschen Aufmerksamkeit schenkten. »Und wenn nicht, wurde die Lautstärke halt ein bisschen aufgedreht.«

Es fiel ihr leicht, Leute zum Reden zu bringen. Wer würde nicht gesprächig, wenn ihm jemand mit so viel Sympathie und Aufmerksamkeit zuhörte! Ihr Interesse musste Decca gar nicht heucheln, sie war *wirklich* neugierig. Falls ein Interviewpartner doch mal keine Lust hatte, dann, das machte sie ihm sehr klar, würde sie natürlich genau das schreiben: Aussage verweigert. Aber wer will schon den Eindruck erwecken, dass er was zu verbergen hat.

Die Fragen, die sie in ihren Interviews so nonchalant stellte, waren minutiös geplant, notiert, sortiert und durchnummeriert. Von Bob hatte sie gelernt, sich wie ein Anwalt aufs Verhör vorzubereiten. »Vom Netten zum Grausamen« nannte Decca ihre Fragetechnik. Um ihre Gesprächspartner ein wenig einzulullen, fing sie mit harmlosen Sachen an, warf ab und zu ein freundlich-ermunterndes »Ach, tatsächlich?!« ein und ließ ihr Gegenüber so ins eigene Verderben rennen. Denn bis sie zu den eigentlichen Fragen kamen, war er schon so ins Plaudern geraten, dass es kein Zurück mehr gab. Nie unterbrach sie den anderen, um womöglich mit ihm zu diskutieren. »Laufen lassen« hieß ihre Devise. Mit dieser Methode kam sie weiter als die meisten Reporter mit aggressiver Inquisition.

Vielleicht waren ihre Gesprächspartner auch deshalb so unvorsichtig, weil Decca kein Aufnahmegerät benutzte. Wie allen Maschinen misstraute sie Kassettenrekordern zutiefst, außerdem war sie zu faul, hinterher stundenlang Interviews abzutippen. Also rekonstruierte sie die Gespräche möglichst gleich danach mit Hilfe ihrer Notizen in selbsterfundener Kurzschrift, die außer ihr niemand lesen konnte. Ihre Freundin Marge Frantz, die sie ein paarmal zu Interviews begleitete, war erstaunt, wie »unglaublich akkurat« Decca eine Szene einfing, obwohl sie kaum was notiert hatte.

Manchmal wussten ihre Gesprächspartner auch gar nicht, dass sie es mit einer Journalistin zu tun hatten. Die Undercover-Recherche liebte die Amateur-Detektivin ganz besonders, da konnte sie ihre Lust an der Schauspielerei ausleben. Mit dem unschuldigsten Gesicht und der viel zu großen Brille auf der Nase tauchte Decca dann bei einem Bestatter auf und erzählte, dass sie einen Sarg für ihre englische Tante brauche, und was der denn so koste …

Skrupel kannte sie nicht. »Ethik«, pflegte sie zu sagen, »war noch nie meine Stärke.« Das Ziel heiligte die Mittel. Decca war parteiisch. *Truehaft*, so wie ihr Name ausgesprochen wird, schrieben viele Amerikaner ihn fälschlicherweise auch. *Wahrhaft*. Aber ihre Wahrheit war genau das: *ihre* Wahrheit. Auf die vorwurfsvolle Frage, wo denn bei ihr die Objektivität bleibe, ein im amerikanischen Journalismus besonders hoch geschätz-

tes Gut, antwortete Decca fröhlich: »Objective? Yes, I have an objective.«
(»Objektiv? Ja, ich habe ein Anliegen.«) Objektivität hielt sie weder für
möglich noch für erstrebenswert. Eine ausgewogene Darstellung mit Be-
rücksichtigung aller Seiten war ihr zu fad, außerdem kontraproduktiv.

Nicht, dass sie in ihren journalistischen Texten log, Fakten und Zitate
verdrehte. Auch wenn sie diesbezüglich schon mal etwas schlampig war –
niemand, und das soll in Amerika etwas heißen, hat sie je verklagt. Bobs
Sorgfalt als Jurist wird sie da oft gerettet haben. Nein, ihre Methode war
eine andere: Übertreibung und Understatement. Sie erzählte nur, was sie
wollte. Was ihrer Argumentation oder dem Unterhaltungswert im Wege
stand, ließ sie einfach weg, genauso hat es auch Schwester Nancy in ihren Biographien gemacht. Deccas Wahrnehmung war selektiv (die Kapi-
talisten sind die Bösen, die Underdogs die Guten), ihre Darstellung erst
recht.

Der Tiefgang, den manche an ihren Texten vermissten, war ihr selber
nicht wichtig. So wie sie in der Politik nicht Theoretikerin oder Ideologin,
sondern Aktivistin war, wollte sie als Autorin Geschichten erzählen. »Ich
strebe nicht nach ›Substanz, Tiefgang & Weite‹«, erklärte sie, als sie an ihrem letzten Buch saß, ihr liege es mehr, »mich an konkrete Einzelheiten zu
halten, Fakten aufzuspüren & zu präsentieren«. Das war ihre Stärke und
Schwäche zugleich.

Sie glaubte fest an die Macht der Worte. »Man kann die Welt nicht verändern«, lautete einer ihrer Lieblingssprüche, »aber man kann zumindest
die Schuldigen an den Pranger stellen.« Als Journalistin war sie so hartnäckig wie als Aktivistin, ließ sich von Rückschlägen und Niederlagen nicht
unterkriegen. Hatte sie sich erst mal an einem Thema festgebissen, und
sei es noch so trivial, ließ sie es nicht mehr los. So hat ihr kaum eine Geschichte ein solches Vergnügen bereitet wie jene, mit der sie sich an einem
überteuerten New Yorker Restaurant rächte, wo sie sich über den Tisch
gezogen und unmöglich behandelt fühlte. Das Lokal musste bald darauf
schließen.

Deccas größter Triumph aber war der Artikel im *Atlantic Monthly*, mit
dem sie ein ganzes Unternehmen zu Fall brachte: »Let Us Now Appraise
Famous Writers« (»Lasst uns nun die Famous Writers School würdigen«),
der 1970 erschien. Nepper, Schlepper, Bauernfänger, das waren die »bad

guys«, die sie als Journalistin am liebsten überführte. Die Famous Writers School, auf die Bob sie aufmerksam gemacht hatte, war ein Musterexemplar der modernen Form der Wegelagerei.

Die Schule war sehr viel berühmter als alle Autoren, die sie hervorbrachte. In den 1960er Jahren musste man nur eine Zeitung oder ein Taschenbuch aufschlagen, schon stieß man auf eine der großen Anzeigen. Die Kunden, die sich kapern ließen, so fand Decca heraus, bekamen als Ausbildung ein paar Allgemeinplätze und Banalitäten mit auf den Weg und wurden mit Lob überschüttet. Irgendwann kamen die Schüler an der Einsicht nicht vorbei, dass sie wohl doch nicht so begabt waren, und stiegen aus. Zahlen mussten sie trotzdem weiter.

Wichtigste Werbefigur der Schreibschule (und Besitzer einiger Aktien des börsennotierten Unternehmens) war Bennett Cerf, im Hauptberuf Vorstandsvorsitzender des mächtigen Verlagskonzerns Random House, außerdem bekannter Humorist und Kolumnist (und nebenbei derjenige, der sich den genialen Titel *Love in a Cold Climate* für Nancys Roman ausgedacht hatte). Dass zum Imperium von Random House auch ihr eigener Verlag, Alfred Knopf, gehörte, hielt Decca nicht zurück. Musste sie sich im Notfall eben einen neuen suchen.

Für sie war Cerf die perfekte Beute, das »hohe Tier«, das meinte, sie mit plumper Vertraulichkeit in seiner schicken Vorstandsetage einwickeln zu können. Gegen seinen erklärten Willen benutzte sie freudig seine verräterischen Zitate. Etwas »off the record«, vertraulich zu sagen, gestattete sie nur denen, die den Umgang mit der Presse nicht gewohnt waren. »Wenn sich irgendwer einbildet, wir würden uns die Zeit nehmen, die ganzen Eignungstests anzuschauen, die bei uns ankommen, dann ist er komplett verrückt«, lässt sie Cerf in ihrem Artikel sagen, obwohl er ebendies mit gutmütigem Lächeln vertrauenheischend in der Werbung versprach. Im Grunde, so stellte er im Gespräch klar, habe er mit der Schule gar nichts zu tun. Nach Erscheinen des Artikels im Sommer 1970 hat Cerf sie zwar angebrüllt, aber verklagt hat er sie nicht.

Decca bekam Hunderte Leserbriefe von Leuten, die sich über den Tisch gezogen fühlten, jedem Einzelnen empfahl sie, bloß keine weiteren Raten mehr zu zahlen – »und sagen Sie der Schule, dass ich dazu geraten habe«. Am Ende musste die Famous Writers School Insolvenz anmelden.

Eine Demonstration des Free Speech Movements in Berkeley, 1964, das Decca und Bob unterstützten

Demonstration der Black Panther in New York

Nach dem Erscheinen ihrer beiden ersten Bücher wurde Decca eine gefragte Rednerin und Interviewpartnerin.

Decca zu Gast in Schloss Chatsworth

Bob, Decca, Benjy und Dinky auf der Veranda ihres »Regent Palace« in Oakland, an der Grenze zu Berkeley, ca. 1960

Decca, Bob und Maya Angelou beim geliebten Boggle. Die Schriftstellerin war die Einzige, die bei dem Wortspiel mit den Treuhafts mithalten konnte.

Signierstunde

Decca mit Woody Allen, der ihr einen winzigen Auftritt in *Play It Again, Sam (Mach's noch einmal, Sam)* verschaffte.

Mit ihrem Vortrag über die amerikanische Bestattungsbranche tourte Decca jahrzehntelang durch die Lande. Das Publikum lag ihr zu Füßen, wenn sie demonstrierte, wie der »Natural Expression Former« die Gesichtszüge der Toten zurechtrückte.

Dinky, Decca und ihr Enkel James am Strand von East Hampton, 1970/71

Virginia Durr, Decca
und Dinky bei Dinkys
Hochzeit mit Terry
Weber, 1980

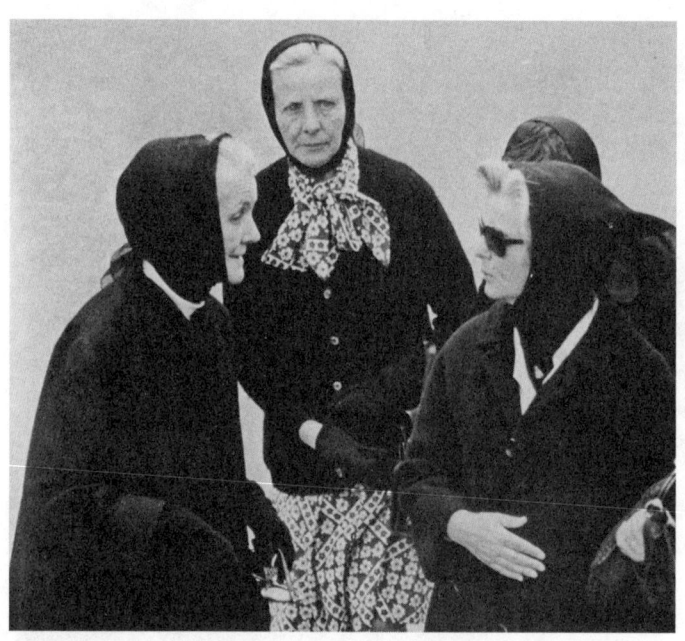

Diana, Pam und Debo (v. l. n. r.) bei der Beisetzung von Nancy in Swinbrook, Juli 1973

V. l. n. r.: Decca, Charlotte und Alexander Mosley, Debo und Pam, 1993.
Charlotte Mosley hat Nancys Briefe herausgegeben.

Bob und Decca, das goldene Hochzeitspaar, 1993

Decca, der Clown, 1977

Benjy auf der Trauerfeier seiner Mutter in San Francisco am 29. Juli 1996

Das Publikum bei der »perfect extravaganza«, wie Benjy die Trauerfeier nannte. Vorne mit Sonnenbrille: die Schriftstellerin Amy Tan.

»Let Us Now Appraise Famous Writers« war der Artikel, der Decca den Titel *Queen of the Muckrakers* einbrachte, die Zeitschrift *Time* hat sie so getauft. Was »muckraking« heißt, musste sie erst mal im Wörterbuch nachschlagen: »Mistkratzer, Schmutzaufwühler; sie decken soziale Missstände, schmutzige Geschäfte, Filz und vor allem tatsächliche und mutmaßliche Korruption bei öffentlichen Personen oder Unternehmen auf.« Das gefiel ihr außerordentlich. Was ursprünglich als Schimpfwort gedacht war, heftete sie sich stolz an die Brust. Schließlich wühlte sie selig wie ein Kind im Dreck anderer Leute, sah überall Skandale. Auch wo es gar keine gab.

Mein Herz schreit nach einem Brief

Dass sich Deccas Bücher und Artikel (die besten auf jeden Fall) heute noch so frisch lesen, hat viel mit ihrer Methode zu tun, die sie auch anderen unentwegt empfahl: »Schreibt jeden Tag. An jedem einzelnen Tag. Ich kenne keine bessere Schreibschule als das Schreiben.« Angehenden Reportern riet sie, schon in einem ganz frühen Stadium der Recherche Freunden in Briefen zu erzählen, was sie gerade so trieben. So praktizierte sie es selber, um das Material in den Griff zu bekommen und ihre Angst vor dem weißen Blatt Papier zu zähmen. Mit ihren Briefen schaffte sie sich selbst eine Fundgrube, aus der sie schöpfen konnte. Die Durchschläge – sie schrieb ihre Briefe mit der Maschine, seit sie tippen konnte – bewahrte sie alle auf.

Die literarischen Lockerungsübungen waren Deccas Frühsport. Um fünf, sechs Uhr war sie wach, dann setzte sie sich im Morgenmantel mit einem großen Pott Kaffee an die Schreibmaschine und hackte los. Andere gingen morgens joggen, sie setzte Hände und Gedanken in Gang, wärmte sich so auf für den Tag. Während sie lossprudelte, fing sie schon an, Erlebnisse zu amüsanten Geschichten zu formen, zu kleinen Dramen in drei oder fünf Akten, aus langen Gesprächen filterte sie knackige Dialoge. Im nächsten Brief, in dem sie einer anderen Freundin dieselbe Geschichte erzählte, feilte sie weiter daran, dampfte ein, pointierte, ordnete neu, probierte Witze und Formulierungen aus. Sie schrieb, wie sie sprach, als säße der andere ihr gegenüber: ganz frei und ungehemmt, mit großer

Leichtigkeit und ausgeprägtem Sinn für das Absurde. Lange bevor sie ihr erstes Buch veröffentlichte, hatte sie beim Briefeschreiben ihre Stimme gefunden und geformt.

Kein Tag, an dem sie nicht jemandem schrieb. Da wurden Verabredungen getroffen, Reisepläne koordiniert und Buchideen besprochen, wurde über Politik debattiert und Luft abgelassen, wurden »Ausschnitte aus dem Leben« aufgetischt, wurde geklatscht, geschwärmt, gelästert und getrauert, von Partys berichtet, mit den Schwestern gescherzt und gestritten, die Schwiegermutter aufgezogen, Neuigkeiten, überhaupt alles, was sie spannend fand, übermittelt. Decca liebte Tratsch.

Briefe, die eigenen wie die der anderen, waren ihr Lebenselixier, ihr Sauerstoff. Wo immer sie gerade war, die Auslieferung der Post war heiß ersehnter Höhepunkt des Tages, jeder Streik eine Katastrophe. »Wir haben den Postboten *geliebt*«, sagt Katie Edwards. Decca lud ihn sogar zur Goldenen Hochzeit ein, vermachte ihm 5000 Dollar in ihrem Testament.

Selbst vor Wildfremden machte ihr Mitteilungsbedürfnis nicht halt. Sobald Decca etwas las oder hörte, was sie spannend, amüsant oder ärgerlich fand, setzte sie sich an die Schreibmaschine. Autoren und Redaktionen bombardierte sie mit Mitteilungen, schickte Kummerkastentanten ihre Fragen. Auch die Post bekam natürlich Post von ihr: In ihrem Nachlass in Ohio findet sich eine ganze Mappe mit Beschwerden.

Und wehe, es verging ein Tag, ohne dass etwas im Briefkasten lag! Die Briefe waren ihre Nabelschnur zu ihren Lieben. War sie unterwegs, musste Bob sie auf dem Laufenden halten, erzählen, bei wem er zum Essen gewesen war, welche Einladungen nach ihrer Rückkehr warteten, wie es bei der Arbeit lief … Oder sie rief ihre Assistentin an, ließ sich genau berichten, wer angerufen und geschrieben hatte. Deswegen legte sie sich auch früher als fast alle anderen, Anfang der 1980er Jahre, einen Anrufbeantworter zu. Dabei hatte sie etwas von einem Teenager, findet ihre Patentochter Kathy Kahn: »Sie wollte die ganze Zeit mit allen in Verbindung sein.«

Je weiter sie weg war, desto mehr lechzte sie nach Nachrichten von daheim. »Mein Herz schreit nach einem Brief«, schrieb sie ihrem Mann. Oft klang sie fast verzweifelt, bettelte hemmungslos: Mehr! Mehr! Wie der Schrei eines Babys, ihr Hunger war unersättlich. Wenn sie nichts hörte, fühlte sie sich abgeschnitten. Ausgeschlossen.

Sie konnte nicht genug kriegen von Menschen, egal ob nah oder fern, mündlich oder schriftlich. »Erzähl – oh, bitte, ERZÄHL!« lautete der Schlachtruf an ihre Freunde, die noch heute ganz gerührt sind ob des unersättlichen Interesses an ihrer Person, das, so empfinden es alle, durch und durch aufrichtig war. Alles wollte Decca wissen: über die Arbeit, die Liebe, Kinder, Politik, Lektüre, alles – und das ganz genau. Und was sie ihr erzählten, das behielt sie auch. »Details! Details!«, feuerte sie ihren Enkel an, als dieser als Jurist in Washington zu arbeiten begann.

Auch ihre kalifornischen Freunde konnten nicht genug kriegen von ihren Episteln. Gerade in den 1950er und frühen 1960er Jahren, als Decca die ersten Male wieder ins ferne England reiste und ihre exotische Familie traf, war die Neugier gewaltig. Bob hatte die ausdrückliche Erlaubnis, seine Briefe mit den Freunden zu teilen. Viele ihrer Adressaten betrachteten Post von ihr als das, was sie war: ein Geschenk. Das als kostbare Preziose aufgehoben wurde. »Deine täglichen Berichte sind nach wie vor reines Vergnügen«, bedankte sich Bob 1961 bei ihr. »Und so großzügig von Dir – Du könntest doch auch für jedes dritte Wort einen Dollar kriegen.«

Die Kommunikation aus sicherer Entfernung bot ihr den Schutz, der es ihr – selten genug – ermöglichte, über etwas Intimes, ja, überhaupt über Gefühle zu sprechen. Nachdem sie in den 1980er Jahren entdeckt hatte, dass Bob sie betrog, fanden selbst einige der wichtigsten Gespräche zwischen den beiden schriftlich statt. So, wie sie ihm wenige Tage vor ihrem Tod noch mal ihre Liebe erklärte, sich für ihr gemeinsames Leben bedankte – ein Abschiedsbrief an ihren Mann im Zimmer über ihr. Auch über den Tod von Sohn Nicky konnte sie Dinky und Benjy Jahrzehnte später nur schreiben.

Mit fünf hatte Decca ihren ersten Brief geschrieben, ihrer Mutter stolz vom Ende ihres Daseins als Daumenlutscherin berichtet. Zehn Tage vor ihrem Tod schrieb sie einen ihrer letzten: an Schwester Debo. Das Korrespondieren war Teil der Kultur, in der sie groß geworden war. In London wurde die Post zweimal am Tag ausgeliefert, wer zu Gast in einem Country House war, konnte sicher sein, dass auf seinem Zimmer Briefpapier auf ihn wartete, samt Füller, Tinte, Löschpapier. Entsetzt stellte Debo in den 1950er Jahren, zu Gast bei einem schwerreichen Freund in Brasilien, fest, dass dieser zwar einen Pool im Wohnzimmer hatte, aber kein Brief-papier. Und weit und breit keine Möglichkeit, Briefmarken zu kaufen.

Jeden Morgen setzte sich Lady Redesdale an ihren Sekretär und erledig-te ihre Post. Selbst wenn sie keine so lebendige, originelle Schreiberin war wie ihre Töchter (allerdings auch keine so gemeine), eine hartnäckige war sie auf jeden Fall. Ohne ihre regelmäßigen Berichte an Decca in Amerika wäre die Verbindung vermutlich für immer abgebrochen.

Natürlich schrieb Lady Redesdale, egal, ob über Hühner, Ziegen oder Kinder, auf ihrem eigenen Briefpapier, für jedes ihrer zahlreichen Häuser hatte sie ein besonderes. Ihrer Tochter schenkte sie zu Weihnachten eins mit der Oaklander Adresse, 574 61st Street; für die Regent Street ließ sich Decca, inzwischen konnte sie es sich leisten, selber welches drucken, in schönster, natürlich roter Schreibschrift. So wenig sie sich sonst um Fra-gen der Ästhetik kümmerte, bei der Post legte sie Wert auf die Form.

Nancy hatte sogar ein eigenes Reisebriefpapier, mit einem kleinen Maulwurf, dem Mitford'schen Wappentier, in Gold geprägt. Briefe schrieb sie mit großer Leidenschaft, am liebsten im Bett, ja, Briefeschreiben, er-klärt ihre Biographin Selina Hastings, war für Nancy »die wichtigste Be-schäftigung ihres Lebens«. Ihre Botschaften füllen mehrere Bücher, allein der Korrespondenz mit Evelyn Waugh war ein eigenes gewidmet.

Als regelrechte Folter bezeichnete Decca die Lektüre von Nancys Ge-sammelten Briefen, die 1993 erschienen. »Ach, sie fehlt mir so!«, bekannte sie Bob Gottlieb gegenüber. »Und es fehlt mir auch so, dass ich ihr nicht mindestens einmal in der Woche schreiben kann.« Denn was nützt es, lus-tige Sachen zu erleben, wenn man niemanden hat, dem man davon erzäh-len kann? Das, gestand Nancy einem Freund in jungen Jahren, sei doch die Hälfte des Vergnügens. Niemand verstand das so gut wie ihre Schwestern, niemand belohnte den Witz einer Mitford Sister mit so lautem Gelächter wie eine Mitford Sister. Den Kampf gegen die ewige Langeweile führten sie ihr Leben lang fort. Briefeschreiben war für die Mitfords »so selbstver-ständlich wie Reden«, meint Dianas Schwiegertochter Charlotte Mosley.

Letters Between Six Sisters, das Buch mit den gesammelten Briefen der Schwestern, umfasst 834 Seiten – und enthält doch nur fünf Prozent der gesamten Korrespondenz, wie Herausgeberin Charlotte Mosley in der Einführung schreibt. Der Band war nicht nur äußerlich ein ziemlicher

Brocken. In ihrem Witz, ihrer brutalen Offenheit, auch ihrer Bosheit waren die Schwestern nur schwer zu übertreffen. Sie rammten sich gern mal einen Dolch in den Rücken. Einige der Briefe in dem Buch hätten Decca sehr überrascht, oft verletzt.

Debos Traumjob als alte Frau, so behauptete sie, hieß »postmistress«: Postmeisterin. Umso trauriger war sie, als das Postamt in ihrem Dorf 2008 schloss. E-Mails waren für Debo kein Ersatz, im Gegenteil. Sie fand, dass gute Manieren und anständiges Englisch dabei der Geschwindigkeit geopfert würden. Decca dagegen konnte es gar nicht schnell genug gehen. Ihre Briefe, auf den ersten Blick als ihre zu erkennen, waren eigenwillige Dokumente der Ungeduld. Sie schrieb nicht, sie hackte, ganz atemlos, dachte schneller, als sie tippen konnte, immer wieder waren Buchstaben und Worte ausgeixt (für Tipp-Ex hatte sie keine Zeit), sie liebte Abkürzungen und die drei Pünktchen, das »und« wurde grundsätzlich durch ein »&« ersetzt, das »very« durch »v.«, die Ränder flattern unordentlich an den Seiten aus, es wimmelt nur so von dringlichen Signalen, Ausrufezeichen (gern im Dreierpack), Versalien, Unterstreichungen.

So schlampig sie sonst war, so sehr liebte Decca die Ordnung der Gedanken. Erstens, zweitens, drittens, zack, zack, zack, ging sie ihre Themen und Geschichten durch, I., II., III. teilte sie ihre Dramen in Akte ein. Klammern und PS gehörten ebenfalls zu ihren Erkennungsmerkmalen, in diesen knappen Abschweifungen verdichtete sie ihre Erlebnisse, Gedanken und Beobachtungen zu pointierten Vignetten. »Hey«, rief sie ihrer Freundin Maya Angelou in einem Brief (natürlich in Klammern) zu, »hast Du gewusst, dass George Bernard Shaw mal gesagt hat, eine Frau kann keinen Brief schreiben, ohne ein PS anzuhängen? Ich fürchte, der alte Chauvi hat recht.«

Ihre Korrespondenz war an Promptheit nicht zu überbieten. War sie am Abend bei Freunden zum Essen eingeladen, setzte sie sich ein paar Stunden später an die Maschine und überschüttete ihre Gastgeber mit Lob. Das Verfassen von Dankesbriefen hatte sie in ihrer Kindheit gelernt, jeder Tante, bei der sie zu Besuch gewesen war, musste sie einen *bread and butter letter* schicken. Genauso später als Debütantin – jedes Dinner, jeder Ball, jedes Mittagessen kostete einen Brief. Aber jetzt schrieb Decca ihre überschwänglichen Brot-und-Butter-Briefe mit echter Freude und Begeisterung. Und wenn sie was zu meckern hatte, dann sagte sie das auch.

Je älter sie wurde, desto größer die Ungeduld – und desto gewaltiger ihre Freude an der Entdeckung des Fax. Wenn Deccas Korrespondenten noch kein Faxgerät hatten, und das hatten die meisten, wenn überhaupt, nur im Büro, dann wurden sie ermahnt und gedrängt und wieder und wieder daran erinnert, dass sie sich bitte schön eins anschaffen sollten. Und zwar sofort. »Du hast FAX, ich habe FAX, alle Kinder Gottes haben FAX«, jubilierte sie in einem solchen – »und was noch besser ist: Ich weiß, wie man es bedient (fast).« Jetzt bombardierte sie erst recht »Hunderte von Leuten in der ganzen Welt« mit Selbstgeschriebenem und Selbstgefundenem, schnellen Episteln, Witzen und Zeitungsschnipseln, Artikeln zum Kichern, zur politischen Erleuchtung, zum Gemeinsam-Ärgern, zur Freude oder einfach zur Kenntnis. Und die Loved Ones wussten, was sie zu tun hatten: Decca ihrerseits mit Fundstücken aller Art zu versorgen.

Vor ihrem Haus in Oakland hängt zwar bis heute noch ein alter englischer Briefkasten, ganz in Rot, mit Posthorn, Krönchen und Royal Mail drauf – doch dem Postkutschenzeitalter trauerte Decca nicht nach. Tempo ging ihr über Sentimentalität. Heute würde sie unentwegt mailen, bloggen, twittern.

Selbst wenn sie beide zu Hause waren, schrieb sie Bob, und das jeden Tag. Tagebuch führte sie nicht, der Dialog, nicht der Monolog interessierte sie. Manchmal waren diese »Tagesnotizen«, wie sie sie nannte, ein oder zwei DIN-A4-Seiten lang, dann wieder waren es kleine Zettel, eng getippt, Memos mit ein paar Stichworten. Auch Dinnereinladungen wurden auf diesem Wege geplant: Sie brät ein Hähnchen, Haushälterin Rita macht ihren Eintopf und Bob geht einkaufen. Selbst diese innerhäuslichen Notizen waren ihr so wichtig, dass sie sie aufgehoben hat. Zusammen mit Tausenden und Abertausenden von Briefen liegen sie in Ohio im Archiv.

Zehn Jahre nach ihrem Tod erschienen Deccas gesammelte Briefe, das heißt: eine 745 Seiten dicke Auswahl. Sechs intensive Jahre lang saß Herausgeber Peter Y. Sussman an dem Band. Als Nachbar hatte der frühere Redakteur des *San Francisco Chronicle* und Freund der Familie keine Ahnung, worauf er sich einließ, als Bob ihn fragte, ob er die Aufgabe übernehmen würde. Woher sollte er, der um die Ecke wohnte, auch wissen, wie viele Briefe Decca geschrieben hatte – und an wie viele Menschen, die alle erklärt sein wollen. Sein Glück, dass Sussman mit einem ausgeprägten Sinn für Humor gesegnet war. So hatte er, trotz aller Momente der Verzweiflung, bei seiner Arbeit so viel Spaß wie Decca beim Schreiben.

Decca. The Letters of Jessica Mitford wurde von der Kritik 2006 als brillantes Feuerwerk bejubelt. Der Kritiker des *New Yorker* hielt Deccas Briefe denen Nancys weit überlegen: witziger, authentischer, auch ehrlicher fand er sie. In ihrer Besprechung des Bandes, der in England noch erfolgreicher als in Amerika war, gratulierte J. K. Rowling sich selbst zu ihrem guten Geschmack: Nach der Lektüre der Briefe fühlte sie sich voll und ganz bestätigt, dass sie Decca zu ihrem wichtigsten literarischen Vorbild erklärt hatte.

The Mitford Voice, nach der alle lechzten – in ihren Briefen tönt die Stimme hell und klar, frisch, forsch und (selbst-)ironisch bis zum letzten Tag. *Decca* ist ihr vielleicht bestes Werk.

Prison Book

Auch wenn die bewegten Zeiten der 1960er Jahre weitgehend vorüber waren, eine neue Bewegung entstand jetzt doch, quasi als Ableger der alten: das *prison movement*. Noch nie hatten so viele bürgerliche Amerikaner Erfahrungen mit dem Gefängnis gemacht: Kommunisten, echte oder vermeintliche, Studenten, Bürgerrechtler, Vietnamkriegsgegner, Hippies, die sich mit Drogen erwischen ließen, wurden reihenweise eingesperrt. Manche so oft, dass sie vorsichtshalber immer eine Zahnbürste bei sich trugen. Dabei wurden Mithäftlinge von den Rebellen angesteckt und radikalisiert. Die Wut der Insassen war gewaltig, zu verlieren hatten sie nichts, zu protestieren umso mehr. Die Zustände in den amerikanischen Haftanstalten waren katastrophal, die Medien voll davon.

Mit den Black Panthern bekam das Thema eine neue Brisanz. Die schwarzen Kämpfer saßen zum Teil jahrelang und immer wieder ein. In ihrem Zehnpunkteprogramm forderten sie die Freilassung aller schwarzen Häftlinge, die für sie ja keine Kriminellen, sondern politische Gefangene waren.

Eine Position, mit der Decca stark sympathisierte. »Sie wollte nicht hören, dass einige von ihnen Mörder waren, Diebe, dass sie nichts Politisches an sich hatten«, sagt ihr Freund Patrick Allitt. Für Decca waren Gefängnisdirektoren und -wärter die Bösen. Auch wenn sie selbst nie hinter Gitter kam – abgesehen von einem vierundzwanzigstündigen Selbstversuch im Rahmen eines Kongresses, als sie die Zelle mit »einer schrecklich netten Mörderin« teilte –, gehörten Gefängnisse seit langem zu ihrem Alltag. Nicht nur ihr Mann, viele ihrer Freunde waren Anwälte, die National Lawyers Guild war praktisch ihr Rotary Club. Immer wieder besuchte sie Freunde hinter Gittern oder fremde Häftlinge, für die sie sich engagierte.

Die Gefangenschaft ihrer Kindheit hinter unsichtbaren Mauern hat ihr gereicht, Freiheit war ihr Lebensthema. Also war es nur konsequent, dass sie den amerikanischen Gefängnissen ein eigenes Buch widmete. 1970 fing sie mit ihren umfangreichen Recherchen an, zu ihrer eigenen Überraschung unterstützt von einem Guggenheim-Stipendium, drei Jahre später erschien *Kind and Usual Punishment. The Prison Business* (»Gütige und übliche Bestrafung. Das Gefängnis als Geschäft«). Von Bürgerrechten, so die Botschaft, konnte hinter Gefängnismauern keine Rede sein, statt rehabilitiert zu werden, wurden die Häftlinge kriminalisiert. Die Anstalten waren hoffnungslos überfüllt, der Rassismus dramatisch. Und die Wärter feuerten ihn noch an, erzählt Deccas Freund Marvin Stender, indem sie die verschiedenen Gruppen, Weiße, Schwarze, Chicanos, gegeneinander ausspielten und Gewalt provozierten. »Es war grauenhaft«, meint der Jurist – »offener Krieg«.

»Open the doors«, hatten die Studenten 1960 im Rathaus von San Francisco skandiert, »Tear down the walls!«, lautete der Schlachtruf zehn Jahre danach: »Reißt die Mauern nieder!« *Prison movement*, das bedeutete in seiner radikalsten Form *prison abolition movement*. Gefordert wurde nichts weniger als die Abschaffung der Gefängnisse. Auch Deccas Meinung nach war es mit Reformen nicht getan, Reformen (und den Ruf nach ihnen), schreibt sie, gibt es so lange, wie es Gefängnisse gibt. Der Wurm saß für sie im System. Und das war es, was sie interessierte, nicht das Schicksal einzelner Gefangener. Da hielt sie eher Abstand. Selbst wenn sie mit über hundert Häftlingen korrespondierte, um an Informationen zu kommen – persönliche Bindungen wollte sie keine aufbauen, erst recht keine falschen Hoffnungen wecken. Auch keine tränenreiche Story erzählen.

Ihr ging es darum, zu zeigen, wer alles vom Gefängnissystem profitierte: Architekten, Therapeuten, Bürokraten, die Pharmaindustrie. Der Missbrauch von Häftlingen als billige Versuchskaninchen gehört zu ihren schockierendsten Enthüllungen. »Billiger als Schimpansen« ist das Kapitel überschrieben. Der Unterhalt für einen Mann in San Quentin, so lässt sie einen Forscher im Buch sagen, koste so viel wie ein Studium in Harvard. Das Gefängnis als profitables Geschäft zu betrachten ist heute, da ein großer Teil der US-Anstalten von privaten Firmen betrieben wird, nicht ungewöhnlich. Damals war es das schon. »Sie war ihrer Zeit voraus«, meint Bestsellerautor Eric Schlosser (*Fast Food Nation*), der selber seit Jahren zum Thema recherchiert.

Natürlich hatten die Gefängnisdirektoren nicht auf Jessica Mitford gewartet. Aber wenn sie ihr den Zugang verweigerten, setzte sie alle Hebel in Bewegung, um reinzukommen, alarmierte die Lokalpresse, klagte sich notfalls ein. In ihrem Buch schildert sie die Institution als extrem repressives System, in dem Menschenrechte permanent nach Gutdünken missachtet werden. Wer aufbegehrt, wird weggesperrt, wer nicht sowieso schon psychisch krank ist, wird es hier. Die Institutionen sollen der Sicherheit dienen, nur: Sicherheit für wen? In Arkansas, besonders berüchtigt für die Brutalität seiner Anstalten, kamen unzählige Insassen ums Leben.

Ausgerechnet das liberale Kalifornien stand damals (wie heute) in besonders schlechtem Licht da. Dort nämlich gab es die perfide Sitte des *indeterminate sentence*: Dabei wurde eine Haftstrafe nicht von vornherein festgelegt, sondern blieb offen, und zwar extrem offen – die Spannweite reichte von einem Jahr bis lebenslänglich. Das Maß wurde immer wieder neu bestimmt, je nach Benehmen, so dass der Willkür alle Türen offenstanden. Deccas erklärtes Ziel war die Abschaffung dieser Praxis, für sie eine moderne Form der Folter. Nachdem das 1977 tatsächlich passiert war, musste sie allerdings feststellen, dass es sich mal wieder um einen Pyrrhussieg handelte: Die offenen wichen drakonischen festen Strafen ohne jede Aussicht auf vorzeitige Entlassung.

Noch während Decca an ihrem Buch saß, kam es in Kalifornien zu dramatischen Ereignissen. Einer der berühmtesten Rebellen im Gefängnis der damaligen Zeit hieß George Jackson. Seit seiner Jugend immer wieder hinter Gittern, hatte der Schwarze schließlich wegen eines bewaffneten Tankstellen-Überfalls (Beute: 70 Dollar) eine dieser unbestimmten Strafen bekommen. Wegen gewalttätiger Zusammenstöße mit Wärtern und anderen Gefangenen, aber auch wegen seiner politischen Aktivitäten – im Gefängnis war er zum Marxisten geworden, hatte sich den Panthern angeschlossen und die Black Guerilla Family mitgegründet –, wurde die Strafe kontinuierlich verlängert. Jahrelang saß Jackson in Isolationshaft, die er mit intensiver Lektüre füllte. Jetzt war er angeklagt, einen Wärter ermordet, ihn aus dem dritten Stock in den Hof geworfen zu haben.

1970 wurden Jacksons Briefe aus dem Soledad-Gefängnis veröffentlicht, mit einem Vorwort von Jean Genet. *Soledad Brother* machte Furore, Decca führte für die *New York Times* ein Interview mit Jackson. Ein reines Autoreninterview: Was lesen Sie? *Das kommunistische Manifest*, Wilhelm Reichs *Massenpsychologie des Faschismus*, Malcom X. Wann schreiben Sie? Überarbeiten Sie viel in Ihren Texten? Die Verbrechen, derer er angeklagt war, seine Gewalt blendete sie aus.

Die Veröffentlichung der Briefe hatte Jacksons (und Huey Newtons) Anwältin organisiert, Treuhaft-Freundin Fay Stender, Marvin Stenders damalige Frau. Gewidmet hat Jackson das Buch seinem Bruder, seiner Mutter und Angela Davis, »meiner zärtlichen Erfahrung«. »Der Zerstörung ihrer Feinde widme ich mein Leben.« Sein kleiner Bruder war kurz zuvor ums Leben gekommen. Bewaffnet hatte Jonathan eine Gerichtsverhandlung gestürmt, die Freilassung der Angeklagten erzwungen und die seines Bruders und seiner Freunde, der »Soledad Brothers«, gefordert. Er starb bei der Aktion, ebenso zwei der Angeklagten und der Richter. Die Waffe war auf den Namen von Angela Davis zugelassen, Mitglied bei SNCC, den Panthern und der Kommunistischen Partei, die sich für George Jacksons Freilassung starkgemacht und sich in ihn verliebt hatte. Davis tauchte unter, wurde vom FBI festgenommen und angeklagt.

Der Prozess sorgte für eine internationale Protestwelle und machte Angela Davis mit ihrem Afrolook zur Ikone der Black-Power-Bewegung. Zum Team ihrer Anwälte gehörte Bobs Kanzleipartnerin Dobby Walker, für die Öffentlichkeitsarbeit war Deccas Freundin Bettina Aptheker zuständig. Decca hatte Angela Davis schon vorher unterstützt, als sie wegen ihrer Mitgliedschaft in der Kommunistischen Partei als Dozentin von der University of California gefeuert wurde, hatte sie zu ihren Partys eingeladen. Jetzt half sie wieder, wo sie konnte, unterstützte die Kampagne zur Befreiung der Philosophin, organisierte Fundraisingpartys, vermittelte einen Verlag für das Buch, das Bettina Aptheker mit Angela Davis schrieb, besuchte sie im Gefängnis. 1972 wurde die im Ostblock gefeierte Angela Davis (auch Honecker schüttelte ihr die Hand) schließlich freigesprochen – und macht sich noch heute für die Abschaffung der US-Gefängnisse stark.

George Jackson kam im August 1971, einen Monat vor seinem dreißigsten Geburtstag, bei einer Schießerei um, bei der Wärter und Mit-Häftlinge ebenfalls starben. Jackson war selber bewaffnet, aber für Decca war es eindeutig Mord an einem, der es gewagt hatte, sich zu wehren. So sah es auch Bob Dylan, der Jackson einen Song widmete. Andere sahen in ihm vor allem den mehrfachen Mörder. Kurz danach kam es in Attica, New York, zu einem großen Gefängnisaufstand mit blutigem Ende, bei dem dreiundvierzig Menschen ums Leben kamen.

Als Deccas *Kind and Usual Punishment* zwei Jahre später erschien, in einer stolzen Auflage von 25 000, war die größte Aufregung allerdings wieder verpufft, hatte sie selbst das Gefühl, mit dem Buch zu spät zu kommen. Einige ihrer Freunde halten es für ihr wichtigstes Buch, gerade weil es eines der ersten seiner Art war und die Situation bis heute dramatisch ist. Sie hat die Mauern nicht eingerissen, aber doch ein wenig zum Wackeln gebracht. Trotz des spöttischen Untertons keine heitere Lektüre, endet das Buch mit einer zehnseitigen Liste von lokalen und nationalen Organisationen, die sich für die Rechte von Häftlingen einsetzen – für Leser, die sich engagieren möchten. Sie selbst hat sich immer wieder Gefängnissen gewidmet, denn, wie sie einer Interviewerin Ende der 1980er Jahre erklärte: »Mit ihnen erreicht man nicht viel Gutes, oder?«

Auch Schwester Debo bekam ein Exemplar für ihre Schlossbibliothek. Dabei wäre Diana diejenige gewesen, die das Buch am meisten interessiert hätte. Mehr als drei Jahre hatte sie hinter Gittern gesessen. Wenn es nach Decca gegangen wäre, wären es noch mehr gewesen. Dianas Bilanz: »Gefängnisse sind ein sehr schrecklicher Ort.« Aber darüber haben die beiden sich nicht unterhalten, als sie sich im Jahr der Veröffentlichung von *Prison Business* zum ersten Mal seit 1937 wiedersahen.

Die Geschichte von George Jackson ging noch weiter. Fay Stender, die Decca zu Beginn ihres Buchs mit der Bemerkung zitiert, dass Häftlinge die besseren, liebevolleren, zugewandteren Menschen seien, wurde 1979 von einem Ex-Häftling zu Hause überfallen. Wohl ein Mitglied der Black Guerilla Family, zwang er die Anwältin, ein »Geständnis« zu unterschreiben, dass sie George Jackson und die Gefängnisbewegung verraten hätte. Dann schoss der Täter mehrfach auf sie. Die Juristin überlebte, war aber vom Bauch abwärts gelähmt und hatte so starke Schmerzen, dass sie sich das Leben nahm. Jacksons erklärtes Ziel, kriminelle Energie in revolutionäre umzusetzen, war endgültig gescheitert.

Die Zukunft von damals ist die Gegenwart von heute, und die sieht ziemlich düster aus: »Innerhalb einer Generation hat sich der Anteil der Inhaftierten in der Gesamtbevölkerung verfünffacht«, schreibt der deutsche Journalist Jörg Häntzschel. »Damit liegen die USA an der Weltspitze, vor Ruanda und Georgien.« Die kalifornischen Gefängnisse sind so hoffnungslos überfüllt, dass der Oberste Gerichtshof 2011 die Entlassung von 30 000 Häftlingen angeordnet hat, weil ihre Unterbringung »cruel and unusual punishment« (»grausame und ungewöhnliche Bestrafung«) darstelle. Deccas Thema ist noch immer aktuell.

Nancys Tod

»Es ist sehr merkwürdig zu sterben«, erklärt Nancy einem alten Freund ein paar Wochen vor ihrem Tod, »& hätte viele lustige, amüsante & bezaubernde Seiten, wäre da nicht der Schmerz, den die Ärzte vergeblich im Zaum zu halten suchen.« Sie habe Schmerzen wie das Ende der Welt, hatte Nancy Decca schon ein Jahr zuvor geschrieben. Manchmal stopfte sie sich das Kissen in den Mund, um nicht laut zu schreien.

Lange hatte sie sich geweigert, Schmerzmittel zu nehmen, aus Angst, dann nicht mehr klar denken zu können; als sie sie endlich nahm, wirkten sie zum Teil nicht mehr. Bücher und Briefe, das war manchmal die einzige

Medizin, die half. Nancy tröstete sich mit Goethes *Italienischer Reise*, mit Trollope und Isherwood. Werke, die sie in vergangene Zeiten transportierten, und solche, bei denen sie laut lachen konnte, waren ihr die liebsten. *Private Eye*, das Satiremagazin, war die einzige Zeitschrift, die sie in die Hand nahm. Sie las und las, verschlang zuweilen ein ganzes Buch in einer schlaflosen Nacht. Auch, ja, gerade jetzt, als sie nur noch Haut und Knochen war und kaum jemanden zu sich ließ, waren ihre Briefe voller Galgenhumor und verzweifeltem Witz, von solcher Eleganz und Originalität, wie es nur wenigen Menschen auf dem Höhepunkt ihrer Kräfte gelingt.

Am 8. Juni 1973 schrieb Nancy ihren allerletzten Brief, an den Colonel. »Ich leide, wie ich es niemals für möglich gehalten hätte.« Das Morphium half kaum, die Spritzen taten höllisch weh, aber selbst jetzt machte sie noch einen Scherz. Die brutale Krankenschwester »sagte jedes Mal mit ihrem Marseiller Akzent: ›Es pikst jetzt ein bisschen‹ – und glaub mir, sie hatte recht.«

Debo brachte die Kranke zum Lachen, wenn sie zu Besuch kam, Diana schaute täglich vorbei. Aber Pam, die Schwester, die Nancy in der Kindheit mit ihrem beißenden Humor so gequält hatte, war diejenige, nach der sich die Kranke am meisten sehnte, wenn es ihr richtig dreckig ging, die ihr, wie schon der Mutter, die liebste Pflegerin war. Ohne zu fragen, tat »Woman« immer genau das Richtige, ließ sich durch nichts aus der Ruhe bringen, auch nicht durch Nancys Launen und böse Bemerkungen. Pam war die Unaufgeregteste der Schwestern, alles an ihr wirkte sanft, einschließlich ihres Humors.

Treu, wie sie war, kam Pam regelmäßig angereist, erst aus der Schweiz, später aus England. In Grüningen am Zürichsee hatte sie vor allem ihren alten Dackeln zuliebe so lange gelebt: Die Hündchen sollten ihre letzten Jahre auf dem Kontinent verbringen. Wenn sie aus der Schweiz anreiste, hatte sie das Auto vollgepackt mit Sonderangeboten. Fünf-Kilo-Eimer Waschpulver, die sie für 16,40 Franken statt 20 ergattert hatte, wie sie Nancy stolz erzählte. Hatte die Pariserin Interesse an einem Packen Briefumschläge (100 Stück für 90 Rappen) oder günstigem Klopapier, extra weich, zwei Rollen für 90 Rappen?

Nach dem Tod ihrer Dackel zog Pam 1972 nach England zurück, wohnte erst übergangsweise in Chatsworth, bevor sie im Jahr darauf ihr eigenes Haus in den Cotswolds, in Caudle Green, wieder übernehmen konnte. Am liebsten hätte sie sich jetzt hier um Woodfield House gekümmert, stattdessen lebte sie als »Sister-in-residence«, wie Decca den Job nannte, über lange Phasen in Versailles bei Nancy, in einem Haus, das sie hasste.

Deccas letzter Besuch lag vier Jahre zurück. Eine fest gebuchte Visite Anfang 1970 hatte Nancy in letzter Minute abgeblasen, es wurde ihr zu viel. Ob die Kalifornierin in den Jahren danach nicht kommen wollte oder nicht sollte, ist nicht ganz klar. Im April 1973 riet Debo ihr noch von einer Reise ab, ohne allerdings einen Grund zu nennen. Den verriet sie Diana: Sie war sich sicher, dass Decca in Versailles höchstens lauwarm empfangen würde.

Aus der Ferne konnte Decca nicht viel mehr tun, als zu schreiben und anzurufen, worüber Nancy sich offenbar rührend freute. »Traumhaft schön«, bedankte die Kranke sich überschwänglich für einen Morgenmantel. Sie konnte die Robe gut gebrauchen. Egal, wie warm es draußen war, Nancy fror. Eigentlich war ihr das ganze Leben lang kalt gewesen. Nur ihre Besucher fanden ihre Wohnung immer tropisch überhitzt. »In der Sonne sitzen« hat Nancy schon in den 1930er Jahren in Unitys Fragebogen als Lieblingsfreizeitbeschäftigung angegeben. In der glühenden Sonne zu liegen, am liebsten nackt, stundenlang und am Meer, machte sie glücklich, das war ihr Lebenselixier. *Love in a Cold Climate*, der Titel ihres autobiographischen Romans, traf ihr Empfinden ziemlich genau. In einer Welt ohne Wärme aufgewachsen zu sein, darüber hatte Nancy häufig geklagt. Als sie nicht mehr die Kraft besaß, wie bis dahin im Sommer nach Venedig zu fahren, tankte sie in ihrem Garten in Versailles so viele Sonnenstrahlen wie möglich. An manchen Tagen nicht mehr in ihr Märchenreich rausgehen oder -getragen werden zu können, empfand sie als Folter.

Schon seit einiger Zeit hatte Decca auf ein Signal ihrer Schwestern gewartet. Im Juni 1973 war es so weit: Wenn sie Nancy noch einmal sehen möchte, solle sie schnell kommen. Decca packte ihre Sachen, aber einmal unterwegs, verließ sie ihr Mut. »Nerven drehen durch, je näher Versailles kommt«, schrieb sie Bob aus dem Flugzeug von New York nach Paris. »Ach, wärst Du nur bei mir. Ich fürchte mich extrem vor der Ankunft.« Es war schon ihr zweiter Brief an ihren Mann innerhalb weniger Stunden, den ersten hatte sie noch am Flughafen geschrieben und abgeschickt.

Aufstehen konnte Nancy nicht mehr, jede Bewegung war eine Tortur. Decca war heilfroh, dass Debo zumindest zeitweise mit ihr zusammen am Bett saß. Erleichtert verschwand sie abends in ihr Hotel um die Ecke. Aber selbst da entkam sie dem Sterben nicht: Als Weberknecht mit langen spindeldürren Beinen flog Nancy »in Todesqualen« des Nachts durch ihre Träume.

Froh, entfliehen zu können, um Schaumgummi zum Auspolstern der Bettpfanne zu besorgen, setzte sie sich in einen Fotoautomaten, in dem man für einen Franc seine Stimmung festhalten sollte. Decca zog einen leidenden Flunsch, den schickte sie Bob, dem sie inzwischen fast stündlich schrieb. Auch Diana bekam ein Foto aus der Serie, zusammen mit dem einzigen erhaltenen Brief an die Schwester aus der Nachkriegszeit.

Sie wusste nicht, wie lange sie es aushielte in Versailles. Die starke, kühle Nancy hilflos und weinend zu erleben war für Decca kaum zu ertragen. Und während Pam alles richtig machte, schien Decca alles falsch zu machen. Egal, wie sehr sie sich bemühte – sie fühlte sich abgelehnt, hatte Angst, zu oft oder zu selten zu Nancy hochzugehen, dauernd fühlte die Kranke sich entweder belästigt oder vernachlässigt.

Wenn Nancy nur halb bei Bewusstsein war, schien sie sich zu freuen, dass die Schwester aus Amerika da war. Aber: »Wenn sie bei sich ist, kann sie auch verdammt fies sein.« So hatte Nancy sie losgeschickt, Rosen aus dem Garten zu holen. Decca, heilfroh, etwas tun zu können, schoss raus und kam mit drei Vasen voll zurück. »Darauf N., in schneidendstem Ton: ›In deinem Leben gibt es offensichtlich nicht viel Kunst und Eleganz.‹ Nur zu wahr, vielleicht«, gesteht Decca gegenüber Debo ein, »aber Hen!« Nachdem Decca weitere Blumen gepflückt und im Zimmer verteilt hatte, fauchte Nancy, warum sie das nicht längst gemacht habe, sie habe doch sonst nichts zu tun. Nicht, wie gewohnt, genauso scharf antworten zu können, machte es für Decca nur noch schlimmer. »Was für eine QUAL, an diesem Ende der Welt.« Als Dobby Walker sie abends im Hotel anrief, brach sie beim Klang der vertrauten Stimme in Tränen aus.

Selbst Diana fand Nancys Verhalten Decca gegenüber so gemein, dass es ihr richtig wehtat, noch Jahre später wand sie sich allein bei der Erinnerung daran. Die Begegnung der beiden verlief wieder friedlich. Diana schloss die Schwester mehr und mehr ins Herz, wie sie sagte.

Am liebsten wäre Decca weggelaufen. Sie hielt das Sterben und Leiden nicht aus, wie im Gefängnis kam sie sich vor, nicht mal an den Berichten über die Watergate-Affäre, die sie zu dieser Zeit normalerweise in Atem gehalten hätte, hatte sie noch Spaß. Zehn Tage hielt sie in Versailles durch. Das einzig Nützliche, was sie ihrer Meinung nach tat in dieser Zeit: Nancys Morphiumdosis zu verdoppeln, indem sie der Pflegerin die Anweisung des Arztes falsch übersetzte. Sie konnte es nicht mehr ertragen, ihre Schwester weinen zu sehen. Danach habe Nancy lächelnd im Bett gelegen. Am Ende stießen sogar Deccas Rosenarrangements auf Zufriedenheit.

Als sie sich am letzten Tag von Hassan verabschiedete, dem marokkanischen Haushälter und Koch, erzählte sie ihm von Nancy, die in jedem Brief sein Loblied gesungen habe. Worauf Hassan erwiderte, dass seine Chefin für ihn wie eine Mutter sei. Dann sei sie selber ja quasi seine Tante, meinte Decca, und beide brachen in Tränen aus. Als sie zur Sterbenden hochstieg, um – das hatte sie sich fest vorgenommen – entschlossen *goodbye* zu sagen, musste sie schnell aus dem Zimmer rennen, weil ihr die Tränen übers Gesicht liefen. Nancy auch. »Es hat etwas absolut Niederschmetterndes, wenn Du siehst, wie sich jemand vor Deinen Augen in eine Leiche verwandelt«, schrieb Decca ihrer Freundin Marge Frantz, nachdem sie nach London entkommen war – »noch dazu eine stinksaure Leiche«. Trotzdem: Sie war froh, noch mal bei ihr gewesen zu sein.

Decca war gerade wieder zurück in Amerika, als Nancy am 30. Juni 1973 starb. Ihr Tod war eine Erlösung für alle Beteiligten. Als einzigen Albtraum hatte Diana – allein durch die räumliche Nähe am meisten involviert und durch die Eifersucht ihres Mannes doppelt unter Druck – die Zeit der Krankheit in Erinnerung. »Nard, machen wir uns nichts vor«, sagte Pam zu Diana, »sie hat vier Jahre unseres Lebens ruiniert.«

Auf dem Friedhof Père Lachaise wurde Nancy eingeäschert, in Swinbrook beigesetzt. Zur Beerdigung kamen viele Freunde, Decca war nicht dabei. Debo hatte in ihrem Auftrag einen Kranz besorgt und schickte ihr hinterher ein Foto der drei Schwestern in Schwarz, alle mit Kopftuch, das ein Paparazzo aufgenommen hatte: »Drei Hexen, um Dich zum Schreien zu bringen.« Am Tag danach schrieb Diana von Pams Haus aus der »Darling Decca« noch einmal kurz: »Swinbrook sieht wunderschön aus.« Danach herrschte wieder Schweigen.

Decca hat Diana nie wieder gesehen. »Es hat jetzt nicht unbedingt politische Gründe (abgesehen davon, dass man irgendwo eine Grenze ziehen muss & das weißt du nur zu gut)«, schrieb sie Debo, die versuchte, den Kontakt zwischen den beiden neu zu beleben, ein Jahr nach Nancys Tod. »Vielmehr macht der Umstand, dass man sie die ganze Kindheit hindurch wirklich angebetet hat, die bloß beiläufigen Begegnungen zehnmal so schwer. Deswegen waren unsere Treffen aus Anlass von Ns Krankheit (bei der Diana wunderbar war) ziemlich qualvoll.«

16

Die Schmutzaufwühlerin

Ein Traum wurde wahr: Decca durfte an die Uni gehen! Nicht als Studentin – als Professorin, als außerordentliche, an der San José State University. Dass Professor Mitford noch nicht mal eine Schule besucht hatte, störte hier niemanden. Nur sie selbst war aufgeregt und nervös, weshalb sie erst mal eine studentische Hilfskraft zur Unterstützung anheuerte, sich sorgfältigst vorbereitete. »The American Way« nannte sie ihre Vorlesung, darunter konnte sie alles packen, worüber zu reden sie Lust und meist schon geschrieben hatte, »Särge, Gerichte, Sträflinge, Bauernfänger«. In einem Seminar wollte sie den Studenten die Techniken des Enthüllungsjournalismus beibringen. Sie genoss die Aufmerksamkeit als »Distinguished Professor«, hier ein Empfang, dort ein Lunch zu ihren Ehren, sie mischte den Lehrplan auf, die Unterrichtsmethoden und am Ende die ganze Universität.

Professor Mitford

Im September 1973 trat sie ihren Posten an der kalifornischen Universität an. Zum Aufwärmen begann sie mit »The Talk«, ihrem Vortrag über die Bestattungsbranche, ein voller Lacherfolg, den Rest des Semesters gestaltete sie als »Varietéveranstaltung«, zu der sie möglichst kontroverse Gäste einlud, einen Richter des Landesgerichtshofs zum Beispiel, den sie neben Ex-Knackis aufs Podium setzte. Ihre Veranstaltungen waren Anleitungen zum Frechsein, Soziologiestudenten mussten Texte aus dem Soziologischen ins Englische übersetzen und dann wieder zurück, die Form der Abschlussarbeit stellte sie den Studenten frei. Sie reichten Kreuzworträtsel, Comics und einen kleinen samtgefütterten Sarg ein. Das Einzige, was Decca schockierte, waren Grammatik und Rechtschreibung ihrer Schüler: »beides grauenhaft«. Das Semesterende wurde mit Käse, Wein und 500 Gästen gefeiert. Gefeiert wurde auch, dass es überhaupt so weit gekommen war.

Denn Decca hatte die wiederholte Aufforderung der Personalabteilung, einen Eid auf die kalifornische Verfassung zu schwören und ihre Fingerabdrücke abzugeben, hartnäckig ignoriert, die Jahre der Hexenjagd waren schließlich vorbei. Aber die Uni bestand darauf. Nun, sie hatten einen *hellraiser* (»Krawallmacher«) eingestellt, also haben sie auch einen gekriegt. Es ging Decca ums Prinzip, das sie »Big Brotherism« nannte, das Sammeln und Archivieren von Daten zur Person, das sie vom FBI kannte. Es war ein ungefährlicher Protest, zu verlieren hatte sie nur ein paar Tausend Dollar, und die taten ihr nicht weh. Das Ganze war eine Riesen-Gaudi für sie.

Der Unipräsident erklärte Decca für »de-hired«, wollte ihre Anstellung zurücknehmen, die Studenten jubelten ihr zu. Statt ihren Veranstaltungen fernzubleiben, strömten sie zu Hunderten hin, der Dekan wurde niedergebrüllt und ausgelacht. Sie ließ sich von einem Juristen beraten: Um den Treueeid kam sie nicht herum, der war von der Verfassung vorgeschrieben. Der Fingerabdruck nicht. Also zog sie vor Gericht. Kollegen unterstützten sie, die Studentenzeitung war sowieso auf ihrer Seite, der *San Francisco Chronicle* kritisierte den Angriff auf die Freiheit scharf. Decca schwelgte in der Krise, freute sich, dass der rebellische Geist der 1960er Jahre noch einmal aufflackerte, gab ein Interview nach dem anderen – und nutzte jede Gelegenheit, Publicity für ihr jüngstes Werk über amerikanische Gefängnisse zu machen und das Buch in die Kameras zu halten.

In den Ferien erging das endgültige Urteil: Es gab keine Rechtsgrundlage für den Zwangs-Fingerabdruck. Für Decca ein Triumph, der sich im Rückblick jedoch als Pyrrhussieg entpuppte. Bei einem Anruf an der Uni ein paar Jahre später erfuhr sie, dass Dozenten inzwischen nur noch eingestellt wurden, wenn sie *vorher* den Fingerabdruck abgegeben hatten.

Es folgten weitere akademische Ehren: Ein paar Monate nach dem Abschlussfest in San José bekam Decca einen Ehrendoktor vom Smith College, einer der traditionsreichen Frauen-Unis an der Ostküste, außerdem lud sie der Leiter des journalistischen Instituts der Yale University zu einem (diesmal friedlichen) Gastspiel im Jahr 1976 ein. Der Ansturm war gewaltig: 239 Studenten meldeten ihr Interesse an, für gerade mal achtzehn Plätze. »Sie unterrichtete mit Begeisterung«, sagt ihr Freund Doug Foster. »Aber sie hätte es an der Uni nicht lang ausgehalten. Früher oder später wäre ihr langweilig geworden.« Der Professor an der Northwestern University weiß, wovon er spricht.

Ohne Decca, glaubt Foster, wäre er selber vielleicht nie Reporter geworden, hätte sich eher für den politischen Aktivismus entschieden. Dass man beides zugleich sein kann, das habe er von Decca gelernt, die er verehrte und bewunderte. Die Zuneigung beruhte auf Gegenseitigkeit. Der Journalist David Weir hatte sogar das Gefühl, dass Foster – »sehr gescheit«, so Decca – zu einer Art Ersatzsohn für sie wurde, gerade in der Zeit, als Benjy seine schlimmsten manisch-depressiven Phasen durchlebte.

Als sie sich Ende der 1960er Jahre kennenlernten, war sie Anfang fünfzig und ein Medienstar und Doug Foster gerade mal neunzehn Jahre alt, Student der Amerikanistik und Politikwissenschaften, ein Schüler von Deccas Freundin Marge Frantz. Bis heute hat er ihre Stimme im Kopf, »ein irgendwie stichelnder Ton, nicht einschüchternd, aber stichelnd und scherzend, der mich drängt, weiter zu gehen, als ich mir sonst jemals zugetraut hätte«. Von Decca hat er gelernt, die elementaren Fragen zu stellen; bis heute, vierzig Jahre nach ihrer ersten Begegnung, sortiert Doug Foster seine Fragen nach ihrem Schema »vom Netten zum Grausamen«. So lustig es mit ihr war – »man wusste auch genau, dass man auf Zack zu sein hatte«. Wenn man zu ihr kam, so Foster, musste man auf ein Gefecht gefasst sein. »Aber man ging in der Regel schlauer nach Hause.«

Decca liebte Provokation und Verschwörungstheorien, als Dozentin ermunterte sie ihre Studenten vor allem, Krach zu schlagen. Mit leisen Themen tat sie sich so schwer wie mit stillen Menschen, sie verstand nicht, was die jungen Journalisten jetzt alle mit ihren Ökothemen hatten, dass sie sich mit Dingen beschäftigten, die, wenn überhaupt, in dreißig oder vierzig Jahren passierten. So etwas war ihr zu abstrakt. Mit derselben Entschlossenheit, mit der sie sich auf ihre Themen stürzte, lehnte sie andere ab.

Der arme Foster musste sich daher immer wieder dafür beschimpfen und verspotten lassen, dass er und seine Kollegen am Center for Investigative Reporting sich so intensiv mit Umweltfragen beschäftigten. Für Decca war das, genau wie die Politik der Grünen in Europa, der pure Eskapismus, ein Sichdrücken vor der eigentlichen, der Klassenfrage. Sein Argument, dass es doch immer die Armen seien, die am heftigsten unter Umweltsünden und -katastrophen zu leiden hätten, erreichte sie nicht.

Nein, als entspannend hat Foster ihre Begegnungen nie erlebt. Nicht mal die Verabredungen zu zweit. Wenn sie ihn morgens anrief, um mit ihm zu Mittag essen zu gehen, ließ er sich die Gelegenheit nie entgehen. Aber schon auf der Hinfahrt im Auto überlegte er, welche Witze und Geschichten er ihr erzählen konnte. Er hatte immer das Gefühl, sein Bestes geben zu müssen. »Sie ließ nie locker. Ich wusste, dass sie mich geliebt hat, ich wusste, dass sie mich respektierte. Und ich wusste, dass sie überzeugt war, ich könnte es immer noch ein bisschen besser machen.« Die Aufmerksamkeit, die sie ihm schenkte, scheint ihn noch heute zu rühren.

Nach ihren Uni-Gastspielen stellte Decca ein Lehrbuch zusammen, das so persönlich war wie die Artikel, die sie darin versammelte. In seinem Nachwort bedankt sich der Watergate-Enthüller Carl Bernstein bei ihr, dass sie die Branche an ein paar Grundlagen ihres Handwerks erinnert hat: »Benutzt euren Verstand. Schreibt gut. Schlagt fröhlich Krach. Journalismus kann schließlich Spaß machen. Halleluja.« *Poison Penmanship. The Gentle Art of Muckraking* (»Giftfedern. Die sanfte Kunst des Schmutzaufwühlens«) kam 1979 heraus, eine Gebrauchsanweisung für angehende Journalisten, bis heute ein Lehrbuch an Universitäten und 2010 als Klassiker von der *New York Review of Books* neu aufgelegt.

The Making of a Muckraker heißt die britische Ausgabe treffenderweise, ist das Buch doch eine Art journalistischer Autobiographie. Die chronologisch angeordnete Sammlung vereint die wichtigsten Artikel aus zwanzig Jahren (auch einen ihrer schlechtesten), ergänzt durch Kommentare, Entstehungs- und Wirkungsgeschichte. Mit spitzbübischem Vergnügen erzählt Decca von dem Ärger, den sie einigen Leuten und Institutionen eingebrockt hat, das Buch hat ihr offensichtlich großen Spaß gemacht. Den Lesern auch. »Ich kann mich nicht entsinnen, dass mich je eine journalistische Anthologie derart begeistert hat oder dass ich je so oft laut hätte lachen müssen«, meinte ein Kritiker des *Guardian* im Jahr 2010.

Das Persönliche und Parteiische, das Furchtlose, Freche, Witzige: Das war es, was jungen Journalisten so gefiel an ihr. »Respektlosigkeit« hat ihre Freundin Marge Frantz als Deccas herausragende Eigenschaft beschrieben. »Ihr Einfluss auf meine Generation war enorm«, sagt der Journalist David Weir, Jahrgang 1947. Wie in ihren Briefen bevorzugte Decca auch in ihren Artikeln immer die persönliche Form; als *naughty girl* und als Spürhund auf der Jagd ließ sie die Leser an ihren Freuden und Qualen teilhaben. Das klingt heute, im Zeitalter des Ich-Journalismus, weit gewöhnlicher, als es damals war: Neben Figuren wie Hunter S. Thompson und Tom Wolfe zählte Decca zu den Pionieren des *New Journalism*, Advokaten eines radikal anderen, subjektiven Journalismus. Dabei war ihr Stil nicht so exaltiert und blumig wie der ihrer beiden männlichen Kollegen, ihr Humor sehr viel trockener. Etliche der Wortschöpfungen von Thompson und Wolfe wären bei ihr vermutlich in die Kategorie »Kill your Darlings« gefallen. Das bläute sie später ihren Studenten ein: raus mit den selbstverliebten Formulierungen. Sie wusste, wovon sie sprach. Mit ihrem Faible für Wortspiele, Witze und Kalauer musste sie sich selbst immer wieder bremsen. Oder bremsen lassen.

In den 1960er und 1970er Jahren wurde eine alternative Zeitung nach der anderen gegründet. Die jungen Reporter, die alles anders machen wollten, weg vom Objektivismus als oberstem Gebot, lechzten nach Vorbildern. Und da war Decca – »dieser Leuchtturm!« – genau die Richtige, so David Weir: »Da gab es diese engagierte Kommunistin oder Ex-Kommunistin, ein Schandmaul und eine Trinkerin, die niemals ein Blatt vor den Mund nahm und souverän mit der Sprache umging.« Dieses Einssein mit sich, dass sie so schrieb, wie sie redete: Das, erzählt Weir, habe er in seiner Laufbahn als Journalist ganz selten erlebt. Ein phantastischer Rechercheur könne oft nicht lebendig schreiben, während ein begnadeter Autor nicht unbedingt ein guter Redner, ja, manchmal so schüchtern sei, dass er kaum eine Konversation führen könne. »Bei sehr wenigen ist das alles gleichermaßen ausgeprägt.«

Haben & Sein

An das Ende ihrer journalistischen Anthologie stellte Decca als abschreckendes Beispiel einen langen Artikel, mit dem sie gegen eine ihrer eigenen Grundregeln verstoßen hatte: Schreibe nur über etwas, was dich wirklich interessiert. Wenn Honorar und Spesen hoch genug waren, nahm sie Aufträge an, von denen sie genau wusste, dass sie nichts werden konnten. Reiseartikel zum Beispiel, wo sie selber doch nie in Urlaub fuhr, Sightseeing hasste. Oft genug wurden ihre Artikel dann gar nicht gedruckt, bekam sie lediglich ein Ausfallhonorar. Bei ihrem Verhandlungsgeschick fiel das aber immer noch ziemlich üppig aus. Einmal, in den 1970er Jahren, ließ sie sich sogar von den »Krauts«, wie sie die verhassten Deutschen nannte, bezirzen: Für die Zeitschrift *Geo* reiste sie nach Ägypten, obwohl sie sich für die heiligen Trophäen der Archäologen nicht die Bohne interessierte. Die Reportage wurde, wie sie bekannte, ein Flop. Ein öder, aber hoch dotierter.

»Sie haben eine übermächtige Leidenschaft«, hatte ihr ein Mitreisender auf der langen Bahnreise von Washington nach San Francisco 1943 aus der Hand gelesen: »Geld«. Die Ansage war nicht ganz uneigennützig – in Decca glaubte der Geschäftsmann die ideale Mitarbeiterin für sein Casino in Reno entdeckt zu haben –, aber sie war auch nicht ganz falsch. »Meine Mutter hat Geld *geliebt*«, sagt Dinky.

Geld bedeutete Freiheit und Unabhängigkeit. Das Erste, was Decca ihrer Mutter aus Amerika mitteilte, wenn sie einen neuen Job antrat, war ihr Gehalt. Den Lebensunterhalt mit der eigenen Arbeit zu verdienen war mehr als eine Notwendigkeit – es war eine Form des Protests, ein Akt der Emanzipation von ihrer Klasse. *Man* lebte von geerbtem oder angeheiratetem Vermögen. *Man* redete nicht über Geld und schon gar nicht protzte man damit, man hatte es einfach. Oder auch nicht. Dann redete man erst recht nicht darüber, sondern hörte einfach auf, es auszugeben, und zog sich zurück. So wie Lady Redesdale, die im Laufe der Jahre immer bescheidener lebte, aber ganz glücklich war damit. Materielles Denken galt als »bürgerlich«. Ganz Aristokratin, nahm auch Decca das Geld, wie es kam. War welches da, super, wenn nicht – auch nicht schlimm. Ihr Talent zur Genügsamkeit war so gewaltig wie das zu Großzügigkeit und Genuss.

Im Unterschied zu ihren Schwestern, auf deren Reichtum sie nie neidisch war, legte Decca keinen Wert auf kostbare Dinge. Aus Juwelen machte sie sich nichts, schon aus Faulheit trug sie stets dieselbe Kette. Nicht das Haben interessierte sie, sondern das Sein: Sie hatte es gern bequem. Ein Haus, groß genug, um darin Papierstapel und Bücherberge auszubreiten und Partys zu feiern, auf denen es reichlich zu essen und zu trinken gab. Feine Paté aufs Brot, Wodka und guter Wein auf dem Tisch. Ein Sofa, lang genug, dass Bob und Decca zusammen, jeder an einem Ende, ausgestreckt darauf liegen und lesen konnten. Sie liebte edle Morgenmäntel, die sie am liebsten bis zum Mittagessen trug, zu dem sie oft Freunde ins Restaurant einlud, zog das Taxi der U-Bahn unbedingt vor. Luxus, das bedeutete für sie, eine Haushaltshilfe zu haben, eine Assistentin für den Papierkram, Rechercheure für die Bücher – Menschen, die ihr, wie einst die Nanny, all die lästigen Dinge abnahmen, zu denen sie weder Lust noch Talent hatte.

So englisch und sparsam, ja knausrig sie sein konnte (für Dinkys Hochzeit besorgte Bob Sekt für drei Dollar die Flasche, »man hat uns gesagt, wenn man ihn nur KALT genug kriegt, merkt ihm niemand das Dreidollarhafte an«, schrieb sie Debo), so sehr liebte Decca es, mit beiden Händen in den Geldtopf zu greifen und es über ihre Liebsten auszuschütten. Da kam dann aus heiterem Himmel ein Lachs mit der Post in Helena Kennedys Londoner Haus geflogen – die Treuhafts waren gerade in Schottland unterwegs und mussten an die Freundin denken. Oder Helena entdeckte beim gemeinsamen Einkaufsbummel eine Lampe, die ihr gefiel – schon hatte Decca sie gekauft. Verliebte sich ihre Krankengymnastin in eine Jacke, die sie sich nicht leisten konnte, drückte Decca ihr ein Bündel Geldscheine in die Hand. »Sie machte Leute gern glücklich«, sagt Katie Edwards, die einmal 5000 Dollar von ihrer Chefin bekam, um damit auf große Englandreise zu gehen.

Dass ihre Assistentin am Ende damit Steuern bezahlen musste, wird Decca gar nicht gefallen haben. Wenn sie Geld verschenkte, schärfte sie dem Empfänger ein, dass es reines Spielgeld war. »Nur zum Vergnügen«, ermahnte sie ihren Enkel. Auf gar keinen Fall durfte das Präsent für etwas Nützliches ausgegeben werden, erklärte sie Bettina Apthekers Sohn Joshua nach seinem Highschool-Abschluss. »Verplemper es sofort für irgendwas Absurdes, das Dir einfällt – Eis, Kinokarten, sogar diese furchtbaren Baseballspiele (oder war's Fußball?) – für so was. Oder, noch viel schlimmer: für diese schrecklichen Videodinger.« »Live now« hieß ihre Devise, »lebe jetzt«.

Nancy war geradezu traumatisiert von der Furcht ihrer Kindertage, zu verarmen, selbst als Bestsellerautorin und Mitglied des Jetsets sah sie sich stets mit einem Bein im Armenhaus. Obwohl Decca finanziell viel härtere Zeiten erlebt hatte, waren ihr solch existentiellen Ängste völlig fremd. Bedrohungen erklärte sie kurzerhand zu Abenteuern. Allerdings wusste sie sich auch raffinierter zu helfen, nahm sich, was sie sich nicht leisten konnte, schreckte selbst als Mutter vor dem Klauen nicht zurück. Einmal, mit Freunden und einem Haufen Kinder im Vergnügungspark, als sich alle über die lappigen, überteuerten Sandwiches beklagten, bekannte Decca grinsend: Die Brote schmecken vielleicht nicht, aber sie haben auch nichts gekostet.

»Was immer sie umsonst haben kann, will sie umsonst«, stöhnte ihr Lektor Bob Gottlieb. »Wenn's um Geld geht, haben wir Riesenprobleme mit der Frau. Weil sie immer nur nimmt, nimmt, nimmt.« Wobei ihr der ergaunerte Wohlstand noch besser gefiel als der mit Arbeit verdiente.

Eigentlich, schrieb Michael Davie in seinem Nachruf im *Guardian*, sei Decca mehr Anarchistin als Kommunistin gewesen. »Sie vermittelte den Eindruck, dass Regeln und Konventionen, denen andere gehorchten, für sie nicht galten.« Sie verstand sich als Robin Hood, der von den Reichen nimmt – von Telefongesellschaften zum Beispiel, die sie raffiniert austrickste. Ja, ihre eigenen kleinen Betrügereien betrachtete sie nicht bloß als lustigen Sport, sondern als subversive Sabotageakte gegen (Groß-)Unternehmen. Selbst Honorarverhandlungen verstand sie als politischen Akt: Je mehr sie bekam, desto mehr nahm sie den Konzernen weg.

Wenn es um ihre Bezahlung ging, war Decca erbarmungslos. 250 Dollar zahlte Pat Holt, Literaturredakteurin beim *San Francisco Chronicle*, normalerweise für eine Titelgeschichte in der Literaturbeilage. Decca verlangte 600. »Das war für mich das Paradoxe an ihr: Sie wusste, dass ich mich bemühte, mit einem sehr kleinen Budget eine anständige Sonntags-Literaturbeilage zustande zu bringen, aber bei der Bezahlung blieb sie unerbittlich.« Decca, vermutet Pat Holt, sah sich als Vorkämpferin für höhere Honorare. Nur waren Theorie und Praxis, wie so oft im Kommunismus, zweierlei, denn Decca erreichte bloß das Gegenteil. Die Redakteurin musste das, was sie Decca mehr zahlte, anderen wegnehmen. Unbekanntere Autoren bekamen dann eben weniger.

Geradezu gierig nahm sie jedes lukrative Angebot an. Sie selbst hätte sich nie im Fünfsternehotel eingemietet (auf Reisen wohnte sie am liebsten bei Freunden) oder wäre auf eigene Kosten Businessclass geflogen, aber wenn es ihr jemand zahlte: super! Mit Wonne »schlabberte« sie den Luxus bei ihrem Freund David Pleydell-Bouverie, auf dessen riesiger Ranch sie als Gast ein ganzes Haus für sich bekam. Und kehrte von den Wochenenden in illustrer Gesellschaft mit einem ganzen Vorrat neuer Geschichten für ihre Liebsten zurück.

Mit einem einzigen Artikel verdiente Decca manchmal mehr als ihre Freundin Kay Boyle im ganzen Jahr. Die Schriftstellerin fing daher an, Briefe prominenter Freunde wie Hemingway zu versteigern und ihre Papiere peu à peu an die Universität von Southern Illinois zu verkaufen. Platz schaffen *und* noch bezahlt werden dafür – von der Idee war Decca begeistert: »Mmh – Geld!« Als ihr Haus nach ein paar Jahren journalistischer und schriftstellerischer Tätigkeit schier platzte, verkaufte sie die Unterlagen zu drei ihrer Bücher für 10 000 Dollar an die University of Texas.

Oje: Großmutterpflichten

Im Juni 1967 war sie das erste Mal Großmutter geworden. Dinky hatte einen Sohn bekommen, James Robert Lumumba Forman: James wie sein Vater, Robert wie sein Großvater und Lumumba wie der Freiheitskämpfer, der erste Premierminister der Republik Kongo. Was ihr Talent zur Großmutter anging – da hatte Decca ihre Zweifel. »Oje«, seufzte sie, als sie in Dinkys Wohnung in New York saß und auf die Heimkehr von Mutter und Sohn aus der Klinik wartete. »Ich hoffe wirklich, dass ich es aushalte in dem Job.«

Als Eididei-Tutzitutzi-Oma am Wickeltisch kann man sich Decca nur schwer vorstellen. Wenn sie von kleinen Babys sprach, schien sie sie am ausgestreckten Arm von sich fernzuhalten. »Für meine Großmutterpflichten« hatte sie sich als Erstes »eine Uniform« zugelegt: ein bügelfreies Kleid, das sie nur in die Waschmaschine werfen musste. Stinkende, spuckende, kreischende Wesen waren nichts für sie, quengelige Kleinkinder ertrug sie so wenig wie weinerliche Erwachsene. Wozu hatte man denn eine Oberlippe?! Eben.

Je schneller die Babys anständig lesen, schreiben und sprechen lernten, desto besser, am besten alles in einem Rutsch. Mit Kleinkindern hatte sie nie viel anfangen können, selbst wenn es ihre eigenen waren. Ihre Enkel (zu James kamen 1970 noch Chaka und 1980 Stiefenkel Ben hinzu) behandelte Decca einfach als Erwachsene. »Aber Grandec«, musste James die Großmutter erinnern, als diese sich über seinen kleinen Bruder aufregte, »er ist doch erst fünf!« Als wenn das eine Entschuldigung wäre. Babys von Freunden und Verwandten wurden als Erstes mit originellen Präsenten beglückt: Blue Jeans und Westernhemd (»samt Pistole in der Tasche«) für die Tochter von Herzogin Debo. Beliebtes Geburtsgeschenk waren auch politisch unkorrekte Kinderbücher, unerreichter Liebling: der *Struwwelpeter*. Von dem hatte sie selbst als Kind schon nicht genug kriegen können.

Diplomatisch, aber eindeutig lud sie Babys bei Einladungen aus oder schaffte sie eigenhändig aus dem Weg, indem sie, ohne die jeweilige Mutter vorher zu fragen, ehrenamtliche Babysitter für die Dauer des Besuchs organisierte, um sich die »Atmosphäre ungetrübten Erwachsenseins«, wie sie es einmal nannte, zu bewahren. Kam die »Dinky-Meute« nach Oakland zu Besuch (wovon sie Dinky in den frühen Jahren allerdings dringend abriet), wurden sie, solange die Jungs klein waren, im Hotel einquartiert. Decca hatte Angst, dass die Knirpse ihre Papierstapel, die sie so sorgfältig auf dem großen Esszimmertisch aufgetürmt hatte, durcheinanderbrachten.

Für das Tamtam, das junge Mütter um ihren Nachwuchs machten, die fast wissenschaftliche Ernsthaftigkeit, mit der sie sich der Erziehung widmeten, hatte sie kein Verständnis. Für Decca war die eigene Methode des Laisser-faire die einzig richtige. Schmusen, Küssen und Umarmen waren auch als Großmutter nicht ihre Ausdrucksformen. Sie kommunizierte mit den Kleinen verbal. Oder non-verbal: mit Grimassen.

Wirklich interessant und wohlgelitten wurden die Enkel für Decca erst, wenn sie das erreicht hatten, was ihre Großmutter »das Zeitalter der Vernunft« nannte. Deccas Erfahrung nach überschritten die meisten menschlichen Wesen diese Schwelle mit acht. Und dann – dann hatten sie Spaß miteinander. Mit Wonne spielte Grandec selber das ungezogene Kind, ja, war oft ungezogener, als die Kurzen sich zu sein trauten. Dass James ausdrücklich unterschied zwischen »großmütterlich« und »grandeccish«, gefiel ihr sehr. Wobei den Kleinen ihre Ausgelassenheit schon mal zu viel wurde.

Wenn einer die kindliche Originalität und Freiheit, die Hemmungslosigkeit und Frechheit zu schätzen wusste, dann sie. Die Kleinen, so ihre Freundin Polly Toynbee, begriffen sofort, dass Decca auf ihrer Seite war. »Sie stand immer auf der Seite der Schwachen.« Und Decca wusste genau, was Kinder mochten: im Zweifelsfalle das, was Eltern und andere Erwachsene ihnen verboten. Einem elfjährigen Besucher aus London drückte sie 50 Dollar in die Hand, besorgte ihm zwei Spielkameraden und schickte alle zusammen los, auf dass sie sich in San Francisco vergnügten. Anderen arrangierte sie persönlich das Unterhaltungsprogramm, ebenso sehr sich selbst wie ihnen zuliebe.

Staunend bewunderte Decca die Kleinen dafür, dass sie Dinge beherrschten, die sie selber im Leben nicht mehr lernen würde. Kopfrechnen zum Beispiel oder Kassettenrekorder bedienen. Kinder schätzten das: dass sie nie von oben herab, sondern auf Augenhöhe mit ihnen redete und lachte. Auf Deccas Augenhöhe. Sie ging nicht in die Knie für sie, sondern unterhielt sich mit ihnen über Politik, die neuesten Nachrichten oder Karl Marx. »Sie hat einen ernst genommen«, sagt ihr Enkel James Forman. »Und sie hat einen herausgefordert: mit bohrenden Fragen.« Fördern durch fordern hieß ihre Erziehungsdevise.

Heimspiel: London 1974

Die »Dinky-Meute« kam sie auch in ihrem Sabbatical in England besuchen, das sie mit dem Verkauf der Manuskripte in Texas finanzierte. Im März 1974 zogen Decca und Bob nach London, in das Haus von Polly Toynbee, der Tochter ihres Freundes Philip. Polly lebte gerade in Washington. Decca kannte sie, seit sie ein kleines rotzfreches Mädchen gewesen war, hatte sie aber immer nur sporadisch gesehen. Eines Tages, mal wieder auf Englandbesuch, rief Decca den Teenager einfach an und lud

Polly ins Theater ein. Fasziniert voneinander, wurden die beiden beste Freundinnen. Eine »erwachsene Freundin« zu haben, neunundzwanzig Jahre älter als sie selbst – »das war so erstaunlich, außergewöhnlich!«, erzählt die Journalistin, die damals schon *Hons and Rebels* und das Buch ihres Vaters über Esmond gelesen hatte. Sie habe »diese wahnsinnig romantische Vorstellung von ihr« gehabt. Die Wirklichkeit entpuppte sich als noch viel lustiger. »Sie war wun-der-bar zu allen jungen Leuten, Teenagern – Kindern ab einem bestimmten Alter.«

Polly entwickelte sich ganz in Deccas Sinne. Kaum mit der Schule fertig, ging sie für Amnesty International nach Rhodesien (dem heutigen Zimbabwe), wurde aus dem Land geworfen, veröffentlichte mit neunzehn ihren ersten Roman, entwickelte sich zu einer bekannten linksliberalen Kolumnistin. Inzwischen über sechzig und Großmutter, hängt noch immer ein Foto von Decca an Polly Toynbees Wand.

»Freundschaft konnte sie richtig gut. Und sie hat wirklich was dafür getan, hat Kontakt gehalten, war interessiert.« Decca, so Polly Toynbee, erinnerte sich an alles, was man ihr berichtet hatte, was die Kinder beim letzten Mal gemacht hatten, was jemand gesagt hatte. Es war echte Anteilnahme. So gerne Decca erzählte, so gerne hörte sie auch zu – solange der Gesprächspartner sie nicht langweilte und es nicht allzu intim wurde.

Über Politik stritt sich Decca häufig mit Polly Toynbee. Die Journalistin verstand sich als Sozialdemokratin und unterstützte die Labour Party, die Decca »hoffnungslos, erbärmlich, verachtenswert, beschämend« fand – sie war ihr nicht links genug. Was Politik betrifft, so Polly, war die sonst so lustige Decca eine eiserne Lady, im Zweifelsfall hatte die Sowjetunion noch immer recht. Aber der Starrsinn schmälerte ihre Freundschaft nicht. Die meisten von Deccas Kampagnen, gerade ihr Kampf gegen die Zustände in den Gefängnissen, hielt Polly Toynbee für richtig und wichtig.

Arbeit und Schreibmaschine hatte Decca im Sabbatical-Reisegepäck. An ihren Erinnerungen an die Zeit in der Kommunistischen Partei dokterte sie nun schon seit 1960 herum, aber außer dem Titel, *Fine Old Conflict* – eine missverstandene Zeile »'Tis the final conflict« (»Auf zum letzten Gefecht«) aus der »Internationale« –, war kaum etwas wirklich fertig. Ihre Hoffnung, das Buch in London abzuschließen, ging nicht in Erfüllung. Ihr war nicht mal richtig klar, was das Ganze überhaupt werden sollte. Den Plan, etwas Leichtes in der Art von *Lifeitselfmanship* zu schreiben, hatte sie verworfen. An der Frage, wie viel Privates sie in die Geschichte einbauen sollte, knobelte sie noch. »Mehr!«, forderte ihr Writing Committee.

In der Zwischenzeit lenkte sie sich nur zu gern ab, lud zu Partys aller Art ein, Cocktail Partys, Dinner Partys, große Partys. Inzwischen hatten sie in London eine immer größer werdende Schar von Freunden, darunter viele Schriftsteller und Journalisten, linksliberale Boheme. Ansonsten nutzten die Treuhafts die Zeit zum Scrabblespielen: achthundert Stunden will Decca am Ende des Sabbaticals zusammengezählt haben. Macht fast drei Stunden am Tag.

Im September stieß Dinky mit ihren kleinen Söhnen zu ihnen. Nicht zum Vergnügen. Sie war vor der dramatischen Situation daheim geflohen, »zurück in Mamas und Papas Schoß«, wie sie heute mit leiser Ironie erzählt. Deccas patente Tochter konnte nicht mehr.

Zwei Jahre zuvor war sie ihrem Partner Jim Forman nach Detroit gefolgt. Die Familie brauchte dringend Geld – das politische Engagement nahm eine Menge Zeit in Anspruch, aber brachte so gut wie nichts ein. Da sie außer einem abgebrochenen Studium nichts vorzuweisen hatte, beschloss Dinky, Krankenschwester zu werden. In ihrem Lehrgang hatte sie als Einzige noch nie in einem Krankenhaus gearbeitet, aber umso größer war die Freude – ja, so wie Dinky erzählt, erscheint es ihr heute noch fast wie ein Wunder –, durch Zufall auf etwas gestoßen zu sein, das ihr so lag.

Decca unterstützte und ermutigte ihre Tochter bei dem Entschluss – »sie tat, als fände sie es gut«, wie Dinky sagt. Auch wenn Decca mit dem Beruf der Krankenschwester wenig anzufangen wusste, sie sich eher intellektuelle Kinder gewünscht hätte, am Ende überwog doch der Stolz, dass ihre Tochter, genau wie ihr Sohn, etwas konnte, wovon sie selber keine Ahnung hatte. Sie wusste nicht mal, woher Dinky das Talent hatte, von ihr bestimmt nicht. Debo dagegen war von der Berufswahl ihrer Nichte nicht überrascht. Hatte sich diese nicht schon als junges Mädchen für ihre kleinen Brüder gesorgt, »viel besser, als Decca sich um sie gekümmert hatte«?

Seit Dinky und Jim Forman zusammen waren, drängte Decca darauf, dass die beiden heirateten. An die wilde Ehe gewöhnte sie sich nie, da war sie altmodisch, hatte Sorge, dass ihre Tochter sich ausnutzen ließ. Decca stichelte und stichelte – bis Dinky schließlich explodierte. Das hätte sie viel früher tun sollen, meint sie heute. Es war der einzige große Streit zwischen Mutter und Tochter, seit Dinky das Studium abgebrochen hatte, und es war auch der letzte. Danach hielt Decca in puncto Ehe den Mund.

Doch jetzt stand Dinkys Beziehung vor dem Aus. Gekriselt hatte es schon eine Weile, aber inzwischen litt Jim Forman, der als Student schon mal in der Psychiatrie gewesen war, unter einer richtigen Psychose mit Verfolgungswahn. »Er war komplett durchgeknallt«, so Benjys Diagnose. In ihrer Verzweiflung hatte Dinky ihren kleinen Bruder zu Hilfe gerufen. Diese Zeit, glaubt Benjy, hat die beiden einander so nahe gebracht, wie sie es heute noch sind.

Ihrem revolutionären Quasi-Schwiegersohn trauerte Decca offenbar nicht hinterher. Dinky hatte immer gedacht, dass ihre Mutter den intellektuellen Aktivisten mochte, erst im Nachhinein fand sie heraus, dass Decca Forman wohl doch nicht so sympathisch fand. »Zu groß und zu schwarz« sei er ihr gewesen, meint Benjy und lacht. Vielleicht auch zu militant. Als Decca 1966 einen frühen Entwurf seiner Autobiographie las, kamen ihr seine Schilderungen des Rassismus zu abgedroschen vor. Außerdem benutzte er das Wort »Scheiße« für ihren Geschmack entschieden zu oft. Im fertigen Buch The Making of Black Revolutionaries, das 1972 erschien und den Söhnen Chaka und James gewidmet ist, kommt Dinky nur mit einem einzigen Satz vor: als »aktive Revolutionärin, die Mutter meiner zwei Söhne«. Dass sie weiß ist, erwähnt Forman nicht.

Dinky hielt auch nach der Trennung Kontakt mit ihrem früheren Lebensgefährten, unterstützte ihn finanziell. Jim Forman studierte, nachdem er wieder genesen war, African-American Studies an der Cornell University, unterrichtete Anthropologie an der American University, kämpfte weiter für die Rechte von Schwarzen und arbeitete mit Bill Clinton zusammen. 2006 starb er an Krebs.

Jetzt schleppte Decca »Dinkys Meute« mit nach »Toynbeeland«, der Ausflug gehörte zu den Ritualen jeder Englandreise. Philip Toynbee hatte sich schon vor langer Zeit aufs Land zurückgezogen, wo er in Sicherheit war vor den größten Versuchungen der Großstadt: Frauen und Bars. Inzwischen hatte er sein gemütlich-chaotisches Cottage in eine Kommune verwandelt, was Decca gar nicht passte. Für das alternative Lebensmodell ihres Freundes hatte sie kein Verständnis, der Kommunistin war die Kommune entschieden zu ungemütlich – keine Heizung, nicht mal eine Waschmaschine, dafür ungezogene Kinder und freudlose Erwachsene. So gern sie den witzigen Freund auch weiterhin traf, der Besuch mit Dinky und den Jungs war der letzte, bei dem die Treuhafts bei Philip und seiner amerikanischen Frau übernachteten.

In den Häusern der weiblichen Toynbees in London fühlte Decca sich deutlich wohler, bei Polly oder Philips Exfrau Anne Wollheim. Herzlich, schlagfertig und intelligent, mit ähnlichem Upperclass-Hintergrund, schloss sie Anne, als sie sie in den 1960er Jahren kennenlernte, sofort ins Herz. In Annes gastfreundlichem Haus lernte sie Gelehrte wie Isaiah Berlin und eine Reihe von Labour-Abgeordneten kennen.

»The Year of the Hen« (»Das Jahr der Henne«) hatte Debo das Treu-haft'sche Sabbatical voller Vorfreude genannt. Endlich würden sie sich in Ruhe sehen können, ohne die übliche Hektik: »Du gehst doch meistens, statt dass du kommst und bleibst.« Ganz so glücklich und unbeschwert verlief die Zeit dann doch nicht. Zu nah war Nancys Tod, zu groß Deccas Sorge um Dinky. Zumindest im Nachhinein hatte sie das Gefühl, dass die Treffen mit Debo eher angespannt waren. Die Biographie über Unity, an der David Pryce-Jones arbeitete, hing schon wie eine dunkle Wolke über ihnen.

Sister Maya

1975 bekam die rote Decca ein Stipendium der Rockefeller Foundation, um am Comer See weiter an ihren Erinnerungen über die Zeit in der Kommunistischen Partei zu arbeiten. Den Freunden daheim schwärm-te sie zwar vom Leben in der malerisch gelegenen Villa in Bellagio vor (»Es ist wie Chatsworth ohne die Devonshires, was ein Segen ist«), aber im Grunde ödete sie das Ganze an. Die meisten Gäste, überwiegend Aka-demiker, fand sie anstrengend, die Direktorengattin erinnerte sie an die Gouvernanten ihrer Kindheit. Decca war heilfroh, dass nicht nur Bob mitgekommen war, sondern auch ihre beste Freundin, Maya Angelou. Die schwarze Schriftstellerin und ihr Mann sorgten für die ersehnte Unruhe.

Kennengelernt hatten sie sich Ende der 1960er Jahre in London, bei der gemeinsamen Freundin Sonia Orwell, einer Frau ganz nach Deccas Geschmack: Tough, witzig und warmherzig, sagte die Witwe des großen George immer, was sie dachte, und nahm sich, wen sie mochte, zum Beispiel Künstler wie Lucian Freud. Maya hatte gerade ihr erstes Buch vollendet, als sie einander in Orwells Haus trafen. Decca schnappte sich das Manuskript, las es in einem Rutsch und war begeistert. *I Know Why the Caged Bird Sings* (*Ich weiß, warum der gefangene Vogel singt*) hieß das Werk, das Maya Angelou 1969 endgültig berühmt machte. In dieser ihrer ersten Autobiographie, der im Laufe der nächsten Jahrzehnte noch sechs weitere folgten, erzählte sie von einer Kindheit, die das krasse Gegenteil von Deccas gewesen war.

Nach der Trennung ihrer Eltern hatte man die dreijährige Maya mit ihrem Bruder in Kalifornien in den Zug gesetzt und nach Arkansas expediert, zur liebevoll-frommen und stolzen Großmutter. Arm, aber glücklich, so schildert Maya Angelou diese Kinderjahre in einer Welt, die nur selten ein Weißer betrat. Bis die Geschwister wieder zur Mutter nach St. Louis kamen und deren Liebhaber das Mädchen vergewaltigte. Da war Maya acht. Es kam zum Prozess, und noch in der Nacht nach der Urteilsverkündung (ein Jahr und ein Tag Gefängnis) wurde der Täter auf einem Parkplatz, vermutlich von Mayas Verwandten, ermordet. Da hörte sie auf zu sprechen. Dass sie das mit ihrer Aussage bewirkt hatte, dass ihre Worte tödlich sein konnten, hat sie so verstört, dass sie außer mit ihrem Bruder, mit dem sie inzwischen wieder bei der Großmutter lebte, mit niemandem mehr redete. Fünf Jahre lang. Nur gelesen hat sie, unentwegt. Eine Frau, die sich ihrer annahm und wusste, dass Maya Lyrik liebte und auswendig lernte – Kipling, Poe, Langston Hughes und vor allem Shakespeare –, brachte sie dazu, wieder den Mund zu öffnen: »Gedichte sind Musik, geschrieben für die menschliche Stimme«, erklärte ihr die Frau. »Du wirst sie erst lieben, wenn du sie laut gelesen hast.«

Benjy gesteht, dass er sich immer ein wenig gefürchtet hat vor Maya Angelou, auch wenn er sie mochte. Dauernd habe er das Gefühl gehabt, »man könnte was Falsches sagen«. Die Freundinnen hatten einiges gemeinsam, wie er glaubt. »Beide hatten eine chilischarfe Zunge. Sie ließen sich von niemandem irgendwas gefallen. Und konnten ziemlich militant sein.«

Daran hat sich auch im Alter nichts geändert. Maya Angelou spricht nicht, sie gebietet. Noch immer, trotz des Schlauchs in der Nase, der ihr während des Interviews für dieses Buch Sauerstoff zuführt, trotz der zerbrechlich wirkenden Gestalt, hat sie etwas Strenges, Herrschaftliches. Wie die beiden Freundinnen wurden? Fast beleidigt reagiert Maya Angelou, wie man so was überhaupt fragen kann. Sie waren doch Schwestern! Das hätten sie sofort erkannt. Schwestern im Geiste und im Herzen. Sister, das war die gängige Anrede für schwarze Frauen, in der Kirche wie im politischen Kampf. Für Maya Angelou war es ein Ehrentitel. Eine Handvoll ihrer engsten Freundinnen nannte sie so, Decca war die einzige Weiße darunter. Sie könne es selber nicht erklären, bekennt die Vierundachtzigjährige. »Nur: Ich erkannte sie auf Anhieb. Und sie erkannte mich.«

Sie bewunderten aneinander die Zähigkeit, die Sturheit und den Mut, mit der sie sich von ihrer Herkunft befreit hatten – dass sie sich nicht unterkriegen ließen. »Eine große Überlebenskünstlerin« hat Decca Maya gern genannt. »Meine ganze Arbeit, mein Leben, alles dreht sich ums Überleben«, erklärte Maya einmal in einem Interview. »Alles, was ich getan habe, soll vermitteln: ›Du kannst viele Niederlagen erleben, aber du darfst dich nie besiegen lassen.‹«

Als sie einander in London trafen, hatte Maya, elf Jahre jünger als Decca, schon ein illustres Leben hinter sich. Mit sechzehn wurde sie alleinerziehende Mutter eines, wie Decca fand, verzogenen Sohnes, lebte später in Kairo, als Chefredakteurin des *Arab Observers*, dann in Ghana, war Puffmutter, Köchin und Straßenbahnschaffnerin, Calypso-Sängerin und Schauspielerin – mit Jean Genets *The Blacks* gelang ihr der Durchbruch. Als Tänzerin trat sie im Harlemer Apollo auf und in »Porgy und Bess«, schrieb fürs Fernsehen und fürs Theater, führte Regie und war in der Bürgerrechtsbewegung aktiv – erst für Martin Luther King, dann für Malcolm X. Der Schriftsteller James Baldwin ermunterte sie zu schreiben.

Genau wie Decca war die im Mai 2014 verstorbene Maya Performerin durch und durch. Nur mit dem Unterschied, dass sie gern glitzernde

Abendgarderobe trug. Die mündliche Qualität der Poesie hatte Maya Angelou sich auch in der Prosa bewahrt, bis zum Schluss schrieb sie mehr fürs Ohr als fürs Auge. An ihr war die Stimme das Erste, was einem auffiel. Mächtig und sehr tief, füllte sie jeden Raum, selbst wenn sie leise sprach, was die Schauspielerin gern tat. Maya war für viele, vor allem für Schwarze, eine Ikone. An der Spitze ihrer riesigen Fangemeinde, zu der auch Michelle Obama gehört, steht Fernsehstar Oprah Winfrey. »Was einem als Erstes auffällt an Frau Mitford, ist ihre Stimme«, schreibt die Journalistin Susan Berman in ihrem Doppelinterview mit den beiden Freundinnen, »die Worte waren weich, der Akzent Englisch und die Sätze endeten in einem singenden Tonfall.« Näselnd klang Deccas Stimme, nachlässig, im Alter fast lallend, auch wenn sie nicht betrunken war.

Das Singen war von Anfang an Teil ihrer Freundschaft. Maya sang Decca Blues-Songs vor, die sie schon in Nachtclubs vorgetragen hatte, Decca brachte der Freundin schmutzige englische Lieder bei, gern sangen sie im Duett. Getrunken und geraucht haben sie beide gern. In heißen Schreibphasen schloss Maya sich zum Arbeiten tagsüber mit einem Satz Spielkarten und einer Flasche Sherry in ein nacktes Hotelzimmer ein.

Maya Angelou: Den Namen hat Deccas Enkel Ben Weber seiner Tochter gegeben. Es war die ungewöhnlichste von Deccas unzähligen Freundschaften. Was hat sie gereizt an der Primadonna, die eher spirituell und religiös als links war und noch dazu ziemlich pathetisch? Viele von Deccas Gefährten scheinen bis heute keine wirkliche Antwort darauf zu haben. Bob Gottlieb findet Maya Angelou (samt ihrer Bücher) so grässlich, dass er sich nicht mal an ihren Namen erinnern mag. Deccas Mitarbeiter ergriffen am liebsten die Flucht, wenn »Ihre Hoheit« kam, wie Rita Wiggins, die langjährige schwarze Haushälterin der Treuhafts, sie nannte. Auch Decca konnte ein Snob sein, aber Maya war mehr als das, sie trat als Diva mit Staraliüren und Limousine auf, behandelte die Mitarbeiter wie Dienstboten, bestand auf ihrem (Ehren-)Doktortitel.

Fast jeder Gesprächspartner in Kalifornien hat eine Maya-Schreckensgeschichte zu erzählen. Die meisten enden mit einem dramatischen Abgang der früheren Schauspielerin. Selbst aus Deccas Trauerfeier stürmte sie hinaus – weil sie sich über Virginias Tochter Tilla Durr ärgerte, sagen die einen, oder weil ein Bestatter eine Rede hielt, sagen die anderen, oder weil ihr das Ganze zu heiter erschien: »Dies ist nicht der Ort für Scherze«, wies sie Dugald Stermer zurecht, einen der Hauptorganisatoren der Feier. Oder weil sie nicht die Hauptperson war.

Der Ton, den Decca in ihren Briefen an Maya anschlug, war anders – ernsthafter als sonst, manchmal fast unterwürfig. »Liebes Fräulein Absolut Erstaunlich«, begann sie den Brief, in dem sie Mayas neuestes Buch in den höchsten Tönen lobt. Ein andermal rechtfertigte sie sich geradezu für ihre Freundschaft mit Barbara Kahn, die Maya nicht leiden konnte. »Jessica lebte in Furcht und Schrecken vor Maya«, meint Deccas Freund, der Fernsehmoderator Jon Snow.

Vielleicht ist deshalb auch nichts aus ihrer Idee geworden, mit Maya über das Verhältnis von Weißen und Schwarzen zu korrespondieren, um aus den Briefen womöglich einen Artikel oder ein Buch zu machen. Der Clash der Kulturen hat Decca interessiert, beim Dresscode zum Beispiel – dass die Schwarzen sich sogar für Demonstrationen sonntagsfein machten, während die weißen Protestler sich lässig bis schlampig kleideten –, die unterschiedlichen Perspektiven auf die Welt. Aber sie war zu befangen für eine echte Diskussion. Sie, die eigentlich nichts schrecken konnte, hatte einen absoluten Horror davor, Schwarzen auf die Füße zu treten.

»Sie zehrten voneinander«, erklärt Liesel Evans die ungewöhnliche Beziehung. Die beiden Wahlschwestern schmückten sich – auch – miteinander. Decca war es wichtig, eine schwarze Freundin zu haben, noch dazu eine bekannte Schriftstellerin, glaubt Bob Gottlieb, der sie gern mit Maya aufzog. Umgekehrt sah es nicht anders aus. Mit einer britischen Aristokratin befreundet zu sein, noch dazu mit einer Mitford-Schwester, fand die anglophile Maya offenbar schick. Sie genoss das Gefühl, zu den besseren Kreisen zu gehören.

Und doch war es eine von Deccas innigsten Freundschaften. Maya gehörte zu den ganz wenigen, denen sie in 1980er Jahren ihren Kummer über Bobs Affäre anvertraute, und selbst jene, die Maya nicht leiden konnten, sind davon überzeugt, dass sie einander wirklich geliebt haben. Die beiden hatten viel Spaß zusammen. Jeder Besuch Mayas in Oakland war ein Fest, dann wurde in kleiner und in großer Runde gefeiert, malten die Treuhafts das Menü für den Ehrengast schon mal in Sonntagsschrift auf Deccas Briefpapier:

Maya Angelou
Großes Willkommensessen, am 30. Januar 1982
Pâté Maison à la Bob
Gefülltes Brathähnchen von Decca
Bratensauce
Rotkohl à la Bob
Grüner Salat à la Bob/Dec
Champagner Lanson
Éclairs & Sahne
Myadec-Vitamintabletten (eine pro Kopf)
Kaffee

»Dieses Haus ist dein Haus« hatte Decca versichert, als ihre Freundin von Oakland nach Winston Salem, North Carolina, zog. Wenn Maya zu Besuch nach Kalifornien kam, spielten sie Scrabble und Boggle wie die Teufel (Maya war die Einzige, die bei den Wortspielen mit den Treuhafts mithalten konnte), schrieben sogar um die Wette: Maya oben im Haus, Decca unten. Bis Maya triumphierend mit ihrem Stapel die Treppe runterkam. Die Manuskripte wurden auf die Waage gelegt: Mayas hatte mehr Gewicht.

Fast jedes Weihnachtsfest feierten sie in Winston Salem – außer, wenn die Gastgeberin und deren Entourage Decca zu viel wurden. Dann flohen die Treuhafts zu Cedric Belfrage nach Mexiko. Sosehr Decca ihre Freundin liebte, so faszinierend sie sie fand – Maya konnte ziemlich fordernd sein, als Gastgeberin wie als Gast. »Es ist komisch mit Maya«, schrieb Decca ihrem Mann, »sie ist so wunderbar (offensichtlich) und dabei aber so unglaublich ANSTRENGEND.« Am entspanntesten waren daher die Londoner Begegnungen, wo sich jede in einer separaten Wohnung einquartieren konnte. In England hatten die beiden viele gemeinsame Freunde, die ihnen zu Füßen lagen, vor allem wenn sie, die Schwarze und die Aristokratin, ihr Lieblings-Cockney-Duett anstimmten: »Right Said Fred«.

Mit Deccas Blutsschwestern dagegen war es gerade nicht so lustig. In gewisser Weise wurden die 1970er Jahre auch für Decca zur »Me Decade«, in der sie mehr denn je in ihrem bisherigen Leben privatisierte. Der heftigste Kampf, den sie jetzt ausfocht, war der mit ihrer Familie. Wobei es natürlich auch da um Politik ging.

Mitford-Mania

Zwei Jahre nach Nancys Tod kam eine große Mitford-Welle ins Rollen. Den Anfang machte Harold Acton, der alte Freund der Schwestern, mit seinen Erinnerungen an Nancy. Das Buch widmete er Diana, Debo und Pam: »in Liebe und Dankbarkeit«. Mit Decca hatte er nicht mal geredet, sie nur gefragt, ob er aus *Hons and Rebels* zitieren dürfe, natürlich hat sie ja gesagt. Hinterher hatte sie das Gefühl, er habe ihre Zitate nur benutzt, um sie zu widerlegen. Ein Eindruck, der vielleicht mehr mit ihrer Empfindlichkeit zu tun hatte, denn in seinem Buch bezeichnet er ihre Autobiographie immerhin als »Pflichtlektüre für alle Mitford-Fans«. Eher waren es die Schwestern, die sie ausschlossen. Als Decca ihre Briefe von Nancy anbot, winkte Debo nur ab: Acton habe schon mehr als genug.

Zu zahm und oberflächlich erschien Decca das Werk (das sie später in milderem Licht sah), zu lieb und nett kam ihre große Schwester rüber, sie vermisste Nancys böse Seite. Vielleicht, so ihre Vermutung, unterschlug Acton sie Debo und Diana zuliebe.

Jetzt ging es Schlag auf Schlag: 1976 kam David Pryce-Jones' Biographie über Unity heraus, im Jahr darauf Dianas und Deccas Autobiographien, die BBC strahlte ein großes Fernsehporträt über Decca aus. 1980 folgte ein Film über Nancy, mit ihren Schwestern als Hauptfiguren, dann die TV-Version von Nancys Roman *Love in a Cold Climate*, noch ein Jahr später ein Musical über die Mitford Sisters, 1984 schließlich die Familienbiographie *The House of Mitford*, von Dianas ältestem Sohn Jonathan Guinness und seiner Tochter Catherine, dazu Debos Bildbände über Chatsworth.

Als die Mitford-Welle mit Deccas und Dianas Erinnerungen ihren Höhepunkt erreichte, brachte das Satire-Magazin *Private Eye* ein Stück, das Decca sehr komisch fand. »Endlich – die Unbekannte Mitford-Schwester erzählt, wie es wirklich war: Ich, Doreen!«, lautete die Überschrift. Die *Sunday Times* habe die Exklusivrechte an der Autobiographie der unbekannten Schwester erworben. »Dies sind einige der außergewöhnlichen Figuren, denen Sie in Doreen Mitfords erstaunlichen Memoiren begegnen werden: Lord Readersdigest (bekannt als ›Parg‹), Lady Readersdigest (bekannt als ›Narg‹), Hitler (bekannt als ›Ducks‹).« Ansonsten gab es nicht viel zu lachen, jedes Mitford-Stück wurde zum familiären Testfall, am

Buch über Unity wäre die Beziehung zwischen Decca und Debo fast zerbrochen. Die Empfindlichkeiten waren gewaltig.

Schon häufiger hatten sich Autoren an Decca gewandt, mit der Absicht, über »Hitlers englische Freundin« zu schreiben. Bisher hatte sie alle abgewiesen. David Pryce-Jones dagegen fand ihre Unterstützung. Ihn hielt sie für einen guten Autor, mit einem Zeitungsporträt über Nancy hatte er sich in ihren Augen bewährt. Und er war »one of us«. Sein Vater hatte zu den Bright Young People gehört, Decca wiederum war als junges Mädchen im französischen Schloss seiner Großmutter zu Gast gewesen. Die drei anderen Schwestern waren gegen das Projekt. Sie hatten Angst, dass Unity am Ende doch nur als Nazi-Anhängerin rüberkäme. Auch Dianas braune Zeit würde dann wieder wachgerufen.

Selbst wenn Decca ihre eigene Rolle herunterspielte: Bei ihr in Kalifornien war Pryce-Jones überhaupt erst auf die Idee gekommen, das Buch zu schreiben. 1968 machten die Familien einen Wohnungstausch, der Brite hatte einen Lehrauftrag in Berkeley, während die Treuhafts mal wieder den Sommer in London verbrachten. Als er im Regent Palace in den Regalen stöberte, war er auf Unitys Exemplar von Lion Feuchtwangers *Jud Süß* gestoßen, das heute noch dort steht; die Fünfzehnjährige hatte ihren Namen und das Datum, »Juni 1930«, hineingeschrieben. Der Roman war damals in England ein Riesenerfolg. Pryce-Jones, der *Jud Süß* entsetzlich fand, betrachtete Feuchtwanger, den später nach Kalifornien geflohenen linken Juden, als Handlanger der Nazis und Verführer Unitys.

Decca ermutigte Pryce-Jones, der kein Linker war, das Buch zu schreiben, sie gab ihm Unitys Briefe zu lesen, und wenn sie in London war, trafen sie sich. Dabei vertraute sie ihm auch Nancys Theorie an (»aber um Gottes willen niemandem weitersagen!«), dass Diana extrem eifersüchtig gewesen sei auf Unity: weil diese des »Führers« Liebling gewesen war.

Decca hat mit dem Feuer gespielt – und sich schwer verbrannt.

Die drei Schwestern versuchten die Veröffentlichung zu stoppen. Doch das Buch kam, lediglich um ein paar möglicherweise justitiable Passagen gekürzt, wie geplant im Verlag Weidenfeld & Nicholson heraus. Also versuchte die Familie es zu diskreditieren. Der Literaturbeilage der *Times* schickten sie einen bösen Brief, die Biographie werde der toten Schwester und der Familie in keiner Weise gerecht, etliche Leute hätten sich unter falschen Vorzeichen zum Gespräch gedrängt und dann auch noch unkorrekt zitiert gefühlt. Das steigerte die Neugier allerdings nur.

»Sehr gemein« fand Diana das Werk des »Erzwurms«. Aber da die meisten Aussagen von Leuten stammten, die sie kannten, wäre jede Kritik am Autor auch eine an den eigenen Kreisen gewesen. »Pornographisch« nannte Pam das Werk des »Wurms«. Was sie wohl im übertragenen Sinne meinte, denn die einzige explizite Sexszene hatten die Mitfords erfolgreich verhindert.

Ein Sturm in der Teetasse der Londoner Literaturszene, so die *New York Times*, der allerdings für Pryce-Jones zum Taifun geworden sei: »und die apokalyptischen Reiter, die auf dem Wirbelwind dahinsausten, waren die drei letzten Mitford-Schwestern«. *An Enquiry into Her & the Frivolity of Evil* (»Eine Untersuchung über sie & die Frivolität des Bösen«) hatte Pryce-Jones die gebundene Ausgabe von *Unity Mitford* im Untertitel genannt. Für die Taschenbuchausgabe formulierte er es lieber neutraler: *A Quest* (»Eine Suche«).

Decca schäumte. Aber so wütend sie war, dass »meine niederträchtigen antisemitischen Schwestern versucht haben, das Buch zu verhindern«, aus der Öffentlichkeit hielt sie sich zurück. Sie verbot dem Verlag, mit ihrer Kooperation zu werben, Pryce-Jones durfte ihr das Buch auch nicht widmen. Sie wollte kein Öl ins Feuer gießen, äußerte sich nur privat dazu.

Vielleicht war es nicht nur Rücksichtnahme gegenüber der Familie, die sie zurückhielt. Zu lesen, was die geliebte Unity alles gesagt und getrieben hatte, muss schmerzhaft gewesen sein. Aus dem Buch erfuhr man mehr über sie, als irgendjemand in der Familie wusste. Und vielleicht wissen wollte. Mit Heerscharen von Freunden, Verwandten und Zeitgenossen hatte Pryce-Jones gesprochen, zweihundert Leute in Deutschland und England interviewt, mit weiteren hundert korrespondiert. Damals waren von Unitys Münchener Freundinnen und den Nazis noch viele am Leben, auch mit Albert Speer hat der Autor gesprochen. Als »Tour de force der Recherche« beschrieb Decca das Buch. So liest es sich allerdings auch: anstrengend. Mehr Zettelkasten als Biographie, muss der Leser sich selbst zusammenklauben, welche Aussagen er für glaubwürdig und wichtig hält. Zu viele Gerüchte, zu wenig Fakten, kritisierte der Rezensent der *Times*.

Enttäuscht war Decca vor allem, was den menschlichen Faktor angeht. Sie fand, wie sie Debo gegenüber gestand, dass Pryce-Jones Unitys Persönlichkeit nicht gerecht wurde. Deswegen hatte sie ihn gebeten, zumindest im Epilog eine Passage aus *Hons and Rebels* über die so schwer zu begreifende Schwester zu zitieren, so unzureichend ihr die eigenen Worte auch erschienen: »Die innere Boud ist eigentlich unmöglich zu beschreiben.«

Für Pryce-Jones war Unity ein Kuriosum, eine »Einmannkapelle«. Dem Kritiker der *Times* erschien sie einfach als oberflächlich, verwöhnt, besessen, ja, ein bisschen dumm. Decca dagegen »erzählte immer mit großer Zärtlichkeit von ihr«, erinnert sich Benjy, als »von einer ungemein großzügigen, wunderbaren Person«.

Wenn sie in Fernsehinterviews von der Schwester sprach, leuchteten ihre Augen auf, strahlte sie übers ganze Gesicht, schwärmte von Unitys Witz, ihrer künstlerisch-literarischen Begabung. Den Rest blendete sie nach Möglichkeit aus. So erwähnte sie in ihrer Autobiographie auch nicht, dass sie Unity in Nazi-Deutschland besucht und deren SS-Freund Erich Widemann getroffen hatte. Trotz ihrer politischen Differenzen blieb Unity »einer der Menschen, die mir auf der ganzen Welt am liebsten sind«.

Später distanzierte sich Decca von Pryce-Jones' Biographie: »nicht sehr gut«. Vielleicht wurde ihr auch die eigene Rolle bei dem Projekt im Nachhinein suspekt. In einer Familie, in der Loyalität so hochgehalten wurde, galt Verrat als die schlimmste Sünde. Was Decca am meisten ärgerte: dass Pryce-Jones Faschismus und Kommunismus gleichsetzte, als zwei Seiten ein und derselben Medaille beschrieb. Trotz der ähnlich schrecklichen Verbrechen seien die Motive, die junge Briten bewegt hätten, Kommunisten oder Faschisten zu werden, völlig andere gewesen, meinte Philip Toynbee in seiner Kritik zu dem Buch, mit der er Decca aus dem Herzen sprach.

Die Scrapbook-Affäre

Die Schwestern brauchten einen Bösewicht. Wenn sie schon an Pryce-Jones nicht rankamen, musste Decca herhalten. Für Pam, Diana und Debo war sie die Verräterin.

Bestimmte Fotos im Buch, ließ Pam sie wissen, *mussten* aus dem Album der Mutter stammen, nur Decca könne sie dem Biographen gegeben haben. Merkwürdigerweise sei das Scrapbook aus Debos Wohnzimmer verschwunden. Decca schreibe doch gerade an ihrer Autobiographie, da hätte sie es sich bestimmt – ohne zu fragen – ausgeliehen. Sie solle es schleunigst zurückgeben.

Wutentbrannt antwortete Decca, mit Durchschlag an Debo. Das Buch sei bestimmt nicht bei ihr. Sie habe Debo doch auf deren Drängen hin freiwillig die Alben der Mutter zur Aufbewahrung überlassen! »Für max. Archivierung«, wie Debo es genannt hatte.

Abgesehen von der Affäre ihres Mannes gab es nichts in ihrem erwachsenen Leben, was Decca so verletzt hat wie dieser, wie sie fand, unerhörte Vorwurf. Sie war so glücklich gewesen, Debo wieder nahe zu sein – und jetzt stand ihre ganze Beziehung auf dem Spiel. Die eigenen Schwestern hielten sie für eine Diebin! Voller Trauer und Wut, auch Angst, dass dies das Ende ihrer Verbindung bedeuten könnte, schrieb Decca am 26. Oktober 1976 einen langen Brief an Debo, von dem sie fürchtete, dass es der letzte sein könnte. Danach: wochenlanges quälendes Schweigen. Aus England kam keine Post. Und in Amerika konnte Decca ihren Kummer mit niemandem teilen, nicht mal ihrem eigenen Mann wirklich klarmachen, was die Familie ihr bedeutete.

Der Streit war auch ein Machtkampf zwischen den Schwestern: Es ging um die Hoheit über die eigene Geschichte. Debo, Nancys Nachlassverwalterin, war die Bestimmerin. Auf ihrem Schloss befand sich das Mitford'sche Familienarchiv, sie entschied, wer Zugang bekam und wer nicht. Das ärgerte Decca. Trotz Elvisfimmel und Hühnertick und all ihrer Künstlerfreunde war Debo im Grunde ihres Herzens konservativ, sie wollte keine Skandale. Dass Pam, die lange mit einer Frau zusammenlebte, lesbisch genannt wurde, regte sie furchtbar auf, unangenehme Dinge wie die Affären ihres Mannes hielt sie lieber unter Verschluss. Sie hatte auch nicht gewollt, dass Unitys Hitlerbegeisterung noch mal Thema wurde.

Briefe flogen hin und her, manchmal nur hin und nicht wieder her. Trotz aller Versöhnungsversuche dauerte der Streit über ein Jahr, in dem es zu weiteren Verletzungen kam. Einmal lud Debo die Treuhafts zum Dinner ein, um sie vor Lord Antrim, einem guten Freund der Devonshires, erneut des Diebstahls zu beschuldigen. »Gehen wir lieber, bevor sie anfangen, das Silberbesteck zu zählen«, meinte Bob, Decca ergriff aufgelöst die Flucht. Es war, so Bob, das zweite Mal in seinem Leben, dass er seine Frau weinen sah.

Das Dinner markierte den Tiefpunkt der Beziehung von Decca und Debo. Es war, als brächen all die Konflikte, die sie unter dem Deckel gehalten hatten, noch einmal richtig auf – als würden sie die Auseinandersetzungen nachholen, die sie als junge Mädchen nach Deccas Flucht nicht geführt hatten. In ihrer Verzweiflung wandte sich Decca an Debos Tochter Emma, ihre Lieblingsnichte und die letzte Freundin, so ihr Gefühl, die sie in der Familie noch hatte. Die Hand, die Pam ihr zum Friedensschluss entgegenhielt, ignorierte sie einfach, die interessierte sie nicht.

Unbedingt für die Wahrheit: Die Schwestern erinnern sich

A Fine Old Conflict – der Titel von Deccas zweiter Autobiographie konnte nicht passender sein, wie Bob Gottlieb fand: War nicht ihr ganzes Leben ein einziger Konflikt? Decca gegen den Rest der Welt. Fast zwei Jahrzehnte lang hatte sie an »dem elenden Buch« gearbeitet, on and off – mehr off als on. Kurz vor ihrem sechzigsten Geburtstag kam es heraus. Zu spät, vielleicht auch zu früh. Im Amerika der 1970er Jahre waren Kampf und Leid der Kommunistischen Partei kein heißes Thema. Außer für ein paar Veteranen, die ihre Wunden leckten. Gottlieb fand das Buch sehr komisch, ein Erfolg wurde es nicht.

Einigen alten Genossen kamen die Erinnerungen, in denen es nur so wimmelte von Scherzen und Streichen, eher zu leicht daher, auch zu persönlich, im Extremfall erschien es ihnen wie ein Verrat am Kampf. Carl Bernsteins Vater fand es zu trivial, William Patterson, der einstige schwarze Direktor des Civil Rights Congress, regte sich auf: dass Decca es überhaupt wagte, die Partei zu kritisieren! Am besten gefiel es jenen, die zur selben Zeit wie die Treuhafts die Kommunistische Partei verlassen hatten, aber noch mit deren Zielen sympathisierten.

Mit den Verfehlungen der CP-USA wie der Sowjetunion hielt Decca sich nicht lange auf, das Positive überwog, selbst den Hitler-Stalin-Pakt redete sie sich schön. Das war es denn auch, was Philip Toynbee, der ansonsten von der Lektüre sehr angetan war, massiv störte: dass ihre Empörung so selektiv blieb. Sie hätte doch erkennen müssen, dass die Sowjetunion in puncto Bürgerrechtsverletzungen unendlich viel schlimmer war als alles, was ihr in Kalifornien oder selbst in Mississippi begegnete. »Tatsache ist, dass sie noch nie viel weiter als bis zu ihrer Nasenspitze sehen konnte – was sie *dort* allerdings sieht, sieht sie mit vernichtender Klarheit.«

Ob die anderen britischen Journalisten ihre Autobiographie wirklich lasen oder es mit Pam hielten, die die langen politischen Passagen einfach überblätterte und sich die persönlichen herauspickte, sei dahingestellt. Die Aufmerksamkeit, die Decca in England bekam, war auf jeden Fall enorm. Dabei interessierte sie die britische Öffentlichkeit vor allem als Mitford Sister – als rotes Schaf der Familie.

Als erste der Schwestern wurde sie jetzt in die traditionsreiche BBC-Musikwunschsendung *Desert Islands Discs* eingeladen, wo sie über ihr Leben plauderte und ihre Lieblingsmelodien vorstellte: Balladen aus der Kindheit, Tanzmusik aus den 1930er Jahren, »The Red Flag«, die Hymne der alten englischen Linken zur Melodie von »Oh Tannenbaum«, und, ihr Favorit, Ernst Buchs »Moorsoldaten«. Im Fernsehen wurde sie als *honourable rebel* präsentiert. Debo und Pam fanden den einstündigen BBC-Film furchtbar; ihrer Ansicht nach verunglimpfte Decca die ganze Familie darin.

Das Porträt hatte Decca viel Zeit gekostet. Vier Wochen verbrachte sie mit Regisseur Michael Barnes in England, um am Drehbuch zu arbeiten, nach Swinbrook zu fahren und an anderen Schauplätzen zu drehen, noch mal vier Wochen war der Regisseur in Oakland. Die Spontanität blieb dabei ein bisschen auf der Strecke, manche ihrer Aussagen hören sich an wie auswendig gelernt – und sind es auch: Einige Passagen stammen wortwörtlich aus ihrer Autobiographie.

Wenn der Familienstreit nicht so traurig wäre, müsste man eigentlich lachen über das Ganze, gestand Decca zu dieser Zeit Philip Toynbee. Aber: »Es macht mir wirklich wahnsinnig viel aus, und ich bin deswegen chronisch trübsinnig geworden.«

Für mehr Wirbel als Decca sorgte Diana mit ihrer Autobiographie *A Life of Contrasts*, die im selben Jahr in Esmonds altem Verlag Hamish Hamilton erschien. Debo, die Diana zu dem Buch ermuntert hatte, war ganz begeistert: »natürlich absolut GENIAL«, ließ sie Decca wissen. »Habe neulich abends gelesen & geschrien vor Lachen, gleich drauf geweint & bin gefühlsmäßig erschlagen«. Auch die Kritiker waren fasziniert von dem romantischen Buch: von dem schönen Stil, der Leichtigkeit und Sensibilität, mit der Diana von Freunden und Familie sprach, davon, wie lebendig sie die Vergangenheit wiederauferstehen ließ. Entsetzt waren sie von dem, was Lady Mosley zu Politik und Geschichte zu sagen hatte. Denn im selben leichten Ton, in dem sie von ihrer Jugend erzählte, schrieb sie über ihre Besuche in München, Nürnberg und Berlin. Dianas Buch war eine Hymne auf ihren strahlenden Helden und Ehemann: Hätten sie Sir Oswald an die Macht gelassen, er hätte Europa gerettet. Und eine Liebeserklärung an Hitler.

Sie schwärmte von des »Führers« dunkelblauen Augen, seiner hellen Haut, dem schönen, ordentlich gescheitelten Haar. Galant sei er gewesen, habe den Damen die Hand geküsst, ein kluger Gesprächspartner, so witzig, und wenn er lachte, konnte man seine Goldkronen sehen. Einer, der immer offen sagte, was er dachte. In Dianas Autobiographie tritt der deutsche Diktator als Mitford'sche Figur auf. *One of us.*

Und das war die Wahrheit, wie die überzeugte Antikommunistin betonte. Diesen Anspruch hatte sie schon in zahlreichen Rezensionen zu Büchern über die Nazizeit geltend gemacht: *Sie* wusste, wie es wirklich war, *sie* war schließlich dabei gewesen. Das Einzige, was sie an diesem »außergewöhnlichen Individuum« zu kritisieren hatte, war seine langweilige Begeisterung für Autos. »Ich bin unbedingt für die Wahrheit«, sagt Debo in der Einführung ihres Chatsworth-Kochbuchs. Ein echter Mitford-Satz: Die Schwestern waren alle für die Wahrheit – solange es die ihre war.

»Viele Jahre« nach ihren Begegnungen seien Millionen Menschen auf Hitlers Befehl umgekommen, schreibt Diana, um gleich hinterherzuschicken, dass in Stalins Lagern noch ein paar Millionen mehr getötet wurden – in Friedenszeiten! Und Mao habe ja die meisten Leben auf dem Gewissen. Im Übrigen seien die Juden selber schuld. Die Deutschen hatten sie ja nur loswerden wollen, nachdem so viele von ihnen aus dem Osten nach Germanien geströmt waren, sie sollten einfach irgendwoanders hin. »Man nahm an, das Weltjudentum mit seinem unermesslichen Reichtum könnte das Geld aufbringen.« Die Alliierten hätten sie aufnehmen können. Und die emigrierten Juden machten es den Zurückgebliebenen erst recht schwer, indem sie ständig auf den Deutschen herumhackten.

Die Provokation lag den Mitfords im Blut. Verkauft hat sich das Buch, das bis heute in Deccas Regal in Oakland steht, trotzdem (oder gerade deshalb) gut. Im Unterschied zu Deccas *A Fine Old Conflict* ist es bis heute zu haben.

Die erwachsene Decca taucht in *A Life of Contrasts* praktisch nicht auf. Mit ihrer Flucht und Abreise nach Amerika verschwindet sie aus der Erzählung, ihre Ehe dauert nur sechs Zeilen lang. Sie wollte nichts Schlechtes über ihre Schwester sagen, so Dianas Erklärung, deshalb ließ sie Decca außen vor, beschränkte sich »auf das liebe kleine Kind, das sie mal war«. Das heißt nicht, dass die Schwester tot war für sie. Diana nahm Anteil an Deccas Leben, von dem Debo ihr regelmäßig erzählte, sie spaltete Decca einfach auf: in die Gute (die eigentliche Decca) und die Böse, die die Familie in der Öffentlichkeit niedermachte und von der sie manchmal glaubte, dass sie das alles nur spielte. »Die private Decca ist Decca, aber die öffentliche Decca ist eine unverzeihlich hartherzige & kalte Person.«

Für Decca waren schlechte Nachrichten über die Mosleys gute Nachrichten. Mit geradezu gehässiger Freude las sie kritische Besprechungen von Dianas 1980 erschienenem »grässlichen Buch« über die Herzogin von Windsor und ihren Mann Edward, die Nachbarn der Mosleys waren. Begeistert erzählte sie Bob von dem Taxifahrer, der sich nach einem BBC-Interview geweigert hatte, den *leader* zu fahren. »Produktionsleiter: ›Würden Sie bitte Sir Oswald Mosley zum Ritz fahren?‹ Antwort: ›Nicht in meinem Scheißtaxi, ganz sicher nicht.‹ Und braust davon.«

Diana blieb sich und Hitler bis zu ihrem Ende treu. Sie habe ihn sehr gern gehabt, erklärt sie noch als Neunzigjährige im Interview. Zwar hatte sie ihren Kindern und Enkeln zuliebe 1989 die Einladung abgelehnt, zu Hitlers hundertstem Geburtstag im Fernsehen aufzutreten. Doch so groß war die familiäre Rücksichtnahme nicht, dass sie nicht im selben Jahr in *Desert Island Discs* Bemerkungen losließ, die der Moderatorin die Sprache verschlugen. Diese Ausgabe wurde die berüchtigste in der jahrzehntelangen Geschichte der Wunschmusiksendung. Diana begeisterte sich gerade wieder für Hitlers blaue Augen, als Sue Lawley sie fragte, was denn mit den sechs Millionen Juden sei, die der »Führer« habe ermorden lassen.

Diana erwiderte: »Oh nein, ich glaube nicht, dass es so viele waren. Es waren viel, viel weniger, das weiß ich.« – »Nach einer langen Pause«, so erinnerte der *Independent* Jahrzehnte später, »sagte Lawley: ›Sagen Sie uns doch was zu Ihrer fünften Musik, Lady Mosley.‹« (Die fünfte Musik war, wie schon die vierte, ein Stück von Wagner, der »Liebestod« aus *Tristan und Isolde*. Diana hatte ausschließlich Klassik mitgebracht, mit einer Ausnahme: »A Whiter Shade of Pale« von Procul Harum.)

Debo beschloss, den politischen Teil ihrer geliebten großen Schwester einfach auszublenden. »Ich teile ihre Ansichten nicht, aber meine Liebe zu ihr überwindet auch diese Seite ihres Charakters, der zum größeren Teil rein und selbstlos war … Im Alter war sie fast wie eine Heilige in ihrer Güte.«

Schwiegertochter Charlotte Mosley redete mit Diana nicht über Politik, es war klar, dass sie da auf keinen gemeinsamen Nenner kamen. »Sie war Antisemitin, und sie war Rassistin. Und sie machte keinen Hehl draus. Trotzdem war sie mir eine wunderbare Schwiegermutter.« Nie, so Charlotte, hätte Diana zugegeben, sich geirrt zu haben. »Und das ist und bleibt mir ein Rätsel. Denn sie war ja von einer unglaublichen Sanftheit und Sensibilität, die einfach nicht dazu passen. Das ist eines dieser Paradoxe des Lebens.«

Nicht nur für Charlotte Mosley ist Diana die widersprüchlichste der sechs Schwestern. Mit ihrem Witz und Charme, ihrer Schönheit und ihrer Lust zu lachen bezauberte sie auch viele jüngere Menschen, sie kannte ihren Sartre, las mit Begeisterung die Memoiren Simone de Beauvoirs. Und dann diese Militanz.

Vielleicht ist ihre sture Unbeirrbarkeit am Ende doch nicht so mysteriös. Hitler zu verdammen hätte bedeutet, sich von Mosley zu distanzieren, und das hätte Diana nie getan. Er war ihr ein und alles, seinen Tod, 1980, hat sie kaum verwunden. Auch politisch vergötterte sie ihn. Der Preis, den sie für ihre Liebe bezahlte, war gewaltig: Als junge Frau wurde sie aus der Gesellschaft ausgeschlossen und später ins Gefängnis gesperrt, nach dem Krieg verließ sie ihr Heimatland, weil sie sich dort unerwünscht fühlte. Nicht, dass sie einsam war, sie hatte ihre Familie und viele Freunde, ihre treuen Dienstboten, sie lebte ein komfortables Leben an der Seite ihres notorisch untreuen Mannes, der ihre ganze Aufmerksamkeit verlangte. Aber

Hitler zu verdammen hätte bedeutet, die eigenen Entscheidungen zu bereuen, zu sagen: Der Preis war zu hoch. Also blieb sie sich, ihrem Liebsten und dem »Führer« trotzig treu.

1980 plätscherte die Mitford-Welle weiter, mit Julian Jebbs BBC-Dokumentation über Nancy, die den Familienzwist erneut anfeuerte. Mit allen vier Schwestern wollte der Regisseur sprechen, also machte er sich auch auf nach Kalifornien. Mit Decca, die in diesem Film lebendiger und natürlicher wirkt als in ihrem eigenen, verstand er sich bestens. Bis sie Jebb mitteilte, dass er das Interview, ja, jeden Bezug auf ihre Bücher nur unter einer Bedingung verwenden dürfe: dass im fertigen Film jene Briefstelle vorkam, in der Nancy sich über Sir Oswalds Behauptung aufregte, ihr Bruder Tom sei Faschist gewesen, ein zahlendes Mitglied der Partei.

Der Regisseur war schockiert, auf solche Bedingungen ließ man sich bei der BBC nicht ein, und dass ausgerechnet eine linke Kämpferin für die Meinungsfreiheit ihn mehr oder weniger erpresste, fand er absurd – für ihn handelte es sich um einen klaren Fall von Zensur. Doch Jebb hat Decca die Geschichte nachgesehen, weil er sie mochte, wohl auch, weil sie ihm leidtat in ihrer Isolation. Denn ihre Bedingung war eine Reaktion auf die Forderung der drei anderen Schwestern, den Rohschnitt des Films zu sehen. Decca hatte Sorge, dass diese ihr Zitat wieder rausschmeißen würden. Aber dann war alles gut, die drei amüsierten sich bei der Vorführung, korrigierten nur ein paar Fakten, konnten auch mit der Briefstelle leben. Diana erbat nur das Recht, darauf etwas zu erwidern.

Ansonsten hatte Jebb, wie er fand, überraschend freie Hand gehabt: Abgesehen von ein paar Briefen Nancys an Unity aus den 1930er Jahren und einem Foto von dieser in Nazi-Uniform durfte er alles drehen, was er wollte. Ebenso überrascht war er, wie scheu und steif die weltläufige Diana bei den Dreharbeiten war; charmant und eloquent im Vorgespräch, erstarrte sie regelrecht, sobald die Kamera lief. Das Gegenteil von Pam, die vollkommen unbekümmert mit ihren Hunden durch den Film stapfte, ganz sie selbst war, ihr lustiges Selbst, immer wieder anfing zu kichern. Die unbekannte, ländliche Mitford-Schwester, da war sich die ganze Familie einig, war der eigentliche Star des Films. »Woman sollte ihre eigene Hühner-Talkshow haben, oder?«, meinte Debo zu Diana. Aber es blieb bei diesem einen Auftritt.

1981 wurde das Musical *The Mitford Sisters* in Chichester uraufgeführt – zu Deccas großer Überraschung waren die Schwestern einverstanden mit dem Projekt. Um Diana und ihrem Sohn Jonathan nicht zu begegnen, sah sie sich das Stück erst eine Woche nach der Premiere an, statt mit der engsten Familie lieber mit einer Entourage von Cousinen und Londoner Freunden. Sie schrieb sogar eine – sanfte – Kritik in der *Sunday Times* darüber.

An der Musik hatte sie großen Spaß, sie liebte die alten Songs der 1930er Jahre, mochte die hübschen Alter Egos der Schwestern. Aber sonst? *La Triviata* hat Debo das Musical genannt, an dessen Ende sich die Schwestern in den Armen liegen und »Thanks for the Memory« singen. Romantisch-beschwingt geht selbst die Trauung von Diana und Mosley im Hause Goebbels über die Theaterbühne. Kurz nachdem die nostalgische Extravaganz in London auf den Spielplan gekommen war, wurde sie wieder abgesetzt.

Der schlimmste Teil der Mitford-Mania war überstanden, selbst die größten Fans waren vorerst gesättigt. Erst in den 1990er Jahren sollte es – friedlicher – weitergehen.

Ja, es war wieder Friede eingekehrt. Am 23. November 1977 kam von Debo plötzlich ein Telegramm: »HEUREKA FOTOALBUM WIEDER AUFGETAUCHT ALLES LIEBE HENDERSON«. Das Album war zurück, stand genau dort, wo es die ganze Zeit hätte sein sollen, im Wohnzimmer – wie die Herzogin es ausdrückte: »das verdammte Ding war auf einmal wieder da«. Freunde ihrer Tochter Sophy hatten es beim Rumstöbern plötzlich in der Hand. Obwohl das Telegramm keine Entschuldigung enthielt, war Decca selig.

Die Briefe wurden wieder munterer. Jetzt war Decca auch bereit, Pam wiederzusehen, zunächst auf neutralem Boden, in London. Debo traf sie in Manchester. Sie hatten das Gefühl, sie sollten Frieden schließen, jetzt, wo sie älter wurden – Pam hatte gerade ihren siebzigsten Geburtstag gefeiert. Der eiserne Vorhang öffnete sich wieder.

Decca hatte ihren Frieden mit der Familie gemacht, zu größeren Auseinandersetzungen kam es nach der Scrapbook-Affäre nicht mehr. Wenn sie so taten, als gäbe es die Politik, die alten Konflikte und Verletzungen nicht, dann waren die Begegnungen zwischen Decca und Debo herrlich.

»Sie wollte unbedingt Debos Freundschaft. Oder Liebe«, meint Katie Edwards. »Das war ihr wirklich wichtig. Wenn von Debo ein Brief oder Anruf kam, hob sich ihre Laune sofort.« Sie selber schrieb Debo – »Liebste Hen« – eigentlich nur noch fröhliche Briefe, machte ihr Komplimente für ihren Fernsehauftritt, gab ihr Tipps fürs Bücherschreiben. Aber sie bewegten sich immer auf dünnem Eis.

Was Decca, die alle Kriegsbeile für begraben hielt, vielleicht nicht wahrhaben wollte: wie nah Debo Diana war, ihrer wohl engsten Vertrauten. Debo mochte Deccas Lieblingsschwester sein (eine andere kam unter den Lebenden ohnehin nicht in Frage) – für Debo aber nahm Diana diese Rolle ein.

In den 1950er Jahren waren die beiden sich nähergekommen. Debo und Diana verkehrten in ähnlichen Kreisen, trafen sich an der Riviera, hatten die gleichen Werte: Schönheit, Schönheit über alles. Abgesehen von den zahllosen Briefen, die sie einander schrieben, in denen es nie auch nur den Hauch eines Zwists gab, telefonierten sie jede Woche miteinander, das Gespräch am Sonntagmorgen war ein heiliges Ritual. Nach ihrer großen Hirntumor-Operation Anfang der 1980er Jahre ließ sich Diana, nach Mosleys Tod des Lebens müde, nach Chatsworth zur Rekonvaleszenz bringen, wo mit Debos Hilfe ihre Lebens- und Kampfgeister zurückkehrten. Zwanzig gute Jahre lebte Diana danach noch.

»Wir wussten, was die andere dachte, bevor sie es gedacht hatte«, sagte Debo im Interview mit dem *Daily Telegraph*. Diana war zu dem Zeitpunkt schon vier Jahre tot (sie starb, mit dreiundneunzig Jahren, im heißen Sommer 2003), aber in Gedanken hat Debo der Schwester noch immer Briefe geschrieben.

Einige Jahre nachdem das Familienalbum wieder aufgetaucht war, stellte Bob seine Schwägerin bei einem Englandbesuch noch einmal zur Rede, ohne dass Debo ihm etwas darauf erwidert hätte. »Bob sagt mir, ich hätte mich nicht wegen der Fotos bei dir entschuldigt«, schrieb die Herzogin ihrer Schwester daraufhin. »Ich bitte dich jetzt um Entschuldigung, vorbehaltlos, es tut mir sehr leid.« – »Das war wirklich sehr gut von dir«, antwortete Decca, der es gerade ziemlich schlecht ging, nachdem sie von der Affäre ihres Mannes erfahren hatte. »Es zieht einen SCHLUSSSTRICH unter diese alte leidige Angelegenheit – für mich war's das. Danke, Hen.«

17

Ein englisches Herz

Das Jahrzehnt fing gut an: »Nachricht des Jahrhunderts!« Ihre Tochter heiratete! Höchste Zeit, wie Decca fand. Mit ihrem »famosen« Schwiegersohn war sie überglücklich. Gut, Terry Weber, Telefonmonteur und Gewerkschaftler, hätte etwas mehr Ehrgeiz entwickeln können: »Ein Glück, dass sie einen netten jüdischen Jungen gefunden hat«, meinte Bob, »aber wieso, um Himmels willen, muss er auf Telefonmasten klettern, wenn er doch Medizin studieren sollte?« Ein Spruch, den Decca so liebte, dass sie ihn immer wieder zitierte. Aber Terry, ein Red Diaper Baby aus wohlhabender Familie, trug sein Herz auf dem rechten, also dem linken Fleck, war als Bürgerrechtler bei SNCC und den Freedom Riders aktiv gewesen. Als einer von Dinkys Söhnen ihn fragte, warum Decca ihn als Einzigen in der Familie nie anraunzte, antwortete Terry: »Weil sie weiß, dass ich Dinky glücklich mache.« Einziger Wermutstropfen für Decca: dass sie so weit weg, in Atlanta, wohnten.

Nicht genug des Glücks, heiratete im Jahr darauf auch Benjy, eine Geigerin, die zur ausdrücklichen Erleichterung ihrer Schwiegermutter auf dem Instrument nicht quietschte, sondern wirklich spielte. »Damit entfallen ganze Riesen-Bereiche quälender Sorge.« Als glaubte sie tatsächlich, dass sich ihre Kinder, einmal in den Hafen der Ehe gefahren, für immer in Sicherheit befänden.

Benjy-Probleme

Da irrte sie sich. »Von Benj nichts Gutes«, schrieb sie Maya Angelou 1984. Seit Jahren schon plagte Decca das, was sie »Benj-Probleme« nannte: Ende der 1970er Jahre wurde es immer offensichtlicher, dass ihr Sohn manisch-depressiv war.

Sie war so stolz auf ihn gewesen, den Klavierstimmer, der für Steinway arbeitete! Aber jetzt war sein Leben ein einziges Chaos, seine Ehe zerbrochen, das Verhältnis zwischen Mutter und Sohn extrem angespannt. Decca wollte ihren alten Benjy wiederhaben, den lustigen Prince Charming. Er wiederum war es satt, als Mitglied der illustren Mitford-Treuhaft-Familie vereinnahmt zu werden. Aus Protest las er die Bücher seiner Mutter nicht mehr.

Wenn er seine Medikamente nahm, war er der gute alte Benjy, der mit seiner Mutter herumalberte und Scherze machte, über die sie beide lachen konnten. Dann versicherte Decca sich und anderen, dass ihr Sohn wieder okay war, dass es aufwärts ging. Bis zum nächsten Ausraster, wenn er auf einer Party ausfällig wurde oder mit der Polizei zusammenstieß. »Das war ein Bereich ihres Lebens, auf den sie überhaupt keinen Einfluss hatte«, so Doug Foster. Decca stand der Krankheit hilflos gegenüber. Manchmal versuchte sie, Benjys Depressionen herunterzuspielen oder zu verdrängen. In jeder Generation ihrer Familie, tröstete sie sich, gab es einen, der eine Schraube locker hatte. Und das war halt diesmal ihr Sohn.

Wenn Benjy nach Wochen oder Monaten der Funkstille einen munteren Brief schickte, freute sich Decca so sehr, dass sie ihn nicht wieder mit irgendwelchen guten Ratschlägen vertreiben wollte. Also hielt sie lieber den Mund. Als Decca sich bei Bob Gottlieb beklagte, welche Sorgen die eigenen Kinder doch bereiten könnten, erwiderte ihr Lektor nur trocken: »Du hast deinen Eltern natürlich nie auch nur eine Sekunde Sorgen gemacht.«

Jetzt!, dachte Decca, wieder und wieder, jetzt! Jetzt ist er aber wirklich gesund. Sie war entschlossen zu glauben, dass es so etwas gibt, eine Heilung für immer. Dass Benjys Ehe explodieren würde im Hurrikan der manischen Phasen, hatte sie in ihrer Freude über die Hochzeit nicht einkalkuliert. 1984 ließ das Paar sich scheiden.

Anfang 1985, als Benjy auf der Achterbahn seiner Gefühle gerade wieder auf dem rasanten Weg nach unten war, rastete Decca bei einem Gespräch mit ihm so aus, dass selbst Bob erschrocken war. Er fand, sie habe zu scharf geschossen. Also schrieb sie Benjy einen langen Brief, keine Entschuldigung, sie hatte alles ja so gemeint: dass sie ihn als Zumutung und Langeweiler erlebe, abgetaucht in seine eigene Welt. Seine Lamentos über

Gesellschaft, Justiz und Polizei ödeten sie an. Entweder man tue was dagegen oder halte den Mund. Sie habe nicht mal mehr Lust, ihn zu ihren Partys einzuladen, in seiner Ich-Bezogenheit sei er unfähig zur Kommunikation. Wie eine dunkle Wolke hänge er über ihrem Leben, raube ihr die Freude, die Konzentration zum Arbeiten.

Das alles schrieb sie ihm in der Hoffnung, die bösen Geister austreiben zu können. Falls er selber seine manischen Phasen je leid sei und zum normalen Leben zurückkehren wolle, »was zweifellos eine Form von Therapie erfordern würde, wir würden aber bedingungslos hinter Dir stehen & unser Möglichstes tun, um zu helfen«. Als er ein paar Wochen später tatsächlich eine Therapie begann und sich medikamentös einstellen ließ, war Decca extrem erleichtert.

In guten Zeiten freute sie sich über seine Besuche wie ein Kind, strahlte übers ganze Gesicht. Vor allem, wenn er seine koreanische Freundin zu Hause ließ. Sues Nachfolgerin, »Ho Chi Min oder wie sie heißt«, konnte sie nämlich gar nicht leiden. »Eine von der Sorte jammernder Fußabstreifer«, eine faule Studentin sei sie, die nicht mal kochte. Als Jungmin Kim der ganzen Familie bei einem Abendessen vorgestellt wurde, fragte Dinkys Sohn, was sie denn so mache. Geige spielen, erwiderte sie. Nein, was sie arbeite. »Ich glaube nicht an Arbeit.« Mit der Antwort hatte sie für immer verloren. Wenn Decca an etwas glaubte, dann war es Arbeit.

Geheiratet hat Benjy seine Freundin trotzdem, 1990. Als Schwiegertochter wurde sie Decca allerdings auch nicht sympathischer. 1995 ließ das Paar sich scheiden.

Das alte Schlachtross

»Ich habe endlich was gefunden, was ich mit meinem trivialen Leben anfangen soll«, schrieb Decca einer Freundin zu Beginn dieses Jahrzehnts erleichtert – und wohl nur halb ironisch. Im Falle von James Dean Walker engagierte sie sich im Laufe der nächsten Jahre mit einer Inbrunst, die einigen Freunden schwer verständlich war – vielleicht wirklich aus einer gewissen politischen Langeweile, einem Gefühl von Leere heraus. Wegen Polizistenmordes verurteilt, war Walker, ein Weißer, 1975 aus dem

473

Gefängnis in Arkansas ausgebrochen und vier Jahre später in Kalifornien eher zufällig wegen Drogen aufgegriffen worden. Zusammen mit anderen Prominenten versuchte Decca mit allen Mitteln, seine Auslieferung nach Arkansas zu verhindern, wo die Gefängnisse deutlich brutaler waren, wie sie seit ihren Recherchen zum *Prison Business* wusste – und wie der Film *Brubaker* mit Robert Redford just in diesem Jahr, 1980, im Kino zeigte.

Dem kalifornischen Gouverneur, der Walker nach Arkansas ausliefern wollte, heizte Decca ebenso ein wie der First Lady von Arkansas, Hillary Rodham Clinton, die als Studentin ein paar Monate lang in Bobs Kanzlei hospitiert und Dobby Walker beim Prozess gegen Angela Davis begleitet hatte. (Woraus die Gegner Bill Clintons diesem in den 1990er Jahren einen Strick zu drehen versuchten, allerdings ohne Erfolg.) Als weder Briefe noch ein Mittagessen mit den Clintons halfen, bekam Hillary Deccas Spott zu spüren. Woher denn der wunderbare Name ihres neugeborenen Babys, Chelsea Victoria, käme, wollte Decca wissen: »Wurde sie in Victoria Station oder Chelsea gezeugt?« (In den 1990er Jahren änderte sie ihre Meinung allerdings, sprach mit Respekt von der Juristin und angehenden First Lady Amerikas.)

Was ihr politisches Engagement anging, war Decca uneitel und zäh, da ging es um die Sache, nicht um sie. Als sich Virginia Durrs Tochter Tilla, mit der Decca eine umfangreiche, erstaunlich geduldige Korrespondenz führte, über mangelnde Anerkennung für ihr politisches Engagement beklagte, wurde Decca wütend: »Die Belohnung ist die Arbeit.« Umso mehr ärgerte es sie, dass sich die junge Generation, wie sie fand, nur noch mit sich selbst beschäftigte.

Ein großes Thema gab es aber auch in diesem Jahrzehnt. Unter Ronald Reagan als Präsident wurde Mittelamerika im Kleinen das, was Vietnam in den 1960er Jahren im Großen gewesen war: »The Cause« für Linke in aller Welt – der Grund, aktiv zu werden. Im Januar 1984 schloss sich Decca mit ihren sechsundsechzig Jahren einer Frauendelegation aus Kalifornien an, um in El Salvador und Nicaragua Revolution und Konterrevolution und die Lage der Menschenrechte persönlich zu inspizieren. Von der Gegend hatte sie wenig Ahnung, mehr als ein paar Brocken Spanisch konnte sie nicht. »Ich erinnere mich, dass ›dos juevos fritos‹ zwei Spiegeleier heißt, aber das dürfte kaum reichen, um damit die Todesschwadronen in Salvador auszutricksen – stell Dir vor, sie kontern mit ›dos SENORAS fritas‹, & eine davon bin ICH?« Die zehntägige Reise war nicht zuletzt als Demonstration gegen einen Besuch des ihr verhassten Ex-Außenministers Kissinger gedacht, der mit einer rein männlichen Delegation vor Ort gewesen war.

Den Schlaganfall, den sie während der Reise erlitt, hatte sie nicht eingeplant. Er war leicht genug, dass sie zurückfahren konnte, wobei ihr ein junger englischer Journalist half, Jonathan Steele, dem sie ein paar Monate später als Dankeschön von Debo einen Lachs schicken ließ. Sie, die noch nie wirklich krank gewesen war, hatte Angst, wie Steele glaubt. Vor allem, nicht mehr arbeiten zu können. Sie spielte den Vorfall einfach runter. Zu Hause setzte sie ihr Mittelamerika-Engagement fort, hielt Vorträge – in Universitäten, Kirchen und Rotary Clubs –, schrieb Artikel über ihre Eindrücke und Begegnungen.

Ansonsten griff sie, fröhlich, frech und wütend wie eh und je, auf, was des Weges kam, nach ihrem Motto »Every little helps« – Kleinvieh macht auch Mist. Von ihrem Enkel ließ sie sich anspitzen, in Berkeley eine große Demonstration gegen die Apartheid zu organisieren, sie traf Petra Kelly, als die deutsche Grünen-Politikerin 1983 nach San Francisco kam, unterstützte Berkeleys progressiven Radiosender KPFA, der sich aus Zuhörerspenden finanzierte, moderierte Veranstaltungen für ihn.

Kandidierte ein progressiver Lokalpolitiker für den Stadtrat, zog sie wieder von Tür zu Tür für ihn, und in Jesse Jackson hatte sie zum ersten Mal seit Roosevelt einen demokratischen Politiker gefunden, den sie aus vollem Herzen (und mit lauter Stimme) bei seiner Präsidentschaftskandidatur unterstützen konnte. »Der Erste seit Ewigkeiten, der Schwarze und Weiße vereint«, lobte Decca den Veteranen der Bürgerrechtsbewegung – ihrer Meinung nach einer der wenigen Aufrechten in der Politik, noch dazu einer mit Witz und Verstand. Als es ihm, trotz beachtlichen Erfolgs 1984 und 1988, nicht gelang, von seiner Partei nominiert zu werden, unterstützte sie, pragmatisch wie immer, halbherzig seine Gegenspieler, die ihrerseits gegen Reagan verloren.

Ihre Lust an Auseinandersetzungen hatte sie mit dem Rentenalter nicht verloren, im Gegenteil: Sie waren das Salz in ihrem mittlerweile komfortableren Leben. Streitlustig bombardierte sie Zeitungen mit Leserbriefen, machte sich in einem Artikel ihrem Ärger über Susan Sontag Luft, die den Kommunismus als erfolgreiche Variante des Faschismus bezeichnet hatte (wobei Decca erst zur Feder griff, nachdem sie ein besseres Honorar ausgehandelt hatte), schmiss sich als »altes Schlachtross«, wie sie sich nannte, in einen Kampf ganz nach ihrem Geschmack: Als der Ajatolla im Iran (»ein kleiner Stinker«, so Decca) die Fatwa gegen Salman Rushdie verhängte, dessen Buch *The Jaguar Smile* über seine Reise nach Nicaragua Decca schon rezensiert und dessen Lesungen in Kalifornien sie moderiert hatte, stellte sie sich auf die Straße mit dem Button »I am Salman Rushdie«, trat bei Solidaritätsveranstaltungen auf.

Meinungsfreiheit war für sie das allerhöchste Gut, als »Absolutistin des First Amendments« beschreibt Dinky ihre Mutter, die sich auch gegen Zensur in Medien und Bibliotheken engagierte. An dem in der Verfassung verankerten Recht auf Meinungs-, Presse- und Versammlungsfreiheit gab es für sie nichts zu rütteln, nicht einmal, wenn es um Kinderpornographie oder Nazidemonstrationen ging.

Politisches Engagement war für Decca ein so natürlicher Teil ihres Lebens wie Essen, Trinken und Briefeschreiben. Mit derselben Selbstverständlichkeit, mit der sie Freunden half, sprang sie auch Fremden zur Seite, wenn sie Unrecht witterte. »Sie hatte das größte Herz für Leute, die in Not waren«, erzählt ihre spätere Hilfe Lisa Pollard, die Deccas andere, hochnäsige Art durchaus auch kennengelernt hatte. Wenn ihre Putzfrau psychische Probleme hatte, schickten die Treuhafts sie zum Therapeuten, wenn ein Nachbar Geld brauchte, gaben sie es ihm.

Einmal geriet sie mit einem Filmteam in einer finsteren Gegend von Los Angeles auf einem Krankenhausparkplatz in eine brenzlige Situation. Ein Mann war bei einem Zusammenstoß verschiedener Gangs angeschossen worden. Während die BBC-Crew versuchte, sich so schnell wie möglich zurück in den Wagen zu retten, ging Decca schnurstracks und beherzt auf die Jugendlichen zu, fragte, was los war, ob sie Hilfe bräuchten, einen Anwalt vielleicht? »Komplett furchtlos«, erzählt ihre Freundin Liesel Evans, die dabei war, und prustet los. »Andere würden sagen dumm.« Aber die verblüfften Gangmitglieder waren offenbar höflich zu ihr, »haben sich gefreut über die Aufmerksamkeit«, so Evans. Decca wollte sichergehen, dass die Polizei sie anständig behandelte.

Everyone needs a Bob

»Ich habe nie ein glücklicheres Paar erlebt«, schrieb Herb Caen in seinem Nachruf auf Decca.

Auch wenn Bob und Decca nicht Händchen in Händchen herumliefen, hielten viele die beiden für das ideale Paar. So frei und doch einander eng verbunden – auf Augenhöhe, nicht nur von der Größe her. Ein perfektes Team, privat *und* professionell, ein politischer Bund fürs Leben. Unentwegt kämpften sie gemeinsam für oder gegen etwas. Und noch nach Jahrzehnten des Zusammenseins konnte Decca sich freuen wie ein Kind, wenn ihr Mann nach Hause kam:»Duuuuu bist es!«, jubelte sie dann und strahlte übers ganze Gesicht.

Auf die Kinder hatte Bob ihrer Meinung nach in jungen Jahren einen viel größeren Einfluss gehabt als sie selbst.»Mich hielten sie für einen netten, alten Witz.« Anders als Decca hatte er in seiner Kindheit viel Zuneigung und Zärtlichkeit erlebt. Seine Frau machte sich gern lustig darüber, dass Aranka ihren»guten Jungen«, wie sie spottete, so verwöhnte. Aber es war ein Glück für die Kinder, glaubt ihre Londoner Freundin Helena Kennedy, dass Bob mehr Gefühle zeigen konnte als seine Frau.

Wenn Decca mal wieder nach England fuhr, hat sie ihren Mann jedes Mal schrecklich vermisst; ging er auf Reisen, fühlte sie sich auch nach vierzig Ehejahren erst mal »s. trübsinnig« (wobei sie das in der Regel auch schnell wieder überwand). Jede Trennung, und war sie noch so kurz, machte sie traurig, vor jeder Wiedervereinigung platzte sie fast vor Vorfreude. Tausende und Abertausende von Briefen hat sie Bob geschrieben, selbst wenn beide zu Hause waren. In ihrem»Täglichen Nachrichtenbulletin« hielt sie alles fest, Anrufe, Klatsch, wer zu Besuch erwartet wurde, bei wem sie eingeladen waren, dass das Licht in der Küche repariert werden musste, der Dachdecker da war und die Ameisen verschwunden sind, dass sie die Kahns für Montag zum Essen eingeladen hatte:»BITTE BE-SPRECHEN«. Das Gespräch auch nur für ein paar Stunden abreißen zu lassen, hielt sie nicht aus.

Während Decca klammerte, ließ Bob einfach los. Kritzelte schnell was auf einen Zettel, lieferte statt ausführlicher Geschichten kurze Sätze:»Alles ruhig an der Heimatfront.« So war es allerdings meist auch tatsächlich.

»Die nackte Wahrheit ist«, schrieb er seiner Frau einmal, »dass es hier sehr still wird, sobald du weg bist, das Leben ist immer da, wo du bist.« Wenn Bob verreiste, was er gerne tat, schnappte er sich sein kleines Täschchen und war weg. Aus den Augen, aus dem Sinn, hieß seine Devise.

Aber wenn er wieder nach Hause kam, waren sie ein Herz und eine Seele. Humorvoll, gesellig, auch nörgelig. Bobs New Yorker Witz war leiser als Deccas, so wie alles an ihm zurückhaltender war. »Gentle« und »kind«, das sind die Worte, die viele benutzen, wenn sie von Bob reden. Meist hatte »der ungarische Kommunist«, wie Nancy ihn beharrlich nannte, ein spitzbübisch-verschmitztes Lächeln im Gesicht. Seine Augen schienen immer zu zwinkern, beim Reden verengten sie sich oft zu Schlitzen (Decca führte das auf die mongolischen Vorfahren zurück, die er gehabt haben soll). Auf Fremde mochte der kleine Mann harmlos, fast tapsig wirken, kauzig nennt eine Freundin ihn. Aber damit täuschte er sein Gegenüber, so wie Decca ihre Interviewpartner. War sie die Miss Marple des Journalismus, so war er der Mr. Stringer vor Gericht: vom Gegner unterschätzt.

In vielem ergänzten sie einander. Intelligent und gebildet – Bob sei der belesenste Mensch, den sie kenne, pflegte Decca zu prahlen –, war der hartnäckige Jurist so ordentlich und strukturiert, wie seine Frau chaotisch war. Er dachte sich ihre Streiche aus, sie übernahm die Ausführung. Sie schrieb die Bücher, er redigierte sie. Dabei kriegten sie sich schon mal in die Haare, Bob konnte als Lektor gnadenlos sein.

»Sie *liebte* das Scheinwerferlicht«, sagt Nora Lapin. »Bob hatte wahrscheinlich genug Selbstbewusstsein, es ihr zu überlassen.« Es schien ihm nichts auszumachen, dass seine charismatische Frau der Star im Hause Treuhaft war. Und doch, ergänzt Lapin: »Es muss hart gewesen sein, Bob zu sein.« Decca konnte ziemlich herrisch werden, fand ihre alte Freundin Pele de Lappe, das sei ihr einziger großer Fehler gewesen, auch ihren Mann habe sie schon mal vorgeführt: »Du musst lauter reden, Bob!«, kommandierte sie dann mit vorwurfsvoller Stimme, »wir können dich kaum hören!«

Fast alles machten sie gemeinsam: Polizei bekämpfen, Rebellen unterstützen, Feste organisieren. Und wenn jemand Geburtstag hatte, dichteten sie nicht nur das Ständchen, sondern trugen es auch gemeinsam vor. Sie lachten zusammen und spielten zusammen. Als ihr Freund Jon Snow

Decca zum letzten Mal sah, saß sie in einem scheußlichen Motel in einer hässlichen Gegend und war happy. Ein Bett, eine Badewanne, einen Tisch, Boggle und Bob, mehr, glaubt der englische Fernsehmoderator, brauchte Decca nicht zum Glücklichsein.

Boggle-holics nannte Snow sie. Wenn die Treuhafts sich in einer Gesellschaft langweilten, stahlen sie sich einfach mit einer Ausrede davon und verschwanden »zu einem bezaubernden BOGGLE«. Boggle war ein Sprachspiel »wie Scrabble, aber zehnmal besser«, wie Decca erklärte. Schwieriger, minimalistischer, rasanter: Innerhalb von drei Minuten (die Eieruhr läuft) müssen die Spieler aus sechzehn gewürfelten, nebeneinanderliegenden Lettern Worte mit mindestens fünf Buchstaben bilden, und zwar möglichst ausgefallene, denn haben zwei denselben Begriff gefunden, zählt der nicht. All ihre Freunde kriegten ein Boggle-Set geschenkt; zusammen mit Schreibmaschine und Briefpapier packte Decca das Spiel immer als Erstes ein, wenn sie auf Reisen ging. Zu Hause wurden die Würfel jeden Abend nach dem Essen rausgeholt, im »Boggle-Zimmer«, wie sie den kleinen gemütlichen Anbau hinter ihrem Arbeitszimmer nannte.

»Boo-ob!«, krähte Decca nach ihm, wie ein Kind. Zum Putzen hatte sie ihre Haushälterin, zum Lunchen ihre Freundinnen, für den Bürokram ihre Assistentin. Für alles andere hatte sie Bob. Bob, der das Taxi rief, wenn sie zu viel getrunken hatte, Bob, der sie bremste, wenn ihre Zunge zu vorgerückter Stunde zu scharf wurde, Bob, der ihre Handtasche suchte, Bob, der für sie recherchierte, der sich Ideen für neue Bücher ausdachte oder ihre Einfälle begutachtete und ihr dann beim Strukturieren half, Bob, der ihr den Fernsehsender einstellte, Bob, der sie kutschierte, Bob, der sich ums Essen kümmerte.

Decca kokettierte damit, kein Talent zur Hausfrau zu haben, ließ neue Freunde im Glauben, gar nicht kochen zu können. Ihr Mann dagegen, so ihre Rechtfertigung, habe als kleiner Junge seine Mutter und Großmutter im Haushalt beobachten können und sich »die verschiedenen Techniken praktisch im Schlaf angeeignet«. War sie allein zu Haus, ging sie lieber essen, als sich was zu kochen, während ihr Mann gern neue Rezepte ausprobierte. Und er hat nicht nur gebacken und gekocht und die Drinks gemixt (für seine Margeritas war er besonders berühmt), er hat vom Einkauf bis zum Abwasch *alles* gemacht, wie Katie Edwards bewundernd erzählt. Die Küche war hinterher tipptopp. »Die Sorte Ehemann, von der man träumt.«

Mit der Veröffentlichung von *Hons and Rebels* hatte sich ihre Rollenverteilung geändert. Von Stund an war Decca nicht mehr die Frau eines Anwalts, sondern Bob der Mann einer Schriftstellerin. Anfangs fand er es noch lustig, wenn ihn jemand als Mr. Mitford ansprach, später kam es deswegen schon mal zu Reibereien. Aber die meiste Zeit genossen sie gemeinsam Deccas Ruhm und finanziellen Erfolg.

So wie sie auch Bobs Siege zusammen feierten. Alles, was er als Anwalt erlebte, woran er arbeitete, ließ Decca sich erzählen, jeden Abend, ganz genau. Während einige seiner Kollegen sich längst im sonnigen Florida oder Arizona zur Ruhe gesetzt hatten, kämpfte er noch als Neunundsechzigjähriger gegen die Brutalität der Polizei in Oakland, bombardierte die *Oakland Tribune* mit Leserbriefen, wenn sie für seinen Geschmack unzureichend über die Fälle berichtete.

Decca war stolz auf ihn, und das ließ sie die Welt auch wissen. Manche hatten das Gefühl, dass sie es übertrieb mit ihrer Bob-PR, ihn schier erstickte damit. Katie Edwards, die Mitte der 1980er Jahre für Decca zu arbeiten begann, kann sich nicht erinnern, in den mehr als zehn Jahren, die sie dort war, je ein schlechtes Wort von ihrer Chefin über Bob gehört zu haben. »Nie. Sie hat sich immer für Bob eingesetzt – vor mir, vor jedem. Bob war in allem super. Was bedeutet das? Überlebensgroß, meinen Sie? Ich weiß nicht. Aber Decca war Bob bedingungslos zugetan.«

In den 1960er Jahren war er noch ein begehrter *movement lawyer*, ein Bürgerrechtsanwalt, gewesen, Studenten, Black Panther, Anti-Vietnamkrieg-Demonstranten, Bürgerrechtler, alle waren sie zu ihm gekommen. Danach wurde es ruhiger, Ende der 1970er Jahre löste er die Gemeinschaftskanzlei auf, die Arbeit war ihm zu anstrengend geworden, die Verantwortung für das Büro zu groß. Mit über siebzig spezialisierte er sich auf Abfindungsprozesse für Arbeiter. Nachdem er entsprechende Fortbildungen besucht, Prüfungen abgelegt und sich eingearbeitet hatte, wurden die Fälle Routine. Vorher hatte er immer an der Grenze zum Existenzminimum praktiziert, jetzt verdiente er zum ersten Mal in seinem Leben gut. Ruhm erntete er nicht damit.

Topic A

Als »eine der großen Liebesbeziehungen« hat Helena Kennedy die Ehe der Treuhafts auf Deccas Trauerfeier beschrieben. Dabei gehörte die Frauenrechtlerin zu den wenigen im Saal, die wussten, dass Bob seine Frau betrogen hatte. Und wie das Decca den Boden unter den Füßen weggezogen hatte.

»Everyone needs a Bob«: »Jeder braucht einen Bob«, hatte eine Bekannte ein wenig neidisch bemerkt, aber, so schrieb Decca Tony Richardson und seiner Frau: »Ich brauche einen Bob mehr als jeder andere.« Das Kompliment war vor allem an ihren Mann adressiert, dem sie eine Kopie des Briefes schickte. Sie war deutlich bemüht, ihm Streicheleinheiten zukommen zu lassen, hatte sich vorgenommen, netter zu ihm zu sein. Ein Jahr war es jetzt her, dass sie seine Affäre entdeckt hatte.

Er hatte sich eine gemeinsame Freundin zum Fremdgehen ausgesucht: Joanne Grant Rabinowitz, eine Journalistin, die sich in ihren Büchern und Filmen mit der Bürgerrechtsbewegung und deren Protagonisten beschäftigt hatte. Achtzehn Jahre jünger als Bob, war sie die zweite Frau des Bürgerrechtsanwalts Victor Rabinowitz, eines KP-Mitglieds bis Anfang der 1960er Jahre. Bei jedem New-York-Besuch trafen die Treuhafts sie; auch in London gehörte Joanne zu Deccas Kreisen, war befreundet mit Sally Belfrage, der Autorin Jill Tweedie und Eve Arnold. Decca schimpfte sogar mit Dinky, als diese sich abfällig über Joanne äußerte, sie für oberflächlich erklärte.

Dass Bob seine Frau betrogen hatte, erfuhren die meisten Freunde erst zehn Jahre nach Deccas Tod durch die Veröffentlichung ihrer Briefe. Einige waren schockiert, andere weniger überrascht. Bob war bekannt als Charmeur und Filou, deswegen war Decca als junge Frau ja von Washington nach San Francisco geflohen. Es gab einige Signale, dass dies vielleicht nicht die einzige Affäre war, dass Bob noch andere Frauen im Regent Palace empfing, wenn sich Decca auf ihren ausgedehnten Reisen befand.

Während Benjy »la liaison«, wie Joanne sie nannte, gelassen bis desinteressiert hinnahm – erstens wechselte er selber dauernd seine Frauen, zweitens hatte er gerade Krach mit seinem Vater und nutzte die Geschichte, wie er erzählt, um Bob ein schlechtes Gewissen zu bereiten –, schien

Dinky ähnlich schockiert wie ihre Mutter zu sein. Bis heute begreift sie es nicht. Joanne war zwar jünger als Decca, aber, so Dinky, nicht besonders schön oder sympathisch, außerdem Alkoholikerin. »Wahrscheinlich war es der Kitzel. Und ich vermute, dass sie ihm nachstellte. Für einen älteren Mann ist das doch schmeichelhaft. Sie stand ziemlich im Mittelpunkt der linken Intelligenzija von New York.«

Das ging offenbar schon seit ein paar Jahren so, allerdings sporadisch, schließlich lebten die beiden Tausende Kilometer voneinander entfernt. Sie sahen sich ein-, zweimal im Jahr, etwa wenn beide zur selben Tagung reisten. So, glaubt Dinky, hat Decca auch davon erfahren: weil ihr jemand erzählte, dass er Bob und Joanne auf einer Versammlung der National Lawyers Guild gesehen habe. Als Decca ihren Mann damit konfrontierte, gab er die »Eskapade«, wie er es nannte, zu. »Die Zeit danach war ein ziemlicher Albtraum«, erzählt Dinky. »Sie war völlig am Boden zerstört.«

So progressiv Decca in politischen Dingen war, was Beziehungen betraf, war sie altmodisch. Als sie bei einem New-York-Besuch 1961 entgeistert feststellte, dass sich praktisch alle, die sie dort kannten, scheiden ließen oder schon geschieden waren, schärfte sie ihrem Mann ein: »Du darfst mich *nie* abservieren, alter Bob, nie, auch nicht, wenn ich manchmal nicht zu Hause bin.« Für Decca war die Ehe ein Ort der Zuflucht, der Freiheit und Sicherheit. Ob sie die Polygamie befürworte? Als Siebzehnjährige antwortete sie in Unitys Fragebogen mit einem klaren Nein. Fünfzig Jahre später wäre die Antwort genauso eindeutig gewesen.

Sosehr Decca die Gesellschaft von Männern genoss, ihre Beziehung zu ihnen hatte eher was Kumpelhaftes, geflirtet hat sie nicht. »Sie war wirklich der Typ: ein Mann fürs Leben«, meint Dinky. In dieser Hinsicht war Decca wie ihre Schwestern, die alle fast so monogam wie ihre Männer untreu waren. Sie liebte dreckige Witze und Songs, ließ sich von Sally Belfrage ausführlich von deren Liebschaften erzählen – doch sie selbst hat fast keusch gelebt. Ihr Interesse an Sex, nie besonders ausgeprägt, war wohl schon lange erloschen. Die Treuhafts schliefen getrennt, auch andere Formen der Zärtlichkeit waren ihr fremd. Wie ihre Schwester Debo sagte: Decca war kopfgesteuert, Physisches interessierte sie nicht. »Sie hat mich vor zwanzig Jahren aus dem Schlafzimmer rausgeworfen, was hätte ich denn tun sollen?«, rechtfertigte Bob seinen Seitensprung. »Ich wollte wenigstens etwas haben statt gar nichts«, erzählte er einer gemeinsamen Freundin im Vertrauen.

Für jemanden, dem Treue so wichtig war wie Decca, war der Betrug ein Schock. »So verletzt hab ich sie nie erlebt«, meint Polly Toynbee. Sie brachte nicht mal das Wort »Affäre« oder »Betrug« über die Lippen, sprach bloß von »Topic A« (ein Begriff, den Bob nur zu gerne aufgriff). Wenn sie überhaupt über das »Thema Nummer eins« sprach. Nur mit Dinky und Debo und ein paar ihrer besten Freundinnen wie Maya Angelou und Sally Belfrage redete sie darüber.

Helena Kennedy wiederum wurde von Sally eingeweiht: weil Bob mit Joanne nach London kam und bei Sally übernachten wollte. Als Kind der freien Liebe fühlte sich Sally hin- und hergerissen, einerseits wollte sie kein Moralapostel sein, andererseits ihre Freundin nicht hintergehen. Für Kennedy war der Fall klar: Sally dürfe das Paar auf keinen Fall bei sich aufnehmen. »Decca käme nie darüber hinweg.« Noch dreißig Jahre nach der Affäre, alle Beteiligten sind längst tot, ist Helena Kennedy in ihrer Empörung ungebremst. Als spüre sie noch immer die Verletzung ihrer Freundin hautnah. »Es war SO schmerzhaft für Decca.«

Später, als sie einmal allein waren, hat Decca sich für Helenas energisches Einschreiten bedankt. Es war eins der wenigen Male, dass sie ein so persönliches Gespräch führte, ihre Gefühle preisgab. Aber zu intim sollte auch dieser kurze Moment nicht werden. Helena hatte schon ihre Hand ausgestreckt, wollte Decca in den Arm nehmen – stoppte aber ihren Impuls auf halber Strecke. Es war das einzige Mal, so Helena Kennedy, dass sie den Eindruck hatte, ihre furchtlose Freundin könnte den Mut verlieren. Decca, glaubt sie, hatte Angst, verlassen zu werden. Nein, widerspricht Dinky, die Decca damals zu ihrer Vertrauten und Komplizin machte und die viele der Briefe kennt, die nicht im Archiv liegen oder veröffentlicht wurden: »Sie hatte Angst, nicht geliebt zu werden.«

Vielleicht war es sogar eher umgekehrt, dass Bob fürchtete, von Decca verlassen zu werden. »Ich liebe und verehre dich mehr als alles auf der Welt – jetzt mehr als vor zehn Jahren und noch viel mehr als vor zwanzig«, schrieb er ihr in dieser Zeit, ziemlich unromantisch auf einem vorgedruckten Büro-Notizblock. »Du bist mein ganzes Leben, und das in einem Maß, dass meines ohne dich keinen Sinn hätte – na ja, zumindest keine <u>Freude</u>.« Genau das war aber für ihn auch ein Kern des Problems, dieses Ungleichgewicht: »Du hast mir – und auch anderen – mehr von Dir gegeben, als ich von mir gegeben habe.« Er gelobt Besserung, denn: »Sollten wir uns je trennen, wäre mein Leben leer, viel leerer als Deines. So sehr, dass es mich erschüttert, fast zerschmettert, wenn wir von Trennung reden. Lass mich versuchen, es halbwegs wieder ins Lot zu bringen. Heb das auf für die ENDLÖSUNG. Dein Bob.«

Selbst Diana – die von Debo über alles, was Deccas Leben anging, auf dem Laufenden gehalten wurde – nahm Anteil: Decca tat ihr wahnsinnig leid. Wer hätte besser gewusst als sie, wie es sich anfühlt, betrogen zu werden. Ihr Mann hatte damit nie aufgehört. Als Katie Edwards von der Ehekrise Wind bekam (gesprochen darüber hat Decca mit ihrer Assistentin nicht), hatte sie richtig Angst, dass die Treuhafts sich trennen würden: »Es war so das Gefühl, wie wenn man glaubt, die eigenen Eltern lassen sich scheiden: Bitte nicht!«

Decca schwankte zwischen Liebe, Angst und Verständnis auf der einen und dem Wunsch, Bob büßen zu lassen, auf der anderen Seite. Immer wieder nahm sie ihn ins Kreuzverhör, reagierte bitter und schnippisch, piesackte ihn so sehr, dass sie selbst fast Mitleid mit ihm bekam.

Im November 1985 hatte sie die Sache zwar noch nicht überstanden, glaubte aber ziemlich fest, dass Bob tatsächlich Schluss gemacht hatte und sie nicht mehr betrog – die Lügen waren für sie besonders schlimm. Aber so richtig trennen mochte Bob sich von Joanne nicht. Die Affäre ging länger weiter, als er zugab. Wenn Dinky ihren Vater damit konfrontierte, was sie oft tat, gab er kleinlaut zu, dass er sich falsch verhalte. Aber dann, so Dinky, fand sie ein Jahr später heraus, dass er mit Joanne in Miami gewesen war.

Decca blieb dünnhäutig, liebebedürftig. Als das Paar sich im Sommer 1986 nach Wochen des Getrenntseins – sie war wieder nach Europa vorgefahren – wiedersah, reagierte sie verletzt, weil sie sich so irrsinnig auf ihn gefreut hatte, während er »bloß routiniert erfreut« gewirkt habe.

Anders als beim Tod ihrer Kinder war es ihr jetzt extrem wichtig, dass sie miteinander sprachen. Oder schrieben, das war einfacher. Sie wollte, dass Bob Stellung bezog, fand, dass er sich noch nicht richtig erklärt hatte. Es war ihr wichtig zu wissen, ob er sich noch nach Joanne sehnte und wenn ja: warum?, wenn nein: warum nicht? Sie wollte Klarheit. Dass er ihr gerade die verweigerte, sich oft vage äußerte, machte sie wütend und misstrauisch. Bob wiederum hatte wenig Lust, über Gefühle zu reden, reagierte für ihren Geschmack sarkastisch, verspottete sie als Pseudotherapeutin. Er wollte seine Ruhe.

»Ich glaube, die ganze Sache mit Bob hat sie ins Mark getroffen«, sagt Deccas Freundin Susan Griffin aus Berkeley. »Nachher war sie irgendwie weicher.« Mit den Jahren, besonders nachdem sie aufgehört hatte zu trinken, ging sie mit allen sanfter um, auch mit Bob. Als ihr Freund Doug Foster ein letztes Mal in den Regent Palace kam – da war schon klar, dass sie sterben würde, nur noch nicht wann –, erlebte er, wie Decca Bob immer wieder ermunterte, eine Geschichte zu erzählen, und dann habe sie sich »mit einer Turteltaubenmiene, wie sie sonst nur verliebten Teenagern vorbehalten ist, zurückgelehnt und seine Erzählung in vollen Zügen genossen«.

Nach Deccas Tod vergaß keiner, ob im Kondolenzschreiben, im Nachruf oder in der Trauerrede, Bob zu erwähnen. »Die Erinnerungen, die ich an Decca habe«, schrieb Debo ihrem Schwager: »Wie glücklich sie mit Dir war und wie ihr miteinander so vieles getan habt, was ihr leidenschaftliches Anliegen und Lebenssinn gewesen ist.«

Letzte Zigaretten

Irgendwann machte Decca mit Bob einen Deal: Wenn er seine Eskapaden sein ließe, würde sie mit dem Rauchen aufhören. Was ihr, davon war sie überzeugt, mindestens genauso schwerfallen würde. Sie quälte sich damit schon seit Jahren und wurde, genau wie ihr Mann, immer wieder rückfällig.

Als Tochter eines Kettenrauchers, der es unmöglich fand, wenn eine Frau sich eine Zigarette in den Mund steckte, hatte Decca genau das schon als aufmüpfiges junges Mädchen getan. Bis zum Schluss genoss sie jeden Zug, am liebsten mit einem Drink in der Hand. Aber nach ihrem kleinen Schlaganfall gab sie dem heftigen Drängen von Bob, Dinky und ihrem

Arzt doch nach: Am 11. April 1984 hörte Decca zum ersten Mal auf. Das Datum vergaß sie nie. Das erste Mal war nicht das letzte Mal, aber es war das schlimmste Mal.

Zuerst versuchte sie es mit Hypnose, aber Vorschläge wie: Stell dir Wald und Wiese vor, eine idyllische Landschaft aus der Kindheit, funktionierten bei ihr nicht. »Ich hasse das Land. Angenehme Zeiten haben für mich mit Leuten zu tun, mit denen ich was unternehme.« Und »mit Leuten was unternehmen« war bis dahin immer mit Rauchen verbunden gewesen.

Sie war schlecht gelaunt und gereizt, konnte sich nicht konzentrieren, kriegte nichts hin, nahm zu. Gut, behauptete sie, ginge es ihr jetzt nur noch im Schlaf. Verschiedene Leute erzählten ihr, dass dieser Zustand zwei Wochen bis sechs Jahre anhalten könne – oder aber ein ganzes Leben lang.

Das glaubte sie sofort, die Gier nach ihren Chesterfields war noch Monate nach dem Aufhören ungebremst. Am ersten Jahrestag gestand sie ihrem Arzt (aber er sollte sie bloß nicht verraten!), dass sie jetzt zu Sherman's Cigarettelos übergangen war. Die konnte man, wenn jemand kam, schnell ausmachen und später wieder anzünden. Die Cigarettelos versteckte sie im Bücherregal hinter der Bibel, da guckte garantiert keiner nach. Dann hörte sie wieder auf, fing erneut an, wollte es mit Akupunktur versuchen, am 8. September 1986 war es mal wieder so weit, an diesem Vormittag um halb elf ließ sie Bob wissen: »letzte Zig. in Rauch aufgegangen«.

Wirkungsvoller als Hypnose, Autosuggestion (»Rauchen ist ein Gift in meinem Körper … ich schulde meinem Körper Respekt … alles ist gut …«), Bobs Aversionstherapie (er hielt ihr einen Aschehaufen voller widerlicher Kippen unter die Nase »& was tat ich? Atmete tief ein und sagte: ›Wie GÖTTLICH!‹«) und dunkler Schokolade (ein Tipp von Schwester Debo) waren da schon die Nicorettes. Die Nikotinkaugummis waren eigentlich für den Übergang gedacht, um den Entzug zu mildern. Aber Decca blieb einfach dabei, ließ sie sich tütenweise aus der Apotheke liefern. Hunderte von Dollar gab sie dafür aus, glaubt Katie Edwards. Eine kaugummikauende dauergewellte ältere Dame, an den Anblick musste ihre Umgebung sich genauso gewöhnen wie Decca ans Kaugummikauen. Enkel James schrieb ihr einen Leitfaden. »Sie sah aus wie eine Fünfjährige, die ihre erste Zigarette raucht«, erzählt Leah Garchik und lacht. An ihre rauchenden Freunde rückte sie so nah wie möglich, inhalierte so viel Qualm, wie sie kriegen konnte.

Eigentlich sah sie das mit dem Verzicht sowieso nicht ein. War ihr Vater nicht mit drei Schachteln am Tag und nur einem Lungenflügel achtzig Jahre alt geworden? Die Vorteile des Nichtraucherdaseins waren ihr viel zu abstrakt, der Genuss dagegen konkret und gegenwärtig. Ihre Gesundheit interessierte sie nicht, ein gutes Leben war ihr wichtiger als ein langes. Ihre größte Sorge war es, sich zu quälen, um dann mit dem Flugzeug abzustürzen und mit dem letzten Atemzug zu denken: »Zum Teufel, ich hätte die ganze Zeit rauchen können …« Aber nein, sie starb, wenn man es so nennen will, einen gerechteren, logischen Tod: an Lungenkrebs.

Geisteraustreibung

Besonders produktiv war es nicht, dieses Jahrzehnt, nur zwei kleine, persönliche Bücher brachte Decca in den 1980er Jahren heraus. Mit beiden kehrte sie in ihre alte Heimat zurück.

Philip Toynbee war tot. Überraschend kam die Nachricht im Juni 1981 nicht, er hatte schon eine Weile an Krebs gelitten. Decca ging er nicht aus dem Kopf – »muss oft an ihn denken, wie an viele Tote«, schrieb sie einer Freundin ein Jahr später. Mit Philips Tod ging Deccas Jugend endgültig zu Ende: Toynbee war ihre wichtigste Verbindung zu Esmond gewesen, der einzige Freund, der Julia, ihr erstes Baby gekannt hatte. Als Geisteraustreibung hat Decca das Buch denn auch beschrieben. Esmond spukte noch immer in ihrem Herzen herum.

Faces of Philip war Deccas Antwort auf *Friends Apart*, Toynbees 1954 erschienene (und 1980 neu aufgelegte) elegisch-elegante Erinnerungen an Esmond und einen anderen Freund, der ebenfalls im Krieg gefallen war. Deccas Buch war ein Dankeschön, ein Akt der Freundschaft: Gewidmet hat sie es seinen fünf Kindern.

An Toynbees Erinnerungen kommt *Faces of Philip* nicht heran. Es bleibt ein Flickenteppich – so berührend und witzig die einzelnen Teile sind, sie fügen sich nicht zu einer Geschichte. Lange Zitate aus Briefen, Gesprächen und Toynbees Tagebuch werden durch verbindende Textstücke und eigene Erinnerungen zusammengebunden, aber die Erzählung kommt nicht in Fluss. Anders als bei *Friends Apart* wird das Persönliche nicht zum Exemplarischen, das Porträt des Freundes nicht zum Bild einer Generation.

Dafür war er, der Decca gegenüber vor allem als Clown und *homo politicus* auftrat, ihr in vielem auch zu fremd. Er habe, erklärte Philip Toynbee einmal, immer zwei Ziele im Leben angestrebt: ein großer Schriftsteller und ein guter Mensch zu sein. Im Zweifelsfall sei Letzteres ihm wichtiger gewesen. Auch Decca wollte durch ihr politisches Engagement Gutes tun, das war ja der Sinn des Ganzen. Aber gut *sein*: Das stand nie auf ihrer Agenda. Im Gegenteil, die Gutmenschen waren ihr zutiefst suspekt. Mit Begeisterung las sie Christopher Hitchens Abrechnung mit Mutter Teresa, schickte den Artikel an Gott und die Welt. Nein, gut sein wollte sie, das *bad girl*, nicht. Gut leben, das schon. Wie jemand freiwillig auf Zentralheizung, Privatsphäre und Leberpastete verzichten konnte, wie Philip das tat, nur um ein guter Mensch und Umweltfreund zu sein, war ihr ein Rätsel.

Ratlos stand sie auch seinen schweren Depressionen gegenüber, der zunehmenden Spiritualität und Religiosität. Solange der Freund lebte, konnte sie darüber – liebevoll – spotten, Philip hatte genügend Humor, sich auf die Witzelei einzulassen. Das war es ja, was sie so liebte an ihm: dass er über sich selbst lachen konnte. Aber jetzt war ihr Freund tot, und sie wollte ihm gerecht werden, in all seinen Facetten. »Eine Qual«, jammerte sie, als sie am Vorwort saß. »Interessiert leider niemanden außer mir«, lautete der Refrain ihres Klagegesangs, während sie sich zwang, jeden Tag wenigstens ein, zwei Seiten aufs Papier zu bringen. Sie traute sich nicht, richtig loszulegen, schrieb mit angezogener Handbremse, um weder dem Toten noch den Lebenden auf die Füße zu treten. Spott war ihre schärfste Waffe, lieb zu sein nicht ihr Metier. Ihre Freundin und Amateur-Lektorin Marge Frantz hat gerade das Zahme an dem Buch kritisiert, auch wenn sie die Gründe dafür verstand: »Spott macht so viel mehr Spaß, wenn das Opfer den Spott verdient.«

1984, drei Jahre nach Toynbees Tod, erschien das schmale Buch. Decca war erleichtert, dass es vorbei war. Leah und Jerry Garchik, ihre jungen Freunde aus San Francisco, organisierten eine fröhliche Premierenparty *and that was that*.

Es gab noch jemanden, der in dieser Zeit Erinnerungen an Esmond wachrief: ein junger Mann namens Kevin Ingram. Der Sohn aus einer englischen Arbeiterfamilie war entschlossen, ein Buch über Deccas große Liebe zu schreiben. Als Student war er bei Recherchen zum Spanischen Bürgerkrieg auf Esmonds Buch *Boadilla* gestoßen, das 1971 mit einem klugen Vorwort von Hugh Thomas neu aufgelegt worden war. Mit einer Freundin kam Ingram in Kalifornien angetrampt, Decca war beeindruckt von seiner Begeisterung und Intelligenz, gab ihm Einführungsschreiben für alte Freunde. In der heißen Phase ließ sie ihn, der jünger war als ihr Sohn, sogar bei sich wohnen. Aber die Briefe ihres Mannes wollte sie ihm erst geben, wenn er einen Verlag hatte.

Sechs Jahre hat Ingram an der Biographie gearbeitet – »fast sein gesamtes Erwachsenenleben«, wie Decca am Ende voller Bewunderung feststellte. Es hat sich gelohnt: Anfangs noch nicht so überzeugt von seinem Manuskript, fand sie die 1985 erschienene Biographie am Ende zu Recht »überraschend gut«. Die Mitfords spielen darin kaum eine Rolle.

Auch das zweite Buch, das Decca in diesem Jahrzehnt schrieb, führte sie in die Vergangenheit zurück, machte aber deutlich mehr Vergnügen als das erste.

»HELP! HELP!«: Das war der Refrain ihrer Kindheit gewesen. Mit Wonne standen die kleinen Mitfords um die Mutter am Klavier herum und schmetterten im Chor die Ballade von Grace Darling, der Leuchtturmwärterstochter aus Northumberland, die sich im Jahre 1838 ein Herz fasste – ein englisches Herz, wie es in dem Song ausdrücklich heißt – und mitten im heftigsten Sturm in einer dramatischen Aktion mit dem Vater losruderte, um Schiffbrüchige zu retten, die sich an einen kleinen Felsen klammerten. Melodrama at its best: »And she pull'd away o'er the rolling seas, Over the waters blue./›Help! Help!‹ she could hear the cry of the shipwreck'd crew./But Grace had an English heart,/And the raging storm she brav'd;/ She pull'd away, mid the dashing spray,/And the crew she saved.« (»Und sie rudert dahin über die schwere See, über das Wasser so blau./›Hilf! Hilf!‹ hört sie die Schiffbrüch'gen rufen./Aber Grace hat ein englisches Herz/Und sie trotzt dem tosenden Sturm;/Sie rudert dahin durch peitschende Gischt/Und rettet Mann und Maus.«)

Decca hat das Lied mit nach Amerika genommen und ihrer kleinen

Tochter vorgesungen, gab es noch in fortgeschrittenem Alter mit Inbrunst auf Partys zum Besten, zur Freude (oder auch nicht) der kalifornischen Freunde, die für den Refrain eingespannt wurden. In England gehörte die viktorianische Legende noch immer zur allgemeinen Folklore, in Amerika kannte sie – außer Familie Treuhaft und deren Freunden – kein Mensch. Aber das hielt Deccas guten Freund und Verleger Bill Abrahams nicht davon ab, Deccas Buch *Grace Had an English Heart. The Story of Grace Darling, Heroine and Victorian Superstar* auch in den USA herauszubringen. Schließlich war die Autorin ja bekannt, das, glaubte er, reichte.

Was Decca, abgesehen von den Englandreisen auf Spesenrechnung, vor allem interessierte, war der Mythos und seine Entstehung. Denn die Realität war eher banal. Die zweiundzwanzigjährige Grace, gefeiert als Musterexemplar einer viktorianischen Maid, keusch, brav, fromm, bescheiden und tapfer, entpuppte sich tatsächlich als keusch, brav, fromm, bescheiden und tapfer. Wäre sie Decca im wirklichen Leben begegnet, hätte diese sie wahrscheinlich unwirsch abgekanzelt. »Ach, sei doch ein *bisschen* amüsant!« – an dieses Kommando kann die scheue Kathy Kahn sich noch Jahrzehnte danach nur zu gut erinnern. Marge Frantz' zurückhaltende Lebensgefährtin Eleanor machte aus diesem Grunde lieber einen Bogen um Decca: Sie fühlte sich unerwünscht.

Decca gefiel der Mut ebenso wie die nüchterne Bodenständigkeit der Leuchtturmwärterstochter, die mit dem ganzen Starrummel nichts anzufangen wusste. Erst die Zeitungen, die ihre Geschichte (wie später die der Mitfords) aufbauschten, hatten die tapfere Grace im ganzen Land bekannt gemacht und jenen unglaublichen Hype ausgelöst, von dem Decca in ihrem Buch erzählt. Selbst Queen Victoria gratulierte der Heldin und schickte zur Belohnung 50 Pfund. Innerhalb von zwölf Tagen saßen Vater und Tochter Darling sieben Künstlern für Porträts Modell – danach war selbst die Geduld dieser frommen Leute erschöpft. Es gab Grace-Darling-Schokolade, Grace-Darling-Becher, Grace-Darling-Porzellanfiguren und noch vor Ablauf eines Jahres die ersten Bücher, denen Dutzende weitere folgten.

Endgültig unsterblich wurde die junge Frau, als sie nur vier Jahre später an der für Heroinen des 19. Jahrhunderts »üblichen Schwindsucht«, wie Decca schrieb, starb. Vielleicht war es auch – nicht ganz so romantisch –

nur eine Erkältung gewesen, die Grace dahinraffte. So oder so, wie Grace' Schwester schrieb: »Sie ging wie Sommerschnee.«

Mit großer Lust wühlte Decca in alten Zeitungen, um ihre historischen Fundstücke dann vor dem Leser auszubreiten und immer wieder abzuschweifen, das Ergebnis: ein »Sammelsurium bezaubernder Artefakte«, wie die *New York Times* es nannte. Die amerikanischen Kritiker fanden das Ganze ein bisschen zu kurios, um ein komplettes Buch zu rechtfertigen, aber die englische Presse erfreute sich an dem »charmanten Büchlein«, wie ihr früherer Agent es nannte – mit knapp hundertsechzig Seiten Deccas kürzestes.

Keine ihrer Schwestern hat Decca ein Buch gewidmet, *Grace Had an English Heart* aber hat sie ihrer Lieblingsnichte Emma Tennant zugeeignet – der »guten Emma«, wie sie Debos Tochter nannte (um sie von ihrer Namensvetterin, der »bösen Emma«, zu unterscheiden, einer Lektorin bei Penguin, mit der Decca locker befreundet war). Decca wusste tatsächlich nur Gutes zu berichten: »Sie ist hinreißend«, schwärmte sie Sally Belfrage vor, »in keiner Hinsicht ein Chatsworth-Erzeugnis, eigentlich das genaue Gegenteil. SEHR gescheit, großartiger Humor, alles, was wir mögen.« Mit großem Vergnügen kutschierte Lady Emma, die als Künstlerin auf einer abgelegenen Farm in Südschottland lebt, ihre Tante ins nahe gelegene Grace-Land.

Kommerziell war das Werk, 1988 zum hundertfünfzigjährigen Jubiläum der Heldentat erschienen, kein großer Erfolg. Emotional schon. Es war eine muntere Rückkehr in den unbeschwerten Teil der Mitford'schen Kindheit. Die Familie wusste das sehr zu schätzen: Es ist das einzige Buch Deccas, das allen gefiel, zur Buchpräsentation in Northumberland reisten auch einige von ihnen an. Debo, die schon die Erinnerungen an Philip Toynbee sehr mochte, »war von *Grace Darling* absolut entzückt«, wie Decca erzählte.

Natürlich ist das Buch auch eine Hommage an Lady Redesdale, die mit derselben Entschlossenheit und Unerschrockenheit wie die Leuchtturmwärterstochter immer wieder versuchte, ihre Töchter aus den Stürmen des Lebens zu retten. Noch im hohen Alter setzte sie sich, umtost vom schottischen Meer, auf Inch Kenneth ans Klavier, umringt von ihren Enkeln, die mit solcher Inbrunst »HELP! HELP! she could here the cry of the shipwreck'd crew« schmetterten, dass, glaubt man der Familienlegende, Boote schon Kurs auf die Hebrideninsel nahmen, um die vermeintlich gefährdeten Seeleute zu retten.

Ein Glück mit Namen Katie

Eine Ehefrau, sagt Katie Edwards, eine Ehefrau will jeder haben. Eine, die einem den Rücken freihält, so eine, wie sie die meisten erfolgreichen Schriftsteller und Künstler früher hatten. »Jetzt«, sagt Katie Edwards und lacht, »sind sie Assistenten, persönliche Assistenten.« Eine solche ist sie gewesen. Gut gelaunt und effizient, neugierig und bescheiden, gebildet und lebenserfahren, humorvoll und diskret, übernahm sie alles, wozu Decca keine Lust hatte. Ordnung halten, tippen, die Unterlagen für die Steuer fertig machen, Gästelisten führen und Einladungen rausschicken, Reisen buchen, Fragen beantworten – »dies und das«. »Meine famose Assistentin« hat Decca sie genannt.

Nachdem eine Freundin von ihr mit der Arbeit bei Decca aufhören wollte, bewarb sich Katie, ausgelaugt von ihrem Sozialarbeiterjob. Natürlich kannte sie, die schon als junges Mädchen in Montana in den 1960er Jahren *Hons and Rebels* gelesen hatte, ihre zukünftige Chefin aus der Zeitung. 1984 fing sie in der Regent Street an, bis heute kümmert sie sich im Auftrag von Dinky und Benjy um den Nachlass.

Es war für beide ein großes, ungetrübtes Glück. Nur zweimal in den zwölf Jahren sei Decca scharf geworden, einmal hatte Katie ihre Brille vergessen und musste noch mal nach Hause fahren. Das liebte Decca ja gerade an ihrer Assistentin, dass sie so zuverlässig und schnell war, jede Aufgabe sofort erledigte. Ungeduldig war Decca schon immer gewesen, »aber je älter sie wurde, desto dringender wurde alles«. Selbst Kleinigkeiten mussten sofort geklärt werden. Bob Gottlieb beschwerte sich einmal genervt bei Katie Edwards: »Können Sie sie nicht stoppen?« Aber das, fand Katie, war weder möglich noch ihr Job. Wenn, dann war es Gottliebs Aufgabe.

Zwei, drei Mal die Woche kam Katie, in der heißen Phase eines Projekts jeden Tag. Dann arbeitete Decca in ihrer »Kommandozentrale«, wie sie ihren schmalen Büroschlauch nannte, ihre Assistentin im Esszimmer nebenan. So konnte Decca schnell hinüberrufen, wenn sie was nicht wusste, war Katie doch ein sitzendes Lexikon. »Katie weiß alles über unsere Zivilisation«, prahlte die Chefin, dankbar und stolz.

Wenn sie über Decca redet, sagt Katie Edwards, muss sie immer lächeln. »Ich mochte sie sehr gern.« Nicht dass sie blind gewesen wäre für die Schwächen ihrer Arbeitgeberin. »Sie hatte ein starkes Bedürfnis nach Aufmerksamkeit, nach Bewunderung.« Wenn Katie etwas las, was Decca geschrieben hatte, und auflachte, kam diese sofort aufgeregt herübergelaufen: »Was? Was?« Katie hatte so großen Respekt für ihre Chefin wie diese für sie, war dankbar für deren Großzügigkeit: »Sie hat mich in alles einbezogen.« Nicht dass sie Intimitäten ausgetauscht hätten, dazu waren beide zu diskret. Aber ansonsten redete Decca über alles mit ihr, was sie beschäftigte, vor allem die Arbeit.

Als sie nach Deccas Tod weiter einmal pro Woche für Bob arbeitete – auch das hatte Decca verfügt –, wurde Katie das Besondere ihres Verhältnisses noch mal richtig bewusst. Nicht dass Bob unfreundlich zu ihr gewesen wäre. Aber er erzählte ihr immer nur so viel, wie sie wissen musste, um ihre Aufgaben zu erledigen, behandelte sie wie eine Sekretärin. Decca dagegen nahm ihre Assistentin zu allen möglichen Terminen mit, zum Mittagessen mit dem Verleger, zum Kleiderkauf für ihre Auftritte, auf Lesereisen. Beide profitierten davon: Decca hatte ihre Nanny, die sich um alles kümmerte, für Katie war es aufregend, nach Washington oder New York zu fahren, mit Leuten wie Carl Bernstein an einem Tisch zu sitzen.

Auch materiell zeigte sich Decca großzügig, reichte teure Halstücher weiter, eine Brosche von Chanel, Geschenke, die sie selber nicht trug. Nach ein paar Jahren der Zusammenarbeit legte Decca im Testament fest, dass Katie 5000 Dollar bekommen sollte, »als Zeichen meiner Wertschätzung«, am Ende erhöhte sie das Erbe auf 15 000 Dollar.

Gemeinsam und mit großem Vergnügen packten die beiden auch die Kisten fürs Archiv in Ohio. Die University of Texas hatte kein Interesse an weiteren Unterlagen von Decca gehabt, aber ein Antiquariat in San Francisco vermittelte den Rest an die Ohio State University in Columbus – mehrere Lieferungen im Laufe der Jahre, bis nach ihrem Tod. Kisten über Kisten, 228 insgesamt, wurden in den Mittleren Westen geschickt, Briefe,

Unterlagen, Zeitungsausschnitte. Alles hob sie auf, selbst für »Langweiliges« und »Diverse Irre« hatte sie eigene Mappen. Von ihrem Coup war Decca selber ganz entzückt, mehr als 50 000 Dollar bekam sie von der Universität. Es fiel ihr nicht schwer, sich zu trennen von all den Dokumenten, wie Katie Edwards erzählt. »Da war sie nicht emotional. Die Sachen wurden ja nicht vernichtet, sie kriegten ein neues Leben.« Nur Esmonds Unterlagen hielt sie lange zurück. Erst ganz am Schluss, und nachdem sie von allem Kopien gemacht hatte, konnte sie loslassen.

Katie kam genau zur rechten Zeit, kurz bevor ihre Chefin mit ihrem Buch *Grace Darling* anfing. In Katie hatte Decca ein dankbares Publikum: Die Amerikanerin liebte die alten Geschichten über die Mitford'sche Kindheit, konnte gar nicht genug kriegen von den Anekdoten, die die Familie nicht mehr hören wollte. Katie war überrascht, wie gern Decca zurückkehrte in jene verflossene Welt, der sie doch voller Abscheu entflohen war. Nachdem sie jahrelang Tag für Tag mit dem schlimmsten Elend von Oakland konfrontiert gewesen war, tauchte die Ex-Sozialarbeiterin nur zu gern in die exzentrische aristokratische Welt ein, las sich durch Deccas Bücherregale, ließ sich von Partys in englischen Country Houses erzählen.

Decca had an English Heart

Als Decca bei einer Reportage über eine Schönheitsfarm in Arizona von einer der reichen Damen gefragt wurde, wo sie denn so überwintere, antwortete die Oaklanderin: Zu Hause. »Allerdings überfrühlinge ich gelegentlich auch in New York oder überherbste in London.« In Wirklichkeit hat sie in London meist übersommert, wobei der Sommer von Mai bis September reichen konnte, zwischendurch stieß Bob für ein paar Wochen dazu. Und wenn es was zu feiern oder zu trauern gab, sie einen Vortrag halten, etwas recherchieren, promoten oder ein Interview geben sollte, reiste sie gern auch ein zweites oder drittes Mal nach England.

Wenn Decca nach London kam, ging sie als Erstes in ihr Lieblingslokal, The Hungry Horse in Chelsea, das »supertolles englisches Essen« servierte, Lammrücken zum Beispiel mit allerlei Gemüse. Sie genoss die frischen Erdbeeren mit Sahne, die im Sommer zur traditionellen Tea Time gehörten, und seit sie es sich leisten konnte, legte sie sich, wie ihre Schwestern, jedes Jahr den nilblauen Taschenkalender vom Londoner Hoflieferanten Smythson zu. Bis dahin hatte sie stets den Werbekalender ihrer Versicherung benutzt. Noch immer hatte sie ihr Konto bei Drummonds, »Ihre gehorsamsten Diener« (die Nummer der Bank stand in ihrem Kalender ganz oben), einen Teil des Erlöses vom schottischen Inselverkauf hatte sie dort deponiert, verzinst für fürstliche acht Prozent.

Zu den Ritualen jedes Englandbesuchs gehörten die Wochenendausflüge zu Cousine Robin aufs Land. Höhepunkt war hier der Sunday Lunch, bei dem Decca jede Menge Verwandtschaft wiedertraf, die sich wie eh und je über Polo, Rosenbüsche und die Torys unterhielt.

Ein Muss war auch der Abstecher nach Irland, wo sie alte Freunde und ihren Lieblingsneffen Desmond Guinness besuchte und seine Tochter Marina, wenn sie im Lande war. Dass Desmond, Charmeur und Gentleman, Hüter des Georgean Architekturerbes Irlands und Dianas zweitältester Sohn, in seinem Schloss überall Erinnerungen an seine schöne Mutter hängen hatte, störte Decca offenbar nicht. Auch Dianas jüngsten Sohn, Alexander Mosley, und seine Frau Charlotte besuchte sie in Paris, ging zu dem Empfang, mit dem das Erscheinen von Nancys Briefen, herausgegeben von Charlotte Mosley, gefeiert wurde.

Für Decca wurde Großbritannien zum Jungbrunnen. Mit jedem Besuch kehrte sie in die Welt ihrer Kindheit zurück. Wenn sie mit Debo Grimassen schnitt, sich über Pams Schrulligkeiten amüsierte, Neffe Desmond und Nichte Emma traf – inzwischen lud sie schon Großnichten und -neffen zu ihren Partys ein –, dann war das wie früher, nur schöner.

Die meiste Zeit freilich verbrachte Decca mit denen, von denen sie sich wirklich verstanden fühlte: ihren Wahlverwandten. In London hatten die Treuhafts einen Freundeskreis – aufgebaut ist der falsche Ausdruck, das klingt nach Arbeit, nein, sie haben diesen Kreis angezogen und um sich geschart, mit Decca als Hauptanziehungspunkt. In den 1930er Jahren waren ihre Londoner Freunde alle Freunde von Esmond gewesen. Jetzt war die Rollenverteilung umgekehrt.

Der Großteil ihrer Londoner Gefährten war mindestens eine Generation jünger als sie, viele der Frauen waren Feministinnen. Neben Journalisten und Juristen gehörten vor allem Autoren, Verlagsleute, Intellektuelle zu ihrem Kreis. Es waren keine Schwarzen darunter und weniger Aktivisten als in Kalifornien. Aber in England hatte es auch selbst in den 1960er Jahren keine richtige Protestbewegung gegeben, außer in Sachen Stil und Musik. Vereint waren die meisten nur in ihrem Hass auf Maggie Thatcher, die von 1979 bis 1990 ihr Land so eisern regierte und alles kaputtmachte, was Decca für richtig und wichtig hielt. Allerdings war Thatcher für sie eher eine Witzfigur als eine ernsthafte Bedrohung. Leute wie Nixon, Kissinger und Reagan waren diejenigen, über die sie sich wirklich aufregte.

Warum sie nicht häufiger über England schreibe, wurde Decca einmal gefragt. »Ich halte mich lieber an das, wovon ich mehr verstehe«, lautete ihre Antwort. Denn trotz ihrer ausgedehnten Besuche war sie nur Gast in diesem Land, mit vielen Alltäglichkeiten nicht vertraut. Als sie einmal bei einem Vortrag anhob: »Mein Mann und ich waren letzten Sommer in England ...«, und das Publikum vor Lachen losbrüllte, musste sie sich erst aufklären lassen, warum: Mit den Worten »My husband and I ...« begann sonst die Queen ihre Reden.

England war das reine Vergnügen. Hier machte Decca Ferien, auch von der aktiven Politik. Statt zum Protestieren auf die Straße ging sie in London lieber ins Theater. Traf Lektoren, Agenten, PR-Leute und Journalisten, Freunde und Familie, ein Lunch jagte das nächste Dinner, sie besuchte Verlagsempfänge, machte Lesungen, hielt Vorträge, gab Interviews, lernte ständig neue Leute kennen. Als linke Mitford Sister wurde sie hofiert, die Leser kannten sie und ihre Bücher, hatten ihre Artikel im *Spectator*, *Observer* und *New Statesman* gelesen, sie auf der BBC gehört und gesehen.

»Diese unglaubliche Lebenslust, dieses Gefühl, dass das Leben ein Fest ist«, hat Helena Kennedy begeistert. Die Juristin, Jahrgang 1950, war Ende zwanzig, als sie Decca kennenlernte, und die politisch aktivste unter deren Londoner Freunden. Manchmal beharkten die beiden sich auch: Helena, die als Anwältin in hochkarätigen Prozessen auftrat, hatte den Eindruck, dass Decca sich den USA so verbunden fühlte, dass sie die Schwächen der amerikanischen Verfassung nicht sehen wollte.

Für Decca verkörperte Helena Kennedy das neue Großbritannien: Den Titel der Baroness hatte die Freundin nicht geerbt, sondern erarbeitet. Aus einer schottischen Arbeiterfamilie kommend, Tochter eines Gewerkschaftsführers, wurde Helena für ihre vielfältigen Verdienste geadelt, aber nur auf Lebenszeit. Als Baroness Kennedy of the Shaws sitzt sie im House of Lords, ist auch im Rentenalter noch eine radikale Rebellin, die in keine Schublade passt. Die Feministin und praktizierende Katholikin ist Mitglied der Labour Party und zugleich eine ihrer schärfsten Kritiker. Sie wurde mit mehr als zwanzig Ehrendoktorwürden ausgezeichnet, sitzt im Vorstand diverser kultureller und sozialer Institutionen, moderiert Fernsehsendungen, setzt sich in ihren Büchern mit dem Justizsystem und Fragen der Gerechtigkeit auseinander. Dazu hat sie noch drei Kinder, ist mit einem guten Mutterwitz ausgestattet, eine lebenslustige und sehr direkte Frau.

Wie den meisten ihrer britischen Freunde kam Decca Helena Kennedy wahnsinnig englisch-exzentrisch vor. Diese laute Upperclass-Stimme, die sich die britische Upperclass nicht mehr zu benutzen traute und die Decca kein bisschen peinlich war, diese altmodischen Worte, die niemand mehr in den Mund nahm: »beastly«, »jolly«, »smashing«, »that sort of thing«. »Sie sprach ein Englisch, das im Aristoland der dreißiger Jahre steckengeblieben war«, so Helena Kennedy.

Abgesehen von ein paar Amerikanismen, die sie dazwischenmischte oder an das Ende ihrer Sätze setzte – »right?« –, sprach Decca so, wie sie und ihre Schwestern in ihrer Kindheit gesprochen hatten. Dass das zwar komisch, aber nie lächerlich wirkte, lag an der Selbstverständlichkeit, mit der sie es tat. Noch ein halbes Jahrhundert nach ihrer Flucht vor der Familie war sie, ganz unverkennbar, eine Mitford-Schwester: Das war Charlotte Mosleys spontaner Eindruck, als sie Decca das erste Mal erlebte. Ihre Stimme, ihr Aussehen, das majestätische Auftreten, der Witz – Dianas Schwiegertochter entdeckte lauter Ähnlichkeiten mit den anderen Schwestern, als Decca sie in Paris besuchte. Nur die angelsächsische Reserviertheit hatte die Amerikanerin ihrer Meinung nach abgelegt: »Sie war viel unverblümter.«

Immer schwerer, glaubte Debo, sei Decca der Abschied aus England gefallen. Aber auf die Frage, ob sie sich vorstellen könne, ganz in ihre alte Heimat zurückzuziehen, antwortete die Kalifornierin mit einem klaren Nein. Im Vergleich zu England erschien Amerika ihr schon fast wie die klassenlose Gesellschaft, von der sie immer geträumt hatte. Dort gab es zwar auch unterschiedliche Schichten, aber die waren ihrer Meinung nach durchlässiger, nicht durch Geburt, sondern primär durch Geld definiert. In Großbritannien dagegen wurde man allein an der Aussprache der Vokale sofort erkannt und eingeordnet. Dort wäre es ihr mit ziemlicher Sicherheit unmöglich gewesen, »in echten Kontakt mit der Arbeiterklasse zu treten«. Lastwagenfahrer und Hafenarbeiter zählten denn auch nicht zu ihren Londoner Freunden.

Was in England ein Nachteil gewesen wäre, war in den USA ein Plus: Typen wie sie gab es dort nicht. Sie war die Einzige ihrer Art, ihr Akzent eine Kuriosität, der es ihr erlaubte, Kritik in einer Radikalität zu äußern, mit der ein Eingeborener sofort angeeckt wäre. Wie Katie Edwards es ausdrückte: »Wenn nötig, griff sie zurück auf ihr Englischtum.«

Decca sagte »wir«, wenn sie von den Amerikanern sprach, während sie ihre alten Landsleute »the English« nannte, »die Engländer«. Sie betrachtete die Amerikaner und ihre Sitten als »eine von uns – und nicht eine von uns«, wie Bob Gottlieb sagt, »weshalb es da zugleich eine sehr sarkastische Haltung gab und ein starkes Gefühl dafür, wie wunderbar Amerika ist«. Das war es, was den Amerikanern so gefiel: dass sie sich dieser Gesellschaft gegenüber verpflichtet fühlte, dass sie amüsiert, aber nicht von oben herab auf ihre Wahlheimat guckte.

Die Reisen in die Alte Welt brachten nicht nur Abwechslung ins Leben und ihre Ehe, sie taten auch ihrer Arbeit gut, schärften ihren Blick für die Neue Welt. Was den gesunden Menschenverstand anging, waren die Briten in ihren Augen klar überlegen. Auch, ja gerade die Mitglieder der Oberschicht hielt sie für bodenständiger und handfester als das Gros der Amerikaner und damit weniger anfällig für Schwindeleien und Traumindustrien aller Art. Außerdem fand sie die Briten abgehärteter im Umgang mit Scherzen und Streichen.

Dafür liebte sie das Pragmatische der Neuen Welt, die Küchengeräte und Synthetikkleider und all die anderen Dinge, die das Leben so einfach und bequem machten. An das weiche Klopapier hatte sie sich ebenso gewöhnt wie an die Eiswürfel im Drink, beides vermisste sie, wenn sie in England war. Wobei es auch uramerikanische Sitten gab, von denen sie keine Ahnung hatte. Als sie eines Tages mit ein paar jungen Freunden zur Expedition in die Welt des Fast Food aufbrach, setzte sie sich erwartungsvoll an einen Tisch und wunderte sich, dass die Bedienung nicht kam. Nach dieser Enttäuschung – auch das Essen schmeckte ihr nicht – wurde die Imbiss-Forschung schnell wieder eingestellt.

Neben Freunden und Familie war es der politische Kampf, der sie mit den USA verband. Der Aktivismus, das Thema des Rassismus, »das alles passte zu ihr, passte sehr gut zu ihrem Temperament und ihrem Enthusiasmus«, so Philip Toynbee. Die Zukunft lag für sie in den Vereinigten Staaten – Großbritannien war für Decca Vergangenheit. Und Freiheit war für sie nicht nur ein amerikanischer Mythos, ein von Politikern und Ideologen missbrauchtes Schlagwort, sondern ihre persönliche Wirklichkeit. Sie fühlte sich freier hier. *English by birth, American by choice*, geborene Engländerin und Wahlamerikanerin war Decca: »Sie hatte ein englisches Herz wie ihre Heldin Grace Darling«, wie ihr Freund Doug Foster auf der Einladung zu Deccas Trauerfeier schrieb, »aber anders als Grace hatte sie die Seele einer kalifornischen Radikalen.«

Wenn England nur nicht so weit weg gewesen wäre! Decca hasste das Reisen, für sie war es eine elende Mühsal. »Hast du gewusst, dass das Wort TRAVEL dieselbe Wurzel hat wie TRAVAIL?«, fragte sie einen Bekannten. »Aus gutem Grunde.« Nie gewöhnte sie sich an die Strapazen, im Gegenteil, mit den Jahren wurde der Schrecken immer größer. Sie konnte ja nicht mal Koffer packen. Und jedes Mal war sie fest überzeugt, ihren Flug zu verpassen.

Die Erfahrung, dass bisher noch immer alles geklappt hatte, konnte sie nicht beruhigen, auf Reisen wurde Decca zum kleinen Kind. Sie hatte den Hexenjägern und ihrer englischen Familie getrotzt, hatte die Polizei von Oakland und die gesamte Bestatterbranche bekämpft, war nach El Salvador geflogen und hatte so getan, als wäre der Schlaganfall, den sie dort erlitt, nicht mehr als ein Schnupfen. Aber wenn sie auf Reisen ging und das Taxi nicht pünktlich kam (und pünktlich hieß bei ihr überpünktlich), verlor die Stiff-Upper-Lipperin die Fassung und ihren berühmten Mut. »Liebster Bob, die letzte ½ Stunde war EINE der schlimmsten meines Lebens«, schrieb sie allen Ernstes, nachdem das für ihren Enkel Chaka bestellte Taxi zum Flughafen nicht gleich erschienen war.

Es waren nicht die langen Flüge, die sie schreckten – die konnte sie sich mit Lesen, Briefeschreiben und Boggle vertreiben, außerdem durfte man im Flugzeug damals noch rauchen und bekam Drinks, so viele man wollte, serviert. Es war das ganze Davor und Danach. Nicht nur zum Kofferpacken brauchte sie eine Nanny, die sie an die Hand nahm. Mary Clemmey, ihre enge Londoner Freundin, kutschierte sie nur zu gern zum Flughafen, wo Decca sich dann in den Rollstuhl setzte. Seit ihrem Schlaganfall, als man sie geradewegs zum Check-in und als Erste zum Boarden gerollt hatte, »wie eine Königin für einen Tag«, war sie ein Fan dieser Methode. Die ersparte ihr nicht nur das Schlangestehen, sondern auch das lästige Laufen durch endlose Gänge, alle kümmerten sich um sie und sie bekam einen besonders angenehmen Sitzplatz. Bei späteren Reisen behauptete sie einfach, sich den Fuß verknackst zu haben, bandagierte sich notfalls das Bein. Einer älteren Dame wie ihr nahm man das ab. »Man kann nicht einfach ins Flugzeug *einsteigen*«, war ihre Devise, »man muss *hineingesetzt* werden.«

Grandec

Auch ihre amerikanischen Enkel nahm sie in ihre alte Heimat mit, es war ihr wichtig, dass sie ihre englischen Wurzeln kannten. Als Kind, erzählt James Forman jr., habe ihn seine Großmutter immer etwas eingeschüchtert, intelligent und eloquent, wie sie ihm erschien. Wie ein kleiner Idiot sei er sich vorgekommen. Schon damals spürte er, dass sie stolz auf ihn und seine Brüder war, aber als Jugendlicher hatte er oft das Gefühl, ihren hohen Ansprüchen nicht zu genügen. Wo er doch Comics las in einem Alter, in dem seine Großmutter Marx, Engels und Bertrand Russell verschlungen hatte. Umso gerührter war er, als er in ihren posthum veröffentlichten Briefen entdeckte und von anderen hörte, *wie* stolz sie auf ihre Enkel gewesen war. Wie sie Freunden ständig von deren Intelligenz, Talenten und Erfolgen vorgeschwärmt hatte, und das von klein auf: James ein Genie, das mit sieben schon *Emil und die Detektive* liest, Chaka der geborene Komiker.

Je größer sie wurden, desto weniger fühlte sich die »oy-work« für Decca wie Arbeit an. *Oy*, das Wort hatte sie im Scrabble-Lexikon gefunden, ist ein schottischer Begriff für *Enkelkind* und wegen seiner Kürze äußerst nützlich für das geliebte Buchstabenspiel. Sie half, wo sie konnte, empfahl ihren Oys Bücher zur Lektüre, verwöhnte sie, schenkte ihnen Geld, ging mit ihnen Klamotten kaufen. Später unterstützte sie sie bei der Suche nach einem Job. Als Ben Weber – (Stief-)Oy #3 und ein Renaissance-Mensch, wie ihn Dinky beschreibt, BWLer mit einem Master in der Geschichte der Diplomatie – anfing, Schmuck zu machen, bestellte sie sofort mehrere Stücke für ihre Freundinnen als Geschenk, als James zwischen College und Jurastudium in Yale in Washington arbeiten wollte, schickten Decca und Bob einen ganzen Schwung Empfehlungsbriefe an ihre alten Freunde in der Hauptstadt. »Bob und ich dachten, ihr hättet vielleicht die eine oder andere Idee, wie ein außergewöhnlich aufgeweckter und zielstrebiger Bursche zu einem Job käme – und das ist nicht einfach das übliche vernarrte Großeltern-Gedusel.«

Zu ihm, ihrem ersten Enkelkind, entwickelte sie eine besonders innige Beziehung. Als sehr liebevoll beschreibt James die Großmutter, die er »wahnsinnig geliebt« habe. Mit der Zeit schrumpfte auch seine Angst, ihr intellektuell nicht zu genügen.

James, schon als kleiner Junge witzig und ironisch, war ein Enkel ganz nach Deccas Geschmack: zielstrebig, intelligent, politisch engagiert, wortgewandt, voller Neugier auf die Welt und dann auch noch gutaussehend. Voller Stolz jubelte sie, als er an der Schule mal wieder jede Menge Auszeichnungen gewann und eine Rede hielt. Sie bibberte mit, als er sich fürs College bewarb, bot sogar an, für ihn zu beten, dass er an die Uni seiner Wünsche kommt – wenn sie nur an Gott glauben würde: »Als ich das letzte Mal gebetet habe, war ich zirka fünf, & das ging so: ›Gott segne Mutter & Vater, Bruder & Schwestern & Nannie und mache Decca zu einem braven Mädchen, Amen.‹ Und??!! Nichts davon hat er erfüllt, und ich hab's bald aufgegeben.«

Auch ohne Gottes Hilfe wurde James überall angenommen. Zum Studienbeginn an der renommierten Brown University 1984 schenkte die Großmutter ihm einen Wasserkessel und einen Satz Becher, damit er seine Kommilitonen zum Tee einladen konnte, später kamen regelmäßig Carepakete mit Orangenmarmelade, immer wieder fragte sie nach, ob er Nachschub brauchte.

Nach seinem Highschool-Abschluss hatte sie James ein verführerisches Angebot gemacht: eine Englandreise, auf der er alles von ihr bezahlt bekäme, Flug, Unterkunft, Essen und Taschengeld, dafür hätte er jede Freiheit, die er wolle. Als er annahm, jubelte sie vor Freude. »Ich war begeistert, dass sie das für mich tat«, sagt der Enkel heute.

Schwer zu sagen, wer aufgeregter war. Sie könnten ins Theater gehen (billiger als in New York), versprach sie ihm, in die »WUNDERBAREN Museen«, und wenn er wolle, auch ins Ober- oder Unterhaus. Sobald er angekommen sei, werde sie eine Party für ihn schmeißen, damit er gleich Omas und Opas Freunde und handverlesene Verwandte kennenlerne. Journalisten vom *Observer* könnten ihn in die Zeitungswelt einführen, Dramatiker in die Welt des Theaters, in Cambridge würden sie eine Akademikerin besuchen und Helena Kennedy könnte ihn zu einem Prozess mitnehmen. Ob James Lust habe, Mary Soames zu treffen, Cousine seines Großvaters Esmond und Tochter von Winston Churchill? Oder Esmonds Freund Peter Nevile (der übrigens noch Theaterfreikarten zu bieten hätte)?

»Er wird diese Wurzeln bestimmt etwas SELTSAM finden«, schrieb Decca Maya Angelou vor der Abreise, »aber bitte.« Ihre englische Verwandtschaft dürfte den jungen Afroamerikaner mit den Mitford'schen Gesichtszügen mindestens ebenso »odd« gefunden haben. James traf seine Großtanten Debo und Pam, seine Tanten Emma und Sophy, Giles Romillys Kinder, Deccas Cousinen … Dem Abiturienten aus Atlanta tat sich eine völlig fremde Welt auf. »Es war wunderbar, alle waren freundlich.«

Im Archiv in Ohio sind die Mappen zu James prall gefüllt. »Darling Jamie«, »Dearest Oy #1« – so beginnen ihre langen Briefe und enden mit den Worten »Yr loving Grandec« (»Deine dich liebende Grandec«). Decca drängte ihn, Tagebuch zu führen, etwas, was sie selbst versäumt hatte. Überhaupt: Schreiben, schreiben, schreiben, hieß ihre Empfehlung, so würde er schon seinen eigenen Stil finden. Hauptsache nicht akademisch.

Egal, wo er gerade war, der Enkel blieb immer in Verbindung, schickte der Oma Briefe aus Namibia, Postkarten aus Paris, Jasmintee aus Japan. Alles, was er sonst so schrieb, ließ Decca sich zeigen, seine Hausarbeiten, seine Artikel für die Unizeitung, seine Reisetagebücher, später seine Aufsätze in Fachzeitschriften. Sie war begeistert von dem, was sie las, lobte, regte an und hob alles auf. Ob es die Politik war oder das Studium, das Leben oder die Liebe – an allem war sie interessiert. Sie tröstete ihn, wenn er wütend war über Reagans Wiederwahl, und wenn er zum Zahnarzt musste, baute sie ihn mit einer lustigen Geschichte von Mrs. Ham auf.

Dabei war die Beziehung keine Einbahnstraße. Die beiden diskutierten auch über Politik, als Jurist konnte James ihre absolutistische Haltung zur Meinungsfreiheit, nach der alles erlaubt sein musste, nicht teilen. Decca schickte ihm eigene Texte und »lechzte« nach seinem Kommentar. So begierig, wie sie alles über sein Studium aufsaugte, schien es, als wollte sie nachholen, was ihr selbst verwehrt geblieben war und was sie auch durch ihre Kinder nicht bekommen hatte.

Was ihr Temperament anging, waren Großmutter und Enkel sehr unterschiedlich. James war ruhiger, zurückhaltender, auch weniger rebellisch. Aber ihr gefiel die Ernsthaftigkeit, mit der er sich allem widmete. Und sie setzte große Hoffnungen auf ihn: dass er, wie Grandbob, dem Recht zu mehr Recht verhalf.

Als James einen Job bei einer Richterin am Obersten Gerichtshof in Washington bekam, war sie stolz und gleichzeitig höchst belustigt darüber, dass der Enkel zweier Kommunisten und Sohn eines schwarzen Nationalisten an dieser hehren Institution arbeitete. Natürlich besuchte sie ihn gemeinsam mit Bob, als er, ebenfalls in Washington, eine Stelle als Pflichtverteidiger antrat. Erleichtert bedankte sich James hinterher für den schönen Besuch und dafür, dass sie ihn vor Peinlichkeiten bewahrt hatte – »Du hast keinen Aufruhr im Gerichtssaal angezettelt, davor hatte ich am meisten Angst«.

Wenn der Enkel sie in Oakland besuchen kam, schmiss sie eine Party für ihn. Und sie schickte ihm das Intimste, was sie besaß: die Briefe und Tagebücher, die sein Großvater als Jugendlicher geschrieben hatte. Ob er das nicht auch erstaunlich finde, wie weit, wie klug Esmond damals für sein Alter gewesen war?! Vielleicht hat Decca in ihrem begabten, politisch denkenden und handelnden Enkel etwas von ihrem ersten Mann wiederentdeckt. Als ob Esmond in James weiterlebte.

In Enkel Nummer zwei erkannte sie andere Seiten von sich selber. Ein Clown war Chaka, schon als kleines Kind amüsant, »wie ein s. junger Marx Brother«. Kein Wunder, dass Chaka später Schauspieler wurde. Wenn er in einer Fernsehserie mitspielte, nötigte sie ihre Freunde, sich das auch bloß anzugucken, saß selber gespannt vor dem Apparat. Selbst wenn sie sich ein bisschen lustig über seine Rollen machte, etwa wenn er einen schwulen Priester im Park umbrachte *und* dann noch selber HIV-positiv war. Aber sosehr sie sich für Chaka freute: Mit einem Artikel von James in der *Nation* – einem Plädoyer für die Weiterführung der Affirmative Action, der Quote für benachteiligte Gruppen – konnte ein Auftritt in der Polizeiserie *NYPD Blue* nicht mithalten. Die Archivmappe zu Chaka ist sehr viel dünner, ein wirklicher Gedankenaustausch zwischen den beiden fand nicht statt. Ihre Briefe an den Kleinen waren oft Ausdruck eines schlechten Gewissens, sie hatte selber das Gefühl, dass er nicht genügend Aufmerksamkeit von ihr bekam.

Als sie James nach Europa einlud, schrieb Decca seinem kleinen Bruder schnell, dass sie mit ihm später natürlich ebenfalls die Reise in die englische Vergangenheit antreten würde, und versicherte ihm, dass er einen Platz in ihrem Herzen habe. »Falls sie eines hat, was manche bezweifeln.« Die Reise, die sie drei Jahre später tatsächlich unternahmen, war der Versuch einer Annäherung.

Unbekümmert, quirlig, chaotisch und gut gelaunt, ein bisschen wild, hatte Chaka Ähnlichkeit mit seinem Onkel Ben. Woran es ihm Deccas Meinung nach mangelte, waren Disziplin und Zuverlässigkeit. Aber als es drauf ankam, war er da. Als Decca starb, war es Chaka, der ihre Hand hielt.

18

Die Regentin von Oakland

Wer denn der Regent von Oakland gewesen sei, hatte Nancy bei ihrem
Einzug in die Regent Street gestichelt. Inzwischen konnte man sagen: Bob
und Decca. »It's no longer fair/To say ›Oakland's not there‹. She's made it
a regular Mecca«, reimte ein Freund: Es sei nicht mehr fair zu behaupten,
da ist nichts da in Oakland – Decca habe ein regelrechtes Mekka daraus
gemacht. Sogar einen Orden bekam sie von der Stadt verpasst und von
der Handelskammer den »Lifetime Achievement Award«. Die *Oakland
Tribune* berichtete.

Wobei sie mit dem Oakland der Gegenwart nicht mehr viel zu tun hatte. San Franciscos schäbiger Nachbar hatte Anfang der 1990er Jahre einen
neuen Tiefpunkt erreicht, galt als Hauptstadt von Kriminalität, Gewalt
und Drogenhandel. In keiner anderen US-amerikanischen Stadt passierten so viele Morde wie hier. Aber nicht in der Regent Street.

Decca wurde jetzt gefeiert als große alte Dame des Journalismus, auch
wenn sie nur noch wenig schrieb, als linke Mitford Sister und politisches
Kuriosum. Das »Famous People's Eye Glasses Museum« in Henderson,
Nevada, bat sie, ihre Brille zu stiften, was sie auch gerne tat – aber bitte
weit weg von dem Gestell Ronald Reagans platzieren! Sogar in einem Roman tauchte sie auf: In der autobiographischen Uni-Satire *A Tenured Professor* (1990) von John Kenneth Galbraith, dem alten Freund aus Washingtoner Tagen, freundet sich die Hauptfigur mit Jessica Mitford an, »der
lokalen Vertreterin der politisch buntgemischtesten, brillantesten und in
wesentlichen Aspekten verheerendsten britischen Familie«.

Decca gab Interviews, wurde als Ehrengast zu allen möglichen Veranstaltungen eingeladen, zur Podiumsdiskussion mit dem legendären
Fernsehmoderator Walter Cronkite in Washington ebenso wie zum Li-
teraturfestival im englischen Cheltenham. Die Gastgeber wussten ihren
Unterhaltungswert zu schätzen. Einige Reporter lernten sie auch fürchten.

Denn Ms. Mitford konnte sehr anstrengend sein, knatschig wie ein kleines Kind, nörgelig wie ein Teenager.

So hat es Angela Lambert erlebt, die nicht so leicht einzuschüchternde Star-Interviewerin des *Independent*. Als die Reporterin in London-Hampstead erschien, wo Decca sich diesmal eine Wohnung geliehen hatte, machte sie schon bei der Begrüßung klar, dass sie erstens Jetlag und zweitens viel zu tun hatte. Zwei Stunden waren für das Gespräch vereinbart, nach der Hälfte der Zeit drängelte sie, wie lang Lambert denn noch bräuchte?! Nach anderthalb Stunden reichte es Decca: »Sie bringt noch ein Lächeln zustande, als ich gehe.« In dem Moment, wo Lambert die Tür hinter sich zuzog, merkte sie, dass sie ihren Füller hatte liegen lassen. Aber Decca noch einmal entgegenzutreten, davor graute ihr so sehr, dass sie lieber am nächsten Morgen einen Boten losschickte. Lamberts Resümee: »Einmal Mitford, immer Mitford. Alle sechs auf einmal müssen zum Fürchten gewesen sein.«

New York

Decca liebte bekanntlich »contrastiness«: Morgens zur Trauerfeier eines alten KP-Genossen, am Abend zur Fundraising-Gala der New York Public Library, einem glitzernden Event (selbst das Top, das Maya ihr ausgeliehen hatte, glitzerte). Seit Dinky und ihr Mann Terry, der inzwischen als Lehrer an einer Schule unterrichtete, 1990 nach Manhattan gezogen waren, kamen die Treuhafts jetzt noch häufiger nach New York, wo sie seit jeher auf der langen Reise nach Europa gern einen Zwischenstopp einlegten.

New York bedeutete für Decca das, was für ihre Schwestern Venedig, Paris und die Riviera waren: die Welt des Glamours. Nur dass ihre Glitterati Literati waren. Verlage, Agenten, Zeitschriften, Autoren ballten sich hier, dazu kamen alte kommunistische und neuere schriftstellernde Freunde. Ähnlich wie London bedeutete New York »Gesellschaftsleben nonstop«, wie sie bei einem ihrer unzähligen Besuche schrieb. »Sie hat New York *geliebt*«, so Dinky, »diese verrückte Stadt, in der das Vergnügen regiert«, wie Decca sie beschrieb. Das war schon so, lange bevor sie eine bekannte Autorin wurde: »Das Leben hier ist himmlisch«, schrieb sie Pele de Lappe 1957.

Allerdings blieb Decca nie auch nur annähernd so lang wie in London und war hinterher immer froh, wieder nach Hause zu kommen. In Oakland konnte sie ungestört arbeiten, dort herrschten weniger Druck und Konkurrenz, wehte ein freierer Geist. An der Ostküste war die Klassengesellschaft viel stärker ausgeprägt.

Dinky hatte in den wilden 1960er Jahren ein glückliches Schnäppchen in New York gemacht. Eigentlich auf der Suche nach einer Wohnung, hatte sie durch Zufall ein ganzes altes Reihenhaus gefunden, ein Brownstone, im noch ziemlich heruntergekommenen, heute so angesagten East Village. Sie kratzte zusammen, was sie an Geld besaß, die Eltern gaben ihr für die Anzahlung den Rest (Decca hatte gerade Inch Kenneth verkauft), unter der Bedingung, dass sie regelmäßig ihre Raten zahlte und sich kümmerte um das Haus, das sie ihr irgendwann ganz überschrieben.

Hier leben Dinky und Terry heute noch, hier ist Bob 2001 gestorben: Als er zu krank war, um sich in Oakland allein zu versorgen, holte seine Stieftochter ihn zu sich. Zwei Jahre nach Deccas Tod zog auch Benjy in das Mehrfamilienhaus, eigentlich hatte er das gar nicht vor, hatte nur eine Wohnung in New York gesucht. Bei Dinky war gerade eine frei. Ein bisschen skeptisch war er zunächst, mit der großen Schwester unter einem Dach … Aber es ist alles gut gegangen, sehr gut sogar, und wenn er nicht gerade in Tokio, Budapest oder Edinburgh lebt, einmal sogar, samt Klavier, im Zelt am Strand, wohnt er hier. Die beiden sind sich sehr nah, wobei Dinky noch immer die große Schwester ist, die Kümmerin, Familienmensch durch und durch.

An den Wänden hängen Bilder von Pele de Lappe, Plakate von Maya Angelou und das Porträt von Lady Redesdale, auf deren Kanapee man hier auch sitzen darf, im Fenster die palästinensische Flagge. Als die Krankenschwester in Rente ging, wurde sie Präsidentin des amerikanischen Freundeskreises des Jenin Freedom Theatre: »ein überschaubares Projekt – nicht wie der Hunger in der Welt oder der Planet«. Über Weihnachten fährt sie häufig nach Jenin in die besetzten Gebiete, ist ansonsten Aktivistin in Sachen Gesundheitspolitik, ehrenamtliche Vorleserin und Full-Time-Großmutter einer ständig wachsenden Enkelschar, wobei sie selbst mit über siebzig noch sehr mädchenhaft wirkt.

Massen von Menschen, jede Menge Spaß

Wenn Dinky nach Oakland kam, war das jedes Mal ein willkommener Anlass für ein Fest. »Partys, people and politics«: So hatte sich eine von Deccas Freundinnen in jungen Jahren (wie sich herausstellte: zu Recht) ihr Leben vorgestellt. Partys, Menschen, Politik – kürzer könnte man auch Deccas Leben nicht zusammenfassen. Bei Treuhafts war eigentlich immer Partytime. Decca in geblümter Bluse auf dem Sofa sitzend in ein lebhaftes Gespräch vertieft, das ist das Bild, das der Schriftstellerin Frances Fitzgerald als Erstes einfällt, wenn sie an Decca denkt. Ein Grund zum Feiern ließ sich immer finden.

Ob ein Dinner in kleinem Kreis oder ein Fest mit hundert Leuten, alles wurde sorgfältig geplant. Es gingen schriftliche Einladungen raus, Decca konferierte und korrespondierte mit ihrem Mann über den Speiseplan. Jeder hatte seine Standardgerichte, Bob war berühmt für Gulasch und Paprikasch, schwarze Bohnen, Lammkeule und Lachs, Gerichte, die sich gut für Menschenmassen zubereiten ließen, Decca machte Hühnchen in jeder Form, außerdem Schinken, Roastbeef und Lady Redesdales Reisgericht Kedgeree, aber auch so amerikanische Dinge wie Gemüsesticks mit Sour Cream & Onion Dip. Das Geheimnis ihrer Salatsauce waren Geschmacksverstärker. Für die Essen in kleinerer Runde holte Decca das gute alte geerbte Service aus dem Schrank.

Aber wehe, die Gäste kamen zu spät! Hatte sie für sieben Uhr eingeladen (die Feste der Frühaufsteherin begannen zeitig), stand Decca um Punkt sieben an der Tür und stampfte mit den Füßen. Wenn eine Minute später noch niemand da war, deklamierte sie, für immer geprägt von der fanatischen Pünktlichkeit ihres Vaters, mit trauriger Stimme den alten Kinderreim: »Little Miss Smarty had a party – and no one came.« (»Fräulein Schlaumeier gab ein Fest – und keiner kam.«) Natürlich kamen sie, eine Einladung in die Regent Street ließ sich niemand entgehen. Und wenn sich jemand zweimal angemeldet hatte und dann nicht erschien, wurde er für immer von der Gästeliste gestrichen. Ungefragt jemanden mitzubringen war ebenso wenig erlaubt. »Sie legte höchsten Wert auf Etikette«, so Katie Edwards.

»Massen von Menschen, jede Menge Spaß, Ströme von Alkohol«, so beschreibt Bettina Aptheker die Feste. Es wehte ein offener Geist durch das

Haus, in dem sich alle wohlfühlten; die Grundstimmung war unprätentiös und entspannt, die Mischung der Gesellschaft so bunt wie nirgends sonst. Schwarz und Weiß, Alt und Jung, Schriftsteller und Aktivisten, Old Lefties und New Lefties, Nachbarn und Studenten, Hafenarbeiter und Professoren, Journalisten und Benjys flippige Musikerfreunde, Juristen und Gewerkschaftler – »die Vereinten Nationen«, wie Maya Angelou sagt, »alle, die sie mochte«. »Oder nicht mochte«, wirft Dinky ein. Denn »a fine old conflict« gehörte immer dazu, gern trat Decca bei ihren Festen nicht nur als Menschenkupplerin und Entertainerin auf, sondern auch als Agent Provocateur – zu gemütlich sollten die Besucher es sich dann doch nicht machen. Bei gesetzten Essen platzierte sie gern Gäste nebeneinander, von denen sie wusste, dass sie unterschiedlicher Meinung waren. Konflikte, schrieb sie einmal in einem Dankesbrief ihren Gastgebern, waren für sie »Kennzeichen jedes guten Festes«.

Natürlich waren die Feiern im Regent Palace nichts gegen Debos Gartenpartys, zu denen mehr als zweitausend Gäste in den Schlosspark kamen, oder das Spektakel, das die Duchess of Devonshire zum einundzwanzigsten Geburtstag ihres Enkels ausrichtete, für das sie ein arabisches Zelt von Prinz Charles auslieh und die Beleuchtung von einem Zauberer arrangieren ließ. Aber wichtiger als die Unterschiede war die Gemeinsamkeit: »Ich habe bemerkt, dass Ihr Kinder alle Partys liebt«, staunte Lady Redesdale, selber glücklich auf ihrer einsamen Insel, als Debo am Wochenende nach ihrem Einzug eine Jagdgesellschaft nach Chatsworth einlud.

In Oakland endete der Abend meist am Klavier, um das sich alle versammelten, dann schmetterte Decca ihre alten Lieder. Normalerweise steckte sie mit ihrem Lachen alle an. Einmal aber, als Bettina Aptheker sich verabschieden wollte, fand sie die Gastgeberin allein im abgedunkelten Hinterzimmer auf der Couch ausgestreckt, während vorne das Fest noch in fröhlichem Gange war. Trotz all ihrer Freude an Menschen und Späßen, so Aptheker, »spürte ich einen seelischen Schmerz bei ihr«. – »Ich hab dich lieb«, verkündete Aptheker und gab Decca einen Abschiedskuss, ein Bekenntnis, das Decca normalerweise als Gefühlsduselei abgewatscht hätte. »Immer«, habe sie dieses Mal erwidert. Solch einen Moment der Melancholie hat sie sich selten erlaubt.

Das Einzige, was einer Einladung in die Quere kommen konnte, war *Jeopardy*, das Fernsehquiz. Dann hatten die Gäste die Wahl, entweder sie guckten mit oder kamen später. *Jeopardy* war heilig. Seit Decca politisch und journalistisch nicht mehr so aktiv war, widmete sie sich nur zu gern Bildschirm-Trash wie *People's Court,* jener frühen Reality-TV-Show, bei der sich zwei Gegner vor Gericht beharkten, oder *Name That Tune*, eine Musikratesendung. Decca hat es amüsiert, wenn Menschen sich lächerlich machten, deswegen gefiel ihr auch die *Versteckte Kamera* so gut. Nach ihren Lieblingssendungen war sie so süchtig wie nach ihren Zigaretten. Ein Nachmittag ohne BBC-Nachrichten ging gar nicht, kurz vor fünf musste Bob ihr den Sender einstellen. Manchmal ließ er sie ein bisschen zappeln.

Am frühen Nachmittag legte Decca sich gern aufs Sofa und las, am liebsten Biographien und Historisches, Zeitgeschichtliches, Manuskripte und Fahnen, die sie von allen Seiten zugeschickt bekam – und gedruckten Trash: Die »Dear Abby«-Kolumnen der Kummerkastentante hat sie verschlungen. Inzwischen gönnte sie sich auch ein Schwätzchen am Telefon, die Angst vor dem Ferngespräch hatte sie abgelegt, wobei sie genau Buch führte über geplante und erledigte Anrufe. Einmal in der Woche ging sie zum Friseur, um sich die Haare legen zu lassen. »Das konnte sie selber überhaupt nicht«, so Katie Edwards. Auch ihm vermachte sie in ihrem Testament Geld.

Als Gast war sie so großzügig und beliebt wie als Gastgeberin – allerdings auch gefürchtet. Denn Decca nahm kein Blatt vor den Mund, und wenn sie jemanden sah, über den sie sich ärgerte, dann stürzte sie sich auf ihn. Fast immer kam sie zu früh, ging aber auch, als sie älter wurde, zeitig. Vielleicht, weil sie müde war. Oder weil ein Fest sie nur so lange interessierte, wie sie selbst im Mittelpunkt stand. Noch fünfzehn Jahre später ist Lisa Pollard voller Wut, wenn sie von dem großen Silvesterfest bei einer der Edelfedern des *San Francisco Chronicle* erzählt, zu dem sie die Treuhafts als Chauffeuse und Freundin begleiten sollte. Sie hatte sich wahnsinnig gefreut darauf. Aber kaum kam das Fest in Schwung, riefen die Treuhafts zum Aufbruch. Decca hatte auf dem Sofa Hof gehalten, alle hatten ihre Aufwartung gemacht, aber dann wandte man sich anderen Gesprächspartnern zu, und der Grande Dame, so Pollards Eindruck, wurde langweilig.

Alkohol

Auch in den intensivsten politischen Phasen hatten die Treuhafts immer ein geselliges, und das hieß damals automatisch: feuchtes Leben geführt. In den 1940er, 1950er Jahren gehörten harte Drinks zur Cocktailstunde wie Würstchen zum Grillfest. In den Hollywoodfilmen jener Zeit sieht man Humphrey Bogart & Friends, genau wie Decca, selten ohne Whiskey in der einen, Zigarette in der anderen Hand. »Wir drei (Bob, ich & eine Flasche Whiskey) sitzen einträchtig vor dem Abendessen in unserem reizenden Schlafwagenabteil«, schrieb Decca 1962 aus dem Zug nach New York.

Auch zum Arbeiten brauchte sie »a good stiff drink«, eher zwei oder drei. Sie könne damit klarer denken, erklärte sie Katie Edwards, die den Nachschub besorgen musste, was sie wie alles diskret tat. Wenn Decca bei Freunden übernachtete, hielten ihre Gastgeber einen Vorrat an harten Sachen bereit, an denen sie sich morgens bedienen konnte.

Mit dem Alkohol ertränkte sie Trauer und Melancholie, Gefühle, über die sie nicht reden konnte oder wollte. Neben der Arbeit war er ihr wirksamster »Trübsalvertreiber«, wie sie ihn nannte. »Ihr Privatleben hatte viele Höhen und Tiefen«, so Bob Gottlieb. »Ihr Wodkakonsum hatte damit zu tun.«

Um ihre Gesundheit machte sie sich keine Sorgen, ja, sie betrachtete das Rauchen und Trinken geradezu als kluge Vorsichtsmaßnahme: um bloß nicht zu alt und klapprig zu werden, womöglich Parkinson zu kriegen wie ihre Mutter oder lange an Krebs zu leiden wie Nancy. Bob hatte schon eine künstliche Hüfte und Schulter bekommen, worunter sie mehr zu leiden schien als er. Für Krankheit hatte sie keine Geduld, zur Krankenschwester kein Talent.

Irgendwann waren einige ihrer Freunde ganz froh, eine Entschuldigung zu haben, zu einer Party nicht kommen zu können, oder versuchten zumindest, rechtzeitig wieder zu gehen: bevor der Alkohol die Gastgeberin so sehr veränderte, dass sie nicht mehr witzig, sondern böse war – je später der Abend, desto giftiger. David Weir hat den Wandel ihrer Persönlichkeit im Laufe eines Festes oft erlebt, wie sie immer abwesender wirkte – »nicht so engagiert, nicht so persönlich – nicht wirklich präsent«. Es gab

Momente, da selbst der zurückhaltende Bob mal sanft einschritt: »Mach einmal bisschen langsamer, Mädchen.« Manchmal rief sie auch selber abrupt zum Aufbruch. Aber Decca vertrug verdammt viel, richtig betrunken haben sie nur die wenigsten erlebt.

Je mehr sie trank, desto mehr brauchte sie auch. Bettina Aptheker fand es schon in den späten 1970er, frühen 1980er Jahren ziemlich schlimm. Wie viel sie konsumierte und wie früh – morgens um sieben, nach dem ersten Kaffee –, wusste auch die Familie lange nicht oder nicht so genau. Ihr Enkel merkte es erst, als er aus dem vermeintlichen Wasserglas trank und Wodka ausspuckte. Die Zeiten waren vorbei, da Decca noch das Gefühl hatte, die Gesellschaft anderer als Entschuldigung zu brauchen.

Neben Marge Frantz war Dinky eine der wenigen, die sich traute, was zu sagen. Außer den Ärzten natürlich, die Deccas Leberwerte kannten und immer wieder an ihre Vernunft appellierten. Aber ihre Leber war ihr egal, darum ging sie einfach nicht mehr zum Arzt. Nicht mal den Blutdruck wollte sie sich messen lassen. Vor ihrer Tochter hatte sie mehr Angst, denn der entkam sie nicht. Und Dinky nahm kein Blatt vor den Mund, war sehr direkt und als Krankenschwester gewohnt, energisch aufzutreten.

Es wurde »immer schlimmer, schlimmer und schlimmer«, wie Dinky erzählt. Der Alkohol machte Decca gemein. Bei einem »entsetzlichen Abendessen« fiel sie so heftig über ihre gute alte Freundin Barbara Kahn her (die selber ein Alkoholproblem hatte und mit Depressionen kämpfte), dass Dinky ihre Mutter hinterher zurechtwies, sie müsse ihre Freunde nicht behandeln wie den Klassenfeind.

Und dann hat sie einfach aufgehört, von jetzt auf gleich. Cold turkey.

Zu Besuch bei ihrer Tochter in New York, war Decca Ende 1994 die Stufen hinuntergefallen und hatte sich Fuß und Handgelenk gebrochen. Es war nicht allein der Schreck, nicht mehr Herrin ihrer selbst zu sein, der sie zu dem drastischen Schritt bewog. Es grauste ihr davor, anderen zur Last zu fallen, womöglich irgendwann zum Pflegefall zu werden. Das Ganze war ihr extrem unangenehm, ja, peinlich, sie genierte sich. »Ich ruiniere dein Leben!« war das Erste, was sie Dinky sagte, als sie nach der Operation aus der Narkose aufwachte. Dinky bat die Ärzte, ihrer Mutter Mittel gegen die zu erwartenden Entzugserscheinungen zu geben.

Als ein Psychologe kam, um mit Decca zu reden, bat sie ihre Tochter, beim Gespräch dabei zu sein. Ihm erzählte sie, wie und wann sie angefangen hatte, als Teenager bei Partys, wie es weiterging. »Was für Unsicherheiten sie im Umgang mit Esmond und seinen Freunden gehabt haben mochte«, erinnert Dinky sich an Deccas Beichte, »mit Alkohol wurde es besser; sie fühlte sich sicherer, liebenswerter.« Es sei zuerst ein geselliges Trinken gewesen, aber »als sie zu schreiben begann, schärfte es auch ihr Denken«. Obwohl alle sie für furchtlos hielten: So wie sie sich anfangs vor Interviews Mut angetrunken hat, hat sie das später vor Vorträgen getan. »Sie dachte, sie könnte ohne Alkohol nicht so witzig sein, er lockerte ihre Zunge. Und am Ende war sie überhaupt nicht mehr witzig.«

Was der Psychologe ihr sagte, wusste Decca längst, Dinky hatte es ihr gegenüber schon oft genug geäußert: »Sie sind Alkoholikerin.« Er riet ihr dringend zur Kur, aber nachdem sie sich die hatte ausmalen lassen, winkte sie ab: »Die Kur hört sich schlimmer an als die Krankheit.« – »Und ich seh sie noch vor mir«, sagt Dinky, »sie sah jämmerlich aus« mit den grauen Haaren und dem fahlen Gesicht im Krankenhauskissen, wie sie trotzig erklärte: Ich werde aufhören zu trinken. Der Arzt hat es nicht geglaubt. Aber da kannte er Decca schlecht.

Die Anonymen Alkoholiker waren ihr zu sektenmäßig, außerdem hatte sie keine Lust, sich vor anderen seelisch auszuziehen (oder, oh Graus, ihnen dabei zuzuhören). Auch vor dem Medikament, das ihrem Schwager Andrew Devonshire geholfen hatte, gruselte ihr, bei dem einem schlecht wird, wenn man was trinkt. Dann müsse sie sich wenigstens jemanden suchen, der ähnliche Erfahrungen hatte und mit dem sie jederzeit darüber reden könnte, beschwor ihre Tochter sie. Okay, sagte Decca, ich nehme: dich! Geht nicht, sagte Dinky, schon allein weil sie keine Suchterfahrung habe … Doch das ließ Decca nicht gelten.

Zweimal, erzählt Dinky, habe Decca während der Entwöhnung ratsuchend angerufen. Sie hat es ohne weitere Hilfe geschafft, weil sie es schaffen wollte. Und zwar allein. »Ich glaube, sie wollte keine Schwäche zugeben«, sagt ihre Freundin Leah Garchik. »Das ist sicher diese britische Haltung: Immer den Kopf oben halten«, lobte Enkel James, nachdem sie zwei Wochen trocken war. Zu ihrem größten Erstaunen stellte Decca fest, dass sie den Wodka gar nicht vermisste. (Falls sie sich nicht doch ab und an heimlich einen genehmigte, wie Helena Kennedy glaubt.)

Manche hatten das Gefühl, dass sie nicht mehr ganz so witzig war. Benjy dagegen fand sie jetzt wieder viel lustiger – »sooo viel netter, nicht mehr so beißend, sarkastisch«. Ob es nun mehr mit der Abstinenz zu tun hatte oder mit dem Alter, fest stand: Decca war milder, sanfter geworden. Mutter und Sohn sahen sich jetzt wieder häufiger, faxten einander, zogen sich auf. Sie hatten noch ein paar fröhliche Jahre.

Klaviere nach Havanna

Das Verhältnis der beiden war nach Jahren, ja, Jahrzehnten der ständigen Sorge und des häufigen Krachs wieder vergnügt und entspannt. Benjy nahm (meist) seine Medikamente, hatte seine Krankheit weitgehend im Griff, war wieder der lustige, schlagfertige, originelle Sohn.

Noch heute, mit Mitte sechzig, wirkt er wie ein großes Kind, arglos, unpraktisch, witzig, der letzte Hippie von Berkeley, auch wenn er dort schon lange nicht mehr lebt. Ein pummeliger Teddybär in schlabberigen Pluderhosen, Vater zweier kleiner Kinder. Am liebsten sitzt er im Schneidersitz, um den Kopf hat er ein Taschentuch wie ein Pirat über die Halbglatze geknüpft, am Kinn ein weißes Ziegenbärtchen, das er sich grün färben lässt, so giftgrün, dass es aussieht wie ein Büschel Kunstgras im Gesicht. Wenn er es sich leisten könnte, sagt er, würde er die Farbe noch viel häufiger wechseln. Vor der Tür steht sein Riesendreirad, mit dem er noch beim schlimmsten Schneesturm durch die Stadt fährt und in dessen Anhänger er alles setzt, was er transportieren muss, einschließlich seiner schwangeren Frau und seiner kleinen ungarischen Schwiegermutter samt Koffer. *Underwater Piano Shop* steht auf dem Rad, so hat er seinen Einmannbetrieb genannt.

Wenn ihr Sohn auftauchte, so Katie Edwards, ließ Decca alles fallen, »sie war verrückt nach Ben«. Und jetzt, 1995, hatte er sich zu ihrer hellen Freude auch noch einem semipolitischen Projekt verschrieben, das sie aus vollem Herzen unterstützte: »Send a Piana to Havana« (»Schick ein Klavier nach Havanna«). Benjy schiffte Klaviere, die seine Landsleute gestiftet hatten, nach Kuba, mehr als zweihundert im Laufe der Jahre – die armen Kubaner brauchten schließlich nicht nur Brot, sondern auch Musik, und die alten sowjetischen Instrumente hatten die Termiten und das tropische Klima inzwischen zerfressen. Decca liebte das Subversive der Aktion, dass Benjy einen sozialistischen Staat unterstützte und das Embargo der US-Regierung unterlief. Die BBC hat sogar eine Dokumentation darüber gedreht, *Tuning With the Enemy*. Bob war nicht minder entzückt, Kuba war sein Lieblingsreiseland, er liebte die Zigarren, den Rum und das kommunistische Experiment.

Voller Stolz auf ihren Sohn, der politisch nie sonderlich aktiv gewesen war, stürzte Decca sich ein letztes Mal in eine Kampagne, rührte die Werbetrommel, schrieb Bettelbriefe, auch ein Teil der Erlöse ihrer 1995 aufgenommenen Single – »Maxwell's Silver Hammer« auf der einen, »Grace Darling« auf der anderen Seite – ging an Benjys Kubaaktion.

Kann denn niemand diese Frau bremsen!

Als »superheroisch« lobte Decca auch Benjys Part bei der Organisation ihrer Goldenen Hochzeit.

»Was für eine Vorstellung, Woman lässt sich scheiden«, hatte Decca ihrer Mutter 1951 geschrieben. »Kann es sein, dass ich die Einzige bin, die wirklich solide ist, wie man so schön sagt?« Tatsächlich, im Vergleich mit ihren Geschwistern hatte sie, trotz der Erschütterungen der 1980er Jahre, die stabilste und gleichberechtigste Beziehung.

Nicht mal zehn Jahre lag Topic A jetzt zurück. Von den Gästen der Goldenen Hochzeit wusste so gut wie niemand davon. Nach außen hin hatte sich ohnehin nichts an dem Verhältnis zwischen Decca und Bob geändert. Und nach innen? »Sie machten weiter«, wie Dinky sagt. Sie waren ein altes Ehepaar, und oft benahmen sie sich auch so, waren genervt, hackten aufeinander rum. Einmal, so Benjy, als die beiden im Supermarkt einkaufen waren, nörgelte Decca so hartnäckig an Bob herum, dass ein Kunde irgendwann empört dazwischenfuhr: »Jetzt lassen Sie den Mann doch in Frieden!« Aber Bob ließ sich nicht aus der Ruhe bringen. Er konnte selber gut austeilen. Und gleichzeitig war da eine Innigkeit – ein Bild zeigt die beiden auf dem Goldenen Hochzeitsfest, wie sie einander in den Armen liegen. Sie war fünfundsiebzig, er achtzig. Beide konnten sich ein Leben ohne den anderen nicht vorstellen.

Der Festort war sorgfältig von Benjy ausgewählt, der Gemeindesaal der First Unitarian Church of Kensington, kurz: FUCK. »Sie waren *entzückt*«, so Katie Edwards, immer wieder nahm Decca den Namen in den Mund. Dinky und Benjy traten als ihre eigenen Eltern auf, mit vertauschten Rollen: Benjy trug Deccas Nachthemd. Zweihundert Gäste waren gekommen, es gab Reden, Sketche und Songs auf das Hochzeitspaar, eine schwarze Tunte trat als DJ und Sänger auf, das Ganze war so unernst und »gickelig«, wie das Brautpaar es sich erhofft hatte.

Was für ein Kontrast zu jenem Tag ein halbes Jahrhundert zuvor, als sie heimlich, in einer fremden Stadt, ohne Freunde und Verwandte vor den Friedensrichter traten. Damals fürchteten sie sich vor Journalisten. Jetzt ließen sie sich strahlend für die Lokalzeitung ablichten.

Decca hatte sich für die Rolle der komischen Alten und bodenständigen Grande Dame entschieden. *Harold and Maude* erkor sie zu ihrem Lieblingsfilm, immer wieder guckte sie ihn sich mit Bob auf dem Videorekorder an. Sie liebte den schwarzen Humor des Streifens, die unbekümmert-freche Unabhängigkeit der neunundsiebzigjährigen Maude, ihrem Alter Ego, das mit Begeisterung auf Friedhöfe geht. »If you want to sing out, sing out«, singt Cat Stevens im Film. »And if you want to be free, be free.« Das Alter zu romantisieren, hielt Decca für Quatsch, es war weder Grund zum Jubeln noch zum Jammern, es war, wie es war, einschließlich Wehwehchen, und fertig. Ansonsten blieb man sich, so gut es ging, treu. Virginia Durr war ihr ein großes Vorbild – mit neunzig noch immer »ein Feuerball«.

Virginia trat auch in dem Film auf, den eine junge Studentin aus Berkeley, Ida Landauer, in den 1980er Jahren über Decca drehte: ein Porträt von ihr, vor allem als Journalistin. Die Porträtierte hatte anfangs gar keine Lust, der Film für die BBC hatte sie schon so viel Zeit gekostet, und den wollte in den USA kein Sender haben. Aber Ida Landauer ließ sich nicht schrecken, war so zäh entschlossen wie Decca bei ihren Projekten. Mit Hilfe von Freunden schaffte sie es, *Portrait of a Muckraker* zu drehen, der 1987 von KQED ausgestrahlt wurde, einem öffentlichen Sender in Nordkalifornien. Die forsche Landauer hat, und das macht den Streifen spannend, zusammen mit Stephen Evans und James Morgan eine Vielzahl von Leuten interviewt. Alte Freunde Deccas wie Marge Frantz, Bob Gottlieb und Pele de Lappe kommen zu Wort, Dinky und Bob natürlich, Redakteure, für die Decca schrieb, aber auch ihr Lieblingsfeind aus der Bestattungsindustrie.

Virginia als Grande Dame, die sich von niemandem, auch der Regisseurin nicht, herumkommandieren lässt, ist besonders großartig. Als Landauer (die ihren Gesprächspartnern gegenüber sehr pushy ist) von Virginia verlangt, eine Geschichte vor der Kamera noch mal mit anderen Worten zu wiederholen, weigert sich die über Achtzigjährige: »Ich finde, ich habe die Geschichte tadellos erzählt.«

Die Veteranin der Bürgerrechtsbewegung war inzwischen ein Star. Seit dem Erscheinen ihrer Oral-History-Autobiographie *Outside the Magic Circle* 1986, die Decca sehr gefiel, wurde sie endgültig die umschwärmte Bienenkönigin, die sie von klein auf sein wollte. Mit Vergnügen ließ sich Virginia feiern und hofieren (»alles extrem aufregend & wohlverdient«, wie Decca kommentierte) und nutzte, genau wie Decca, ihre neue Prominenz, um bei jeder Gelegenheit ihre Meinung zu sagen, Politikern einzuheizen, den, wie sie fand, schrecklichen Reagan und den Einfluss der Wirtschaft auf die Regierung zu kritisieren. Mit Inbrunst bekämpfte sie George Wallace, der zu ihrem Entsetzen als Gouverneur von Alabama dauernd wiedergewählt wurde – nicht zuletzt mit den Stimmen von Schwarzen, denen sie dann den Marsch blies –, versuchte, der demokratischen Partei mehr demokratischen Geist einzuhämmern. »Ihre Weigerung, sich wie ein Relikt zu benehmen«, so Pat Sullivan, Herausgeberin von Virginias Briefen, »machte sie nur noch faszinierender.« Als Virginia 1999 mit 95 Jahren starb, wurde die Flagge auf dem Kapitol von Montgomery auf Halbmast gesetzt.

Inzwischen sahen die Freundinnen sich nur noch selten, was nicht allein an der Entfernung lag. Mit zunehmendem Alter fand Decca ihre Freundin immer anstrengender. Manchmal beschwerte Decca sich auch über deren Knausrigkeit, genierte sich, weil Virginia in ihrer Direktheit noch hemmungsloser war als sie selbst. In ihren depressiven Phasen versuchte Decca, ihre Freundin zu trösten und Verständnis zu zeigen, obwohl sie es gar nicht hatte.

Virginia wiederum hatte das Gefühl, dass Decca ihr noch aus einem anderen Grunde aus dem Wege ging: »Ich habe manchmal das Gefühl, dass ich sehr schmerzhafte Themen aufbringe«, erklärte sie im *Muckraker*-Film. »Wenn ich da bin, denkt sie an Esmond, denkt sie an Nicholas, denkt sie an ihre ersten Jahren in den Vereinigten Staaten, und mir kommt es so vor, als ob sie immer so beschäftigt ist, wenn ich bei ihr bin, dass sie kein persönliches Gespräch führen will, sie möchte nicht über die Vergangenheit reden.«

Die Mitford Girls blieben die Mitford *Girls*, auch Deccas Schwestern, die sich in ganz anderen Kreisen bewegten, bewahrten sich bis ins hohe Alter etwas Frisches, Jugendliches. Debo lief mit neunzig noch mal zu Höchstform auf, als sie ihre Autobiographie veröffentlichte, die sie mit Hilfe ihrer treuen Sekretärin Helen Marchant und Dianas Schwiegertochter Charlotte Mosley schrieb. Das, was für Decca so quälend gewesen war, hatte für Debo gerade etwas Kathartisches, wie Charlotte Mosley glaubt: über den Tod ihrer Babys zu sprechen. *Wait for Me* machte Debo noch mal zum Star, sie tourte durchs ganze Land und bis nach Amerika, meist mit Charlotte an ihrer Seite, gab Dutzende von Interviews. Auf der Bühne fühlte sie sich sichtlich wohl, sprühte nur so vor Energie. Das Publikum lag ihr zu Füßen, diese Mischung aus Aristokratie, Witz, Bodenständigkeit, ihre Mitford-blauen Augen!

In den Pressegesprächen machte sich Debo, ganz kampflustige Lady im Decca-Stil, einen Spaß daraus, ihre Interviewer zum Duell herauszufordern und einzuschüchtern. Als wollte sie es genießen, nicht mehr die zur Diplomatie und Freundlichkeit verdammte Herzogin zu sein, sondern als Herzogin im Ruhestand in die Fußstapfen ihrer Schwester zu treten. »Lassen Sie uns streiten, ja?«, forderte sie die arme Journalistin vom *Yorkshire Life* auf. »Ich liebe Konflikt und Streit. Stellen Sie mir Fragen, die wehtun, dann haben wir beide unseren Spaß.« Nachdem sie ihren Publicity-Marathon abgeschlossen hatte, zog sie sich zurück und ist heute nicht mehr richtig ansprechbar.

Decca sah mit den Jahren Miss Marple immer ähnlicher, lief schon mal mit wehendem rotem Cape und erhobenem Stock einem Zug hinterher, um ihn mit den Rufen »Stopp!! Stopp!!« tatsächlich zum Halten zu bringen. Den Stock hatte sie jetzt immer dabei, er ließ sie aber nicht gebrechlich aussehen, fand ein Reporter, nur noch imposanter. Sie klang höchstens tüttelig: Wenn ein paar Jugendliche ihr die Handtasche klauten, würde sie, so Enkel Chaka, nur rufen: »Ihr bösen Kinder, bringt sie sofort zurück!«

Die äußerlichen Verfallserscheinungen waren ihr herzlich egal. »Ich kann graues Haar auf den Tod nicht ausstehen«, hatte Nancy erklärt, als sie weit jünger war als Decca jetzt. Sich nicht hängen lassen: Was Decca nur ein inneres Diktat war, galt für die anderen Schwestern auch äußerlich. Je älter sie wurden, desto schöner und eleganter sahen Debo und Diana aus. Debos großes Vorbild war Queen Mum, die mit über achtzig noch so aufrecht saß, dass sie einen ganzen Ballettabend lang die Rückenlehne nicht berührte.

Decca interessierte ihr Aussehen nicht. Sie ließ sich einfach ins Alter fallen. Für ein Zahnimplantat waren ihr Zeit und Geld zu schade, was soll's, dann aß sie eben Rührei und Kartoffelbrei mit viel Butter und Sahne. Die Warnungen ihres Zahnarztes, sie wolle doch nicht aussehen wie eine zahnlose alte Frau, schlug sie in den Wind: »Wieso, ich *bin* eine zahnlose alte Frau.« Also ließ sie sich ein Gebiss machen, ein »Teilgebiss« zum Ablegen, das würde ihr auf jeden Fall Stoff für unterhaltsame Geschichten liefern.

Ja, sie war wackeliger geworden. Ihr Mann schimpfte mit ihr, dass sie sich nicht mehr bewegte, wobei ihre Gebrechen sich in Grenzen hielten. Bob dagegen, fünf Jahre älter als sie, aber entschieden sportlicher, litt unter starken Schmerzen, musste schwere Operationen über sich ergehen lassen und anschließend Decca als Krankenschwester ertragen. Den Großteil der Arbeit überließ sie Dinky, die Ärzte und Schwestern so energisch herumscheuchte, dass Decca fast Mitleid mit ihnen bekam. Sie ging lieber in die Klinik, um Boggle mit dem Rekonvaleszenten zu spielen. Zu Hause wurde es noch schlimmer: Decca hatte keine Lust, ihrem Mann die Hosen aus- und die Strümpfe anzuziehen. Falls Bob noch ein zweites neues Gelenk bräuchte, würde sie ausziehen. Das Aufpäppeln mit Hühnersuppe überließ sie der Haushälterin, dafür schrieb sie ein Duett, das sie mit ihrer Freundin Pele vortrug: »Darling, go home / Your husband is ill.« »Is he ill?/Then give him a pill.« (»Liebes, geh heim, dein Mann ist krank« – »Krank ist er? Dann gib ihm eine Tablette.«)

Ende der 1950er Jahre hatte Decca sich von Pele ein paarmal in deren Fitnesskurs mitschleppen lassen, das war so ziemlich das letzte Mal, dass sie sich freiwillig bewegt hatte. *No sports*: Da war sie mit Winston Churchill ausnahmsweise einer Meinung. Als der Arzt ihr nach dem Schlaganfall eine Meile pro Tag verschrieb, war ihr selbst das zu viel. »Ich *hasse* gehen.«

Sie hatte eine andere Freizeitbeschäftigung: Singen, neuerdings sogar mit ihrer eigenen Band, den Dectones. Animiert dazu hatte sie die PR-Agentin Kathi Goldmark, die schon einigen Schriftstellern mit Rockstarambitionen musikalische Auftritte arrangiert hatte. Decca liebte Ohrwürmer, alles, was sich hämmern und schmettern ließ, egal ob Politisches oder Christliches, und hatte ein fabelhaftes Gedächtnis für die Texte, die sie gern umdichtete. In funkelnder Abendrobe trat die Fünfundsiebzigjährige jetzt in einem Nachtclub auf, der Paradise Lounge. Die Combo mit wechselnder Besetzung sang und spielte Kazoo im Hintergrund, ein Mini-Membraphon – man könnte auch sagen: eine Tröte –, oder läutete Kuhglocken, und wenn der Star »Grace Darling« zum Besten gab, hielten ihre Hintergrundsänger Schilder hoch: HELP! HELP! Das war das Zeichen für den Einsatz des Publikums.

Bob Gottlieb schämte sich zu Tode – »kann denn niemand diese Frau bremsen!«, rief er entgeistert –, aber Decca kannte keine Peinlichkeit. Wenn sie auch mehr leierte als sang, sie hatte ihren Spaß, und wenn sie andere in Verlegenheit brachte, umso besser. Was ihr an Musikalität fehlte, machte sie mit Gusto wett. Mit ihrer Wodka-getränkten rauchigen brüchigen Altfrauenstimme legte Decca noch mal richtig los mit »Right Said Fred« und Maxwells silbernem Hammer: »Bang! Bang!« Ihre Interpretation des Beatles-Songs ist heute noch auf YouTube zu hören, und es lohnt sich – allein wegen ihrer Intonation von »Oh-oh-oh«, das sie mit tiefer Stimme trällert, mit einer Mischung aus Upperclass, Ironie und Dreck. Die Lust, die sie am eigenen Vortrag hat, ist ansteckend.

Voller Stolz schickte sie allen Freunden eine Kassette ihrer Hits, solo und im Duett mit Maya. Ihr junger Freund David Weir, der *Decca and the Dectones* in seinen Radiosender eingeladen hatte, fand den Auftritt »urkomisch. Ich dachte, diese Mädels treten mit Stil ab.« Ja, sogar beim englischen Publikum des BBC-Senders Radio 2 gab es einen Fanclub, wie der *Observer* schrieb.

Jetzt hatte Decca sogar eine echte Musikerin im Hause, mit der sie gerne sang, Lisa Pollard, »die blonde Bombe«, wie Decca die temperamentvolle Saxophonistin nannte, die jedes Wochenende mit ihrer Band Beerdigungszüge durch Chinatown begleitete. Lisa war durch Zufall in den Regent Palace gekommen: Decca brauchte jemanden, der mit ihr spazieren ging, sie in Bewegung hielt, nachdem ihre bisherige Physiotherapeutin weggezogen war. Anfangs, so Lisa Pollard, hatte Decca ihr noch die kalte aristokratische Schulter gezeigt, aber dann wurde sie warm. Jeden Morgen kam »die heilige Lisa«, wie ihr zweiter Spitzname lautete, ins Haus, um Decca spazieren zu führen – als eine Art menschlicher Dog Walker. Und die Sportverächterin ging brav mit, tat, was getan werden musste, drehte – in Joggingschuhen! – ihre Runden, ohne zu klagen, wobei sie sich Geschichten aus Lisas Leben erzählen ließ und eigene zum Besten gab.

Im Privaten war sie weicher geworden, in ihren politischen Überzeugungen blieb Decca so scharf und radikal wie eh und je. »Everyone's favorite grandmother she's not« stand über einem Porträt von ihr: »Jedermanns Lieblingsgroßmutter ist sie nicht.« Mit Begeisterung verfolgte Decca den Prozess gegen O. J. Simpson, der Fernseher lief nonstop. Natürlich stand sie ganz und gar auf der Seite des schwarzen Footballstars, dem vorgeworfen wurde, seine Exfrau und deren Freund umgebracht zu haben, jubelte, als er freigesprochen wurde.

An der Politik wäre freilich auch fast die Freundschaft zu Maya Angelou zerbrochen. Anfang der 1990er Jahre hatte sich Maya auf der Meinungsseite der *New York Times* für den von Präsident Bush als Obersten Richter nominierten Clarence Thomas starkgemacht. Für Maya war ihre Stellungnahme ein Akt der Solidarität gegenüber einem anderen Schwarzen, von dem sie überzeugt war, dass er ihre Interessen vertreten würde – für Decca war es Verrat. Clarence Thomas war als extrem konservativ bekannt, außerdem als sexistisch verschrien, als jemand, der nicht vorhatte, den Weg seines Vorgängers, eines schwarzen Bürgerrechtlers, fortzusetzen.

»Sie war so wütend auf mich!«, sagt Maya Angelou. »Sehr, sehr wütend«, wie Dinky bestätigt: »Sie war entsetzt!« Mit keiner anderen Freundin, nur ihren Schwestern hat sie je einen so heftigen Disput geführt. Aber am Ende war ihr die Freundschaft doch zu wichtig, um sie aufzugeben. Sie haben sich wieder versöhnt. »Deine ERGEBENE & dich immer liebende Decca« unterzeichnete sie 1992, ein Jahr nach dem großen Sturm, einen Brief. Doch so wie früher war es nicht mehr, der Riss war gekittet, der Bruch blieb. Clarence Thomas war immer »the elephant in the room«, wie Dinky sagt: das, was zwischen ihnen stand, ohne dass sie darüber redeten. Zudem nervte Decca die zunehmende Verliebtheit ihrer Freundin in den eigenen Glamourstatus, ihre Schwärmerei für Prinzessin Margaret, die Decca nicht ausstehen konnte, der staatstragende Auftritt der schwarzen Dichterin bei Präsident Clintons Inauguration, mit dem sie Ex-Präsident Bush zu Tränen rührte.

American Way Of Birth

Ein Buch veröffentlichte Decca vor ihrem Tod noch: *The American Way of Birth*. Alte Freunde hatten sie Ende der 1980er auf das Thema aufmerksam gemacht. Deren Tochter war Hebamme für Hausgeburten, ihr drohte seitens der Medizinerorganisation eine Prüfung wegen Ausübung einer medizinischen Tätigkeit ohne Lizenz. Ein Kampf der Kleinen gegen die Mächtigen, da war Decca natürlich sofort dabei. Zumal sie von Ärzten nichts hielt.

Wenn es nach ihr gegangen wäre, hätte sie selber all ihre Kinder zu Hause bekommen, so wie ihre älteste Tochter Julia in London. Das ging in den USA nicht. Der American Way of Birth ist in der Tat ein wenig anders: Bei der Geburt im Krankenhaus sind Hebammen die Ausnahme, der Arzt, mit einer Schwester an seiner Seite, betreut die Schwangeren im Kreißsaal, die Quote an Kaiserschnitten ist extrem hoch, was nicht zuletzt mit dem Risiko, verklagt zu werden, zusammenhängt.

Das Buch beginnt mit dem Persönlichen und ist bald beim Politischen, es geht um die Geschichte von Hebammen und der Geburtsmedizin einschließlich diverser Moden, um die Zweiklassenmedizin und die Medizintechnik, die Deccas Meinung nach eine zu große Rolle spielt, und endet mit dem Appell, eine allgemeine Krankenversicherung nach kanadischem Vorbild einzuführen. Dafür setzte sie sich jetzt auch in Vorträgen ein.

Knapp vier Jahre brauchte sie für das Buch, und sie war froh, als es vorüber war. Flüssig geschrieben, breit recherchiert, fehlt ihm doch die Dichte seines Todes-Pendants, auch dessen Witz. Kritiker warfen ihr Naivität und Schwarz-Weiß-Malerei vor: gute Hebammen – böse Ärzte.

Susan Griffin glaubt, dass die Arbeit an *The American Way of Birth* Decca zur Feministin gemacht hat, wie es etliche ihrer alten Freundinnen längst waren. Aber selbst wenn Decca eindeutig die Seite der Frauen ergriff, ganz wechselte sie die Fronten nicht. Sie interessierte sich nicht für spirituelle und psychologische Fragen, das Gerede vom »bonding«, Bindungen schaffen, ging ihr auf die Nerven. Auch mit der natürlichen Geburt sollte man es ihrer Meinung nach nicht übertreiben: den Verzicht auf Schmerzmittel hielt sie für Quatsch. Wie hatte schon Lady Redesdale gemeint: Ein Kind zu kriegen »fühlt sich an, als würde einem eine Orange ins Nasenloch gestopft«. »Und das sieben Mal«, so Decca, »man stelle sich vor. Die Ärmste.« Dass die Mutter-Kind-Beziehung Schaden nimmt, wenn das Neugeborene erst mal ordentlich gewaschen wird, bevor es der Mutter an die Brust gelegt wird, konnte sich Decca auch nicht vorstellen. »Ich hab's gern, wenn das Baby adrett und sauber ist.«

Das Beste an *The American Way of Birth* war der Vorschuss: eine halbe Million Dollar! Die Verlage überboten sich gegenseitig, alle erhofften sich einen Hit, wie *The American Way of Death*, nur noch spektakulärer, denn inzwischen war Decca ja eine berühmte Frau. Hinterher stellte sich heraus, dass die Agentin gar nicht mit anderen hätte verhandeln dürfen, weil Decca vertraglich gebunden war, das hatte sie vergessen. Am Ende blieb es trotzdem bei der gewaltigen Summe. Die war auch der eigentliche Grund für das Buch. Sonst hätte sie sich mit einem Artikel begnügt.

Liesel Evans

Das Zweitbeste war die Begegnung mit Liesel Evans, die letzte enge Freundschaft, die Decca in ihrem Leben schloss. Mit einem Fernsehteam der BBC kam die blutjunge Londonerin 1992 als Produktionsassistentin nach Oakland, um einen Film zu drehen, der auf Deccas neuem Buch basierte. Bei ihrem ersten Besuch mixte Bob seine berühmten Margaritas, einen nach dem anderen, mit dem sie sich schnell beschwipsten. Aber auch ohne Alkohol haben sie nonstop gelacht. Liesel Evans, im Alter von Deccas Enkeln, war von klein an großer Mitford-Fan gewesen, hatte genau wie J. K. Rowling, die derselben Generation angehört, mit vierzehn *Hons and Rebels* gelesen.

Decca sollte durch den Film führen, also kam sie überall mit, half sogar, die Ausrüstung zu schleppen. Als unkompliziert hat Liesel Decca auf der Reise in Erinnerung, die sie als »urkomisch« beschreibt. Decca hat es genauso erlebt: »Ich hatte eine wilde Zeit mit diesen BBC-Leuten & hab sie s. s. lieb gewonnen.«

Wenn sie nicht einen Monat vorher gestorben wäre, wäre Decca auch zu Liesels Hochzeit nach England gekommen, ein Hochzeitsgeschenk hatte sie vorher noch organisiert: Debo besorgte im Namen ihrer Schwester ein ganzes Service. Liesel Evans war für Decca wie Helena Kennedy Repräsentantin eines neuen England. Ihre Mutter war Baronesse Blackstone, »die rote Baronin«, wie sie auch genannt wurde, Bildungs- und später Kulturministerin in der Labour-Regierung. Als Liesel zweiundzwanzig war, Studentin an der University of Bristol und Mitglied der sozialistischen Arbeiterpartei, wurde ihre Mutter auf Lebenszeit geadelt und Liesel damit automatisch zu dem, was auch Decca war: Honourable. »Ersatz-Hon« hat Decca ihre Freundin genannt, die mit Aristokratie nichts am Hut hatte und zu Deccas Freude auf die Frage des Adelskalenders nach Clubs, denen sie angehörte, Nachtclubs eintrug.

»Wir hatten eine Freundschaft von Gleich zu Gleich«, sagt die fröhliche Filmproduzentin, »mochten einander, waren einfach gern zusammen.« Decca hat die Jungen nicht um ihre Jugend beneidet – Neid hatte keinen Platz in ihrem Gefühlsrepertoire –, sie hat einfach partizipiert daran. Sie waren ihr Lebenselixier. Decca löcherte Freunde wie Liesel Evans, wollte wissen, was sie machte und dachte, wen sie liebte und was sie hasste, hat ihre Freunde getroffen, auch ihre Mutter. Das Einzige, was ihr an ihrer Freundin nicht gefiel, war deren Anrufbeantworter. Auf dem lief Jimi Hendrix, was Decca jedes Mal missmutig kommentierte: »Kannst du diese Musik löschen!«

Natürlich gefiel es ihr auch, bewundert zu werden. Die Jungen schauten zu ihr auf, waren ein dankbares Publikum – sie kannten ja die ganzen alten

Geschichten noch nicht. Gerade jüngere Frauen betrachteten sie als Vorbild. Eine so starke, selbstbewusste Frau, die genau wusste und tat, was sie wollte, trafen sie selbst jetzt, am Ende des 20. Jahrhunderts, nicht oft.

American Way Of Death Revisited

Die Geburt, hatte Decca feststellen müssen, war längst nicht so lustig wie der Tod. Begeistert kehrte sie deshalb zu ihm zurück.

»In England findet keine öffentliche Zurschaustellung einbalsamierter Leichen statt«, hatte Decca dem *Mortuary Management Magazine* 1984 noch stolz erklärt. »Das ist eine rein amerikanische Praxis, begünstigt von der Bestattungsindustrie, um die Kosten für Sarg, Blumen, Bestattungskleidung, den ganzen Krempel, in die Höhe zu treiben.« Zehn Jahre später trat sie – in Höchstform – als Hauptfigur der Channel-4-Dokumentation *Over My Dead Body* über die amerikanisierten Sitten in ihrer alten Heimat auf. Inzwischen, so erfuhr der Fernsehzuschauer, wurde auch in Großbritannien die Hälfte aller Leichen einbalsamiert.

Ihrer guten Laune hat das nichts anhaben können. In Kostüm und Perlenkette, mit großer Handtasche und Stock, stakst die Fünfundsiebzigjährige über den Friedhof, setzt sich zwischen den Gräbern zum Tee an ein weiß gedecktes Tischchen und beißt beherzt in ein Sandwich.

Offenbar hatte niemand Deccas Gesprächspartner gewarnt. Vor laufender Kamera ließ sie sich am British Institute for Embalming von der Mitarbeiterin erklären, was sie denn da für eine orangene Flüssigkeit in den Behälter schütte – »sieht eher aus wie ein köstlicher Drink?«. Nein, erklärt die junge Frau eifrig, das spritze sie der toten Lady später ein. Ob die Lady dann orange aussieht? Aber nein, dank chemischer Reaktionen werde die Haut »in ein angenehmes Rosa« verwandelt. »Ist das nicht hübsch?«, strahlt Decca. »Ein angenehmes Rosa.«

Durch den Film wieder angefixt und aufmerksam geworden auf die neuesten Entwicklungen, beschloss sie, mit dem enthusiastischen Bob Gottlieb bei einem martinigetränkten Lunch Ende 1994 – der alte Freund hatte den *New Yorker* wieder verlassen und arbeitete nun als freier Lektor – eine überarbeitete und ergänzte Fassung ihres Klassikers herauszubringen: *American Way of Death Revisited.* Oder »Death Warmed Over«, »Tod wieder aufgewärmt«, wie sie das Projekt nannte.

Trotz des Wirbels, den sie dreißig Jahre zuvor ausgelöst hatte: Abgeschafft hatte Decca den American Way of Death nicht. Die Zahl der vergleichsweise billigen Einäscherungen, die nach ihrem Bestseller rasant angestiegen war, war zwar nicht wieder zurückgegangen, aber die Unternehmen hatten andere Wege gefunden, mit Urnenbeisetzungen gutes Geld zu verdienen. Die gemeinnützigen Funeral Societies hatten die kommerziellen Bestatter keineswegs verdrängt, ja, schlimmer noch: Inzwischen hatte eine gewaltige Konzentration stattgefunden, waren unzählige kleine bis mittelgroße Betriebe von einem einzigen Giganten geschluckt worden, SCI (Service Corporation International), gegen den der einstige Riese Forest Lawn wie ein kleiner Zwerg wirkte. Davon erzählt die stark von Deccas Buch und schwarzem Humor geprägte Fernsehserie *Six Feet Under*, die ein paar Jahre später startete.

Bob, der noch immer in die Kanzlei ging, hatte keine Lust, sich ein zweites Mal in die Arbeit seiner Frau zu schmeißen. Decca fand Ersatz: Karen Leonard, Bestattungsaktivistin und Galeristin für Künstlersärge in San Francisco. »Die Jessica Mitford der neunziger Jahre« hatte die Branche sie getauft, so war Decca auf sie aufmerksam geworden.

Allerdings musste die Assistentin, das war Einstellungsbedingung, bei den Treuhafts einziehen, um die ganze Woche zur Verfügung zu stehen. Und so logierte Karen Leonard, die mehr denn je zuvor verdiente, 20 Dollar die Stunde, von Montag bis Freitag in der Regent Street und fuhr am Wochenende nach Hause, das ein paar Stunden entfernt war. Tagsüber arbeiteten sie hart, abends am Esstisch quetschten die Hausherren sie über ihr Leben aus. Viel geschlafen hat Karen Leonard nicht in dieser Zeit. Sie hatte das Gefühl, im Paradies gelandet zu sein: Bücher, überall Bücher, ganze Wände voll. Die einzigen Druckwerke, die ihre Eltern gelesen hatten, waren die Bibel und Kochbücher.

Decca war wieder in ihrem Element. Freunde und Verwandte wurden angespitzt, ihr zuzuarbeiten. Debo sollte sich in England umgucken, mit Karen Leonard ging sie auf Undercover-Recherche, die Assistentin gab Decca dann als ihre englische Tante aus. Eine Reise führte sie nach Houston, Texas, wo die Konzernzentrale von SCI sitzt, dort besuchte sie auch das brandneue National Museum of Funeral History, zusammen mit der Journalistin Molly Ivins, die beiden kriegten sich gar nicht mehr ein vor Lachen. Einige ihrer Interviewpartner, darunter der Chefredakteur von *Mortuary Management*, kamen sogar auf eigene Kosten nach Oakland angereist, so geschmeichelt fühlten sie sich von Deccas Aufmerksamkeit. Man war einander in Hassliebe verbunden, hat voneinander profitiert.

Ihr Lieblingsmagazin lud sie sogar zur großen Konferenz der Bestatter ein, wo sie selber reden durfte. Das hatte im Vorfeld zu heftigen Auseinandersetzungen geführt, viele wollten die Veranstaltung boykottieren – man lädt sich doch nicht den Feind ins eigene Lager ein! Aber dann waren die Bestatter ausgesprochen höflich zu ihr, sie war der Star des Events. An einem Abend im Restaurant kam ein schwergewichtiger Texaner strahlend auf sie zu, er hätte Tausende von Dollar bezahlt, um sie hier zu erleben. Das hätte er aber nicht tun sollen, erwiderte Decca – hätte er das Geld doch lieber ihr direkt gegeben. Als sie am Ende selbst auf dem Podium stand und eine Frau sie fragte, wie viel sie mit ihrem Buch verdient habe, antwortete sie nur: »Oodles and oodles« – »Geld wie Heu«. »Alles stöhnte«, sagt Karen Leonard und lacht sich kaputt.

Am Ende aber musste der arme Bob doch ran und das Buch fertig schreiben, mit Hilfe von Leonard und Lisa Carlson, der Vorsitzenden der gemeinnützigen Beerdigungsvereine. Das Versprechen hatte Decca ihm auf dem Sterbebett abgenommen. »Das hat er heroischerweise getan«, wie Bob Gottlieb in seiner Vorbemerkung schrieb. 1998 kam *The American Way of Death Revisited* heraus. Das Buch erhielt gute Kritiken – »nicht weniger aufschreckend oder unterhaltsam als das Original«, lobte die *New York Times*. Eine Revolution löste es freilich nicht mehr aus.

Der Tod, das wusste Decca nur zu gut, hatte nicht nur komische Seiten. Es machte sie melancholisch, dass einer nach dem anderen starb, 1990 Cedric Belfrage, 1991 Tony Richardson, 1993 und 1995 ihre Lieblingscousinen Rudbin und Idden, selbst die Jungen erwischte es, Polly Toynbees Mann Peter Jenkins, Jill Tweedie und, für Decca besonders schlimm, 1994 ihre innige Freundin Sally Belfrage.

Die Veröffentlichung ihrer Jugenderinnerungen *Un-American Activities* hat Sally nicht mehr erlebt. Mit siebenundfünfzig Jahren starb sie, ein paar Monate nur nach der Diagnose, an Krebs, in den Armen von Helena

Kennedy. Decca flog nach London, um auf der Trauerfeier ein paar Worte zu sagen. Der Leichenschmaus wurde in Rutland Gate Nummer 24 serviert – gleich neben dem alten Haus der Redesdales.

Decca war todtraurig, mit Sally hatte sie eine ihrer engsten Vertrauten verloren, den Mittelpunkt ihres Londoner Zirkels. Aber als eine gemeinsame Freundin noch Monate später andauernd in Weinkrämpfe verfiel, reagierte sie ungehalten. Das gehörte sich nicht, passte auch nicht zu Sally, die nie gejammert, ihr Leben bis zum Schluss genossen hatte, wie sich Decca erleichtert erzählen ließ. Noch kurz vor ihrem Tod habe Sally an den Fahnen ihrer Autobiographie gesessen. Als das Buch erschien, gaben Decca und Bob eine Premierenparty in der Regent Street.

Pam – die unbekannte Mitford-Schwester

Zur Bestattung ihrer Schwester Pam ein paar Monate danach kam Decca nicht nach England geflogen, wie alle Familienbeerdigungen hat sie auch diese geschwänzt. Dafür war halb Caudle Green angereist, um sich in die kleine Kirche von Swinbrook zu quetschen. »Sie ist Königin in Grüningen«, hatte Diana viele Jahre zuvor bei einem Besuch in Pams Schweizer Domizil verblüfft festgestellt – alle hatten ihre Schwester gegrüßt, die ebenfalls ein großes Talent zur Freundschaft besaß, alle hatten ihr zugewinkt. Auch in Caudle Green war sie Dorfkönigin.

In keinem ihrer Häuser war Pam so glücklich wie in Woodfield House, glaubte Debo. Sie wohnte nicht weit vom Dorfanger entfernt, aber mit freiem Blick ins Tal mit seinem Flüsschen, von alten Bäumen gesäumt. Jeder hier kannte die Mitford-Schwester, die in Gummistiefeln, robustem Rock und dicker Strickjacke über die Felder stiefelte, an ihrer Seite ihr Labrador sowie ihre Ziege Snowdrop (Schneeglöckchen). Manchmal kam auch noch das Shetlandpony mit, das Debo ihr geschenkt hatte.

Pam war in London, bei einer Freundin zu Besuch, als es passierte. Natürlich war sie mit ihren sechsundachtzig Jahren mit dem eigenen Auto in die Stadt gefahren. Am selben Abend fiel sie die steile Treppe runter und brach sich das Bein. Die Operation lief gut, von Tag zu Tag ging es ihr besser, lustig war sie, wie immer, und dann war sie plötzlich tot. Embolie, am 12. April 1994. Debo und ihr Mann kamen zehn Minuten zu spät. Sie gingen noch mal ins Krankenzimmer, »so eigenartig«, schrieb Debo hinterher, »einfach ein Bett und niemand darin«.

Hühnerzüchterin, Hundemutter und Pferdefan, königstreues Landei, leidenschaftliche Autofahrerin und glühende Thatcheranhängerin – für Decca war die patente Pam ein Kuriosum. Sie hatten wenig gemeinsam, in Kalifornien redete sie so gut wie nie von ihrer zweitältesten Schwester, und wenn, dann nicht unbedingt nett. Sie bewunderte, wie Pam sich um die todkranke Nancy gekümmert hatte: »Woman war ein treuer Soldat.« Von ihrer Intelligenz hielt sie weniger. »Begriffsstutzig« hat sie Pam genannt, »völlige Analphabetin«.

Fast scheint es, als hätte Decca erst nach Pams Tod deren Qualitäten schätzen gelernt. Oder nach der Lektüre von Emma Tennants Nachruf. »Viele Menschen egal welchen Alters werden feststellen, dass sie mit ihrer ruhigen, klugen und so humorvollen Art eine tiefe Lücke in ihrem Leben hinterlassen hat«, schreibt Deccas Nichte in ihrem liebevollen Artikel. Als gutmütig schildert sie die verstorbene Tante, vor allem im Alter eine Seele von Mensch. Eine verwundete Seele. Es schien Pam nichts auszumachen, dass die Familie oft über sie lachte. Das hieß nicht, dass sie es nicht merkte. Pam, so machte Emma Tennant klar, war komplexer, als sie erschien. »Ihre großen blauen Augen waren unschuldig wie bei einem Kind«, schrieb sie in ihrer Würdigung. »Aber es war die Unschuld einer Frau, die gelebt und gelitten, Liebe und Verlust erfahren, Widrigkeiten überstanden hat, um am Ende ein ungewöhnlich zufriedenes Alter zu erleben.«

Vielleicht war es diese Erkenntnis, kombiniert mit schlechtem Gewissen, die Decca ihrer Nichte so überschwänglich zu ihrem Nachruf gratulieren ließ: »Ich hab dich immer als Womans wichtigste Beschützerin in der Familie erlebt – DRINGEND BENÖTIGT, würde ich sagen, gegen die Pfeil' und Schleudern der wütenden Nancy!« Offenbar hatte sie da schon vergessen, dass sie selber solche Pfeile verschossen hatte. Allerdings eher in den Rücken als in die Brust.

Debo und Diana hatten sich um die Schwester gekümmert, die ohne eigene Familie war, organisierten ihre runden Geburtstagsfeste. Nach Mosleys Tod 1980 verreisten Pam und Diana oft miteinander. Im Sommer – mit Pam am Steuer – ging es in die Schweiz und nach Italien, in den Winterwochen wärmten sie sich in Südafrika: die Taube mit der Lahmen, so hat Pam gescherzt. Die schwerhörige Diana rannte vorneweg, und Pam, der das von Polio geschwächte Bein im Alter Schwierigkeiten machte, humpelte hinterher, ohne dass ihr »Warte auf mich!« erhört wurde. Diana hat nie vergessen, dass Pam ihr damals treu zur Seite gestanden hatte, als sie selber im Gefängnis saß, und die kleinen Mosley-Jungen bei sich aufgenommen hatte, obwohl sie nach eigener Auskunft »hoffnungslos im Umgang mit Babys & Kleinkindern« war.

Pam *war* eine Kuriosität. So großzügig sie war – ganze Heerscharen lud sie regelmäßig zum Essen ein –, so knausrig konnte sie sein. Auch über diese Schrulligkeit machten die Schwestern sich gern lustig. Sie verschenkte nichts, was sie verkaufen konnte, warf nichts weg, was noch zu gebrauchen war. Mit ihren verschlissenen Tweed-Röcken polsterte sie Hundekörbchen aus, von Motten zerfressene Decken wurden geflickt. Wenn eine Schwester nach der anderen zum Übernachten kam, wechselte sie die Bettwäsche nicht, sondern zog mit der Putzfrau nur die Laken glatt.

Auch Pam spielte mit dem Gedanken, ein Buch, ein Kochbuch, zu schreiben, führte Gespräche mit einem Verlag und war erleichtert, als nichts daraus wurde. Die Legasthenikerin redete lieber übers Essen. Ihr kulinarisches Gedächtnis war phänomenal, die Schwestern behaupteten gern, dass sie sich an jedes Essen seit 1931 erinnern könne. Die »Suppenkönigin«, wie Debo sie taufte, erzählte auch gern von jedem Mahl in aller Ausführlichkeit – Gang für Gang, Zutat für Zutat –, egal, ob ihr Gegenüber es wirklich so genau wissen wollte. Als Diana das Gefühl bekam, dass es in ihrer Autobiographie zu viel ums Essen ging, war Pam ganz erstaunt. Zu viel?! Für ihren Geschmack konnte es gar nicht genug sein. Würde sie sich erst hinsetzen und ihre Memoiren aufschreiben, erklärte sie, es würde fast nur ums Essen gehen.

Nachdem sich der Scrapbook-Hurrikan gelegt hatte, waren sich Pam und Steake, wie die Schwester Decca nannte, wieder nähergekommen, wurde ihr Ton freundlicher und wärmer. Gute Freunde seien sie geworden, schrieb Decca Debo nach Pams Tod. Kam Decca nach England, lud sie die Schwester zu ihren Londoner Partys ein, fuhr regelmäßig zu ihr raus in die Cotswolds, am liebsten zum Lunch.

»Oh Gott, war das köstlich!«, schwärmt Deccas Freundin Liesel Evans, die bei einer solchen Gelegenheit einmal die Chauffeuse spielte. Als hätte sie den Geschmack noch Jahrzehnte danach auf der Zunge. Auf dem Rayburn, einer Wucht von Herd, rund und gewaltig, schmorte immer eine Suppe, ein Stew. Sauerampfer, Wirsing und Kohlrabi holte Pam aus ihrem Garten, in dem mehr Gemüse und Kräuter als Blumen wuchsen. Im Kuhstall hielt sie ihre Hühner, Appenzeller Spitzhauben, mit denen sie sich, wie mit all ihren Tieren, gern unterhielt. In dem Stall feierte sie auch, mit Begeisterung und der Dorfbevölkerung, mit Appenzeller Soleiern und Brötchen aus der Nudistenbäckerei, das silberne Thronjubiläum der Queen. Natürlich backte sie normalerweise, wie die Mutter, ihr Brot selbst.

Es gibt ein Foto von Pam, da sitzt sie, mit hochgeknöpfter Bluse und Strickjacke, die obligatorische blau-weiße Teetasse mit englischem Landschaftsmotiv in der Hand, in einem bequemen Sessel vor ihrem Herd, der so blau ist wie ihre Augen, mit einem dreidimensionalen Stillleben obendrauf: einem malerischen Wirsing (echt) und einem Schweinekopf mit gespitzten Ohren, auf einem Teller serviert (sieht echt aus, ist aber aus Porzellan). Vor den echten fürchtete sie sich freilich nicht, für einen guten Schweinekopf fuhr sie kilometerweit, für ihren Presskopf war sie berühmt. »Das ist meine Tochter Pam«, so hat schon Lord Redesdale seine Zweitälteste vorgestellt, »die Schweinsgesichter besser beurteilen kann als irgendwer sonst in Südengland.« Die Metzger liebten die Kundin, mit der sich so angeregt fachsimpeln ließ.

Nach jenem Lunch hat Decca sich mit Pam aufs Sofa gesetzt und in Familienalben geblättert – in denen Tiere eine so wichtige Rolle wie Menschen spielten – und ein bisschen erzählt, und dann hat Liesel Evans sie wieder nach London zurückkutschiert. Über Nacht bleiben wollte Decca dann lieber doch nicht.

19

Es ist so komisch zu sterben

»Oh dear, ich wünschte so sehr, die Leute würden nicht dauernd sterben«, schreibt Decca ihrer Schwester Debo im Dezember 1994, kurz nach Pams Tod. »Passiert hier auch ständig.« Die Seufzer werden lauter, die Todesfälle häufen sich. Sie ist gegen den Tod, das hatte sie schon Evelyn Waugh wissen lassen.

Und dann ist sie selber dran. Ein halbes Jahr, vielleicht auch ein ganzes, geben ihr die Ärzte, als sie im Sommer 1996 den Krebs entdecken. Am Ende bleiben ihr nur ein paar Wochen. Aber die füllt sie noch mal mit voller Kraft aus. Im Sterben ist Decca ganz sie selbst, ihr bestes Selbst – großzügig und witzig, eine Performerin, die die Aufmerksamkeit in vollen Zügen genießt und schnell noch für ihre Liebsten nutzt. Gefürchtet hat sie sich schon: vor den Gefühlen. Nicht vor den eigenen, die hat sie, wie stets, unter Kontrolle, sondern vor denen der anderen – der Emotionalität oder gar, Gott bewahre, Sentimentalität.

Nachdem sie ihr Leben lang versucht hat, die Dinge zu ändern, die sich (im besten Falle) ändern ließen, nimmt die Achtundsiebzigjährige jetzt gelassen hin, woran sich nicht rütteln lässt. Sie hat mit dem Tod nicht gehadert, weil sie mit ihrem Leben glücklich gewesen ist. »Ich habe immer gedacht, dass das Leben toll würde. Und das war es auch.« Es gibt nichts, zumindest nichts Fundamentales, das sie bedauert, dazu ist sie ohnehin zu nüchtern und pragmatisch. Höchstens, dass sie nicht zur Schule gehen durfte. Doch dafür, sagt sie, konnte sie ja nichts.

Auch Schuldgefühle überließ sie gerne anderen. Sicher, sagt sie einmal im Interview, hätte man es immer besser machen können, egal, wie viel man getan hat. »Aber warum lang darüber nachgrübeln?«

Und die aktuelle Herausforderung heißt: Sterben. Dem Tod selbst räumt sie keinen Platz ein. »I shall die – but that's all I'll do for death« (»Ich werde sterben – aber mehr tue ich nicht für den Tod«) – die Verszeile von Edna St. Vincent Millay, die Maya Angelou so gerne zitierte, hätte auch von Decca stammen können. Über sich und ihre Krankheit zu reden, dazu hat sie keine Lust. Lieber leben, solange es noch geht. Sie ist dem Tod, so Doug Foster, so gegenübergetreten wie all ihren übermächtigen Gegnern, sei es das Bestattungswesen oder das Gefängnissystem: standhaft, witzig und frech, »sie stemmte sich mit allen Mitteln gegen etwas, das sich nicht besiegen lässt«.

Eigentlich war Bob derjenige, um dessen Gesundheit sie sich Sorgen machte. Nach einer Zahnoperation bekam er im Mai 1996 eine so schlimme Entzündung, dass er in eine Art Delirium fiel. Erst die Ärztin in der Notaufnahme erkannte die Ursache, rettete sein Leben. Es waren ein paar dramatische Tage, per Fax hielt Decca die Freunde auf dem Laufenden.

Dass sie selber Schmerzen hat, in der Hüfte, darüber redet sie nicht. Erst als sie anfängt, beim Husten Blut zu spucken, geht sie zum Arzt. Das heißt, erst mal hat sie ihm nur geschrieben, am 21. Juni. Bob und Dinky sagt sie nichts, Lisa Pollard nimmt sie zur Untersuchung mit, ihre lebhafte Bewegungsmotivatorin und Helferin in allen Lebenslagen. Dann, ein paar Tage später, die Diagnose: Lungenkrebs mit Metastasen. Der Tumor wuchert schon überall, in der Lunge, in der Leber, in der Niere und, am schlimmsten, im Hirn.

Sie hat ihren Willen gekriegt: die Wahrheit. »Du liebe Zeit« ist alles, was Debo dazu sagt. Darüber hatten die Schwestern sich immer wieder gestritten, als Nancy so krank war und ihr niemand sagen durfte, warum. Was für Decca jetzt das Schwierigste ist: es Bob zu erzählen. Das soll Lisa Pollard tun. Nein, erwidert diese, das müsse Decca schon selber erledigen. Weinend sitzen die Treuhafts im Auto vor dem Krankenhaus. Dann rappelt sich Decca wieder auf.

Sie ist zuversichtlich, dass sie nicht lange leiden muss, dazu, stellt sie fröhlich fest, habe sie viel zu ungesund gelebt. Herz und Leber würden schon im Handumdrehen den Geist aufgeben. Das Leben genießen und dann tot umfallen, das war ihre Devise. »Peng-peng, raus bist du.« Und sollte die Natur nicht dafür sorgen, dann würde Dinky es schon tun. »Sie kennt alle Wege, um einen aus dem Leiden zu befreien.«

Ihr Ende ist tatsächlich so, wie sie es sich erträumt hat, kurz, relativ schmerzfrei und fröhlich: »Ich bekomme wunderbare Schmerztabletten und blaue Gute-Laune-Pillen.« Es bleibt immer noch genügend Zeit, ein paar Dinge zu regeln. Das, erklärt sie Debo, mit der sie regelmäßig telefoniert, sei doch der springende Punkt: »Es ist SO viel besser, als überfahren zu werden oder mit dem Flugzeug abzustürzen. Immerhin kann man noch das eine oder andere planen.«

Nach der ersten Diagnose lässt sich Decca bestrahlen, damit das Hirn nicht schlappmacht. Das ist ihre größte Sorge, sie will doch unbedingt ihr Buch zu Ende bringen. Und sie schmiedet Pläne. Noch Anfang Juli ist sie fest entschlossen, im August nach Cape Cod zu fahren, mit Dinky und ihrer Familie, den Jon Snows, Helena Kennedy und deren Mann, Maya will ebenfalls ein Haus dort mieten. Ob sie nicht auch nach Neuengland kommen wolle, fragt Decca ihre Schwester. Vielleicht schreibt sie das auch nur, damit Debo nicht zu ihr nach Oakland ans Sterbebett fliegt. »Aber komm unbedingt zu meiner Beerdigung, in zirka 9 Monaten oder einem Jahr lt. Arzt.«

Es ist wieder Zeit für ein Komitee, ein Hilfskomitee. Katie Edwards kommt dreimal die Woche, die Haushälterin Inese Civkulis steht allzeit bereit und schmückt das Haus mit frischen Blumen, Lisa Pollard, die schon bei Bobs mysteriöser Krankheit so hilfreich war, fungiert als Mädchen für alles. Karen Leonard arbeitet weiter mit Decca an der Neuauflage von *The Amercian Way of Death*, Dinky kommt irgendwann rübergeflogen. »Dink der größte Schatz aller Zeiten«, faxt Decca ihrem Freund Eddie Pattillo. Am Ende ist es, wie es am Anfang war: Dinky ist die Erwachsene, die Kümmerin, und Decca das Kind, das sich beruhigt zurücklehnt und verwöhnen lässt und schnell noch mal die Leute schockiert. Ruft jemand an, um sie zu einem Vortrag einzuladen, erklärt sie dem Ahnungslosen, im selben Ton, in dem man eine Einladung zum Tee absagt: keine Zeit, bin gerade am Sterben.

Dabei sprüht sie vor Leben. Elf Tage vor ihrem Tod lässt sie Eddie Pattillo wissen: »Eddie – ich bin hingerissen von deinen FAXen, aber wer wär's nicht. Bitte hör nicht auf damit. An meinem Ende schwelge ich in Freundlichkeit – überhaupt ist die ganze Sache ein ungeheurer Egotrip, und ich nutze es voll aus. Leider ändern sie ständig meine Deadline (im wahrsten Sinn des Wortes!) – erst waren es 9 bis 12 Monate, jetzt eher so was wie 3.«

So ungeduldig und quengelig sie oft sein konnte – jetzt, wo es ernst wird, zeigt Decca sich von ihrer besten Seite. Jeden Abend lädt sie jemand anderen ein: »You bring the meals, I'll be on the wheels.« (»Ihr bringt das Essen, ich bin auf den Rädern.«) Sie genießt die Besucher, die ihre geliebte Mousse au Chocolat und Pralinen und andere Köstlichkeiten mitbringen, stellt eine Liste von Freunden zusammen, denen sie einen Scheck als Abschiedsgeschenk in die Hand drücken möchte: »Löse ihn gleich ein!«, flüstert sie ihnen zu. »Ich bin nicht mehr lang da. Geh und kauf dir was Hübsches.«

Jetzt kann ihr niemand mehr einen Wunsch abschlagen: zum Beispiel großzügig für Bens kubanische Klavieraktion zu spenden. Von Debo wünscht sich Decca, dass sie für Benjy in England ein bisschen Pressearbeit macht – und ob nicht ihre Cousine Mary Soames, Churchills jüngste Tochter (die »Perle im Gesindel«) und Direktorin am National Theatre in London, Enkel Chaka eine Rolle verschaffen könne? Noch eine Woche vor ihrem Tod bittet sie Pat Holt, die Literaturredakteurin vom *San Francisco Chronicle*, eine Karikatur mit Hühnern aus der Zeitung an Debo zu schicken (»sie ist total versessen auf Hühner«), vergisst auch nicht, Pat über das notwendige Porto für den Luftpostbrief zu informieren: 60 Cents.

Ganz zum Schluss hält sie vom Krankenbett im Wohnzimmer aus Hof. Fünf Tage vor ihrem Tod kommt Doug Foster ein letztes Mal aus Palo Alto herüber, der Freund hat ihr einen sehr emotionalen Brief geschrieben, ihr gesagt, was sie ihm in entscheidenden Momenten seines Lebens bedeutete: als er sich von seiner Familie trennte, bei seinem Coming-out, als seine Schwester Selbstmord beging, und was er als Journalist alles von ihr gelernt hat.

Dafür bekommt er jetzt einen sanften Rüffel. Also weißt du, begrüßt ihn die Königin des Understatements, der Brief war ja ganz schön dick aufgetragen, des Guten zu viel. Also weißt du, erwidert er, angesichts der Umstände halte ich das irgendwie für angemessen. »Man darf *nie* des Guten zu viel schreiben«, belehrt Decca ihn und nimmt lächelnd seine Hand, erinnert sich Doug Foster, »nach dem Motto: Danke für den Brief, aber jetzt werden wir uns nicht weiter auf dieser Ebene unterhalten.« Damit ist das Thema erledigt, und sie sprechen darüber, was er so macht. Foster erzählt, dass er bald in Berkeley unterrichten wird und dort einen Lehrstuhl – *chair* – für investigativen Journalismus einrichten möchte, der ihren Namen tragen soll. Da wird sie munter und setzt sich auf: »Bobby!«, ruft sie im knappen Kommandoton Richtung Küche. »Bobby! Komm her!« Da platzt es schon aus ihr heraus: »Bobby! I am going to be a chair! I am now going to be a chair!«

Und dann wird erst mal zu Abend gegessen, Krabben und Riesengarnelen.

Als Doug Foster schon im Gehen ist, bekommt er noch einen allerletzten Rüffel mit auf den Weg: »DU!«, sagt sie ihm. »DU bist einer von denen, die fanden, ich sollte nicht rauchen und trinken. Es hätte keinen Unterschied gemacht. Stell dir das ganze Vergnügen vor, das ich mir in den letzten paar Jahren nicht erlaubt habe. Darüber sollst du regelmäßig nachdenken.« Da müssen sie beide lachen.

Eines Nachts, als sie nicht schlafen kann, zehn Tage vor ihrem Tod, schreibt Decca ihrem Mann, der eine Etage über ihr im Bett liegt, einen Brief. »Bob – es ist so KOMISCH zu sterben.« Höchste Zeit, ein paar Gedanken festzuhalten, »angefangen damit, dass mir das Leben mit Dir in jeder Hinsicht SO VIEL Freude gemacht hat … Vor allem natürlich warst Du unglaublich GUT zu mir das ganze Leben lang, und ich hab von Dir mehr GELERNT, als ich sagen kann, zu schweigen davon, dass Du unglaublich freundlich bist & nachsichtig gegenüber Schwächen wie Ungeduld.« Sie blickt zurück auf ihr Leben, wie sie sich kennengelernt haben – »was um Himmels willen wäre aus MIR geworden, wenn wir uns nicht getroffen hätten« –, wie nahe er und Dinky sich von Anfang an waren, wie gut sich Benjy in letzter Zeit entwickelt hat. »Und der wunderbare Nicky (eigentlich denke ich fast jeden Tag an ihn, jetzt 52 Jahre alt).«

Statt über seine Affäre redet sie über seine Zukunft: »Du wirst jemanden brauchen – ich meine, Du hast diese ganzen häuslichen Fähigkeiten, kannst kochen etc., schade, das zu vergeuden, findest Du nicht?« Sie hätte schon ein paar Ideen, aber die behält sie lieber für sich, »ich will ja nicht lästig oder aufdringlich sein, geht mich alles nix an, wirst Du sagen«. Das Finanzielle will sie auf einem Extrablatt regeln. »Dein Dich liebendes Weib«.

So emotional mag sie den Brief dann aber doch nicht beenden, schnell kehrt sie ins Leben zurück: »Und übrigens – geh doch heute Abend in diesen Film (und) zum Essen … ich möchte so gern alles darüber hören … Ist bestimmt s. interessant.«

Unsinnigerweise kommt sie noch mal ins Krankenhaus, mit Verdacht auf Schlaganfall. Am Wochenende entlassen zu werden ist ein Ding der Unmöglichkeit, also erklärt sie: »Am Montag komme ich raus, am Dienstag sterbe ich.« Und so war es, wie Dinky erzählt. Regel Nummer eins: Nicht im Krankenhaus sterben, hatte Decca schon Jahre zuvor festgehalten.

Sie wünscht sich eine Sterbeszene wie aus einem Bette-Davis-Film. Die hat sie gekriegt. Am Schluss sind nur noch die engsten Freunde, das Hilfskomitee und die Familie um sie herum. Maya Angelou, theatralisch wie immer, kommt in einer Limousine angerauscht, klagt (»Ich verliere meine beste Freundin!«) und weint sich erst mal in der Küche aus. »Es geht doch nicht um dich!«, weist Barbara Kahn sie zurecht. »Doch«, glaubt Tochter Kathy Kahn, »ihre Performance war das, was erwünscht war.« Maya geht ins Wohnzimmer und singt, und solange Decca kann, stimmt sie mit ein – ein letztes Mal »Maxwell's Silver Hammer« –, und die anderen singen mit, singen sie in den Tod. Natürlich nicht mit Wiegenliedern, sondern mit Songs aus den 1930er und 1940er Jahren, Balladen, Ohrwürmern wie »My Old Man's a Dustman«, »Chatanooga Choo Choo«, und wenn jemand sich im Text vertut oder den Ton nicht trifft, korrigiert ihn Decca, mit Morphium vollgepumpt, selbst als sie kaum noch flüstern kann. Unzüchtige Lieder, Liebeslieder, schmutzige und romantische Songs, sie kriegt alles, was sie will. Sie liegt in ihren letzten Zügen, aber wacht noch mal für die Lieder auf.

Als Decca am 23. Juli stirbt, hält Enkel Chaka ihr die Hand.

»Ich weiß, jeder ist einzigartig … aber sie war einzigartiger«, schreibt Debo ihrem Schwager.

Dinky schickt die Herzogin Edgar Allan Poes »Annabel Lee«, das traurige Liebesgedicht, das Decca als Kind wieder und wieder aufgesagt habe. »Es hatte keine Bedeutung, außer, dass sie es liebte.«

Ihr größtes Werk war sie selbst

»Keine Decca mehr? Undenkbar, unannehmbar«, protestierte Herb Caen in seinem Nachruf. »Sie war so unbändig präsent und lebendig, dass ich sie mir nicht anders denken kann«, meinte ein Bekannter. »Sie schrieb eine Reihe von Büchern, die, glaube ich, ins Vermächtnis unserer Zeit eingehen werden«, sagte ihr Freund und Verleger Bill Abrahams. »Aber ihr größtes Werk, denke ich, war sie selbst.« »Decca sein«, und zwar in allen Lebenslagen, in guten wie in schlechten Zeiten, das sei ihr größtes Verdienst gewesen, finden viele ihrer Freunde.

Jede Menge Würdigungen flatterten ins Haus, selbst der Zahnarzt schrieb, er würde ihre Besuche vermissen, Wildfremde erzählten, wie Decca sie inspiriert habe. Der *San Francisco Chronicle* brachte gleich mehrere Nachrufe, über mehrere Tage verteilt. Kaum ein Artikel, der nicht auch Bob erwähnte.

Selbst der *Funeral Monitor*, eine ihrer Lieblingszeitschriften (»für alle im Bestattungsdienst Tätigen«), verabschiedete sich unter der Überschrift »A Farewell to Arms«, eine Anspielung auf Hemingways gleichnamigen Roman (*In einem anderen Land*) – »Ein Abschied von den Waffen«. Offenbar hatte das Gewerbe doch etwas gelernt von ihr: Humor, aber auch die Fähigkeit, seine Feinde zu schätzen. Fast hymnisch lobte der Autor Deccas Verdienste für die Branche: *The American Way of Death* sei »eine tödliche, aber geistreiche Schmähschrift« gewesen, Decca habe das Buch mit ihrer »unvergleichlichen stilistischen Mischung aus Unschuld und Raffinesse« geschrieben, »sie machte sich über alte Werte lustig und schuf sie gleichzeitig neu«. Man bedankte sich für ihren Beitrag zur Qualitätssteigerung und -kontrolle des amerikanischen Bestattungswesens. Eine leise Rüge erhielt sie nur für ihren Antikapitalismus und mangelnden Respekt »vor der eigentlichen Funktion des Todes«. »Aber sie sagte es mit solchem Charme und offenkundiger Intelligenz. Jessica Mitford war niemals langweilig und häufig amüsant.«

Nach Deccas Tod klingelte das Telefon Sturm, die Bestattungsunternehmer rissen sich darum, ihre geliebte Feindin zu beerdigen, sie zu »übernehmen« – »to *do* Decca«, wie es in der Fachsprache heißt.

Aber auch da hatte sie vorgebaut. Schnell und billig wollte sie entsorgt werden. Den Zuschlag bekam der Unternehmer, der, so Karen Leonard, bei seinen Kollegen wegen seiner niedrigen Preise besonders verhasst war. Für 475 Dollar wurde sie eingeäschert. Die Urne, mehr ein kleiner Ascheimer, kostete schlappe 15,45 Dollar. Deccas Reste wurden im Pazifik versenkt. Die Rechnung schickte Karen Leonard mit schönen Grüßen von der Verstorbenen und Bitte um Bezahlung an den Präsidenten des Mega-konzerns Service Corporation International.

Der stillen Bestattung folgte der Abschied mit Pomp und Circum-stance, die »Mitford Extravaganza«, wie Benjy sie nennt, eine Woche nach ihrem Tod an einem sonnigen Montagnachmittag. Ihr Wille geschah, aus einem Scherz wurde vergnüglicher Ernst.

Irgendwann hatte Decca Journalisten gegenüber ausgemalt, wie sie sich ihre Beerdigung vorstellt: aufwendig. »Sechs Rappen mit Federschmuck und eine der großartigen Einbalsamierungen, die einen um zwanzig Jahre jünger machen.« Eine australische Reporterin war von Decca eingeladen worden, sie zu bestaunen im offenen Sarg. »Sie müssen unbedingt kom-men. Da drin werde ich sehr viel netter sein.« Straßen sollten abgesperrt werden, Honoratioren weinend über dem mit Blumen beladenen Sarg zusammenbrechen, »so was in der Art«. Verschiedene Bestattungszeit-schriften hatten das Szenario brav abgedruckt – jetzt machten ihre Freun-de ernst. Gleich zwei antike gläserne Kutschen besorgten sie, die eine fuhr auf der Straße mit sechs federgeschmückten Pferden vorneweg, die andere stand einfach so, pferde- und kutscherlos, auf dem Hof der San Franciscos Delancey Street Foundation, wo die Feier stattfand. Das Selbsthilfeprojekt für ehemalige Junkies, Ex-Sträflinge und Obdachlose hatte Decca zu Leb-zeiten unterstützt. Der große Komplex liegt gleich neben der Bay Bridge, von hier kann man nach Oakland rüberschauen.

Mangels Leiche lagen in den reich verzierten Kutschen Bücher, Artikel und Souvenirs von ihr. Auch ein zwanzig Jahre altes Foto der Verstorbe-nen. Das sei so gut wie Einbalsamieren, hatte Decca stets betont, eine Me-thode, die für sehr viel weniger Geld den gleichen Effekt hat: den Toten zwanzig Jahre jünger aussehen zu lassen.

Die Einladung zur Trauerfeier für »Jessica Mitford aka Decca Treuhaft« schmückte die Karikatur ihrer Freundin Pele de Lappe – Decca mit hän-genden Augenlidern und obligatorischer Kugel-Kette, die später das Ti-telbild ihrer gesammelten Briefe wird. Pele war auch Master of Ceremo-nies. Wer seine Redezeit überzog, wurde von ihr von der Bühne gezerrt. Die Schriftstellerin Amy Tan, gebürtige Oaklanderin, saß lachend in der ersten Reihe, Benjy, barfuß wie immer, lümmelte auf dem Boden davor.

Achthundert Gäste hat der *San Francisco Examiner* gezählt, viele mussten stehen, aber selbst dann passten nicht alle in den Raum, der Rest blieb draußen vor der Tür. Doch alle wurden gut unterhalten und gut genährt. »Kunstvoll arrangierte Appetithäppchen und alkoholische Getränke standen vor, während und nach der Vier-Uhr-Feier in Hülle und Fülle bereit« registrierte der Beerdigungskritiker des *Funeral Monitor*. Die Zeitschrift war insgesamt recht zufrieden mit dem Event, wobei: mit *funeral director* wäre es natürlich noch besser, weniger chaotisch gewesen. Vom englischen Teil der Familie war niemand gekommen.

»Inappropriate Songs for Special Occasions« hatte die Amateursängerin Decca mit ihrer Band noch aufnehmen wollen. Von solch unangemessenen Liedern für besondere Anlässe wurden jetzt einige zum Besten gegeben. Lisa Pollard dirigierte ihre zwölfköpfige Green Street Brass Band, die normalerweise die Begleitmusik zu Beerdigungen in Chinatown lieferte. Sie spielten »When the Saints Go Marching In«, die »Internationale«, aber auch Deccas geliebte alte Kirchenlieder wie »Onward Christian Soldiers«. Sie selbst sang »Grace Darling« vom Band, die Dectones stellten sich hinter den Kassettenrekorder, und wenn ein Mitglied der Gruppe das Schild »Help! Help!« hochhielt, dann brüllte die Trauergemeinde den Refrain mit.

Einer nach dem anderen stieg auf die Bühne mit seinen Erinnerungen, Shana Alexander, Doug Foster, Pat Holt, Benjy, Bob, Molly Ivins, Buddy Green …

Decca wäre zu gern dabei gewesen. Weil sie wusste, dass sie das nicht konnte, hatte sie im Voraus verschiedene Leute zu Ruhestörern ernannt. Würde jemand in seiner Trauerrede erst ein Loblied singen, um dann zu einem »aber« anzuheben – oder umgekehrt, erst schelten, dann loben –, sollten die Eingeweihten protestieren, und zwar mit Radau. Das hatte sie sich nach der Beerdigung von Sonia Orwell geschworen, bei der alle möglichen Leute gesagt hatten, was für ein netter Mensch die Verstorbene doch gewesen sei, aber … Als Doug Foster – wie er sagt: absichtlich – zum »aber« anhob, standen auch sofort einige auf, um ihn auszubuhen. Der arme Foster, der die ganze Trauerfeier nur als »einen einzigen qualvollen Nebel« in Erinnerung hat, wand sich innerlich vor Schmerz.

Benjy nutzte, ganz im Sinne seiner Mutter, die Gelegenheit und verkaufte T-Shirts seiner Aktion »Send a Piana to Havana«. Wer mochte, konnte dafür spenden. Es kamen einige Tausend Dollar zusammen.

The Honourable Rebel

Zwei Leben hat Decca gehabt, ein englisches und ein amerikanisches. Also gab es auch zwei Trauerfeiern. Ein gutes halbes Jahr nach ihrem Tod, im Februar 1997, fand in London die zweite statt. Nicht weniger humorvoll als die erste, aber gesitteter der Verlauf, ehrwürdiger der Rahmen. Dafür kam es hinter den Kulissen zum Eklat. Unter der Überschrift »Jessica Mitford – The Honourable Rebel« hatten ihre englischen Freunde die Veranstaltung organisiert, zu der jeder kommen konnte, der sich im Regen für eine Gratiskarte anstellte. Das heißt neben Freunden, Bekannten und Verwandten saßen ein paar Hundert Fans und Aktivisten auf roten Plüschsitzen im Lyric Theatre, einem der alten Theater im West End.

Der Ablauf war professionell durchchoreographiert. Jon Snow, Freund und Fernsehmoderator mit roter Fliege, führte elegant durch den Abend, die Regie übernahm Michael Barnes, aus dessen BBC-Porträt *The Honourable Rebel* einige Szenen gezeigt wurden, das Bühnengeschehen wurde sogar gefilmt.

Dinky war so gerührt von dem, was Mary Clemmey, Liesel Evans, Helena Kennedy, Jon Snow, Polly Toynbee und all die anderen zusammengestellt und organisiert hatten, dass ihr fast die Tränen kamen, als sie sich auf der Bühne beim Festkomitee bedankte. »Unglaublich, welche Energie das Komitee in die Gedenkfeier gesteckt hat«, schrieb sie ein paar Wochen später Bob, »oder doch glaublich, weil Decca solche Hingabe und Bewunderung weckte.«

Diesmal wurde für Index on Censorship gesammelt, eine Organisation, die sich für uneingeschränkte Meinungsfreiheit in den Medien einsetzt. Am Ende der Feier bedankte sich Jon Snow »vor allem« für die Großzügigkeit der Duchess of Devonshire, die die Feier überhaupt möglich gemacht habe. »Komm unbedingt zu meiner Beerdigung«, hatte Decca ihrer Schwester vom Sterbebett aus zugerufen. Aber diesmal war es die Herzogin, die rebellierte. Sie hat das Ganze zwar finanziert, stand auch auf der Rednerliste, aber gekommen ist sie nicht, so wenig wie ihre Tochter, Deccas Lieblingsnichte Emma.

Es hatte einiges an Vorab-Publicity gegeben für die, wie die *Times* sich mokierte, »schräge« Trauerfeier, bei der ein Sarg in Form eines Cadillacs auf der Bühne stehen sollte, alternative Bestattungsunternehmen ihre Billigware vorführen würden und die Besucher Bau-Sets für Särge zum Selbermachen bestellen könnten. Das fand Debo gar nicht komisch. »Ich war noch nie auf einer nichtchristlichen Trauerfeier«, lässt sie Dinky fünf Tage vor der Veranstaltung wissen. »In dem Falle scheint es mir weniger eine Feier zum Gedenken an jemanden, den ich geliebt habe, als vielmehr ein Werbegag, der überraschen und schockieren soll, zum Nutzen der Presse.«

Dinky versuchte zu vermitteln, sagte Benjy und Bob, sie würde lieber auf die Särge verzichten als auf Debo, wisse sie doch, wie freudig Decca, als sie im Sterben lag, nach dem Telefonhörer gegriffen habe, wenn Debo anrief. Daraufhin wurden die schrillen Billigsärge aus der Lobby in einen eigenen Raum verbannt, die Bühne war feierlich leer bis auf das Rednerpult, flankiert von zwei Stühlen, auf denen Blumensträuße saßen. Debo kam trotzdem nicht.

In todernstem Ton, als handle es sich um internationale diplomatische Verstrickungen, berichtete die *Times* am Tag nach der Feier über das Fernbleiben der Duchess. Dafür boykottierte die übernächste Generation den Boykott, Emmas Tochter Stella Tennant gab in ihrer Wohnung sogar eine Party für die Familie.

Dass die mittlerweile sechsundachtzigjährige Diana nicht gekommen ist, hat niemanden gewundert, das hätte auch niemand gewollt, am allerwenigsten die Verstorbene selbst. »Sie bedeutet mir absolut gar nichts«, hatte Diana noch kurz zuvor über ihre Schwester gesagt. »Nicht weil sie Kommunistin ist, sondern weil sie eigentlich doch eine ziemlich langweilige Person ist.« Dianas Enkelin Marina Guinness glaubt, dass ihre Großmutter diejenige war, die Debo eingeflüstert hat, nicht bei der Trauerfeier zu erscheinen.

Polly Toynbee vermutet, dass der Boykott noch einen anderen Hintergrund hatte. Hier, unter Deccas linken Freunden und Fans, wäre die Herzogin nicht, wie üblich, Star der Veranstaltung gewesen, sondern Außenseiterin, eine Fremde. Wie Decca sagte, als sie sich kurz vor ihrem Tod Debos Besuch bei ihrer radikalen Clique auf Cape Cod ausmalte: »Was für ein Fisch auf dem Trockenen.«

»Mein Vater kochte vor Wut«, erinnert sich Dinky. Das Verhältnis zu seiner Schwägerin war schon immer angespannt gewesen. Jetzt brachen

die alten Verletzungen noch mal auf. Auch Bob, der schon sehr gebrechlich wirkte – er wird vier Jahre später sterben –, war kurz auf die Bühne
getreten, um an den gemeinsamen Kampf der Treuhafts gegen die Polizei von Oakland zu erinnern und Maya Angelou anzukündigen, die, in
glitzernder schwarzer Robe, mit ihrer mächtigen Stimme als Letzte reden
sollte. »Der größte Augenblick«, erzählte Bob bei seinem Auftritt, »war,
als Maya sie Schwester nannte – und Decca«, betonte er, »verstand was
von Schwestern.« Er zitierte noch mal ihre Antwort auf Nancys Bemerkung, Schwestern stünden »zwischen einem und den grausamen Umständen des Lebens«: »Schwestern *sind* die grausamen Umstände des Lebens.«
Maya und Decca, so Bob, seien durch gute und durch schlechte Zeiten
gegangen. »Aber Schwestern waren sie – und die Beziehung war enger,
als sie zu jeder leiblichen Schwester sein kann.« Er erzählte, wie Maya
für die sterbende Decca gesungen habe. »Das werde ich Maya nie vergessen. Es war einer der Höhepunkte meines Lebens: zu erfahren, was wahre
Schwesterlichkeit bedeutet.«

Sein Auftritt war eine einzige Ohrfeige für Debo, die die ganze Familie
in einem Design-Hotel untergebracht hatte und, mit anderen Verwandten, zum Lunch einlud. Kurz darauf schrieb Bob seiner Schwägerin noch
mal, wie sehr Decca damals die Anschuldigung, das Album der Mutter
gestohlen zu haben, verletzt habe.

Die Trauerfeier hatte sogar ein öffentliches Nachspiel. Wie groß der
Hass auf die »Verräterin« bei einigen Angehörigen ihrer alten Schicht
noch immer war, konnte man zwei Tage später im *Daily Telegraph* nachlesen. Der konservative Journalist Peregrine Worsthorne (Upper Class at
its best) zeigte sich zutiefst empört darüber, dass einer Kommunistin ein
so prächtiges Abschiedsfest ausgerichtet wurde. Der Autor des Buches
In Defense of Aristocracy (»Zur Verteidigung der Aristokratie«) war einmal Deccas Tischherr beim Lunch gewesen, sie hatten sich offenbar über
Marx unterhalten und Decca hatte sich anschließend in einem Artikel
über ihn lustig gemacht. Nun schickte Peregrine Worsthorne die Abtrün-
nige dahin zurück, wo sie seiner Meinung nach hingehörte: in einen Sack
mit Unity. Beide hätten ein brutales, mörderisches Unrechtssystem unterstützt – aber Decca sei ungeschoren davongekommen. Damit noch immer
nicht genug, feierte Worsthorne Diana als die wahre Heldin. Diana habe

mehr Mut bewiesen als ihre Schwester: indem sie eine wirklich unpopuläre Minderheit, nämlich Mosleys alte Kameraden, verteidigt habe. »Diana ging für ihre Überzeugungen ins Gefängnis. Das ist mehr, als Jessica von sich behaupten kann.«

»Die Gedenkfeier war in jeder Hinsicht großartig«, schrieb Bob am 4. März 1997 an Alexander Cockburn. »So viel *Sturm and Drang*! – Decca wäre begeistert gewesen.«

Dank

Jessica Mitford konnte »Krauts« nicht leiden. Die Deutschen hatten ihr die Liebe ihres Lebens genommen, Millionen von Menschen ermordet, eine Diktatur errichtet, gegen die sie kämpfte. Aber Meinungsfreiheit war für sie das kostbarste Gut, in diesem Sinne zog sie ihre Kinder auf. Für das Vertrauen, das Constancia »Dinky« Romilly und Benjamin »Benjy« Treuhaft mir entgegenbrachten, die Großzügigkeit, mit der sie dieses Projekt von der ersten Begegnung an unterstützt haben, die Offenheit, mit der sie, wie auch Deccas Enkel James Forman jr., meine Fragen beantwortet haben, und das über Jahre hinweg, bin ich zutiefst dankbar. Mit derselben Selbstverständlichkeit haben Ben Weber, Oy #3, und seine Frau Huong Luu Weber mir die Türen zu ihrem Haus, das einst Deccas war, geöffnet, und mich im Regent Palace in den Fotos wühlen lassen, die Ben später zur Veröffentlichung gesucht, gefunden und eingescannt hat.

Deccas Nachlass in der Rare Books and Manuscripts Library der Ohio State University war eine unglaubliche Fundgrube an Material, mehrere Hundert Boxen wie Wundertüten, welche die Archivarin Rebecca Jewett und ihre Studenten mir geöffnet haben. Ohne Peter Y. Sussman hätte ich dort allerdings noch sehr viel mehr Zeit verbracht: Der Treuhaft-Freund hat mir Jahre an Arbeit gespart durch die von ihm so sorgfältig und klug zusammengestellte, mit vielen Erklärungen versehene Briefesammlung Deccas. Im persönlichen Gespräch erwies er sich als ebenso fröhlicher, hilfsbereiter und auch realistischer Partner wie Catherine »Katie« Edwards, »me smashing assistant«, wie Decca sie aus gutem Grunde nannte, allzeit zu Auskunft und Bildersuche bereit.

Das Mitford'sche Familienarchiv war mir leider verschlossen, es müsse erst geordnet und katalogisiert werden, so die Begründung. Auch das geplante Gespräch mit Deborah, Dowager Duchess of Devonshire, kam zu meinem Bedauern nie zustande. Umso dankbarer bin ich Charlotte Mosley, Jonathan Guinness und Desmond Guinness für ihre großzügige Unterstützung und die offenen hilfreichen Gespräche sowie für die Ansicht des unveröffentlichten Fragebogens, den Unity ihrer Familie zum Ausfüllen gab. Von den vielen Büchern, die ich für *Das rote Schaf der Familie* gelesen und benutzt habe, waren – abgesehen von denen Jessicas natürlich, der Oral History Bob Treuhafts, den Autobiographien von Deborah und Diana – die von Charlotte Mosley herausgegebenen Briefbände sowie Jonathan und Catherine Guinness' Familienbiographie wie auch Mary Lovells Buch über die Schwestern besonders wichtig. Außerdem Philip Toynbees und Kevin Ingrams Bücher über Esmond Romilly, Selina Hastings und Anne de Courcys Biographien von Nancy, David Pryce-Jones' Biographie von Unity, die Erinnerungen und Briefe von Virginia Durr.

Wie all ihre Schwestern hatte Decca ein großes Talent zur Freundschaft, und so waren die Gespräche mit ihren Freunden auf beiden Seiten des Atlantiks besonders wichtig. Da fast alle von Deccas Altersgenossen schon tot sind, war *Portrait of a Muckraker*, der Film, den die junge Ida Landauer mit Stephen Evans und James Morgan gedreht hat, aber auch die ungeschnittenen Szenen und Interviewprotokolle der Dokumentation, die im Archiv an der Ohio State University einzusehen sind, extrem hilfreich: Auf diese Weise konnte ich nicht nur Decca und Bob Treuhaft »live« erleben, sondern auch so wichtige Gefährten wie Marge Frantz, Dobby Walker, Eva Maas-Lapin, Pele de Lappe, Kenneth Galbraith, oder Buddy Green. Dem Film von Julian Jebb über Nancy verdanke ich lebhafte Eindrücke von Deccas Schwestern.

Dieses Projekt hat sich über einen sehr langen Zeitraum hingezogen, mit dem Sammeln von Material habe ich in den 1990er Jahren begonnen, zunächst noch mit dem Gedanken an einen Artikel. Barbara Wenner, me smashing agent, hat mich vor Jahren zu meinem Buch über meinen Bruder animiert und mich auch diesmal als sensible Cheerleaderin über Jahre hinweg ermuntert, beruhigt und auf den Teppich gebracht. 2007 bin ich mit der Idee zu ihr und meiner Verlegerin Elisabeth Ruge gegangen, die sich sofort mit Begeisterung darauf gestürzt hat, wovor andere weggelaufen wären: ein Buch über englische Schwestern, die hier kaum ein Mensch kennt?! Aber sie kannte sie ja und fand sie genauso faszinierend wie ich. So hat sie uns mitgenommen zum neu gegründeten Verlag Hanser Berlin und das Ganze über ihr Ausscheiden dort hinaus begleitet.

Es wird viel gesprochen und geschrieben über Self-Publishing – dieses Buch gäbe es nicht ohne den Verlag. Alle bei Hanser Berlin haben mir das Gefühl gegeben, dass sie an das *Rote Schaf* glauben, auch wenn es länger dauerte als geplant, haben geholfen bei der Vollendung, sich ums Wohlergehen von Buch und Autorin gekümmert. Karsten Kredel hat den Staffelstab von Elisabeth Ruge mit Neugier übernommen und sich seit diesem Jahr dafür eingesetzt. Die Zusammenarbeit mit meinen Lektoren war ein einziges Vergnügen, ihre Sorgfalt bewundernswert: Malte Ritter hat mit viel Herz und Verstand und sanftem Hackebeil aus einem sehr langen Manuskript ein Buch gemacht, Ludger Ikas sich im Verlag mit nimmermüder Geduld, scharfem Auge und diplomatischem Geschick um all das gekümmert, was aus einem Text tatsächlich ein Buch macht. Katharina Hierling und Dana Buchzik haben die Sisyphusarbeit übernommen, sich um die Zitate zu kümmern. Der Enthusiasmus, mit dem Thomas Rohde und Stefanie Leimsner das *Schaf* Buchhändlern und Journalisten zutreiben, ist großartig, Julia Graf und Andrea Mezger zu begegnen, immer wieder eine Freude.

Ich hätte *Das rote Schaf* nicht schreiben können, ohne die Großzügigkeit des *Tagesspiegels*, bei dem ich seit 25 Jahren mit Freuden arbeite, und die Unterstützung von Norbert Thomma, Chef of the Chefs, der die Beurlaubung nicht nur genehmigt, sondern immer wieder verlängert und mich hinterher wieder mit offenen Armen im »Sonntag« aufgenommen hat. Es wäre auch nicht gegangen, hätte Björn Rosen sich nicht in das große Abenteuer des Kochens geworfen und die Vertretung der Seite »Essen & Trinken« übernommen; nach meiner Rückkehr hat er sich bereitwillig alle Mitford-Geschichten angehört und das »Roarometer« hochschnellen lassen. Dass sich die Redaktionsarbeit nicht wie Arbeit, sondern wie Vergnügen anfühlt, dafür sind alle meine Kollegen verantwortlich, neben den Genannten vor allem Andreas Austilat, Ulla Dahmen, Deike Diening, Kathrin Kleinschmidt, Esther Kogelboom, Sebastian Leber und Ulf Lippitz.

Das Buchschreiben ist eine sehr einsame Tätigkeit – umso größer das Glück, meinen Arbeitsplatz dreimal an einen paradiesischen Ort verlegen zu dürfen: die Villa Aurora in Pacific Palisades (Danke, Mechthild Borries-Knopp, Annette Rupp und dem ganzen Team in L. A. und Berlin!), das Hotel Zur Bleiche im Spreewald (Danke, Familie Clausing!) und das Tyrone Guthrie Centre in Annaghmakerrig (Danke allen Mitarbeitern, vor allem Lavina McAdoo, der herrlichen Köchin!).

Dieses Projekt hat nicht nur allen Beteiligten, sondern meiner ganzen Umgebung ein gewaltiges Maß an Geduld und Verständnis abverlangt. Dass mir niemand Freundschaft und Verwandtschaft, Vertrag und Job gekündigt hat, dafür bin ich sehr, sehr dankbar. Ich danke meiner Familie dafür, dass sie immer da ist, vor allem meiner Schwester Bine Kippenberger-Steil (die schon wieder kräftig die Werbetrommel schlägt auf ihre unnachahmliche Art) und meinem Schwager Andreas Steil, meiner Schwester Tina Herfeldt und meinem Schwager Lars Herfeldt. Großer Dank meinem Neffen Benjamin Steil, Retter des Internets, überhaupt aller technischen und handwerklichen Probleme, der mich mit Humor und Käsekuchen bei Laune gehalten hat. Seiner Schwester Elena Steil für die schönen Autorenfotos, meiner Freundin Bettina Seuffert, die sich mit mir auf die Spuren der Mitfords in England begeben hat, und Steffi Pusch und Claus Kopp, die mit uns bei strömendem Regen durch die Cotswolds gefahren sind. Kathrin Kaiser und Jay Wallace, die mich so großzügig in ihrem wunderschönen Haus in Berkeley beherbergt haben, Iris Merz, dass sie ihre Weihnachtsferien mit der Lektüre des ungekürzten Manuskripts verbracht hat, Nicola Kuhn, Karen Andresen, Sigrid Kneist und Katharina Körner für ihre warmherzige Unterstützung, Monika und Andreas Bartholomé für ihr Verständnis, dass ich nur aus der Ferne bei ihnen war, Anja Brüggemann, dass sie sich mitten in ihrem großen Umzug im Archiv in Ohio für mich durch die Kartons gewühlt hat, und Ilse Maria Bielefeld, dass sie mir geholfen hat zu verstehen, was da passiert ist.

547

Anmerkungen

(Vollständige bibliographische Angaben finden sich unter Quellen und Literatur)

Abkürzungen

BT = Benjamin Treuhaft
DD = Deborah Devonshire (vormals Mitford)
DM = Diana Mosley (vormals Mitford)
DR = Constancia »Dinky« Romilly
ER = Esmond Romilly
JM = Jessica Mitford
LR = Lady Redesdale
NM = Nancy Mitford
PJ = Pamela Jackson (vormals Mitford)
RT = Robert »Bob« Treuhaft
TM = Tom Mitford
UM = Unity Mitford

Der Triumph des Lachens

11 »Das liebe Ding wäre *so* begeistert«: Mitford, J., *Hunnen und Rebellen*, S. 57.

11 »Miranda war das Licht meines Lebens«: JM an Emma Tennant, 16. Oktober 1993, in Sussman, *Decca*, S. 676.

14 »Ich bin normal«: Lovell, *The Mitford Girls*, S. 193.

14 »abwechselnd als Berühmt, Berüchtigt«: DD an DM, 31. Juli 1996, in Mosley C., *The Mitfords*, S. 774.

14 »Wenn ich ›Tochter eines Peers‹«: Mitford, J., *Hunnen und Rebellen*, S. 6.

15 »Hat ihre Schwester nicht diesen Mosley geheiratet?«: Bennett, *Die souveräne Leserin*, S. 13 f.

16 »die bekannteste und exzessivst beschriebene Kinderstube«: *The Guardian*, 25. Juli 1996.

17 »ist wesentlicher Bestandteil ihres Erbguts«: Robert Gottlieb in Landauer et al., *Portrait of a Muckraker* (Film).

17 »verbrachte sie den Rest ihres glanzvollen Lebens«: Sussman, *Decca*, S. ix.

18 »Bei ihr waren selbst die Einkaufszettel«: Mary Clemmey im Gespräch mit der Autorin.

18 »in a nutshell«: Philip Toynbee über JM in Landauer et al., *Portrait of a Muckraker* (Film).

18 »Ich würde sagen«: ebenda.

18 »Eine Naturgewalt«: Doug Foster im Gespräch mit der Autorin.

19 »Kein Aber«: Doug Foster im Gespräch mit der Autorin.

19 »Sie waren von Decca so verschieden«: Mitford, J., *Faces of Philip*, S. 34.

19 »Ihr größtes Verdienst«: Cockburn, Alexander: »Farewell, Lady Decca«, *Salon*, 5. August 1996, http://www.salon.com/weekly/mitford960805.html (abgerufen am 14. Mai 2010, online nicht mehr verfügbar).

19 »Decca sein«: Bob Scheer in Landauer et al., *Portrait of a Muckraker* (Film).

20 »Ich glaube, ich habe alles gelesen«: Joanne K. Rowling, »The First It Girl«, *The Telegraph*, 26. November 2006.

1 Die Mitfords im Wunderland

25 »ein kleines Vermögen«: Mosley, D., *A Life of Contrasts*, S. 16.

26 »ohne so pingelig darin zu sein«: Lewis Carroll an Sydney Bowles, 22. Mai 1891, Faksimile abgedruckt in Murphy, *The Mitford Family Album*, o. S.

29 »Nie hätte ich mir solches Glück träumen lassen«: Guinness, J./Guinness, C., *The House of Mitford*, S. 223.

29 »Unser Glück ist sehr groß«: ebenda.

32 »Diese Kinder lesen zu viel«: Mitford, N., *Love in a Cold Climate*, S. 323.

33 »Dieses Aufziehen«: Mosley C., *The Mitfords*, S. xx.

33 »Schwestern stehen zwischen einem«: Mitford, J., *A Fine Old Conflict*, S. 21.

33 »Es war eine Erfahrung«: ebenda, S. 20 f.

33 »Als Kind wäre sie«: Mitford, J., *Hunnen und Rebellen*, S. 38.

34 »Ich war Dianas Hauptfavoritin«: JM an David Pryce-Jones, 16. Januar 1974, in Sussman, *Decca*, S. 466.

35 »Hör auf, mich anzustarren«: Pryce-Jones, D., *Unity Mitford*, S. 40.

36 »Liebe Mag, ich habe«: Devonshire, D., *Wait for Me!*, S. 52.

36 »MY LAMB«: Lovell, *The Mitford Girls*, S. 77 f.

37 »Haltet den Mund!«: Guinness, J./Guinness, C., *The House of Mitford*, S. 591.

38 »sie lebten in einer Welt der Superlative«: Mitford, N., *Englische Liebschaften*, S. 19.

39 »den Rest der Welt«: Mitford, J., *A Fine Old Conflict*, S. 20 f.

40 »*Dich* schaut sicher niemand an«: JM an William Buchan, 28. Februar 1991, in Sussman, *Decca*, S. 649.

40 »Ich kann nicht, Liebes«: ebenda.

40 »So alt wie meine Zunge«: ebenda.

41 »Ich habe sie nie geliebt«: NM an JM, Oktober 1971, in Mosley, C., *Love from Nancy*, S. 509.

41 »ein Relikt des Feudalismus«: Lovell, *The Mitford Girls*, S. 124.

42 »Ach, stimmt«: JM an »Famous People's Eye Glasses Museum«, 9. Februar 1982, in Sussman, *Decca*, S. 554.

42 »Mit unerschütterlicher Sanftmut«: Lees-Milne, *Another Self*, S. 70 f.

43 »ich verkaufe nie«: Lovell, *The Mitford Girls*, S. 42.

43 »Penny Pinching Peeress«: ebenda, S. 40 f.

43 »Einmal rechnete sie«: Mitford, J., *Hunnen und Rebellen*, S. 50.

44 »Wir waren so versessen darauf«: Mitford, N., *The Water Beetle*, S. 13.

44 »*Il faut le couper là!*«: Devonshire, D., *Wait for Me!*, S. 39.

44 »widerliche tote Keime«: Mitford, J., *Hunnen und Rebellen*, S. 37.

45 »Tante Natty konnte alles«: Mosley, D., *A Life of Contrasts*, S. 29.

46 »In ihren Augen«: Devonshire, D., *Wait for Me!*, S. 9.

49 »wahrscheinlich das Interessanteste«: Guinness, J./Guinness, C., *The House of Mitford*, S. 258.

49 »Keuschheit, Sparsamkeit«: Mitford, J., *Hunnen und Rebellen*, S. 117.

50 »Null«: getippter Lebenslauf, Kopie von Katie Edwards.

51 »herrlicher Schund«: JM an Emma Tennant, 21. April 1992, in Sussman, *Decca*, S. 657.

51 »Zoo-ähnlich«: Mosley, D., *A Life of Contrasts*, S. 42.

2 Swinbrook

52 »Es war, das wusste ich, ein Paradies«: Devonshire, D., *Wait for Me!*, S. 5.

52 »Mein Zuhause war Swinbrook House«: *TV-Guide*, 27. März 1987, OSU.

53 »bösen alten Harrod«: Devonshire, D., *Wait for Me!*, S. 64.

54 »Es hat eher das utilitaristische Aussehen«: Mitford, J., *Hunnen und Rebellen*, S. 9.

55 »der Anblick eines sonnigen Hofs«: *The Independent*, 16. April 1994.

56 »*Deedr oudle boud-d-dles*«: Guinness, J./Guinness, C., *The House of Mitford*, S. 289.

56 »nicht ganz einfach«: Mitford, J., *Hunnen und Rebellen*, S. 15.

56 »Wie spät ist es, Liebling?«: Mitford, N., *Englische Liebschaften*, S. 303.

58 »Es ist immer ein schlechtes Zeichen«: Mitford, N., *Liebe unter kaltem Himmel*, S. 390.

58 »Ein schönes kleines Haus«: Mitford, J., *Hunnen und Rebellen*, S. 70.

59 »Ich andererseits genoss«: ebenda, S. 71.

59 »in fröhlichen Horden«: ebenda, S. 33.

59 »Haben diese Leute kein Zuhause?!«: Devonshire, D., *Wait for Me!*, S. 8.

59 »in dieser Familie«: Lees-Milne, *Another Self*, S. 71.

60 »Einmal Hunne, immer Hunne«: Mitford, N., *Englische Liebschaften*, S. 89.

60 »Partys hier sind wirklich *unmöglich*«: NM an Tom Mitford, 25. Februar 1928, in Mosley, C., *Love from Nancy*, S. 25.

61 »die respektlos-überschwänglichen Auslassungen«: Mitford, J., *Hunnen und Rebellen*, S. 34.

61 »Eem dzegs abbidle Dzeedldra«: Mitford, J., *Hons and Rebels*, S. 37.

62 »komische durcheinanderpurzelnde Entlein«: Mitford, N., *Love in a Cold Climate*, S. 320.

62 »eine Atmosphäre«: Taylor, D. J., *Bright Young People*, S. 10.

62 »Maskenpartys, Wildenpartys, viktorianische Partys«: Waugh, *Lust und Laster*, S. 124 f.

62 »Sie werden keine glückliche Generation sein«: Taylor, D. J., *Bright Young People*, S. 9.

64 »Etwas Fürchterliches«: JM an Merle Miller, 3. November 1971, in Sussman, *Decca*, S. 437.

65 »Schriftsteller und Connaisseur«: *The Independent*, 28. Februar 1994.

65 »Er scheint alles zu hassen«: NM an TM, zitiert in Hastings, *Nancy Mitford*, S. 60.

66 »Für mich verkörperten sie«: Mitford, J., *A Fine Old Conflict*, S. 20.

68 »Ich dachte, du hegst«: NM an Hamish Erskine, 14. Juni 1933, in Mosley, C., *Love from Nancy*, S. 55.

68 »Du hattest doch«: Acton, *Nancy Mitford*, S. 15.

69 »Geliebter weißer Schwan«: Lovell, *The Mitford Girls*, S. 94.

70 »Mir hat es die Hochzeit verdorben«: Mosley, D., *A Life of Contrasts*, S. 70.

71 »gentle Pamela«: Lovell, *The Mitford Girls*, S. 130.

72 »sie wurde launisch und kritisch«: Devonshire, D., *Wait for Me!*, S. 53.

72 »aber mit so viel Intelligenz und Humor«: Lovell, *The Mitford Girls*, S. 158.

73 »schien sie in einem Traum zu leben«: Mitford, J., *A Fine Old Conflict*, S. 24.

73 »drohendes Schweigen«: Mitford, J., *Hunnen und Rebellen*, S. 63.

73 »eine hünenhafte«: ebenda, S. 58.

74 »Ich wollte sehen«: Pryce-Jones, *Unity Mitford*, S. 46.

74 »Lieblingsschwestern«: ebenda, S. 46.

3 Sturm and Drang

75 »Was für eine blendende Erscheinung«: de Courcy, *Diana Mosley*, S. 90.

76 »selbstverständlich verliebte ich mich in ihn«: Mosley, D., *A Life of Contrasts*, S. 94.

77 »Ich dachte, das ist genau das Richtige für mich«: de Courcy, *Diana Mosley*, S. 377.

77 »Ich liebte sie wegen ihres Scharfsinns«: Mosley, D., *A Life of Contrasts*, S. 60.

78 »Imagination«: Unitys Fragebogen »All About Everybody«.

78 »Riesige Familie, Jagd, Politik«: Unitys Fragebogen »All About Everybody«.

79 »Wir waren denkbar ungeeignet füreinander«: Mosley, D., *A Life of Contrasts*, S. 262.

79 »seine Idealfrau«: ebenda, S. 263.

79 »das Grauen«: Guinness, J./Guinness, C., *The House of Mitford*, S. 327.

79 »Nicht wirklich«: Mosley, D., *The Pursuit of Laughter*, S. 552.

80 »Glamour wie im Film«: Gottlieb, J., *Feminine Fascism*, S. 203.

80 »Über Oswald Mosley«: Marr, A., *The Making of Modern Britain*, S. 356.

80 »Er war einfach unenglisch«: ebenda, S. 325.

80 »eine Tragödie vergeudeter Talente«: Skidelsky, »Great Britain«, S. 282.

80 »koschere Faschisten«: Marr, A., *The Making of Modern Britain*, S. 291.

81 »One – Two – Three – Four!«: Toynbee, *Friends Apart*, S. 21.

81 »Es klingt wirklich himmlisch«: Mosley, C., *The Mitfords*, S. 46.

82 »Hurra den Schwarzhemden!«: Lebzelter, *Political Anti-Semitism in England 1918–1939*, S. 92.

82 »Der Nationalsozialismus ist dem Kommunismus«: Lovell, *The Mitford Girls*, S. 203.

85 »Es lag ein erregtes Gefühl«: Mosley, D., *A Life of Contrasts*, S. 103.

85 »Hat sie dir geschrieben«: JM an DM, Juni 1935, in Mosley, C., *The Mitfords*, S. 58.

86 »absolut entsetzt«: ebenda, S. 43.

86 »so himmlisch«: Hastings, *Nancy Mitford*, S. 39 f.

87 »Es wird berichtet«: FBI-Notiz, 10. März 1950, OSU, File 122.

87 »es war faszinierend«: JM an LR, Anfang Februar 1934, in Sussman, *Decca*, S. 17.

87 »mit einer Mischung«: Kaplan/Shapiro, *Red Diapers*, S. 9.

88 »Verheiratete Schriftstellerin«: Unitys Fragebogen »All About Everybody«.

89 »Er redet wie ein Frettchen«: Thompson, *Life in a Cold Climate*, S. 104.

89 »Nancy, verliebt in die Liebe«: Mosley, C., *The Mitfords*, S. 34.

89 »Mit dem aufdämmernden Bewusstsein«: Mitford, J., *Hunnen und Rebellen*, S. 66 f.

91 »Die Klarheit, die Brillanz«: JM an James Forman jr., 23. Mai 1985, in Sussman, *Decca*, S. 590.

92 »Ich wusste jetzt, wovor ich fortlief und wohin ich laufen sollte«: Mitford, J., *Hunnen und Rebellen*, S. 78.

92 »Es ist ein *solcher* Spaß!«: ebenda, S. 82.

92 »Und das hab ich auch getan«: JM im Gespräch mit Christopher Hitchens, New York Public Library 1988, http://www.youtube.com/watch?v=_fZj6ydAk7k.

92 »*Und jeder SA-Mann*«: Mitford, J., *Hunnen und Rebellen*, S. 123.

93 »Wenn am Sonntagabend«: Pryce-Jones, *Unity Mitford*, S. 210.

93 »sehr lang«: UM an NM, Juli 1934, in Mosley, C., *The Mitfords*, S. 49.

93 »Heil Hitler! Love Bobo«: ebenda.

93 »der wunderbarste und schönste Tag«: UM an Lord Redesdale, Februar 1935, in Guinness, J./Guinness, C., *The House of Mitford*, S. 368.

94 »das nächste Mal müssen wir«: ebenda, S. 369.

94 »Ich bin die glücklichste Frau der Welt«: ebenda, S. 369.

94 »erstes It-Girl der politischen Sphäre«: Kemp, *Foreign Affairs*, S. 268.

94 »Der Nazismus *ist* mein Leben«: UM an JM, 11. April 1937, in Mosley, C., *The Mitfords*, S. 90.

95 »Ist der Führer nicht der gütigste«: DM an UM, 18. August 1938, in ebenda, S. 135.

95 »War der Führer heute nicht göttlich?«: Pryce-Jones, *Unity Mitford*, S. 190.

95 »Wie mir Frau Hoffmann liebevoll«: Leutheusser et al., *Hitler und die Frauen*, S. 95.

95 »Ist er nicht ganz unaussprechlich süß?«: UM an DM, 4. August 1938, in Mosley, C., *The Mitfords*, S. 131.

95 »Der Führer war himmlisch«: UM an DM, 23. Dezember 1935, in ebenda, S. 68.

95 »vor Lachen brüllte«: DM an UM, 17. September 1936, in ebenda, S. 76.

95 »der Judenknecht fast Nationalsozialist geworden«: ebenda, S. 76.

97 »einen Großteil ihres Lebens«: Sigmund, *Die Frauen der Nazis*, S. 239.

98 »Juden raus!«: UM an *Der Stürmer*, Juni 1935, in Guinness, J./Guinness, C., *The House of Mitford*, S. 379.

99 »Was ist Ihre Beschäftigung?«: Unitys Fragebogen »All About Everybody«.

100 »diesem widerlichen Land der Blutbäder«: NM an UM, 29. Juni 1935, in Mosley, C., *The Mitfords*, S. 61.

100 »Ojeoje«: NM an UM, 21. Juni 1935, in Mosley, C., *Love from Nancy*, S. 69.

100 »Mit dem Deutschen«: NM an UM, 9. 8. 1938, in Mosley, C., *The Mitfords*, S. 133.

101 »Man kann Naziwitze nicht mehr komisch finden«: NM an Evelyn Waugh, 8. November 1951, in Mosley, C., *Love from Nancy*, S. 69.

101 »HIMMLISCHES«: JM an UM, 1935 (ohne Tag & Monat), in Mosley, C., *The Mitfords*, S. 67.

103 »Ich muss zugeben«: JM an DD, 12. Juli 1937, ebenda, S. 106.

104 »Ich versank in ganz und gar düsterer Stimmung«: Mitford, J., *Hunnen und Rebellen*, S. 110.

104 »Hast du ein Glück«: JM an DM, 17. Juni circa 1935, in Sussman, *Decca*, S. 19.

104 »Also, Boud, schreib bald deiner alten Boud«: JM an UM, 1935 (ohne Tag & Monat), in Mosley, C., *The Mitfords*, S. 62.

105 »sehr gewöhnlich«: Thompson, *Life in a Cold Climate*, S. 132 f.

105 »Ein Pirat wie Mary Read«: JM in Unitys Fragebogen »All About Everybody«.

105 »Oft denke ich«: Mitford, N., *Englische Liebschaften*, S. 8.

106 »auf die Organisation der Arbeiterklasse«: *Braunbuch über Reichstagsbrand und Hitlerterror*, S. 193.

107 »Ich habe es kaum beachtet«: de Courcy, *Diana Mosley*, S. 383.

107 »Ich glaube nicht«: DM an UM, 1936 (ohne Tag & Monat), in Mosley, C., *The Mitfords*, S. 71.

108 »eine bezaubernde Wohnung«: Mosley, D., *A Life of Contrasts*, S. 111.

109 »unglaublich schön«: DM an UM, 3. August 1937, in Mosley, C., *The Mitfords*, S. 109.

109 »Im Gespräch war er flink und gescheit«: Mosley, D., *A Life of Contrasts*, S. 136 f.

110 »den brillanten Dr. Goebbels«: Mosley, D., *The Pursuit of Laughter*, S. 208.

110 »Weil er ein Freund von mir ist.«: de Courcy, *Diana Mosley*, S. 380.

111 »Pam war von den Schwestern«: Mosley, C., *The Mitfords*, S. 35.

112 »brillantes Arschloch«: Ed Pattillo an JM, 14. Juni 1994, OSU.

4 Ich kann, ich soll, ich werde

116 »sehr amüsant«: *New Statesman*, 8. Juni 1935.

116 »es den jungen Autoren«: Ingram, *Rebel*, S. 106.

117 »Ich bin von Natur freundlich«: Esmonds Tagebuch, zitiert in JM an James Forman jr., 18. April 1985, OSU.

118 »den am wenigsten introspektiven Menschen«: Toynbee, *Friends Apart*, S. 86.

118 »Aber das ist ja wahnsinnig introspektiv«: JM an James Forman jr., 18. April 1985, OSU.

119 »Die Rote Gefahr an den Privatschulen«: *Daily Mail*, 2. Februar 1934.

119 »*Out of Bounds* ist gegen Reaktion«: Toynbee, *Friends Apart*, S. 15.

119 »Giles und ich überlegten«: Romilly, G./Romilly, E., *Out of Bounds*, S. 255.

119 »Wellington hatte ihm wenig zu bieten«: Ingram, *Rebel*, S. 69.

121 »vorhersehbar unvorhersehbar«: Mitford, J., *Hons and Rebels*, S. 224.

121 »schrecklich gelitten«: Toynbee, *Friends Apart*, S. 34.

122 »Spanien wurde zum Prüfstein«: Kemp, W., *Foreign Affairs*, S. 233.

123 »Schock für Mutter«: *Star*, November 1936, zitiert in Ingram, *Rebel*, S 136.

124 »Eine Nacht an der spanischen Front«: *News Chronicle*, 13. Januar 1937.

125 »die strahlendste und sonderbarste Phase«: Toynbee, *Friends Apart*, S. 97.

126 »Er war zu der Zeit sehr abweisend«: Ingram, *Rebel*, S. 152.

126 »Wo wäre ich heute«: ebenda.

127 »Ständig kommen Leute«: UM an JM, 3. März 1937, in Mosley, C., *The Mitfords*, S. 80.

127 »In Rutland Gate ging es zu wie im Totenhaus«: Devonshire, D., *Wait for Me!*, S. 85.

127 »Schlimmer, als ich dachte«: ebenda.

127 »ein Mann durch und durch«: Ingram, *Rebel*, S. 154.

128 »DRINGEND. MISS JESSICA MITFORD MUSS SOFORT ZURÜCK«: Toynbee, *Friends Apart*, S. 99.

128 »ein Ausdruck dieser wunderbaren Solidarität«: ebenda.

128 »HABE JESSICA MITFORD GEFUNDEN«: Lovell, *The Mitford Girls*, S. 232 f.

129 »Das hieß also: totaler Krieg«: Mitford, J., *Hunnen und Rebellen*, S. 176.

129 »Susan, komm zurück«: NM an JM, 14. März 1937, in Mosley, C., *The Mitfords*, S. 83.

129 »Adelige Tochter brennt nach Spanien durch«: *Daily Express*, 1. März 1937.

129 »Dass du durchgebrannt bist«: Lovell, *The Mitford Girls*, S. 231.

129 »was nett von ihm war, oder?«: UM an JM, 3. April 1937, in Mosley, C., *The Mitfords*, S. 85.

130 »Er hat blaue Augen & sandfarbenes Haar«: JM an DD, 6. April 1937, in ebenda, S. 87.

131 »er ist ein *Engel*«: UM an JM, 3. März 1937, in ebenda, S. 80.

131 »Ehrlich, ihr werdet Esmond *anbeten*«: JM an LR, Ende Februar 1937, in Sussman, *Decca*, S. 24.

131 »Ungewöhnlich giftig«: *Daily Telegraph*, 2. September 2007.

132 »für die Beeinträchtigung ihrer Heiratschancen«: Lovell, *The Mitford Girls*, S. 230.

132 »soweit ich mich erinnere«: JM an DD, 26. Oktober 1976, in Sussman, *Decca*, S. 488.

132 »Lieber Henri Heine«: ebenda, S. 26 f.

133 »Es käme mir natürlich nicht in den Sinn«: UM an JM, 11. April 1937, in Mosley, C., *The Mitfords*, S. 90.

133 »Es war schrecklich, sie im Regen davongehen zu sehen«: de Courcy, *Diana Mosley*, S. 187.

134 »in tausend Jahren nicht«: LR an JM, 14. April 1937, OSU.

135 »Sie passten perfekt zusammen«: Devonshire, D., *Wait for Me!*, S. 111.

135 »Keine Küsse bei Jessicas Trauung«: *Daily Express*, 19. Mai 1937, abgedruckt in Mosley, C., *The Mitfords*, S. 96.

135 »Sie sind offensichtlich sehr glücklich miteinander«: LR an DD, abgedruckt in Devonshire, D., *Wait for Me!*, S. 87.

136 »ein Rubin-und-Diamant-Ring«: JM an DD, 23. Mai 1937, in Mosley, C., *The Mitfords*, S. 98 f.

136 »Was ich empfinde«: Laura Dicks (Nanny Blor) an JM, 13. März 1937, OSU.

136 »Wenn es irgendetwas gibt«: Laura Dicks (Nanny Blor) an JM, 2. April 1937, OSU.

137 »dich ohne ein Geschenk«: Laura Dicks (Nanny Blor) an JM, 30. April 1937.

137 »Leg die Unterhosen in ihre Schublade«: Laura Dicks (Nanny Blor) an JM, OSU, Box 1937 (ohne Tag & Monat).

137 »der lustigen Kommunistin«: UM an JM, 10. August 1937, in Mosley, C., *The Mitfords*, S. 113.

138 »in übermütiger Stimmung«: TM an JM, 17. August 1937, OSU.

139 »Danach stand ich ungefähr drei Tage«: Guinness, J./Guinness, C., *The House of Mitford*, S. 404.

140 »die wahren Helden des spanischen Kampfes«: Romilly, E., *Boadilla*, S. 196.

140 »Die Männer, die in Boadilla starben«: ebenda, S. 14.

141 »Ausdruck eines Kindes«: Mitford, J., *Hunnen und Rebellen*, S. 190.

142 »Wir haben ein Haus«: JM an DM, September 1937, in Mosley, C., *The Mitfords*, S. 118.

142 »herrliche[r] Kontrast«: Mitford, J., *Hunnen und Rebellen*, S. 203.

144 »Grrr! Was gibt's, Kumpel?«: Mitford, J., *Faces of Philip*, S. 23.

144 »wie ein komisches kleines Maskottchen«: Mitford, J., *Hunnen und Rebellen*, S. 148.

145 »Sie zog nichts von ihm ab«: Toynbee, *Friends Apart*, S. 106 f.

145 »Es war nicht unsere *Ähnlichkeit*«: ebenda, S. 117.

146 »Kommunistische Gesänge«: Mitford, J., *Faces of Philip*, S. 26.

146 »Weil wir schließlich«: Toynbee, *Friends Apart*, S. 132.

147 »wunderbare Gesichtscreme«: JM an DD, 28. Dezember 1937, in Mosley, C., *The Mitfords*, S. 121.

147 »Esmond mag es nicht«: de Courcy, *Diana Mosley*, S. 187.

147 »kühle Begegnungen«: Mitford, J., *Hunnen und Rebellen*, S. 204.

148 »starke Röte & Glatze«: Mosley, C., *The Mitfords*, S. 121.

148 »Die Kleine wurde zum Mittelpunkt meiner Existenz«: Mitford, J., *Hunnen und Rebellen*, S. 207.

148 »obwohl mich Decca«: Lovell, *The Mitford Girls*, S. 259.

148 »Es lebte noch ein paar schreckliche Tage«: Mitford, J., *Hunnen und Rebellen*, S. 208.

149 »sagten die Leute«: Toynbee, *Friends Apart*, S. 116.

149 »in der vollkommenen Unwirklichkeit«: Mitford, J., *Hunnen und Rebellen*, S. 208.

149 »der Albtraum langsam zu verblassen begann«: ebenda, S. 208.

149 »Ich kann nur vermuten«: Mitford, J., *Faces of Philip*, S. 32.

151 »Die Prozedur war grauenvoll schmerzhaft«: Lovell, *The Mitford Girls*, S. 272.

152 »Auf einmal hatten wir einen Gedankenblitz«: Ingram, *Rebel*, S. 197.

152 »Ich war eine englische Debütantin«: Toynbee, *Friends Apart*, S. 115.

153 »totalen Einheit«: ebenda, S. 155.

153 »ein seltsames, aber angemessenes Trio«: Mitford, J., *Hunnen und Rebellen*, S. 224.

153 »die strahlende Sonne«: Toynbee, *Friends Apart*, S. 156.

153 »er hätte es albern gefunden«: Guinness, J./Guinness, C., *The House of Mitford*, S. 461.

153 »rief sie aus der Herde«: JM an Emma Tennant, 16. Oktober 1993, in Sussman, *Decca*, S. 676.

153 »Wir waren auf dem Weg nach Amerika«: Mitford, J., *Hunnen und Rebellen*, S. 225.

155 »Peer of the Realm«: Mitford, J., *Hunnen und Rebellen*, S. 226.

156 »Ich war kein Kommunist«: *Daily Mirror*, 20. April 1939.

156 »Das einzige Land auf der Welt«: Ingram, *Rebel*, S. 185.

156 »ein großer Staatsmann«: Landauer et al., *Portrait of a Muckraker* (Film).

158 »Künstler im Greenwich Village«: Mitford, J., *Hunnen und Rebellen*, S. 221.

158 »das erstaunlich Unenglische«: ebenda, S. 227.

159 »Nie haben wir Menschen gesehen«: Ingram, *Rebel*, S. 185.

159 »Wunderbar, wunderbar«: de Courcy, *Diana Mosley*, S. 158.

159 »Schöne Britin hasst Nazis«: *The Independent*, 17. April 1939.

160 »In Neuengland sind die Leute«: JM an LR, 27. September 1939, in Sussman, *Decca*, S. 33.

161 »Die Romillys hatten einen riesigen Appetit«: Toynbee, *Friends Apart*, S. 109.

161 »Wir versuchten, möglichst viel vom Leben«: Mitford, J., *Hunnen und Rebellen*, S. 252.

161 »Esmond lebte mit leidenschaftlichem Nachdruck«: ebenda, S. 293.

162 »beunruhigend erfolgreich«: ebenda, S. 201.

162 »Die Spannung war enorm«: Ingram, *Rebel*, S. 190 f.

163 »Kind, Sie müssen es nicht«: Guinness, J./Guinness, C., *The House of Mitford*, S. 428.

163 »perfekt«: ebenda, S. 431.

164 »das andere«: ebenda, S. 432.

164 »Ich habe den viel besseren Schutz«: Pryce-Jones, *Unity Mitford*, S. 287.

164 »War die Führerrede«: Guinness, J./Guinness, C., *The House of Mitford*, S. 353.

164 »Chamberlain & Co. Verbrecher«: Mosley, C., *The Mitfords*, S. 138.

165 »letzter wirklich glücklicher Moment«: Guinness, J./Guinness, C., *The House of Mitford*, S. 433.

165 »meiner Boud«: zit. in Brief von LR an JM, 29. September 1939, OSU.

166 »Glaube nichts«: JM an LR, 1. Dezember 1939, OSU.

166 »Als Kinder aus dem Londoner East End«: Brüggemeier, *Geschichte Großbritanniens im 20. Jahrhundert*, S. 205.

167 »Muv ist jetzt übergeschnappt«: NM an Violet Hammersley, 15. September 1939, in Mosley, C., *Love from Nancy*, S. 83.

168 »Washington – Stellen in der New-Deal-Verwaltung«: Mitford, J., *Hunnen und Rebellen*, S. 258.

168 »wie ein ewiger Sonntag«: ohne Datum und Adressat zitiert in Sussman, *Decca*, S. 44.

169 »brillant, schillernd, oft rasend komisch«: Straight, M., *After Long Silence*, S. 141.

169 »mit Decca im Schlepptau«: Straight, M., *After Long Silence*, S. 141.

169 »du weißt doch, Liebes«: Laura Dicks (Nanny Blor) an JM, 21. September 1939, OSU.

169 »humorloser, misstrauischer, engstirniger Haufen«: Mitford, J., *Hunnen und Rebellen*, S. 294.

169 »Oh, was für eine entsetzliche Stadt«: JM an DD, 9. November 1979, in Sussman, *Decca*, S. 520.

170 »Sie lag im Bett«: LR an JM, 9. Januar 1940, OSU.

170 »schön«: Mosley, D., *A Life of Contrasts*, S. 149.

170 »Sie ertrug es nicht«: ebenda, S. 150.

171 »Sie war nie wieder schön«: ebenda.

171 »Ich dachte, ihr hasst mich alle«: NM an Violet Hammersley, 7. Januar 1940, in Mosley, C., *Love from Nancy*, S. 93.

171 »Boud ee ub je«: UM an JM, 26. Juni 1938, in Mosley, C., *The Mitfords*, S. 124 f.

171 »Liebste Boud«: UM an JM, 10. März 1940, OSU.

172 »das macht es noch schwieriger«: DD an JM, 7. Oktober 1940, OSU.

172 »Bin ich verrückt?«: Guinness, J./Guinness, C., *The House of Mitford*, S. 445.

173 »Schwester von Adolfs Idealtyp«: »Sister of Adolf's Perfect Nordic Type Is Making Own Way As Miami Barmaid«, Ausschnitt im Scrapbook von Jessica Mitford, ohne Zeitungstitel (*Miami Herald*?), 5. Januar 1940, im Besitz der Familie.

173 »Baby-Blue-Bloods in Hobohemia«: Mitford, J., *Hunnen und Rebellen*, S. 208.

173 »Nun, ihr habt sicher«: Mitford, J., *Faces of Philip*, S. 40.

174 »The Hon Mrs. Romilly«: LR an JM, z. B. 29. September 1939, OSU.

174 »KEIN GRUND ZUR SORGE«: LR an JM, 17. Februar 1940, OSU.

174 »Als ich deinen Brief bekam«: UM an JM, 20. Februar 1940, in Mosley, C., *The Mitfords*, S. 154 f.

174 »& brüllt vor Lachen«: LR an JM, 22. Februar 1940, OSU.

174 »Ich glaube wirklich, dass sie sich nicht mehr mögen«: Hastings, *Nancy Mitford*, S. 169.

175 »N. G. (No good)«: Scrapbook von Jessica Mitford, im Besitz der Familie.

175 »zu einer ganz und gar selbständigen Einheit«: Mitford, J., *Hunnen und Rebellen*, S. 292.

6 Kriegsdienst

176 »einen der charmantesten Menschen«: Romilly, G./Romilly, E., *Out of Bounds*, S. 209.

177 »Es fehlte uns das«: Romilly, E., *Boadilla*, S. 146.

177 »Wahrscheinlich stehe ich bald«: Mitford, J., *Hunnen und Rebellen*, S. 309.

178 »die grauenhafte Vorstellung«: Toynbee, *Friends Apart*, S. 92.

178 »Hurrikan aus Blei«: Romilly, E., *Boadilla*, S. 191.

178 »100 Meilen vom nächsten Damenklo«: Virginia Durr in Landauer et al., *Portrait of a Muckraker* (Film).

179 »Madame, nehmen Sie meinen Hut!«: Virginia in ebenda.

179 »Alles Wichtige spielte«: JM an ER, ca. 25. Juli 1940, in Sussman, *Decca*, S. 52.

179 »völlig verschiedener Spezies«: Salmond, *The Conscience of a Lawyer*, S. 39.

179 »geborenen Faschisten«: Mitford, J., *Hunnen und Rebellen*, S. 86.

179 »geborener Gentleman«: Salmond, *The Conscience of a Lawyer*, S. 201.

180 »weichem Kreischen«: Mitford, J., *Hunnen und Rebellen*, S. 287.

180 »Jetzt hör mal auf, Virginia«: Ann Durr im Gespräch mit der Autorin.
180 »Ihr Ansatz bei Gesprächen«: Mitford, J., *Hunnen und Rebellen*, S. 285.
180 »reizenden, schrägen Mongolenaugen«: Ingram, *Rebel*, S. 196 f.
180 »verrückt und verrückt vor Liebe«: Ann Durr im Gespräch mit der Autorin.
181 »Er war quicklebendig«: Ingram, *Rebel*, S. 196 f.
182 »Ich identifizierte mich«: Durr, *Outside the Magic Circle*, S. 133 f.
184 »Kann man sich was Idiotischeres vorstellen?«: Terkel, *Hard Times*, S. 531.
185 »eine Art Vogelnest«: JM an LR, 3. September 1940, OSU.
186 »Decca war ganz schön stürmisch«: Durr, *Outside the Magic Circle*, S. 150.
187 »Ich sagte, ich hielte sie«: NM an Violet Hammersley, 20. Juni 1940, in Mosley, C.,
     Love from Nancy, S. 98.
187 »war mein erster Gedanke«: Mosley, D., *The Pursuit of Laughter*, S. 523.
188 »das Erhabene«: ebenda, S. 180.
188 »Ja«: de Courcy, *Diana Mosley*, S. 380 ff.
189 »so strahlend«: Ingram, *Rebel*, S. 215.
189 »Mach dir unbedingt«: ebenda, S. 207.
189 »er ist sehr unterhaltsam«: Laura Dicks (Nanny Blor) an JM, 15. September 1940,
     OSU.
190 »sie reden so faschistisch«: NM an Violet Hammersley, 26. Dezember 1940, in
     Mosley, C., *Love from Nancy*, S. 109.
190 »Du kannst dir nicht vorstellen«: ebenda, S. 108.
190 »Haus für Obdachlose«: LR an JM, 11. Februar 1941, OSU.
191 »Natürlich hinterließen die Familien«: LR an JM, 6. August 1941, OSU.
191 »Wir brauchen viel«: NM an Violet Hammersley, 12. Juli 1941, in Mosley, C., *Love
     from Nancy*, S. 113.
191 »Schwester der Hitlerfreundin«: *Time*, 24. Februar 1941.
192 »Was Dein Foto angeht«: LR an JM, 28. April 1941, OSU.
193 »sie schienen erstaunt«: JM an LR, 22. März 1941, OSU.
193 »Es gibt drei Dinge«: Murphy, *Mitford Family Album*, o. S.
193 »fast so gut«: LR an JM, 1. Januar 1943, OSU.
194 »Sehr süß und rührend«: Sir Roy Harrod an JM, undatiert, OSU.
194 »Sie war schrecklich einsam«: Lady Harrod, zitiert in Pryce-Jones, *Unity Mitford*,
     S. 318.
194 »dass ihr Bett«: Nanny Blor, 13. August 1940, OSU.
195 »Sie sagte, es sei«: Pryce-Jones, *Unity Mitford*, S. 317.
195 »Lord und Lady Redesdale bitten«: LR und Lord Redesdale an JM, März 1941,
     OSU.
195 »das genaue Gegenteil von Debo«: LR an JM, 17. Mai 1941, OSU.
196 »Heutzutage, wo wenig gefeiert wird«: LR an JM, 15. April 1941, OSU.
197 »Ich war wahnsinnig traurig«: JM an ER, 26. Juni 1941, in Sussman, *Decca*, S. 80.
197 »den ganzen Schrecken«: ebenda, S. 81, Anm. 76.
197 »Bitte sei dafür!«: JM an ER, 26. Juni 1941, in ebenda, S. 80.
198 »may any man yes yet«: JM an ER, 15. September 1941, in ebenda, S. 88.
198 »HAUT in die Tasten«: JM an ER, 23. September 1941, in ebenda, S. 89.

199 »seine Bestürzung angesichts menschlichen Unglücks«: Toynbee, *Friends Apart*, S. 163.

199 »Nach der wunderbar schlichten«: Ingram, *Rebel*, S. 226.

200 »hat man alles«: ER an JM, 28. Oktober 1941, OSU.

200 »Bald bricht hektische Aktivität«: Toynbee, *Friends Apart*, S. 161.

201 »wirklich schrecklich«: Ingram, *Rebel*, S. 225.

201 »KOMME ABER NUR«: JM an ER, 8. November 1941, OSU.

201 »Mehr als alles auf der Welt«: ER an JM, 11. November 1941, OSU.

201 »In Wahrheit ist man sehr *untough*«: ebenda.

202 »Ich verstehe absolut«: Ingram, *Rebel*, S. 232.

202 »Sein Kummer war durchsetzt«: Toynbee, *Friends Apart*, S. 169.

202 »REISE FREITAG«: JM an ER, 1. Dezember 1941, in Sussman, *Decca*, S. 92.

202 »BEDAUERN MITTEILEN ZU MÜSSEN«: Chief of the air staff in Ottawa (Royal Canadian Air Force) an JM, 2. Dezember 1941, zitiert in Sussman, *Decca*, S. 92.

203 »Seine muntere und doch«: Chaplain Royal Air Force Station in Linton on Ouse in York an JM, 10. Dezember 1941, OSU.

203 »Für mich war er meine ganze Welt«: Mitford, J., *Hunnen und Rebellen*, S. 311 f.

203 »Er wurde im November«: Mitford, J., *Hons and Rebels*, S. 226.

203 »Ich glaube, mit dem Tod«: Mitford, J., *Faces of Philip*, S. 47.

204 »S. O. S. technische Störung«: Royal Air Force Delegation (British Air Commission) in Washington an JM, 2. Februar 1942, OSU.

204 »ein halb unter Wasser«: Royal Air Force Delegation (British Air Commission) in Washington an JM, 2. Februar 1942, OSU.

204 »Verzeihen Sie, dass ich«: Commander Ronald Clark an Nellie Romilly, 4. Dezember 1941, OSU.

205 »helles, rastloses Feuer«: Gedicht von Giles Romilly, in *Evening Standard*, 8. August 1942.

205 »Zu offiziellen Zwecken«: Sterbeurkunde von Esmond Romilly, OSU, Folder 1054.

205 »Esmonds Tod muss«: Devonshire, D., *Wait for Me!*, S. 111.

205 »Aber du hättest sie«: Dorothy Zellner im Gespräch mit der Autorin.

205 »Oh, das Wasser«: Durr, *Outside the Magic Circle*, S. 141.

206 »DECCA NOCH BEI MIR«: Lovell, *The Mitford Girls*, S. 351.

206 »doch eine stolzere Frau«: Devonshire, D., *Wait for Me!*, S. 111.

206 »Das fasse ich nicht«: Katie Edwards im Gespräch mit der Autorin.

206 »Ich habe nie einen Menschen«: Virginia Durr an LR, Mai 1942, OSU.

207 »Waaah! Es braucht«: Lovell, *The Mitford Girls*, S. 347.

207 »feine Freunde«: *The Telegraph*, 13. August 2003.

207 Also verschenkte sie es: vgl. Lovell, *The Mitford Girls*, S. 351. Die Durr-Töchter meinen sich auch an die Geldspritze für das Pferd zu erinnern. In einem Brief von Virginia im Februar 1942 klingt es allerdings so, als hätte Decca die 500 Dollar behalten.

208 »Dein Mut ist wirklich«: Sullivan, *Freedom Writer*, S. 225.

209 »überwiegend junge, unglaublich«: Mitford, J., *A Fine Old Conflict*, S. 35.
210 »sub-eligible typist«: ebenda, S. 34.
211 »Das ist die richtige Frau«: RT in Barnes, *Jessica Mitford* (Film).
211 »Natürlich wäre ich«: JM an Michael Straight, 25. Februar 1983, in Sussman, *Decca*, S. 567.
211 »Dass sie Bob kennenlernte«: Simon Head im Gespräch mit der Autorin.
212 »seine leicht schrägen«: Mitford, J., *A Fine Old Conflict*, S. 36.
212 »Sie strahlt vor schöner Aufrichtigkeit«: RT an Aranka Treuhaft, 28. Dezember 1942, OSU.
213 »Ich könnte niemals«: Baring, »How We Met«.
213 »furchtbar süßes«: JM an LR, 30. Juli 1942, OSU.
213 »die zwei Süßen«: JM an LR, 31. Oktober 1942, in Sussman, *Decca*, S. 93.
214 »Sie sind erstaunlich intelligent«: JM an LR, 24. November 1942, in Sussman, *Decca*, S. 96.
214 »Dinky war der Star«: Mitford, J., *A Fine Old Conflict*, S. 42.
214 »Freundin und Gefährtin«: Mitford, J., *Hons and Rebels*, S. 226.

8 Go West!

215 »Frisco! Allein der Name«: *Daily Telegraph*, 28. September 1993.
218 »vollkommen sprachlos«: Baring, »How We Met«.
218 »Du wirst sehr überrascht sein«: JM an LR, 28. Juni 1943, in Sussman, *Decca*, S. 111.
219 »Marsch, an die Arbeit«: Larsen, *Robert E. Treuhaft*, S. 6 f.
219 »OPA-Schnüfflerin«: Mitford, J., *A Fine Old Conflict*, S. 55.
220 »Sie hat *geweint*«: Dobby Walker in Landauer et al., *Portrait of a Muckraker* (Film).
220 »Schwester von Hitlers«: *San Francisco Examiner*, 4. Dezember 1943.
220 »Die Freilassung von«: Mitford, J., *A Fine Old Conflict*, S. 57.
220 »Das sehe ich ein«: *Newsday*, 27. November 1977.
222 »Irgendwann, wenn alles wieder«: Lord Redesdale an JM, 21. Mai 1944, OSU.
222 »Er hat sich *so gefreut*«: LR an JM, 7. November 1943, OSU.
223 »Sie presste das Beste«: Giles, G., »Pele de Lappe«, http://www.bohemian.com/northbay/pele-delappe/Content?oid=2131527.
224 »Ich mag Menschen«: *San Francisco Chronicle*, 25. November 2002.
225 »glorreiche«: JM an Arthur Lubow, 21. August 1992, in Sussman, *Decca*, S. 663.
226 »Sie war kein ideologischer Mensch«: DR im Gespräch mit der Autorin, Oktober 2010.
226 Die Kommunistische Partei, da musste man hin: RT in Landauer et al., *Portrait of a Muckraker* (Film).
226 »Dumm von mir«: JM an James Forman jr., 23. Mai 1985, in Sussman, *Decca*, S. 590.
227 »Es bedeutete«: Fariello, *Red Scare*, S. 199.
227 »Ich liebte und bewunderte«: Mitford, J., *A Fine Old Conflict*, S. 62.
227 »Sie waren erstaunlich«: JM in Barnes, *Jessica Mitford* (Film).
228 »Sie begreift die Bedeutung«: FBI-Memo von 1953, OSU.
228 »Oscar Wilde scherzte«: Maas, *Looking back on a life in the left*, S. 69.

228 »Was ich am deutlichsten«: Bernstein, *Loyalties*, S. 35.
228 »Matrose«: JM in Landauer et al., *Portrait of a Muckraker* (Film).
229 »Esst weniger!«: Goldman, *The Crucial Decade*, S. 55.
229 »Es wird absolut wunderbar«: Mitford, J., *A Fine Old Conflict*, S. 64.
229 »etwas unglaublich Einigendes«: Kelley, »The Lion in Winter«.
230 »das war ein wirklich«: Pele de Lappe in Landauer et al., *Portrait of a Muckraker* (Film).
231 »Als ich dich kennenlernte«: John Porter an JM, 26. Juli 1960, OSU.
231 »Obwohl ich meine Kinder«: JM an James Forman jr., 1. Oktober 1990, in Sussman, *Decca*, S. 646.
231 »nüchtern«: DR im Gespräch mit der Autorin.
232 »dance«: JM an LR, 11. August 1944, in Sussman, *Decca*, S. 119.
232 »sehr glücklich«: DR im Gespräch mit der Autorin.
232 »phänomenal schlecht«: JM an LR, 26. August 1947, in Sussman, *Decca*, S. 126.
232 »Es war qualvoll«: Devonshire, D., *Wait for Me!*, S. 134.
233 »Es war alles unerträglich traurig«: ebenda.
233 »Anders als Muv«: Mosley, D., *A Life of Contrasts*, S. 225.
234 »Wie schrecklich die Welt«: LR an JM, 22. April 1945, OSU.
234 »für die glorreichste Sache«: JM an LR, 15. Mai 1945, in Sussman, *Decca*, S. 121.
235 »eine düsternisvertreibende Rakete«: Acton, H., *Nancy Mitford*, S. 64.
235 »Kluge, kluge Nancy«: Hastings, *Nancy Mitford*, S. 168.
236 »Wir wissen doch alle«: Mitford, N., *Pursuit of Love*, S. xi.
237 »Ich wünschte, ich würde«: Hastings, *Nancy Mitford*, S. 190.
237 »Wenn Gefühle schon nicht«: NM an Gaston Palewski, 17. Januar 1946, in Mosley, C., *Love from Nancy*, S. 154.

9 Endstation Sehnsucht: Oakland

240 »Ich liebe mein Leben«: JM in Barnes, *Jessica Mitford* (Film).
241 »Wasteland of Oakland«: Mitford, J., *A Fine Old Conflict*, S. 87.
241 »Ich fand es eindeutig«: *Washington Post*, 30. Oktober 1988.
242 »Es war nichts Abstraktes«: Mitford, J., *A Fine Old Conflict*, S. 88.
242 »und Menschen«: JM in Barnes, *Jessica Mitford* (Film).
242 »Die Auseinandersetzungen und die Kämpfe«: Kelley, »The Lion in Winter«.
242 »Angenehm an Oakland«: *The Independent*, 21. September 1993.
242 die ultrarechte Familie Knowland: *The Daily Telegraph*, 28. September 1993.
242 »Ein relativ großer Fisch«: ebenda.
243 Die Bevölkerung stieg: Johnson, *The Second Gold Rush*, S. 154, nennt allerdings eine weit niedrigere Zahl: Zwischen 1940 und 1944 sei die Bevölkerung in Oakland um 14 Prozent gestiegen.
243 »Jetzt tauchen überall«: Johnson, M., *The Second Gold Rush*, S. 168.
244 »extrem hübsch«: JM an Aranka Treuhaft, 21. Oktober 1947, in Sussman, *Decca*, S. 127.
244 »reizende dicke«: Mitford, J., *A Fine Old Conflict*, S. 89.

245 »Sie können nichts dafür«: JM an DD, 19. Oktober 1951, in Mosley, C., *The Mitfords*, S. 275.

245 »Hausarbeit ist höchst unproduktiv«: Mitford, J., *A Fine Old Conflict*, S. 90.

246 »Wenn es um den Haushalt ging«: BT im Gespräch mit der Autorin.

246 »Du besorgst«: Rezept von JM, zitiert in Sussman, *Decca*, S. 552.

246 »Sehr gut! Extra Protein!«: DR im Gespräch mit der Autorin, Oktober 2010.

247 »Eines Tages steige ich«: LR an JM, 4. Februar 1946, OSU.

248 »schrecklich aufgeregt«: JM an LR, 8. März 1948, in Sussman, *Decca*, S. 129 f.

248 »Wir haben uns alle«: ebenda, S. 129.

248 »Wann wirst du«: JM in Barnes, *Jessica Mitford* (Film).

248 »So, los, rein mit euch«: Lovell, *The Mitford Girls*, S. 439.

249 »Nichts konnte sie überraschen«: *Times*, 28. Mai 1963.

249 »Kluge kleine D«: Mitford, J., *A Fine Old Conflict*, S. 125.

249 »Dazu sag ich nichts«: Alexander, *The Other Mitford*, S. 79.

249 »my little okay«: JM an LR, 3. Mai 1948, OSU.

249 »bemerkenswerten Eigenschaften«: Mitford, J., *A Fine Old Conflict*, S. 127.

250 »ich weinte aus derselben«: ebenda, S. 18 f.

250 »Unbedingt lesen«: JM an LR, 16. September 1953, in Sussman, *Decca*, S. 144.

251 »Sagt nicht, der Kampf«: Mosley, D., *Life of Contrasts*, S. 192.

251 »Ich bin so froh«: JM an LR, 11. Juni 1948, in Sussman, *Decca*, S. 131.

251 »Meine liebste kleine D«: LR an JM, 26. Juni 1948, OSU.

251 »Mein Leben kommt mir«: ebenda.

251 »Ich küsste & umarmte sie«: LR an JM, 18. September 1951, OSU.

252 »die größte Untersuchung«: Weiner, *FBI*, S. 207.

253 »Ich habe Schmetterlinge«: Salmond, *The Conscience of a Lawyer*, S. 109.

254 »linker Infantilismus«: Mitford, J., *A Fine Old Conflict*, S. 136.

254 »hellbraun«: *Washington Post*, 4. Februar 1940.

256 »Und Decca meinte«: Buddy Green in Barnes, *Jessica Mitford* (Film).

256 »dann würdest du mich lieben«: Mitford, J., *A Fine Old Conflict*, S. 119.

256 »Meine Antwort wäre«: ebenda, S. 111.

257 »die größten Männer«: Mrs. Gary in Barnes, *Jessica Mitford* (Film).

258 »Ich dachte, das ist«: JM in ebenda.

260 »Für Mitford und ihre Truppe«: Heard, *The Eyes of Willie McGee*, S. 297.

260 »Es war erschreckend«: JM in Landauer et al., *Portrait of a Muckraker* (Film).

261 »wir haben also«: JM an LR, 2. April 1951, in Sussman, *Decca*, S. 139.

10 Unamerikanische Umtriebe

264 »Augenblick entsetzlichen Schreckens«: JM in Barnes, *Jessica Mitford* (Film).

264 »Völlig bizarr«: JM in Landauer et al., *Portrait of a Muckraker* (Film).

265 »Kommunismus ist der Amerikanismus des«: Marge Frantz in ebenda.

265 »Ich hatte einfach«: Larsen, *Robert E. Treuhaft*, S. 100.

265 »durchseucht«: Weiner, *FBI*, S. 208.

265 »Und wie bei einer«: Schrecker, *The Age of McCarthyism*, S. 120.

266 »ich habe nie etwas«: Turner in Landauer et al., *Portrait of a Muckraker* (Film).

266 »Aber was für Fehler«: Hellman, *Scoundrel Time*, S. 142 f.

267 »zwanzig Jahren Hochverrat«: Weiner, *FBI*, S. 244.

267 »ein schändlicher Lügner«: Hellman, *Scoundrel Time*, S. 71.

269 »ein Gefühl, im sicheren Hafen zu sein«: JM an Ring Lardner jr. und Frances Lardner, 7. April 1977, in Sussman, *Decca*, S. 493.

270 »Entsetzlicher Gedanke«: DR im Gespräch mit der Autorin, Oktober 2010.

270 »Beim nochmaligen Lesen«: JM an LR, 23. September 1951, in Sussman, *Decca*, S. 142.

270 »Ich verweigere die Antwort«: Mitford, J., *A Fine Old Conflict*, S. 164.

271 »Woher soll ich wissen«: JM zitiert in Sussman, *Decca*, S. 105.

271 »total unkooperativ«: Mitford, J., *A Fine Old Conflict*, S. 164.

271 »mit einer Mischung aus«: Kaplan/Shapiro, *Red Diapers*, S. 9.

272 »verbreiteten sich die New Yorker Zeitungen«: Kaplan/Shapiro, *Red Diapers*, S. 86 f.

272 »grausigen Einzelheiten«: DR im Skype-Interview mit der Autorin, 13. Dezember 2012.

273 »Und ich erinnere mich«: DR im Gespräch mit der Autorin.

273 »Meine Mutter hatte«: DR im Gespräch mit der Autorin.

273 »Ich hielt meine Eltern«: DR im Gespräch mit der Autorin.

274 »Ein neuer Mensch, hosentragend«: Devonshire, D., *Wait for Me!*, S. 164.

274 »Was tat ich hier«: ebenda.

274 »Wir führen hier ein«: JM an DD, 19. Oktober 1951, in Mosley, C., *The Mitfords*, S. 275.

275 »Neger-Familie«: DD an DM, 8. Februar 1952, in ebenda, S. 276.

275 »Andrew und ich, aktiv«: Mitford, J., *A Fine Old Conflict*, S. 131.

275 »Sie haben jetzt Gelegenheit«: JM an Präsident Harry S. Truman, November 1953, in Sussman, *Decca*, S. 145.

275 »Ihr nachdrückliches Eintreten«: Mitford, J., *A Fine Old Conflict*, S. 166 f.

275 »gouvernantenhaft«: ebenda, S. 116.

276 »von denen«: JM an Aranka Treuhaft, 5. Dezember 1953, in Sussman, *Decca*, S. 146.

276 »Werden Sie von einem Anwalt begleitet?«: Mitford, J., *A Fine Old Conflict*, S. 172.

276 »die Ausbreitung von Angst«: ebenda, S. 173.

277 »Stück für Stück«: BT im Gespräch mit der Autorin.

277 »phantastisch!«: Mitford, J., *A Fine Old Conflict*, S. 171.

277 »Treuhafts Frau sprang auf«: *Oakland Tribune*, 4. Dezember 1953.

277 »Du wärest wahnsinnig stolz«: JM an Aranka Treuhaft, 5. Dezember 1953, in Sussman, *Decca*, S. 146.

277 »Du kannst dir nicht vorstellen«: JM an LR, 10. Dezember 1953, in ebenda, S. 147.

277 »Sie überstanden die«: Cockburn, »Farewell, Lady Decca«, *Salon*, 5. August 1996.

278 »der sanftmütigste Mann«: JM an LR, 23. Juni 1954, in Sussman, *Decca*, S. 147 f.

279 »Es war ein«: Durr, *Outside the Magic Circle*, S. 274.

280 »absoluter Augenstern«: JM an Katharine Graham, 9. April 1990, in Sussman, *Decca*, S. 640.

281 »Did the wild cats peek?«: JM an DR und BT, März 1993, in ebenda, S. 671.

281 »Tja, das wäre nicht passiert«: DR im Gespräch mit der Autorin.

281 »wunderbarer Freunde«: DR an RT, 21. März 1993, OSU.

282 »das intelligenteste & wissbegierigste Kind«: JM an LR, 29. April 1950, in Sussman, *Decca*, S. 133.

282 »LIEBSTE MUV«: JM an LR, 23. Juni 1954, in ebenda, S. 149.

282 »Du bist sehr tapfer«: LR an JM, 26. Februar 1955, OSU.

282 »dieser ganze schreckliche Horror«: Pele de Lappe in Landauer et al., *Portrait of a Muckraker* (Film).

282 »eine stillschweigende Vereinbarung«: DR an RT, 21. März 1993, OSU.

283 »Er wurde einfach ausradiert«: Kathy Kahn im Gespräch mit der Autorin.

283 »Es war grauenhaft«: DR im Gespräch mit der Autorin.

283 »Ich glaube, sie hat«: Helena Kennedy im Gespräch mit der Autorin.

283 »Äußerst sonderbar von mir«: JM an Katharine Graham, 9. April 1990, in Sussman, *Decca*, S. 640.

284 »Es hat für lange«: ebenda.

284 »dass zwischen mir«: DR an RT, 21. März 1993, OSU.

284 »Ich hätte mich nicht«: BT im Gespräch mit der Autorin.

284 »Ich glaube nicht, dass wir«: RT an DR und BT, März 1993, in Sussman, *Decca*, S. 671.

285 »Ich denke oft an ihn«: RT an DR und BT, März 1993, in ebenda, S. 670.

285 »das Schwierigste, worüber«: JM an DR und BT, März 1993, in ebenda, S. 671.

285 »Wirklich großartig«: JM an BT, 4. Oktober 1995, in ebenda, S. 695.

11 *Going Home Again*

286 »Sie war sehr kultiviert«: BT im Gespräch mit der Autorin.

287 »wurde sie plötzlich ebenfalls«: Mitford, J., *A Fine Old Conflict*, S. 180.

287 »Großartige Aranka!«: ebenda, S. 180.

288 »Sehr angespannt«: DR im Gespräch mit der Autorin, März 2012.

288 »und wusste nicht«: DR im Gespräch mit der Autorin, Oktober 2010.

288 »so ganz anders«: Mitford, J., *A Fine Old Conflict*, S. 181.

288 »Eine-Frau-Empfangskomitee«: ebenda, S. 183.

289 »Ich fand es seltsam verstörend«: ebenda, S. 184 f.

290 »Nur ein bisschen größer«: RT, zitiert in JM an Pele de Lappe und Steve Murdock, 20. September 1955, in Sussman, *Decca*, S. 154 f.

290 »kurz, hässlich und brutal«: Mitford, J., *Faces of Philip*, S. 82.

291 »ein großer Erfolg«: JM an LR, 20. September 1955, in Sussman, *Decca*, S. 156.

292 »Er war offensichtlich in Not«: Mitford, J., *A Fine Old Conflict*, S. 193.

292 »Nicht kommen. Magda, Lehrerin«: ebenda.

292 »Gefangene innerhalb der Grenzen«: RT an Bernat Pal, 23. März 1956, OSU.

292 »langsam gesehen«: JM in Barnes, *Jessica Mitford* (Film).

293 »äußerst reserviert«: JM im Vorwort zu NM, *The Pursuit of Love & Love in A Cold Climate. Two Novels*, S. xi.

293 »unsere Konversation glitt«: Mitford, J., *A Fine Old Conflict*, S. 197.

294 »während ich glücklich und zufrieden«: Hastings, *Nancy Mitford*, S. 280.

294 »die französische Dame«: Guinness, J./Guinness, C., *The House of Mitford*, S. 522.

294 »ein rotgesichtiger«: Mitford, J., *A Fine Old Conflict*, S. 197.

295 »lieber Hitler & Stalin«: NM an JM, 23. November 1939, in Mosley, C., *Love from Nancy*, S. 90 f.

295 »ja, wirklich, überall«: Hastings, *Nancy Mitford*, S. 250.

295 »Sie waren ihre Juden«: Charlotte Mosley im Gespräch mit der Autorin.

295 »Alles, was Du«: LR an JM, 7. Dezember 1955, OSU.

295 »Ein Licht«: Thompson, *Life in a Cold Climate*, S. 64.

296 »so süß«: NM an Evelyn Waugh, 19. November 1955, in Mosley, C., *Love from Nancy*, S. 346.

296 »Immer noch meine zweite Heimat«: JM an Aranka und Edith Treuhaft, 23. Oktober 1955, in Sussman, *Decca*, S. 157.

296 »Sie auf der Ebene«: Mitford, J., *A Fine Old Conflict*, S. 183.

296 »einer der Romane«: Mosley, D., *A Life of Contrasts*, S. 187.

297 »Natürlich denken sie«: DM, zitiert in NM an Evelyn Waugh, 17. Januar 1946, in Mosley, C., *Love from Nancy*, S. 153.

299 »Nachdem du unmögliche Bedingungen«: Mitford, J., *A Fine Old Conflict*, S. 28.

299 »atemberaubende Schönheit«: NM an Evelyn Waugh, 24. Mai 1960, in Mosley, C., *Love from Nancy*, S. 382.

300 »sie funktionierten nicht«: DR in Landauer et al., *Portrait of a Muckraker* (Film).

302 »psychisch krank«: Mitford, J., *A Fine Old Conflict*, S. 255.

302 »Schön, dich zu sehen«: Mitford, N., *Noblesse Oblige*, S. 35.

302 »Das ist, glaube ich«: ebenda, S. xiv f.

304 »Leben ist nichts als«: Treuhaft, D., »Lifeitselfmanship«, in *A Fine Old Conflict*, S. 261.

304 »Ich hab *gebrüllt*«: Mitford, J., *A Fine Old Conflict*, S. 213.

304 »dass die schlimmsten Übeltäter«: JM an LR, 13. Mai 1956, in Sussman, *Decca*, S. 163.

304 »die Lebensfreude«: Cockburn, »Farewell, Lady Decca«, *Salon*, 5. August 1996.

305 »Also, wenn man«: JM in Landauer et al., *Portrait of a Muckraker* (Film).

307 »gewesene Aristokratin«: Benedict, »Intrepid Twosome«, S. 103.

307 »Kommunistin ohne Partei«: Lappe, *A Passionate Journey*, S. 58.

307 »demokratischer Sozialismus«: BBC Wales Lunch Interview.

307 »die einzig logische«: *San Francisco Chronicle*, 30. Juni 1996.

307 »absolut verheerend«: ebenda.

307 »Freudlosigkeit und Verdrießlichkeit«: Maas, *Looking back on a life in the left*, S. 105.

308 »das Licht noch nicht«: Mitford, J., *A Fine Old Conflict*, S. 99.

309 »Als er starb«: Mosley, D., *A Life of Contrasts*, S. 226.

309 »Er hat sich gefreut«: LR an JM, 19. März 1958, OSU, Box XX.

309 »Nie werde ich«: Mosley, D., *A Life of Contrasts*, S. 225.

309 »Ich erinnere mich«: Mosley, C., *Love from Nancy*, S. 519.

310 »Rotes Schaf«: *The Globe and Mail Toronto*, 10. Juli 1958.

311 »prächtigen Insel«: LR an JM, 25. Juli 1944, OSU.

311 »Ich weiß nicht«: Devonshire, D., *Wait for Me!*, S. 133 f.

311 »Sie führten das fröhliche Leben«: JM, »A Pairfect Day for the Games!«, Artikel ohne Zeitschriftentitel oder Datum, OSU.

312 »das Verlassen des«: Madeau Stewart an JM, 17. Juni 1963, OSU.

313 »wäre ich sehr dankbar«: LR an Lord Redesdale, 24. Februar 1954, OSU.

313 »Es geht ein ständig«: NM an DM, 28. September 1946, in Mosley, C., *Love from Nancy*, S. 82.

313 »Oase des Friedens«: JM an Aranka Treuhaft und Margaret Lourie, 11. Juli 1962, in Sussman, *Decca*, S. 287.

313 »Ich muss sagen«: JM an Barbara Kahn, 31. Juli 1961, in ebenda, S. 293.

314 »Weil davon das Essen«: Mitford, J., *A Fine Old Conflict*, S. 186.

314 »Ich will gern mein Vermögen«: JM an LR, 4. Juni 1958, in Sussman, *Decca*, S. 174.

314 »mit Benj als (Un-)Handlanger?«: JM an DR, Mai 1959, in ebenda, S. 211.

314 »Sie sagt es nicht«: NM an LR, 30. Mai 1959, in Mosley, C., *Love from Nancy*, S. 375.

316 »Extrem lieb und reizend.«: Philip Toynbee in Barnes, *Jessica Mitford* (Film).

316 »Befreit von Jahren«: Mitford, J., *A Fine Old Conflict*, S. 221.

317 »Superlacher, Superrechtschreibexperte«: ebenda, S. 223.

318 »Fünf Minuten nachdem«: Marge Frantz in Landauer et al., *Portrait of a Muckraker* (Film).

319 »Da war nichts«: JM an RT, 30. April 1959, in Sussman, *Decca*, S. 204.

319 »eine sozusagen kulturfreie Erziehung«: DR im Gespräch mit der Autorin.

320 »Leicht legasthenisch«: BT im Gespräch mit der Autorin.

320 »im Vergleich mit den anderen«: BT im Gespräch mit der Autorin.

320 »Du weißt, wer sie ist«: JM an RT, 14. April 1959, in Sussman, *Decca*, S. 197.

322 »einer Art Erinnerungsbuch«: JM an RT und DR, 4. Mai 1959, in ebenda, S. 207.

322 »Oh Hen, lass es«: JM an Pele de Lappe, 5. Juni 1959, in ebenda, S. 217.

322 »Mehr über Tom«: Notiz JM, OSU, Box 175.

322 »DAS BUCH IST FERTIG!«: JM an RT und DR, in Sussman, *Decca*, S. 222.

322 »ein paar gute Benjy-Streiche«: JM, OSU, Box 175.

322 »Sie brachte uns«: BT im Gespräch mit der Autorin.

322 »Ich schrieb ihr zurück«: JM an Ann Farrer Horner, 25. August 1984, in Sussman, *Decca*, S. 580.

323 »Stell dir vor«: DD an DM, 23. Januar 1959, in Mosley, C., *The Mitfords*, S. 311.

323 »furchtbar nett & gar nicht«: DD an NM, 4. August 1959, in ebenda, S. 317.

323 »Schöne Zeit«: JM an Barbara Kahn, 4. August 1959, in Sussman, *Decca*, S. 224.

323 »und pünktlich um halb fünf«: JM an RT, 29. Juli 1959, OSU.

323 »Menschen hassen«: Unitys Fragebogen »All About Everybody«.

323 »Ich persönlich werde niemals«: JM an RT, 12. August 1959, in Sussman, *Decca*, S. 227.

324 »Dumme, rücksichtslose Großtante«: BT an Aunt Weenie, undatiert, OSU.

325 »dieses schamlose«: *Daily Telegraph*, 25. März 1960.

325 »Ich habe lang«: LR an JM, 27. März 1960, OSU.

325 »Aber es macht ein Buch«: LR an JM, 21. April 1960, OSU.

326 »Zurückzublicken entspricht meinem Wesen nicht«: Mitford, J., *Hunnen und Rebellen*, S. 7.

326 »Ich finde es schrecklich«: NM an JM, 11. März 1960, in Mosley, C., *The Mitfords*, S. 328.

327 »Das Buch zeigt große«: LR an JM, 3. Mai 1960, OSU.

327 »Es ist ein unehrliches Buch«: NM an Evelyn Waugh, 26. März 1960, in Mosley, C., *The Letters of Nancy Mitford & Evelyn Waugh*, S. 421.

327 »Ist sie nicht mit«: Evelyn Waugh an NM, 18. Mai 1960, in ebenda, S. 422 f.

327 »ein gerissener kleiner Anwalt«: NM an Evelyn Waugh, 25. Mai 1960, in Mosley, C., *Love from Nancy*, S. 382.

327 »das mir ungeheuren Spaß gemacht«: PJ an JM, 9. Mai 1960, OSU.

327 »niederträchtige Geschichten«: DD an NM, 1. September 1962, in Mosley, C., *The Mitfords*, S. 379.

328 »Eine verrücktere Familie«: *People's World*, 23. Mai 1960.

328 unorthodoxe Gesprächspartnerin: Im Internet kann man ein Radiointerview mit Decca hören, das sie kurz vor Erscheinen der amerikanischen Ausgabe gab und das einen anschaulichen Eindruck von ihr – und ihrer Upperclass-Stimme – vermittelt: http://www.kpfahistory.info/dandl/mitford.mp3.

328 »Ich stellte bald fest«: Mitford, J., *A Fine Old Conflict*, S. 231.

330 »Die Küche ist super«: JM an LR, 10. Dezember 1960, OSU.

331 »Kommandozentrale«: Katie Edwards, Mail an die Autorin vom 14. April 2012.

332 »der Geliebte«: DD an NM, 1. September 1962, in Mosley, C., *The Mitfords*, S. 380.

332 »Wie schade, dass Du«: DD an NM, Zweiter Weihnachtstag 1961, in ebenda, S. 361.

332 »hatte lange, liebevolle Tête-à-Têtes«: NM an JM, 18. Dezember 1961, in ebenda, S. 359.

333 »Du weißt schon«: Rowlands, P., »The ›Birth‹ of Jessica Mitford«.

335 »Heirate nie eine Mitford«: *Observer*, 20. Oktober 2002.

336 »Über dem Laden wohnen«: Devonshire, D., *Wait for Me!*, S. 266.

339 »der kleine Ehemann«: DM an DD, 25. Juli 1996, in Mosley, C., *The Mitfords*, S. 773.

339 »Es war alles vollkommen anders«: Robert Treuhaft in Barnes, *Jessica Mitford* (Film).

341 »Nichts hat je seinen Platz«: DD an NM, 26. Oktober 1971, in Mosley, C., *The Mitfords*, S. 559.

341 »Beatrix-Potter-artige Umgebung«: Mitford, J., »The Mitford Country Revisited«, Juli 1982, OSU, Box 97, Folder 812.

342 »über Neger«: LR an JM, 21. August 1960, OSU.

342 »Komm unbedingt in den Süden«: Sullivan, *Freedom Writer*, S. 204.

343 »Ich hätte gedacht«: JM an Jim Forman jr., 23. Mai 1985, in Sussman, *Decca*, S. 590.

344 »ein Quell der Freude«: Williams, *Eyes on the Prize*, S. 83.

345 »Ich dachte oft, was Unity«: Sullivan, *Freedom Writer*, S. 212.

345 »nervösen, überspannten Gattin«: Salmond, *The Conscience of a Lawyer*, S. 180 f.

346 »Ich wollte wissen«: JM an BT, 16. Mai 1961, in ebenda, S. 250.

347 »Anstiftung zum Aufruhr«: JM an RT, 31. Mai 1961, in ebenda, S. 258.

348 »Bringt die Nigger um!«: Williams, *Eyes on the Prize*, S. 153.

349 »Auf die Nigger«: Durr, *Outside the Magic Circle*, S. 298.

349 »sie kochte vor Wut«: ebenda.

350 »außer sich vor Begeisterung«: ebenda, S. 299.

350 »Das Kircheninnere«: Mitford, J., *The Macking of a Muckraker*, S. 74.

351 »Spektakulär«: JM an James Forman jr., 11. März 1987, OSU.

351 »Umwerfend«: Mitford, J., *The Making of a Muckraker*, S. 74.

351 »Es war ein atemberaubend schöner Morgen«: ebenda.

352 »Den letzten Schrei«: Mitford, J., *The Making of a Muckraker*, S. 73.

352 »nicht einfach als«: Sullivan, *Freedom Writer*, S. 265.

354 »Ich war auf einmal«: Brady, J., »An Exclusive Interview with Jessica Mitford«.

354 »Solides Kupfer«: Mitford, J., *The American Way of Death*, S. 16.

354 »solide, verlässlich, mutig«: ebenda, S. 56.

354 »Neue BH-Form«: JM an Kathleen Kahn, 2. Februar 1962, in Sussman, *Decca*, S. 274.

355 »St. Peter Don't You Call Me«: JM an Philip Kerby, Mai 1985, in ebenda, S. 589.

355 »The American Way of Death«: ebenda.

355 »urkomisch«: Larsen, *Robert E. Treuhaft*, S. 58.

355 »Mrs. Treuhaft – Günstige Bestattungen«: Mitford, J., *A Fine Old Conflict*, S. 233.

356 »Es *gibt keine* Trauertherapie«: JM an Eva Lapin-Maas, 10. September 1985, OSU.

356 »mit dem weißen Sarg«: Pele de Lappe in Landauer et al., *Portrait of a Muckraker* (Film).

357 »Patriotismus, Liebe zu Gott«: Mitford, J., *The Making of a Muckraker*, S. 44.

358 »Er beeinflusste die Moden«: Mitford, J., *The American Way of Death*, S. 145.

358 »alles aus einer Hand«: ebenda, S. 149.

359 »das Herzstück der Industrie«: Laderman, *Rest in Peace*, S. xxii.

360 »Wunderknabe der Verlagsszene«: JM, OSU, Box 162, Folder 1289.

360 »ein großer Lektor«: *The Paris Review*, Herbst 1994, Nr. 132.

360 »bei ihr war es fast immer«: Robert Gottlieb im Gespräch mit der Autorin.

360 »Einfühlendes Lektorieren«: Mitford, J., *The Making of a Muckraker*, S. 23.

360 »Eine absolut skrupellose«: Robert Gottlieb in Landauer et al., *Portrait of a Muckraker* (Film).

360 »nicht gerade gemütlich«: Katie Edwards im Gespräch mit der Autorin.

360 »Beißer«: Katie Edwards im Gespräch mit der Autorin.

361 »Unsere Freundschaft«: Robert Gottlieb im Gespräch mit der Autorin.
361 »verbotenes Gelände«: Mitford, J., *The American Way of Death*, S. 61.
361 »vom gewöhnlichen«: ebenda, S. 66.
361 »Ich bin sicher«: BT im Gespräch mit der Autorin.
362 »Wer hat Angst«: Mitford, J., *The Making of a Muckraker*, S. 82 f.
362 »Amerikas führender Bestattungsexpertin«: ebenda, S. 103.
363 *»Ein teures begrabenesse«*: JM an James Forman jr., 28. November 1987, OSU.
363 »Man muss ihr«: Robert Gottlieb in Landauer et al., *Portrait of a Muckraker* (Film).
363 »Sie war witzig«: Robert Gottlieb in ebenda.
363 »die Bestattungsindustrie wird nie«: Laderman, *Rest in Peace*, S. xxi.
364 »Natural Expression Formers«: Mitford, J., *The Making of a Muckraker*, S. 183 f.
364 »Ich habe das Thema«: ebenda, S. 103.
365 »sie beantwortete jedes Schreiben«: BT im Gespräch mit der Autorin.
365 »eine Wonne«: JM an DD, 25. Juli 1985, in Sussman, *Decca*, S. 592.
366 »Ich fühl mich wie der Tod«: Mosley, D., *A Life of Contrasts*, S. 241.
366 »Wir wussten alle«: Devonshire, D., *Wait for Me!*, S. 247.
366 »MUV HEUTE MORGEN«: NM, DD, DM, PJ an JM, 25. Mai 1963, in Mosley, C., *Love from Nancy*, S. 395.
367 »Es ist wahrscheinlich«: Violet Hammersley an JM, 28. Mai 1963, OSU.
367 »für max. Archivierung«: JM an DD, 24. August 1964, in Sussman, *Decca*, S. 331.
367 »Lebensretterin«: JM an RT, 22. Juli 1964, in ebenda, S. 325.
367 »Glasgow! Glasgow!«: JM an RT, 22. Juli 1964, in ebenda, S. 325.
368 »Innerhalb der letzten«: FBI, 29. Juli 1968, OSU.
369 »Schrecklich, schrecklich!«: DR im Gespräch mit der Autorin, Oktober 2010.
369 »Man kann nichts Besseres tun«: JM an DR, 7. Januar 1959, in Sussman, *Decca*, S. 184.
369 »Deine Dich lbd. Mama«: JM an DR, 7. Januar 1959, in ebenda, S. 185.
369 »Sie war vor einem Telefon«: DR im Gespräch mit der Autorin.
370 »Okay, das ist jetzt«: DR im Gespräch mit der Autorin.
370 »es war, als wäre«: Sullivan, *Freedom Writer*, S. 175.
371 »standen meine Eltern«: DR im Gespräch mit der Autorin.
373 »Natürlich lehnte ich ab«: DR im Gespräch mit der Autorin.
373 »Sie wusste, dass ich«: DR im Gespräch mit der Autorin.
373 »einfach furchterregend«: JM an DD, 4. September 1963, in Sussman, *Decca*, S. 305.
373 »Lächerlich!«: DR im Gespräch mit der Autorin.
374 »Es war ein ganz«: DR im Gespräch mit der Autorin.
374 »Heldin des Tages«: JM an DD, 4. September 1963, in Sussman, *Decca*, S. 305.
374 »mit Leib und Seele«: Sullivan, *Freedom Writer*, S. 314.
375 »Ich könnte umgebracht«: Williams, *Eyes on the Prize*, S. 230.
375 »Wenn ihr zu Boden geht«: ebenda, S. 232.
376 »Ich fange an, ihn zu lieben«: JM an Barbara Kahn, 29. Dezember 1965, in Sussman, *Decca*, S. 358.
376 »er hat was Fröhliches«: JM an Barbara Kahn, 29. Dezember 1965, in ebenda, S. 359.
376 »Deinem Papa, der absolut«: JM an James Forman jr., 11. März 1987, OSU.

378 »Türen auf! Türen auf!«: eine sehr eindrucksvolle Filmaufnahme des Protests gegen diese Anhörung findet sich unter http://diva.sfsu.edu/collections/sfbatv/bundles/190424.

378 »The son of Aubrey«: E-Mail von Kathy Kahn an die Autorin, 15. Februar 2013.

378 »ein emotionales Erdbeben«: Manuskript *Rebels with a Hundred Causes*, 1961. OSU, Box 97, Folder 832, S. 14.

378 »Ein sehr aufregender Moment«: Kathy Kahn im Gespräch mit der Autorin.

379 »ein unheimliches, unjugendliches«: Manuskript *Rebels with a Hundred Causes*, 1961. OSU, Box 97, Folder 832, S. 2.

381 »gute alte Dec«: Bettina Aptheker im Gespräch mit der Autorin.

382 »wunderschöne Reden«: Larsen, *Robert E. Treuhaft*, S. 104.

382 »Eindringlich und leidenschaftlich«: Aptheker, *Intimate Politics*, S. 129.

383 »We don't trust anyone«: Kazin, *American Dreamers*, S. 212.

383 »Movement Lawyers«: Larsen, *Robert E. Treuhaft*, S. 102.

384 »Sheriff!«: ebenda, S. 106.

385 »Bob ist der absolute Held«: JM an Edith Treuhaft, 9. Dezember 1964, in Sussman, *Decca*, S. 334.

385 »Knastbrüder«: JM an Edith Treuhaft, 9. Dezember 1964, in ebenda, S. 335.

386 »Ich folgte ihrem Rat«: Larsen, *Robert E. Treuhaft*, S. 107.

386 »Wir finden, dass Kunstseide«: Mitford, J., *The Making of a Muckraker*, S. 82.

387 »150 Dollar!!!!«: JM zitiert in Sussman, *Decca*, S. 374.

387 »Werbeleuten den Begriff«: http://howardluckgossage.jux.com/1203498.

388 »eine Art Guru«: JM an Sally Belfrage, 30. März 1987, OSU.

389 »assoziiertes Mitglied der Chefredaktion aus Oakland«: Sussman, *Decca*, S. 374.

389 »Sie war wunderbar«: Dugald Stermer im Gespräch mit der Autorin.

390 »Radical Slick«: Hinckle, *If You Have a Lemon, make Lemonade*, S. 89 ff.

391 »geniale junge Banditen«: JM an Howard Gossage, 28. April 1967, OSU.

391 »Eine Teetasse mit einem Feuerwehrschlauch füllen«: Hinckle, *If You Have a Lemon, make Lemonade*, S. 358.

392 »Wenn wir nicht am Tisch«: Jim Forman jr. zitiert in Sullivan, *Freedom Writer*, S. 322.

393 »Ich weiß tief«: JM an Virginia Durr, 5. März 1968, OSU.

395 »Wenn ich 'ne Negernutte«: Cleaver, *Seele auf Eis*, S. 185 f.

396 »kleinliche Persönlichkeitsdifferenzen«: Forman, *The Making of Black Revolutionaries*, S. 537.

396 »Sie weigerte sich«: David Weir im Gespräch mit der Autorin.

397 »auf ihre feinste englische Weise«: White, *Genet*, S. 533.

397 »Die Party ist vorbei«: JM an verschiedene Freunde, 1. Februar 1993, in Sussman, *Decca*, S. 668.

398 »Ich kann kaum ausdrücken«: JM an Maya Angelou, 23. Oktober 1981, in ebenda, S. 550.

399 »mein Augapfel«: JM an Clifford Durr, 6. September 1969, in ebenda, S. 404.

400 »Du hast die Wahl«: JM an Barbara Kahn, 21. Dezember 1965, in ebenda, S. 357.

400 »Die Roten mochten«: BT im Gespräch mit der Autorin.

401 »Es hat wunderbar funktioniert«: BT im Gespräch mit der Autorin.

401 »Mein Sohn, der Klavierstimmer«: BT im Gespräch mit der Autorin.

401 »Könnten sie nicht«: JM an NM, 4. Mai 1967, in Sussman, *Decca*, S. 365.

401 »Ich wette, er sieht«: JM an NM, 22. August 1967, in ebenda, S. 370.

401 »abartigen Liebeslebens«: JM an Virginia Durr, 9. August 1967, in ebenda, S. 368.

402 »setzte ihn irgendein«: JM an Virginia Durr, 18. August 1967, in ebenda, S. 369.

402 »politischen Prozess des Jahrzehnts«: JM an Cedric Belfrage, 18. März 1968, OSU.

403 »Decca war außer sich vor Wut«: Bettina Aptheker im Gespräch mit der Autorin.

403 »Ich habe das Gefühl«: NM an Gaston Palewski, 21. Mai 1963, in Mosley, C., *Love from Nancy*, S. 417.

405 »Lass mich nicht im Stich«: NM an Gaston Palewski, 27. Oktober 1972, in Mosley, C., *Love from Nancy*, S. 520.

406 »Nie werde ich Deccas«: Devonshire, D., *Wait for Me!*, S. 318.

406 »sie haben hierzulande«: JM an Pele de Lappe und Steve Murdock, 26. Mai 1969, in Sussman, *Decca*, S. 402.

406 »Eigentlich ziemlich gut«: JM an Marge Frantz, 22. Mai 1969, in ebenda, S. 400.

406 »ja, der Zuneigung«: DM zitiert in Mosley, C., *The Mitfords*, S. 480.

406 »Das Leben hier«: JM an Virginia Durr, 26. Mai 1969, in Sussman, *Decca*, S. 401.

407 »Schriebe ich so schlecht«: Mosley, D., *The Pursuit of Laughter*, S. 23.

407 »wie eine Hand«: Lovell, *The Mitford Girls*, S. 485.

408 »Das Schlimme ist«: Hastings, *Nancy Mitford*, S. 308.

408 »Es gefällt mir so gut«: ebenda, S. 311.

408 »praktisch alle Quellen«: NM an Valentine Lawford, 23. Februar 1968, in Mosley, C., *Love from Nancy*, S. 466.

409 »Er ist ganz nach«: NM zitiert in ebenda, S. 459.

409 »sie LIEBT Fred«: DM an DD, 10. Mai 1969, in Mosley, C., *The Mitfords*, S. 531.

409 »freundlich und lustig«: NM an DD, 24. Oktober 1969, in Mosley, C., *Love from Nancy*, S. 491.

409 »so ruhig und arm«: ebenda.

409 »Weißt du«: ebenda.

410 »Nicht nur das beste Buch«: Mosley, D., *A Life of Contrasts*, S. 243.

15 Die »Me Decade«: Die 1970er Jahre

413 »Geld spielt in diesem«: JM an Sally Belfrage, 1. November 1984, OSU, Box 195/1545.

414 »gegen die Bösewichte vorgehen«: DR, in Landauer et al., *Portrait of a Muckraker* (Film).

415 »Der schlimmste Tag«: JM an James Forman jr., 1. Juli 1986, OSU.

416 »Ich finde das Schreiben«: JM an Eva Lapin-Maas, 10. September 1985, OSU.

417 »Ausgestattet mit einem Paar«: Mitford, J., *The Making of a Muckraker*, S. 262.

417 »Und wenn nicht«: Doug Foster im Gespräch mit der Autorin.

418 »Vom Netten zum Grausamen«: JM in Landauer et al., *Portrait of a Muckraker* (Film).

418 »unglaublich akkurat«: Marge Frantz in ebenda.

418 »Ethik war noch nie«: zit. bei Patricia Holt, »Jessica Mitford was a down-to-earth Grande Dame«, *San Francisco Chronicle*, 25. Juli 1996.

419 »Objective?«: David Weir im Gespräch mit der Autorin.

419 »Ich strebe nicht nach«: JM an Ted Kalman, 21. Dezember 1988, in Sussman, *Decca*, S. 629.

419 »Man kann die Welt«: Mitford, J., *The Making of a Muckraker*, S. 27.

420 »Wenn sich irgendwer einbildet«: ebenda, S. 139.

420 »und sagen Sie der Schule«: ebenda, S. 163.

421 »Mistkratzer, Schmutzaufwühler«: ebenda, S. 4.

421 »Schreibt jeden Tag«: *The Nation*, 7. Mai 1990.

422 »Wir haben den Postboten«: Katie Edwards im Gespräch mit der Autorin.

422 »Sie wollte die ganze Zeit«: Kathy Kahn im Gespräch mit der Autorin.

422 »Mein Herz schreit«: JM an RT, 15. Juli 1964, OSU.

423 »Erzähl – oh, bitte, ERZÄHL!«: Polly Toynbee im Gespräch mit der Autorin.

423 »Deine täglichen Berichte«: Brief von RT an JM, OSU, Folder 1776.

424 »die wichtigste Beschäftigung ihres Lebens«: Hastings, *Nancy Mitford*, S. 66.

424 »Ach, sie fehlt mir so!«: JM an Robert Gottlieb, 9. Januar 1980, in Sussman, *Decca*, S. 521.

424 »so selbstverständlich wie Reden«: Mosley, C., *The Mitfords*, S. xiii.

425 »postmistress«: ebenda, S. xix.

425 »Hey, hast Du gewusst«: JM an Maya Angelou, 29. April 1979, OSU.

426 »Du hast FAX«: JM an Ann Durr, 6. Juli 1993, OSU.

426 »Hunderte von Leuten«: Jon Snow in *The Guardian*, 25. Juli 1996.

428 »Sie wollte nicht hören«: Patrick Allitt im Gespräch mit der Autorin.

428 »einer schrecklich netten Mörderin«: JM an Barbara, Nachname unbekannt, 15. Oktober 1970, in Sussman, *Decca*, S. 417.

428 »Es war grauenhaft«: Marvin Stender im Gespräch mit der Autorin.

429 »Sie war ihrer Zeit voraus«: Eric Schlosser im Gespräch mit der Autorin.

430 »meiner zärtlichen Erfahrung«: Jackson, *Soledad Brother*, o. S.

431 »Mit ihnen erreicht man«: *Times on Sunday*, 21. Februar 1988.

431 »Gefängnisse sind ein sehr schrecklicher Ort«: Mosley D., *Pursuit of Laughter*, S. 256.

432 »Innerhalb einer Generation«: Jörg Hentzschel, »Die Wende«, *Süddeutsche Zeitung*, 2. Mai 2012.

432 »Es ist sehr merkwürdig, zu sterben«: NM an James Lees-Milne, 24. Mai 1973, in Mosley, C., *Love from Nancy*, S. 523.

433 »Ich leide, wie ich«: NM an Gaston Palewski, 8. Juni 1973, in ebenda, S. 524.

434 »Traumhaft schön«: NM an JM, 28. November 1971, in ebenda, LfN 512.

434 »Nerven drehen durch«: Lovell, *The Mitford Girls*, S. 489.

435 »in Todesqualen«: JM an RT, 13. Juni 1973, in Sussman, *Decca*, S. 452.

435 »Wenn sie bei sich ist«: JM an DD, 14. Juni 1973, ebenda, S. 454.

435 »Was für eine QUAL«: undatierter Brief JM an RT aus Versailles, OSU.

436 »Es hat etwas absolut«: JM an Marge Frantz, 21. Juni 1973, in Sussman, *Decca*, S. 457.

436 »Nard, machen wir uns nichts vor«: PJ, zitiert in DM an DD, 27. April 1994, in Mosley, C., *The Mitfords*, S. 748.

436 »Drei Hexen, um Dich zum Schreien zu bringen«: DD an JM, 8. Juli 1973, in ebenda, S. 597.

436 »Swinbrook sieht wunderschön aus«: Lovell, *The Mitford Girls*, S. 492.

437 »Es hat jetzt nicht unbedingt«: JM an DD, 19. September 1974, in Sussman, *Decca*, S. 469.

16 Die Schmutzaufwühlerin

438 »Die amerikanische Lebensart«: Mitford, J., *The Making of a Muckraker*, S. 181.

439 »beides grauenhaft«: JM an James Forman jr., 11. Juli 1986, OSU.

440 »Sie unterrichtete mit Begeisterung«: Doug Foster im Gespräch mit der Autorin.

440 »sehr gescheit«: JM an Sally Belfrage, 17. September 1987, OSU, Box 195/1545.

440 »ein irgendwie stichelnder Ton«: Doug Foster im Gespräch mit der Autorin.

441 »Sie ließ nie locker«: Doug Foster im Gespräch mit der Autorin.

441 »Benutzt euren Verstand«: Mitford, J., *The Making of a Muckraker*, S. 261.

441 »Ich kann mich nicht entsinnen«: *The Guardian*, 11. September 2010.

442 »Ihr Einfluss auf meine Generation«: David Weir im Gespräch mit der Autorin.

442 »dieser Leuchtturm!«: David Weir im Gespräch mit der Autorin.

442 »Bei sehr wenigen«: David Weir im Gespräch mit der Autorin.

443 »Sie haben eine übermächtige«: Mitford, J., *A Fine Old Conflict*, S. 44.

443 »Meine Mutter hat«: DR im Gespräch mit der Autorin, Oktober 2010.

444 »man hat uns gesagt«: JM an DD, 30. Juni 1980, in Sussman, *Decca*, S. 530.

444 »Sie machte Leute gern«: Katie Edwards im Gespräch mit der Autorin.

444 »Nur zum Vergnügen«: JM an Chaka Forman, 21. April 1984, in Sussman, *Decca*, S. 578.

444 »Verplemper es sofort«: JM an Joshua Aptheker, 4. Mai 1985, OSU.

445 »Was immer sie umsonst«: Robert Gottlieb in Landauer et al., *Portrait of a Muckraker* (Film).

445 »Sie vermittelte den Eindruck«: *The Guardian*, 25. Juli 1996.

445 »Das war für mich«: E-Mail von Patricia Holt an die Autorin, 20. April 2012.

446 »Mmh – Geld!«: Katie Edwards im Gespräch mit der Autorin.

446 »Oje«: JM an Miriam Miller, 26. Juni 1967, in Sussman, *Decca*, S. 367.

446 »Für meine Großmutterpflichten«: ebenda.

447 »Aber Grandec«: DR im Gespräch mit der Autorin.

447 »samt Pistole in der Tasche«: JM an RT, 2. Juli 1964, OSU.

447 »Atmosphäre ungetrübten Erwachsenseins«: JM an ER, Anfang Januar 1941, in Sussman, *Decca*, S. 67.

448 »Sie stand immer«: Polly Toynbee, filmische Dokumentation der Trauerfeier, produziert von Liesel Evans.

448 »Sie hat einen ernst genommen«: James Forman jr. im Gespräch mit der Autorin.

449 »erwachsene Freundin«: Polly Toynbee im Gespräch mit der Autorin.

449 »Freundschaft konnte sie«: Polly Toynbee im Gespräch mit der Autorin.

449 »hoffnungslos, erbärmlich«: Polly Toynbee im Gespräch mit der Autorin.

450 »zurück in Mamas«: DR im Gespräch mit der Autorin.

450 »sie tat, als fände«: DR im Gespräch mit der Autorin.

450 »viel besser, als Decca«: Devonshire, D., *Wait for Me!*, S. 165.

451 »Er war komplett durchgeknallt«: BT im Gespräch mit der Autorin.

451 »Zu groß und zu schwarz«: BT im Gespräch mit der Autorin.

451 »aktive Revolutionärin«: Forman, *The Making of Black Revolutionaries*, S. 114.

452 »The Year of the Hen«: DD an JM, 11. Februar 1974, in Mosley, C., *The Mitfords*, S. 606.

452 »Du gehst doch meistens«: ebenda.

452 »Es ist wie Chatsworth«: JM an Doris Brin »Dobby« Walker, 18. Oktober 1975, in Sussman, *Decca*, S. 475.

453 »Gedichte sind Musik«: zitiert in Elliott, J. M., *Conversations with Maya Angelou*, S. 142.

453 »man könnte was Falsches«: BT im Gespräch mit der Autorin.

454 »Nur: Ich erkannte sie«: Maya Angelou im Gespräch mit der Autorin.

454 »Eine große Überlebenskünstlerin«: Tate, *Black Women Writers at Work*, S. 152.

455 »Was einem als Erstes auffällt«: *The Oregonian*, 17. Februar 1971.

455 »Ihre Hoheit«: Katie Edwards im Gespräch mit der Autorin.

456 »Dies ist nicht der Ort«: Dugald Stermer im Gespräch mit der Autorin.

456 »Liebes Fräulein Absolut Erstaunlich«: JM an Maya Angelou, 16. September 1976, in Sussman, *Decca*, S. 484.

456 »Jessica lebte in Furcht«: zitiert in *The Observer*, 16. Februar 1997.

456 »Sie zehrten voneinander«: Liesel Evans im Gespräch mit der Autorin.

457 »Dieses Haus ist dein Haus«: Susan Griffin im Gespräch mit der Autorin.

457 »Es ist komisch mit Maya«: JM an RT, 18. August 1986, OSU.

458 »in Liebe und Dankbarkeit«: Acton, *Nancy Mitford*, S. 4.

458 »Pflichtlektüre für alle Mitford-Fans«: ebenda, S. 31.

458 »Endlich – die Unbekannte Mitford-Schwester erzählt«: JM in *Newsday*-Interview, 27. November 1977.

459 »aber um Gottes willen«: JM an David Pryce-Jones, 16. Januar 1974, in Sussman, *Decca*, S. 466.

460 »Sehr gemein«: DM an DD, 16. Juni 1976, in Mosley, C., *The Mitfords*, S. 623.

460 »Pornographisch«: PJ an JM, 22. September 1976, in ebenda, S. 626.

460 »und die apokalyptischen Reiter«: *New York Times*, 12. Mai 1977.

460 »meine niederträchtigen antisemitischen«: JM an Sally Belfrage, 12. Juni 1990, in Sussman, *Decca*, S. 643.

460 »Tour de force«: JM an DD, 17. August 1976, in Mosley, C., *The Mitfords*, S. 624.

461 »Die innere Boud«: JM an DD, 17. August 1976, in ebenda, S. 625.

461 »Einmannkapelle«: Pryce Jones, *Unity Mitford*, S. 330.

461 »erzählte immer mit großer Zärtlichkeit«: BT im Gespräch mit der Autorin.

461 »einer der Menschen«: JM an Shana Alexander, 14. März 1987, OSU.

461 »nicht sehr gut«: JM an Frau Condax, 3. März 1982, OSU.

463 »Gehen wir lieber«: JM an Emma Tennant, 20. Juli 1977, in Sussman, *Decca*, S. 501.

463 »dem elenden Buch«: JM an Marge Frantz, 29. August 1974, in ebenda, S. 468.

464 »Tatsache ist«: Mitford, J., *Faces of Philip*, S. 103.

464 »Es macht mir wirklich«: JM an Philip Toynbee, 17. Juni 1977, in Sussman, *Decca*, S. 498.

465 »natürlich absolut GENIAL«: DD an JM, 7. Februar 1976, in Mosley, C., *The Mitfords*, S. 617.

465 »außergewöhnlichen Individuum«: Mosley, D., *A Life of Contrasts*, S. 115.

465 »Ich bin unbedingt für die Wahrheit«: Devonshire, *The Duchess of Devonshire's Chatsworth Cookery Book*, S. 6.

465 »Man nahm an«: Mosley, D., *A Life of Contrasts*, S. 124.

466 »auf das liebe kleine Kind«: DM an DD, 21. November 1980, in Mosley, C., *The Mitfords*, S. 670.

466 »Die private Decca«: DM an DD, 15. Dezember 1976, in ebenda, S. 637.

466 »grässlichen Buch«: JM an Sally Belfrage, 14. Juli 1980, in Sussman, *Decca*, S. 532.

466 »Produktionsleiter«: JM an RT, 30. November 1976, OSU.

467 »Oh nein, ich glaube nicht«: *The Independent*, 13. April 2006.

467 »Ich teile ihre Ansichten nicht«: Devonshire, D., *Wait for Me!*, S. 42.

467 »Sie war Antisemitin«: Charlotte Mosley im Gespräch mit der Autorin.

468 »Woman sollte«: DD an DM, 4. Juni 1980, in Mosley, C., *The Mitfords*, S. 664.

469 »HEUREKA FOTOALBUM WIEDER«: DD an JM, ca. November 1977, zitiert in Sussman, *Decca*, S. 506.

469 »das verdammte Ding«: DD an JM, ca. November 1977, zitiert in ebenda, S. 508.

470 »Sie wollte unbedingt Debos Freundschaft«: Katie Edwards im Gespräch mit der Autorin.

470 »Wir wussten, was die andere«: *Daily Telegraph*, 2. September 2007.

470 »Bob sagt mir«: DD an JM, 22. Juli 1985, in Mosley, C., *The Mitfords*, S. 704.

470 »Das war wirklich«: JM an DD, 15. Juli 1985, in Sussman, *Decca*, S. 591.

17 Ein englisches Herz

471 »Nachricht des Jahrhunderts!«: JM an Shana Alexander, 12. Mai 1980, in Sussman, *Decca*, S. 528.

471 »famosen«: JM an Sally Belfrage, 18. Januar 1980, OSU.

471 »Ein Glück, dass sie«: ebenda.

471 »Weil sie weiß, dass ich«: Terry Weber im Gespräch mit der Autorin.

471 »Damit entfallen ganze«: JM an Shana Alexander, 2. Juni 1981, in ebenda, S. 546.

471 »Von Benj nichts Gutes«: JM an Maya Angelou, 24. November 1984, OSU.

471 »Benj-Probleme«: JM an Philip und Sally Toynbee, 22. Juli 1979, in Sussman, *Decca*, S. 519.

472 »Das war ein Bereich«: Doug Foster im Gespräch mit der Autorin.

472 »Du hast deinen Eltern«: JM an Philip und Sally Toynbee, 22. Juli 1979, in Sussman, *Decca*, S. 519.

473 »was zweifellos eine Form«: JM an BT, 24. Januar 1985, in ebenda, S. 582.

473 »Ho Chi Min oder wie sie heißt«: JM an Sally Belfrage, 3. Februar 1987, OSU.

473 »Ich glaube nicht an Arbeit.«: DR im Gespräch mit der Autorin.

473 »Ich habe endlich«: JM an Miriam Miller, 16. Juli 1980, in Sussman, *Decca*, S. 532.

474 »Wurde sie in Victoria Station«: JM an Hillary Rodham, 20. Juni 1980, in ebenda, S. 529.

474 »Die Belohnung ist«: JM an Virginia Durr, 15. April 1994, OSU.

474 »Ich erinnere mich«: JM an Sally Belfrage, 13. Januar 1984, OSU.

475 »Every little helps«: DR im Gespräch mit der Autorin, Oktober 2010.

475 »Der Erste seit Ewigkeiten«: JM im Gespräch mit Christopher Hitchens, New York Public Library 1988, http://www.youtube.com/watch?v=_fZj6ydAk7k.

476 »altes Schlachtross«: JM an Maya Angelou, 23. Februar 1982, OSU.

476 »ein kleiner Stinker«: *Independent*, 17. Februar 1997.

476 »Absolutistin des First Amendments«: DR im Gespräch mit der Autorin, Oktober 2010.

476 »Sie hatte das größte Herz«: Lisa Pollard im Gespräch mit der Autorin.

476 »Komplett furchtlos«: Liesel Evans im Gespräch mit der Autorin.

477 »Ich habe nie ein glücklicheres Paar erlebt«: Herb Caens in *San Francisco Chronicle*, 26. Juli 1996.

477 »Duuuuu bist es!«: DR im Gespräch mit der Autorin.

477 »Mich hielten sie für«: JM an Virginia Durr, 26. April 1994, OSU.

477 »s. trübsinnig«: JM an RT, 27. März 1986, OSU.

477 »BITTE BESPRECHEN«: JM an RT, 17. Juni 1989, OSU.

477 »Alles ruhig an der Heimatfront«: RT an JM, 4. Juni o. J., OSU.

478 »Die nackte Wahrheit ist«: RT an JM, ohne Datum, OSU.

478 »der ungarische Kommunist«: NM an JM, 8. März 1968, in Mosley, C., *Love from Nancy*, S. 470.

478 »Sie *liebte* das Scheinwerferlicht«: Nora Lapin im Gespräch mit der Autorin.

478 »Du musst lauter reden, Bob!«: Pele de Lappe in Landauer et al., *Portrait of a Muckraker* (Film).

479 »zu einem bezaubernden BOGGLE«: JM an Maya Angelou, 1. April 1987, OSU.

479 »wie Scrabble, aber zehnmal besser«: *Observer Life*, 3. Dezember 1995.

479 »die verschiedenen Techniken«: Mitford, J., *A Fine Old Conflict*, S. 89.

480 »Die Sorte Ehemann«: Katie Edwards im Gespräch mit der Autorin.

480 »Nie. Sie hat sich immer«: Katie Edwards im Gespräch mit der Autorin.

481 »eine der großen Liebesbeziehungen«: Helena Kennedy auf Jessica Mitfords Trauerfeier in London, Mitschnitt von Liesel Evans.

481 »Everyone needs a Bob«: JM an Tony Richardson, 8. August 1986, OSU.

481 »la liaison«: Sally Belfrage an JM, 18. August 1985, OSU.

482 »Wahrscheinlich war es der Kitzel«: DR im Gespräch mit der Autorin.

482 »Die Zeit danach«: DR im Gespräch mit der Autorin.

482 »Du darfst mich *nie*«: JM an RT, 1. Mai 1961, in Sussman, *Decca*, S. 247.

482 »Sie war wirklich der Typ«: DR im Gespräch mit der Autorin.

482 »Sie hat mich vor zwanzig Jahren«: eine Freundin im Gespräch mit der Autorin.

483 »So verletzt hab ich sie«: Polly Toynbee im Gespräch mit der Autorin.

483 »Decca käme nie darüber hinweg«: Helena Kennedy im Gespräch mit der Autorin.

483 »Sie hatte Angst, nicht geliebt zu werden«: DR im Gespräch mit der Autorin.

483 »Ich liebe und verehre dich«: RT an JM, ohne Datum, OSU.

484 »Es war so das Gefühl«: Katie Edwards im Gespräch mit der Autorin.

484 »bloß routiniert erfreut«: JM an RT, August 1986, OSU.

485 »Ich glaube, die ganze Sache«: Susan Griffin im Gespräch mit der Autorin.

485 »mit einer Turteltaubenmiene«: Doug Foster an JM, 11. Juli 1996, OSU.

485 »Die Erinnerungen, die ich«: Fax von DD an RT, 29. Juli 1996, OSU.

486 »Ich hasse das Land«: JM an Claudia Williams, 13. April 1984, in Sussman, *Decca*, S. 576.

486 »letzte Zig. in Rauch aufgegangen«: JM an RT, 8. September 1986, OSU.

486 »Rauchen ist ein Gift«: JM an verschiedene Freunde, 20. April 1984, in Sussman, *Decca*, S. 577.

486 »& was tat ich?«: JM an Dr. Arlan Cohn, 11. April 1985, in ebenda, S. 585.

486 »Sie sah aus wie eine Fünfjährige«: Leah Garchik im Gespräch mit der Autorin.

487 »Zum Teufel, ich hätte«: JM an Claudia Williams, 13. April 1984, in Sussman, *Decca*, S. 576.

487 »muss oft an ihn denken«: JM an Shana Alexander, 9. April 1982, OSU.

488 »Eine Qual«: JM an Maya Angelou, 29. August 1982, OSU.

488 »Spott macht so viel mehr Spaß«: Marge Frantz an JM, ohne Datum, OSU.

489 »fast sein gesamtes Erwachsenenleben«: JM an Edward Pattillo, 24. Februar 1985, in Sussman, *Decca*, S. 584.

489 »überraschend gut«: JM an Edward Pattillo, 24. Februar 1985, in ebenda, S. 584.

490 »Ach, sei doch ein *bisschen* amüsant!«: Kathy Kahn im Gespräch mit der Autorin.

490 »üblichen Schwindsucht«: in »Grace Darling – The Lighthouse Heroine«, in *Architectural Digest*, ohne Datum, OSU.

491 »Sie ging wie Sommerschnee«: Mitford, J., *Grace Had an English Heart*, S. 102.

491 »Sammelsurium bezaubernder Artefakte«: *New York Times*, 16. April 1989.

491 »charmanten Büchlein«: James MacGibbon auf der Londoner Trauerfeier, Mitschnitt von Liesel Evans.

491 »Sie ist hinreißend«: JM an Sally Belfrage, 8. August 1985, in Sussman, *Decca*, S. 594.

491 »war von *Grace Darling* absolut entzückt«: JM an Annie Fursland, 13. August 1989, in ebenda, S. 636.

492 »Jetzt sind sie Assistenten«: Katie Edwards im Gespräch mit der Autorin.

492 »aber je älter sie wurde«: Katie Edwards im Gespräch mit der Autorin.

492 »Können Sie sie nicht stoppen?«: Katie Edwards im Gespräch mit der Autorin.

493 »Katie weiß alles«: JM an Shana Alexander, 8. September 1990, OSU.

493 »Ich mochte sie sehr gern«: Katie Edwards im Gespräch mit der Autorin.

493 »als Zeichen meiner Wertschätzung«: JM an RT, Dezember 1989, OSU.

494 »Langweiliges«: JM an Sally Belfrage, 27. Januar 1988, OSU.

494 »Da war sie nicht emotional«: Katie Edwards im Gespräch mit der Autorin.

494 »Allerdings überfrühlinge ich gelegentlich«: JM an Marion Conrad, 18. November 1965, in Sussman, *Decca*, S. 355.

494 »supertolles englisches Essen«: JM an Bill und Eva Maas, 8. Mai 1985, OSU.

495 »Ihre gehorsamsten Diener«: *This World*, 24. Juli 1983.

496 »Ich halte mich lieber an das«: JM im Gespräch mit Christopher Hitchens, New York Public Library 1988, http://www.youtube.com/watch?v=_fZj6ydAk7k.

496 »Mein Mann und ich waren letzten Sommer«: JM an Katharine Graham, 7. Januar 1982, in Sussman, *Decca*, S. 553.

496 »Diese unglaubliche Lebenslust«: Helena Kennedy im Gespräch mit der Autorin.

497 »Sie sprach ein Englisch«: Kennedy, Helena u. a.: »Outrage, iconoclasm and treating people right«.

497 »Sie war viel unverblümter«: Charlotte Mosley im Gespräch mit der Autorin.

498 »in echten Kontakt mit der Arbeiterklasse«: JM in Barnes, *Jessica Mitford* (Film).

498 »Wenn nötig, griff sie zurück«: Katie Edwards im Gespräch mit der Autorin.

498 »the English«: JM an Pele de Lappe, 2. Mai 1959, in Sussman, *Decca*, S. 206.

498 »eine von uns – und nicht von uns«: Gottlieb in Landauer et al., *Portrait of a Muckraker* (Film).

499 »das alles passte zu ihr«: Philip Toynbee in ebenda.

499 »Sie hatte ein englisches Herz«: Doug Foster, Nachruf auf der Einladung zur Trauerfeier, OSU.

499 »Hast du gewusst«: JM an Rodney Armstrong, OSU.

499 »Liebster Bob, die letzte«: JM an RT, 30. Juni 1987, OSU.

500 »wie eine Königin«: JM an Ariel Hall, 10. April 1984, OSU.

500 »Man kann nicht einfach«: Liesel Evans im Gespräch mit der Autorin.

501 »Bob und ich dachten«: JM, ohne Anrede, offenbar eine Vorlage für mehrere Adressaten, 9. März 1988, OSU.

501 »wahnsinnig geliebt«: James Forman jr. im Gespräch mit der Autorin.

502 »Ich war begeistert«: James Forman jr. im Gespräch mit der Autorin.

502 »WUNDERBAREN Museen«: JM an James Forman jr., 10. April 1984, OSU.

502 »Er wird diese Wurzeln bestimmt«: JM an Maya Angelou, 1984, zitiert in ebenda, S. 575.

502 »Es war wunderbar«: James Forman jr. im Gespräch mit der Autorin.

502 »Darling Jamie«: JM an James Forman jr., 24. Juli 1993, OSU.

503 »Du hast keinen Aufruhr«: James Forman jr. an JM, 19. Januar 1994, OSU.

503 »wie ein s. junger Marx Brother«: JM an DD, 30. Juni 1980, OSU.

504 »Falls sie eines hat«: JM an Chaka Forman, 11. April 1984, in Sussman, *Decca*, S. 578.

18 Die Regentin von Oakland

505 »It's no longer fair«: Robert Conquest, zitiert in JM an Christopher Hitchens, 16. August 1993, OSU.

505 »der lokalen Vertreterin«: Galbraith, *A Tenured Professor*, S. 53.

506 »Sie bringt noch ein Lächeln zustande«: *The Independent*, 21. September 1993.
506 »Gesellschaftsleben nonstop«: JM an Marge Frantz, 25. März 1982, OSU.
506 »Sie hat New York *geliebt*«: DR im Gespräch mit der Autorin.
506 »diese verrückte Stadt«: JM an Pele de Lappe, 30. Dezember 1965, in Sussman, *Decca*, S. 359.
506 »Das Leben hier ist himmlisch«: JM an Pele de Lappe, 27. Juni 1957, in ebenda, S. 169 f.
507 »ein überschaubares Projekt«: DR im Gespräch mit der Autorin.
508 »Partys, people and politics«: Marietta Peabody Tree, zitiert in *The Observer*, 3. August 2008.
508 »Little Miss Smarty had a party«: DR im Gespräch mit der Autorin.
508 »Sie legte höchsten Wert auf Etikette«: Katie Edwards im Gespräch mit der Autorin.
508 »Massen von Menschen«: Bettina Aptheker im Gespräch mit der Autorin.
509 »die Vereinten Nationen«: Maya Angelou im Gespräch mit der Autorin.
509 »Oder nicht mochte«: DR im Gespräch mit der Autorin.
509 »Kennzeichen jedes guten Festes«: JM an Bill und Eva Maas, 22. August 1983, OSU.
509 »Ich habe bemerkt«: LR an JM, 1. Dezember 1959, OSU.
509 »spürte ich einen seelischen Schmerz«: Aptheker, *Intimate Politics*, S. 195.
510 »Das konnte sie selber überhaupt nicht«: Katie Edwards im Gespräch mit der Autorin.
511 »Wir drei«: JM an Barbara Kahn und andere Freunde und Verwandte, 20. April 1962, in Sussman, *Decca*, S. 281.
511 »a good stiff drink«: Polly Toynbee im Gespräch mit der Autorin.
511 »Trübsalvertreiber«: JM an Shana Alexander, Ostern 1991, OSU.
511 »Ihr Privatleben hatte viele Höhen«: Robert Gottlieb im Gespräch mit der Autorin.
511 »nicht so engagiert«: David Weir im Gespräch mit der Autorin.
512 »Mach mal ein bisschen langsamer, Mädchen«: Doug Foster im Gespräch mit der Autorin.
512 »immer schlimmer«: DR im Gespräch mit der Autorin.
513 »Das ist sicher diese britische Haltung«: James Forman jr. an JM, 7. Dezember 1994, OSU.
514 »sooo viel netter, nicht mehr so beißend, sarkastisch«: BT im Gespräch mit der Autorin.
514 »sie war verrückt nach Ben«: Katie Edwards im Gespräch mit der Autorin.
515 »superheroisch«: JM an James Forman jr., 24. Juli 1993, OSU.
515 »Was für eine Vorstellung«: JM an LR, 2. April 1951, in Sussman, *Decca*, S. 139.
515 »Sie machten weiter«: DR im Gespräch mit der Autorin.
515 »Jetzt lassen Sie den Mann doch«: BT im Gespräch mit der Autorin.
516 »Sie waren *entzückt*«: Katie Edwards im Gespräch mit der Autorin.
516 »gickelig«: *Jessica Mitford's Diary* in *The Times Magazine*, 18. September 1993.
516 »ein Feuerball«: Kelley, »The Lion in Winter«.
517 »Ich finde, ich habe«: Virginia Durr in Landauer et al., *Portrait of a Muckraker* (Film).

517 »alles extrem aufregend«: JM an Sally Belfridge, 4. Mai 1986, OSU.

517 »Ihre Weigerung«: Sullivan, *Freedom Writer*, S. 419.

518 »Ich habe manchmal das Gefühl«: Virginia in Landauer et al., *Portrait of a Muck-raker* (Film).

518 »Lassen Sie uns streiten«: Jo Haywood in *Yorkshire Life*, 24. Dezember 2010.

518 »Stopp!! Stopp!!«: Katie Edwards im Gespräch mit der Autorin.

519 »Ihr bösen Kinder«: JM an Sally Belfrage, 17. April 1980, OSU.

519 »Ich kann graues Haar auf den Tod nicht ausstehen«: Hastings, *Nancy Mitford*, S. 271.

519 »Wieso, ich *bin* eine zahnlose«: JM an Marge Frantz, 19. Oktober 1991, in Sussman, *Decca*, S. 648.

519 »Teilgebiss«: JM an RT, 1. Juli 1992, OSU.

519 »Darling, go home«: Liedtext Pele de Lappe & JM, in »Bob & Decca«-Mappe, OSU.

520 »Ich *hasse* gehen«: Benedict, »Intrepid Twosome«, S. 111.

520 »kann denn niemand diese Frau bremsen!«: Katie Edwards im Gespräch mit der Autorin.

520 »urkomisch«: David Weir im Gespräch mit der Autorin.

521 »die blonde Bombe«: Lisa Pollard im Gespräch mit der Autorin.

521 »die heilige Lisa«: JM an Dr. Arlan Cohn, 21. Juni 1996, in Sussman, *Decca*, S. 710.

521 »Everyone's favorite grandmother she's not«: Kelley, »The Lion in Winter«.

521 »Sie war so wütend auf mich!«: Maya Angelou im Gespräch mit der Autorin.

521 »Sehr, sehr wütend«: DR im Gespräch mit der Autorin.

522 »Deine ERGEBENE«: JM an Maya Angelou, 8. Juli 1992, in Sussman, *Decca*, S. 662.

522 »the elephant in the room«: DR im Gespräch mit der Autorin.

523 »fühlt sich an, als würde einem eine Orange«: JM an Renée Golden, 14. Dezember 1988, in Sussman, *Decca*, S. 629.

523 »Ich hab's gern, wenn das Baby«: Kelley, »The Lion in Winter«.

524 »urkomisch«: Liesel Evans im Gespräch mit der Autorin.

524 »Ich hatte eine wilde Zeit«: JM an James Forman jr., 21. Dezember 1992, OSU.

524 »Ersatz-Hon«: in Manuskript *The Unbearable Lightness and Discreet Charm of the British Aristocracy*, vermutlich 1993/94, OSU.

524 »Wir hatten eine Freundschaft«: Liesel Evans im Gespräch mit der Autorin.

524 »Kannst du diese Musik löschen!«: Liesel Evans im Gespräch mit der Autorin.

525 »In England findet keine öffentliche Zurschaustellung«: JM in *Mortuary Management Magazine*, Oktober 1984.

525 »sieht eher aus wie ein köstlicher Drink«: Zeff, *Over My Dead Body*.

526 »Death Warmed Over«: JM an Shana Alexander, 21. März 1995, OSU.

527 »Oodles and oodles«: Karen Leonard im Gespräch mit der Autorin.

527 »Das hat er heroischerweise getan«: Vorwort von Robert Gottlieb in Mitford, J., *The American Way of Death Revisited*, S. x.

527 »nicht weniger aufschreckend«: *New York Times*, 4. Oktober 1998.

528 »Sie ist Königin in Grüningen«: DM an DD, 11. Oktober 1965, in Mosley, C., *The Mitfords*, S. 442.

529 »so eigenartig«: Devonshire, D., *Wait for Me!*, S. 321.
529 »Woman war ein treuer«: Lovell, *The Mitford Girls*, S. 491.
529 »Begriffsstutzig«: JM an Sonia Orwell, 5. November 1976, in Sussman, *Decca*, S. 490.
529 »völlige Analphabetin«: *Nation*, 7. Mai 1990.
529 »Viele Menschen egal welchen Alters«: *The Independent*, 16. April 1994.
529 »Ihre großen blauen Augen«: ebenda.
529 »Ich hab dich immer als Womans wichtigste«: JM an Emma Tennant, 18. April 1994, OSU.
530 »hoffnungslos im Umgang mit Babys«: PJ an JM, 22. September 1976, in Mosley, C., *The Mitfords*, S. 626.
530 »Suppenkönigin«: Devonshire: *The Duchess of Devonshire's Chatsworth Cookery Book*, S. 26.
531 »Oh Gott, war das köstlich!«: Liesel Evans im Gespräch mit der Autorin.
531 »Das ist meine Tochter Pam«: Devonshire: *The Duchess of Devonshire's Chatsworth Cookery Book*, S. 15.

19 Es ist so komisch zu sterben

532 »Oh dear, ich wünschte so sehr«: JM an DD, 23. Dezember 1994, in Sussman, *Decca*, S. 689.
532 »Ich habe immer gedacht«: zitiert bei Marina Warner im *Telegraph Sunday Magazine*, ohne Datum, OSU.
532 »Aber warum lang«: Kelley, »The Lion in Winter«.
533 »sie stemmte sich mit allen«: Doug Foster im Gespräch mit der Autorin.
533 »Du liebe Zeit«: DD an DM, 6. Juli 1996, in Mosley, C., *The Mitfords*, S. 769.
533 »Peng-peng«: JM an James Forman jr., in Sussman, *Decca*, S. 581.
533 »Sie kennt alle Wege«: JM an Dolly McPhearson und Maya Angelou, 29. Juni 1992, in ebenda, S. 659.
533 »Ich bekomme wunderbare Schmerztabletten«: JM an DD, 11. Juli 1996, in Mosley, C., *The Mitfords*, S. 771.
534 »Aber komm unbedingt zu meiner Beerdigung«: JM an DD, 6. Juli 1996, in Sussman, *Decca*, S. 711.
534 »Dink der größte Schatz«: JM an Eddie Pattillo, 11. Juli 1996, OSU.
534 »Eddie – ich bin hingerissen von deinen FAXen«: JM an Eddie Pattillo, 11. Juli 1996, OSU.
535 »You bring the meals«: Lisa Pollard im Gespräch mit der Autorin.
535 »Löse ihn gleich ein!«: Lisa Pollard im Gespräch mit der Autorin.
535 »Perle im Gesindel«: JM an Eddie Pattillo, 11. Juli 1996, OSU.
535 »sie ist total versessen auf Hühner«: JM an Pat Holt, 15. Juli 1996, OSU.
535 »Man darf *nie*«: Doug Foster im Gespräch mit der Autorin.
536 »Bob – es ist so KOMISCH zu sterben«: JM an RT, 10. Juli 1996, in Sussman, *Decca*, S. 711 f.
537 »Am Montag komme ich raus«: DR im Gespräch mit der Autorin.
537 »Ich verliere meine beste Freundin!«: Kathy Kahn im Gespräch mit der Autorin.

537 »Ich weiß, jeder ist einzigartig«: Fax von DD an RT, 29. Juli 1996, OSU.

537 »Es hatte keine Bedeutung«: DD an DR, 26. Juli 1996, OSU.

537 »Keine Decca mehr?«: Herb Caen in *San Francisco Chronicle*, 26. Juli 1996.

537 »Sie war so unbändig präsent«: Jay Lucien Wiener an RT, ohne Datum, OSU.

537 »Sie schrieb eine Reihe von Büchern«: Bill Abrahams, zitiert in *San Francisco Sunday Examiner and Chronicle*, 28. Juli 1996.

538 »für alle im Bestattungsdienst Tätigen«: *Funeral Monitor*, 5. August 1996.

538 »A Farewell to Arms«: ebenda.

539 »Mitford Extravaganza«: BT im Gespräch mit der Autorin.

539 »Sechs Rappen mit Federschmuck«: australische *Times on Sunday*, 21. Februar 1988.

539 »Sie müssen unbedingt kommen«: ebenda.

540 »Kunstvoll arrangierte Appetithäppchen«: *Funeral Monitor*, 5. August 1996.

540 »einen einzigen qualvollen Nebel«: Doug Foster im Gespräch mit der Autorin.

541 »Unglaublich, welche Energie«: DR an RT, 24. Februar 1997, OSU.

541 »vor allem«: Jon Snow auf der Beerdigungsfeier, Mitschnitt von Liesel Evans.

541 »schräge«: *Times*, 8. Februar 1997.

542 »Ich war noch nie auf einer nichtchristlichen Trauerfeier«: Fax von DD an DR, 11. Februar 1997, OSU.

542 »Sie bedeutet mir«: DM, zitiert in *The Independent*, 17. Februar 1997.

542 »Was für ein Fisch«: JM an Pat Holt, 15. Juli 1996, OSU.

542 »Mein Vater kochte vor Wut«: DR im Gespräch mit der Autorin.

543 »Der größte Augenblick«: RT, filmische Dokumentation der Trauerfeier, produziert von Liesel Evans.

544 »Diana ging für ihre Überzeugungen«: Peregrine Worsthorne in *Daily Telegraph*, 18. Februar 1997.

544 »Die Gedenkfeier war in jeder Hinsicht großartig«: RT an Alexander Cockburn, 4. März 1997, OSU.

Quellen und Literatur

ARCHIV

Ohio State University (OSU), Rare Books and Manuscripts Collections, The Jessica Mitford Collection. Eine Übersicht findet sich unter http://library.osu.edu/finding-aids/rarebooks/MitfordCollectionCMS89.pdf.

FÜR DAS BUCH GEFÜHRTE GESPRÄCHE

(persönlich, wenn nicht anders angemerkt)

Familie
James Forman jr., 22. Februar und 20. März 2012 (Telefoninterview)
Desmond Guinness, 1. und 2. Juni 2012
Marina Guinness, 2. Juni 2012 (Telefoninterview)
Charlotte Mosley, 24. Februar 2012
Lord Moyne (Jonathan Guinness), 25. und 26. Oktober 2012
Constancia »Dinky« Romilly, 23. März 2010, 18., 20. und 21. Oktober 2010, 25. März
    2012. 12. und 13. Dezember 2012 (diese beiden Skype-Interviews)
Lady Emma Tennant (schriftlich)
Benjamin »Benjy« Treuhaft, 23. März 2010, 18. Oktober 2010, 2. und 3. Januar 2011,
    2. Februar 2012. 12. und 13. Dezember 2012 (diese beiden Skype-Interviews)
Benjamin Weber, 12. August 2011, 12. April 2012
Terry Weber, 18. Oktober 2010

Freunde
Patrick Allitt, 20. April 2012 (Telefoninterview)
Maya Angelou, 24. März 2012
Bettina Aptheker, 9. April 2012
Inese Civkulis, 17. Juni 2012 (Telefoninterview)
Mary Clemmey, 31. Januar 2011 und 3. März 2012
Ann Durr Lyon, 9. September 2011 (Telefoninterview)
Tilla Durr, 20. Juli 2012 (Telefoninterview)
Lucy Durr Hackney, 20. Juli 2012 (Telefoninterview)
Catherine »Katie« Edwards, 11. und 15. August 2011
Liesel Evans, 3. März 2012

Frances FitzGerald, 31. Januar 2012
Doug Foster, 13. Januar 2012 (Telefoninterview)
Leah und Jerry Garchik, 13. August 2011
Kathi Kamen Goldmark, 15. August 2011
Robert Gottlieb, 5. August 2011 (Telefoninterview)
Susan Griffin, 12. April 2012
Simon Head, 24. März 2012
Kathy Kahn, 12. August 2011
Baroness Helena Kennedy, 3. März 2012
Nora Lapin, 2. Februar 2012
Karen Leonard, 15. August 2011
Lisa Pollard, 17. August 2011
Jonathan Steele, 20. Januar 2012
Dru Ramey und Marvin Stender, 10. April 2012
Dugald Stermer, 17. August 2011
Peter Y. Sussman, 10., 12. und 15. August 2011
Polly Toynbee, 2. Februar 2011
Anne Weills, 13. April 2012
David Weir, 17. August 2011
Dorothy Zellner, 3. Februar 2012

LITERATURVERZEICHNIS

Acton, Harold: *Nancy Mitford. The Biography*, London 2010.
Alexander, Diana: *The Other Mitford. Pamela's Story*. Vorwort von Jonathan Guinness, Stroud 2012.
Alkebulan, Paul: *Survival Pending Revolution. The History of the Black Panther Party*, Tuscaloosa 2007.
Angelou, Maya: *I Know Why the Caged Bird Sings*, New York 1969.
Aptheker, Bettina: *Intimate Politics. How I Grew up Red, Fought for Free Speech, and Became a Feminist Rebel*, Emeryville 2006.
Bäurle, Roland/Schaake, Erich: *Hitlers Frauen*. München 2000.
Bagwall, Beth: *Oakland. The Story of a City*, Oakland 1982.
Belafonte, Harry/Shnayerson, Michael: *My Song. Die Autobiographie*, Köln 2012.
Belfrage, Sally: *Freedom Summer*, Charlottesville 1990.
Sally Belfrage. Memorial Booklet, 8. Juni 1994.
Bendinger, Bruce (Hg.): *The Book of Gossage*, Chicago 1995.
Bennett, Alan: *Die souveräne Leserin*, Berlin 2008.
Bentley, Eric: *Sind Sie jetzt oder waren Sie jemals*. Theaterstück, Frankfurt am Main 1977.
Bernstein, Carl: *Loyalties. A Son's Memoir*, New York 1988.
Bloch, Michael: *James Lees-Milne. The Life*, London 2009.
Braunbuch über Reichstagsbrand und Hitlerterror. Faksimile-Nachdruck der Originalausgabe von 1933, Frankfurt am Main 1978.

Brody, Leslie: *Irrepressible. The Life and Times of Jessica Mitford*, Berkeley 2010.
Brüggemeier, Franz-Josef: *Geschichte Großbritanniens im 20. Jahrhundert*, München 2010.
Cannadine, David: *The Decline and Fall of the British Aristocracy*, New York 1999.
Cleaver, Eldridge: *Seele auf Eis*, München 1969.
Cohen, Robert: *Freedom's Orator. Mario Savio and the Radical Legacy of the 1960s*, Oxford et al. 2009.
Coleman, Kate mit Paul Avery: »The Party's Over«, *New Times*, 10. Juli 1978.
Collier, Peter/Horowitz, David: *Destructive Generation. Second Thoughts About the Sixties*, New York 1989.
Conradi, Peter: *Hitler's Piano Player. The Rise and Fall of Ernst Hanfstaengl, Confidant of Hitler, Ally of FDR*, London 2005.
Courcy, Anne de: *1939. The Last Season*, London 1989.
Courcy, Anne de: *Diana Mosley*, London 2003.
Davis, Angela: *Mein Herz wollte Freiheit. Eine Autobiographie*, München 1977.
Devonshire, Andrew: *Accidents of Fortune*, London 2004.
Devonshire, Deborah: *Counting My Chickens ... And Other Home Thoughts*, Ebrington 2001.
Devonshire, Deborah: *Home to Roost and Other Peckings*, London 2009.
Devonshire, Deborah: *Wait for Me! Memoirs of the Youngest Mitford Sister*, London 2010. (© Deborah Devonshire 2010. Verwendung der Zitate mit frdl. Genehmigung der Autorin c/o Rogers, Coleridge & White Ltd., 20 Powis Mews, London W11 1JN.)
Devonshire, Deborah: *All in One Basket. Nest Eggs*, London 2012.
Dodd, Martha: *Nice to meet you, Mr. Hitler! Meine Jahre in Deutschland 1933 bis 1937*, Berlin 2005.
Dorrill, Stephen: *Blackshirt. Sir Oswald Mosley and British Fascism*, London 2007.
Duchess of Devonshire, The: *Treasures of Chatsworth. A private view*, London 1991.
Duchess of Devonshire, The: *The Duchess of Devonshire's Chatsworth Cookery Book*, London 2003.
Durr, Virginia Foster: *Outside the Magic Circle. The Autobiography of Virginia Foster Durr*, New York 1985.
Elliott, Jeffrey M.: *Conversations with Maya Angelou*, Oxford (US) 1989.
Fallowell, Duncan: *20th Century Characters*, London 1994.
Fariello, Griffin: *Red Scare. Memories of the American Inquisition*, New York 1995.
Foley, Michael S. (Hg.): *Dear Dr. Spock. Letters about the Vietnam War to America's Favorite Baby Doctor*, New York, London 2005.
Forman, James: *The Making of Black Revolutionaries*, Seattle, London 1997.
Galbraith, John Kenneth: *A Tenured Professor. A Novel*, Boston, New York 1990.
Goldman, Eric F.: *The Crucial Decade – and After: America 1945–1960*, New York 1960.
Gottlieb, Julie V.: *Feminine Fascism. Women in Britain's Fascist Movement 1923–1945*, London, New York 2000.
Graml, Hermann: *Hitler und England. Ein Essay zur nationalsozialistischen Außenpolitik 1920 bis 1940*, München 2010.

Guinness, Jonathan/Guinness, Catherine: *The House of Mitford*, London 2004.

Hanfstaengl, Ernst: *Zwischen Weißem und Braunem Haus. Erinnerungen eines politischen Außenseiters*, München 1970.

Hastings, Selina: *Nancy Mitford. A Biography*, London 2002.

Heard, Alex: *The Eyes of Willie McGee. A Tragedy of Race, Sex, and Secrets in the Jim Crow South*, New York u. a. 2011.

Hellman, Lillian: *Scoundrel Time*, London 1976.

Herman, Jan: »Before I forget«, *Huffington Post*, 2. Januar 2008.

Hinckle, Warren: *If You Have a Lemon, make Lemonade. An Essential Memoir of a Lunatic Decade*, New York 1974.

Ingram, Kevin: *Rebel. The Short Life of Esmond Romilly*, London 1985.

Jackson, George: *Soledad Brother. The Prison Letters of George Jackson*, New York 1970.

Johnson, Marilynn S.: *The Second Gold Rush. Oakland and the East Bay in World War II*, Berkeley, Los Angeles 1993.

Johnson, Samuel/Boswell, James: *Johnson's Journey to the Western Islands of Scotland and Boswell's Journal of a Tour to the Hebrids with Samuel Johnson, LL.D.*, hg. von R. W. Chapman, London u. a. 1957.

Kaplan, Judy/Shapiro, Linn: *Red Diapers. Growing Up in the Communist Left*, Urbana, Chicago 1998.

Kazin, Michael: *American Dreamers. How the Left Changed a Nation*, New York 2012.

Kemp, Wolfgang: *Foreign Affairs. Die Abenteuer einiger Engländer in Deutschland 1900–1947*, München 2010.

Laderman, Gary: *Rest in Peace. A Cultural History of Death and the Funeral Home in Twentieth-Century America*, Oxford 2003.

Lappe, Pele de: *A Passionate Journey Through Art and the Red Press*, Petaluma o. J. (Selbstverlag).

Lazerow, Jama/Williams, Yohuru (Hg.): *In Search of the Black Panther Party. New Perspectives on a Revolutionary Movement*, Durham und London 2006.

Lebzelter, Gisela C.: *Political Anti-Semitism in England 1918–1939.* New York 1978.

Lees-Milne, James: *Another Self*, London 1998.

Leutheusser, Ulrike/Schad, Martha/Stierlin, Helm: *Hitler und die Frauen*, München 2001.

Littlejohn, David: *The Fate of the English Country House*, New York und Oxford 1997.

Lovell, Mary S.: *The Mitford Girls. The Biography of an Extraordinary Family*, London 2003.

Maas, Eva: *Looking back on a life in the left. A Personal History.* Memorial Edition 2011 (Selbstverlag).

Marr, Andrew: *The Making of Modern Britain. From Queen Victoria to VE Day*, London 2010.

McNamee, Thomas et al.: *The Romantic, Impractical, Often Eccentric, Ultimately Brilliant Making of a Food Revolution*, New York 2008.

Mellen, Joan: *Kay Boyle. Author of Herself.* New York 1994.

Mitford, Jessica: *The Trial of Dr. Spock. The Rev. William Sloane Coffin, Jr., Michael Ferber, Michael Goodman, and Marcus Raskin*, London 1969.

Mitford, Jessica: *Kind & Usual Punishment. The Prison Business*, New York 1973.
Mitford, Jessica: *The American Way of Death*, New York 1978.
Mitford, Jessica: *A Fine Old Conflict*, London, Melbourne, New York 1979.
Mitford, Jessica: *The Making of a Muckraker*, London 1980.
Mitford, Jessica: *Faces of Philip. A Memoir of Philip Toynbee*, London 1984.
Mitford, Jessica: *Grace Had an English Heart. The Story of Grace Darling, Heroine and Victorian Superstar*, New York 1989.
Mitford, Jessica: *The American Way of Birth*, New York 1993.
Mitford, Jessica: *The American Way of Death Revisited*, New York 2000.
Mitford, Jessica: *Hons and Rebels*, London 2002.
Mitford, Jessica: *Hunnen und Rebellen. Meine Familie und das 20. Jahrhundert*, Berlin 2013.
Mitford, Nancy: *The Water Beetle. Essays*, New York 1986.
Mitford, Nancy: *Noblesse oblige. Böse Gedanken einer englischen Lady*, Frankfurt a. M. 1995.
Mitford, Nancy: *The Pursuit of Love & Love in A Cold Climate. Two Novels*, Vorwort von Jessica Mitford, New York 2001.
Mitford, Nancy: *Love in a Cold Climate* – Siehe Mitford, Nancy: *The Pursuit of Love* ...
Mitford, Nancy/Alan S. C. Ross et al.: *Noblesse Oblige. An Enquiry into the Identifiable Characteristics of the English Aristocracy*, Oxford 2002.
Mitford, Nancy: *Wigs on the Green*, London 2010.
Mitford, Nancy: *The Sun King. Louis XIV at Versailles*, London 2011.
Mitford, Nancy: *Englische Liebschaften*, München 2012.
Mitford, Nancy: *Liebe unter kaltem Himmel*, Berlin 2013.
Moore, Gilbert: *Rage*, New York 1993.
Mosley, Charlotte (Hg.): *Love from Nancy. The Letters of Nancy Mitford*, Boston, New York 1993.
Mosley, Charlotte (Hg.): *The Letters of Nancy Mitford & Evelyn Waugh*, Boston, New York 1996.
Mosley, Charlotte (Hg.): *The Mitfords. Letters between Six Sisters*, London 2007. (Kompilation, Anmerkungen und Einleitung © 2007 Charlotte Mosley. Abdruck mit frdl. Genehmigung von Charlotte Mosley c/o Rogers, Coleridge & White Ltd., 20 Powis Mews, London W11 1 JN, UK.)
Mosley, Diana: *Loved Ones. Pen portraits*, London 1985.
Mosley, Diana: *A Life of Contrasts. The Autobiography*, London 2009. (© The Estate of Diana Mosley 2009. Verwendung der Zitate mit frdl. Genehmigung des Estate of Diana Mosley c/o Charlotte Mosley).
Mosley, Diana: *The Pursuit of Laughter. Essays, Articles, Reviews & Diary of The Most Controversial Mitford Sister*. With a portrait by her sister Deborah Devonshire, London 2009.
Murphy, Sophia: *The Mitford Family Album*, London 1985.
Orwell, George: *Mein Katalonien. Bericht über den Spanischen Bürgerkrieg*, Zürich 1975.
Orwell, George: *Der Weg nach Wigan Pier*, Zürich 1982.
Pryce-Jones, David: *Unity Mitford. A Quest*, London 1981.

Rabinowitz, Victor: *Unrepentant Leftist. A Lawyer's Memoir*, Urbana und Chicago 1996.

Rahbaran, Shiva: *Nicholas Mosley's Life and Art. A biography in six interviews*, Champaign und London 2009.

Reed, Ishmael: *Blues City. A Walk in Oakland*, New York 2003.

Richardson, Peter: *A Bomb in Every Issue. How the Short, Unruly Life of Ramparts Magazine Changed America*, New York, London 2009.

Romilly, Esmond: *Boadilla*. Mit einer Einführung von Hugh Thomas, London 1971.

Romilly, Giles/Romilly, Esmond: *Out of Bounds. The Education of Giles Romilly and Esmond Romilly*, London 1935.

Salmond, John A.: *The Conscience of a Lawyer. Clifford J. Durr and American Civil Liberties 1899–1975*, Tuscaloosa, London 1990.

Saumarez Smith, John (Hg.): *The Bookshop at 10 Curzon Street. Letters between Nancy Mitford and Heywood Hill 1952–73*, London 2005.

Schädlich, Karlheinz: *Die Mitford Sisters*, Düsseldorf 1993.

Schrecker, Ellen: *The Age of McCarthyism. A Brief History with Documents*, Boston, New York 1994.

Sigmund, Anna Maria: *Die Frauen der Nazis*, München 2005.

Skidelsky, Robert:»Great Britain«, in: Woolf, S. J. (Hg.): *Fascism in Europe*, Methuen, London, New York 1981, S. 257–282.

Skidelsky, Robert: *Oswald Mosley*, London 1990.

Soames, Mary: *Clementine Churchill*, London 2002.

Starr, Kevin: *Embattled Dreams. California in War and Peace 1940–1950*, Oxford 2002.

Starr, Kevin: *Golden Dreams. California in an Age of Abundance 1950–1963*, Oxford 2009.

Straight, Michael: *After Long Silence*, New York, London 1983.

Sullivan, Patricia (Hg.): *Freedom Writer. Virginia Foster Durr, Letters from the Civil Rights Years*, Athens 2006.

Sussman, Peter Y. (Hg.): *Decca. The Letters of Jessica Mitford*, London 2007.

Tate, Claudia: *Black Women Writers at Work*, 1983.

Taylor, D. J.: *Bright Young People. The Rise and Fall of a Generation: 1918–1940*, London 2008.

Terkel, Studs: *Hard Times. An Oral History of The Great Depression*, New York 1971.

Terkel, Studs: *Die Hoffnung stirbt zuletzt. Politisches Engagement in schwieriger Zeit*, München 2004.

Thompson, Laura: *Life in a Cold Climate. Nancy Mitford, The Biography*, London 2004.

Toynbee, Philip: *Friends Apart. A Memoir of Esmond Romilly & Jasper Ridley in the Thirties*, London 1954.

Treuhaft, Decca (Mitford, Jessica):»Lifeitselfmanship or How to Become a Precisely-Because Man. An Investigation Into Current L (or Left-Wing) Usage«, in: Mitford, Jessica, *A Fine Old Conflict*, S. 252–263.

Waugh, Evelyn: *Brideshead Revisited. The Sacred and Profane Memories of Captain Charles Ryder*, London 1982.

Waugh, Evelyn: *The Loved One*, London 1970.

Waugh, Evelyn: *Lust und Laster*, Zürich 1984.

Weiner, Tim: *FBI. Die wahre Geschichte einer legendären Organisation*, Frankfurt am Main 2012.

White, Edmund: *Genet. A Biography*, New York 1993.

Williams, Juan: *Eyes on the Prize. America's Civil Rights Years 1954–1965*, New York 1987.

Wolfe, Tom: *The Purple Decades. A Reader*, New York 1984.

Wollenberg, Charles: *Berkeley. A City in History*, Berkeley, Los Angeles, London 2008.

Zellner, Dorothy M.: *Red Roadshow. Eastland in New Orleans, 1954*. Louisiana History 33, Winter 1992.

Artikel von Jessica Mitford

»The Mitford Way of Travel. Jessica Mitford's definite guide to dodging your way round the world«, *Male & Femail*, ohne Datum, OSU, Box 97, Folder 815.

»Sea Worthies«, *Travel Holiday*, September 1992, OSU, Box 98, Folder 842.

»Rebels With a Hundred Causes: The Indignant Generation«, Manuskript von 1961, OSU, Box 97, Folder 832.

»So What's Wrong With Being a New Yorker?«, *San Francisco Sunday Chronicle*, 14. Mai 1961.

»How will we ever teach them to trust adults again?«, *McCall's*, 5. Juni 1981.

»RELAX-nost: A Volga Cruise in the Era of Glasnost«, Manuskript vom 13. August 1988, OSU, Box 98, Folder 833.

»At Her Wit's End. Jessica Mitford über die Briefe von Nancy«. Dazu: William Langley im Interview mit Charlotte Mosley über »Love from Nancy«, *Style & Travel*, 12. September 1993.

»At Peace With Old Age. Betty Friedan confronts the aging process«, *San Francisco Chronicle*, 12. September 1993.

Jessica Mitford 1917- *Contemporary Authors Autobiography Series*, Volume 17, o. J., OSU, Box 93, Folder 753.

»Jessica Mitford's Diary«, *The Times Magazine*, 10. September 1993, 18. September 1993, 25. September 1993, 2. Oktober 1993, 9. Oktober 1993.

Artikel über bzw. Interviews mit Jessica Mitford

Angwin, Julia: »Burying Those Who Bury Us«, Sunday Interview With Jessica Mitford, *SFGate.com*, 30. Juni 1996.

Louise Baring: »How We Met«, Interviews mit RT und JM, vermutlich *The Independent*, ohne Datum, OSU, Box 162, Folder 1285.

Benedict, Helen: »Intrepid Twosome. Jessica Mitford und Robert Treuhaft«, in: Dies., *Portraits in Print. A Collection of Profiles and the Stories Behind Them*, Nachwort von Jessica Mitford, New York 1990.

Biggar, Joanna: »Author Mitford takes issue with Friedan's book on aging«, *New Haven Register*, 27. Juli 1994.

Brady, John: »An Exclusive Interview with Jessica Mitford«, *Writer's Yearbook* 1971, OSU.

Byrne, Bridget: »Giving Credit to ›Lefty‹ Women Writers«, *Los Angeles Times*, 15. März 1995.

Chalmers, Robert: »Midwifery, she wrote«, *The Sunday Correspondent*, 27. Mai 1990.

Crisp, Lyndall: »Novelist, communist, quintessentially Mitford«, *Times on Sunday*, 21. Februar 1988.

Faber, Nancy/Kappler, Frank: »Jessica Mitford adds a new volume to the family library – and legend of eccentricity«, ohne weitere Quellenangabe, OSU, Box 162, Folder 1286.

Guinness, Catherine: »Words with my aunt Jessica Mitford«, *Interview*, November 1977.

Hesse, Georgia: »Jessica Mitford«, *The San Francisco Examiner Pictorial Living*, ohne Datum, OSU, Box 161, Folder 1282.

Hamilton, Mildred: »A fine old unrepentant radical«, *San Francisco Examiner*, 9. September 1977.

Hitchens, Christopher: »An awfully bold adventuress«, *Evening Standard*, 10. April 1995.

Ivins, Molly: »Queen oft he Muckrakers«, *New York Times Book Review*, 25. August 1996.

Jebb, Julian: »The Mitford Sisters«, ohne weitere Quellenangaben, OSU, Box 163, Folder 1291.

Kelley, Ken: »The Lion in Winter«, in: *Diabolo, The Magazine of the East Bay*, Februar 1994.

King, Nina: »Jessica Mitford: ›I Don't Consider Myself a Writer At All‹«, Interview, *Newsday*, 27. November 1977.

Kleiman, Carol: »Mothers and daughters and the ties that bind«, *Chicago Tribune*, 23. Oktober 1977.

Lambert, Angela: »Age cannot mellow a Mitford girl«, *The Independent*, 21. September 1993.

Lezard, Nicholas: »Critical lessons in laughter: Poison Penmanship«, *The Guardian*, 11. September 2010.

Logsdon, Dawn: »Famed ›muckraker‹ tells anecdotes«, *El Diari Califórnià*, 19. März 1987.

Rowlands, Penelope. »Jessica Mitford: ›Courageous as a matter of course‹«, *Times Tribune*, 18. August 1985.

Rowlands, Penelope: »The ›Birth‹ of Jessica Mitford«, ohne Zeitungstitel, 21.–28. Januar 1991, OSU, Box 162, Folder 1285.

Joanne K. Rowling, »The First It Girl«, *The Telegraph*, 26. November 2006.

Steele, Nancy: »Jessica Mitford – Over the ivory tower«, Interview, *The Daily Californian/Friday Magazine*, 4. November 1977.

Warner, Marina: »Decca's Greatest Hits«, *Telegraph Sunday Magazine*, ohne Datum.

Weir, Leila mit Christina Martin: »Jessica Mitford: An Interview«, *The Nation*, 7. Mai 1990.

Weisman, Jacob: »Jessica Mitford. Iconoclast, Journalist, and Rebel«, *Folio. Program Guide for KPFA & KFCF*, März 1988.

»Jessica Mitford. Interview With a Muckraker«, *Creative States*, ohne weitere Angaben, OSU, Box 162, Folder 1289.

Nachrufe auf Jessica Mitford
Burress, Charles/Schwartz, Stephen: »Celebrated Muckraker Jessica Mitford Dies«, *SFGate.com*, 24. Juli 1996.
Caen, Herb: »The Mourning Fog«, *SFGate.com*, 26. Juli 1996.
Chisholm, Ann: »Obituary: Jessica Mitford«, *The Independent*, 25. Juli 1996.
Clemmey, Mary: »Jessica Mitford«, undatierter, getippter und gefaxter Nachruf (OSU).
Cockburn, Alexander: »Farewell, Lady Decca«, *Salon*, 5. August 1996, http://www.salon.com/weekly/mitford960805.html (abgerufen am 14. Mai 2010, online nicht mehr verfügbar).
Davie, Michael: »Of danger ne'er afraid«, *The Guardian*, 25. Juli 1996.
Holt, Patricia: »Jessica Mitford was a down-to-earth Grande Dame«, *San Francisco Chronicle*, 25. Juli 1996.
Holt, Patricia: »Jessica Mitford: Barroom Belter«, *SFGate.com*, 28. Juli 1996.
Ivins, Molly: »›Decca‹ Mitford: Wit, Radical, Muckraker«, *San Francisco Chronicle*, 26. Juli 1996.
Kennedy, Helena/Snow, Jon/Steele, Jonathan: »Outrage, iconoclasm and treating people right«, *The Guardian*, 25. Juli 1996.
Severo, Richard: »Jessica Mitford, Mordant Critic of American Ways, and a British Upbringing, Dies at 78«, *The New York Times*, 24. Juli 1996.
Dazu: »Corrections«, *The New York Times*, 26. Juli 1996.
Smith, Joan: »Oakland muckraker Mitford dies at 78«, *SFGate.com*, 24. Juli 1996.
Smith, Joan: »Objective? I always have an objective«, *SFGate.com*, 28. Juli 1996.
Vallely, Paul: »The story of the Mitfords is the story of Britain in the 20th century. Jessica Mitford's death has robbed us of a slice of history«, *The Independent*, 25. Juli 1996.
»Jessica Mitford: Obituary« (ohne Autorenname), *The Telegraph*, 25. Juli 1996.

Artikel über die Trauerfeiern
Burress, Charles: »Laughter Eclipses Tears at Mitford Tribune«, *San Francisco Chronicle*, 30. Juli 1996.
Foster, Peter: »Friends pay last respects to Mitford, an honourable rebel«, *The Times*, 17. Februar 1977.
Clough-Parker, Bob: »Highly popular«, Leserbrief in *The Times*, 13. Februar 1997.
Garner, Clare: »No unity for the Mitfords – even beyond the grave«, *The Independent*, 17. Februar 1997.
Hast, Ron: »Famed Funeral Service Critic Jessica Mitford Dies. A Farewell to Arms«, *Funeral Monitor*, 5. August 1996.
Sullivan, Kathleen: »Fanciful, musical farewell to Mitford«, *San Francisco Examiner*, 30. Juli 1996.
Worsthorne, Peregrine: »Why honour this Mitford Rebel?«, *The Daily Telegraph*, 18. Februar 1997.
A Memorial Celebration for Jessica Mitford aka Decca Treuhaft. Faltblatt zur Trauerfeier in San Francisco am 29. Juli 1996 in der Delancey Street Foundation, mit einem kurzen Text von Robert Scheer.
»Death is no healer for Mitford sisters«, *The Evening Standard*, 14. Februar 1997.

»Loved One« (ohne Autorenname), *The Times, Diary*, 8. Februar 1977.
»Sisterly feelings« (ohne Autorenname), *The Times, Diary*, 17. Februar 1977.

Filme
Ashby, Hal: *Harold and Maude*, 1971.
Barnes, Michael: *Jessica Mitford – The Honourable Rebel*, BBC, 1977 (fertiger Film sowie Protokolle der geführten Interviews).
Barnes, Michael/Liesel Evans et al.: *A Celebration of the Life of Jessica Mitford 1917–1996*. The Lyric Theatre, London, 16. Februar 1997. Mit zahlreichen Ausschnitten aus anderen Dokumentationen (private DVD, von Liesel Evans).
Hampton, Henry: *Eyes on the Prize. America's Civil Rights Movement 1954–1965*, PBS/ Blackside Inc., 1986.
Jebb, Julian: *Nancy Mitford. A Portrait by Her Sisters*, BBC 2, 1980.
Kitchell, Mark mit Susan Griffin: *Berkeley in the Sixties*, 1990.
Landauer, Ida/Evans, Stephen/Morgan, James: *Portrait of a Muckraker*, KQED, 1987.
Leese, Ian (Regie): *Nancy Mitford. The Big Tease. A profile of the novelist and socialite*, BBC, 2001 (Omnibus).
Morris, Simon: *If These Walls Could Speak: Inch Kenneth*, 2010: http://vimeo.com/ 14940958.
Olsson, Göran: *The Black Power Mixtape 1967–1975*, 2010.
Rasmus Gerlach: *Unity, Putzi und Blondi. Hitlers Freunde und der amerikanische Geheimdienst*, MDR, 2002.
Richardson, Tony: *The Loved One*, 1965.
Ruggi, Steve (Regie): *The American Way of Birth* (Recherchen: Liesel Evans), BBC, 1993.
Zeff, Daniel: *Over My Dead Body*, RDF Productions, Channel 4, 1994.
Jessica Mitford – Rede auf der Harvard-Konferenz über History and Consequences of Anticommunism, 1988: http://www.youtube.com/watch?v=gCFVXPzaVJY.
Interview mit der Dowager Duchess of Devonshire, BBC Newsnights, 14. Dezember 2010: http://www.youtube.com/watch?v=ylv_u9Ly3uA.
John Pilger talks to Jessica Mitford. In der Reihe *The Outsiders*, Channel 4, 1983: http:// www.youtube.com/watch?v=xdXkodW_-ZA.
Operation Abolition 1960 (über die Sitzung des HUAC in San Francisco und die Proteste dagegen): http://www.youtube.com/watch?v=TIH5mJ3kIos.
Ron Hast (Chefredakteur von Mortuary Management) im Interview über Jessica Mitford und die Bestattungsbranche, im August 2007: http://www.youtube.com/ watch?v=GywaBOBa-8k.
The Dowager Duchess of Devonshire (Debo) im Gespräch mit Charlotte Mosley, The Frick Collection, New York, 10. November 2010: http://www.youtube.com/ watch?v=25IO32AxGq4.
Tribute to Jessica Mitford, C-SPAN, 20. August 1988: http://www.c-span.org/video/ ?110384-1/tribute-jessica-mitford.
Turnabout (Fernsehsendung), mit Gerri Lange. Doppelportrait von Tillie Olsen und Jessica Mitford.

Tondokumente

BBC/Wales, »Meet for Lunch«-Interview, OSU, Mitford Collection Audio and Video Tapes, o. J.

Decca & the Dectones, featuring Jessica Mitford (Maxwell's Silver Hammer & Grace Darling), »Don't Quit Your Day Job« Records, San Francisco 1995.

Decca & the Dectones: Maxwell's Hammer (o. J., ca. 1995): http://www.youtube.com/watch?v=PPz7g3-Wu5w.

Duke and Duchess of Devonshire zu Gast bei Desert Island Discs, 28. August 1982: http://www.bbc.co.uk/radio4/features/desert-island-discs/castaway/cf591741.

Jessica Mitford zu Gast bei Desert Island Discs, BBC Radio 4, 6. August 1977: http://www.bbc.co.uk/radio4/features/desert-island-discs/castaway/2d75b7c7.

Jessica Mitford im Gespräch mit Christopher Hitchens, New York Public Library 1988: http://www.youtube.com/watch?v=_fZj6ydAk7k.

Jessica Mitford führt Gore Vidal ein bei KPFA-Sendung, 1994: http://www.kpfa.org/archive/id/101915.

Lady Mosley zu Gast bei Desert Island Discs, BBC Radio 4, 26. November 1989: http://www.bbc.co.uk/radio4/features/desert-island-discs/castaway/85ff774 f.

»There is a Moral to it All«, Musical duets by Maya Angelou und Jessica Mitford (Right Said Fred & One Fish Ball), »Don't Quit Your Day Job« Records, San Francisco 1995.

Vermischtes

Bob and Decca Fiftieth Anniversary Song Book. Entertainment by: World Renowned Pianist/Conductor Charles Darden (Liedtexte zur Goldenen Hochzeit von JM und BT, kopierte Seiten).

Elliott, Jeff/McCreery, Laura: *The Making of a Classic, Albion Monitor* 9. Oktober 1995: http://www.monitor.net/monitor/decca/death.html.

Elliott, Jeff/McCreery, Laura: *Decca. The Making of a Muckraker, Albion Monitor,* 9. Oktober 1995: http://www.albionmonitor.com/decca/decca.html.

Larsen, Robert G.: *Robert E. Treuhaft. Left-Wing Political Activist and Progressive Leader in the Berkeley Co-op.* Consumers Cooperative of Berkeley Oral History Collection. The Berkeley Historical Society 1990: http://content.cdlib.org/view?docId=kt4xonbobf&brand=calisphere&doc.view=entire_text.

Treuhaft, Robert: Protokoll der Zeugenaussage vor dem HUAC in San Francisco: http://historymatters.gmu.edu/d/6898/.

Bildnachweis

Bildteil 2
Barkeeper: The Washington Post
Decca als Verkäuferin: The Washington Post
Decca mit Dinky: Constancia Romilly und Benjamin Treuhaft
Familie Durr: Patricia Sullivan (Hg.), *Freedom Writer. Virginia Foster Durr, Letters from the Civil Rights Years*, Athens 2006. Foto: Julia King
Decca, 1942: Constancia Romilly und Benjamin Treuhaft
Bob, Nicky, Dinky und Decca: Constancia Romilly und Benjamin Treuhaft
Rollingwood: Constancia Romilly und Benjamin Treuhaft
Einsatz für Willie McGee: Constancia Romilly und Benjamin Treuhaft
Weihnachten 1952: Constancia Romilly und Benjamin Treuhaft
Decca in Ungarn: Constancia Romilly und Benjamin Treuhaft
Unity mit Eltern: Constancia Romilly und Benjamin Treuhaft
Nancy, 1956: ullstein bild
Vor Schloss Chatsworth: Constancia Romilly und Benjamin Treuhaft
Mit Mutter auf Inch Kenneth: Constancia Romilly und Benjamin Treuhaft
Decca am Strand: Constancia Romilly und Benjamin Treuhaft

Bildteil 3
Free Speech Movement: Mit frdl. Genehm. von The Bancroft Library, University of California, Berkeley
Black Panther: ullstein bild
Decca am Mikrophon: Constancia Romilly und Benjamin Treuhaft
In Schloss Chatsworth: Constancia Romilly und Benjamin Treuhaft
Bob, Decca, Benjy und Dinky: Constancia Romilly und Benjamin Treuhaft
Decca, Bob und Maya Angelou: Constancia Romilly und Benjamin Treuhaft
Signierstunde: Constancia Romilly und Benjamin Treuhaft
Mit Woody Allen: Constancia Romilly und Benjamin Treuhaft
Bei einem Vortrag: Constancia Romilly und Benjamin Treuhaft
Decca, Dinky und James: Constancia Romilly und Benjamin Treuhaft
Auf Dinkys Hochzeit: Constancia Romilly und Benjamin Treuhaft
Beerdigung von Nancy: © Devonshire Collection, Chatsworth. Reproduced by permission of Chatsworth Settlement Trustees
Decca, Debo, Pam und Mosleys: Constancia Romilly und Benjamin Treuhaft
Bob und Decca, 1993: Constancia Romilly und Benjamin Treuhaft
Decca, der Clown: Constancia Romilly und Benjamin Treuhaft
Benjy auf der Trauerfeier: Constancia Romilly und Benjamin Treuhaft
Gäste auf der Trauerfeier: Constancia Romilly und Benjamin Treuhaft

Algernon Bertram Mitford
erster Lord Redesdale
»Bertie«
1837–1916

∞

Lady Clementine Ogilvy
Lady Redesdale
1854–1932

David Freeman-Mitford
zweiter Lord Rededale
»Farve«
1878–1958

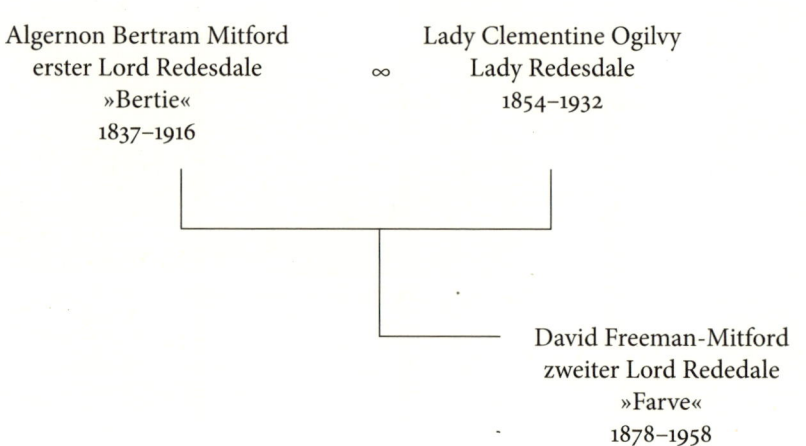

Nancy	Pamela	Thomas	Diana
»Susan«, »Soo«,	»Pam«, »Woman«	»Tom«,	»Honks«, »Cord«, »Nard«
»Sooze«	1907–1994	»Tud/Tuddemy«	1910–2003
1904–1973	∞	1909–1945	∞
∞	Derek Jackson		1. Bryan Guinness
Peter Rodd	1906–1982		1905–1992
1904–1968			2. Sir Oswald Mosley
			1896–1980

Jonathan
1930–

Desmond
1931–

Alexander
1937–2005